GUIDE PRATIQUE,

POUR LA

Rédaction des Procès-Verbaux

ET

LA TENUE DU CONTENTIEUX

PAR

E. ROUCHON

Ancien directeur des Contributions Indirectes

ET

Louis HOURCADE

Sous-chef de bureau au Ministère des Finances (Contributions Indirectes)

QUATRIÈME ÉDITION

POITIERS

LIBRAIRIE ADMINISTRATIVE P. OUDIN

12, rue Saint-Pierre-le-Puellier, 12

—

1907

CONTRIBUTIONS INDIRECTES

GUIDE PRATIQUE

POUR LA RÉDACTION DES PROCES-VERBAUX

ET

La Tenue du Contentieux

CONTRIBUTIONS INDIRECTES

GUIDE PRATIQUE

POUR LA

Rédaction des Procès-Verbaux

ET

LA TENUE DU CONTENTIEUX

PAR

E. ROUCHON

Ancien directeur des Contributions Indirectes

ET

Louis HOURCADE

Sous-chef de bureau au Ministère des Finances (Contributions Indirectes)

QUATRIÈME ÉDITION

POITIERS

LIBRAIRIE ADMINISTRATIVE P. OUDIN

12, rue Saint-Pierre-le-Puellier, 12

1907

TABLE MÉTHODIQUE DES MATIÈRES

TROISIÈME PARTIE

Civil.

CHAPITRE PREMIER

GUIDE PRATIQUE

POUR LA RÉDACTION DES PROCÈS-VERBAUX

PREMIÈRE PARTIE

CHAPITRE PREMIER

Agents qui peuvent verbaliser en matière de contributions indirectes.

SECT. I. — DISPOSITIONS GÉNÉRALES. PROCÈS-VERBAL. DÉFINITION

Le mot « procès-verbal » désigne la constatation matérielle d'un fait par une personne investie de la qualité nécessaire. On appelle procès-verbaux « les actes par lesquels les officiers publics constatent les crimes, les délits et les contraventions, leurs circonstances, les traces qu'ils ont laissées après eux, et tous les faits propres à en signaler les auteurs ». (Mangin, Traité des procès-verbaux, p. 4, n° 3.)

En matière de contributions indirectes, et par dérogation à l'article 154 du code d'instruction criminelle, le procès-verbal apparaît comme l'acte initial de la poursuite et comme l'unique élément de preuve de l'infraction. (Applic. art. 20 à 23 et 34 du décret du 1er germinal an XIII ; art. 102 de la loi du 19 brumaire an VI.)

Par exception, la condamnation n'est pas subordonnée à l'existence ou à la régularité du procès-verbal :

a) En matière de fraudes sur les tabacs (Cass. 25 juin 1835 ; S. 35.1.690 ; M. 14.235 ; 22 fév. 1889 ; D. 90.1.47 ; Bull. crim. 1889, n° 75 ; Arr. Montpellier 9 fév. 1899) ;

b) Dans les cas de complicité de contrebande sur les tabacs (voy. art. 39 de la loi du 31 mars 1903) ;

c) En matière de sels. (Loi du 1er mai 1905, art. unique.)

d) Enfin, il suffit qu'une information judiciaire ouverte à propos d'un délit quelconque révèle l'existence d'une infraction fiscale pour que les tribunaux admettent la Régie à intervenir dans l'instance sans procès-verbal ni citation, à titre de partie civile, à l'effet de requérir l'amende et la confiscation.

Tout procès-verbal doit porter en lui la preuve de sa validité et, dès lors, toutes les formalités dont il ne constate pas l'observation sont réputées omises.

L'annulation d'un procès-verbal épuise la poursuite, et il ne peut être suppléé à son insuffisance par la preuve testimoniale.

SECT. II. — EMPLOYÉS DE LA RÉGIE.

Compétence.

Pour être aptes à verbaliser, les employés doivent avoir prêté serment (art. 20 du décret du 1er germ. an XIII et art. 29 de la loi du 30 mars 1907) et être âgés de 20 ans au moins. (Art. 1er de la loi du 21 juin 1873.)

Ils peuvent verbaliser même hors du département dans lequel ils ont leur résidence. (Cass. 11 fév. 1825 ; D. 25.1.219 ; M. 11.344.)

Ils doivent déclarer agir et verbaliser au nom du Directeur de la circonscription dans laquelle ils instrumentent. (Chambéry, 24 décembre 1885.)

Les préposés temporaires verbalisent également en toute matière.

Depuis que les procès-verbaux ne font plus foi que jusqu'à preuve contraire (loi du 30 déc. 1903, art. 24), un agent peut verbaliser seul en toute matière.

L'employé *commissionné* par l'Administration pour remplir les fonctions inhérentes à un grade supérieur au sien reçoit, par cela même, les pouvoirs nécessaires pour accomplir tous les actes de ses nouvelles fonctions. Cette investiture équivaut à la nomination à ce grade et en produit tous les effets (Arr. Bordeaux, 17 mars 1899 ; Bull. Cont. ind. 1899. 12 ; Bordeaux, 27 avril 1904.)

Commission.

Les employés, dans l'exercice de leurs fonctions, doivent être porteurs de leur commission, afin de pouvoir la représenter à toute réquisition. (Instr. du 18 prair. an XIII, no 27.)

Un procès-verbal ne serait pas nul parce que les verbalisants n'auraient pas énoncé dans leur acte qu'ils étaient porteurs de leur commission si, d'ailleurs, le contrevenant ne leur a fait aucune interpellation à cet égard. (Cass. 20 août 1818 ; D. 27.513 ; M. 9.181 ; et 17 août 1844 ; S. 45.1.125 ; D. 27.444 ; M. 17.125.)

L'employé destitué ou démissionnaire est tenu de remettre sa commission à la Régie. (Art. 27, décret du 1er germ. an XIII.)

Les commissions doivent être timbrées. Elles sont assujetties au **timbre de dimension.** (Circ. 264 du 3 fév. 1842 ; 413 du 29 sept. 1856.)

Serment.

Les préposés des contributions indirectes sont tenus, lors de leur entrée dans l'Administration, de prêter serment devant le juge de paix, ou devant le tribunal civil de l'arrondissement dans lequel ils doivent exercer. (Décret du 1er germ. an XIII, art. 20, et loi du 30 janv. 1907, art. 29.)

Et ce serment doit être transcrit sur la commission. (Art. 20, *ib.*)

Est nul tout acte fait par un employé non assermenté (Cass. 12 janv. 1809), ou dont le serment n'a pas été transcrit sur une commission. (Cass. 28 fév. 1829 ; D. 29.1.162 ; M. 12.321.)

Il importe peu que les verbalisants ne soient que temporairement au service de l'Administration. (Cass. 22 oct. 1807 ; M. 2.641.)

Les employés ne sont pas tenus de mentionner dans les procès-verbaux l'acte de leur prestation de serment. (Arr. 25 fruct. an XIII.)

Il leur est recommandé cependant d'énoncer dans l'acte qu'ils ont prêté serment et qu'ils sont porteurs de leur commission.

Il suffit que la prestation de serment soit transcrite sur la commission, sans que les employés aient à justifier si la formalité de l'enregistrement a été remplie par les soins du greffier. (Cass. 1er avril 1808.)

Il n'y a pas lieu de renouveler le serment tant qu'il n'y a pas d'interruption dans les fonctions. (Loi du 30 janv. 1907, art. 29.)

Les surnuméraires, les commis, les préposés et les entreposeurs spéciaux prêtent serment devant le tribunal civil de l'arrondissement où ils sont placés en premier lieu. (Circ. chancellerie du 29 nov. 1816 et circ. 266 précitée.)

Les receveurs buralistes, les débitants de tabacs et de poudres à feu, les préposés temporaires prêtent serment devant le juge de paix du canton où ils sont placés en premier lieu. *Ib.*

Le serment des agents est valable dans tous les départements où ils peuvent être appelés à exercer. (Cass. 11 fév. 1825 ; D. 25.1.219 ; M. 11.344.)

Droits d'enregistrement relatifs aux actes de prestation de serment :

	Principal.	2 décimes 1/2.	Total.
	fr. c.	fr. c.	fr c.
Agents dont le traitement et les accessoires n'excèdent pas 4.000 fr. (art. 26 de la loi du 28 avril 1893) ; circ. 62 du 6 juil. 1893	4 50	1 13	5 63
Agents dont le traitement et les accessoires excèdent 4.000 fr. (art. 4 de la loi du 28 février 1872).	22 50	5 63	28 13

Les employés doivent rembourser au greffier le coût du timbre de la minute conservée au greffe. (Déc. Min. Just. du 16 sept. 1822, et décret du 8 déc. 1862.)

Ils lui remettent en outre 0 fr. 25 pour mention portée sur un registre timbré. (Décret du 24 nov. 1871 ; circ. 215 du 23 juill. 1877.)

La transcription du serment sur la commission ne donne droit à aucune rétribution. (Déc. Min. Just. du 1er août 1888.)

Il n'est dû aucune rétribution au juge qui reçoit le serment (Instr. 27 du 18 prair. an VIII ; circ. 413 du 29 sept. 1856 ; lett. Min. Just. du 30 sept. 1875.)

La circulaire n° 215 du 23 juillet 1877 a tracé les règles relatives à l'accomplissement de la formalité du serment.

Contraventions ne concernant pas l'Administration des Contributions indirectes.

Les employés de la Régie peuvent verbaliser en matière de postes, de douanes, d'octroi, de timbre, de police de roulage, de pêche, de chasse, de fraude dans la vente des beurres, de monnaies de billon étrangères, de dynamite, de saccharine, de sériciculture... Ils prêtent aussi leur concours à l'application de la loi du 11 juillet 1906 relative à la protection des conserves de sardines, de légumes et de prunes contre la fraude étrangère.

Le Directeur ne conserve qu'une copie de ces actes. L'original est adressé au Procureur de la République ou au représentant de l'Administration chargé des poursuites. (Circ. 310 du 1er août 1855.)

SECT. III. — RECEVEURS BURALISTES.

Les receveurs buralistes doivent donner avis aux employés des abus et des fraudes qu'ils sont à même de connaître. (Circ. 68 du 18 juin 1806.)

Ils doivent signaler par bulletins 6 A ou 6 E, par lettre ou dépêche télégraphique, les envois suspects ou présumés fictifs.

Ils constatent personnellement, au même titre que les employés de la Régie, les contraventions qu'ils découvrent en matière de tabacs, de poudres, de cartes, d'allumettes et de circulation illicite de boissons. (Application de l'art. 223 de la loi du 28 avril 1816, 25 de la loi du 25 juin 1841, et art. 5 de la loi du 28 fév. 1872.)

SECT. IV. — DÉBITANTS DE TABACS ET DE POUDRES.

Les simples débitants de tabacs et de poudres à feu, commissionnés à ce titre, ont mission de *signaler* aux employés les fraudes qui se pratiquent sur les tabacs et les poudres. Ils ne peuvent constater personnellement les fraudes en toutes autres matières, que si une commission *spéciale* leur a été délivrée (Circ. 48 du 16 juillet 1852); mais, à cet égard, il leur est recommandé d'agir de concert avec un employé de la Régie. (Décis. Cons. d'Adm. du 29 mars 1821; Cass. 10 nov. 1820 ; M. 10.338.)

SECT. V. — PRÉPOSÉS D'OCTROI.

A) — *Procès-verbaux en matière de contributions indirectes.*

Les préposés d'octroi, âgés de 21 ans accomplis, ont qualité pour dresser procès-verbal des contraventions aux lois sur les contributions indirectes, commises *dans la commune* pour laquelle ils sont commissionnés, et ce, au delà comme au deçà du rayon de l'octroi. (Art. 53 du décret du 1er germ. an XIII ; art. 155 du décret du 17 mai 1809 ; art. 58 et 92 de l'ordonnance du 9 déc. 1814 ; Cass. 4 juin 1841 ; S. 41.1.704 ; D. 41.1.328 ; M. 16.120 ; 14 mai 1842 ; S. 42.1.853 ; D. 42.1.347 ; M.16.244 ; Arr. Montpellier, 1er août 1881 ; M. 21.243.

Ils ont, *sur le territoire de la commune seulement*, les mêmes pouvoirs que les agents de la Régie.

Au point de vue de la répression de la fraude hors du rayon de l'octroi, aucune distinction ne saurait être faite entre les simples préposés et les préposés en chef. Ces derniers n'ont été assimilés aux contrôleurs de la Régie que pour leurs fonctions à l'intérieur de la commune, et il serait exorbitant de leur reconnaître les mêmes pouvoirs au dehors, comme conséquence de l'arrêté ministériel d'assimilation du 9 novembre 1820. (Décis. adm. 1878.)

Les procès-verbaux rédigés par un ou plusieurs préposés d'octroi font foi jusqu'à preuve contraire. (Loi du 30 déc. 1903, art. 24.)

Pour la rédaction de leurs actes, les préposés d'octroi observent les formalités exigées pour la validité des procès-verbaux des agents de la Régie. (Cass. 6 déc. 1821 ; M. 10.348 — 14 déc. 1821 ; D. 34.91 ; M. 10.350.)

Transmission des procès-verbaux. — Les procès-verbaux en matière de « saisie commune », ou concernant exclusivement des fraudes aux impôts indirects, doivent être transmis au chef de la division administrative (directeur ou sous-directeur, circ. 310 du 1er août 1855), accompagnés de deux copies de ces actes (trois s'il s'agit d'une sous-direction) et d'autant de rapports sommaires établis par le préposé en chef ou principal.

Une copie supplémentaire du procès-verbal est ordinairement fournie lorsque le procès-verbal relève une double infraction à la loi fiscale et aux lois de police (poudre, garantie, infractions à l'article 12 de la loi du 21 juin 1873, à la loi du 14 août 1889 et autres lois subséquentes visant le mouillage, vinage, vins artificiels, etc...).

Exception faite des fraudes inopinément constatées, il est de bonne administration et même de stricte convenance qu'en cas de visites domiciliaires et d'immixtion dans le service propre aux contributions indirectes, les agents de l'octroi se concertent avec ceux de la Régie. Bien que cette règle ne résulte pas de prescriptions spéciales, elle est observée par les employés des contributions indirectes eux-mêmes dans leurs rapports de circonscription à circonscription.

B) — *Procès-verbaux en matière d'octroi.*

En matière d'octroi, les procès-verbaux peuvent également être rédigés par un seul préposé. (Art. 75, ord. 9 déc. 1814.)

Les procès-verbaux des agents de l'octroi ne font plus foi que jusqu'à preuve contraire (art. 24 de la loi du 30 déc. 1903) et n'ont plus besoin d'être affirmés. (Circ. 549 du 6 janv. 1904.)

Ils né doivent pas être notifiés ou affichés, l'article 8 de la loi du 17 avril 1906 ayant abrogé l'article 77 de l'ordonnance du 9 décembre 1814. (Circ. 642 du 18 avril 1906.)

Si l'ordonnance du 9 décembre 1814 a emprunté au décret de germinal an XIII les formalités des procès-verbaux dressés par les employés de la Régie pour les rendre communes aux procès-verbaux des employés de l'octroi, elle n'a cependant pas attaché de sanction à l'inobservation de ces formalités. (V. Cass. 28 avril 1883 ; D. 83.1.273.)

On remarquera qu'à la différence de ce qui se passe pour les contributions indirectes, les contraventions aux règlements d'octroi ne doivent pas nécessairement être constatées par un procès-verbal. Ces contraventions peuvent aussi être prouvées par témoins, d'après la règle établie par l'article 154 du Code d'instruction criminelle. Il s'ensuit que si un procès-verbal était nul pour vice de forme, la contravention pourrait être prouvée par tous les moyens de droit commun. (Cass. 28 août 1812 ; 14 mars 1835 ; 6 juin 1835.)

Si, en matière de contributions indirectes, l'amende est subordonnée à la régularité du procès-verbal, il n'en est pas de même en ce qui concerne les contraventions au règlement de l'octroi : le procès-verbal sera sans doute le point de départ de la poursuite, mais sa nullité importera peu, puisque les témoignages des tiers, les aveux des prévenus, les déclarations des verbalisants viendront ou le remplacer ou compléter ses énonciations.

Il a cependant été jugé que lorsque le règlement de l'octroi dispose qu'en cas de nullité du procès-verbal, la confiscation des objets saisis peut être prononcée si la contravention se trouve suffisamment établie par d'autres preuves, et que ce règlement ne stipule pas que l'amende peut également être prononcée communément avec la confiscation, il n'est pas alors permis au juge de condamner le prévenu à l'amende. (Cass. 5 mars 1896 ; Journ. des Cont. ind. 1897, 17.212.)

SECT. VI. — AUTRES PRÉPOSÉS ÉTRANGERS.

Agents des douanes et autres agents de l'Administration des finances ; Gendarmes ; Préposés forestiers ; Gardes champêtres ; Maires et Adjoints ; Commissaires de police ; Agents des ponts et chaussées, de la navigation et des chemins vicinaux.

Les préposés étrangers qui peuvent verbaliser en matière de contributions indirectes sont :

1° *En matière de circulation de boissons* : les employés des douanes et en général tous les employés de l'Administration des finances, les gendarmes, tous les agents du service des ponts et chaussées, de la navigation et des chemins vicinaux, autorisés par la loi à dresser des procès-verbaux, et enfin les gardes champêtres. (Art. 17 de la loi du 28 avril 1816 ; art. 5 de la loi du 28 fév. 1872, et art. 2 de la loi du 21 juin 1873.)

2° *En matière de tabacs, de poudres, de cartes et d'allumettes :* les agents visés par l'article 223 de la loi du 28 avril 1816, savoir : les employés des douanes, les gendarmes, les préposés forestiers, les gardes champêtres, et généralement tout employé assermenté. (Art. 5 du décret du 16 mars 1813 et 223 de la loi du 28 avril 1816 (tabacs) ; art. 25 de la loi du 25 juin 1841 (poudres) ; art. 169 de la loi du 28 avril 1816 (cartes) ; art. 3 de la loi du 28 janvier 1875 (allumettes).

3° *Certaines fraudes en matière de sucre :* les employés des douanes. (Art. 18, Loi du 31 mai 1846.)

4° *En matière de sels :* les employés des douanes, les gendarmes et les gardes champêtres et forestiers. (Art. 6, 7, 13, ord. 26 juin 1851 ; art. 1er, D. 19 mars 1852 ; art. 7, ord. 19 mars 1817.)

5° *En matière de garantie :* les maires, leurs adjoints et les commissaires de police peuvent constater les contraventions commises par les marchands ambulants d'or et d'argent, ou bien encore par les commis-voyageurs. (Loi du 19 brum. an VI, art. 94 ; Cass. du 15 avril 1826.)

6° *Vélocipèdes.* — Les contraventions sont constatées par les agents des contributions indirectes et des octrois et par tous autres agents ayant qualité pour dresser des procès-verbaux en matière de police de roulage. (Loi du 30 janv. 1907, art. 24.)

Sont spécialement chargés de constater les contraventions et délits prévus par la loi du 30 mai 1851 sur la police de roulage, les conducteurs, agents voyers, cantonniers, chefs et autres employés du service des ponts et chaussées ou des chemins vicinaux de grande communication, commissionnés à cet effet, les gendarmes, les gardes champêtres, les employés des contributions indirectes, agents forestiers ou des douanes, et employés des poids et mesures ayant droit de verbaliser, et les employés des octrois ayant le même droit. (Loi du 30 mai 1851, art. 15.)

Peuvent également constater les contraventions et les délits prévus par la présente loi, les maires et adjoints, les commissaires et agents assermentés de police, les ingénieurs des ponts et chaussées, les officiers et sous-officiers de gendarmerie, et toute personne commissionnée par l'autorité départementale pour la surveillance de l'entretien des voies de communication. *Ib.*

A l'exception des agents de l'octroi et des douanes, les préposés étrangers verbalisent suivant les formes propres à leur service. (L. c. du 20 mars 1872.)

Ils peuvent verbaliser seuls, mais leurs procès-verbaux ne sont crus, dans tous les cas, que jusqu'à preuve contraire.

Toutefois, font foi jusqu'à inscription de faux, les procès-verbaux dressés par deux préposés des douanes, selon les formalités prescrites par les articles 21 à 24 du décret du 1er germinal an XIII. (Art. 4 de la loi du 21 juin 1873.)

Un préposé des douanes ne peut pas verbaliser seul à la circulation. (Application des art. 4 et 5 de la loi précitée.)

Les commissaires et les agents de police ne figurent ni dans la loi du 28 février 1872 ni dans celle du 21 juin 1873, parmi les employés étrangers à l'Administration des contributions indirectes qui ont le droit de constater les contraventions en matière de boissons.

Les agents de police ou autres préposés, lorsqu'ils n'ont pas qualité pour verbaliser, touchent la part d'indicateur s'ils ont fait opérer une saisie. (Déc. du Cons. d'Adm. n° 238 du 27 nov. 1816, et art. 7 du décret du 22 avril 1898.)

Les gendarmes sont sans qualité pour constater les plantations illicites de tabac (Cass. 28 nov. 1822; D. 27.623; M. 10.358); les contraventions en matière de voitures publiques (Cass. 26 août 1825; D. 25.1.415; M. 12.177) et celles relatives à la vente des boissons au détail sans licence. (Trib. Mirecourt, 9 nov. 1892; Gaz. Pal. 93.1.69.)

Les procès-verbaux dressés par les préposés d'octroi concurremment avec des agents de la Régie doivent être établis dans la forme prescrite par le décret du 1er germinal an XIII. Il incombe à ces derniers agents de les rédiger. (L. c. du 20 mars 1872.)

Les procès-verbaux dressés par des préposés des douanes ou des octrois doivent être établis dans les formes prescrites par le décret du 1er germinal an XIII. (Cass. 6 déc. 1821; M. 10.348; 18 juin 1842.) Toutefois, en matière de tabacs, les procès-verbaux sont rédigés dans les formes propres à l'Administration à laquelle appartient chaque préposé. (Ord. du 20 sept. 1815, art. 1er.) Il en est de même s'il s'agit de poudres à feu. (Instr. 45 du 30 août 1813.)

Les préposés étrangers à l'Administration des finances verbalisent suivant les formes particulières à leur service. (V. L. C. du 20 mars 1872.)

De même que les agents de la Régie, les gendarmes et les préposés des douanes peuvent verbaliser sur toute l'étendue du territoire; les maires, adjoints, gardes champêtres et préposés d'octroi, sur le territoire de la commune seulement; le commissaire de police, dans le canton; le commissaire central, dans le département; les gardes forestiers, dans l'arrondissement du tribunal près duquel ils sont assermentés et dans le ressort de celui où ils ont fait enregistrer leur commission et l'acte de prestation de serment.

Gendarmes. — Formation du dossier. — Lorsque des gendarmes rédigent un procès-verbal, ils doivent procéder de la manière indiquée ci-après :

Les gendarmes rédigent leur procès-verbal sur papier libre, sous la double condition :

1° De le remettre ou de l'adresser immédiatement par la poste au receveur de l'enregistrement de leur canton ;

2° D'aviser, par écrit (imprimé n° 122), du dépôt ou de l'envoi, le receveur de la Régie dans la circonscription duquel la constatation aura été faite. (Art. 492 du décret du 1er mars 1854 sur la gendarmerie.)

Au reçu du procès-verbal, le receveur de l'enregistrement le visera pour timbre et le revêtira de la formalité de l'enregistrement ; de son côté, le comptable des contributions indirectes, averti par la lettre des verbalisants, viendra acquitter les droits dus et retirer l'acte (1), qu'il transmettra, avec l'état des frais et le rapport sommaire, au chef de l'arrondissement.

A cet effet, la franchise, sous bandes, est accordée aux commandants des brigades de gendarmerie avec les receveurs ambulants et les receveurs buralistes. (Circ. 208 du 17 fév. 1877.)

Les procès-verbaux de la gendarmerie font foi en justice jusqu'à preuve contraire ; ils ne peuvent être annulés sous prétexte de vice de forme, ou pour défaut d'enregistrement dans les 4 jours, les droits pouvant être perçus avant ou après jugement. (Art. 498 du décret du 1er mars 1854.)

Autres préposés étrangers. — Formation du dossier. — Ils doivent adresser leurs actes au receveur de la Régie dans la circonscription duquel ils ont été rapportés. Celui-ci rembourse aux verbalisants les avances déjà faites, remplit les formalités qui n'ont pas été assurées et les continue pour la validation du procès-verbal ; en un mot, il constitue et transmet le dossier à la sous-direction. (Circ. 82 du 15 fév. 1873.)

---

(1) Les gendarmes ne sont pas tenus d'établir des copies du procès-verbal. Ce soin incombe, dans la pratique, au receveur chargé de constituer le dossier.

Les procès-verbaux faisant foi jusqu'à inscription de faux doivent, à peine de nullité, être enregistrés dans les quatre jours. (Loi du 22 frim. an VII, art 34 ; Cass. 3 vent. an X ; S. Chr. ; Trescaze Chr. 1.44.) Mais lorsqu'il s'agit de procès-verbaux faisant foi jusqu'à preuve contraire, l'enregistrement peut avoir lieu plus tard. Or, les procès-verbaux des gendarmes sont rangés dans cette dernière catégorie. (Cass. 18 fév. 1820 ; Bull. crim. 1820.79.)

Les procès-verbaux dressés par la gendarmerie ne sont soumis à la formalité de l'affirmation dans aucun cas. (Loi du 17 juill. 1856. Cons d'Etat, 8 août 1882.)

CHAPITRE II

Formalités prescrites pour la rédaction des procès-verbaux.

En matière de contributions indirectes, sauf quelques rares exceptions, la répression d'une contravention est subordonnée à la validité du procès-verbal qui la constate.

Les conditions de validité des procès-verbaux sont de deux sortes : les unes sont communes à tous les procès-verbaux, dans quelque matière qu'ils interviennent, d'autres sont, en outre, prescrites par des lois spéciales à certains procès-verbaux.

Alors que les procès de Régie faisaient foi jusqu'à inscription de faux, la rédaction des procès-verbaux était assujettie à des formalités rigoureuses édictées par les articles 20 à 26 du décret du 1er germinal an XIII.

L'article 24 de la loi de finances du 30 déc. 1903 a décidé que les procès-verbaux des agents des contributions indirectes et des octrois ne feraient plus foi que jusqu'à preuve contraire et a supprimé la sanction de nullité attachée jusque-là à l'inobservation des formalités prescrites par le décret de germinal.

Bien que ces dernières formalités ne soient plus prescrites à peine de nullité, l'Administration a recommandé de les observer. (Circ. 549 du 6 janv. 1904 et circ. 642 du 18 avril 1906.)

Nous allons donc énumérer les énonciations substantielles que doit contenir un procès-verbal et passer ensuite en revue les anciennes formalités que les circulaires administratives prescrivent de suivre.

A) — Conditions générales de validité d'un procès-verbal.

La première condition pour qu'un procès-verbal soit valable, c'est qu'il ait été dressé par un *fonction naire compétent*.

Le procès-verbal doit énoncer les noms, qualités et résidences des saisissants et les noms, qualités et demeures des contrevenants.

Tout procès-verbal doit nécessairement être *écrit*. L'écriture du rédacteur est une garantie de la vérité de ses assertions ; elle suppose plus de maturité et de réflexion dans ses déclarations ; elle engage plus étroitement sa responsabilité. Il est donc nécessaire qu'il écrive lui-même son rapport. (Faustin Hélie, t. III, n° 1379.)

Les procès-verbaux dressés par la Régie doivent, à peine de nullité, être exclusivement rédigés par les agents qui ont pris une part personnelle et directe à la constatation du fait qui constitue la contravention. (Loi du 6 août 1905, art. 17.)

Ils doivent énoncer la cause exacte de la saisie, c'est-à-dire la nature précise de la contravention constatée et les articles de loi qui la définissent et ceux qui la punissent. (*Ib.* : voy. circ. 612 du 6 août 1905.)

Bien que la citation des textes violés et de ceux qui édictent les pénalités ne soit pas exigée à peine de nullité, le service devra s'attacher avec le plus grand soin à satisfaire au vœu du législateur. (Circ. 612 du 8 août 1905.)

A cet effet et pour prévenir toute réclamation, les agents verbalisateurs, qui ne seraient pas en mesure de citer avec certitude les textes violés et ceux qui fixent les pénalités, auraient à ajourner la rédaction de l'acte et à demander à leur chef les renseignements nécessaires. *Ib.*

Le procès-verbal doit être *signé*. L'écrit qui n'est point signé n'est qu'un projet. C'est la signature qui lui imprime le caractère d'un acte.

Il importe peu d'ailleurs pour la validité de cet acte que la signature soit bien ou mal faite, s'il est certain qu'elle émane du verbalissant. (Cass. 4 mai 1841 ; S. 41.1.442 ; D. 41.1.238 — 31 déc. 1850 ; S. 51.1.26 ; D. 51.1.52.)

Le procès-verbal doit porter la *date* du jour où il a été dressé. (Décret du 1er germ. an XIII, art 21.) La date peut avoir une importance toute spéciale, tant quant à la preuve du délit lui-même, que quant à la fixation du point de départ des délais d'enregistrement et de prescription de l'action.

La date de la clôture du procès-verbal sert de point de départ à la prescription du délit. (Délai de 3 mois pour assigner.)

L'indication de la date du procès-verbal peut résulter de l'ensemble des constatations. (Cass. 2 déc. 1904 ; Bull. Cont. ind. 1905, n° 1.)

Le procès-verbal doit être rédigé dans le *délai de trois ans* fixé par l'article 638 du Code d'instruction criminelle. (Cass. 30 juill. 1880 ; S. 82.1.284 ; D. P. 81.1.493.)

Toutefois, en matière de garantie des objets d'or et d'argent, le procès-verbal doit être dressé à l'instant et sans déplacer. (Loi du 19 brum. an VI, art. 102 ; Cass. 2 nov. 1824 ; D. P. 25.1.16.)

Le procès-verbal doit être enregistré dans les quatre jours. (Loi du 22 frim. an VII, art. 20.)

Le jour de la date de l'acte ne compte pas, ni le dernier jour du délai lorsqu'il se trouve un dimanche ou un jour de fête légale. (*Ib.* art. 25 ; Cass. 18 fév. 1820 ; S. Chr. ; Bull. crim. 1820.79.)

En cas de retard, l'amende est de 5 francs (Loi du 16 juin 1824, art. 10), mais le procès-verbal n'est pas nul.

Le procès-verbal doit être rédigé sur timbre. (Loi du 13 brum. an VII, art. 12.) Cependant un procès-verbal ne serait pas nul parce qu'il serait rédigé sur papier libre ; mais le défaut de timbre entraînerait le paiement d'une amende.

Si la saisie procède d'une visite domiciliaire, les formalités édictées par l'article 237 de la loi du 28 avril 1816, complété par les articles 14 et 15 de la loi du 6 août 1905, doivent être observées. (Ord. du juge ; ordre de visite et assistance d'un officier de police.) *V. Visites.*

Sauf dans les cas prévus à l'article 21 de la loi du 30 janvier 1907, si la visite a lieu chez un particulier non sujet à l'exercice dans les locaux servant exclusivement à l'habitation, énoncer dans le procès-verbal que les verbalisants étaient pourvus de l'ordonnance prescrite par l'article 14 de la loi du 6 août 1905 et qu'ils ont exhibé cette ordonnance au particulier (Arg^t Cass. 10 avril 1823 ; M. 11.178 ; Cass. 21 juill. 1876 ; M. 19.270.) *V. Visites.*

Si la visite a lieu chez un non-assujetti dans les locaux qui ne servent pas exclusivement à l'habitation, ou chez un assujetti dans les locaux servant exclusivement à l'habitation, ou dans tout autre local, énoncer dans l'acte que l'ordre de visite a été, au préalable, visé par l'officier de police et lu à l'intéressé ou à son représentant, qui l'a visé ou a refusé de le faire. *V. Visites.*

En résumé, pour qu'un procès-verbal soit valable, il suffit actuellement qu'il soit daté et signé et qu'il énonce les faits contraventionnels.

Il n'est pas indispensable que le procès-verbal constate le fait matériel et actuel de la contravention, s'il relate d'autres circonstances personnellement constatées par le rédacteur et susceptibles d'établir l'infraction. *V. Fraudes non actuelles.*

Les ratures, renvois, surcharges ou interlignes doivent être approuvés si les énonciations qui en sont l'objet sont substantielles. Dans ce cas, si les surcharges ne sont pas approuvées, le procès-verbal doit être annulé. Si, au contraire, les ratures et surcharges non approuvées tombent sur des mots insignifiants qui ne font pas partie essentielle et constitutive de l'acte, le procès-verbal est valable ; mais ce qui n'est pas approuvé par le rédacteur est considéré comme n'existant pas.

B) — Anciennes formalités qui ne sont plus exigées à peine de nullité, mais dont l'observation est recommandée par l'Administration.

FORMULES 126 ET 126 *bis*. — PAPIER TIMBRÉ. — PROTOCOLE DES PROCÈS-VERBAUX.

D'une manière générale, il a été recommandé aux agents verbalisateurs de faire usage, pour la rédaction de leurs procès-verbaux soumis au visa du timbre, de papier correspondant à la dimension de la demi-feuille à 0 fr. 60 centimes, et, si l'acte comporte plus de développements, à celle de la feuille à 1 fr. 20. (Circ. Min. Just. du 29 nov. 1904.)

Par la circulaire n° 481 du 13 juill. 1887, l'Administration a fait établir des formules imprimées de procès-verbaux.

La formule 126, de la dimension du timbre de 60 centimes, sert à établir l'original du procès-verbal et la copie à remettre au contrevenant, si celui-ci la réclame. Lorsque le procès-verbal comporte de longs développements, on peut se servir, comme par le passé, de papier timbré ordinaire.

La formule 126 bis non timbrée est tirée sur une feuille double de plus grande dimension. Elle sert exclusivement à établir les copies à remettre aux directeurs et sous-directeurs ou à envoyer à l'Administration. (Circ. 481 précitée.)

Il a été recommandé aux employés d'établir les originaux des procès-verbaux sur du papier ordinaire, timbré à 1 fr. 20, toutes les fois que le cadre de l'imprimé nº 126 est trop étroit. (Circ. 481 du 13 juill. 1887 et Lett. autogr. du 23 déc. 1898, nº 19876.)

Les directeurs doivent tenir la main à ce que les originaux, ainsi que les copies transmises à l'Administration, soient écrits très lisiblement. (Lett. autogr. précitée.)

Les procès-verbaux sont soumis au timbre de dimension. (Art. 24 et 31 de la loi du 16 juin 1824.)

L'impôt sur le timbre est établi à raison de la dimension. (Loi du 2 juill. 1862, art 17.)

Un procès-verbal ne serait pas nul parce qu'il serait rédigé sur papier libre. Mais le défaut de timbre entraînerait une amende de 60 francs, en principal. (Lois du 13 brum. an VII, art. 26, et du 22 juill. 1862, art. 22.)

On aura soin de faire timbrer, à l'avance, quelques formules nº 126, afin de ne pas être retardé dans la rédaction des procès-verbaux.

La contexture même de ces formules dispense aujourd'hui les employés de recourir à des modèles de procès-verbaux. Nous allons néanmoins passer en revue les diverses formalités que les verbalisants sont tenus d'observer.

Protocole des procès-verbaux. L'an mil neuf cent..., le..., à la requête du directeur général des contributions indirectes, dont le bureau central est à Paris, rue de Rivoli, hôtel du ministère des finances (A), poursuites et diligences de M..., directeur à..., département de..., demeurant à. ., rue..., nº..., où il élit domicile (B), pour la suite du présent ; nous soussignés... (Circ. 310 du 1er août 1855 et 17 du 16 mars 1870.)

. . . .

(A) — Pour les affaires communes à la Régie et à l'octroi, ajouter au préambule : « et de M. le maire de la commune de... y demeurant, rue..., nº... » (Circ. 18 du 16 janv. 1817.)

(B) — Si les affaires relèvent du tribunal établi à la résidence du sous-directeur, le protocole doit énoncer : « Poursuites et diligences de M..., etc..., lequel a fait élection de domicile chez M..., sous-directeur à... »

Quand le tribunal est établi ailleurs qu'à la résidence du directeur ou du sous-directeur, le protocole énonce que le directeur élit domicile chez l'agent le plus élevé en grade de la ville où siège ce tribunal. (Circ. 17 précitée.)

En ce qui concerne spécialement les vélocipèdes, la circulaire 672 du 31 janvier 1907 énonce que le directeur aura soin de se faire représenter, dans les cantons ruraux, par l'agent le plus élevé en grade de la circonscription ; le cas échéant, on énoncera dans l'acte que le directeur fait élection de domicile chez cet agent.

RÉDACTION DES PROCÈS-VERBAUX. — DÉLAI POUR LA RÉDACTION.

Il résulte de nombreux arrêts qu'aucun délai n'est imparti pour la rédaction des procès-verbaux en matière de contributions indirectes. Les contraventions peuvent être constatées tant que la prescription de *trois* ans édictée par l'article 638 du Code d'instruction criminelle n'est pas acquise. (Cass. 25 juin 1875 ; S. 76.1.45 ; Bull. crim. 1875.205 ; M. 19.173 ; 5 juin 1880 ; S. 80.1.483 ; D. 81.1.494 ; M. 21.176 ; 30 juill. 1880 ; M. 21.179 ; S. 82.1.284 ; D. 81.1.493.)

Il n'y a d'exception que pour les procès-verbaux en matière de garantie, qui doivent, à peine de nullité, être dressés à l'*instant même* où la contravention est relevée et *sur place*. (Art. 102 de la loi du 19 brum. an VI ; Cass. 2 déc. 1824 ; S. Chr. ; M. 11.337 ; 1er août 1834 ; M. 14.94 ; S. 34.1.547.)

Il a été admis que les exigences de l'article 102 ne sauraient être maintenues à l'encontre de la volonté du contrevenant, dont le consentement, même tacite, peut suffire pour justifier l'ajournement de la rédaction du procès-verbal, à la condition que la réalité du consentement soit formellement constatée par l'acte lui-même. (Trib. Seine 30 nov. 1901.)

Si la rédaction du procès-verbal comporte plusieurs vacations, il faut en indiquer les motifs; informer le prévenu du moment où les opérations seront reprises et le sommer d'y assister. (Cass. 26 déc. 1807 ; M. 3.84.)

On peut se servir d'encres de différentes couleurs pour la rédaction des procès-verbaux ; mais il est préférable, pour éviter toute critique, de se servir d'encre noire, autant que possible inaltérable, indélébile. (Cass. 9 déc. 1818.)

Il a cependant été jugé que l'emploi du crayon ne peut faire annuler un acte, à moins que l'écriture ne soit effacée ou illisible. (Cass. 20 fév. 1878 ; S. 79.1.145 ; D. 78.1.217.)

Les procès-verbaux peuvent être rédigés les jours fériés. (Cass. 26 avril 1839 ; M. 15.315 ; D. 39.1. 305 ; S. 39.1.867.) En matière civile, au contraire, les actes ne peuvent être notifiés un jour férié.

Les employés ne sont pas obligés de rédiger leurs procès-verbaux sur le lieu même ni à l'instant où ils découvrent la contravention, surtout s'ils en sont empêchés pour des causes légitimes. (Cass. 29 déc. 1808 ; M. 4.723 ; Bull. crim. 1808. 255 ; D. 38.105 ; Cass. 28 janv. 1887 ; Bull. crim. 1887.32 ; D. 87.1.416.)

Il suffit qu'ils aient fait connaître au prévenu le lieu, le jour et l'heure de cette rédaction. (Cass. 17 févr. 1820 ; M. 10.335 ; 8 nov. 1878 ; M. 20.331 ; D. 79.1.382 ; S. 79.1.144.)

Le service n'est pas tenu de citer les articles de loi violés dans son procès-verbal. (Cass. 18 déc. 1817 ; arr. Lyon 16 déc. 1903 ; Bull. Cont. ind. 1904.11.56.) Pour que l'acte soit valable, il suffit qu'il porte la mention : « pour contravention aux lois et règlements des contributions indirectes ». (Riom, 4 juill. 1901 ; Bull. Cont. ind. 1901.17.88.)

Cependant l'article 17 de la loi du 6 août 1905 prescrit d'énoncer dans le procès-verbal les articles de loi qui définissent la contravention et ceux qui la punissent.

Bien que la citation de ces textes ne soit pas exigée à peine de nullité, le service doit s'attacher avec le plus grand soin à satisfaire au vœu du législateur. (Circ. 612 du 8 août 1905.)

Un tribunal ne peut exiger dans le procès-verbal ou dans le dossier d'autres renseignements que ceux qui sont prescrits par le décret du 1er germinal an XIII. (Instr. données par le Min. de la Just. au Président du trib. civ. d'Uzès, 1897.)

L'illisibilité de la signature n'est pas une cause de nullité du procès-verbal (Lyon, 14 mars 1900 ; Riom, 4 juill. 1901; Bull. Cont. ind. 1901.17.88.), tant qu'il n'est pas démontré que cette signature n'est point la signature habituelle de la personne à laquelle elle est attribuée. (Arr. Toulouse 4 mars 1904.)

Un acte qui ne serait pas signé ne serait qu'un simple projet et n'aurait aucune valeur.

La signature du procès-verbal par le contrevenant n'ajoute rien à la force probante de cet acte. En signant un procès verbal sans protestation, le contrevenant reconnaît implicitement la sincérité des dires des verbalisants. C'est une simple présomption morale. Cette signature n'implique pas la reconnaissance par le prévenu de l'exactitude des opérations des verbalisants. (Cass. 28 déc. 1894 ; Journ. Cont. ind. 1898.5.63.)

Rien ne l'empêche, en effet, de combattre plus tard le procès-verbal par la preuve contraire.

Ni le paiement des droits dus au Trésor, ni la décharge de l'acquit-à-caution ne font par eux-mêmes obstacle à la poursuite par la Régie de la contravention pour fausse déclaration et pour mise en circulation en vue de la vente de vins artificiels, si la boisson a été transportée avec une expédition inapplicable. (Cass. 18 juill 1891 ; S. 92.1.606 ; D. 92.1.340 et note.)

Mais la Régie n'a que quatre mois pour s'assurer de la validité des certificats de décharge et intenter l'action. (Ord. du 11 juin 1816, art. 7.)

Passé ce délai, la Régie ne peut intenter aucune action civile contre le soumissionnaire ou la caution. (Cass. 4 août 1888 ; S. 90.1.431. Arg᷎ Cass. 14 juin 1895 ; Bull. Cont. ind. 1898. 15 ; 8 nov. 1906; Bull. Cont. ind. 1906. 23.)

Elle ne pourrait intenter une action civile que si une contrainte avait été délivrée au soumissionnaire avant l'expiration du délai de 4 mois. (Cass. req. 9 avril 1888 ; S. 88.1.376.)

Les certificats de décharge délivrés par les employés sont des actes authentiques qui font foi jusqu'à inscription de faux. (Cass. 29 janv. 1856. D. 56.1.104 ; M. 18.264 ; S. 56.1.678 ; 23 fév. 1886 ; Journ. Cont. ind. 1886. 142 ; D. 86.1.321; S. 89.1.461.)

Les certificats de décharge[n'ont le caractère de l'authenticité que relativement aux faits matériels dont les agents ont pu juger par le témoignage des sens. Ils ne sauraient faire foi jusqu'à inscription de faux de l'inexistence de falsifications qui ne peuvent être évaluées que par des opérations scientifiques. Il s'ensuit qu'en matière de mouillage, de vinage, etc., la Régie peut engager des poursuites basées sur un procès-verbal, alors même qu'elle aurait négligé d'intenter l'action en désaveu du certificat de décharge dans les 4 mois impartis par l'art. 7 de l'ordonnance de 1816. (Cass. crim. 31 mars 1906 ; Bull. Cont. ind. 1906.11.54.)

Le législateur est même allé plus loin. Il a décidé « que la prescription de quatre mois édictée par l'article 7 de l'ordonnance du 11 juin 1816 ne s'applique plus à l'action correctionnelle qui résulte de contraventions aux lois et règlements en matière de contributions indirectes et qui sera exercée dans les délais et formes ordinaires. (Loi du 30 janv. 1907, art. 22.)

Donc, et bien que l'acquit soit déchargé, la Régie a trois ans pour rapporter procès-verbal. (Circ. 675 du 4 fév. 1907.)

Les procès-verbaux doivent être très lisiblement écrits. (Circ. 7 du 7 juin 1869.)

Les verbalisants doivent avoir soin de tirer des traits dans les espaces laissés en blanc, d'approuver les ratures, surcharges, renvois et interlignes que peut présenter le procès-verbal. (Cass. 5 juin 1806 ; M. 10.182 ; D. 38.19 ; application de l'art. 78 du Code d'instr. crim.)

Il est de jurisprudence que les mots raturés, surchargés, etc., non approuvés, sont considérés comme n'existant pas. (Cass. 23 oct. 1807 et 9 fév. 1811.)

En principe, et sauf les cas particuliers pour lesquels la législation a établi des règles spéciales, il suffit que, dans les actes, les renvois soient simplement paraphés, ainsi que cela s'observe pour les actes notariés conformément à la loi du 25 ventôse an XI. (Cass. 23 juill. 1824; M. 11.321 ; Bull. crim. 1824.97 ; D. 38.19.) Cependant l'Administration recommande d'approuver les renvois à la fin du procès-verbal afin de démontrer qu'ils n'ont pas été ajoutés après coup. (Note autogr. du 23 déc. 1898, n° 19876.)

Il n'est pas permis de rédiger un second procès-verbal sur le même fait. Donc, si l'original du procès-verbal a été détruit, il n'y a plus rien à faire.

DATE, LIEU ET HEURE DE LA RÉDACTION.

Le procès-verbal doit énoncer le lieu de la rédaction. (Décret du 1er germ. an XIII, art. 21.)

Bien qu'il ne soit prescrit d'indiquer que l'heure de la clôture du procès-verbal, l'omission de la date et de l'heure où a commencé la rédaction de l'acte constituerait une grave lacune. (Rapprocher Cass. 8 nov. 1878 ; M. 20.331 ; S. 79.1.144 ; D. 79.1.382.)

Par date, on entend la désignation de l'année, du mois, du jour et de l'heure.

L'omission du millésime n'entache pas le procès-verbal de nullité, s'il résulte d'autres indications qu'il a été rédigé en temps opportun. (Cass. 30 nov. 1811 ; Trescaze. Chr. 1.428.)

La véritable date du procès-verbal est celle de sa clôture. (Cass. 29 mai 1818 ; M. 11. 67 ; D. 27.599.)

En exécution de la loi du 14 mars 1891, les agents de la Régie doivent, dans tous les actes judiciaires ou administratifs, ainsi que sur tous les titres et documents comportant l'indication de l'heure, faire suivre cette mention des mots « heure légale ». (Circ. 13 du 14 août 1891.)

L'horloge placée à l'extérieur des gares donne l'heure temps moyen de Paris, c'est-à-dire l'heure légale, de sorte que l'horaire qui détermine la marche des trains est en retard de 5 minutes sur l'heure officielle.

MENTION DE L'EMPLOYÉ CHARGÉ DES POURSUITES.

On doit énoncer dans les procès-verbaux les nom, qualités et demeure de l'employé chargé des poursuites (art. 21 du décret du 1er germ. an XIII) ;

Et l'élection de son domicile.

Les employés doivent rapporter procès-verbal à la requête du directeur du département dont dépend la commune où la saisie a été opérée et élire domicile chez l'employé le plus élevé en grade résidant au siège du tribunal qui doit connaître de la contravention. (M. 11. 347 et note.)

Il est prescrit d'indiquer dans les procès-verbaux, comme étant chargé des poursuites, le nom du directeur du département où la saisie a été pratiquée. Toutefois, Faustin Hélie estime que les employés satisfont à la disposition de l'article 21 du décret du 1er germinal an XIII, qui veut que le procès-verbal énonce les nom, qualité et demeure de l'employé chargé des poursuites, « en énonçant qu'ils agissent à la requête, soit du directeur de l'Administration générale, soit du directeur du département ». (Faustin Hélie, Traité inst. crim., t. III, p. 388.)

En énonçant simplement que le directeur est poursuivant, on satisfait au vœu de la loi, puisque le directeur a un domicile de droit au chef-lieu du département et chez l'employé principal de l'arrondissement. (Cass. 12 avril 1811 ; M. 10.310 ; D. 38. 101.)

Mais il est préférable de suivre les indications données par l'Administration dans la circulaire 17 du 16 mars 1870.

NOMS, PRÉNOMS, QUALITÉS ET DEMEURE DES VERBALISANTS.

Les procès-verbaux doivent énoncer les noms, qualités et demeure des saisissants. (Art. 21 du décret de germ. an XIII.)

Il faut entendre par demeure, non pas l'habitation personnelle des employés, mais le siège de la résidence officielle. (Cass. 18 mars 1836 ; M. 14.334 ; Bull. crim. 1836.80.)

La loi ne prescrit pas d'indiquer le nom de la commune dont ce lieu peut dépendre, ni la rue et le numéro de la maison qu'ils habitent.

La formule « ayant serment en justice et porteurs de nos commissions » n'est pas imposée par la loi. Cette énonciation est simplement prescrite par la lettre commune n° 38-5 du 24 octobre 1829.

Il n'est pas indispensable que la qualité de chaque verbalisant soit exprimée, à côté de son nom, dans le procès-verbal. Une énumération collective des qualités des saisissants est suffisante. (Cass. 5 déc. 1834 ; M. 14.131.)

LIEU ET DATE DE LA SAISIE.

Les procès-verbaux doivent énoncer le lieu de la saisie.

Ils doivent énoncer également la date de la saisie (art. 21 du décret de germ. an XIII), c'est-à-dire mentionner l'année, le mois, le jour et l'heure où la contravention a été constatée.

L'omission de cette dernière formalité pourrait empêcher les poursuites.

Mais s'il se glisse une erreur dans l'indication d'une date *surabondamment* insérée, il n'en résulte pas de nullité. (Cass. 11 sept. 1812 ; Trescaze Chr. 1.459.)

La date de la saisie ne comprend, en principe, que l'indication du jour, du mois et de l'année. Cependant l'indication de l'heure est obligatoire lorsque la contravention a trait à des délais.

La date de la saisie sur un procès-verbal est une formalité substantielle, mais cette indication peut résulter de l'ensemble des constatations de l'acte. (Cass. crim. 2 déc. 1904 ; Bull. Cont. ind. 1905.1.2.)

CAUSE DE LA SAISIE.

Les procès-verbaux doivent énoncer, à peine de nullité, la cause de la saisie, c'est-à-dire la nature précise de la contravention constatée. Ils doivent relater aussi les interpellations des saisissants et les réponses ou aveux du contrevenant. (Art. 21 du décret de germ. ; Instr. 27 du 18 prairial an XIII ; circ. 7 du 7 juin 1869 ; art. 17 de la loi du 6 août 1905.)

Mais la loi *n'oblige pas* les verbalisants à transcrire dans l'acte les explications et protestations des contrevenants. L'Administration recommande toutefois d'y insérer les explications qui seraient brèves et précises. (Circ. 7 du 7 juin 1869.)

D'ailleurs il a été jugé que l'inaccomplissement de tout ou partie des formalités prescrites par le décret du 1er germ. an XIII n'entraînait pas la nullité du procès-verbal, lorsque cette inobservation était le fait du contrevenant lui-même. (Cass. 23 juin 1888 ; Journ. Cont. ind. 1888.482 ; Bull. crim. 1888.222.)

On ne doit pas rédiger un procès-verbal sur les déclarations ou les aveux d'un *tiers*. Ce procès-verbal ne ferait pas foi jusqu'à preuve contraire. Il ne saurait, par suite, servir d'unique fondement à une condamnation contre un prévenu qui dénie l'existence de la contravention à lui reprochée. (Cass. 13 avril 1861 ; S. 62.1.334 ; 12 mai 1876 ; S. 76.1.286 ; 20 avril 1893 ; Journ. Cont. ind. 1894.388.)

Mais, après enquête, on peut verbaliser sur les *aveux de l'intéressé*. V. *Aveux*.

Il ne faut pas confondre les agents ou domestiques et les tierces personnes étrangères et sans mission. Les aveux et déclarations des conducteurs de boissons, des agents et domestiques et de la femme d'un assujetti lient cet assujetti comme si ces aveux émanaient de lui-même. (Cass. 23 avril 1819 ; M. 9.21 ; D. 27.447 ; et 7 déc. 1810 ; M. 7.84 ; D. 27.506.)

Il a même été jugé que les destinataires énoncés aux titres de mouvement ne sont pas des tiers et que leurs déclarations sont opposables à l'expéditeur. (Cass. 30 avril 1898 ; Journ. Cont. ind. 1900.76.)

Les procès-verbaux font foi jusqu'à preuve contraire de la *matérialité* des aveux, mais non de leur sincérité.

Quand un procès-verbal constate que des aveux ont été faits et lorsque ces aveux sont opposables aux contrevenants, c'est à ces derniers qu'incombe le fardeau de la preuve. (Cass. crim. 11 déc. 1902 ; Bull. Cont. ind. 1903.4.17.)

Le délinquant peut, au surplus, rétracter ses aveux et les juges n'y accorder aucune créance. (Cass. 29 juin 1889 ; Bull. crim. 1889.237 ; D. 90.1.236 ; 11 août 1892 ; Bull. crim. 1892.234 ; Pand. franç. 93.7.50.)

Les aveux rétractés avant la clôture du procès-verbal peuvent être considérés comme nuls et non avenus. (Cass. 20 oct. 1808 ; M. 5.257 ; D. 27.504.)

Il n'est pas nécessaire qu'un procès-verbal mentionne la constatation directe et immédiate des faits constitutifs de la contravention, s'il relate d'autres faits matériels constatés personnellement par les rédacteurs et qui prouvent surabondamment l'existence de l'infraction. (A. C. 25 juin 1875 ; M. 19.173 ; Trib. du Puy, 6 août 1877 ; M. 20.152 ; Arr. Grenoble du 10 août 1878 ; M. 19.356 ; Cass. 12 déc. 1889.)

Un procès-verbal n'est pas nécessairement irrégulier parce que les rédacteurs auraient omis d'annexer à cet acte un document dont ils ont fait mention. Il appartient au juge du fait d'apprécier, au point de vue du droit de la défense, la gravité de l'omission. (Cass. 1er mars 1901.)

S'agit-il de fraudes sur les allumettes pratiquées par des enfants de moins de 16 ans ? La loi du 16 avril 1895, art. 19, permettant aujourd'hui de poursuivre comme *co-auteurs directs* de l'infraction les parents ou surveillants naturels des mineurs, les verbalisants ne devront pas omettre de mentionner dans leurs procès-verbaux tous les faits et circonstances de nature à établir la participation agissante ou indirecte des parents ou surveillants des contrevenants mineurs. (Circ. 118 du 3 mai 1895.)

N'est pas suffisamment justifiée la condamnation prononcée contre un père, responsable de la contravention commise par ses enfants mineurs, s'il n'est pas constaté que ceux-ci habitaient avec lui au jour de la contravention. (Cass. crim. 25 juin 1903 ; Pand. Fr. 1904.1.227.)

DÉCLARATION DE PROCÈS-VERBAL ET DE SAISIE.

La saisie doit être déclarée au prévenu et le procès-verbal doit en faire mention. (Décret du 1er germ., art. 21.)

Etait nul le procès-verbal qui ne contenait aucune déclaration de saisie réelle ou fictive. (Cass. 9 janv. 1896 ; Journ. Cont. ind. 1896.30. 399.)

Le procès-verbal qui ne contenait aucune saisie, ni réelle, ni fictive, était affecté, *ipso facto*, d'une nullité radicale. Point de saisie, point d'action, a dit Merlin (Rép., vº Saisie). — C'était là une formalité substantielle dont l'absence entraînait la nullité du procès-verbal tout entier. (Cass. crim. 9 janv. 1896 ; Bull. crim. 1896, nº 13 ; arr. Paris 21 mars 1901.)

La loi du 30 décembre 1903, article 24, ayant abrogé les articles 25 et 26 du décret du 1er germinal an XIII, un procès-verbal est valable aujourd'hui alors même qu'il ne contient aucune mention de saisie réelle ou fictive. (Cass. 13 déc. 1906 ; Bull. Cont. ind. 1907 nº 3.)

Si le contrevenant prend la fuite, le procès-verbal énoncera que la saisie lui a été déclarée à haute et intelligible voix. (Cass. 19 fév. 1807 ; M. 1.263 ; D. 27.592.)

Il n'est pas nécessaire que les employés aient recours à une mainmise réelle des objets saisis ; il suffit qu'ils en déclarent la saisie. (Cass. 10 juin 1826 ; M. 12.11 ; D. 26.1.394.)

Sous le régime de l'inscription de faux, un procès-verbal était *nul* s'il n'était pas déclaré *personnellement* aux voituriers, porteurs, conducteurs d'objets, de marchandises, de voitures publiques, etc., dont la circulation est soumise à des formalités. (Circ. 381 du 21 mai 1856 ; Cass. 26 mars 1836 ; M. 14.353 ; D. 36.1.191 ; S. 36.1.326 ; arr. Grenoble, 28 fév. 1901.)

Alors même que le porteur ou conducteur, pour dégager sa responsabilité, désigne ses commettants (applic. de l'art. 13 de la loi du 21 juin 1873), il lui est néanmoins déclaré procès-verbal. Ses explications, les renseignements qu'il aura fournis, l'énonciation des justifications produites à l'égard du vendeur ou expéditeur, ainsi que les nom, prénoms, demeure et profession de celui-ci, seront consignés dans l'acte afin de permettre à la Régie d'exercer des poursuites contre les véritables auteurs de la fraude. (Circ. 381 du 21 mai 1856 et circ. 94 du 5 juill. 1873.)

Si le procès-verbal est rapporté contre le transporteur, énoncer : « M... invoquant à son profit l'immunité de l'article 13 de la loi du 21 juin 1873, nous a désigné pour son commettant M... (nom, qualité, demeure). »

Lorsqu'il y a lieu à arrestation des contrevenants, dire : « Nous avons, de plus, déclaré à M... qu'en vertu de l'article... de la loi du... nous l'arrêtions pour le constituer prisonnier, et qu'en conséquence nous allions le remettre aux mains de la force armée pour être conduit devant qui de droit. »

S'il s'agit de sociétés anonymes, le procès-verbal doit être rédigé : 1º contre les auteurs directs de l'infraction ; 2º contre la société anonyme dont le siège est situé à... rue..., nº..., parlant à l'un des membres du conseil d'administration.

Il faut que les poursuites soient dirigées contre les personnes qui, d'après les règles du droit civil et commercial, ont mission de représenter la société en justice. *V. assignation.*

On peut se dispenser de rédiger les procès-verbaux contre les expéditeurs, les destinataires, les entrepreneurs, qui souvent sont éloignés du lieu où la saisie a été faite. La Régie est en mesure de les atteindre comme responsables du fait de leurs facteurs, agents ou domestiques. (Circ. 94 précitée ; art. 35 du décret de germ. an XIII et art. 1384 du Code civil.)

Si, en règle générale, il faut toujours dresser procès-verbal contre le transporteur, il est des cas où il peut paraître convenable de dresser le procès-verbal, à la fois, contre le transporteur et contre son patron, lorsque celui-ci réside dans la circonscription d'exercice, de manière à permettre au patron d'exercer en temps voulu son recours contre son agent, si la fraude résulte directement de la négligence ou de la faute de ce dernier.

De même, à l'occasion de différences constatées chez les débitants sur des boissons *de nouvelle venue,* la circulaire 190 du 20 mai 1876 prescrit d'impliquer l'expéditeur avec le destinataire dans la poursuite, « si la boisson en litige est récemment arrivée, s'il n'y a pas eu de la part du destinataire prise de possession définitive, introduction dans sa cave ou dans son magasin, si, enfin, l'enveloppe qui la renferme est reconnue parfaitement intacte ».

Ces expressions s'entendent de fûts, de récipients dont le scellement est intact, qui ne sont pas munis de robinets ou n'ont pas été perforés à l'effet de permettre une prise d'échantillons ou une substitution de liquides. Elles s'appliquent, en somme, à des contenants qui se trouvent dans l'état même où l'expéditeur les a livrés.

Cette manière de procéder permet à l'Administration ou au tribunal de punir le véritable auteur de l'infraction. Dans le cas où l'infraction résulte d'une différence de degré, il faut toujours prélever des échantillons.

Aucune disposition de la loi ne fait une cause de nullité des inexactitudes qui peuvent se glisser dans un procès-verbal relativement à la désignation des individualités contre lesquelles les poursuites peuvent être dirigées. (Douai, 28 juill. 1885 ; M. 21.491 ; Journ. Cont. ind. 1888.57.) Le cas échéant, le défenseur de la Régie provoquerait le renvoi de l'affaire pour permettre à l'Administration d'assigner le véritable contrevenant, et on demanderait au tribunal de déclarer que les sieurs P. et C. sont une seule et même personne.

Lorsque les formalités prescrites par les articles 21 à 24 du décret du 1er germinal an XIII, relatives aux procès-verbaux de saisie, ont été régulièrement accomplies vis-à-vis du transporteur, elles sont réputées l'être à l'égard des auteurs de la fraude, alors même que le transporteur se serait exonéré de toute responsabilité en dénonçant ces derniers en vertu de l'article 13 de la loi du 21 juin 1873. (Cass. 12 nov. 1875 ; M. 19.218 ; S. 76.1.46 ; 6 janv. 1876 ; M. 19.225 ; S. 76.1.190 ; 8 nov. 1878 ; M. 20.331 ; D. 79.1.382 ; S. 79.1.144.)

Lorsque deux époux exercent en commun la profession de débitant de boissons, ils doivent être réputés, de droit, ne former qu'une seule personne quant à l'accomplissement des formalités requises pour la validité des procès-verbaux dressés par les agents de la Régie. (Cass. 20 avril 1893 ; S. 1895. 1.477 et note.)

DESCRIPTION DES OBJETS SAISIS.

Les procès-verbaux doivent énoncer l'espèce, poids ou mesure des objets saisis. (Art. 21 du décret du 1er germ. an XIII.)

Un procès-verbal ne peut pas être vicié quant à la confiscation par cela seul que les objets saisis n'y ont pas été décrits avec tous les détails désirables, s'il est établi, en fait, qu'eu égard au temps où la saisie a été opérée, cette description ne saurait être faite avec plus de précision. (A. C. 25 juin 1875; M. 19.173.)

Il en est de même si les obstacles suscités par le prévenu ont empêché le pesage ou le mesurage des objets saisis. (Cass. 22 août 1806 ; M. 1.239 ; D. 38.102 ; 30 mars 1831 ; M. 13.77 ; D. 38.79 ; 25 juin 1875; M. 19.173 ; S. 76.1.45.)

S'il s'agit de spiritueux, indépendamment de la quantité, il faut énoncer la force alcoolique du liquide : « Procédant au pesage du liquide au moyen de l'alcoomètre et du thermomètre centigrade, nous avons constaté, en présence du sieur..., que l'eau-de-vie contenue dans les fûts pesait 51 degrés à la température de 23 degrés. Faisant ensuite usage de la table des corrections de Gay-Lussac, nous avons reconnu qu'à la température de 15 degrés centigrades, la richesse du liquide était de 48 degrés. » (Circ. 113 du 2 février 1874.)

Il faut, en un mot, rapporter très exactement les moyens à l'aide desquels a été déterminée la force alcoolique des boissons spiritueuses.

La reconnaissance du degré des vins et autres liquides composés doit être faite par distillation. S'il s'agit de liqueurs contenant des huiles essentielles et des principes volatils, il vaut mieux envoyer des échantillons au Laboratoire. (Circ. 170 du 29 juill. 1896.)

En cas de contestation sur le degré des spiritueux, sur la nature ou l'espèce de la boisson, on doit prélever des échantillons, afin que l'acte puisse être utilement soutenu en justice. (Cass. 6 avril 1821 ; M. 11.103; 11 mars 1876 ; M. 19.230 ; Bull. crim. 1876.78 ; 5 avril 1879; M. 21.52; D. 79.1.318 ; V. L. c. du 20 mars 1872 et circ. 207 du 7 avril 1897.)

En cas de prélèvement d'échantillons ou de saisie d'objets prohibés, susceptibles d'être soumis à une expertise judiciaire, indiquer qu'ils ont été soigneusement enveloppés et cachetés avec une empreinte qui devra être décrite au procès-verbal. Indiquer également que le contrevenant, invité à apposer son cachet, a accepté ou refusé.

Le jaugeage est la seule voie légale reconnue pour déterminer la quantité de liquide. Du moment donc où un procès-verbal constate que le jaugeage effectué par les employés a fait ressortir une différence, les juges doivent reconnaître pour certain le résultat de l'opération faite. (Cass. 23 avril 1808 ; M. 3.321.)

Il n'est pas prescrit, à peine de nullité, d'indiquer dans le procès-verbal par quel moyen (jaugeage, pesage ou dépotement) les employés ont constaté les quantités. (Cass. 2 sept. 1843 ; M. 16.434 ; S. 43.1.819.) — La loi a nécessairement consacré tous les modes de jaugeage connus. Toutefois, si les résultats de l'opération sont contestés, les intéressés peuvent requérir qu'il soit fait *immédiatement* un nouveau jaugeage dans les conditions déterminées par l'article 146 de la loi du 28 avril 1816. Si les vérifications autorisées par l'article 146 n'ont pas été requises *au moment même* du recensement ou de la saisie, le résultat du jaugeage mentionné au procès-verbal comme *constatation matérielle* ne peut plus être combattu que par la preuve contraire. (Trib. Villefranche, 27 août 1869 ; Trescaze. Chr. 1869.1.51 ; Pau, 24 mai 1888 ; Agen, 8 juin 1888 et 12 nov. 1896 ; Bull. Cont. ind. 1896.24.)

Il a été jugé que les employés peuvent, sans méconnaître les prescriptions du décret du 1ᵉʳ germinal an XIII, s'abstenir de déguster les boissons ou de jauger les fûts, lorsque le contrevenant a reconnu avec eux ou admis que les liquides saisis étaient de telle espèce et de telle quantité. (Cass. 8 mars 1844 ; M. 17.45.)

Aucun article de la loi du 28 avril 1816 ne prescrivant le dépotement comme mesure obligatoire de jaugeage lorsqu'il est réclamé par un marchand en gros au cours d'un recensement, les employés peuvent se refuser à effectuer ce dépotement. (Cass. crim. 27 oct. 1899 ; Bull. Cont. ind. 1899.23.)

Aucun mode particulier de jaugeage n'est imposé aux agents. C'est au négociant à requérir l'expertise dans les termes de l'art. 146 de la loi du 28 avril 1816, s'il conteste les résultats d'un jaugeage. (Cass. crim. 19 juin 1902 ; Bull. Cont. ind. 1902.15 ; S. 1905.1.60.)

En prescrivant d'énoncer dans le procès-verbal la sommation faite à la partie d'assister à la description des objets saisis, l'article 21 du décret du 1ᵉʳ germinal an XIII exige implicitement que la sommation soit accompagnée de l'indication du jour, de l'heure et du lieu où la description sera faite. (Cass. 8 nov. 1878 ; S. 79.1.382 ; M. 20.391.)

OFFRE DE MAINLEVÉE DES MOYENS DE TRANSPORT SAISIS POUR GARANTIE DE L'AMENDE ET MAINLEVÉE DES MARCHANDISES SAISIES.

En matière de boissons et d'huiles végétales, la législation accorde à la Régie la faculté de saisir les moyens de transport *pour sûreté de l'amende*, à défaut de caution ou de consignation (1).

Les procès-verbaux doivent mentionner l'offre de mainlevée des moyens de transport saisis pour garantie de l'amende (navires, bateaux, voitures, chevaux et équipages), sous caution solvable ou consignation du maximum de l'amende, ainsi que la réponse de la partie. (Décret du

---

(1) Les consignations doivent figurer au 89 C et ne sont transportées au 89 A (première partie) que lorsque l'affaire a reçu une solution. Lorsque la consignation est perçue par l'octroi (saisie commune), le receveur central délivre une quittance du registre K *bis* et verse la somme, en fin de mois, au receveur de la Régie contre une quittance (sans timbre) du registre 74.

1ᵉʳ germ. an XIII, art. 23 ; loi du 28 avril 1816, art. 17 et 27 combinés ;
art. 94 de la loi du 25 mars 1817 pour les huiles ; V. circ. 207 du 7 avril
1897.)

A défaut de caution ou de consignation de l'amende, les vélocipèdes
ou appareils analogues sont saisis, mais pour garantie des condamnations à intervenir. (Loi du 30 janvier 1907, art. 24.)

Mais on ne perdra pas de vue que la saisie peut être réelle lorsqu'il
s'agit de moyens de transport dont la confiscation est prononcée par la
loi, ce qui a lieu quand il s'agit de *marchandises prohibées*, telles que
tabacs, poudres, cartes, allumettes, sels, ou en matière de voitures
publiques (1) : il n'y a pas, dans ce cas, d'offre de mainlevée à faire.
Bien entendu, on peut donner mainlevée, si le contrevenant consigne la
valeur totale des moyens de transport.

Toutes les fois que la saisie est minime et ne présente point de
circonstances aggravantes, ou que les contrevenants sont connus ou
solvables, les employés peuvent renoncer à l'application des articles
17 et 27 de la loi du 28 avril 1816. (Circ. 89 du 29 avril 1834.)

On remarquera que l'offre de mainlevée prescrite par l'article 23 du
décret du 1ᵉʳ germinal an XIII ne concerne que les *moyens de transport
saisis pour garantie de l'amende*. (Cass. 12 sept. 1811; M. 10.312;
D. 38.106.) Toutefois, en cas de simple fraude, l'Administration recommande d'offrir également la remise provisoire des objets saisis, sous
caution solvable, après estimation faite de gré à gré. (Circ. 19 du 13
pluv. an XIII; Instr. 27 du 18 prair. an XIII; circ. 207 du 7 avril 1897.)

Il faut distinguer le cas où la loi prononce la confiscation des moyens
de transport au même titre que celle des marchandises d'avec celui où
la saisie des moyens de transport n'est autorisée que pour sûreté de
l'amende. Dans la première hypothèse, on peut exiger, le cas échéant,
le cautionnement ou la consignation de la valeur totale des moyens de
transport, à quelque somme qu'elle s'élève ; dans la seconde hypothèse,
le prévenu peut être mis en demeure de cautionner ou de consigner le
maximum des amendes encourues, alors même que la valeur des
moyens de transport serait inférieure à ce maximum. (Cass. 19 août

---

(1) On ne doit saisir les voitures, chevaux et harnais qu'à défaut d'estampille ou
de laissez-passer, ou quand ce dernier est inapplicable tant par le signalement que
par le numéro de la voiture. (Art. 120 de la loi du 25 mars 1817 ; Cass. 7 août 1818,
11 sept. 1818, 15 oct. 1819 ; M. 10.39.)

Une différence dans le prix des places, une différence entre le nombre de voyageurs
et le nombre de places déclarées ne rend pas le laissez-passer inapplicable, si le
signalement qu'il indique est bien celui de la voiture et s'il est d'accord avec le
numéro de l'estampille.

Toutefois, en cas de saisie de voitures en route, ces voitures pourront continuer leur
voyage au moyen d'une mainlevée sous caution, ou même sous la caution juratoire
de l'entrepreneur ou du conducteur. (Art. 120 de la loi du 25 mars 1817.)

Pas de saisie des moyens de transport quand il s'agit simplement d'excédent de
voyageurs, puisqu'il suffit que les voyageurs descendent pour que l'identité soit réta-
blie.

Qu'il y ait excédent de voyageurs ou laissez-passer inapplicable, les verbalisants
ne sont pas en droit de retenir le laissez-passer.

1836; M. 14.421 ; 19 mai 1837; M. 15.91; D. 37.1.526; S. 38.1.907.)

En résumé, au point de vue des pénalités, la confiscation des objets fabriqués, vendus ou transportés en fraude s'ajoute à l'amende. Mais à ces pénalités (amende et confiscation) vient s'ajouter encore la valeur des moyens de transport, quand la saisie porte sur des marchandises prohibées (tabacs, poudres, etc.). Ce n'est qu'en matière de boissons, de vélocipèdes et d'huiles végétales que la saisie des moyens de transport a lieu en garantie de l'amende.

En matière d'octroi, la loi ne prescrit pas la saisie réelle des objets en contravention. Une saisie de forme, les laissant à la charge du prévenu, est suffisante. (Lyon, 17 fév. 1881.)

Il importe que les agents verbalisateurs exigent des garanties sérieuses et n'accordent mainlevée qu'après prélèvement d'échantillons, s'il y a lieu, estimation contradictoire aussi exacte que possible, et moyennant consignation ou caution, si la situation pécuniaire du contrevenant leur est inconnue. En cas de fraude importante et à défaut des garanties précitées, ou si les contrevenants refusent la mainlevée qu'on leur offre, les employés ne devront pas hésiter, toutes les fois que la chose sera possible, à saisir réellement les marchandises en indiquant dans leur procès-verbal les noms, qualité et domicile de la personne constituée dépositaire. (Circ. 207 du 7 avril 1897.)

On ne devra recourir à la saisie réelle des objets en contravention qu'en cas de nécessité absolue, par exemple quand les délinquants seront inconnus des employés ou notoirement insolvables. (Circ. 549 du 6 janv. 1904.)

Il importe d'agir avec d'autant plus de prudence, qu'en cas de saisie mal fondée, le tribunal peut condamner la Régie, non seulement aux frais du procès et à ceux de fourrière, mais encore à une indemnité représentant le préjudice que la saisie indûment pratiquée a pu causer. (Loi du 6 août 1905, art. 22.)

Pour ne pas exposer l'Administration à des revendications onéreuses, le service aura soin, désormais, lorsqu'il ne s'agira pas d'objets prohibés ou ne se trouvera pas en présence d'un contrevenant insolvable, de donner mainlevée *sous la seule réserve de représenter en cas de condamnation* la marchandise ou sa valeur estimée suivant les règles ordinaires. (Circ. 612 du 8 août 1905.)

Les vins de marcs, les vins de sucre et autres vins artificiels, saisis chez le producteur de ces vins ou chez le négociant, doivent être transformés en alcool, après payement de leur valeur ou être détruits. En attendant la solution du litige, le prévenu est tenu de conserver gratuitement les marchandises intactes, sous peine de payer une amende complémentaire égale au double du droit de consommation sur l'alcool contenu dans les liquides détournés. (Loi du 6 août 1905, art. 7.)

Quand, à la suite d'un procès-verbal, les saisissants accorderont mainlevée des vins artificiels saisis, ils les prendront en charge à un compte ouvert au prévenu. Un certificat de prise en charge sera annexé au dossier contentieux. (Circ. 613 du 8 août 1905.) V. *Vins artificiels.*

Lorsque la saisie sera fictive, l'évaluation de la valeur des objets sera faite de gré à gré, ou, dans le cas contraire, d'après les mercuriales de la région et les prix courants ordinaires. (Circ. 207 du 7 avril 1897.)

La même forme de procéder est suivie en ce qui concerne les moyens de transport. *Ib.*

L'offre de mainlevée des moyens de transport peut être faite utilement jusqu'à la rédaction de l'acte (Cass. 12 nov. 1835 ; M. 15.7 ; D. 38.106) tant que le procès-verbal n'est pas clos (Cass. 4 déc. 1840 ; M. 16.50 ; D. 41.1.180 ; S. 41.1.607) et jusqu'à sa clôture (Cass. 6 nov. 1885 ; M. 21.465 ; S. 86.1.139). Il s'ensuit que le contrevenant qui, bien que sommé d'assister à la rédaction, ne s'est pas présenté, n'est plus fondé à dire que l'article 23 a été violé parce que le procès-verbal ne relate pas l'offre de mainlevée et la réponse du contrevenant. (Cass. 6 nov. 1885 ; M. 21.465 ; S. 86.1.39.)

Il se peut que le contrevenant demande, après la clôture du procès-verbal, la mainlevée des moyens de transport ou des boissons saisies, moyennant caution solvable ou consignation soit de leur valeur estimative, soit seulement du maximum de l'amende, s'il s'agit de moyens de transport saisis pour garantie de l'amende. On établit alors, dans la forme indiquée ci-après, un acte de mainlevée qui doit être dressé sur papier timbré et enregistré dans les quatre jours.

Acte de cautionnement des moyens de transport ou des boissons saisies, lorsque la mainlevée est accordée après la clôture du procès-verbal.

L'an mil neuf cent   le   s'est présenté devant nous   M. P.
..   marchand en gros à   lequel a dit que par procès-verbal du   il a été procédé à la saisie, à son préjudice, de 4 fûts contenant ensemble 985 litres de spiritueux à divers degrés pour 673 livres d'alcool pur, qui ont été déposés chez M Th.   camionneur, domicilié à   rue   n° ; qu'il offre pour obtenir la remise des objets saisis de fournir caution solvable ; et de fait, ledit comparant nous a offert M. B.   entrepreneur de travaux à
lequel, ici présent, après avoir pris connaissance du procès-verbal précité, s'est rendu volontairement garant et caution solidaire de M. P.   et s'est engagé en outre à payer à M. Th   les frais de dépôt échus, et ce, avant la reprise des objets saisis et dont le détail précède ; et au moyen de l'engagement de M. B.   et du paiement des frais de dépôt, avons à l'instant fait remettre à M. P.   qui le reconnaît et en fait décharge au dépositaire, les quatre fûts de spiritueux. De tout quoi nous avons dressé le présent acte en notre bureau sis à   rue   n° lesdits jour et an, et avons signé avec MM.   après lecture à eux faite.

(*Suivent les signatures de l'employé, du contrevenant, du dépositaire et de la caution.*)

PRÉSENCE DU PRÉVENU A LA DESCRIPTION DES OBJETS SAISIS OU SOMMATION D'Y ASSISTER.

Les procès-verbaux doivent énoncer la présence de la partie à la description des objets saisis ou la sommation qui lui aura été faite d'y assister. (Décret du 1er germ. an XIII, art. 21.)

Le mot « sommer » n'est pas sacramentel, et peut être remplacé par un équivalent. (Cass. 5 juill. 1839 ; M. 15.358 ; Bull. crim. 1839.217.)

On aura soin d'indiquer si les opérations ont été faites de concert avec le prévenu et s'il en a reconnu ou contesté l'exactitude.

Le contrevenant qui a été sommé d'assister à la rédaction et à la lecture du procès-verbal a reçu, par cela même, la sommation d'assister à la description des objets saisis. (Cass. 14 juin 1834; M. 14.78; D. 34.1.365; S. 34.1.512; Cass. 3 janv. 1880 ; M. 21.106; Cour de Poitiers, 19 mars 1880; M. 21.132.)

La sommation faite au contrevenant d'assister à la description des objets saisis doit faire mention du jour, de l'heure et du lieu où la description sera faite. (Cass. 8 nov. 1878; M. 20.331; D. 79.1.382; S. 79.1.144.)

Il suffit que cette formalité ait été régulièrement accomplie vis-à-vis du transporteur ou du voiturier pour produire son effet à l'égard du commettant, le transporteur étant le représentant légal de ce dernier. (Cass. 12 nov. 1875; M. 19.218; S. 76.1.46 ; 8 nov. 1878; M. 20.331; D. 79.1.382; S. 79.1.144.)

NOM, QUALITÉ ET DEMEURE DU GARDIEN.

Les procès-verbaux doivent énoncer le nom et la qualité du gardien, lorsqu'il y a eu *saisie réelle*. (Décret du 1er germ. an XIII, art. 21 ; Cass. 23 oct. 1807; M. 2.649.)

Si les verbalisants se constituent dépositaires des objets saisis, le procès-verbal doit contenir le nom et la qualité du gardien et non simplement le bureau de la Régie où le corps du délit a été déposé. (Cass. 4 fév. 1820; M. 10.333; D. 38.103; Lyon, 3 mars 1885.)

L'indication du lieu du dépôt est considérée comme insuffisante en l'absence de la désignation exacte du gardien. (Cass. 14 nov. 1839; M. 15.384; D. 40.1.382; S. 40.1.545.)

Le procès-verbal doit contenir l'énonciation du nom et de la qualité du gardien constitué dépositaire des objets saisis, qu'il s'agisse d'une saisie provisoire, conditionnelle, suspendue ou définitive. (Cass. 19 oct. 1894; Bull. crim. 94.252; Cass. 26 mars 1898; Bull. crim. 98.136; arr. Montpellier, 3 juin 1898 et 20 déc. 1900).

Au cas de mise en fourrière, on doit convenir du prix de garde des animaux à nourrir et l'énoncer dans l'acte. *V. form. 126 bis.*

Le gardien devra signer le procès-verbal. (Cass. 4 juin 1830; M. 12.29.) Mais il n'est pas indispensable que la signature soit donnée au moment même de la rédaction du procès-verbal. (Même arrêt.)

Acte de mise en fourrière, acte de transport pour opérer le dépôt des objets saisis.

Et de suite, lesdits jour et an, à... midi, nous soussignés..... dénommés et qualifiés dans le procès-verbal ci-dessus, avons conduit (*accompagnés ou en l'absence de M.*) les   saisis et retenus, comme il est expliqué audit procès-verbal, chez M.   aubergiste à   et parlant à   nous lui avons déclaré que nous laissions à sa charge et garde lesdits   évalués à   à quoi il a consenti, s'en chargeant comme dépositaire de justice, avec promesse de les loger, nourrir et entretenir, selon l'usage, et ce, moyennant la somme de pour chaque jour, prix ordinaire et débattu entre nous ; il s'est chargé en outre à ne livrer lesdits   qu'à notre réquisition ou consentement, ou au consentement et réquisition de l'Administration. En foi de quoi avons signé avec ledit.

Nota. — Si l'acte ne fait pas partie du procès-verbal, on le commence en ces termes :

L'an   le   à   heures du   nous soussignés (*noms, prénoms, qualités et demeure*), figurant en qualité de saisissants dans le procès-verbal, rédigé ce jour au préjudice de M.   avons conduit   (*comme ci-dessus*).

Cet acte doit alors être fait en double, rédigé sur papier timbré et enregistré.

On rédigerait l'acte de transport pour opérer le dépôt des objets saisis dans la même forme que l'acte de mise en fourrière.

Dans les cas ordinaires, le dépôt est fait dans le corps du procès-verbal ; mais on doit faire un acte de transport distinct, suivant le modèle ci-dessus, lorsque la saisie étant faite à domicile, les objets saisis ne peuvent être laissés à la charge du contrevenant, et lorsque le procès-verbal est rédigé sur le lieu même de la saisie.

ESTIMATION DES OBJETS SAISIS.

Les procès-verbaux doivent mentionner l'évaluation des objets saisis, que ceux-ci aient été laissés à la garde du prévenu ou placés sous caution.

Lorsque l'estimation a été faite de gré à gré, le contrevenant a la faculté de se libérer en remettant, à son choix, soit la marchandise saisie, soit sa valeur estimative qui ne peut être réduite, en principe, par le tribunal, sauf le cas de circonstances atténuantes. (Arr. Dijon 21 août 1872 ; M.19.1 ; Montpellier 27 avril 1874 ; M. 19.61 ; Cass. 28 nov. 1874 ; M. 19.152 ; Lyon 26 nov. 1890 ; Journ. Cont. ind. 1894.22.235 ; Montpellier 5 août 1905 ; Bull. Cont. ind. 1905.18.)

Lorsque les objets de fraude ont disparu (saisie fictive), les employés ne doivent pas moins en déclarer la saisie et en faire l'estimation au procès-verbal. Cette estimation permet au tribunal d'évaluer plus facilement le montant des dommages-intérêts à prononcer au profit de la Régie. (*Girard.*)

D'ailleurs, lorsqu'il y a saisie fictive, le contrevenant doit ou représenter la confiscation ou en payer la valeur. (Cass. civ. 22 juill. 1891 ; Journ. Cont. ind. 1893, 101.)

On ne doit pas comprendre dans l'estimation le montant des taxes représentant les droits fraudés.

Les moyens de transport et les objets de fraude doivent être évalués séparément.

Il est inutile d'opérer la saisie des moyens de transport quand, la solvabilité des contrevenants étant connue, les verbalisants déclarent en donner mainlevée.

Lorsque la saisie est effective, les agents verbalisateurs n'ont pas à fixer dans le procès-verbal la valeur des objets de fraude.

HEURE DE LA CLÔTURE.

Le procès-verbal doit énoncer exactement l'heure de sa clôture. (Décret du 1er germ. an XIII, art. 21.)

La véritable date du procès-verbal est celle de sa clôture, attendu que, dès ce moment, courent les délais d'enregistrement et de prescription de l'action. (Cass. 8 janv. 1807 ; Bull. crim. 1807.6 ; 29 mai 1818 ; D. 27.599 ; M. 11.67 ; arr. Bord. 18 déc. 1896.)

ABROGATION DES FORMALITÉS RELATIVES A LA NOTIFICATION ET A L'AFFICHAGE. REMISE DE LA COPIE DU PROCÈS-VERBAL AU CONTREVENANT.

L'article 8 de la loi du 17 avril 1906 a abrogé l'article 24 du décret du 1er germinal an XIII et l'article 77 de l'ordonnance du 9 décembre 1814.

Aux termes de ces articles, si le prévenu était présent à la rédaction du procès-verbal dressé en matière de contributions indirectes ou d'octroi, il lui en était donné lecture et copie ; en cas d'absence, le procès-verbal était notifié ou affiché dans les vingt-quatre heures, à la porte de la maison commune du lieu de la saisie.

Les formalités d'affichage et de notification ne sont plus remplies. (Circ. 642 du 18 avril 1906.)

Les procès-verbaux n'ont plus à en faire mention, non plus que de la lecture et de la copie donnée. Ib.

En vue de ne restreindre en aucune façon les facilités données aux prévenus pour préparer leur défense ou pour présenter leurs justifications dans le cas où l'affaire donnerait lieu à transaction, il y aura lieu de leur délivrer une copie des procès-verbaux, quand ils en feront la demande, soit au moment de la rédaction à laquelle ils seront, comme par le passé, invités à assister, soit encore au moment où ils seront convoqués ou se présenteront pour transiger dans les bureaux des directions ou sous-directions. Cette copie sera établie sur papier libre et portera la mention « délivrée à titre de simple renseignement ». Ib.

L'Administration a recommandé l'observation des règles qui précèdent aux administrations locales relativement aux procès-verbaux dressés en matière d'octroi. Ib.

AFFIRMATION.

Depuis que les procès-verbaux ne font plus foi que jusqu'à preuve contraire, ils ne doivent plus être affirmés devant le juge de paix. (Circ. 549 du 6 janv. 1904 ; Cass. 16 fév. 1906 ; Bull. Cont. ind. 1906.8.)

ENREGISTREMENT DES PROCÈS-VERBAUX.

Il doit avoir lieu dans les quatre jours de la date de clôture du procès-verbal. (Art. 20 de la loi du 22 frim. an VII.)

Le jour de la date de l'acte ne compte pas, ni le dernier jour du délai, lorsqu'il se trouve un dimanche ou un jour de fête légale. (Art. 25, même loi ; Cass. 18 fév. 1820 ; Bull. crim. 1820.79.)

Ainsi, un procès-verbal clos le 11 est valablement enregistré le 15 ; il peut encore être enregistré le 16 quand le 15 est un jour de fête. Cette règle consacrée par la loi est spéciale aux délais d'enregistrement. L'enregistrement, dit Faustin Hélie (t. III, n° 1412), a pour but, non pas de donner au procès-verbal une date certaine, car il fait foi de la date que lui a donnée son rédacteur, comme de toutes les autres énonciations qu'il renferme, mais de constater l'existence même de cet acte, qui ne doit pas rester entre les mains de l'agent qui l'a rédigé, et de contrôler la date qui lui a été donnée, de manière que l'erreur ou l'omission puisse en être relevée.

Le procès-verbal n'est pas nul pour enregistrement tardif. En cas de retard, l'amende est de 5 francs. (Loi du 15 juin 1824, art. 10.)

La jurisprudence avait d'abord manifesté une tendance à imposer l'enregistrement à peine de nullité à ceux des procès-verbaux qui faisaient foi jusqu'à inscription de faux, et non à ceux qui ne font foi que jusqu'à preuve contraire. (V. Cass. 10 mai 1810 ; P. Chr. ; Faustin Hélie, t. III, n° 1414.)

Mais la Cour de cassation admet maintenant que l'enregistrement des procès-verbaux des commissaires de police, des gardes champêtres et gendarmes, n'est pas prescrit à peine de nullité, sans qu'il y ait à distinguer suivant la foi qui leur est due. (Cass. 11 mai 1808; P. Chr. ; 3 sept. 1808 ; P. Chr. ; 1er mai 1818 ; Bull. Cass. crim. 57 ; 5 mars 1819 ; Bull. Cass. crim. 31 ; 18 fév. 1820 ; ib. 30 ; 4 janv. 1834 ; Journ. du droit crim. 1834. 28 ; 31 mars 1848 ; Bull. Cass. crim. 92 ; S. 48.1.452 ; 20 avril 1865 ; Bull. Cass. crim. 96. — V. Pand. franç., V° Proc.-verb. 411.)

Droits d'enregistrement. — Quel que soit le nombre des prévenus, le droit d'enregistrement des procès-verbaux est de 2 fr. 50, principal et décimes. (Circ. 65 du 10 août 1893.)

Il est perçu un second droit fixe de 1 fr. 25, principal et décimes, lorsqu'un *tiers* est caution ou gardien, que cette disposition fasse ou non l'objet d'un acte séparé. (Déc. Min. Fin. des 25 nov. 1816 et 19 fév. 1874 ; Circ. 603 du 20 août 1859.)

Quand c'est un des préposés saisissants qui est gardien, il n'est pas dû de droit pour cette disposition. (Lett. Dir. Enregist. du 18 sept. 1818.)

En ce qui concerne la formalité de l'enregistrement, la loi du 22 frimaire an VII, art. 26, admet qu'elle soit remplie soit au bureau de la résidence des verbalisants, soit au bureau du lieu où le procès-verbal a été dressé.

FAUX ET ALTÉRATION DES EXPÉDITIONS.

Si la saisie porte sur le faux ou l'altération des expéditions, dans ce cas l'infraction procède d'un acte criminel puni par le Code pénal.

Le procès-verbal énoncera alors le genre de faux, les altérations ou surcharges. Les expéditions, signées et paraphées des saisissants, *ne varietur*, seront annexées au procès-verbal, qui contiendra la sommation faite à la partie de les parapher, et sa réponse. (Art. 22 du décret du 1er germ. an XIII; art. 76 de l'ord. du 9 déc. 1814 pour l'octroi.)

Ces dispositions ne concernent que les titres de mouvement délivrés par les receveurs buralistes, et non les laissez-passer que les assujettis sont autorisés à détacher eux-mêmes d'un registre à souche. Les laissez-passer qui présenteraient des traces d'altération ou de surcharge seraient considérés comme nuls et la boisson saisie comme circulant sans expédition. (Cass. 9 avril 1881; M. 21.202, 31 janv. 1879; M. 21.40.)

Les titres de mouvement ne doivent être paraphés *ne varietur* par les saisissants et annexés au procès-verbal que lorsqu'ils sont faux ou lorsque leurs énonciations ont été frauduleusement altérées. Tel serait le cas, par exemple, si l'expédition était détachée d'un registre soustrait à l'Administration, ou si le libellé de l'expédition établie par le receveur buraliste était modifié après coup par l'expéditeur ou le transporteur.

Quand des expéditions ont été altérées, le tribunal saisi de la contravention fiscale doit surseoir à statuer tant que la question d'altération n'a pas été tranchée. (Cass. 25 mars 1897; Journ. Cont. ind. 1898.45.524.)

FORMALITÉS NON REMPLIES PAR LA FAUTE DU CONTREVENANT. FORMALITÉS REMPLIES VIS-A-VIS DU TRANSPORTEUR.

Déjà, avant la loi du 30 décembre 1903 qui a admis la preuve contraire, l'omission des formalités prescrites par le décret du 1er germinal an XIII n'entraînait pas la nullité du procès-verbal, lorsque cette omission provenant du fait du contrevenant, de difficultés ou de résistances opposées par lui aux employés dans l'exercice de leurs fonctions. (Cass. 22 août 1806; D. 38.102; M. 1.239; 7 avril 1808; D. 38.104; M. 3.257; 8 mars 1821; D. 38.105; M. 10.345; 30 mars 1831; D. 38.79; M. 13.77; 9 mars 1877; S. 77.1.231; M. 20.222; D. 78.1.233; 23 juin 1888; Bull. crim. 1888.222; Journ. Cont. ind. 1888.482.)

Les formalités régulièrement accomplies vis-à-vis du transporteur produisent leur effet à l'égard du commettant, le transporteur étant le représentant légal de ce dernier. (Cass. 4 sept. 1813; M. 8.291; S. Chr.; 6 janv. 1876; S. 76.1 190; D. 77.5.133; M. 19.225; 8 nov. 1878; S. 79.1.144; D. 79.1.382; M. 20.331.)

La femme d'un assujetti est le commis, le préposé naturel de son mari. Toutes les opérations faites, à domicile, en présence de la femme et contradictoirement avec elle, sont aussi légales que si elles avaient eu lieu en présence du mari. (Cass. 6 sept. 1806; 14 mai 1818; 15 janv. 1820; S. Chr. M. 9.320; 3 juin 1880; 20 avril 1893; D. 94.1.199; Bull. crim. 1893.102; Pand. franç. 93.1.488.)

NULLITÉ DES PROCÈS-VERBAUX.

Les tribunaux ne peuvent admettre contre un procès-verbal d'autres nullités que celles résultant d'un texte de loi. (Cass. 20 sept. 1883; M. 14.41; Bull. crim. 1833.42 et 28 mars 1846; S. 46.1.702; M. 17.321.)

La loi du 30 décembre 1903, art. 24, a abrogé les nullités édictées par les articles 25 et 26 du décret du 1er germinal an XIII. (Arr. Dijon du 20 juillet 1904.)

Lorsqu'un procès-verbal est nul pour vice de forme, l'amende e l'emprisonnement ne peuvent être prononcés (Cass. 14 avril 1821 ; D. 38.8 ; M. 11.111), mais la confiscation est toujours requise s'il s'agit d'objets prohibés (tabacs, poudres, cartes, allumettes) et pour les autres objets quand l'infraction est suffisamment démontrée par l'instruction. (Applic. art. 34 du décret du 1er germ. an XIII.)

Par exception, il a été jugé qu'en matière de tabacs la condamnation à l'amende n'était pas subordonnée à l'existence ou à la régularité d'un procès-verbal. (Cass. 25 juin 1835 ; S. 35.1.690 ; M. 14.235 ; 22 fév. 1889 ; D. 90.1.47 ; Bull. crim. 1889.75 ; Montpellier 9 fév. 1899.)

En matière de sels, la condamnation n'est pas subordonnée à l'existence d'un procès-verbal. (Loi du 1er mai 1905, art. unique.)

En matière correctionnelle, il n'y a de nullités que celles provenant de l'omission des formalités substantielles, omissions pouvant nuire aux droits de la défense. (Arr. Nîmes 4 août 1906.)

Si l'abrogation de l'article 26 du décret du 1er germinal an XIII ne laisse subsister aucun texte qui prononce expressément la nullité des procès-verbaux dressés en matière de contributions indirectes, pour inobservation des formalités prescrites par la loi, la nullité est néanmoins nécessairement encourue lorsque la formalité omise tient à la substance même de l'acte (p.-v. procédant d'une violation de domicile ; manque de compétence de l'agent verbalisateur, etc.).

Si le procès-verbal est nul pour violation de l'article 237 de la loi du 28 avril 1816, le procès-verbal doit être considéré comme inexistant : ni amende, ni confiscation. (Douai, 30 déc. 1884 ; Journ. Cont. ind. 1893.39.405.)

Mais lorsque, d'après l'instruction, l'ordre de visite a été exhibé au contrevenant, la simple omission dans le texte du procès-verbal de la mention relative à cette exhibition ne met pas obstacle à la validité de la saisie et, par suite, à la confiscation des objets trouvés en fraude, si l'enquête établit la contravention. (Cass. 13 déc. 1895 ; Bull. Cont. ind. 1896.13.)

S'il est établi par des témoignages que l'ordre de visite a été réellement exhibé, la simple omission de la mention de cette exhibition dans le procès-verbal ne saurait vicier aujourd'hui la portée de cet acte, qui doit être considéré comme régulier et valable, et entraîner la condamnation à l'amende et à la confiscation. (Jug. Béziers 23 nov. 1904.)

Jugé que si l'ordre de visite portait simplement « soupçonné de se livrer à une distillation clandestine » sans indiquer les motifs sur lesquels reposait ce soupçon, le procès-verbal est nul, mais que la Régie peut obtenir la confiscation des objets saisis. (Arr. Toulouse 14 mars 1906.)

Les nullités de forme des procès-verbaux peuvent être proposées en tout état de cause et, pour la première fois, en appel. (Cass. 10 avril 1807 ; D. 27.601 ; M. 2.421.)

La nullité résultant de l'inobservation de l'article 237 peut même être proposée pour la première fois en Cassation. (Cass. 12 déc. 1884 ; M. 21.359 ; Bull. crim. 84.336.)

Par contre, les nullités d'assignation sont couvertes par la comparution volontaire des prévenus et leurs conclusions au fond. (Cass. 6 janv. 1838 ; S. 38.1.922 ; D. 38.1.160 ; M. 15.158 ; 28 nov. 1874 ; M. 19.152 ; Bull. crim. 1874.303.)

Les nullités de forme qui entachent les procès-verbaux ne sont pas de simples nullités d'instruction ou de procédure qu'il soit nécessaire de proposer *in limine litis*. Suivant une doctrine et une jurisprudence unanimes, elles sont d'ordre public, et les tribunaux doivent les déclarer d'office. (Jug. Cherbourg 12 nov. 1903.)

RECOMMANDATIONS.

Le service doit s'attacher à présenter les faits dans l'ordre où ils se sont produits, avec une précision parfaite et un souci scrupuleux d'exactitude dans tous les détails. Les rédacteurs n'inséreront rien dans leurs actes qu'ils ne soient en mesure de prouver soit par des témoignages, soit par des écrits. Ils devront relater les aveux que les contrevenants feront de la fraude qui leur est reprochée. (Circ. 549 du 6 janv. 1904.)

Cette mention est du plus grand intérêt, attendu que ces aveux mettent le fardeau de la preuve à la charge du prévenu. (Cass. 11 déc. 1902 ; Bull. Cont. ind. 1903.4.17.)

Si les constatations des employés portent sur des différences de volume, d'espèce ou de degré, ils ne manqueront pas de décrire minutieusement les objets saisis, les moyens de vérification employés et de mentionner le prélèvement des échantillons. (Circ. 549 du 6 janv. 1904.)

Les procès-verbaux ne doivent être signés que par les agents qui ont effectivement participé à la constatation de la contravention. (Circ. 274 du 10 sept. 1879 ; 280 du 23 mai 1898 et Lett. autogr. du 5 juill. 1899.)

Les procès de régie doivent, à peine de nullité, être exclusivement rédigés par les agents qui ont pris une part personnelle et directe à la constatation du fait qui constitue la contravention. (Loi du 6 août 1905, art. 17.)

Les agents de tous grades doivent observer, en matière de répression, une correction qui écarte jusqu'à l'apparence même du soupçon. (Lett. autogr. du 5 juillet 1899.)

Toute pièce, lettre, note, etc., jointe à un dossier contentieux doit être signée tant par l'employé qui l'aura établie en minute ou en expédition, que par celui qui aura été appelé à la vérifier. (Circ. 446 du 10 mai 1901.)

Le timbre d'identité créé par la circulaire n° 5 du 28 avril 1891 doit être apposé sur la correspondance et les pièces d'une certaine importance par le directeur, sous-directeur, contrôleur, chef de poste ayant établi ces documents.

Les procès-verbaux dressés par les agents de la Régie ou par les préposés d'octroi et constatant une contravention punie d'une peine corporelle doivent relater le signalement des prévenus. (Circ. 288 du 29 janv. 1880.)

Lorsque le contrevenant sera inconnu et dans les cas où il y a lieu à arrestation, les verbalisants auront à se conformer aux instructions de la circulaire nº 288 du 29 janvier 1880, et à indiquer, à la fin du procès-verbal, le signalement des prévenus. (Circ. 549 du 6 janv. 1904.)

Afin de permettre à la Régie ou au Parquet de faire réclamer au greffe du tribunal d'origine du contrevenant l'extrait nº 2 du casier judiciaire, les verbalisants auront soin de relater sur le procès-verbal ou sur le rapport sommaire les renseignements nécessaires sur l'état civil du délinquant (*lieu et date de naissance, noms et prénoms de ses père et mère*).

Recommandations concernant le rôle des employés supérieurs verbalisants. On doit mentionner dans les procès-verbaux toutes les circonstances matérielles qui constituent la contravention, en ayant soin de déterminer le rôle de chaque agent dans les diverses phases des opérations. Lorsque les procès-verbaux reposent sur des constatations successives faites par plusieurs employés, il convient d'exposer fidèlement tous les faits dans leur ordre chronologique et de faire ressortir, d'une manière explicite, le moment où chaque agent est intervenu. Il faut, en un mot, que le procès-verbal reflète la physionomie exacte de l'affaire ainsi que la participation effective de chacun des signataires. (Circ. 549 du 6 janv. 1904.)

Ce but sera mieux atteint encore si les employés supérieurs s'attachent à guider leurs collaborateurs, à diriger leurs opérations et à intervenir personnellement lorsque le concours de leurs connaissances et de leur expérience sera nécessaire. Ils devront, toutefois, s'abstenir de signer les actes relatant des découvertes auxquelles ils n'auraient participé que dans une mesure restreinte. *Ib.*

RAPPORT SOMMAIRE.

Il convient de joindre au dossier un rapport sommaire établi en double expédition. (Circ. 4 du 1er mars 1822.)

Les rapports sommaires ont un caractère confidentiel et, à ce titre, ils ne peuvent être communiqués aux contrevenants, pas plus qu'aux juges appelés à connaître de l'affaire.

Les verbalisants doivent relater sur le rapport sommaire les inductions qu'ils tirent des faits consignés au procès-verbal, l'expression de leur opinion sur le plus ou moins de gravité de la contravention et les renseignements qu'ils ont à fournir sur les antécédents, les ressources, la moralité fiscale du prévenu, etc. (Circ. 450 du 8 juin 1850; 7 du 7 juin 1869 et 274 du 10 sept. 1879.)

Si la fraude a été dénoncée, on doit indiquer si l'avis reçu est direct ou indirect. (V. circ. 280 du 23 mai 1898.)

Les rapports sommaires sont de simples renseignements dont les directeurs apprécient la valeur. (Circ. 450 précitée.)

DÉSIGNATION DES AGENTS QUI ONT RÉDIGÉ LES PROCÈS-VERBAUX	PAR QUI LES RAPPORTS SOMMAIRES DOIVENT ÊTRE RÉDIGÉS.
Commis placés sous les ordres { d'un contrôleur ou d'un commis principal de 1re, 2e ou 3e classe. . . . . d'un receveur ambulant. .	Le contrôleur ou le commis principal, lors même qu'il n'a pas participé à la rédaction du procès verbal. Le principal employé verbalisant.
Commis principal de 4e ou 5e classe. . .	
Commis à la résidence du directeur ou sous-directeur.	Le principal employé verbalisant.
Employé d'une recette ambulante. . .	Le receveur.
Employé de garantie.	Le contrôleur.
Préposés d'octroi	Le préposé en chef (ou principal).
Préposés étrangers.	Si les procès-verbaux sont remis au chef local des Contributions indirectes, il convient que ce dernier établisse un rapport sommaire.

(Extrait circ. 310 du 1er août 1855.)

Qu'ils soient ou non signataires du procès-verbal, les inspecteurs annotent ces rapports sommaires pendant leur séjour dans la recette. (Circ. 310 du 1er août 1855.)

ÉTAT DES FRAIS.

Les verbalisants annexent au dossier l'état des frais exposés en vue de la constatation de la fraude (timbre, enregistrement, frais de transports, frais de vacations au commissaire de police, frais d'envoi d'échantillons, etc., etc.).

L'état des frais sur lequel les verbalisants donnent reçu n'est pas soumis au timbre de 10 c., bien que la somme avancée soit supérieure à 10 francs. (Art. 17 du règlem. de compt. du 26 déc. 1866.)

Sauf pour les frais de timbre et d'enregistrement qui sont justifiés par l'original du procès-verbal, il convient de fournir autant de quittances spéciales qu'il y a de parties prenantes pour les frais extraordinaires (vacations des commissaires de police, frais de serrurier, camionnage des objets saisis, envoi d'échantillons, etc., etc.). Ces quittances, à la différence des états des frais, sont soumises au timbre de 10 centimes lorsque le montant dépasse 10 francs.

Les verbalisants étrangers payent directement les frais se rattachant aux procès-verbaux par eux rédigés; mais il importe que ces agents rentrent dans les avances au moment même où ils remettent leur acte au comptable le plus voisin de leur résidence (receveur principal, receveur particulier sédentaire ou receveur ambulant). (Circ. 82 du 15 fév. 1873.)

Sur le simple acquit de l'agent qui aura fait le dépôt du procès-verbal, le comptable de la Régie payera la somme reconnue avoir été déboursée et dressera l'état des frais, dont le montant sera inscrit aux registres 87 et 89 B ou au sommier 76, ainsi qu'au bordereau 80; selon que le payement aura été effectué par le receveur principal ou par un receveur subordonné. *Ib.*

Ces dispositions ne s'appliquent pas en matière d'octroi. *Ib.*

En matière d'octroi pur, le receveur du bureau central avance les frais et les inscrit sur le registre auxiliaire.

CONSTITUTION ET TRANSMISSION DU DOSSIER.

Si le procès-verbal est rapporté dans le ressort d'une direction, le dossier comprend :

1° L'original du procès-verbal ;

2° Deux copies du procès-verbal (1), plus une copie susceptible d'être remise au contrevenant si ce dernier ne l'a pas déjà reçue. (Circ. 642 du 18 avril 1906);

3° L'état des frais avec les pièces justificatives de dépense ;

4° Un rapport sommaire en double expédition ;

5° Les expéditions reconnues inapplicables.

En matière de voitures publiques, seuls les laissez-passer périmés ou falsifiés peuvent être retenus et annexés au procès-verbal.

Les expéditions seront paraphées, *ne varietur*, mais seulement lorsque le motif de la saisie portera sur le faux et l'altération des expéditions. (Art. 22 du décret du 1er germ. an XIII; L. C. du 20 mars 1872.)

6° Les bulletins analytiques des titres de mouvement délivrés pour la continuation du transport ;

7° Joindre toujours au dossier des affaires concernant les marchands en gros, distillateurs, etc., une copie de leur compte au 50 D. (Lettre de l'Adm. du 3 avril 1882.) Cet extrait doit mentionner les résultats du dernier recensement de l'année expirée et de tous les inventaires de la campagne en cours.

Si la saisie a eu lieu dans le ressort d'une sous-direction, il faut une copie de plus du procès-verbal et du rapport sommaire.

Il faut encore une nouvelle copie lorsque le procès-verbal relève des menaces, des injures et autres délits passibles à la fois d'une action publique et d'une action fiscale.

Pour les procès-verbaux rapportés à la requête d'une Administration étrangère, consulter la lettre commune n° 33 du 6 novembre 1876.

Il est nécessaire qu'une copie sur papier libre du procès-verbal

---

(1) La circulaire n° 310 du 1er août 1855 prescrit, il est vrai, de n'établir qu'une seule copie des procès-verbaux ordinaires, et deux copies lorsque ces actes constatent soit des contraventions à une législation autre que celle des contributions indirectes, soit des contraventions communes à la législation des contributions indirectes et à une autre législation (octrois, roulage et messageries publiques, douane, timbre, chasse, etc.); toutefois, dans la pratique, on procède généralement ainsi que nous l'indiquons ci-dessus.

accompagne le prévenu mis en état d'arrestation. Cette pièce forme titre pour les autorités à qui le prévenu est remis.

Les correspondances échangées entre les agents de l'Administration et leurs chefs hiérarchiques sont d'ordre intérieur. Elles ne doivent pas être communiquées aux délinquants ni à leurs défenseurs. (Jug. trib. civ. Montbéliard, 4 juin 1900.)

FORMULE DE PROCÈS-VERBAL.

Pour fixer les idées sur les formes à observer dans la rédaction des procès-verbaux, nous allons donner un modèle de procès-verbal en portant, dans les renvois, les énonciations qui doivent se trouver dans les procès-verbaux.

L'an   , le   , à   heure du   (1) à la requête du conseiller d'Etat, directeur général des Contributions indirectes, dont le bureau central est à Paris, rue de Rivoli, hôtel du ministère des finances, poursuites et diligences de M. directeur des Contributions indirectes pour le département de   demeurant à (2) rue   n°   où il élit domicile pour la suite du présent [*ou bien : lequel élit domicile pour la suite du présent chez M.   sous-directeur, receveur entreposeur à   , receveur à   , c'est-à-dire l'agent le plus élevé en grade de la ville où siège le tribunal qui doit connaître de l'affaire*] ; nous soussignés (3) [*noms, prénoms, qualités et demeure des employés*] ayant serment en justice et porteurs de nos commissions, certifions que ce jour, à (4)   heure du   (heure légale), étant dans l'exercice de nos fonctions, en surveillance dans la commune de   sur la route qui conduit   , nous avons vu, se dirigeant du côté de   une charrette attelée d'un cheval, conduite par un seul individu, et chargée de deux tonneaux qui nous ont paru contenir du liquide. Ayant fait connaître nos qualités au conducteur, nous lui avons demandé ce que renfermaient ces deux tonneaux. Sur sa réponse qu'ils étaient pleins de vin, nous l'avons sommé de nous déclarer ses nom, prénoms, profession, domicile, et de nous représenter l'expédition de la Régie dont il devait être porteur. Il a répondu se nommer   , mais qu'il n'avait point d'expédition (5). Ayant percé chacun desdits tonneaux, il en est sorti effectivement du vin rouge que nous avons goûté et fait goûter à M.   et qu'il a reconnu, ainsi que nous, être franc et marchand. Attendu la contravention du sieur   aux articles 1 et 6 de la loi du 28 avril 1816, contravention punie par les articles 19 de la loi du 28 avril 1816 et 7 de celle du 21 juin 1873, nous lui avons déclaré procès-verbal, et, en vertu de l'article 17 de ladite loi de 1816 (6), saisie desdits deux tonneaux de vin, de la charrette et du cheval; l'ayons prévenu que nous allions conduire le tout à notre bureau, situé........, où lesdits vins seront mesurés, estimés et déposés, et l'avons sommé (7) de nous accompagner pour assister à ces opérations, ainsi qu'à la rédaction de notre procès-verbal, à quoi il a acquiescé. Lesdits deux tonneaux ayant été immédiatement transportés sur la même charrette à notre susdit bureau, nous les avons jaugés, et reconnu qu'ils contenaient ensemble

(1) Date du procès-verbal et heure légale où commence la rédaction.
(2) Nom, qualités et demeure de celui chargé des poursuites.
(3) Noms, qualités et demeure des saisissants.
(4) Lieu et date de la saisie.
(5) Cause de la saisie.
(6) Déclaration du procès-verbal et de la saisie.
(7) Présence du prévenu à la vérification des objets saisis ou sommation d'y assister.

hectolitres (1)   litres de vin, que nous avons évalués de concert avec M.   à la somme de *   , et nous lui en avons offert la mainlevée (2), ainsi que de la charrette et du cheval, moyennant caution solvable, ou consignation : 1º de la somme de   , montant de l'estimation dudit vin ; 2º de la somme de   , montant de l'évaluation de la charrette et du cheval, cette dernière somme applicable à la sûreté de l'amende. M.   *(A)* *(B)* *(C)* *ayant répondu qu'il ne pouvait ni consigner cette valeur ni fournir caution, nous lui avons fait connaître que les (cheval, voiture, tonneaux, etc.) saisis et retenus seraient mis en fourrière chez M.*   (3; *(nom, qualités et demeure du gardien) qui s'en est constitué gardien moyennant   , prix débattu par nous.* Nous avons à l'instant dressé le présent procès-verbal dans le bureau susdésigné (4) en présence de M.   et de M.   (gardien)   , les sommant (5) de le signer, ce qu'ils ont promis de faire. Clos (6) ledit procès-verbal à heure du   , les jour, mois et an susdits.

N. — Suivent les signatures des verbalisants, du gardien et du contrevenant s'il veut signer.

Observations

Consignation (A) : Et ledit   ayant aussitôt déposé la somme de   entre les mains de M.   , receveur, qui le reconnaît, nous lui avons accordé la libre disposition dudit vin, ainsi que du cheval et de la charrette, sur la représentation qu'il nous a faite d'un (*acquit-à-caution ou congé*) qui lui a été délivré par le buraliste de

Caution (B) : Et ledit nous ayant présenté pour caution M.   (nom, prénoms, profession et demeure), lequel, ici présent, après avoir pris connaissance du procès-verbal, s'est rendu volontairement garant et caution solidaire dudit

à qui, par ce moyen, nous avons laissé la libre disposition des fûts de vin, de la charrette et du cheval susmentionnés.

Solvabilité (C) : Connaissant la solvabilité de M.   , nous lui avons offert mainlevée, sous la promesse qu'il nous a faite de représenter ces deux fûts de vin, ou leur valeur, en cas de condamnation, à toute réquisition de justice. (Lorsque les moyens de transport ne sont pas sujets à confiscation, c'est-à-dire lorsqu'ils ne sont saisissables que pour garantie de l'amende, il est inutile d'en déclarer la saisie, s'il en est donné mainlevée immédiatement, parce qu'alors le gage de la Régie a disparu, au moment où il est constitué.)

---

(1) Espèces, poids ou mesure des objets saisis.
(2) Offre de mainlevée des moyens de transport seulement quand ils sont saisis pour garantie de l'amende.
(3) Nom, qualités et demeure du gardien.
(4) Lieu de la rédaction.
(5) Sommation de signer le procès-verbal.
(6) Heure et lieu de la clôture.
(*) Évaluation des objets saisis. Cette évaluation est indispensable pour obtenir la condamnation du prévenu ou de la caution au paiement de la valeur des objets dont la confiscation est prononcée.

CHAPITRE III

Dispositions diverses.

SECT. I. — VISITES DOMICILIAIRES

1° DISPOSITIONS GÉNÉRALES.

La maison de toute personne habitant le territoire français est un asile inviolable. Pendant la nuit, nul n'a le droit d'y entrer sauf dans le cas d'incendie, d'inondation ou de réclamation faite de l'intérieur de la maison. Pendant le jour, on peut y entrer pour un objet spécial, déterminé par une loi, ou par un ordre émané d'une autorité publique. (Art. 76, non abrogé, de la constitution du 22 frim. an VIII.)

Le Code pénal prononce diverses peines contre tout fonctionnaire... qui, agissant en sadite qualité, se sera introduit dans le domicile d'un citoyen, contre le gré de celui-ci, hors les cas prévus par la loi, et sans les formalités qu'elle a prescrites.

Dans un intérêt fiscal, le législateur a permis aux agents de la Régie de s'introduire, sans aucune formalité préalable, dans les magasins et locaux affectés au commerce de certains redevables.

En dehors des cas, strictement limités par la loi, où des visites peuvent être effectuées sans formalités préalables, le service doit se conformer, soit aux prescriptions de l'article 237 de la loi du 28 avril 1816 complétées par l'article 15 de la loi du 6 août 1905, soit aux prescriptions de l'article 14 de ladite loi du 6 août 1905.

« En cas de soupçon de fraude à l'égard des particuliers non sujets à
« l'exercice, les employés pourront faire des visites dans l'intérieur des
« habitations, en se faisant assister du juge de paix, du maire, de son
« adjoint ou du commissaire de police, lesquels seront tenus de déférer
« à la réquisition qui leur en sera faite et qui sera transcrite en tête du
« procès-verbal. Ces visites ne pourront avoir lieu que d'après l'ordre
« d'un employé supérieur du grade de contrôleur au moins, qui rendra
« compte des motifs au directeur du département. (Loi du 28 avril 1816,
« art. 237.)

« Les marchandises transportées en fraude, qui, au moment d'être
« saisies, seraient introduites dans une habitation pour les soustraire
« aux employés, pourront y être suivies par eux, sans qu'ils soient tenus,
« dans ce cas, d'observer les formalités ci-dessus prescrites. *Ib.* »

L'article 237 de la loi du 28 avril 1816 est complété ainsi qu'il suit par l'article 15 de la loi du 6 août 1905 :

« L'ordre de visite prévu au paragraphe 1er est obligatoire pour tous « les employés ; il devra, à peine de nullité, indiquer sommairement les « motifs sur lesquels la Régie base son soupçon de fraude. Une dé- « nonciation anonyme ne saurait servir de base à un soupçon de fraude. « (Loi du 6 août 1905, art. 15.)

« L'ordre de visite devra être, avant toute visite, visé par l'officier « de police judiciaire qui accompagnera les agents ; il devra, en outre, « avant toute perquisition, être lu à l'intéressé ou son représentant, qui « sera invité à le viser. En cas de refus par l'intéressé ou son représen- « tant de viser l'ordre de visite, il sera passé outre, mais mention du « refus sera faite au procès-verbal. *Ib*.

« Sur la demande de l'intéressé ou de son représentant, copie de « l'ordre de visite lui sera remise dans les trois jours. *Ib*.

« Les commissaires de police spéciaux ne pourront en aucun cas « assister les employés dans les visites prévues au présent article. *Ib*.

« Les commissaires de police ordinaires ne pourront exercer leurs « fonctions que dans leur canton ou dans les cantons de leur arrondis- « sement où il n'existe pas d'autre commissaire de police. *Ib*. »

L'article 15 rend l'ordre de visite obligatoire dans tous les cas ; il prescrit d'indiquer les motifs sur lesquels la Régie base ses soupçons de fraude ; il décide qu'une dénonciation anonyme ne peut servir de base à un soupçon de fraude ; enfin le troisième paragraphe restreint l'action du commissaire de police.

Le législateur a cru devoir accorder de nouvelles garanties lorsqu'il s'agit de pénétrer dans les locaux servant exclusivement à l'habitation des particuliers non soumis à l'exercice.

« L'article 237 de la loi du 28 avril 1816 cesse d'être applicable aux « visites des employés de la Régie dans l'intérieur des locaux servant « exclusivement à l'habitation des particuliers non sujets à l'exercice.

« Toute visite dans les locaux d'habitation devra être préalablement « autorisée par une ordonnance du président du tribunal civil de l'ar- « rondissement ou du juge de paix du canton. » (Loi du 6 août 1905, art. 14.)

L'article 14 précité avait substitué une procédure nouvelle à celle de l'article 237 de la loi du 28 avril 1816 ; mais l'expérience a démontré que, dans bien des cas, les visites avaient été rendues inefficaces en rai- son des pertes de temps occasionnées au service pour l'obtention d'une ordonnance. (Circ. 675 du 4 fév. 1907.)

L'article 21 de la loi du 30 janvier 1907 a remédié en partie à cet in- convénient.

L'article 14 de la loi du 6 août 1905 a été modifié ainsi qu'il suit :

« Les dispositions qui précèdent ne sont pas applicables aux visites ayant pour objet la découverte : 1° des fraudes intéressant le monopole des tabacs ; 2° des fraudes relatives au sucrage, à la fabrication, à la détention à la vente ou à la mise en vente des vins artificiels ; 3° des distilleries clandestines dans les villes ayant une population agglomérée de 4.000 habitants et au-dessus. » (Loi du 30 janv. 1907, art. 21.)

Dans les espèces qui viennent d'être énumérées à l'article 21, le service doit donc se conformer aux règles tracées par l'article 237, complété par l'article 15. (Circ. 675 du 4 fév. 1907.)

Après les visites domiciliaires effectuées dans les conditions prévues par l'article 237 de la loi du 28 avril 1816, les agents de la Régie devront remettre en état les locaux visités. (Loi du 6 août 1905, art. 16.)

L'officier de police judiciaire consignera les protestations qui viendraient à se produire dans un acte motivé dont la copie sera remise à l'intéressé. Ib.

Il va de soi que la prescription de l'article 16 ne vise pas les détériorations (effraction de porte, par exemple) que la résistance ou l'opposition de la personne perquisitionnée auraient rendues nécessaires. (Circ. 612 du 8 août 1905.)

Les employés des contributions indirectes ont pour principe de n'opérer des perquisitions qu'en présence des propriétaires ou locataires de l'immeuble à visiter, sauf dans les cas de poursuite à vue de la fraude, ou lorsqu'ils ne sont pas en nombre suffisant pour surveiller les issues de la maison et empêcher l'enlèvement du corps de délit. Toutefois, aucun texte n'oblige les employés des contributions indirectes à surseoir à une visite jusqu'à l'arrivée du propriétaire ou du locataire, l'article 39 du Code d'instruction criminelle qui règle la procédure des transports du procureur de la République ou du juge d'instruction ne s'appliquant pas aux visites domiciliaires régies par l'article 237 de la loi du 28 avril 1816. Mais, comme il importe d'assurer aux contribuables toutes les garanties compatibles avec les intérêts du Trésor, l'Administration a recommandé à ses agents d'user avec toute la circonspection nécessaire des pouvoirs que la loi leur confère et de différer les visites jusqu'à l'arrivée du propriétaire ou des locataires, toutes les fois qu'un sursis ne sera pas de nature à compromettre le succès de l'opération. (Lett. du Min. Fin. au Garde des Sceaux du 27 oct. 1902.)

Les nécessités de la répression de la fraude doivent se concilier avec le respect de la liberté individuelle et le principe de l'inviolabilité du domicile. Les agents des brigades doivent, en conséquence, user avec discrétion du droit accordé par l'article 237 de la loi du 28 avril 1816. En cas de soupçon de fraude, ils pourront et devront habituellement se rapprocher du service local pour opérer, de concert avec lui, les perquisitions jugées indispensables. (Circ. 549 du 6 janv. 1904.)

Les peines de l'article 373 du Code pénal sont applicables à tout individu convaincu d'avoir, verbalement ou par écrit, dénoncé à tort et de mauvaise foi de prétendues contraventions aux lois fiscales. (Loi du 6 août 1905, art. 19.)

Bien que la dénonciation dont il est fait état doive émaner d'une personne connue, il ne s'ensuit pas que le nom de cette personne doive être révélé avant ou au moment de la perquisition. Dans le cas où le libellé de l'ordre de visite laisserait supposer que la perquisition a été provoquée par une dénonciation, deux hypothèses sont à envisager : si la perquisition aboutit à une saisie, le dénoncé n'a rien à réclamer ; au contraire, si la visite est infructueuse, le dénoncé pourrait demander à la Régie copie de l'ordre de visite, et porter plainte contre le dénonciateur. (Applic. art. 358 et 373 Code pénal.)

Il n'y a dénonciation calomnieuse susceptible d'entraîner l'application de l'article 373 que dans le cas de mauvaise foi ; mais l'action civile peut résulter d'une dénonciation faite par légèreté ou témérité.

2° VISITES ET EXERCICES, SANS FORMALITÉS PRÉALABLES, CHEZ LES ASSUJETTIS, DANS LES CONDITIONS DE TEMPS ET DE LIEU FIXÉES PAR LA LOI FISCALE.

Les visites et exercices, dont il est question aux articles 235 et 236 précités, sont autorisés : chez les débitants et marchands en gros de boissons ; chez les débitants de tabacs et de poudres à feu ; chez les fabricants et détaillants de cartes à jouer, ainsi que dans les établissements où l'on donne à jouer ; chez les fabricants, marchands en gros et détaillants de vinaigre ; fabriques de sel, de sucre, de bougies et d'acide stéarique ; fabricants de vins de raisins secs et entrepositaires de raisins secs ; fabricants et marchands d'objets d'or et d'argent ; fabricants et entrepositaires d'huile végétale, marchands en gros et détaillants d'allumettes ; brasseries ; bouilleurs et distillateurs ; dénaturateurs d'alcool ; fabricants et détenteurs de phosphore... etc., etc.

En principe, les visites et exercices chez les redevables doivent avoir lieu *pendant le jour* (art. 235 et 236 de la loi du 28 avril 1816) ;

Et dans les intervalles de temps déterminés par l'article 26 de la loi précitée, savoir :

Pendant les mois de janvier, février, novembre et décembre, depuis sept heures du matin jusqu'à six heures du soir ;

Pendant les mois de mars, avril, septembre et octobre, depuis six heures du matin jusqu'à sept heures du soir ;

Pendant les mois de mai, juin, juillet et août, depuis cinq heures du matin jusqu'à huit heures du soir.

Toutefois, les visites et exercices peuvent avoir lieu, *la nuit*, dans les fabriques de *vinaigres* et d'*acides acétiques* (art. 7 de la loi du 17 juill. 1875), les fabriques de *vins de raisins secs* (art. 12 de la loi du 17 juill. 1889), les fabriques d'*huiles* (huiles minérales exceptées) (art. 98 de la loi du 25 mars 1817 ; art. 5 de la loi du 31 déc. 1873), les fabriques de *sucre* (art. 6 et 28 de la loi du 31 mai 1846 ; 1er du décret du 1er sept. 1852), lorsqu'il résulte de déclarations que ces établissements sont en activité, et chez les *débitants de boissons*, pendant tout le temps que les lieux du débit sont ouverts au public. (Art. 235 précité ; Cass. 29 oct. 1896 ; Bull. Cont. ind. 1896.2 ; art. 5 de la loi du 29 déc. 1900.)

Chez les marchands en gros, les vérifications n'ont lieu que depuis le lever jusqu'au coucher du soleil. (Loi du 28 avril 1816, art. 101.)

Les brasseurs et les distillateurs de profession sont soumis, tant de jour que de nuit, même en cas d'inactivité de leurs établissements, aux visites et vérifications des employés, et tenus de leur ouvrir, à toute réquisition, leurs maisons, brasseries, ateliers, magasins, caves et celliers. (Loi du 30 mai 1899, art. 8 ; Loi du 29 déc. 1900, art. 10.)

Toutefois, quand les usines ne sont pas en activité, les employés ne peuvent pénétrer pendant la nuit chez les brasseurs ou distillateurs de profession qui ont fait apposer des scellés sur leurs appareils, ni chez les distillateurs qui auront adopté un système de distillation en vase clos agréé par l'Administration ou qui, pendant le travail, muniront leur appareil de distillation d'un compteur agréé et vérifié par l'Administration. (Art. 8 précité.)

Un décret du 10 août 1899, annexé à la circulaire 356 du 12 août 1899, a déterminé les mesures d'exécution de l'article 8 précité.

Cartes à jouer. — Les employés des contributions indirectes peuvent se présenter dans les établissements où l'on joue et chez les fabricants à l'effet de s'assurer de l'exécution des règlements. (Art. 13 de l'arrêté du 3 pluv. an VI ; art. 167 de la loi du 28 avril 1816 ; art. 2 du décret du 31 déc. 1895.)

Visites chez les assujettis à la garantie en matière d'or et d'argent. — Les articles 235 et 236 de la loi du 28 avril 1816 sont applicables aux visites faites relativement aux droits de garantie.

Les employés des contributions indirectes chargés du service de la garantie sont autorisés à procéder, sans l'assistance d'un officier municipal ou d'un commissaire de police, aux visites et vérifications chez les fabricants ou marchands d'ouvrages d'or et d'argent et chez les fabricants et marchands de médailles en tous lieux. (Loi du 25 fév. 1901, art. 26.)

Cet article 26 est applicable aux fondeurs et apprêteurs d'or et d'argent. (Loi du 30 mars 1902, art. 20.)

Alambics. — Les fabricants et marchands d'appareils distillatoires sont soumis dans leurs ateliers, magasins et autres locaux professionnels, aux visites des employés de la Régie. (Loi du 31 mars 1903, art. 12.)

Les détenteurs d'appareils ou de portions d'appareils propres à la distillation sont tenus de représenter à toute réquisition les appareils scellés ou non scellés. Quand ils ont la libre disposition des appareils, ils sont astreints au contrôle du service dans les conditions déterminées par l'article 8 de la loi du 30 mai 1899 et du décret du 10 août 1899 (visites de jour et de nuit). Toutefois ce contrôle en ce qui concerne les bouilleurs de cru doit s'exercer de jour, et seulement dans le local où se trouve l'appareil. Ib., art. 14.

Bouilleurs de cru. — Chez les bouilleurs de cru qui ont réclamé le bénéfice de l'article 10 de la loi du 17 avril 1906, les vérifications que les employés peuvent effectuer entre le moment où est reçue la déclaration de fabrication et le moment où il est procédé à l'inventaire sont faites aux jours et heures pendant lesquels le bouilleur a déclaré que la brûlerie serait en activité, et dans les locaux où, d'après les déclarations du bouilleur, il existe soit des matières destinées à la distillation, soit des spiritueux. (Décret du 19 août 1903, art. 7.)

Les distilleries syndicales et les exploitants d'ateliers publics sont soumis aux mêmes visites. (Circ. 538 du 24 août 1903 et 578 du 30 août 1904.)

Il est de jurisprudence que tout empêchement direct ou indirect apporté aux visites des employés, par un assujetti, équivaut à un refus d'exercice qui est constaté par procès-verbal.

Locaux qui peuvent être visités.

Dans les communes où il n'existe pas de surveillance effective et permanente aux entrées, toute personne qui vend au détail des boissons reste seulement assujettie dans ses caves, magasins et autres locaux affectés au commerce, aux visites des employés de la Régie. (Loi du 29 déc. 1900, art. 5.)

Chez les marchands en gros, les vérifications n'ont lieu que dans les magasins, caves et celliers. (Loi du 28 avril 1816, art. 101.)

Chez les fabricants et marchands d'alambics, dans les ateliers, magasins et autres locaux professionnels.

Les brasseurs, distillateurs de profession et bouilleurs assimilés sont tenus d'ouvrir, à toute réquisition, leurs maisons, brasseries, ateliers, magasins, caves et celliers. (Loi du 30 mai 1899, art. 8 ; décret du 10 août 1899 ; circ. 356 du 12 août 1899.)

Toutefois, l'Administration recommande aux employés d'observer les formalités légales, s'il s'agit de visiter la maison d'habitation située à plus de 300 mètres de l'enceinte de la distillerie ou de la brûlerie (Circ. 356 du 12 août 1898 et circ. 460 du 28 août 1901.)

3° VISITES DOMICILIAIRES CHEZ LES SIMPLES PARTICULIERS ET CHEZ LES REDEVABLES AFFRANCHIS DE L'EXERCICE A L'INTÉRIEUR DES LOCAUX SERVANT EXCLUSIVEMENT A L'HABITATION.

L'article 14 de la loi du 6 août 1905 exige simplement l'ordonnance préalable du juge de paix du canton ou du président du tribunal de l'arrondissement.

Le service devra établir une requête qui sera présentée au magistrat. Cette requête, écrite sur papier timbré, contiendra un exposé succinct de la demande et des faits qui la motivent et sera signée par les agents qui doivent procéder à la visite. (Circ. 612 du 8 août 1905.)

On pourra généralement adopter la formule suivante :

« Les soussignés (*noms, prénoms, grade et résidence des employés*),
« agissant en conformité des dispositions de l'article 14 de la loi du
« 6 août 1905, sollicitent de Monsieur le (président ou juge de paix)
« l'autorisation de procéder à une visite domiciliaire dans les locaux
« d'habitation de M. . . . . , domicilié à . . . .
« . . . . , soupçonné de. . . . .
                              « (*Date et signatures.*) »

Le magistrat libellera son ordonnance au pied de la requête.

Cette ordonnance est exécutoire par provision et devra en faire mention. *Ib.*

L'ordonnance doit être enregistrée dans les 20 jours de sa date. (Note autogr. du 15 fév. 1906, 336.)

La formalité de l'enregistrement peut avoir lieu après la visite. Si un procès-verbal est rapporté, les employés relatent dans l'acte que la visite a eu lieu en vertu d'une ordonnance délivrée par . . . . et qui est jointe au procès-verbal. (Circ. 612 du 6 août 1905.)

L'ordonnance doit être exhibée et le procès-verbal doit en faire mention. (Arg. Cass. 10 avril 1823 ; M. 11. 178. — Cass. 21 juillet 1876 ; M. 19. 270.)

Quelques juges de paix, siégeant au chef-lieu d'arrondissement, avaient refusé de délivrer des ordonnances, sous prétexte que le président du tribunal était seul compétent. Dans une circulaire du 22 nov. 1906, le Garde des Sceaux a estimé que, pour la délivrance de cette ordonnance, il y avait concours de compétence entre les magistrats désignés à l'article 14 de la loi du 6 août 1905. Il recommande de libeller l'ordonnance au pied de la requête pour éviter tout conflit de juridiction ou toute dualité de décision. (Circ. 675 du 4 fév. 1907.) Cette même circulaire de la Chancellerie tranche dans le sens de l'affirmative la question de savoir si l'article 14 s'étend à toutes les fraudes en matière de contributions indirectes.

Rappelons que l'article 14 de la loi du 6 août 1905 n'est plus applicable pour les visites faites dans les locaux d'habitation des simples particuliers, lorsque le service intervient pour rechercher des fraudes sur les tabacs, les sucrages, les vins artificiels et les distillations clandestines dans les villes de 4.000 habitants et au-dessus.

Dans ce dernier cas, ce sont les dispositions de l'article 237 modifié par l'article 15 de la loi précitée, qui doivent être observées. (V. art. 21 de la loi du 30 janvier 1907.)

En droit, deux agents d'un grade quelconque, pourvu qu'ils soient munis de l'ordonnance, peuvent pénétrer dans les locaux d'habitation sans ordre de visite, sans autorisation d'agents supérieurs, sans la présence du juge de paix, maire ou commissaire de police. Mais l'Administration n'a pas voulu laisser à des employés jeunes ou inexpérimentés des responsabilités aussi lourdes quand le principe de l'inviolabilité du domicile est en jeu. En conséquence, elle a décidé qu'avant d'établir leur requête au magistrat, les employés d'un grade inférieur à celui de contrôleur devraient, comme par le passé, être autorisés par leurs chefs ; elle a décidé, en outre, qu'à moins de circonstances tout à fait graves et exceptionnelles, l'assistance des officiers de police judiciaire devrait être requise. (Circ. 612 du 8 août 1905.)

Que faut-il entendre par locaux servant exclusivement à l'habitation ? *A priori*, on ne saurait donner une définition précise susceptible d'englober toutes les situations. Dans bien des cas, le juge du fait pourra seul apprécier, suivant les régions, la condition sociale des intéressés, la nature de leur profession ou exploitation, si tel ou tel local peut rentrer sous cette rubrique. Mais il faut nécessairement comprendre, dans le logement d'habitation proprement dit, la cuisine, la salle à manger, le salon, les chambres à coucher et autres dépendances directes formant le complément nécessaire de tout logement. (Note du 12 déc. 1905. 29. 934.)

Les magistrats désignés à l'article 14 sont libres d'accorder ou de refuser l'autorisation demandée. (Circ. 675 du 4 fév. 1907.)

4° VISITES CHEZ LES SIMPLES PARTICULIERS ET LES NON-ASSUJETTIS AUX EXERCICES DANS LES LOCAUX NE SERVANT PAS EXCLUSIVEMENT A L'HABITATION. — VISITES CHEZ LES ASSUJETTIS AUX EXERCICES DANS LES LOCAUX SERVANT, OU NON, EXCLUSIVEMENT A L'HABITATION ET DANS LESQUELS LE SERVICE N'A PAS LIBRE ACCÈS EN VERTU DE LA RÉGLEMENTATION FISCALE.

Le service doit observer les formalités de l'article 237 de la loi du 28 avril 1816, complétées par l'article 15 de celle du 6 août 1905.

Ces visites ne peuvent être faites qu'en vertu d'un ordre de visite et avec l'assistance d'un officier de police.

L'ordre de visite étant exigible dans tous les cas, les contrôleurs ou inspecteurs auraient donc, le cas échéant, à établir une déclaration de visite. (Circ. 599 du 25 avril 1905.)

A) — *Ordre de visite.*

Il ne peut être question que d'un ordre *spécial, nominatif, préalable, daté et signé.* (Voir la disposition de l'arrêt du 10 avril 1823. D. 27. 571.)

Il s'ensuit qu'un ordre de visite ne peut être transmis par la voie télégraphique.

Pour être nominatif, l'ordre de visite doit indiquer seulement la désignation exacte de celui qui en est l'objet et s'applique par suite à tous les immeubles qu'il possède dans la même commune. (Cass. 21 avril 1887.)

L'ordre doit, à peine de nullité, indiquer sommairement les motifs sur lesquels la Régie base son soupçon de fraude. Une dénonciation anonyme ne saurait servir de base à un soupçon de fraude. (Loi du 6 août 1905, art. 15.)

Il doit avant toute visite être visé par l'officier de police, qui accompagne le service, être lu à l'intéressé ou à son représentant, qui est invité à le signer. *Ib.*

Si l'intéressé ou son représentant refuse de signer, on en fait mention sur le procès-verbal. *Ib.*

Sur la demande de l'intéressé ou de son représentant, copie de l'ordre de visite lui sera remise dans les 3 jours. (Loi du 6 août 1905, art. 15.)

Dans les postes où la surveillance immédiate du service appartient au contrôleur ou à l'inspecteur, celui-ci délivre l'ordre exigé par l'article 237. A l'égard des autres divisions, ces autorisations sont délivrées par le directeur ou le sous-directeur. (Circ. 310 du 1er août 1855 et 17 du 16 mars 1870.)

S'il y a *urgence*, nous pensons que l'ordre de visite peut valablement être donné par le receveur entreposeur.

Muni d'une commission régulière, le contrôleur intérimaire a les mêmes pouvoirs que le contrôleur titulaire. (Bordeaux, 17 mars 1899 ; Bull. Cont. ind., 1899.12.)

L'employé commissionné par l'Administration pour remplir les fonctions inhérentes à un grade supérieur au sien, reçoit par cela même les pouvoirs nécessaires pour accomplir tous les actes de ces fonctions. Cette investiture équivaut à la nomination à ce grade et en produit tous les effets. (Bordeaux, 27 avril 1904.)

Si les intérimaires ont les mêmes pouvoirs que les titulaires qu'ils remplacent, il faut au moins que les intérims aient été régulièrement constitués et que ceux qui les remplissent justifient d'un titre valable.

Bien entendu, l'intérim suppose une vacance et un emploi.

Aussi, pour régulariser la situation des commis principaux chefs de brigade, le ministre a-t-il autorisé la création, dans ces brigades, d'emplois de contrôleur.

Rien ne s'oppose, dès lors, à ce que le directeur général, agissant par délégation du Ministre (art. 58 de l'ord. des 17/26 déc. 1844) commissionne les commis principaux qui dirigent les brigades en qualité de « faisant fonctions de contrôleur ».

Les préposés en chef des octrois, et les régisseurs des octrois dans les villes où il n'y a pas de préposés en chef, sont assimilés aux contrôleurs de ville des contributions indirectes (arr. min. du 9 oct. 1820) : ils ont qualité soit pour délivrer des ordres de visite. (Cass. 21 déc. 1839 ; Grenoble, 4 juill. 1878.) — Les contrôleurs ambulants de l'octroi de Paris ont les mêmes pouvoirs. (Cass. 11 déc. 1875 ; M. 19. 280.)

Mais les brigadiers de surveillance faisant fonction de préposés en chef n'ont pas qualité pour délivrer l'ordre de visite. (Cass. 3 juill. 1829.)

Il est bon que l'employé supérieur décline ses qualités à la personne qui souffre la visite. (L. C. du 21 oct. 1829.)

L'employé supérieur qui a décliné ses qualités, n'a pas à exhiber sa commission, s'il n'en est pas requis. (Besançon, 22 déc. 1887 ; Dijon, 23 déc. 1891 ; Riom, 14 nov. 1900.)

Si une contestation s'élève sur le grade de l'employé supérieur qui dirige la visite, il est nécessaire que ce dernier décline son grade, et, au besoin, exhibe sa commission. (Cass. 24 oct. 1829 ; 22 fév. 1889 ; Dijon, 23 déc. 1891.)

Les contrôleurs de la garantie ne jouissent des prérogatives attachés au grade d'employé supérieur qu'autant qu'ils sont en possession du traitement affecté à ce grade (3.300 ou 3.600 fr.).

Il n'est pas nécessaire de deux ordres de visite pour deux parties distinctes d'une même perquisition. (Bordeaux, 12 janv. 1888; Journ. Cont. ind. du 11 sept. 1892.)

La loi ne spécifie aucun délai pour l'utilisation de l'ordre de visite. (Arr. Paris 6 juil. 1900.)

La nullité du procès-verbal pour défaut d'ordre de visite entraîne la nullité de la saisie elle-même : pas d'amende, pas de confiscation. (Cass. 5 juill. 1878 ; M. 20. 312.)

La nullité du procès-verbal résultant de l'inobservation des prescriptions de l'article 237 peut être proposée pour la première fois en cassation. (Cass. 12 déc. 1884 ; M. 21.359.)

Si la nullité du procès-verbal pour défaut d'ordre de visite peut entraîner la nullité de la saisie pratiquée en violation du domicile du citoyen, il n'en est pas de même de la simple *omission de la mention de l'exhibition de cet ordre*. — Ainsi, lorsqu'il résulte de l'enquête prescrite par les juges que l'ordre de visite a été exhibé au contrevenant, la simple omission, dans le procès-verbal, de la mention relative à cette exhibition ne fait pas obstacle à la *validité de la saisie* et par suite à la *confiscation* des objets trouvés en fraude. (Cass. 13 déc. 1895 ; Journ. Cont. ind. 1896. 414 et 428 ; Bull. Cont. ind. 96.13.)

Lorsqu'il est établi par des témoignages que l'ordre de visite a été réellement exhibé, la simple omission de la mention de cette exhibition dans le procès-verbal ne saurait vicier aujourd'hui la portée de cet acte qui doit être considéré aujourd'hui comme régulier et valable (amende et confiscation). (Jug. Béziers 23 nov. 1904.)

ORDRE DE VISITE

(*Sur papier libre*).

L   des Contributions indirectes,
à la résidence d   , soussigné, donne
à M   des Contributions
indirectes à   l'ordre de procéder,
conformément aux prescriptions de l'article 237 de la loi du 28 avril 1816 complété par l'article 15 de la loi du 6 août 1905, à une perquisition au domicile de M   , demeurant à
soupçonné

(*Indiquer les motifs sur lesquels sont basés les soupçons*).

A   , le   190

Vu par l'officier de police judiciaire dûment requis par les employés.

Vu par l'intéressé ou son représentant qui, avant toute perquisition, a reçu lecture du présent ordre de visite.

DÉCLARATION DE VISITE
établie par un employé supérieur.

L   des Contributions indirectes
à la résidence d   , accompagné de MM. (1)
déclare vouloir procéder, conformément aux prescriptions de l'article 237 de la
loi du 28 avril 1816, complété par l'article 15 de la loi du 6 août 1905, à une
perquisition au domicile de M.   , demeurant à
                    , soupçonné de

(*Indiquer les motifs sur lesquels sont basés les soupçons.*)

        A   , le   190

Vu par l'officier de police judiciaire dûment requis par les employés.

Vu par l'intéressé ou son représentant qui. avant toute perquisition,
a reçu lecture de la présente décla
ration de visite.

(1) Noms, qualités et résidences des employés.

B) — *Officier de police.*

L'article 237 permet de s'adresser indistinctement au juge de paix,
au maire, à l'adjoint ou au commissaire de police.. (Lett. Min. Just.
18 juin 1894 ; Circ. 275 du 20 avril 1898 et 599 du 25 avril 1905.)

En l'absence du maire ou de l'adjoint (on peut *requérir indistinctement l'un ou l'autre*), les conseillers municipaux sont délégués par la
loi elle-même, dans l'ordre du tableau, pour les remplacer. Le conseiller municipal agissant dans ces conditions est légalement présumé se
trouver régulièrement investi de la délégation légale. (Cass. 8 nov.
1845 ; 10 juill. 1845.) Cependant, il est bon d'énoncer dans le procès-
verbal que le conseiller municipal a été pr s dans l'ordre du tableau.

Un procès-verbal qui ne mentionne pas, dans ce cas, que le maire ou
l'adjoint étaient absents, ou empêchés, est entaché de nullité. (Cass.
6 mars 1875 ; M. 21. 45.)

Les commisaires spéciaux ne pourront en aucun cas assister les employés dans les visites domiciliaires. (Loi du 6 août 1905, art. 15.)

Les commissaires de police ordinaires ne peuvent plus exercer leurs
fonctions que dans leur canton ou dans les cantons de leur arrondissement où il n'existe pas d'autre commissaire. *Id.*

Un simple agent de police ne peut remplacer les officiers municipaux. (Cass. 2 oct. 1818.)

Sous l'empire de la loi de 1816, il avait été jugé que le procès-verbal
n'était pas nul pour défaut d'assistance d'un officier de police, si le par-

ticulier avait donné son consentement à la visite. (Cass. 1er fév. 1822 ;
10 avril 1823 ; 11 déc. 1875 ; 7 sept. 1895. Bull. Cont. ind. 1896.3.)
Mais il ne pouvait être suppléé à l'*ordre spécial* par le consentement
donné à la visite. (Bourges, 8 oct. 1887.)

De même il avait été jugé que si, en l'absence de l'officier municipal
désigné par la loi, un particulier avait le droit de refuser aux employés
l'entrée de son habitation, il n'était cependant point admis à se plaindre
plus tard de ce défaut d'assistance lorsque, lui présent, il n'usait pas de
ce droit au moment de la visite ; que l'erreur juridique sur les attributions de l'officier municipal qui accompagnait les employés ne pouvait
autoriser la personne chez laquelle avait eu lieu la visite domiciliaire à
revenir sur le silence qu'elle avait gardé au seul moment où son opposition eût été efficace, et alors que la présence de cet officier, même
incompétent, aurait pu la rassurer sur les conséquences de la visite dont
elle allait être l'objet. (Cass. 21 fév. 1895 ; Bull. Cont. ind. 1900.24.)

Le particulier qui refuse de souffrir la visite des employés, dûment
assistés d'un officier de police, n'encourt aucune peine. L'article 209 du
Code pénal ne prévoit que le cas où ce refus est accompagné de violences ou de voies de fait. C'est au magistrat qui accompagne les employés qu'il appartient d'insister et d'ordonner, au besoin, l'emploi de
la force pour obtenir l'obéissance du particulier à la loi. — Dans ce cas,
lorsque le particulier continue à s'opposer à la visite, sa résistance
prend le caractère prévu par ledit article 209, s'il se livre à des voies de
fait, ou celui indiqué par les articles 222 et suivants du même code,
s'il commet envers l'officier de police, les employés ou le chef de la
force armée, un outrage par paroles, gestes ou menaces. Dans ces deux
hypothèses, sa résistance sera punie ; mais si, sur son simple refus, les
employés et l'officier de police se retirent, il n'encourt aucune peine.

Il faut entendre par visites, des recherches, perquisitions. Les formalités protectrices de l'article 237 ne seraient pas requises, si les employés s'étant rendus chez un particulier, pour un acte de leur fonction (vérification d'une nouvelle venue, remise d'un avertissement ou
d'une contrainte, scellement d'alambic), avaient constaté une fraude
sans effectuer des recherches dans la maison. (Cass. 18 fév. 1826 ; Arr.
Aix 27 juin 1906.)

Les employés, agissant dans la limite de leurs fonctions dans le
domicile d'un assujetti aux exercices à raison de la vente de certains
produits, peuvent constater toutes les contraventions dont ils viennent à
acquérir la connaissance, alors même qu'elles concerneraient des objets
étrangers à l'exercice qui motive leur visite. (Cass. 18 fév. 1826 ;
Besançon du 6 juin 1878 ; Cass. 17 juin 1897 ; Bourges, 3 mai 1888.)
Ainsi, en reconnaissant les boissons de nouvelle venue, ils peuvent
saisir les allumettes ou les tabacs qu'ils viendraient à apercevoir sans
faire de perquisition.

L'observation des formalités prescrites par l'article 237 n'est obligatoire que pour les *visites* à opérer à l'intérieur des habitations. Mais les
employés peuvent, sans observer l'article 237, se rendre chez un simple
particulier accusé d'avoir livré des boissons en fraude, pour provoquer

des renseignements ou des explications sur les faits de fraude qui lui sont reprochés. (Arr. Montpellier du 27 déc. 1894.) Il n'y a pas visite domiciliaire lorsque l'intervention du service s'est bornée à une simple interpellation adressée à la femme d'un particulier. (Arg. Cass. 7 sept. 1895, précité.)

Les dispositions de l'article 237 de la loi du 28 avril 1816 ne concernent que les particuliers non sujets à l'exercice et ne sont pas applicables à un débitant non exercé qui, par le fait que son établissement est ouvert au public, doit souffrir, en ce qui concerne les *cartes* à jouer ou les *allumettes* chimiques, les visites des employés de la Régie. (Cass. crim. 17 juin 1897 ; Bull. Cont. ind. 1897.15.)

Réquisition au commissaire de police, etc., en vertu de l'article 237.

Nous soussignés   employés des contributions indirectes à la résidence de   en vertu de l'article 237 de la loi du 28 avril 1816, modifié par l'article 15 de celle du 6 août 1905, requérons M   de nous assister dans la visite que nous nous proposons de faire chez   d'après l'ordre qui nous a été donné par (*nom et grade de l'employé*) et que nous sommes en mesure d'exhiber.

Fait à   , le   mil neuf cent   .

Nota. — *Si les recherches sont faites par les employés de l'octroi, on dit* : Nous soussignés, employés de l'octroi   de.....   autorisés par l'article 92 de l'ordonnance du 9 décembre 1814, et en vertu de   , etc.

L'officier public requis par les employés est tenu, sous peine de destitution et de dommages-intérêts, de déférer à la réquisition. (Arr. du 4 niv. an V et loi du 5 vent. an XII, art. 83 ; Amiens, 25 nov. 1836.)

Il n'est pas nécessaire que la réquisition soit transcrite en tête du procès-verbal de saisie. (Cass. 10 avril 1823 ; Bordeaux, 21 déc. 1887.)

Sur de simples soupçons de fraude, un commissaire de police n'a pas le droit d'aller perquisitionner, seul, au domicile d'un simple particulier et de verbaliser pour une infraction à la loi fiscale.

Heures des visites.

Les perquisitions opérées chez les simples particuliers ont lieu, non en vertu des articles 235 et 236 de la loi du 28 avril 1816, relatifs aux visites que les employés sont autorisés à faire seuls chez les redevables pendant le jour, dans les intervalles de temps déterminés par l'article 26, mais en vertu de l'article 237 qui concerne les simples particuliers. Cet article étant muet sur le temps pendant lequel les visites peuvent être faites, on s'en réfère aux règles de droit commun.

Les perquisitions chez les particuliers non sujets à l'exercice ne peuvent être faites par les employés que pendant le temps où les officiers de police judiciaire ont eux-mêmes le droit de pénétrer dans le domicile des citoyens, c'est-à-dire depuis le 1er octobre jusqu'au 31 mars, de six heures du matin à six heures du soir, et depuis le 1er avril jusqu'au 30 septembre, de quatre heures du matin à neuf heures du soir. (Art. 1er du décret du 4 août 1806 ; art. 1037 C. pr. civ. ; art. 184, ord. du 29 oct. 1820 ; Cass. 11 mai 1821. S. Ch. ; D. 27. 574 ; M. 11. 157 ; Douai, 10 mai 1887 ; Lyon, 5 nov. 1896 ; Montpellier, 15 juill. 1897 ; Lyon, 30 mai 1900 ; Bull. Cont ind. 1900.16.76.)

Cette règle est absolue et s'applique même au cas où les employés sont à la poursuite de marchandises introduites la nuit chez un simple particulier. (Déc. 664 du 21 juin 1821.)

Car il est un cas où les employés peuvent s'introduire, *mais pendant le jour seulement,* dans l'habitation d'un simple particulier sans observer les formalités prescrites par l'article 237 : c'est lorsqu'ils sont à la poursuite de la fraude. Ils sont autorisés par le 2e § de cet article à suivre, dans les habitations, les marchandises transportées en fraude. (Cass. 2 juill. 1869 ; M. 19.273 ; 21 juill. 1876 ; M. 19.270 ; 9 mars 1878 ; M. 20.305 ; arr. Bordeaux, 24 mars 1897 ; arrêt Lyon, 16 janvier 1907.)

Cette disposition de l'article 237 s'applique à tous les genres de fraude en matière de contributions indirectes et d'octroi. (Cass. 2 mars 1877 ; M. 20.220.)

Il suffit même que la fraude soit soupçonnée actuelle et flagrante, quoique non entièrement constatée. (Cass. 9 mars 1878 ; Cour de Nîmes, 29 juin 1883.)

En dehors du domicile des citoyens, les employés peuvent saisir, la nuit, les objets trouvés en fraude et verbaliser sans attendre le jour. (Cass. 11 mai 1821.)

Si le cas l'exige, les employés peuvent continuer pendant la nuit, avec l'assistance d'un officier de police, les opérations commencées au domicile d'un prévenu à une heure où la loi ne défend pas ces recherches. Mais ils ont également la faculté de procéder en plusieurs vacations ; le procès-verbal relate alors les motifs de la suspension. (Cass. 26 décembre 1807 ; 20 mai 1808 ; M. 5.161 ; 14 juin 1834.)

Vacations aux officiers de police.

Sauf à Paris et dans quelques grandes villes, les frais de vacation des commissaires requis d'assister les employés sont réglés à raison de 3 francs pour la première vacation de 3 heures et au-dessous, de 1 franc par heure pour le temps employé au delà de 3 heures. Les fractions d'heures ne comptent pas. (Circ. 1 du 15 mai 1823, et circ. 194 du 24 déc. 1896, p. 31.)

La circulaire n° 1 du 15 mai 1823 spécifie que le tarif fixé par la décision ministérielle du 23 avril précédent serait appliqué dans tous les cas où un officier public serait requis, sans distinction de motif de la visite.

Si un procès-verbal est dressé, les frais de vacation sont portés sur l'état des frais.

A Paris et dans les grands centres, on porte aussi sur cet état les frais de transport du commissaire de police sur les lieux de la saisie.

Dans le cas où il n'est point opéré de saisie, il est rendu compte par un rapport sur papier libre, en tête duquel est copié le réquisitoire. Le sous-directeur fait enregistrer ce rapport au Mémorial et établit d'office un état 98 pour l'admission des frais en dépense.

Si, au cours d'une vacation, il est rapporté plusieurs procès-verbaux, l'indemnité payée à l'officier de police est répartie entre toutes les affaires. La quittance est jointe à une affaire, avec mention que la dépense est répartie entre les affaires nᵒˢ tant et tant. — Au dossier de ces dernières affaires on joint une attestation du sous-directeur disant que la quittance est jointe à l'affaire n°...

SECT. II. — SAISIE D'ALLUMETTES, DE PHOSPHORE ET DE SOUFRE.

1° ALLUMETTES. — Les allumettes saisies par les employés des contributions indirectes, quelles qu'en soient la nature et la quantité, doivent, après prélèvement dans les conditions réglementaires d'un triple échantillon de chaque espèce, être incinérées sur place par les verbalisants. Les échantillons mis sous le cachet des parties sont joints aux procès-verbaux, ainsi qu'une copie du procès-verbal d'incinération. (Circ. 581 du 18 fév. 1890.)

Pour le transport par chemin de fer, les allumettes chimiques et autres allumettes à friction doivent être emballées dans des caisses en planches jointives, de 10 millimètres au moins d'épaisseur. (Circ. 314 du 19 déc. 1898, p. 41.)

2° PHOSPHORE. — Le phosphore, s'il est de bonne qualité et susceptible d'être utilisé dans les fabrications, doit être dirigé d'office sur la manufacture d'allumettes la plus voisine, où il est examiné et expertisé. (Circ. 581 du 18 fév. 1890 et circ. 45 du 12 nov. 1892.)

Toutefois, seront détruites sur place les minimes quantités de phosphore, lorsque les frais d'emballage et de transport dépasseraient la valeur estimative de la marchandise. (Circ. 361 du 17 août 1899.)

« EMBALLAGE, soit dans des fûts étanches et remplis d'eau, soit dans des boîtes en fer-blanc remplies d'eau et soudées, entourées de sciure de bois et renfermées dans des caisses cerclées en fer ou munies aux deux bouts de fortes traverses en bois entourant les quatre faces desdites caisses. » (Art. 52 du règl. gén. de 1897 ; circ. 314 de 1897 et circ. 361 de 1899.)

Il convient d'incinérer les allumettes et, lorsqu'il y aura lieu, le phosphore, dans un trou pratiqué dans le sol à une certaine profondeur, puis d'arroser avec du lait de chaux et de recouvrir de terre. Les procès-verbaux administratifs dont copie doit être annexée au dossier contentieux devront toujours faire mention que la destruction a bien été opérée dans les conditions ci-dessus. (Circ. 361 précitée ; Note autogr. du 9 avril 1896, n° 252; Bull. Cont. ind. 1896.8.)

DÉPARTEMENT   *Certificat d'incinération.*

de   L'an mil neuf cent...., le ...., nous soussignés P....
                               inspecteur, et C..., chef de poste à R... certifions avoir
POSTE DE   incinéré.. ... allumettes saisies chez M. B..., demeu-
                               rant à R..., rue de......, en vertu du procès-verbal
                               n° 188 en date du 13 août 1900.
                                   En foi de quoi nous avons dressé le présent procès-
                               verbal.

                                                                    Signatures.

3° SOUFRE. — En cas de saisie de soufre, on adopte les mêmes
règles que pour le phosphore ; mais on ne dirige sur la manufacture la
plus voisine que les saisies de soufre atteignant au moins 50 kil. Les
quantités inférieures à ce chiffre sont détruites sur place, et la destruction est constatée par un procès-verbal administratif dont copie est
annexée au dossier. Toutefois on devra, le cas échéant d'une saisie
simultanée de phosphore et de soufre, adresser ces matières aux manufactures, quelle que soit la quantité de l'un et l'autre produit. (Circ. 45
du 12 nov. 1892 et circ. 361 du 17 août 1899.)
    Aucun mode d'emballage spécial n'a été prescrit pour l'envoi du
soufre.
    Les envois de phosphore et de soufre sont faits en port payé. (Circ.
361 précitée.)
    4° ALLUMETTES BLANCHES. — Si le service opère la saisie de quantités
importantes de bois débités, destinés à la fabrication d'allumettes de
fraude, il y aura lieu, immédiatement après la rédaction du procès-verbal, de transmettre par colis postal à la manufacture la plus voisine un
échantillon des bois saisis, auquel sera jointe une copie, sur papier
libre, du procès-verbal. L'Administration des manufactures informera l'Administration de la destination à donner à ces matières. (Circ.
55 précitée.)

SECT. III. — SAISIE DE TABACS.

Les tabacs saisis sont dirigés sur l'entrepôt de la circonscription
où la saisie a été opérée, excepté s'il s'agit de tabacs en feuilles
vertes.
    Les saisissants remettent à l'entreposeur un état ou bordereau pré-
sentant le poids brut des colis renfermant les tabacs. Ces tabacs sont
classés et estimés par un conseil d'expertise composé du sous-directeur, de l'entreposeur et d'un troisième employé qui, dans les localités
où le service des manufactures de l'Etat est représenté, est un délégué
de ce service. (Ord. du 31 déc. 1817 et décret du 1er oct. 1872.)
    L'expertise ne doit pas être retardée sans motifs sérieux. (Circ. 71 du
4 nov. 1872.)
    Le procès-verbal d'expertise est établi au registre 69. Pour la consta-
tation du poids, on ne néglige que les fractions au-dessous du déca-
gramme. (Circ. 310 du 1er avril 1855 ; circ. 72 du 10 janv. 1834.)

Les tabacs jugés impropres à la fabrication sont détruits. (Art. 3 du décret du 1ᵉʳ oct. 1872.) Les autres sont envoyés aux manufactures. (Voy. Circ. 20 du 19 fév. 1818, 451 du 21 maï 1886, et L. C. 32 du 22 nov. 1888.)

Destination à donner aux tabacs saisis classés dans les entrepôts. (Circ. 451 du 21 mai 1886 et L. C. 32 du 22 nov. 1888.)

Les tabacs à prix réduit ne sont renvoyés en manufactures que s'ils sont avariés. S'ils peuvent être vendus tels quels, l'entreposeur les prend en charge pour les livrer ultérieurement aux débitants ou les diriger sur l'entrepôt le plus voisin, suivant l'espèce de tabac qui peut être vendue dans la zone.

Les tabacs en feuilles vertes, devant toujours être détruits, sont dirigés sur le bureau de la Régie le plus rapproché du lieu de la saisie, où la destruction en est opérée en présence d'un agent supérieur, délégué par le directeur, et assisté de deux employés. Un procès-verbal constatant la destruction des feuilles est adressé au chef de la division administrative. (Circ. 71 précitée.)

Les tabacs illicitement plantés sont détruits aux frais du cultivateur, sur l'ordre que le sous-préfet en donnera, à la réquisition du sous-directeur. (Art. 181 de la loi du 28 avril 1816.)

SECT. IV. – BOISSONS DÉPOSÉES EN TRANSIT.

D'après l'article 14 de la loi du 28 avril 1816, les boissons déclarées en transit sont toujours considérées comme étant en cours de transport.

Des différences en plus ou en moins, assez importantes pour constituer une fraude manifeste, donnent lieu à la rédaction d'un procès-verbal. (Circ. 285 du 30 avril 1855.)

Le dépositaire, qui a signé la déclaration de transit, est personnellement responsable de la contravention, alors même qu'il serait établi qu'il n'a fait ou laissé enlever les boissons que comme mandataire du conducteur. (Cass. 31 juill. 1875; M. 20.126; Bull. crim. 1875.248.)

Les boissons en transit sont réputées être toujours en cours de route; dès lors, le transitaire doit être considéré comme un agent de transport, et sa responsabilité est engagée s'il ne peut représenter les marchandises dans l'état où il les a reçues. (Arr. Montpellier 19 juill. 1900; Bull. Cont. ind. 1900.17.82.)

Mais le transitaire peut invoquer le bénéfice de l'article 13 de la loi du 21 juin 1873 en désignant l'expéditeur comme l'auteur de la contravention. (Arr. Grenoble 20 mars 1880; M. 21.135.)

Toutefois, le dépositaire peut être admis à dégager la responsabilité du soumissionnaire en payant lui-même les droits garantis par l'acquit. Ce payement doit précéder la signature de la transaction, laquelle, en constatant formellement que les droits ont été acquittés, prononce l'apurement de l'acquit. (Circ. 285 du 30 avril 1855.)

La Régie se conforme au vœu de la loi en assignant et le transitaire et l'expéditeur, afin que les juges puissent rechercher quel est celui des deux qui doit supporter les conséquences de l'infraction.

Comme le fait remarquer la circulaire 285 précitée, le procès-verbal rapporté contre le transitaire ne crée aucun titre, n'ouvre aucune action directe contre lui relativement aux droits sur les boissons enlevées ou manquantes. En un mot, c'est le soumissionnaire de l'acquit qui demeure responsable de la non-décharge du titre de mouvement.

SECT. V. — TOLÉRANCES DIVERSES

1° Tolérances légales.

Les tolérances légales confèrent un véritable droit.

Les voyageurs ne sont pas tenus de se munir d'expéditions pour les vins destinés à leur usage pendant le voyage, pourvu qu'ils n'en transportent pas au delà de trois bouteilles par personne. (Loi du 28 avril 1816, art. 18.)

En fait, la même tolérance existe pour les cidres et les poirés.

Circulent librement les petites quantités de vins, cidres et poirés transportées à bras ou à dos d'homme, par les récoltants, de leur pressoir ou d'un pressoir public à leurs caves et celliers, ou de l'une à l'autre de leurs caves. (Loi du 29 déc. 1900, art. 2.)

La même tolérance est admise vis-à-vis des petites gens ayant acquis des pommes et des raisins et n'ayant pas de pressoir chez eux. (Circ. 423 du 29 déc. 1900.)

L'exemption du laissez-passer n'est pas applicable aux transports effectués avec le concours de plusieurs hommes, lorsque ceux-ci ne se répartissent pas individuellement les quantités transportées. (Cass. 25 juin 1903 ; Bull. Cont. ind. 1903.15.67.)

Les vendanges fraîches peuvent circuler librement dans deux cas :

1° Quand elles ne sortent pas de l'arrondissement de récolte et des cantons limitrophes, quelle que soit la quantité transportée ;

2° Quand elles sont expédiées au delà de cette limite en quantités de 10 hect. et au-dessous. (Applic. loi du 29 déc. 1900, art. 1er.)

L'article 7 de la loi du 21 juin 1873 dispose qu'une tolérance de 1 0/0, soit sur la contenance, soit sur le degré, sera accordée aux expéditeurs sur leurs *déclarations* de spiritueux, vins et cidres, les quantités reconnues en excédent devant simplement être prises en charge au compte du destinataire.

Il est bien entendu que la tolérance ne porte pas sur le droit et qu'il y a lieu de le percevoir sur toute quantité reconnue en plus. L'article 7 précité marque simplement la limite en deçà de laquelle il n'y a pas lieu de verbaliser.

En ce qui concerne les vins, cidres, poirés et hydromels, la tolérance s'applique à l'ensemble du chargement, abstraction faite du vide existant sur les fûts lors de l'enlèvement. (Circ. 94 du 5 juill. 1873.)

Pour les spiritueux, elle s'applique non au volume, mais à l'alcool pur, et se calcule séparément sur chaque fût. (Arr. Rouen 22 juill. 1899, et Toulouse 2 avril 1897.)

Cette tolérance de 1 0/0 concerne les expéditions de vins, cidres ou alcools et non la détention de ces boissons dans les entrepôts. (Nancy, 20 déc. 1900.)

La tolérance édictée par l'article 7 précité s'applique au transporteur *de bonne foi*, et non à celui qui aurait fait sciemment une déclaration inexacte. (Orléans, 17 août 1875; M. 19.164; Cass. 22 déc. 1876; S. 77.1.234.)

Il appartient, le cas échéant, à la partie poursuivante de démontrer et d'établir la mauvaise foi et l'intention frauduleuse du prévenu. (Trib. Béziers, 29 avril 1901.)

L'expéditeur peut se prévaloir, à la fois, de la tolérance de 1 0/0 édictée par l'article 7 précité et du creux de route dont il est question à l'article 16 de la loi du 28 avril 1816. (Jug. Dunkerque 30 nov. 1895; Cass. 26 mai 1900; D. 1901.1.207; Arr. Angers 18 mars 1904.)

La Cour de cassation a annulé un arrêt qui, pour déclarer un titre de mouvement inapplicable, se bornait à comparer les quantités déclarées avec celles reconnues par les verbalisants et à constater qu'il existait un écart supérieur à la tolérance prévue par la loi du 21 juin 1873, art. 7, sans tenir compte de la tolérance du creux de route accordée en principe par l'article 16 de la loi du 28 avril 1816 et distincte de la tolérance légale d'erreur. (Cass. crim. 17 avril 1896; Bull. crim. 1896.210; Journ. Cont. ind. 1896.315.)

Il est accordé sur les chargements de sels d'origine française des déchets ou bonis dont le taux est de 3 ou 5 0/0.

Circulent librement dans le rayon de surveillance des fabriques, les quantités de sucre inférieures à 20 kil., à la condition qu'elles ne soient enlevées ni des fabriques ni des magasins d'un fabricant. (Loi du 13 mai 1846, art. 15.)

Et les quantités transportées dans l'intérieur des villes où le droit sur les boissons est perçu aux entrées et où il n'existe pas de fabrique de sucre. (Loi du 26 juillet 1893, art. 25.)

En dehors du rayon de surveillance des fabriques, la circulation des sucres est libre, quelle que soit la quantité.

Cependant doivent circuler en tous lieux avec un acquit-à-caution, les quantités de sucres ou glucoses de 50 kil. au moins lorsqu'elles sont à destination d'une personne n'en faisant pas le commerce ou n'exerçant pas une industrie qui en comporte l'emploi. (Loi du 6 août 1905, art. 3.)

2° *Tolérances administratives.*

L'Administration ne s'en tient pas strictement à la tolérance légale lorsqu'elle se trouve en présence d'un expéditeur de bonne foi : ainsi, pour des différences non intentionnelles, elle n'a jamais cessé d'admettre, en fait, une tolérance de 2 à 5 0/0 sur les vins, de 5 à 10 0,0 sur les cidres, de 1 0/0 sur les alcools et les liqueurs, de 2 0/0 pour les sucres. (Circ. 345 du 11 août 1882.) Ce serait méconnaître ses intentions, dit la circulaire n° 94 du 5 juillet 1873, « que de s'attacher à des infractions plus apparentes que réelles, à de simples erreurs d'appréciation, à de minimes différences n'ayant aucun caractère frauduleux. »

L'instruction du 15 février 1827, § 42 et suivants, et les circulaires n⁰ˢ 207 du 20 juillet 1839, 450 du 8 juin 1850, 480 du 29 janvier 1851, 190 du 20 mai 1876, 168 du 20 juillet 1896, 460 du 28 août 1901, 520 du 4 avril 1903 et 538 du 24 août 1903 sont empreintes des mêmes idées.

En conséquence, lorsque l'expéditeur aura commis *de bonne foi* une erreur, on se bornera, s'il s'agit d'un excédent, à le prendre en charge ou à faire payer les droits, et s'il s'agit d'une différence en moins, on se conformera aux règles tracées par l'instruction précitée de 1827 et par la circulaire du 20 juillet 1839. (Circ. 168 précitée.)

Par contre, il est de jurisprudence que l'expéditeur peut être poursuivi, même pour une différence inférieure à 1 0/0, lorsque l'inexactitude est *volontaire*, lorsque la déclaration *a été faite sciemment et de mauvaise foi* pour une quantité inférieure à celle mise en mouvement. (Cour d'Orléans, 17 août 1875; M. 19.164 ; Cass. 22 déc. 1876 ; S. 77.1.234; Jug. Béziers du 29 avril 1901.)

Il appartient, le cas échéant, à la partie poursuivante d'établir la mauvaise foi de l'expéditeur. (Jug. trib. Béziers du 29 avril 1901.)

La circulaire n⁰ 525 du 11 août 1888, complétée par les circulaires n⁰ˢ 444 du 18 avril 1901 et 595 du 18 janvier 1905, a déterminé les limites de la libre circulation dans les villes et les campagnes.

En ce qui concerne les vins ordinaires, la tolérance admise est de 10 litres dans les villes et de 6 litres dans les campagnes.

Pour les vins alcoolisés la tolérance est de 3 litres en volume, et dans les villes seulement. (Circ. 595 précitée.)

On doit ranger dans cette catégorie, au point de vue des tolérances admises à la circulation, tous les vins qui ne sont pas de consommation courante, tels que les vins de Champagne, les madères, les vermouts et autres vins alcoolisés.

Pour les cidres, poirés et hydromels, la tolérance est de 10 litres dans les villes et de 6 litres dans les campagnes.

Pour les spiritueux, la libre circulation est admise, dans les villes sujettes seulement, jusqu'à concurrence de deux litres en volume. (Circ. 525, 445 et 595 précitées.)

Il est évident que cette tolérance ne concerne que les petites quantités circulant isolément, et qu'elle ne saurait être admise pour celles qui sont groupées avec d'autres chargements et qui doivent toujours être accompagnées d'expéditions régulières.

La tolérance est limitée aux achats faits dans les débits par les simples particuliers ou aux livraisons faites par les détaillants, et ne s'applique qu'à des boissons ayant déjà acquitté les droits.

Les débitants ne sont pas autorisés à alimenter leur débit par des introductions sans expédition dans les limites des tolérances précitées. (Cass. 29 oct. 1896; Bull. Cont. ind. 1897. 2 et Circ. 595 précitée.)

On admet la libre importation, en franchise des taxes douanières et intérieures, des provisions de route n'excédant pas 20 centilitres de spiritueux. (L. C. 237 du 27 fév. 1892.)

Légalement, aucune quantité de spiritueux ne peut circuler sans expédition dans les campagnes. Le registre 5 D a été créé afin de faciliter la vente à emporter et d'établir l'identité des boissons sortant des débits. Toutefois, à moins d'abus intentionnel bien caractérisé, on tolère, dans les contrées où il n'y a pas de bouilleurs de cru, la libre circulation des quantités de spiritueux inférieures au litre.

Les marchands en gros sont exclus de toutes ces concessions. Les boissons qu'ils livrent de leurs magasins de gros ou de détail doivent être accompagnées d'une expédition (loi du 17 juill. 1880, art. 7) quelle que soit la quantité. (Paris, 30 mars 1898 ; Bull. Cont. ind. 1898.10.238.)

Circulent librement les échantillons de vins et spiritueux transportés par les voyageurs de commerce ou sous le régime de colis postaux (circ. 316 du 9 mai 1881), lorsqu'ils sont enfermés dans des flacons d'une contenance de 25 centilitres et au-dessous pour les vins et de 10 centilitres et au-dessous pour les alcools, et que la quantité totale adressée à un même destinataire ne dépasse pas trois litres pour le vin, un litre pour les vins de liqueur et un litre d'alcool pur pour les spiritueux. (Circ. 256 du 16 janv. 1879 et 340 du 31 juill. 1882.)

L'Administration a même admis, dans certains départements du Midi, que les échantillons de vin, de la capacité d'un litre, prélevés chez les *récoltants* par des courtiers, circulent sans titre de mouvement jusqu'à l'entrée des villes. Mais si la quantité dont les courtiers sont porteurs excède trois litres, elle est frappée des taxes générales et locales. (Lett. du 11 nov. 1892.)

On laisse circuler librement : les produits à base d'alcool enlevés de chez les fabricants et marchands non soumis à l'exercice, jusqu'à concurrence de deux litres d'alcool (circ. 223 du 2 nov. 1877) ; les quantités de raisins secs à boisson ne dépassant pas 10 kilogr. (circ. 226 du 12 août 1897) ; les petites quantités de vinaigre (trois litres) enlevées des simples débits ou des magasins de gros non placés sous le régime du crédit des droits (circ. 161 du 1er août 1875 ; les produits pharmaceutiques à base de vin et d'alcool ayant un caractère exclusivement médicamenteux, sauf ceux fabriqués chez les récoltants et les bouilleurs de cru, avec des boissons non libérées (lett. com. du 12 janv. 1881) ; les quantités de cinq litres et au-dessous d'alcool dénaturé, en volume, enlevées des débits (circ. 290 du 15 juin 1898) ; les quantités de tabacs fabriqués inférieures à 1 kil., et même les quantités de 1 à 10 kil. de tabacs autres que ceux de cantine, lorsqu'ils sont revêtus de marques et vignettes de la Régie (loi du 28 avril 1816, art. 215, et loi du 23 avril 1840, art. 2).

Il convient de soumettre aux formalités de circulation toutes les quantités d'eaux de senteur et d'alcools parfumés vendues par les entrepositaires, à moins qu'ils n'exercent les commerces de gros et de détail dans des locaux en communication intérieure (circ. 477 du 15 janv. 1902) ; ayant renoncé ainsi à toute déduction, ces négociants peuvent bénéficier de la tolérance édictée par la circulaire 223 précitée. (Note autogr. 2792 du 31 janv. 1902.)

On donne généralement à cette concession une portée qu'elle n'a pas.

Dans la pensée de l'Administration, elle ne doit profiter qu'aux produits visés à l'article 4 de la loi du 28 fév. 1872 (vernis, eaux de toilette, etc.) ; le bénéfice ne saurait en être étendu à des alcools préparés en vue de la fabrication des liqueurs ou autres spiritueux composés destinés à la consommation de bouche. Ces derniers produits doivent circuler dans tous les cas, sous la garantie d'un titre de mouvement (congé, acquit, laissez-passer), suivant la destination. La tolérance relative aux envois des échantillons, prévue par la circulaire 256 du 16 janvier 1879, reste seule applicable dans l'espèce. (Note autogr. 83 du 16 nov. 1903.)

Aucune tolérance n'a été accordée pour la circulation des piquettes fabriquées dans les conditions spécifiées à l'article 3 de la loi du 6 avril 1897. (Déc. Min. Fin. du 10 nov. 1897 ; lett. autogr. du 25 nov. 1897, n° 14100.)

Les juges ne peuvent juridiquement s'autoriser d'un usage, d'une tolérance pour se dispenser de faire exécuter une loi dont l'application leur est demandée. (Cass. 27 fév. 1808 ; D. 27.495 ; Cass. 25 mai 1821 ; Bull. crim. 21.83 ; 22 déc. 1877 ; S. 78.1.232 ; Bordeaux 28 avril 1881 ; M. 21.235.)

Une faveur de pure tolérance de la part de la Régie n'a pas pour effet de créer un droit au profit de ceux qui en ont bénéficié. (Cass. 4 fév. 1832 ; S. 32.1.467 ; arr. Douai 20 déc. 1892 ; Cass. 23 juin 1896 ; Bull. Cont. ind. 1897.150 ; Journ. Cont. ind. 1897.25.304.)

Les tolérances accordées par la Régie ne peuvent être étendues ni modifiées par les tribunaux. (Cass. 9 avril 1813 ; M. 9.144.)

Les tribunaux ne peuvent se dispenser d'appliquer strictement la loi (Cass. 16 mars 1809 ; D. 27.497 ; 24 août 1810 ; M. 11.16 ; 30 août 1810 ; M. 9.103 ; 5 juin 1812 ; M. 9.135 ; 16 oct. 1812 ; D. 27.501), quelque rigoureuse qu'elle soit. (Cass. 27 sept. 1822 ; M. 9.52 ; Chambéry 6 avril 1876 ; M. 20.77.)

Les déclarations ministérielles n'autorisent pas les tribunaux à relaxer les contrevenants dans une matière où la bonne foi la plus certaine ne peut avoir d'autres conséquences que de permettre d'accorder les circonstances atténuantes. (Arr. Agen 17 fév. 1905.)

3° Creux de route.

Les allocations pour creux de route doivent toujours être établies en conformité de l'article 16 de la loi du 28 avril 1816, qui dispose que les déductions réclamées pour coulage de route sont déterminées d'après la distance parcourue, l'espèce de boissons, les moyens employés pour le transport, sa durée, la saison dans laquelle il aura été effectué et les accidents légalement constatés. A cet égard, la Régie est tenue de se conformer aux usages du commerce.

Les règles pour évaluer la quotité des creux de route varient de 1/2 à 5 0/0. (§ 36 de l'instr. du 15 fév. 1827 et circ. 207 du 20 juill. 1839.)

Le creux alloué par l'article 16 précité est distinct de la tolérance légale d'erreur prévue par l'article 7 de la loi du 21 juin 1873. V. *Tolérances légales*.

Les négociants peuvent avoir intérêt à provoquer une décision de la chambre de commerce réglant, pour chaque localité, la quotité des creux de route. L'Administration ne peut imposer de sa propre autorité une quotité quelconque, ni s'opposer à la revision d'une quotité déjà admise.

La déduction pour creux de route ne doit pas être accordée d'office par l'Administration toutes les fois qu'une boisson est mise en circulation, sans quoi elle perdrait son véritable caractère, qui est celui d'une compensation de la perte normale qui a pu se produire en cours de transport et non celui d'une véritable prime accordée à toute expédition. Il faut, en outre, que les employés aient pu vérifier le chargement avant que le destinataire ait pu en distraire une partie. (Arr. Montpellier 24 janv. 1903.)

L'allocation des creux de route ne peut avoir lieu que lors de l'arrivée des boissons à la *destination déclarée* et avant l'introduction des boissons dans les caves ou magasins.

Toutefois, la reconnaissance des déchets de route peut avoir lieu de préférence dans les gares ou dans les ports de débarquement lorsque le transport est effectué par chemin de fer ou par bateau. (Circ. 525 du 30 juill. 1881, § 60.)

Les vérifications faites en cours de route n'ont d'autre but que d'établir l'état du changement au moyen d'une annotation consignée sur l'expédition. Mais l'allocation n'est définitivement fixée que par la reconnaissance faite par le service local, soit chez le destinataire, soit à la gare ou au port de débarquement.

Lorsqu'il s'agit de spiritueux, il importe essentiellement de reconnaître le *volume* et le *degré*. Et si les fûts d'alcool proviennent de distilleries industrielles, la constatation du poids des fûts est un contrôle fort utile.

Ainsi que l'explique la circulaire 275 du 22 septembre 1879, la reconnaissance et l'appréciation exacte des creux de route reposent, non sur la constatation unique du poids, du degré ou du volume, mais sur la vérification et la concordance de ces divers éléments.

Dans les transports de vendanges fraîches, les déchets peuvent normalement s'élever à 6 ou 8 0/0. C'est dans cette limite que les creux de route peuvent être accordés. (Circ. 456 du 20 juill. 1901.)

4° Tolérance de 5 0/0. Marchands en gros. Recensements.

Une tolérance de 5 0/0 est accordée aux marchands en gros et fabricants de liqueurs sur les *déclarations* qu'ils sont tenus de faire en vertu de l'article 9 de la loi du 19 juillet 1880, au moment des inventaires.

Pour les spiritueux, la tolérance porte sur l'alcool pur. (Circ. 304 du 9 déc. 1880.)

Le législateur n'a prescrit aucune forme sacramentelle pour faire les déclarations. (Arr. Bordeaux 4 déc. 1890.)

Ainsi, un marchand en gros est réputé s'être référé, au moins par son silence, à l'indication d'un tube gradué agencé de façon à induire

le service en erreur sur le contenu réel du récipient. (Cass. 5 fév. 1891 ;
S. 91.1.288.)

Les bouilleurs et les distillateurs ne sont pas tenus de faire les déclarations prescrites par l'article 9. (Jug. Saintes 9 juill. 1902.)

Si les déclarations du négociant sont acceptées *sans contrôle ni vérification* par les employés, l'excédent que peut faire apparaître la compa-
raison de l'ensemble des quantités ainsi déclarées avec le doit rester
qui ressort de la balance des écritures, n'est pas saisissable, s'il n'atteint
point la limite de la tolérance de 5 0/0 accordée par l'article 10 de la loi
précitée. (Cass. 20 juill. 1894 ; Bull. Cont. ind. 1896.10.)

Dans ce cas, si l'écart entre les quantités déclarées et celles reconnues
n'excède pas 5 0/0, les quantités en plus sont ajoutées aux charges et les
manquants retranchés, sans donner lieu à procès-verbal. (Cass. 2 juill.
1898.)

Par contre, tout excédent, même inférieur à 5 0/0, constaté à la
balance finale du compte, donne lieu à procès-verbal, lorsqu'il aura été
matériellement constaté par le service ou formellement *reconnu* par le
marchand en gros. (Loi du 29 déc. 1900, art. 7 ; circ. 423 du 29 déc.
1900 ; Cass. 19 juin 1902 ; Bull. Cont. ind. 1902.15 ; arr. Montpellier
11 juill. 1903.)

Les déclarations que les négociants ont à faire doivent porter sur
chaque fût. (Cass. 16 mai 1885 ; M. 21.462 ; 2 juill. 1898 ; Bull. Cont.
ind. 1900.3.8 ; 16 mars 1899 ; Bull. Cont. ind. 1899 15.276.)

Mais la tolérance de 5 0/0 doit porter sur *l'ensemble des déclarations.*
(Cass. 2 juill. 1898 ; Bull. Cont. ind. 1900.3.8 ; 16 mars 1899 ; Bull.
Cont. ind. 1899.15 ; Journ. Cont. ind. 1899.351.)

Le négociant n'encourt qu'une seule amende, quel que soit le nombre de fausses déclarations. (Arr. Limoges 2 mars 1899.)

Ne saurait invoquer le bénéfice de la tolérance, le négociant qui est
convaincu d'avoir fait *sciemment* des déclarations inexactes. (Arr. Lyon
9 nov. 1899 ; Cass. 15 juin 1901 ; Bull. Cont. ind. 1901.15.73.)

S'il y a fausse déclaration, on doit saisir réellement la quantité reconnue, lorsqu'elle est supérieure à celle déclarée. Dans le cas contraire, il faut saisir réellement la quantité reconnue et fictivement la
différence existant entre le volume déclaré et celui reconnu.

Ce qui revient à dire que toute fausse déclaration entraîne la saisie
réelle ou fictive de la totalité de la boisson déclarée, lorsque la différence est en moins, et la saisie réelle de la totalité de la boisson reconnue,
lorsque la différence est en plus.

La contravention à l'article 9 entraîne, outre l'amende au profit du
Trésor, une amende au profit de l'octroi, si le règlement local de l'octroi punit de l'amende édictée par l'article 46 de la loi du 28 avril 1816
les déclarations reconnues fausses, soit à l'entrée, soit à la sortie des
entrepôts, soit dans le cours des opérations d'inventaire. (Cass. 5 fév.
1891 ; Journ. Cont. ind. 1891.571 ; D. 91.1.189 ; S. 91.1.288.)

Les juges sont tenus de prononcer, indépendamment de l'amende, la
confiscation de la quantité manquante. (Cass. 5 fév. 1891 ; S. 91.1.288.)

Le tribunal doit prononcer la confiscation des boissons réellement saisies et effectivement trouvées dans les fûts sur lesquels ont porté les fausses déclarations. (Cass. 15 juin 1901 ; Bull. Cont. ind. 1901. 15. 73).

SECT. VI. — SURVEILLANCE A LA CIRCULATION. — VÉRIFICATION DES CHARGEMENTS. — OUVERTURE DES COLIS. — EXPÉDITIONS INAPPLICABLES. — APUREMENTS DES ACQUITS-A-CAUTION. — JAUGEAGE.

Les transporteurs de boissons doivent être en mesure de représenter au service, à toute réquisition, *à l'instant même de la réquisition*, les congés, acquits, passavants ou laissez-passer délivrés pour légitimer le transport. (Art. 17 de la loi du 28 avril 1816 et art. unique de la loi du 23 avril 1836.)

L'obligation de représenter le titre de mouvement comporte, comme corollaire nécessaire, le droit pour les employés de vérifier la conformité du chargement avec le titre de transport. (Cass. 25 avril 1885 ; M. 21.443; Bull. crim. 1885. 124; Rouen, 24 avril 1886; Rec. Rouen, 188. 1.1.)

En refusant de laisser le titre de mouvement entre les mains des employés pour leur permettre d'en vérifier la validité, le transporteur contrevient à l'article 17 précité. (Cass. 18 oct. 1822; M. 9.55; S. Chr.; Lyon 26 mai 1887 ; Mon. Lyon, 2 juillet 1887.)

Si le droit de visite ne peut porter que sur des voitures transportant des boissons et autres marchandises soumises à des formalités, par contre, toutes les voitures indistinctement, suspendues ou non suspendues, peuvent être visitées au moment de leur introduction dans une ville sujette aux droits d'entrée et d'octroi. (Art. 44 de la loi du 28 avril 1816, 28 de l'ord. du 9 déc. 1814, 7 de la loi du 29 mars 1832 et 9 de celle du 24 mai 1834.)

Le fait de ne pas laisser vérifier une voiture particulière à l'entrée d'une ville sujette aux droits d'entrée et d'octroi constitue une double contravention, l'une envers le Trésor, l'autre envers l'octroi. (Montpellier 24 août 1874 ; M. 19.79 ; Caen 26 mars 1890 ; Rec. de Rouen 1891.2.118. ; Riom 5 nov. 1897 ; Bull. Cont. ind. 1899.562.)

Même à l'entrée des villes, les personnes voyageant à pied ou à cheval ne peuvent être recherchées ni sur leurs personnes ni sur leurs effets ; mais en cas de soupçon de fraude, elles peuvent être conduites devant un officier de police et être soumises à la visite. (Ord. du 9 déc. 1814, art. 30 et 31.)

Pour éviter les lenteurs et faciliter les vérifications, les propriétaires des wagons-réservoirs ont été engagés à faire accompager ces récipients d'une copie du procès-verbal d'épalement. (Circ. 311 du 6 déc. 1898.)

OUVERTURE DES COLIS. — Le conducteur doit débâcher les voitures. (Chambéry 23 mai 1873 ; M. 19.24.) Il appartient aux vérificateurs d'ouvrir et de fermer les caisses et les fûts. (Dijon 10 mai 1876 ; S. 76. 2.176.) — Le conducteur doit enlever les fûts vides qui couvrent des fûts pleins. (Poitiers 31 janv. 1896 ; Journ. Cont. ind. 1897 ; 45.526.) — La législation des octrois prescrit aux conducteurs d'objets soumis à l'octroi de faciliter les vérifications ; mais le mot *faciliter* n'implique que l'idée d'un concours secondaire et les vérificateurs doivent agir par eux-mêmes. (Cass. 26 nov. 1869 ; S. 70.1.231 ; Arr. Bourges 28 avril 1904 ; Bull. Cont. ind. 1904.17.109.)

Bien que l'article 28 de l'ordonnance du 9 déc. 1814 dispose que les conducteurs sont tenus de faciliter toutes les opérations nécessaires aux vérifications, cette obligation n'implique que l'idée d'un concours secondaire, qui laisse le rôle principal et actif aux employés de l'octroi. Les redevables ne sont astreints qu'à seconder l'action des employés, sans être obligés d'agir par eux-mêmes. (Arr. Bourges 28 avril 1904 précité.)

En principe, tout chargement est saisissable lorsqu'il ne concorde pas avec les énonciations du titre de mouvement.

Mais le service doit s'abstenir de verbaliser lorsqu'il n'y a pas doute sur l'identité du chargement et que les différences reconnues ne permettent pas de soupçonner un concert frauduleux entre l'expéditeur et le destinataire. (Circ. 345 du 11 août 1882.)

Aux termes de l'article 21 de la loi du 6 août 1905, en cas d'expédition inapplicable, mais lorsque l'identité du chargement n'est pas contestée, la saisie sera limitée aux fûts sur lesquels des différences auront été constatées.

Cette pratique avait déjà été consacrée par la jurisprudence en ce qui concerne les spiritueux, parce que l'article 6 de la loi du 21 juin 1873 permettait d'identifier chaque fût d'alcool. (Circ. 612 du 8 août 1905).

Lorsqu'on rencontre en cours de transport un chargement composé de plusieurs pièces de vin et d'un petit baril destiné à remplacer la vidange au lieu de destination, on ne saisit que le petit baril si les autres pièces concordent avec le libellé de l'expédition. (Déc. du Cons. d'adm. 622 du 29 déc. 1819 et 625 du 15 fév. 1820.)

Soit une expédition énonçant vingt fûts de 560 litres pour 112 hect. et un chargement se composant de vingt fûts de 560 et de deux fûts de 225 litres : on ne doit saisir que ces deux derniers fûts.

Soit un acquit mentionnant un fût de 600 litres et un chargement comprenant trois fûts de 200 litres. Le titre de mouvement est inapplicable : saisir tout le chargement.

Soit une expédition délivrée pour 5 fûts, d'une contenance respective de 225 litres pour 11 hect. 25. Si on reconnaît 4 fûts de 225 litres pour 9 hect., on ne doit saisir que le fût disparu, lorsque l'identité du chargement n'est pas contestée.

Si la différence porte sur la contenance des futailles, il faut saisir tout le chargement.

En résumé, qu'il s'agisse de vins, spiritueux ou d'autres liquides, lorsque la discordance pourra être imputée à tel ou tel fût et que l'identité du chargement ne sera pas contestée, on se bornera à saisir le fût qui aura motivé l'infraction relevée. (Circ. 612 du 8 août 1905.)

On délivre toujours un acquit-à-caution pour la continuation du transport. (Circ. 450 du 8 juin 1850 et 310 du 1er août 1855.)

Toutes les fois qu'un procès-verbal est rapporté parce que l'expédition est inapplicable, cette expédition est annexée au procès-verbal, et il en est délivré une nouvelle pour continuer le transport. (V. L. C. du 20 mars 1872 et Journ. Cont. ind. 1900, rép. 988, p. 401).

Lorsqu'un procès-verbal est rapporté pour une contravention imputable au voiturier, au dépositaire ou au destinataire, et dont l'effet est le refus absolu de décharge ou une décharge restreinte aux quantités effectives, les doubles droits doivent être mis par la transaction à la charge du contrevenant. A défaut par celui-ci de transiger, ils sont réclamés au soumissionnaire. (Circ. 207 du 20 juill. 1839.)

Aux termes des circulaires 480 du 29 janvier 1851 et 310 du 1er août 1855, les conditions d'apurement des acquits annexés à des procès-verbaux doivent, autant que possible, être réglées par l'article 3 de la feuille de transaction 124. En toute hypothèse, les transactions doivent toujours indiquer que les acquits sont apurés sous telle ou telle condition ou qu'ils ne sont pas apurés.

Quand le sort des acquits n'aura pas été réglé par transaction, les propositions d'apurement, pour ceux de ces titres qui sortiront des limites de la compétence des directeurs, seront transmises à l'Administration, sous le timbre du bureau du *contentieux*, aussitôt la conclusion des traités. (Circ. 189 du 7 déc. 1896.)

Un procès-verbal ne produit pas le même effet que le transit et ne prolonge pas les délais pour l'exigibilité des droits garantis par un acquit. Dès lors, pour éviter la prescription, il y aurait lieu, le cas échéant, de procéder selon ce que prescrit le § 72 de l'instruction du 15 février 1827, quant à la signification d'une contrainte à titre conservatoire. (Circ. 480 du 29 janv. 1851.)

Les frais de contraintes décernées en matière d'acquits-à-caution joints à des procès-verbaux n'ont pas le caractère de frais judiciaires, c'est-à-dire de frais susceptibles d'être compris dans les dépens liquidés par le tribunal correctionnel, ou d'être rangés parmi les frais non taxables. Ce sont des frais de poursuites pour le recouvrement des droits, et on ne peut les confondre, dans la comptabilité, avec les précédents. (Note du 7 mars 1905 au Dir. de Nantes.)

Les acquits joints à un procès-verbal ne doivent pas être déchargés. Les conditions de l'apurement sont réglées par l'article 3 de la feuille de transaction n° 124. (Circ. 480 précitée et circ. 310 du 1er août 1855.)

On ne doit donner mainlevée de la saisie que contre représentation de l'expédition que le contrevenant aura été mis en demeure de lever. Si celui-ci s'y refuse, il n'y a qu'à saisir réellement.

Les droits sur les différences en moins (*acquits*) sont acquittés en dehors de la transaction et perçus suivant quittance spéciale pour le compte du receveur principal. Ils figurent à ce titre au registre des consignations, puis à l'état de produits n° 196. (Circ. 480 de 1851.)

Le pouvoir de stipuler sur les acquits de saisie, quel que soit le département d'où ils émanent, appartient au directeur dans le département duquel la transaction est conclue. *Ib.*

En cas d'abandon d'une affaire, on doit, sans attendre le moment de produire les états 98, provoquer l'apurement des acquits suivant les règles ordinaires de la compétence.

JAUGEAGE. — Aucun mode spécial de jaugeage n'est prescrit par la loi. (Cass. 4 nov. 1809; M. 6.522 ; 24 janv. 1812; M. 7.195 ; D. 27. 482 ; — 19 juin 1902 ; Bull. Cont. ind. 1902. 15. 60 : S. 1905. 1. 60.) Le dépotement n'est pas obligatoire. (Cass. 27 oct. 1899 ; Bull. Cont. ind. 1899. 23.) L'article 6 de la loi du 25 juin 1841 ne prescrit pas de se servir du dépotoir cylindrique à l'exclusion des autres procédés de jaugeage ; il a seulement décidé que cet instrument était placé au nombre des mesures légales et devait être poinçonné par les vérificateurs des poids et mesures.

Toute personne qui contestera le résultat d'un jaugeage fait par les employés pourra requérir qu'il soit fait un nouveau jaugeage en présence d'un officier public, par un expert que nommera le juge de paix et dont il recevra le serment. (V. art. 146 de la loi du 28 avril 1816.)

Il faut nécessairement que la demande d'expertise soit faite *sur-le-champ*, afin qu'aucun doute ne puisse s'élever plus tard sur l'identité des vaisseaux ou des liquides. (Trib. Villefranche 27 août 1869 ; Trescaze Chr. 1869.1.51 ; Agen 12 nov. 1896 ; Bull. Cont. ind. 1896. 24 ; Montpellier 17 mai 1902 ; Bull. Cont. ind. 1902.14.52.)

Lorsque les boissons saisies ont été laissées à la disposition du contrevenant, celui-ci n'est pas fondé à demander ultérieurement un nouveau jaugeage. (Cass. 9 avril 1897.)

SECT. VII. — SOUMISSION TENANT LIEU DE PROCÈS-VERBAL.

Toutes les fois que les employés ont à constater des irrégularités matérielles (pertes d'expéditions ; défaut d'identité entre les quantités reconnues et les quantités mentionnées au titre de mouvement, résultant de substitutions de fûts ou de fausses directions données aux chargements), ils peuvent se dispenser de dresser des procès-verbaux, si les agents de transport responsables envers la Régie demandent ou consentent à passer une reconnaissance des contraventions commises et un *engagement* réservant tous les droits et recours de l'Administration, pour le cas où il scrait ultérieurement établi que ces contraventions auraient un caractère frauduleux. (V. circ. 345 du 11 août 1882.)

Modèle de soumission à souscrire pour éviter la rédaction d'un procès-verbal en cas de perte d'expédition ou de défaut d'identité entre les quantités mentionnées aux expéditions.

Je soussigné, chef de gare à   , représentant de la Compagnie d   , me soumets, au nom de ladite Compagnie, à m'en rapporter à la décision de l'Administration des Contributions indirectes relativement aux suites dont sera jugée susceptible la contravention reconnue à mon préjudice par MM. (*noms, grades et résidence des employés*), résultant :

Du défaut de représentation d'expédition de la Régie pour le transport de (*désignation précise et complète du chargement*) expédiés suivant récépissé de la gare de   . en date du   par M. (*nom, qualité et demeure de l'expéditeur*), à destination de M. (*nom, qualité et demeure du destinataire*) ; .   ou du défaut d'identité entre l'acquit-à-caution n°   du bureau de   arrondissement de   · , département de   , en date du   , mentionnant (*nombre de vaisseaux, quantité et espèce de boissons*) expédiés par M. *nom, qualité et demeure de l'expéditeur*) à M. *nom, qualité et demeure du destinataire*), et le chargement représenté, lequel a été reconnu se composer de (*désignation précise et complète du chargement*) ;

Contravention qui, aux termes des articles   de la loi du   , me rend passible, toutes réserves étant faites d'invoquer à mon profit, s'il y a lieu, le bénéfice des dispositions de l'article 13 de la loi du 21 juin 1873, d'une amende de   et de la confiscation des boissons estimées de gré à gré avec les employés ci-dessus dénommés à la somme de

Je déclare que c'est à ma demande qu'il n'a pas été rédigé de procès-verbal régulier, et je m'engage à ne pas me prévaloir ultérieurement de cette circonstance et à considérer la décision administrative à intervenir sur cette affaire comme jugement définitif contre lequel je renonce dès à présent à tout recours judiciaire.

A   , le   190

Ces actes sont rédigés sur papier timbré et enregistrés au droit fixe de 1 fr. 88, principal et décimes. (Circ. 218 du 17 juill. 1897 ; Lett. du direct. gén. de l'enreg. à son collègue des ind. du 7 fév. 1901, n° 12552.)

Les frais de timbre et d'enregistrement sont supportés par les signataires des engagements, sans que l'Administration ait à en faire l'avance. Dès que la formalité de l'enregistrement a été remplie, les engagements sont adressés, avec un rapport succinct du chef local, au directeur ou au sous-directeur de la circonscription administrative, qui les inscrit au Mémorial, suit leurs effets et en rend compte à l'Administration comme en matière contentieuse ordinaire. (Circ. 345 précitée. — V. *Apurement des soumissions.*)

SECT. VIII. — FRAUDES NON ACTUELLES. — SAISIES FICTIVES. — SAISIE DE FACTURES, CARNETS, ETC. — DÉFAUT DE JUSTIFICATION DU PAYEMENT DES DROITS. — INSTRUCTION CRIMINELLE.

1° Fraudes non actuelles. — Saisies fictives.

Il n'est pas nécessaire que les procès-verbaux relatent les faits mêmes qui constituent la contravention, s'ils mentionnent d'autres faits matériels constatés personnellement par les rédacteurs et qui prouvent l'existence de la contravention. (Cass. 12 déc. 1889 ; Journ. Cont. ind. 1890.609 ; D. 90.1.401.)

Les contraventions peuvent être constatées tant que la prescription de trois ans édictée par l'article 638 du Code d'instruction criminelle n'est pas acquise. (Cass. 25 juin 1875 ; M. 19.173 ; S. 76.1.45 ; 5 juin 1880 ; M. 21.176 ; D. 81.1.494 ; S. 80.1.483.)

Le service peut être amené, soit en compulsant les écritures et documents des compagnies de chemins de fer et des entrepreneurs de transport par terre et par eau (loi du 26 mars 1878, circ. 240 du 26 juin 1878), soit par l'examen des factures produites par des assujettis, soit sur la déclaration de prétendus destinataires portés sur les titres de mouvement, soit même sur de simples textes de demandes en justice, de notes d'audience ou de motifs de jugement, à relever des contraventions déjà anciennes.

La jurisprudence a ratifié ces saisies fictives. (Cass. 6 fév. 1836 ; S. 36.1.195 ; Cass. 25 juin 1875 ; S. 76.1.45 ; 12 janv. 1877 ; S. 78.1. 95 ; 13 déc. 1902 ; Bull. Cont. ind. 1903.2 ; — Arr. Limoges 23 mars 1877 ; S. 77.2.183.)

Le contrevenant est tenu soit de faire offre des marchandises saisies fictivement, soit d'en payer la valeur fixée par le jugement. (Cass. 22 juill. 1891 ; S. 92.1.606 ; 12 juillet 1895 ; Bull. crim. 95.201.)

Il est à remarquer que pour les faits de fraude non actuels les tribunaux ont un pouvoir souverain d'appréciation ; ils peuvent, si la preuve résultant des faits matériels énoncés dans l'acte ne paraît pas absolument décisive, la compléter par des documents régulièrement produits et discutés à l'audience et par toutes autres preuves ou présomptions conformément aux règles posées par l'article 154 du Code d'instruction criminelle. (Cass. 30 juill. 1880 ; S. 82.1.284 ; M. 21.179.)

Dans les affaires de l'espèce, la preuve de la contravention incombe à la Régie. (Cass. 28 juill. 1892 ; Bull. crim. 1892.217 ; 11 août 1892 ; Bull. crim. 1892.234 ; Pand. franç. 93.7.50.) Il convient, dès lors, d'agir avec circonspection et de prendre, le cas échéant, l'attache du directeur ou du sous-directeur avant de procéder à la rédaction de ces procès-verbaux.

Ainsi, la possession par un débitant d'un congé indiquant un tiers comme destinataire ne paraît pas, en l'absence d'aveux, de factures, etc., constituer une preuve indiscutable que les boissons énoncées à ce titre de mouvement ont été effectivement introduites en fraude dans le débit.

La preuve d'une contravention ne résulte pas nécessairement de la différence existant entre les énonciations des registres buralistes et celles portées sur les factures. (Cass. 28 mars 1889 ; Journ. Cont. ind. 1890.270 ; Angers, 21 fév. 1896.)

Lorsqu'un procès-verbal ne constate aucun fait particulier d'enlèvement et de transport avec une expédition inapplicable, mais se borne à relever comme indice de l'existence de ladite contravention un excédent constaté entre les quantités de boissons portées sur les factures remises par le négociant à un de ses clients et celles mentionnées dans les déclarations d'enlèvement inscrites sur le registre-congé de la Régie, le juge ne fait qu'user de son pouvoir souverain d'appréciation, sans méconnaître aucunement la foi due au procès-verbal en déclarant que des documents visés audit procès-verbal et en l'absence d'un aveu du prévenu, ne résulte pas suffisamment la preuve de la contravention reprochée. (Cass. 13 juill. 1888 ; Bull. crim. 1888.245.)

Par contre, les tribunaux peuvent admettre l'existence de livraisons frauduleuses d'après le simple rapprochement de factures délivrées par l'expéditeur avec les registres portatifs tenus par la Régie. (Lyon, 16 janvier 1888 ; Mon. Lyon 23 fév. 1888 ; Bord. 11 juill. 1888.)

Si la personne désignée sur une expédition comme transporteur ou destinataire déclare n'avoir transporté ni reçu des boissons, aucune contravention ne peut être relevée à son encontre. Cependant, si l'expéditeur était marchand en gros, distillateur, etc., un procès-verbal pourrait être dressé à sa charge pour avoir sciemment altéré les éléments de son compte.

Il a été jugé, en effet, que les aveux du destinataire indiqué au titre de mouvement sont opposables à l'expéditeur. (Cass. 30 avril 1898 ; Bull. Cont. ind. 1898.11.)

Le marchand en gros peut être condamné pour enlèvement fictif ou transport à fausse destination, s'il a été impossible de retrouver le destinataire énoncé au congé. (Cass. 13 nov. 1902 ; Bull. Cont. ind. 1903.2.)

Il appartient à l'expéditeur de prouver que les destinataires indiqués aux titres de mouvement ont réellement reçu les boissons. (Cass. 11 déc. 1902 ; Bull. Cont. ind. 1903.4.)

2° Saisie de factures, carnets. — Livres de commerce saisis par le juge d'instruction.

Les employés ne sont pas autorisés à saisir les papiers domestiques d'une personne soupçonnée de se livrer à la fraude. (Jug. trib. Rethel du 31 oct. 1893; jug. Villefranche du 22 juin 1897.)

Mais les employés peuvent accepter, emporter ou copier sur place, avec le *consentement* des détenteurs de ces pièces et en ayant soin de *constater explicitement* ce consentement dans le procès-verbal, les factures, papiers et autres documents utiles à l'établissement des contraventions recherchées. (Arr. Grenoble, 23 juin 1892.)

Si, au cours d'une instruction ouverte par le Ministère public, une contravention à la loi fiscale est révélée, l'Administration a la faculté d'user du droit ouvert par l'article 63 (C. instr. crim.) de se constituer partie civile et de prendre des conclusions. (Cass. 3 mai 1867.)

3° Défaut de justification du payement des droits.

Les tribunaux peuvent condamner à l'amende et à la confiscation le simple particulier qui, soupçonné de fraude, ne justifie pas du payement des droits sur les boissons trouvées à son domicile. (Cass. 17 oct. 1839 ; P. 45.2.86 ; 16 juin 1870 ; S. 73.1.146 ; 13 janv. 1877 ; S. 77. 1.235 ; M. 19.268.)

Les débitants abonnés et rédimés étaient autrefois tenus de justifier de la réception régulière ou de l'acquittement des droits sur les boissons trouvées en leur possession. (Cass. 20 juin 1844 ; M. 17.91 ; 27 juin

1846 ; M. 17. 348 ; D. 46.1.276 ; S. 46.1.762 ; 6 août 1846 ; M. 17. 355 ; Lyon, 20 janv. 1897.)

Les débitants des villes rédimées étaient dans le même cas. (Cass. 20 juin 1844 ; M. 17.91 ; 5 sept. 1845 ; M. 17.263 ; 6 août 1846 ; M. 17. 355 ; 18 déc. 1874 ; M. 20.123 ; Nancy, 19 juin 1884.)

Les débitants des villes non exercées sont tenus des mêmes obligations. (Arr. Montpellier 17 mai 1902 ; Bull. Cont. ind. 1902.14.52.) Ils doivent se munir d'expéditions pour l'introduction des spiritueux dans leur établissement, quelle qu'en soit la quantité. (Jug trib. Lille 5 mars 1902 ; Rev. vin. 1er mai 1902.)

Dans les affaires de l'espèce les juges ont un pouvoir souverain d'appréciation. C'est à la Régie à faire la preuve de la fraude. (Cass. 28 juill. 1892 ; Bull. crim. 1892.217.)

4° Instruction criminelle. Preuve de la contravention puisée dans une information. Cour d'assises.

Lorsqu'il y a connexité entre les infractions fiscales et les crimes, la Régie est recevable à puiser dans l'information requise par le ministère public tous les éléments de preuve de nature à établir les contraventions qu'elle est chargée de poursuivre. (Cass. 5 juin et 30 juill. 1880 ; M. 21. 176 et 179 ; Arr. Aix 20 juill. 1900.)

Il est de jurisprudence constante que l'ordonnance de non-lieu et le verdict d'acquittement rendus sur une poursuite criminelle connexe à une action en répression de contraventions fiscales ne créent point une fin de non-recevoir à l'action de la Régie. (Cass. 12 déc. 1889 ; Bull. cr. 1889.388 ; Journ. Contr. ind. 1890.609.)

De même, il avait été jugé que l'autorité de la chose jugée au criminel ne s'attachant au civil qu'à ce qui a été déjà jugé au criminel, les juges de l'action civile peuvent, en se fondant sur des faits et des documents que le jury n'a pas eu à apprécier, condamner le prévenu acquitté en cour d'assises. (Cass. req. 29 déc. 1897 ; Bull. Cont. ind. 1898.9.)

Une cour d'assises doit statuer sur les dommages prétendus par la partie civile. (Art. 366 Cod. instr. crim.)

La Régie ne peut se porter partie civile en cour d'assises pour le recouvrement des *droits* ou des *amendes*. (Cass. 3 août 1878 ; M. 20. 325 ; Cass. 12 août 1878 ; M. 20.289.)

Mais la Régie peut obtenir des dommages-intérêts fondés sur la violation des principes de droit commun, c'est-à-dire sur l'article 1382 du Code civil. (Cass. 19 avril 1874 ; Bull. crim. 118 ; Cass. 12 août 1878 ; M. 20. 289.)

SECT. IX. — SAISIE SUR INCONNUS.

Il est utile de remplir à l'égard des fraudeurs restés inconnus toutes les formalités réglementaires, car s'ils venaient à être découverts dans les 3 mois de la date du procès-verbal, on pourrait leur opposer un acte régulier.

Le procès-verbal est adressé au sous-directeur, qui fait prononcer la confiscation des objets saisis par voie de requête adressée au tribunal. (Loi du 5 sept. 1792, art. 5, et Cass. 8 juill. 1841; M. 16.140; D. 41.1.318; S. 41.1.700.) *V. mod. de requête.*

C'est seulement dans le cas de saisie sur *inconnu* qu'on peut procéder par voie de requête. Si le contrevenant est dénommé dans le procès-verbal, si son domicile est inconnu ou si son identité n'est pas établie, on assigne dans les formes indiquées par l'article 68, § 8, du Code de procédure civile.

Si le président du tribunal exige que la requête lui soit présentée en audience publique, un employé est désigné pour lui remettre, un jour d'audience publique, cette requête accompagnée du procès-verbal. On évite ainsi l'allocation d'honoraires à l'avoué.

« Contre inconnus, on doit conclure devant le tribunal à la confisca-
« tion des marchandises saisies, demander acte des réserves prises
« pour obtenir ultérieurement la condamnation à l'amende des délin-
« quants qu'on parviendrait à connaître et faire ordonner la vente, *par*
« *mesure conservatoire*, des moyens de transport saisis à titre de garan-
« tie, sauf à verser le produit net de cette vente à la Caisse des dépôts
« et consignations. »

Cette marche avait été tracée par le conseil judiciaire de l'Administration, à l'occasion d'un jugement prononcé le 13 juin 1840 par le tribunal de Caen.

Mais il est à remarquer qu'en cas de *circulation illicite de boissons et d'huiles autres que minérales*, les moyens de transport sont saisis *pour garantie* de l'amende seulement. Or, quand la saisie est pratiquée sur inconnu, aucune amende ne peut être prononcée. Par suite, il y a lieu de considérer les moyens de transport comme *biens vacants et sans maître*, comme *des épaves*, dans les conditions déterminées par les articles 539, 713 et 717 du Code civil.

Il convient donc de remettre ces moyens de transport à l'Administration des domaines, c'est-à-dire au receveur des domaines dans la circonscription de laquelle la saisie a été opérée. (Sol. Enreg. 11 août 1891. Rép. 1892, 1190.)

Si, dans les cas de l'espèce, les moyens de transport non confisqués et sans affectation à défaut d'amende constituent des épaves devant être remises à l'Administration des domaines, qui en opère la vente et en encaisse le prix, il est nécessaire toutefois que ces moyens de transport n'aient pas fait l'objet d'une confiscation ou d'une affectation spéciale au profit des administrations qui ont fait ordonner la confiscation.

D'où il résulte que si, par suite d'une fausse interprétation de la loi ou par erreur, la confiscation desdits moyens de transport était adjugée à la Régie, il ne serait plus possible de suivre cette dernière voie ; il ne serait plus question alors d'*épaves*, c'est-à-dire de *biens vacants et sans maître*, mais d'une confiscation prononcée au profit de la Régie. (Sol. Enreg. 4 août 1902.) En vertu du jugement, la Régie aurait reçu mandat de faire vendre les moyens de transport : elle devrait en réaliser la valeur et la faire verser à la Caisse des dépôts et consignations. (V. Journ. Cont. ind. 1899, rép. 258.)

En l'espèce, les verbalisants n'ont pas droit à répartition sur le produit de la vente des moyens de transport *saisis en garantie de l amende*.

Lorsque la saisie des moyens de transport n'est pas prononcée en garantie de l'amende, que leur confiscation s'ajoute aux autres pénalités (en matière de tabacs, de poudres, d'allumettes, de sels, de voitures publiques, etc.), on fait prononcer cette confiscation par le tribunal ; le produit de la vente est encaissé par la Régie et réparti dans la forme ordinaire.

Dans les affaires sur inconnus, le directeur réunit toutes les saisies de l'espèce dont le montant partiel n'excède pas 50 francs pour en demander la confiscation par une seule requête. (Loi du 5 sept. 1792, art. 5 ; circ. 138 du 31 mai 1813, et circ. 14 du 16 sept. 1816 ; Déc. Cons. d'Adm. nᵒ 527 du 13 mai 1818.)

Identité du contrevenant ultérieurement établie. — La vente des objets saisis ne met pas obstacle à l'action correctionnelle, si l'identité du contrevenant vient à être établie postérieurement. Mais il faut que ce dernier soit assigné avant l'expiration des trois mois qui suivent l'époque de la clôture du procès-verbal. (Cass. 7 déc. 1843 ; D. 27.588 ; Amiens, 13 déc. 1884 ; Gaz. Pal. 1 suppl. 124.)

Les verbalisants dresseraient sur papier timbré un acte établissant l'identité du contrevenant ; ils donneraient ensuite assignation en vertu du procès-verbal qui a relaté les faits constitutifs de la contravention.

Octrois. — En matière d'*octroi*, alors qu'il s'agit de saisies (non communes aux deux services) opérées sur inconnus, les chefs de service peuvent, avec l'autorisation du maire, faire constater les contraventions par de simples rapports sur papier libre, pourvu toutefois que la valeur de l'objet ne s'élève pas au-dessus de 10 francs. (Art. 79 de l'ord. du 9 déc. 1814 ; circ. 32 du 13 juillet 1812 et 89 du 29 août 1834.)

Allumettes ; saisies dites de « minuties ». Procès-verbal administratif. — Aux termes de l'article 22 de la loi du 16 avril 1895, « lorsque plusieurs saisies d'allumettes auront été faites séparément sur des inconnus dans le ressort d'un même tribunal, et que la valeur de chaque partie saisie n'excédera pas 50 francs, la Régie pourra en demander la confiscation par une seule requête, laquelle contiendra l'estimation de chaque saisie. Il sera statué sur ladite demande par un seul et même jugement. » (Circ. 118 du 3 mai 1895.)

Les employés peuvent se dispenser de dresser un procès-verbal judiciaire pour les saisies d'allumettes dont la valeur ne dépasse pas 50 francs et qui sont pratiquées sur des inconnus ; dans ce cas, ils se bornent à établir sur papier libre un rapport administratif, lequel relate très succinctement les noms et qualités des saisissants, les causes et l'importance de la saisie, ainsi que le lieu où elle a été opérée. Ces rapports sont remis, en même temps que les échantillons d'allumettes prélevés, dans les bureaux de direction et de sous-direction où est établi, par ressort de tribunal et lorsqu'il y aura lieu, un procès-verbal sur timbre. *Ib.*

En effet, c'est seulement lorsque le nombre et l'importance de ces saisies paraissent suffisants pour motiver la présentation d'une requête au tribunal qu'il est rédigé, suivant les formes de droit, un procès-verbal contre inconnus, dans lequel sont énoncés séparément tous les objets saisis avec indication de leur valeur et qui, visant les lois applicables, conclut à la simple confiscation des marchandises. Ce procès-verbal n'est pas nécessairement signé par tous les employés qui ont participé aux saisies : il suffit qu'il le soit par deux agents quelconques. Bien entendu, c'est seulement ce dernier acte qui, après avoir été soumis à la formalité de l'enregistrement, devra être inscrit au mémorial 122 A. Il va également de soi qu'une copie de chacun des rapports administratifs précités sera mis à l'appui de l'état 71 C relatif à la répartition de la valeur des allumettes saisies. *Ib.*

Ces dispositions sont applicables aux saisies d'allumettes opérées par les agents étrangers à la Régie. (Journ. Cont. ind. 1896.675.)

SECT. X. — DROIT DE RECHERCHE DANS LES ÉCRITURES DES COMPAGNIES DE TRANSPORT. — CIRCULATION SUR LA VOIE FERRÉE.

Aux termes de l'article 1er de la loi du 15 juillet 1845, les stations, gares et autres emplacements font partie de la grande voirie comme la voie ferrée proprement dite. Les boissons trouvées dans l'intérieur d'une gare doivent être considérées comme étant en cours de transport. Si une contravention est relevée, c'est contre le chef de gare qu'il faut verbaliser. (Montpellier 30 décembre 1897. Bullet. Cont. ind. 1898, 2ᵉ part., p. 442.)

La loi du 26 mars 1878, article 3, autorise les employés des contributions indirectes à compulser les registres des compagnies de chemins de fer et autres entreprises de transport par terre et par eau pour s'assurer des réceptions des objets soumis aux droits. (Circ. 240 du 26 juin 1878.)

Cette vérification des registres ne peut avoir lieu qu'en vertu d'une autorisation du directeur ou du sous-directeur. (Circ. 240 du 26 juin 1878.)

On ne peut user de cette faculté de vérification qu'avec discernement. *Ib.*

Le service de l'octroi ne jouit pas de ce droit. (Journ. Cont. ind., rép. 900, du 6 juill. 1899.)

Les contraventions peuvent être constatées tant qu'elles ne sont pas atteintes par la prescription de trois ans. (Art. 638 Cod. inst. crim. ; Cass. 25 juin 1875 ; M. 19.173 ; S. 76.1.45.)

Rappelons aussi que les employés de la Régie (et de l'octroi, si la gare est située dans le périmètre) ont le droit de pénétrer dans les gares, stations, magasins et autres établissements dépendant du chemin de fer, mais dans l'exercice de leurs fonctions seulement. (Art. 62

de l'ord. du 15 nov. 1846 ; circ. 347 du 2 déc. suivant ; lett. com. 31 du 9 avril 1892 et lett. com. 244 du 28 juin 1902.)

L'exercice de cette faculté n'est pas subordonné à une autorisation préalable du chef de gare.

Mais les employés doivent n'user de cette faculté qu'avec réserve et seulement dans les cas où l'intérêt du Trésor l'exige, par exemple lorsqu'ils sont à la poursuite des fraudeurs ou qu'ils ont à prendre des mesures, soit pour garantir les intérêts des perceptions, soit pour assurer la régularité du service ; ils doivent donc, d'une manière générale, s'abstenir de pénétrer dans l'enceinte des chemins de fer, à moins qu'ils n'y soient expressément appelés par l'exercice de leurs fonctions, et, dans ce cas, ils ont à représenter, à toute réquisition, aux agents des compagnies, la commission dont ils sont tenus d'être porteurs, afin de justifier ainsi de leur identité et de leur droit à circuler sur la voie ferrée. (L. C. 244 du 28 juin 1902.)

SECT. XI. — DROIT DE RECHERCHE SUR LES REGISTRES DE LA RÉGIE.

a) La loi du 2 août 1872, article 8, autorise les propriétaires, fermiers, expéditeurs et destinataires, *avec l'autorisation du juge de paix*, à prendre connaissance, sur place, des livres et registres de la Régie, pour s'assurer si l'*alcool* expédié est de l'alcool de grains, de betteraves ou de vin. (Circ. 67 du 19 sept. 1872.)

Comme on le voit, la disposition dont il s'agit concerne uniquement la recherche de la *nature des spiritueux* expédiés.

Il est dû un droit de recherche de 1 franc par compte communiqué.

Par compte, on doit entendre un ensemble d'opérations d'écritures effectuées pendant une période déterminée et présentant la situation d'un redevable au regard de l'impôt.

Ainsi, d'après la loi, le compte est annuel pour le marchand en gros et pour le débitant exercé. (Journ. Cont. ind. 1890.446.)

b) D'autre part, la loi du 11 juillet 1891, article 5, dispose que les registres de prise en charge et de décharge des acquits-à-caution de raisins secs, ainsi que les bulletins 6 E formés pour les laissez-passer énonçant des envois supérieurs à 200 kilogrammes, les demandes de sucrage faites en vue de la fabrication des vins de sucre et les portatifs et registres de décharge des acquits-à-caution après dénaturation des sucres seront conservés trois ans à la direction ou à la sous-direction et communiqués à tout requérant moyennant un droit de recherche de 50 centimes par article ou par compte. (Circ. 12 du 18 juillet 1891 et L. C. 209 du 28 août 1900.)

Ici, l'autorisation préalable du juge de paix n'est pas nécessaire.

c) Le droit de recherche, primitivement limité aux documents relatifs à la fabrication des vins de sucre, s'étend aujourd'hui à toutes les déclarations de sucrage, soit en première, soit en deuxième cuvée, et même aux déclarations de détention de sucre en quantité supérieure à 50 kilogr.

L'article 33 de la loi de finances du 31 mars 1903 porte, en effet, que les dispositions de l'article 5, dernier paragraphe, de la loi du 11 juillet 1891, qui prescrivent la communication à tout requérant, moyennant un droit de recherche de 0 fr. 50, des demandes de sucrage, seront applicables aux déclarations et aux constatations effectuées en exécution de l'article 7 de la loi du 28 janvier 1903, sur le régime des sucres. (Lett. autogr. 95 du 7 déc. 1903.)

Se prévalant de ces dispositions, le Syndicat national de défense de la viticulture française, dont le but est de rechercher et de poursuivre les fraudes commises sur les vins et les alcools de vin, a demandé que les constatations du service relatives aux fraudes de cette nature lui soient communiquées.

La circulaire 539 du 26 août 1903 a stipulé que les requérants seraient admis à consulter, tant dans les recettes buralistes que dans les directions et sous-directions, les déclarations écrites, la souche du registre n° 14 spécial, ainsi que les carnets d'exercice 163 A. *Ib.*

Le ministre a décidé, en outre, à la date du 28 novembre 1903, que, dans le cas de procès-verbal, les résultats des constatations des employés seraient consignés dans des actes spéciaux passés au même carnet 163 A. *Ib.*

Il y a lieu, en conséquence, de faire enregistrer sur les carnets qui se trouvent entre les mains du service toutes les constatations opérées en vertu de procès-verbaux. L'enregistrement se compose de l'indication exacte des noms et domicile des contrevenants et des quantités saisies réellement et fictivement. *Ib.*

Le service doit adresser à la direction et à la sous-direction une copie de tous les actes dressés aux carnets 163 A, dès qu'ils y ont été consignés. *Ib.*

Tous les documents précités doivent être communiqués à toute personne les requérant, soit dans les postes d'exercice, soit dans les directions ou sous-directions, moyennant le paiement du droit de 0 fr. 50 par article ou par compte communiqué. *Ib.*

Moyennant la consignation d'un droit de 50 centimes par affaire, les représentants d'un syndicat peuvent donc compulser les carnets 163 A, sur lesquels sont relatées les constatations faites par le service. En marge de chaque article, on inscrit toutefois l'une des mentions suivantes : « A l'instruction » ; « Transaction » ; « En justice », afin que le syndicat soit fixé sur la suite donnée à ces affaires. (Note du 11 avril 1904.159.)

Il n'y a pas lieu de fournir d'autres renseignements ni d'indiquer, le cas échéant, le montant de l'amende exigée à titre de transaction. *Ib.*

En étendant aux recettes buralistes les mesures de publicité que la loi de 1891 n'avait instituées qu'au siège des divisions administratives, l'Administration s'est préoccupée d'accorder des facilités au commerce.

Tout requérant est tenu de désigner le nom des personnes sur lesquelles doivent porter les recherches et acquitter en même temps pour chacune d'elles la taxe. Celle-ci est acquise dès l'instant où les recherches ont été effectuées, quel qu'en soit le résultat. (Note du 26 nov. 1903. 8349.)

Les buralistes encaissent eux-mêmes cette taxe et inscrivent la perception au registre 74 B spécial. *Ib.*

e) Enfin, les dispositions ci-après ont été votées pour donner à la viticulture de nouvelles garanties contre les fraudes par acquits fictifs :

Les receveurs buralistes des contributions indirectes sont tenus de délivrer, sur papier libre, aux personnes qui en font la demande, des extraits de leurs registres concernant les déclarations dans lesquelles ces personnes sont nominativement désignées. (Art. 10 de la loi du 6 août 1905.)

Il leur est payé 25 centimes (0 fr. 25) par chaque extrait, et, en cas de recherche, 50 centimes (0 fr. 50) pour chaque année indiquée. *Ib.*

Les sommes ainsi perçues constituent pour les receveurs buralistes une simple rémunération de leur travail, et sont encaissées pour leur propre compte sans entrer dans la comptabilité. (Circ. 613 du 8 août 1905.)

La redevance est due au même titre à tous les buralistes qui font ce travail, qu'il s'agisse de simples receveurs buralistes ou de comptables aux emplois desquels est attachée une recette buraliste, et les agents l'encaissent à leur profit personnel. (Note du 13 sept. 1905.5902.)

Si les recherches sont opérées à la direction sur les registres épuisés, la rétribution revient à l'employé qui a fait les recherches.

En fait, l'article 10 de la loi du 6 août 1905 a pour but de permettre aux propriétaires récoltants de s'assurer que des tiers ne les ont pas abusivement et à leur insu désignés comme expéditeurs de boissons pour lesquelles ces tiers ont levé des titres de mouvement.

Cependant, ces dispositions étant générales, les receveurs buralistes délivrent actuellement sur papier libre les duplicata d'acquits-à-caution et perçoivent pour cette délivrance la rémunération de 0 fr. 25. (Circ. 613 du 8 août 1905.)

f) Aux termes de l'article 10 de la loi du 1er août 1905, en cas d'action pour tromperie ou tentative de tromperie sur l'origine des marchandises, des denrées alimentaires ou des produits agricoles et naturels, les magistrats instructeurs et les tribunaux peuvent ordonner la production des registres et documents de l'Administration des contributions indirectes. Le cas échéant, les directeurs doivent mettre à la disposition de la justice les registres et documents demandés. (Circ. 661 du 23 août 1906.)

D'autre part, l'article 4 du décret du 31 juillet 1906 impose aux administrations publiques l'obligation de fournir aux agents qui ont qualité pour opérer des prélèvements d'échantillons (commissaires de police, inspecteurs des halles, foires, marchés et abattoirs, etc.) tous les éléments d'information nécessaires à l'exécution de la loi. Sur la réquisition écrite de ces agents, les chefs locaux de service et les receveurs buralistes, dans les localités non pourvues d'un poste d'employés, doivent leur communiquer, *sur place*, les registres, portatifs, déclarations de sucrage, etc., dont ils demanderont à prendre connaissance. Aucune rétribution n'est exigée pour la communication de ces documents. *Ib.*

En dehors des cas prévus par les lois du 2 août 1872, 11 juillet 1891, 31 mars 1903, 1er et 6 août 1905, la Régie n'est tenue de communiquer ses registres ou de produire des extraits de comptes que sur ordonnance du juge.

Il est loisible à l'Administration de donner à un négociant qui lui en fait la demande la situation de son propre compte ; mais ces renseignements seraient refusés à un tiers.

La Régie ne serait tenue de déférer à une sommation de ce genre que si elle était consécutive à un jugement rendu dans les formes prescrites par les articles 846 et suivants du Code de procédure civile.

Lorsqu'il y a désaccord entre acheteur et vendeur et que le différend est réglé en justice, le tribunal apprécie s'il y a lieu d'ordonner la production des registres de la Régie, ou d'extraits certifiés desdits registres. Déférant à l'ordre du juge, et non à la demande de l'un des intéressés, l'Administration fait alors au tribunal (et non à l'une des parties en cause) la communication judiciairement réclamée et pour laquelle aucune rétribution n'est due.

On remarquera que la Régie est dispensée, au bout de trois ans, de garder les registres. (Art. 50 du décret du 1er germ. an XIII ; Cass. 13 mars 1893 ; Journ. Cont. ind. 1895.5.58.)

SECT. XII. — PROCÈS-VERBAUX DRESSÉS EN MATIÈRE DE GARANTIE.

Les agents des contributions indirectes, quel que soit leur grade, peuvent, avec ou sans le concours d'agents spéciaux de la garantie, verbaliser en matière de garantie. (Art. 101 de la loi du 19 brum. an VI, modifié par le décret du 28 floréal an XIII.)

Ils ont seuls qualité pour verbaliser, à moins qu'il ne s'agisse d'infractions commises par les marchands forains, à l'égard desquels les maires, adjoints et commissaires de police sont compétents. (Cass. 15 avril 1826 ; M. 12.213 ; D. 31.501.)

Un arrêt de cassation du 2 janvier 1806 (M. 1.44) a reconnu que le décret du 1er germinal an XIII n'est pas applicable en matière de garantie, mais bien la loi du 19 brumaire an VI. Toutefois pour l'unité du service et aussi afin de prévenir des abus, il a été recommandé de suivre pour la rédaction de ces procès-verbaux les formalités édictées par le décret du 1er germinal an XIII. (Voir circ. 28 du 17 juin 1820 et 58 du 8 oct. 1822.)

Une condition essentielle est requise pour la validité de ces actes :

Le procès-verbal doit être rédigé *à l'instant et sur place*, à peine de nullité (loi du 19 brumaire an VI, art. 102), à moins qu'un cas de force majeure ou un obstacle résultant du fait du contrevenant ne s'oppose à la rédaction immédiate du procès-verbal. (Cass. 2 déc. 1824; M. 11.337; 1er août 1834; M. 14.94; S. 34.1.547.)

Le procès-verbal n'est pas nul, si l'ajournement de sa rédaction a eu lieu avec le consentement du contrevenant, et si ce consentement est mentionné au procès-verbal. (Paris 7 nov. 1885; Gaz. Pal. 86.1.20.)

Le consentement, même tacite, du délinquant suffit pour justifier l'ajournement de la rédaction du procès-verbal. (Jug. trib. Seine 30 nov. 1901.)

Les employés des contributions indirectes ne sont plus tenus d'observer les formalités de l'article 237 de la loi du 28 avril 1816 pour procéder aux visites et vérifications chez les fabricants ou marchands d'ouvrages d'or et d'argent et chez les marchands de médailles en tous métaux. (Loi du 25 fév. 1901, art. 26.)

En soumettant ces commerçants aux visites du service, la loi précitée n'a édicté aucune pénalité contre ceux qui refuseraient de laisser vérifier les objets en leur possession. La loi de brumaire an VI n'en contient non plus aucune; ce n'est que si les fabricants ou marchands d'ouvrages d'or et d'argent refusaient de représenter le registre prescrit par l'article 74 de ladite loi, qu'on pourrait utilement verbaliser contre eux.

En matière de garantie, les diamants et pierres fines ne peuvent être compris dans la confiscation. (Cass. 15 fév. 1817 ; M. 10.145 ; D. 31.492.) Il en est de même des mouvements de montres. Cass. 22 fév. 1822; M. 10.170.)

Les objets saisis sont mis sous le cachet des saisissants et du délinquant, et déposés au greffe du tribunal. (Art. 103 de la loi du 19 brum. an VI.)

Le tribunal peut ordonner une expertise à l'effet de savoir si les objets non marqués, trouvés chez un fabricant, sont ou non achevés. (Cass. 16 juill. 1824; M. 12.207 ; 27 oct. 1826; M. 12.215.)

Aux termes du décret du 28 floréal an XIII, l'Administration n'avait pas qualité pour transiger sur les délits et contraventions prévus par les lois sur la garantie. (Circ. 599 du 25 avril 1905.)

Tous les procès-verbaux étaient portés en justice; les poursuites étaient exercées par la Régie, concurremment avec le ministère public, et, après condamnation, le contrevenant ne pouvait obtenir de remise que par la voie du recours en grâce. *Ib.*

L'article 11 de la loi de finances du 22 avril 1905 dispose « que le « droit de transaction, tel qu'il est dévolu à l'Administration des con-« tributions indirectes par la législation en vigueur, est étendu aux délits « et contraventions constatés par application de la loi du 19 brumaire « an VI sur la garantie des matières d'or et d'argent ».

Cette disposition a une portée générale et s'applique à toutes les infractions qui ne tombent pas sous le coup du Code pénal. *Ib.*

La loi de brumaire vise, en effet, deux catégories d'infractions :

1º Celles qui ont pour objet des faits qualifiés crimes (fabrication et usage de faux poinçons, usage abusif de vrais poinçons, délit d'enture, etc.);

2° Celles qui constituent exclusivement une violation des règlements sur la garantie. *Ib.*

C'est à ces dernières seulement que s'applique le droit de transaction. *Ib.*

Quant aux procès-verbaux relatant des infractions de la première catégorie, ils sont transmis sans retard au Parquet chargé des poursuites. *Ib.*

Le délit de fourré est passible de l'amende édictée par l'article 65 de la loi du 19 brumaire an VI, sans préjudice des peines de droit commun prévues par la loi du 1er août 1905. Il est poursuivi devant le tribunal correctionnel.

On déposera sans retard au greffe du tribunal correctionnel les objets saisis, préalablement mis sous cachet. Lorsqu'une transaction sera intervenue et aura été approuvée par l'autorité compétente, le directeur ou le sous-directeur en informera le Procureur de la République pour qu'il donne l'ordre de restituer à la Régie les objets déposés au greffe. (Circ. 599 précitée.)

SECT. XIII. — PÊCHE.

Les articles 5 et 10 de la loi du 31 mai 1865, relative à la police de la pêche, interdisent la pêche, la vente, l'achat, le transport et le colportage du poisson en temps prohibé, et chargent les agents des contributions indirectes et des octrois, concurremment avec ceux d'autres administrations, de rechercher et de constater les contraventions. (Circ. 1023 du 13 fév. 1866.)

Pêche côtière. — Le décret du 9 janvier 1852 détermine les conditions auxquelles est soumis l'exercice de la pêche côtière, ou pêche du poisson et du coquillage, tant à la mer, le long des côtes que dans la partie des fleuves, rivières, étangs et canaux où les eaux sont salées.

Les procès-verbaux sont rédigés sur papier libre à la requête du ministère public chargé des poursuites. Ils sont affirmés, dans les trois jours de la clôture, par-devant le juge de paix du canton ou l'un des suppléants, ou par-devant le maire ou l'adjoint, soit de la commune de la résidence de l'agent qui a dressé le procès-verbal, soit de celle où le délit a été commis. (Décret du 9 janvier 1852, art. 17 et 19.) Ils doivent être enregistrés dans les quatre jours en débet et visés pour timbre également en débet. (Loi du 22 frim. an VI, art. 20 et 34, et loi du 25 mars 1817, art. 74.)

Ces procès-verbaux sont enregistrés au mémorial 122. (Circ. 70 du 18 oct. 1852.)

Pêche fluviale. — La police et l'exploitation de la pêche fluviale ont été placées dans les attributions du service des Ponts et Chaussées pour les canaux et rivières canalisées, et dans celle des agents des eaux et forêts pour les autres cours d'eau. (Décret du 17 nov. 1896.)

Les procès-verbaux sont dressés en double expédition. L'une des copies est remise au Procureur de la République chargé des poursuites, et l'autre est envoyée, suivant l'administration chargée des poursuites, à l'ingénieur en chef du service intéressé ou au service des forêts. (L. C. 29 du 14 déc. 1885.)

Gratifications. — Aux termes de l'article 84 de la loi du 13 avril 1898, les agents verbalisateurs touchent une prime dont le taux varie suivant l'importance du délit et les difficultés que présente sa constatation.

Les gratifications de l'espèce revenant à des employés des contributions indirectes sont encaissées par le receveur principal. (Circ. 381 du 21 mai 1856.) Elles sont ensuite réparties dans les conditions ordinaires. *V. Répartitions.*

SECT. XIV. — CHASSE. — SAISIE DE GIBIER EN TEMPS PROHIBÉ.

En exécution de l'article 23 de la loi du 3 mai 1844, les employés des contributions indirectes et des octrois sont appelés à rechercher et à constater les délits prévus par le 1er § de l'article 4, lequel défend de mettre en vente, de vendre, d'acheter, de transporter ou de colporter du gibier, pendant le temps où la chasse n'est pas permise. (Circ. 300 du 25 juin 1844, et L. C. 125 du 16 mai 1896.)

Ces procès-verbaux font foi jusqu'à preuve contraire. (Art. 23 de la loi du 3 mai 1844.)

En transmettant ces procès-verbaux au Procureur de la République, on lui remettra une note du montant des frais extraordinaires, s'il en a été payé. (Circ. 300 précitée.)

Modèle de procès-verbal.

L'an mil neuf cent   , à la requête de M. le Procureur de la République de l'arrondissement de   , nous soussignés, employés des contributions indirectes, à la résidence de   y demeurant, ayant serment en justice, porteurs de nos commissions et agissant en vertu de l'article 23 de la loi du 3 mai 1844, certifions que...

Nous avons, en conséquence, déclaré audit   qu'il se trouvait en contravention à l'article 4 de la loi précitée et nous lui avons déclaré procès-verbal et saisie de   . Nous étant rendus immédiatement à notre bureau, situé à   , y avons rédigé le présent procès-verbal pour être remis à M. le Procureur de la République. Clos ledit acte les jour, mois et an qu'en tête, à   et avons signé.

Ces procès-verbaux peuvent être dressés sur papier non timbré et doivent, sous peine de nullité, être enregistrés dans les quatre jours qui suivent celui de leur clôture. L'enregistrement s'en fait en débet. Ils sont également visés pour timbre en débet. (Circ. 300 précitée.)

Ils doivent, à peine de nullité, être affirmés devant le juge de paix ou l'un des suppléants, ou devant le maire ou l'adjoint de la commune dans les 24 heures de la constatation du délit (art. 24 de la loi du 3 mai 1844) et non de la clôture du procès-verbal.

Modèle de requête.

A Monsieur le juge de paix du canton de

ou

A Monsieur le maire de la commune de

Nous soussignés   , employés des contributions indirectes à la résidence de.., agissant en vertu de l'article 23 de la loi du 3 mai 1844, requérons qu'il vous plaise (*ordonner*, si la requête est adressée au juge de paix; *autoriser*, si elle est adressée au maire) que le gibier saisi chez le sieur   pour contravention à l'art. 4 de la loi précitée, par procès-verbal du   dont nous sommes porteurs, et dont nous vous ferons la représentation, soit, en exécution dudit art. 4, livré à l'établissement de bienfaisance que vous désignerez comme étant le plus voisin.

A   , le

Nota. — La requête sera suivie de l'ordonnance du juge de paix ou de l'autorisation du maire, et du récépissé du directeur ou de l'économe de l'établissement de bienfaisance.

SECT. XV. — CONCOURS DU SERVICE A L'APPLICATION DE LA LOI DU 11 JUILLET 1906 RELATIVE A LA PROTECTION DES CONSERVES DE SARDINES, DE LÉGUMES ET DE PRUNES CONTRE LA FRAUDE ÉTRANGÈRE.

La loi du 11 juillet 1906 dispose que les conserves de sardines, de légumes et de prunes de provenance étrangère ne peuvent être introduites en France, y circuler, y être exposées, mises en vente ou détenues pour un usage commercial, que dans des récipients revêtus de la désignation du pays d'origine, sur le couvercle ou le fond, en caractères latins d'au moins 4 millimètres, estampés en relief ou en creux. La même indication doit être inscrite en lettres adhérentes sur les caisses et emballages servant aux expéditions. La loi spécifie, en outre, que les agents des contributions indirectes et des octrois sont chargés de concourir à la répression des infractions à ces dispositions.

Lorsque, à l'occasion de leurs fonctions habituelles, les employés constateront des contraventions de l'espèce, ils dresseront un procès-verbal sur papier libre qui, par la voie hiérarchique, sera transmis au procureur de la République pour exercice, s'il y a lieu, des poursuites prévues par la loi. (Circ. 659 du 27 juill. 1906.)

SECT. XVI. — ACTION DES EMPLOYÉS POUR LA RÉPRESSION DES CONTRAVENTIONS EN MATIÈRE DE TIMBRE. — LETTRES DE VOITURE.

Les agents des douanes, des contributions indirectes et des octrois ont qualité pour constater les contraventions aux lois sur le timbre en ce qui concerne les actes sous signatures privées (loi du 2 juillet 1862, art. 23); lettres de voiture, chartes-parties, polices d'assurances des marchandises transportées (décret du 16 messidor an XIII) ; quittances (loi du 23 août 1871, art'. 23) ; connaissements (loi du 30 mars 1872, art. 6) ; marques de fabrique (loi du 26 nov. 1873, art. 4).

Si les employés ont le droit d'exiger du transporteur la représentation des titres de mouvement, le refus de la part d'un voiturier de représenter sa lettre de voiture, sous prétexte qu'il ne lui en a pas été remis, ne suffit pas pour autoriser des poursuites en matière de timbre.

Cela permet tout au plus de refuser la décharge des acquits-à-caution dans le cas prévu par l'article 2 de la loi du 28 février 1872.

Article 2 de la loi du 28 février 1872. Lettres de voiture.

L'article 2 de la loi du 28 février 1872 impose à tout destinataire de boissons spiritueuses accompagnées d'un acquit-à-caution, et qui ont parcouru un trajet de plus de deux myriamètres, l'obligation de représenter au service des contributions indirectes les bulletins de transport, lettres de voiture et connaissements applicables au chargement ; à défaut d'accomplissement de cette formalité, la décharge de l'acquit-à-caution soumissionné peut être refusée.

Aux termes de l'article 101 du Code de commerce, la lettre de voiture forme un contrat entre l'expéditeur et le voiturier, ou entre l'expéditeur, le commissionnaire et le voiturier. Ce contrat n'a pas de raison d'être lorsque le transport est effectué soit par l'expéditeur, soit par le destinataire, ou par leurs agents. La lettre de voiture n'est même pas obligatoire lorsque le transporteur est un tiers non attaché au service de l'expéditeur ou du destinataire. Elle constitue une simple précaution que les contractants peuvent prendre ou ne pas prendre. Dans ces conditions, l'article 2 de la loi du 28 février 1872 (chargements de spiritueux ayant parcouru plus de 2 myriamètres) ne semble avoir rendu exigible la représentation de la lettre de voiture qu'autant qu'il en existe une : c'est ce qui arrive quand le transport a été opéré par chemin de fer et par bateaux ou par voitures appartenant à de grandes entreprises.

Cependant, la jurisprudence est formelle. (Cass. 12 mars 1890 ; Bull. civ. 1890.35 ; D. 91.1.405 ; S. 90.1.311 ; 28 nov. 1890 ; Bull. crim. 1890.240.) Ce dernier arrêt, notamment, dispose que la loi du 28 février 1872 n'a fait aucune distinction entre les divers modes de transport et que, dans tous les cas, elle oblige à produire, en même temps que l'expédition de la Régie, les bulletins de transport ou les lettres de voiture.

La Cour de cassation a même jugé que la production de la lettre de voiture doit être exigée du camionneur au service journalier et permanent de l'expéditenr. (Cass. 16 juill. 1892 ; Journ. Cont. ind. 1892.445.)

Mais les conditions d'application de cette disposition ont suscité des plaintes de la part de plusieurs syndicats de boissons. On a fait valoir que, pour les envois de spiritueux par acquits-à-caution, l'obligation de souscrire une lettre de voiture par destinataire ne permet pas de grouper les expéditions en vue de profiter des tarifs de faveur appliqués à ce mode d'envoi ; on a aussi objecté que, par suite de l'augmentation de l'impôt sur l'alcool, les approvisionnements du petit commerce de détail sont de plus en plus fractionnés et n'atteignent fort souvent qu'une très faible valeur intrinsèque ; de sorte que le coût d'une lettre de voiture distincte pour chaque destinataire viendrait accroître les frais d'expédition dans une proportion véritablement excessive.

Ces considérations ont amené l'Administration à rechercher si, tout en maintenant le principe des règles édictées par la loi de 1872 susvisées, il ne serait cependant pas possible de n'en point exiger la rigoureuse application dans les cas où le peu d'importance des envois semble devoir faire écarter les craintes de fraude. Après examen de la question, elle a admis que, pour tous les envois de spiritueux ne dépassant pas 15 litres d'alcool pur par destinataire, effectués par des expéditeurs *réels*, c'est-à-dire par des expéditeurs n'exerçant pas la profession d'entrepreneur de transports, la décharge de l'acquit-à-caution ne serait pas obligatoirement subordonnée à la représentation d'une lettre de voiture, lorsque ce titre de mouvement aura été revêtu, par la compagnie de chemin de fer chargée du transport, de l'empreinte du timbre à date de la gare expéditrice et de la gare destinataire, ainsi que de l'indication du nom de l'expéditeur qui figure sur la déclaration d'expédition et du numéro de cette expédition. Il s'agit là d'une simple tolérance, qui serait immédiatement retirée s'il venait à être établi qu'elle donne lieu à des abus. (Note autogr. 250 du 1er mars 1905.)

La quantité de 15 litres d'alcool pur a été élevée à 50 litres. (Lett. autogr. 372 du 29 mai 1906.)

Factures. — Timbres mobiles.

Aux termes de l'article 23 de la loi du 23 août 1871, les contraventions en matière de timbres de quittances (timbre de 10 cent.) peuvent être constatées par les employés des contributions indirectes et des octrois. (C. c. 90 du 1er déc. 1871)

Les employés manqueraient à leur devoir s'ils ne verbalisaient pas dans le cas où des factures présentant des irrégularités tomberaient inopinément entre leurs mains ; mais ils ne doivent pas provoquer, dans un but de répression, la représentation de ces pièces. Ce n'est que subsidiairement et lorsque leurs vérifications ordinaires leur en fournissent l'occasion, qu'ils usent du droit de verbaliser en matière de timbre.

Les écrits non timbrés sont joints aux procès-verbaux.

Il est nécessaire de dresser un procès-verbal distinct contre chaque signataire de reçus non timbrés, et, bien entendu, ce procès-verbal doit relater les nom, prénoms et domicile de ce signataire, seul contrevenant et seul responsable des droits et amendes exigibles.

Ces actes sont établis sur timbre à la requête du directeur général de l'Administration de l'Enregistrement et des Domaines, poursuites et diligences de M..., directeur de ladite Administration à... (V. Instruction du 4 avril 1872, n° 2441.)

Les procès-verbaux en matière de timbre n'ont pas besoin d'être affirmés (Cass. 26 juin 1820) ni notifiés ; mais ils sont soumis à la formalité de l'enregistrement.

Procès-verbal en matière de timbre.

L'an   , le   .

A la requête de M. le Directeur général de l'Enregistrement, des Domaines et du Timbre, à Paris, palais du Louvre, pavillon Colbert, poursuites et diligences de M. le Directeur de l'Enregistrement, des Domaines et du Timbre au département d

demeurant à   , rue

n°   , lequel fait élection de domicile en ses bureaux, et, au besoin, au bureau de l'enregistrement de (1)

Nous soussigné (2)

dûment commissionné et ayant serment en justice,

Certifions avoir saisi, conformément aux articles 31 de la loi du 13 brumaire an VII et 23 de la loi du 23 août 1871, et annexé au présent procès-verbal les pièces suivantes, qui ne sont pas revêtues du timbre (3) :

. . . .

. . . .

. . . .

. . . .

En conséquence, vu l'article 18 de la loi précitée du 23 août 1871, qui est ainsi conçu :

« A partir du 1er décembre 1871, sont soumis au droit de timbre de 10 centimes :

« 1° Les quittances ou acquits donnés au pied des factures et mémoires, les
« quittances pures et simples, reçus ou décharges de sommes, titres, valeurs ou
« objets et généralement tous les titres, de quelque nature qu'ils soient, signés
« ou non signés, qui emporteraient libération, reçu ou décharge ;

« 2° Les chèques, tels qu'ils sont définis par la loi du 14 juin 1865, dont l'ar-
« ticle 7 est et demeure abrogé.

« Le droit est dû pour chaque acte, reçu, décharge ou quittance ; il peut être
« acquitté par l'apposition d'un timbre mobile, à l'exception toutefois du droit
« sur les chèques, lesquels ne peuvent être remis à celui qui doit en faire usage
« sans qu'ils aient été préalablement revêtus de l'empreinte du timbre à l'extra-
« ordinaire.

« Le droit de timbre de 10 centimes n'est applicable qu'aux actes faits sous
« signature privée et ne contenant pas de dispositions autres que celles spécifiées
« au présent article. »

Vu l'article 23 de la même loi, portant :

« Toute contravention aux dispositions de l'article 18 sera punie d'une amende
« de 50 francs. L'amende sera due par chaque acte, écrit, quittance, reçu ou
« décharge, pour lequel le droit de timbre n'aurait pas été acquitté.

« Le droit de timbre est à la charge du débiteur ; néanmoins le créancier qui a
« donné quittance, reçu ou décharge en contravention aux dispositions de l'ar-

---

(1) Bureau dans le ressort duquel la contravention est constatée
(2) Nom, qualité et résidence de l'agent verbalisateur.
(3) Nature, date et contenu des écrits en contravention ; noms, prénoms, qualité
et domiciles des signataires de ces écrits.

« ticle 18 est tenu personnellement et sans recours, nonobstant toute stipulation
« contraire, du montant des droits, frais et amendes.
« La contravention sera suffisamment établie par la représentation des pièces
« non timbrées et annexées aux procès-verbaux que les employés de l'enregistre-
« ment, les officiers de police judiciaire, les agents de la force publique, les pré-
« posés des douanes, des contributions indirectes et ceux des octrois sont auto-
« risés à dresser, conformément aux articles 31 et 32 de la loi du 13 brumaire
« an VII... »

Attendu que (1)

. . . .
. . . .
. . . .

Nous avons rapporté le présent procès-verbal à l'effet de contraindre le sieur
au payement de la somme de   , montant des droits de
timbre et des amendes, sous réserve des frais dudit procès-verbal et des actes
de poursuites qui deviendraient nécessaires pour en assurer l'exécution.

Fait à   , le

Enregistré à   , le

Groupage.

Aux termes de l'article 2 de la loi du 30 mars 1872, les intermédiaires
de transports qui réunissent en une expédition des colis envoyés à des
destinataires différents (pour bénéficier des différences de poids dans
les tarifs de chemins de fer) sont tenus de remettre aux gares expédi-
trices un bordereau détaillé des destinataires réels. Il est délivré, au
départ, outre le récépissé pour l'envoi collectif, un récépissé spécial à
chaque destinataire. Les numéros de ces récépissés doivent être mentionnés sur le registre de factage que les intermédiaires sont tenus de
faire signer pour décharge par les destinataires.

Il n'est pas interdit aux négociants et propriétaires qui ne font pas
du groupage un commerce et qui expédient directement leurs marchandises, de réunir sur une seule lettre de voiture plusieurs envois livra-
bles à la même gare et destinés à des clients différents. Les dispositions
de la loi du 30 mars 1872 visent seulement les entrepreneurs de messageries et autres intermédiaires de transport dont l'industrie consiste à
grouper les colis et à en expédier par chemin de fer plusieurs réunis
en un seul, de manière à profiter des arrondissements de poids et du
minimum de perception. (Enreg. sol. 16 juin 1872 et 15 juin 1881.)

Pour déterminer s'il y a contravention et par suite matière à procès-
verbal, les employés doivent se préoccuper, non de la qualité des destinataires des boissons groupées, mais de la situation de l'expéditeur de
ces boissons au regard de la Compagnie. (Dict. Enreg., Lettre de voiture, n° 66 ; Chemin de fer, n°s 37, 39 et 44.)

(1) Enoncer sommairement les motifs de l'application des articles ci-dessus aux
écrits saisis.

SECT. XVII. — MONNAIES DE BILLON ÉTRANGÈRES.

La loi du 30 novembre 1896 complète le décret-loi du 11 mai 1807 relatif à la prohibition des monnaies de billon étrangères.

Aux termes de l'article 3 de cette loi, les employés des contributions indirectes sont autorisés, concurremment avec tous officiers de police judiciaire, à saisir les monnaies de billon n'ayant pas cours légal en France, quand elles ne sont pas accompagnées d'une expédition délivrée par le service des douanes ou des contributions indirectes.

La circulaire n° 197 du 14 janvier 1897 trace au service la marche à suivre pour établir ses constatations.

SECT. XVIII. — SACCHARINE.

La loi de finances du 30 mars 1902 (art. 49 à 56) interdit pour tous usages autres que la thérapeutique, la pharmacie et la préparation de produits non alimentaires, l'emploi de la saccharine ou de toute autre substance édulcorante artificielle, possédant un pouvoir sucrant supérieur à celui du sucre de canne ou de betterave, sans en avoir les qualités nutritives. (Circ. 486 du 1er avril 1902.)

Les dispositions de cette loi se résument comme suit :

La *fabrication* des substances édulcorantes artificielles ne peut avoir lieu que dans des usines soumises à la surveillance permanente du service ;

La *vente* doit en être exclusivement faite, soit à des pharmaciens pour des usages thérapeutiques et pharmaceutiques, soit à des industriels admis, sous certaines conditions, à utiliser ces substances à la préparation de produits non alimentaires ;

Enfin, la *circulation* de la saccharine et des matières analogues est assujettie à des formalités.

Cette loi ne punit ni la détention ni l'achat de la saccharine.

Le décret du 12 avril 1902 réglemente le régime des fabriques et les formalités à la circulation. (Circ. 500 du 22 juill. 1902.)

Le décret du 16 mai 1903 réglemente l'emploi industriel de la saccharine et des autres substances édulcorantes artificielles.

La loi du 30 mars 1902, dans ses dispositions relatives à la saccharine, est une loi de police.

Établis sur papier libre, les procès-verbaux de l'espèce doivent recevoir, en débet, la double formalité du timbre et de l'enregistrement, comme les procès-verbaux concernant la police ordinaire, en vertu de l'article 74 de la loi du 25 mars 1817. Ils sont ensuite transmis au Parquet, seul chargé des poursuites, et les amendes prononcées contre les délinquants sont recouvrées par le receveur des amendes ; d'où il suit que les affaires de l'espèce ne sauraient jamais donner lieu à transaction ni à intervention de la Régie comme partie civile. (Note autogr. du 20 oct. 1906.413.)

Quant aux frais qui auraient pu être avancés par le service des contributions indirectes, ils doivent être imputés sur les fonds de la justice criminelle, s'il s'agit de dépenses rentrant dans l'énumération des frais de justice, contenue dans l'article 2 du décret du 18 juin 1811 (frais d'emballage, de transport, de pièces à conviction, etc..., etc...) En transmettant le procès-verbal au Parquet, il conviendra, dès lors, de joindre un mémoire en double expédition et sur papier libre des frais exposés et d'en solliciter le remboursement. *Ib.*

Cette exemption de timbre pour le mémoire ou relevé remis au Parquet ne s'étend pas, bien entendu, aux pièces (mémoires, factures, quittances, etc...) à fournir au service des contributions indirectes par les tiers créanciers (emballeurs, transporteurs, etc...) *Ib.*

Mais le Garde des Sceaux estime qu'il n'y a pas à rembourser les frais de vacation indûment payés au juge de paix ou au commissaire de police requis d'assister les employés en vertu de l'article 237 de la loi du 28 avril 1816, attendu que l'indemnité de vacation fixée par décision ministérielle du 23 avril 1823 ne saurait être allouée, par analogie, aux visites domiciliaires faites en vue de la répression d'un délit de droit commun. Lorsqu'il s'agit de la saccharine, ces officiers de police ne font, en effet, que remplir un acte ordinaire de leurs fonctions ; ils ne peuvent prétendre, le cas échéant, qu'aux indemnités de transport fixées, pour les juges de paix, par l'article 88 du décret du 18 juin 1811, et au paiement de déboursés dus aux commissaires de police en vertu de la circulaire de la Chancellerie du 12 mai 1855, lorsqu'ils se sont transportés, à leurs frais, au delà de 5 kilomètres. Ce n'est donc que dans cette dernière hypothèse que l'on aurait à comprendre au mémoire joint au procès-verbal des frais payés au commissaire de police ou au juge de paix. *Ib.*

On a soin de faire figurer sur les mémoires, tendant au remboursement des dépenses engagées par le service des contributions indirectes, une indication très précise de la nature de la prévention, afin de permettre au Parquet de provoquer l'imputation de la dépense sur les fonds du Ministère de la Justice. *Ib.*

SECT. XIX. — TABACS. CONTENTIEUX EN MATIÈRE DE CULTURE AUTORISÉE.

Ce contentieux rentre dans les attributions du directeur des tabacs. C'est ce chef de service qui fixe les conditions de la transaction et qui remet un bulletin de versement au contrevenant qui en acquitte le montant à la caisse du receveur principal des contributions indirectes.

Quand il y a lieu d'exercer des poursuites, le chef de service des tabacs remet le dossier au directeur des contributions indirectes chargé de provoquer la solution judiciaire. (Circ. 738 du 28 fév. 1861.)

De même, s'il y a abandon du procès-verbal, le chef du service des tabacs remet toutes les pièces du dossier au directeur des contributions indirectes qui fait procéder à la liquidation des frais. *Ib.*

En toute éventualité, les procès-verbaux sont rapportés à la requête du directeur général des manufactures de l'État, poursuites et diligences du directeur des contributions indirectes dans le département, lequel fait élection de domicile chez l'employé supérieur du service des tabacs, dont on indique le nom et la qualité (inspecteur entreposeur ou le directeur dans les départements où il n'y a pas d'inspecteurs entreposeurs).

SECT. XX. — DYNAMITE.

Les infractions à la loi du 8 mars 1875 et aux décrets rendus pour son exécution ne constituent pas de simples infractions fiscales, mais des délits de droit commun. L'action appartient au Ministère public dans toute sa plénitude, et la Régie, qui a constaté le délit, n'a même pas à intervenir dans la poursuite dirigée exclusivement par le Parquet dans un intérêt d'ordre public. (Cass. 19 janv. 1879 ; S. 79.1.484 ; 12 janv. 1893 ; D. P. 93.1.457.)

Les procès-verbaux en la matière sont rédigés sur papier libre à la requête du Procureur de la République et sont transmis au Parquet par le directeur ou le sous-directeur.

SECT. XXI. — BEURRE ET MARGARINE.

La loi du 14 mars 1887, complétée par le décret du 8 mai 1888, avait organisé la répression des fraudes dans le commerce du beurre. (Circ. 521 du 12 juill. 1888.)

Un décret du 9 novembre 1897, rendu pour l'application de la loi du 16 avril 1897 sur la répression de la fraude dans la fabrication et le commerce de la margarine, de l'oléo-margarine et du beurre, a modifié et complété les précédentes instructions.

Le titre Ier dudit décret prévoit l'organisation des fabriques de margarine et d'oléo-margarine. Ce service est confié spécialement à des employés des contributions indirectes mis à la disposition du ministre de l'agriculture. (Circ. 283 du 31 mai 1898.)

Le titre II du décret place sous la surveillance des mêmes agents les dépôts et débits de margarine, d'oléo-margarine et de beurre. Mais l'article 19 du même décret spécifie que cette surveillance sera exercée concurremment par les officiers de police judiciaire, les agents et préposés à la surveillance des halles et marchés, les inspecteurs spéciaux des fabriques de margarine et les agents des douanes et des contributions indirectes commissionnés à cet effet par le ministre de l'agriculture. (Circ. 283 précitée.)

Pour le prélèvement des échantillons, la procédure relative aux analyses, les procès-verbaux à rédiger, voir la circulaire 283 précitée.

Les frais de prélèvement d'échantillons et d'analyse sont supportés par le département de l'Agriculture, sauf dans le cas d'une condamnation qui met ces frais divers à la charge des délinquants. (Circ. 283 précitée.)

Autrement dit, quand il n'y a pas de condamnation, c'est l'Agriculture qui supporte les frais d'échantillon et d'analyse. — Au contraire, s'il y a une condamnation, les frais d'échantillons, d'analyse et de poursuite sont supportés par le ministère de la Justice, sauf recours contre le condamné.

Les agents verbalisateurs touchent une indemnité de 25 francs par condamnation recouvrée. (Décret du 9 nov. 1897, art. 19 ; loi du 13 avril 1898, art. 84.)

Ces agents sont payés par l'entremise du receveur principal de leur service. (Art. 496 de l'instruction sur les amendes de 1895 et lettre de la Direction générale de la Comptabilité publique, du 30 avril 1902, au trésorier-payeur général du Nord.)

Doit être considéré comme marchand de beurre assujetti à la surveillance des inspecteurs institués par la loi du 16 avril 1897, le cultivateur qui ajoute à la vente de ses produits un commerce de beurre provenant du dehors. Par suite, en refusant l'entrée de son établissement agricole à un inspecteur du commerce du beurre et de la margarine, ce marchand contrevient à l'article 13 de la loi du 16 avril 1897 et il encourt la pénalité édictée par l'article 16 de la même loi. (Cass. crim. 12 mai 1900 ; Bull. Cont. ind. 1900.13.49.)

Les employés des contributions indirectes ont, d'une manière générale, qualité pour constater les infractions à la loi du 16 avril 1897 sur la répression de la fraude dans le commerce du beurre et la fabrication de la margarine. (Cass. crim. 12 mai 1900 ; Bull. Cont. ind. 1900.13.51.)

La surveillance préventive du commerce du beurre, organisée par l'article 13 de la loi du 16 avril 1897, ne s'étend pas à la marchandise entrée en la possession et au domicile du consommateur : dans ce cas, les inspecteurs institués par la loi précitée n'ont plus qualité pour intervenir et, s'il existe des indices de fraude, il ne peut plus être procédé que dans les conditions et suivant les formes réglées par le Code d'instruction criminelle. (Cass. crim. 17 nov. 1905 ; Journ. Cont. ind. 1906. 16.230.)

SECT. XXII. — DOUANES, RAYON FRONTIÈRE. IMPORTATION PAR LA VOIE DE LA POSTE.

1° Procès-verbaux.

Les employés de la Régie sont autorisés par la disposition générale de la loi du 9 floréal an VII, titre 4, art. 1er, à constater les contraventions aux lois relatives aux importations, exportations et circulation.

On se conformera, pour la rédaction des procès-verbaux en matière de douane, aux dispositions de la loi précitée reproduites dans le *Dictionnaire général*. (V° Douane, page 950.)

De leur côté, les agents des douanes ont qualité pour constater, en tous lieux, les contraventions en matière de circulation de boissons, de tabacs, de poudres à feu, de sels, d'allumettes, de cartes à jouer, etc... Bien que l'impôt intérieur qui frappe ces objets soit perçu par l'Administration des contributions indirectes, le procès-verbal constatant l'infraction ne doit pas toujours être dressé à la requête de cette dernière administration.

Les agents des douanes doivent saisir à la requête de leur administration :

a) Les *tabacs* « circulant dans le rayon des douanes, lorsque l'importation est flagrante, ou lorsque des marques certaines indiquent que ces tabacs viennent de l'étranger » (Avis du Cons. d'État du 15 avril 1820), ou si l'importation résulte de l'aveu du prévenu. (Circ. 158 du 13 nov. 1837.)

Les agents des douanes ont néanmoins une tendance à verbaliser toujours à leur requête, sans se préoccuper de la nature ou de la provenance des tabacs, du moment que la constatation a été faite dans le rayon frontière.

Les agents de la Régie, au contraire, font la distinction suivante : si l'importation est flagrante ou avouée, ou lorsque des marques certaines indiquent que les tabacs viennent de l'étranger, ils verbalisent à la requête de la douane qui prend la suite de l'affaire ; dans toute autre hypothèse, ils verbalisent à la requête de leur administration. Il en résulte que, suivant la qualité des saisissants, les tribunaux sont requis d'appliquer des peines différentes pour un délit commis dans les mêmes limites.

Un arrêt de Douai, du 10 juin 1903, a dénié à la douane le droit de saisir, à sa requête, les marchandises prohibées trouvées en dépôt dans les agglomérations de plus de 2.000 âmes.

b) Les *poudres à feu*, à l'importation, à l'exportation ou à la circulation dans le rayon des frontières de terre. (Déc. de l'Admin. des douanes des 8 mars 1839 et 10 juin 1840.)

c) Les *sels* si c'est l'Administration des douanes qui tient en exercice le lieu de production (puits, source, usine...) dans le rayon duquel la contravention est constatée. (Circ. 258 du 25 sept. 1841.)

Dans tous les autres cas, la saisie a lieu à la requête de l'Administration des contributions indirectes.

Les contraventions en matière de *cartes* doivent toujours être constatées à la requête de l'Administration des contributions indirectes, même en cas d'importation flagrante. (Circ. 248 du 14 mai 1841.)

En matière d'*allumettes*, il a été jugé (Grenoble, arrêt du 2 janvier 1896) que l'Administration des douanes n'a pas qualité pour poursuivre les contraventions résultant de faits de colportage que les agents de cette administration sont cependant aptes à constater. A défaut de poursuites exercées par la Régie, le tribunal ne peut prononcer aucune condamnation contre les prévenus ; il doit se borner à prononcer la confiscation des allumettes.

A l'égard des allumettes, il n'est verbalisé à la requête des douanes qu'en cas de fraude à l'importation.

Le colportage des allumettes est interdit sur le territoire des zones franches comme sur le territoire assujetti aux droits de douane. (Lyon, 5 janv. 1881 ; Chambéry,·2 juin 1881 ; Grenoble, 2 janv. 1896.)

En ce qui concerne les *boissons* arrêtées dans l'étendue du rayon des douanes pour défaut d'expéditions prescrites tout à la fois par les règlements de l'une et de l'autre administration, les saisissants, à quelque service qu'ils appartiennent, verbalisent uniquement, soit à la requête des douanes, si l'introduction en fraude de l'étranger est flagrante ou si elle résulte d'une poursuite à vue, de l'aveu des prévenus ou de toute autre preuve certaine, soit à la requête des contributions indirectes, si l'extraction nationale des boissons est démontrée. (Voy. circ. 247 du 10 mai 1841.)

Rayon des douanes. — Le rayon des douanes *sur les frontières de terre* est une zone de la largeur de deux myriamètres à partir de la frontière. (Loi du 8 floréal an XI, art. 84 ; loi du 28 avril 1816, art. 36.)

Le rayon des douanes *sur les côtes* comprend deux zones : l'une s'étend en mer à 2 myriamètres des côtes ; l'autre comprend le territoire situé à l'intérieur à un myriamètre des côtes ou des rives des fleuves, rivières et canaux qui conduisent de la mer dans les ports intérieurs.

Bien que l'Administration des douanes reconnaisse à ses agents le droit de faire des visites domiciliaires en dehors du rayon des douanes, il est préférable que ceux-ci demandent le concours d'employés de la Régie munis d'un ordre de visite spécial.

2º *Importation par la poste.*

Les procès-verbaux à l'importation par la voie de la poste doivent être rédigés par les employés des contributions indirectes, lorsqu'il n'existe pas d'employés des douanes dans la localité où la contravention est constatée. Dans ce cas, les poursuites sont confiées à la Régie, qui peut même transiger avant jugement, sauf l'approbation de la douane. (Circ. 301 du 4 juillet 1844 et 390 du 5 mars 1884.)

Paquets affranchis à prix réduit. (Circ. 506 du 30 août 1902.) Envois contre remboursement. (Circ. 531 du 22 juin 1903.)

SECT. XXIII. — VÉLOCIPÈDES.

Depuis le 1er janvier 1907, la taxe sur les vélocipèdes est réduite à 3 francs par place ; elle reste fixée à 12 francs par place pour les vélocipèdes et appareils analogues munis d'une machine motrice. Cette taxe est perçue, à titre d'impôt indirect, dans les conditions ci-après. (Loi du 30 janvier 1907, art. 23.)

Aucun vélocipède ou appareil analogue ne peut être mis en circulation sans avoir été revêtu d'une plaque fournie par l'Administration des contributions indirectes contre payement de l'impôt par le contribuable qui doit faire connaître en même temps son nom et son adresse. *Ib.*

Les plaques sont renouvelables tous les ans et valables du 1er janvier au 31 décembre. Leur modèle, ainsi que les conditions dans lesquelles elles doivent être fixées aux vélocipèdes, sont déterminés par arrêtés ministériels. *Ib.*

Un arrêté ministériel du 30 janvier 1907, reproduit à la suite de la circulaire 672 du 31 janvier 1907, a déterminé le type des plaques qui sont en vigueur pendant l'année 1907, ainsi que les conditions dans lesquelles elles doivent être fixées aux vélocipèdes.

Les contraventions à l'article 23 et aux dispositions des arrêtés ministériels rendus pour son exécution sont constatées par les agents des contributions indirectes et des octrois et par tous autres agents ayant qualité pour dresser des procès-verbaux en matière de police du roulage en vertu de l'article 15 de la loi du 30 mai 1851. Les vérifications nécessaires à cet effet peuvent être effectuées sur la voie publique, dans les établissements ouverts au public et en tous autres lieux où les agents susdésignés ont légalement accès. (Loi du 30 janvier 1907, art. 24.)

Les contraventions, constatées et poursuivies comme en matière de contributions indirectes, sont déférées aux tribunaux de simple police et punies d'une amende de 1 à 15 francs, indépendamment du quintuple du droit fraudé. *Ib.*

A défaut de caution ou de consignation de l'amende (*15 francs*), les vélocipèdes ou appareils analogues seront saisis, mais seulement pour garantie des condamnations à intervenir. *Ib.*

En cas de procès-verbal rapporté contre inconnus, la confiscation des machines est prononcée. *Ib.*

L'Administration reste maîtresse de l'action ; elle peut transiger ou poursuivre.

Il va de soi qu'elle peut faire remise par transaction, en tout ou partie, du quintuple des droits fraudés dont il est question à l'article 24. Mais ce quintuple droit est indépendant de la taxe proprement dite qui est toujours exigée au moment de la saisie, ou tout au moins lors de la remise de l'appareil au contrevenant.

A défaut de transaction, la citation est donnée devant le tribunal de simple police et peut être délivrée par les employés. (Circ. 672 du 31 janvier 1907.)

A l'audience fixée, la Régie est représentée, dans les cantons ruraux, par l'agent le plus élevé en grade de la circonscription ; dans les villes, par un employé spécialement accrédité à cet effet. *Ib.*

Ces affaires sont inscrites au mémorial 122 A, et les avis de jugement sont donnés dans les conditions ordinaires.

A noter que la saisie des vélocipèdes n'a d'autre effet que de garantir le paiement des condamnations à intervenir. Ce n'est qu'en cas de saisie sur inconnus que, sur requête, la confiscation est directement accordée. (Circ. 672 précitée.)

Les jugements de défaut sont susceptibles d'opposition. Le délai d'opposition est de trois jours, outre un jour par trois myriamètres de distance (art. 151. Cod. instr. crim.), à partir de la signification du jugement à la partie défaillante, par ministère d'huissier. Si le jugement est signifié, l'opposition est faite, soit par déclaration en réponse au bas de l'acte de signification, soit par acte signifié dans le délai légal. Si le jugement n'est pas encore signifié, le défaillant peut déclarer verbalement son opposition à la barre du tribunal ou par lettre recommandée adressée au ministère public et à la partie civile.

Les jugements de simple police peuvent être frappés d'appel, mais par la partie condamnée seulement, lorsqu'ils prononcent un emprisonnement, ou lorsque les amendes, restitutions ou autres réparations civiles, s'élèvent, additionnées ensemble, à plus de 5 francs, outre les dépens. (Art. 172 Cod. instr. crim.)

L'appel est interjeté par le condamné, par déclaration au greffe du tribunal qui l'a rendu, dans les dix jours, au plus tard, après celui où il a été prononcé ; et, si le jugement est par défaut, dans les dix jours de la signification à personne ou à domicile. (Art. 174 Cod. inst. crim. ; Loi du 6 avril 1897.)

L'appel est suspensif. (Art. 173.) Il est porté devant le tribunal correctionnel (art. 174).

SECT. XXIV. — FILATURES DE SOIE.

Les primes à la filature de soie ont été instituées en 1892 et prorogées, en 1898, jusqu'au 31 mai 1908.

Les agents des contributions indirectes sont chargés d'exercer un contrôle dans les filatures de soie pour l'attribution des primes. (Circ. 282 du 31 mai 1898.)

La loi du 2 avril 1898 et le règlement d'administration publique du 28 mai de la même année régissent la matière.

Les prescriptions, dont le service doit surveiller l'exécution, sont très explicitement indiquées dans le titre II de ce règlement.

La circulaire 282 précitée les résume de la façon suivante :

Obligation imposée au filateur d'indiquer la division de la journée de travail en périodes ou séances par une affiche apposée dans un endroit apparent de l'usine, affiche dont une copie est adressée au service local des contributions indirectes, qui doit au surplus être informé vingt-quatre heures à l'avance de toutes les modifications apportées à cette division de la journée de travail. Obligation imposée au filateur : 1° de tenir un registre de déclarations journalières, qui doit être servi dans la première demi-heure de l'ouverture réglementaire de chaque période de travail ; à l'expiration de cette demi-heure, le volant de la déclaration, séparé de la souche, doit être déposé dans une boîte plombée ou scellée placée à l'entrée de l'usine ; 2° de tenir un livre de filature indiquant jour par jour l'état de développement du travail dans l'usine, livre dont un extrait certifié conforme, indiquant, pour chaque semaine, la liste nominative des ouvrières, la nature de leur emploi et le nombre d'heures de travail effectué par chacune d'elles, restera, pendant la semaine suivante, affiché dans une partie bien en vue de l'atelier ; 3° de tenir pour chacune de ses usines un registre dit « de contrôle », présentant jour par jour la situation de ses usines au point de vue des entrées et des sorties de marchandises.

Si les agents relèvent une irrégularité, ils en rendent compte dans un rapport. S'ils constatent une fraude ou une tentative de fraude, ils dressent un procès-verbal. (Circ. 282 du 31 mai 1898.)

Dans les procès-verbaux qu'ils pourront être appelés à dresser chez les filateurs, les agents s'attacheront à spécifier nettement toutes les circonstances qui paraîtraient de nature à établir la mauvaise foi des contrevenants, l'absence d'indication à cet égard pouvant empêcher l'action publique. *Ib.*

Les directeurs doivent signaler à l'Administration les fraudes et irrégularités présentant une certaine gravité constatées par les agents chargés d'assurer l'exécution de la loi du 2 avril 1898 et du règlement du 28 mai suivant concernant les primes à la filature de la soie. (Lett. autogr. 330 du 31 janv. 1905.)

Ainsi que l'a expliqué la lettre autographiée n° 16692 du 13 novembre 1899, les rapports ou procès-verbaux administratifs établis à cet effet doivent être soumis à l'examen de la Commission de contrôle instituée par l'article 4 de la loi précitée, et qui est seule compétente pour émettre un avis sur la suite qu'ils comportent au point de vue de la liquidation de la prime. *Ib.*

Cette liquidation étant opérée tous les trimestres, il est nécessaire que les faits délictueux, quelles qu'en soient la nature et la gravité, soient promptement portés à la connaissance de l'Administration. Ils peuvent ainsi être signalés à la Commission compétente avant la séance au cours de laquelle elle a à statuer sur le paiement de la prime afférente à la période trimestrielle pendant laquelle l'irrégularité a été constatée. *Ib.*

Les employés qui ont à intervenir dans les filatures doivent adresser, dans les cinq jours qui suivent la date de la constatation, les rapports ou procès-verbaux qu'ils établissent. Une copie de ces actes est immédiatement transmise au préfet par les soins des directeurs. Avant d'envoyer à l'Administration la copie qu'elle doit également recevoir, l'industriel mis en cause doit être invité à fournir, par lettre signée de lui ou de son représentant autorisé, les explications qu'il jugera utiles. Ces explications, indépendantes de celles qui auraient pu être insérées dans le procès-verbal au moment même de sa rédaction (Lett. autogr. 6396 du 24 avril 1900), sont, le cas échéant, contrôlées sur place par les agents d'exécution et envoyées à l'Administration avec les observations et l'avis des directeurs. *Ib.*

Les procès-verbaux constatant une fraude ou une tentative de fraude, comme ceux relevant de simples erreurs ou irrégularités, sont soumis, au préalable, à la Commission de contrôle, qui décide s'il y a lieu ou non de les remettre au Parquet. *Ib.*

Les directeurs doivent les transmettre à l'Administration dans la forme ci-dessus indiquée après avoir recueilli tous les renseignements nécessaires pour qu'il puisse être statué, en toute connaissance de cause, sur la suite judiciaire à leur donner. *Ib.*

Les filateurs à la charge desquels des infractions ont été relevées doivent faire parvenir dans les 20 jours leurs explications écrites. Après ce délai, ils sont considérés comme n'ayant aucune justification à produire, et le dossier de l'affaire, annoté en conséquence, est transmis sans plus de retard, sous le timbre du 3ᵉ bureau de la 1ʳᵉ division. *Ib.*

Les infractions aux dispositions réglementaires présentant seulement les caractères d'erreurs ou de négligences entraîneront pour l'usine la suppression du droit à la prime pendant une semaine et, en cas de récidive, pendant un mois ou un trimestre. (Loi du 2 avril 1898, art. 5.)

Tout individu qui se sera rendu coupable d'une fraude ou d'une tentative de fraude pour l'obtention de la prime sera à l'avenir déchu du droit à la prime, sans préjudice de la prime indûment perçue, et sera passible des peines portées à l'article 423 du Code pénal. *Ib.*

L'article 463 du Code pénal et la loi du 26 mars 1891 sont applicables à la présente loi. *Ib.*

SECT. XXV. — EAUX-DE-VIE ET ALCOOLS NATURELS. ACQUITS ET CONGÉS SUR PAPIER ROSE OU BLANC.

Aux termes de l'article 1ᵉʳ de la loi du 14 août 1889, on ne peut expédier comme *vin* que le produit exclusif de la fermentation de raisins frais.

Les liquides alcooliques qui ne rentrent pas dans cette catégorie sont imposés comme spiritueux.

L'article 1ᵉʳ de la loi du 29 décembre 1900 frappe, en effet, du droit de consommation les eaux-de-vie, esprits, liqueurs, fruits à l'eau-de-vie, absinthes et autres liquides alcooliques non dénommés.

L'article 9 de la loi du 26 juillet 1890 stipule que le régime fiscal et le tarif de l'alcool sont applicables à tout liquide alcoolique, du moment qu'on y aura ajouté des figues, caroubes, dattes, orges, glucoses, mélasses, et autres matières saccharifères ou similaires quelconques. (Circ. 597 du 31 juill. 1890.)

Aux termes du premier paragraphe de l'article 8 de la loi du 2 août 1872, tout acquit-à-caution devait porter l'indication des substances avec lesquelles avaient été fabriqués les produits qu'il accompagnait, et l'acquit délivré devait être sur papier *blanc* pour les alcools de vin, sur papier *rouge* pour les alcools d'industrie, et sur papier *bleu* pour les alcools de mélange.

Le premier paragraphe de l'article 8 de la loi du 2 août 1872 a été modifié comme suit :

« Il est délivré par la Régie, pour le transport des alcools, des titres de mouvement (acquits et congés) sur papiers de deux couleurs différentes : les uns, libellés sur papier rose, sont applicables à la généralité des spiritueux, quelle qu'en soit la provenance ; les autres, établis sur papier blanc, s'appliquent exclusivement :

1° Aux eaux-de-vie et alcools naturels provenant uniquement de la distillation des vins, cidres, poirés, marcs, cerises et prunes ;

2º Aux rhums et tafias naturels, pour lesquels, lors de leur importation, il sera justifié de leur provenance directe des colonies françaises ;

3º Aux genièvres fabriqués dans les conditions spécifiées au deuxième paragraphe de l'article 15 de la loi du 30 mars 1902. (Art. 23 de la loi du 31 mars 1903.)

Ces titres de mouvement indiquent la substance avec laquelle les spiritueux ont été fabriqués ; les acquits-à-caution comportent un bulletin qui constitue un certificat d'origine et qui, lors de leur remise au service, est détaché pour être conservé par le destinataire. *Ib.*

Peuvent seuls obtenir la délivrance des expéditions de la seconde catégorie :

a) Les bouilleurs ou distillateurs qui produisent exclusivement, sous le contrôle de la Régie, les eaux-de-vie et alcools naturels ou genièvres définis aux alinéas 1 et 3 du deuxième paragraphe du présent article et qui ne reçoivent du dehors aucune autre espèce de spiritueux ;

b) Les importateurs de rhums et tafias naturels qui fournissent les justifications de provenance susindiquées ;

c) Les négociants ayant reçu, sous la garantie d'acquits à-caution de l'espèce, les spiritueux qui viennent d'être désignés, à la condition que lesdits produits auront été placés dans un local distinct, et que, sur la demande de ces négociants, ils auront été suivis à un compte spécial pour leur volume et la quantité d'alcool pur qu'ils représentent. *Ib.*

Les spiritueux ainsi pris en charge ne peuvent être l'objet d'aucun coupage avec d'autres spiritueux provenant du compte général, ni d'aucune addition de substances propres à en modifier la composition ou le goût. Si un mouillage est nécessaire pour ramener au degré de consommation des eaux-de-vie et alcools naturels ou des rhums qui auraient été fabriqués à un degré supérieur, cette opération doit faire l'objet d'une déclaration préalable indiquant la quantité d'eau qui doit être ajoutée et l'augmentation de volume qui en résultera. *Ib.*

L'article 6 de la loi du 6 août 1905 crée une présomption légale de sucrage pour tous les vins possédés par un propriétaire qui a fait usage de sucre dans la vinification en première cuvée, que ces vins aient été effectivement sucrés ou non. En conséquence, pour les eaux-de-vie et alcools de vins, les titres de mouvement sur papier blanc ne pourront être délivrés :

1º Aux bouilleurs de cru, que s'ils ne se sont pas livrés à l'opération du sucrage en première cuvée, alors même qu'ils n'auraient sucré qu'une partie de leur récolte et qu'ils déclareraient distiller exclusivement la partie non sucrée.

2º Aux bouilleurs de profession, qu'autant qu'ils justifieront que les producteurs des vins qu'ils mettent en œuvre n'ont pas procédé à cette même opération. (Circ. 613 du 8 août 1905.)

En rétablissant le privilège des bouilleurs de cru, la loi du 27 février 1906 avait supprimé tout contrôle du service chez ces bouilleurs, de sorte que les récoltants ne pouvaient plus produire des eaux-de-vie susceptibles de bénéficier de l'acquit blanc, à moins de se soumettre au régime des bouilleurs de profession.

L'article 10, ci-après, de la loi du 17 avril 1906 a obvié à cet inconvénient en faisant revivre, pour les récoltants qui en feraient la demande, les dispositions de la loi du 31 mars 1903.

« *Art. 10.* — Les dispositions des articles 18, 19, 20, 22, 23, 25 et 26 de la loi du 31 mars 1903, ainsi que l'article 12, les 1er et 2e paragraphes de l'article 13 et les articles 14, 15 et 18 de la loi du 22 avril 1905 sont applicables aux bouilleurs de cru qui en auront demandé le maintien à leur égard par une déclaration faite huit jours à l'avance à la recette buraliste. »

Avec la nouvelle législation, il y a actuellement : 1⁶ des acquits et des congés rosés ; 2⁰ des acquits et congés blancs.

Mais une distinction capitale doit être établie entre l'ancien et le nouveau régime. Ces deux catégories de titres de mouvement ne correspondent aucunement à celles qu'avait créées l'article 8 de la loi du 2 août 1872. Sous l'empire de cette dernière loi, chacun des trois types d'acquits s'appliquait exclusivement à une nature déterminée de spiritueux. Sous le nouveau régime, au contraire, l'acquit ou le congé rose constitue un titre de mouvement commun à la généralité des spiritueux, quelle qu'en soit la provenance, quelle que soit la matière dont ils sont extraits ; il peut servir aussi bien pour légitimer la circulation des eaux-de-vie de vin que celle des trois-six de betteraves. Quant aux acquits et congés blancs, ils sont réservés aux eaux-de-vie et alcools naturels provenant de substances déterminées ; mais à l'égard de ces produits leur emploi n'est pas obligatoire pour les intéressés et, d'autre part, la Régie n'est autorisée à en délivrer que pour ceux des spiritueux dont elle est en mesure de certifier l'origine. (Circ. 520 du 4 avril 1903.)

De cette distinction essentielle, il résulte que si l'acquit et le congé blancs indiquent que la boisson transportée est une eau-de-vie ou un alcool naturel, l'acquit et le congé roses, au contraire, ne fournissent aucune donnée quant à la nature, à la provenance des spiritueux qu'ils accompagnent ; ces spiritueux peuvent être des alcools d'industrie, mais ils peuvent être aussi bien des eaux-de-vie de pur vin ou des eaux-de-vie de mélange. *Ib.*

A titre de mesure transitoire, l'article 24 de la loi du 31 mars 1903 a décidé que les stocks de produits naturels, qui, au moment de la promulgation de la loi du 31 mars 1903, se trouvaient entre les mains des producteurs et des négociants, pourraient être écoulés sous le couvert de l'ancien acquit-à-caution blanc créé par l'article 8 de la loi du 2 août 1872. (Circ. 520 du 4 avril 1903.)

La faculté accordée par l'article 24 de la loi du 31 mars 1903 aux bouilleurs ou négociants entrepositaires d'obtenir des acquits sur papier blanc, s'applique seulement aux spiritueux désignés dans les numéros 1 et 2 du § 2 de l'article 28, c'est-à-dire aux eaux-de-vie ou alcools naturels parmi lesquels ne peuvent être compris des alcools ayant été l'objet d'une addition de substances propres à en modifier la

composition ou le goût. (Arr. cons. d'État du 23 nov. 1906, aff. Taillan. et Cie.)

Les buralistes doivent recevoir sans contestation les déclarations qui leur sont faites relativement à l'origine des spiritueux ; mais ils doivent, ainsi que les chefs locaux de service, avoir soin d'avertir les expéditeurs qu'ils sont tenus, sous peine d'amende, d'apporter de la sincérité dans leurs déclarations. (Circ. 67 du 19 sept. 1872.)

Et s'ils ont la certitude que la déclaration est fausse, ce qui est le cas, par exemple, quand un distillateur ne produisant et n'ayant en compte que des alcools d'industrie déclare expédier des alcools de vin, ils ne doivent pas se borner à adresser cet avertissement : ils doivent alors refuser des acquits blancs et ne consentir à délivrer que des acquits roses. Circ. 186 du 23 nov. 1896.)

Les receveurs buralistes doivent refuser des acquits blancs lorsqu'ils ont la certitude absolue que les boissons déclarées ne sont pas des alcools de vin ; mais ils ne doivent pas perdre de vue que les principes généraux de notre législation fiscale ne permettent pas de rejeter une déclaration dont l'inexactitude n'est pas certaine. Ce n'est donc que dans le cas où l'inexactitude de la déclaration ne saurait faire doute que les buralistes doivent refuser la délivrance de l'acquit-à-caution demandé.

S'ils avaient seulement de sérieuses raisons de croire que la déclaration n'est pas sincère, ils signaleraient aux expéditeurs la responsabilité qu'ils encourent, et, cette observation faite, ils devraient accepter, telle qu'elle serait formulée, la déclaration dans laquelle les soumissionnaires persisteraient. En cas de soupçons graves, il leur resterait alors à aviser le chef de service local qui prendrait, s'il y avait lieu, ses dispositions pour vérifier le chargement en cours de transport et prélèverait, au besoin, des échantillons destinés à être soumis à l'analyse. (Note autogr. 10793 du 6 juill. 1894.)

SECT. XXVI. — VINS ARTIFICIELS ET ACQUITS FICTIFS.

DISPOSITIONS GÉNÉRALES.

Aux termes de l'article 10 de la loi du 28 avril 1816, les expéditeurs sont tenus de déclarer « les quantités, espèces et qualités des boissons ».

Nul ne peut expédier, vendre ou mettre en vente, sous la dénomination de *vin*, un produit autre que celui de la fermentation des raisins frais. (Loi du 14 août 1889, art. 1er.)

Toutefois, le vin de *première cuvée* ne perd pas son caractère de vin par le fait que la vendange a été normalement additionnée de sucre. Ce vin doit circuler avec des expéditions propres aux vins de raisins frais. (Journ. off., déb. parl. 1888, p. 1382 ; 1890, p. 521.)

Le vin obtenu par addition d'eau sucrée dans la vendange ou sur le moût, c'est-à-dire avant fermentation, doit être considéré comme vin. (Cass. crim. 21 déc. 1901 ; Bull. Cont. ind. 1902.4.10.)

La loi du 24 juillet 1894 prohibe le mouillage et le vinage des vins.

Les vins de raisins secs sont exclus du régime fiscal des vins et soumis aux droits et régime de l'alcool pour leur richesse alcoolique totale, acquise ou en puissance. (Loi du 6 avril 1897, art. 1er.)

Sont interdites, la fabrication, la circulation et la détention en vue de la vente :

A) des vins de sucre de 2e cuvée, dits vins de sucre, obtenus par la fermentation des marcs de raisins frais additionnés d'eau sucrée ;

B) des vins de marcs ou piquettes simples obtenues par l'épuisement des marcs au moyen de l'eau pure, sans aucune addition de sucre, d'alcool ni de matières sucrées.

C) des cidres ou poirés produits autrement que par la fermentation des pommes ou poires fraîches. (Loi du 6 avril 1897, art. 3.)

La loi de 1897 permettait la vente des piquettes aux simples particuliers. La loi du 6 août 1905, articles 12 et 13, va jusqu'à interdire la circulation des piquettes. Cette prohibition est absolue et s'applique à tous les cas où les piquettes mises en mouvement seraient destinées à une personne autre que l'expéditeur lui-même. (Circ. 613 du 8 août 1905.)

Il existe une exception :

Elle concerne les boissons de cidre d'une teneur alcoolique inférieure à 3 degrés, dont la détention en vue de la vente continue d'être permise. Il s'agit généralement de piquettes faites avec des pommes ou des poires sèches. (V. art. 3 de la loi du 6 avril 1897 et circ. 226 du 12 août 1897.)

Est interdit l'emploi de glucose dans la vinification soit en première cuvée, soit pour la préparation d'un second vin par addition d'eau sur les marcs. (Loi du 31 mars 1903, art. 32.)

De la combinaison des articles précités découle donc pour l'expéditeur l'obligation de n'expédier sous la dénomination de *vin* que le produit direct de la fermentation des raisins frais. (Cass. 25 juin 1896 ; Bull. Cont. ind. 1896.19.)

La répression des infractions de l'espèce doit être rigoureusement poursuivie. (L. C. 209 du 28 août 1900.)

Les boissons qu'un négociant détient dans ses magasins sont considérées comme étant mises en vente. (Orléans 11 nov. 1851 ; Cass. 6 nov. 1854 ; 14 avril 1855 et 21 juill. 1887 ; Bull. crim. 1887.275 ; Jug. trib. Bord. 3 nov. 1893 et 4 mai 1899 ; Jug. Grasse 19 mars 1901 ; Arr. Riom 4 juill. 1901 ; Bull. Cont. ind. 1901.17 889; Arr. Nîmes, 29 mai 1902. Bull. C. ind. 1902. 14; Cass. 4 mai 1906; Bull. Cont. ind. 1906.13.70.)

Au sens de la loi du 14 août 1889, les boissons qu'un négociant possède dans ses magasins sont considérées comme étant mises en vente. (Trib. civ. Bordeaux 3 nov. 1893.)

Si la vente suppose le concours de deux personnes, il n'est pas nécessaire, pour caractériser la mise en vente, qu'il y ait une pollicitation, autrement dit, une offre du négociant à l'acheteur, dont l'acceptation pourrait rendre la vente parfaite ; la simple exposition de la marchandise disponible en magasin attendant un acheteur constitue l'offre, et l'offre est suffisante pour caractériser la mise en vente. (Arr. Paris 11 fév. 1897.)

La détention est suffisamment caractérisée par la possession de la boisson dans l'entrepôt et par la déclaration d'entrepôt annonçant la prise de possession de la boisson. (Cass. 4 janv. 1907.)

Les directeurs doivent saisir sans retard les tribunaux de tous les procès-verbaux en matière de sucrage, d'acquits fictifs, d'excédents de magasin attribués à des mouillages, lorsque l'importance des quantités saisies ou les circonstances de la contravention dénotent manifestement une fraude bien caractérisée. (L. C. 267 du 30 sept. 1904.)

Par une circulaire du 14 avril 1905, portée à la connaissance du service par note du 12 mai suivant, le garde des sceaux, ministre de la justice, a donné des instructions aux Parquets, en vue d'assurer la constatation, la poursuite et la répression de fraudes de toute nature prévues et punies par les lois du 27 mars 1851, 26 juillet 1890, 11 juillet 1891, 6 avril 1897 et 18 juillet 1904.

Depuis, est intervenue la loi du 1er août 1905, sur la répression des fraudes dans la vente des marchandises et des falsifications des denrées alimentaires et des produits agricoles.

Au mois de septembre 1906, la Chancellerie s'est encore préoccupée d'assurer la stricte application des lois protectrices de la viticulture et a adressé dans ce sens les recommandations les plus pressantes aux magistrats des Parquets. (Lett. Min. Just. à son collègue des Fin. du 27 sept. 1906.)

Enfin, par une circulaire du 5 mars 1907, le Garde des sceaux, a adressé aux Parquets une nouvelle circulaire concernant la répression des fraudes dans la vente des marchandises et des falsifications des denrées alimentaires et des produits agricoles et viticoles.

Les vins de marcs, les vins de sucre et autres vins artificiels, saisis chez le producteur de ces vins ou chez le négociant, devront être transformés en alcool, après payement de leur valeur, ou être détruits. En attendant la solution du litige, le prévenu sera tenu de conserver gratuitement les marchandises intactes, sous peine de payer une amende complémentaire égale au double du droit de consommation sur l'alcool contenu dans les liquides détournés. (Art. 7 de la loi du 6 août 1905.)

Pour ne pas exposer l'Administration à des dommages-intérêts, lorsqu'il ne s'agit pas d'objets prohibés ou qu'il ne se trouve pas en présence d'un contrevenant insolvable, le service doit donner mainlevée sous la seule réserve de représenter, en cas de condamnation, la marchandise saisie ou sa valeur estimée suivant les règles ordinaires. (Circ. 612 du 8 août 1905.)

Quand, à la suite d'un procès-verbal, les saisissants accorderont mainlevée des marchandises, ils les prendront en charge à un compte ouvert au prévenu. (Circ. 613 du 8 août 1905.) V. Vins de sucre.

Les infractions aux lois Griffe et suivantes doivent être portées devant le tribunal du lieu où le fait contraventionnel a été perpétré, c'est-à-dire du lieu où l'expédition de la marchandise a été opérée. (L. C. 38 du 15 juin 1892.)

On opère ainsi quand il s'agit d'infractions relatives au mouillage, au vinage, aux vins artificiels.

L'initiative des poursuites appartient au ministère public, qui est chargé de l'action publique. (Circ. 572 du 18 nov. 1889 ; L. C. 38 du 15 juin 1892 ; circ. 292 du 29 juin 1898.)

A cet effet, le procès-verbal lui est adressé.

La Régie intervient dans l'instance afin de requérir l'application des pénalités fiscales. (Cass. 16 juill. 1891 ; S. 92.1.540 ; 19 nov. 1891 ; S. 92.1.540 ; 6 mai 1892 ; S. 92.1.540 ; Journ. Cont. ind. 1893.348.)

Le tribunal doit statuer par un seul et même jugement sur cette double infraction. (Cass. 16 juill. 1891 ; S. 92.1.540 ; Cass. 19 nov. 1891 et 6 mai 1892 ; S. 92.1.540.)

Si la Régie n'intervient pas en temps utile, elle n'est plus fondée, après le jugement rendu à la requête du ministère public, à intenter une nouvelle poursuite pour obtenir une condamnation fiscale. Ce serait violer les dispositions des articles 161, 189 et 210 du Code d'instruction criminelle.

L'exception de la chose jugée n'a lieu que lorsque la demande est fondée sur la *même cause.* (Art. 1351 Cod. civ. et art. 246 Cod. instr. crim.)

Il s'ensuit que lorsque, sur les poursuites simultanées du ministère public et de la Régie, un marchand en gros, prévenu *d'avoir* « *falsifié* ses vins » par une addition d'eau ou d'alcool et d'avoir fait, en cours d'inventaire, une « *fausse déclaration de l'espèce des mêmes vins* », a bénéficié d'une ordonnance de non-lieu en ce qui concerne le délit de falsification, cette ordonnance n'est pas opposable à l'action fiscale de la Régie, qui a *une autre cause* et dont l'exercice appartient en propre à cette administration. (Cass. 25 fév. 1905 ; Bull. Cont. ind. 1905.6.)

Lorsqu'une information est requise à l'occasion d'un procès-verbal pour mouillage, vinage, vins artificiels, etc., la Régie doit néanmoins délivrer assignation dans les trois mois impartis par la loi du 15 juin 1835. (Arr. Orléans du 30 juin 1906 ; Cass. cr. 22 fév. 1907, Bull. C. ind. 1907 n° 6.) *V. Assignation.*

Si le ministère public se refusait à poursuivre, l'affaire redeviendrait exclusivement fiscale. L'exercice de l'action fiscale ayant été autorisé, on porterait le procès-verbal devant le tribunal du lieu de la saisie. (L. C. 38 du 15 juin 1892.)

La loi du 15 juin 1835 prescrit de délivrer assignation dans les trois mois, au plus tard, de la date du procès-verbal.

La prescription de la loi du 15 juin 1835 est générale et absolue, et s'applique même au cas où les poursuites sont exercées, *sur citation directe*, par le ministère public, l'Administration des contributions indirectes n'étant que partie intervenante. (Cass. 9 déc. 1905 ; Bull. Cont. ind. 1906. 2.)

Si le Parquet, après ou sans enquête, engage des poursuites sur *citation directe*, la prescription édictée par la loi de 1835 est opposable à la Régie. Aussi, pour prévenir tout malentendu, convient-il de délivrer assignation, dans les trois mois, toutes les fois qu'un procès-verbal est transmis au Parquet à l'occasion d'un fait unique passible d'une action publique et d'une action fiscale. Le cas échéant, le directeur (ou le sous-directeur) se mettrait en rapport avec le procureur de la République pour la fixation de la date de l'audience. (Bull. Cont. ind. 1906.2 et note ; Bull. C. ind. 1907 n° 6 et note.) *V. Assignation.*

Il y a violation de l'article 1er de la loi du 14 avril 1889 et de l'article 7 de celle du 20 avril 1810, lorsqu'un arrêt décide, sur les poursuites du ministère public, qu'il y a eu mise en vente de vin artificiel, sans déclarer que cette mise en vente ait eu lieu « sous la dénomination de vin », alors que le prévenu avait pris sur ce point des conclusions formelles. (Cass. 4 mai 1906. Bull. C. ind. 1906 13.)

S'il résulte de l'analyse qu'un vin est additionné de piquettes, il importe peu que l'analyse n'ait pu déterminer les proportions du mélange. (Cass. 15 déc. 1906 ; Bull. Cont. ind. 1907 n° 5.)

VINS VINÉS.

La loi du 24 juillet 1894, article 2, prohibe le vinage et en fait un délit de droit commun connexe à l'infraction fiscale.

L'addition d'une quantité quelconque d'alcool dans du vin de ven-dange forme un mélange qui est autre que le produit de la fermentation du raisin frais. Par conséquent, nul ne peut expédier ce mélange sous le nom de vin sans contrevenir à la loi du 14 août 1889, à celle du 24 juillet 1894 et à l'article 10 de la loi du 28 avril 1816. (Cass. 17 avril 1896. Bull. crim. 1896.210 ; Journ. Cont. ind. 1896.315 ; 4 juin 1896, Journ. Cont. ind. 1896.372 ; Bull. crim. 1896.284 ; 18 juin 1896 ; Bull. crim. 1896.306 ; 25 juin et 17 déc. 1896 ; Journ. Cont. ind. 1898.33 ; Bull. crim. 1896.570.)

L'expérience a démontré que dans les vins de vendange naturels, il existe un rapport déterminé entre le poids de l'extrait sec et celui de l'alcool.

Les vins rouges pour lesquels le rapport de l'alcool à l'extrait réduit est supérieur à 4,6 et les vins blancs pour lesquels ce rapport est supérieur à 6,5 sont présumés suralcoolisés. (Décret du 19 avril 1888.)

Toutefois, cette présomption pourra être infirmée lorsque la compa-raison des différents éléments constitutifs des vins, leur dégustation, les conditions de leur fabrication, le lieu de leur provenance, permet-tront d'établir qu'ils proviennent exclusivement de la fermentation de raisins frais. (*Ib.* et circ. 292 du 29 juin 1898.)

L'expérience a encore démontré que, dans la grande majorité des cas, la densité des vins est voisine de celle de l'eau et jamais inférieure à 0,985.

Cette densité pourra être déterminée, soit par le densimètre, soit par l'alcoomètre. Il y a présomption de survinage lorsque l'alcoomètre plongé dans le vin s'y enfonce de plusieurs degrés. (L. C. 46 du 3 août 1892.)

L'emploi de l'alcoomètre, pour la reconnaissance des vins, n'est qu'un procédé empirique ; les indications qu'il donne peuvent faire suspecter un survinage et motiver un prélèvement d'échantillons aux fins d'analyse.

Ainsi, il y a de très sérieuses présomptions de vinage, lorsqu'un vin rouge présente à la température de 15° c. un enfoncement alcoométrique égal ou supérieur à 5° et qu'un vin blanc présente, dans les mêmes conditions, un enfoncement alcoométrique égal ou supérieur à 8°.

Mais les vins vinés renfermant une proportion notable de sucre ou d'autres substances solubles, plus lourdes que l'eau, ajoutées frauduleusement, échappent complètement à ce mode de contrôle.

Le service a été invité à prélever en cours de transport des échantillons sur les chargements suspects. Il déclare procès-verbal et surseoit à la rédaction de l'acte jusqu'à ce que le laboratoire ait notifié les résultats de l'analyse.

L'Administration tient à ce que la libre disposition de la marchandise soit laissée aux intéressés, à ce que les destinataires ne soient en aucune façon mis en cause et à ce que des difficultés ne s'élèvent pas de son fait entre ces derniers et leurs expéditeurs. (Note de l'Adm. du 19 avril 1894.2991 ; Bull. Cont. ind. 1894.10 ; circ. 320 du 2 fév. 1899.)

A cet effet, mainlevée devra être donnée sans condition ; les chargements devront continuer leur route avec les acquits-à-caution délivrés au départ. (Note 2991 précitée.)

Le service devra se borner à inscrire sur ces titres de mouvement la mention : *Prélèvements d'échantillon, le..... à.....* ; mais la cause du prélèvement ne devra pas être indiquée. La mention du prélèvement d'échantillons est destinée à éviter qu'un nouveau procès-verbal soit dressé, pour le même chargement, avant l'arrivée à destination. *Ib.*

Parvenues à destination, les boissons sont prises en charge chez les destinataires à un compte spécial. (Circ. 613 du 8 août 1905.)

La circulation ou la mise en vente de vins additionnés d'alcool constitue un fait unique, indivisible, passible, à la fois, des peines de droit commun à la requête du ministère public et de l'amende fiscale, à la requête de la Régie. (Cass. 6 mai 1892 ; Journ. Cont. ind. 1893.348 ; 25 juin 1896 ; Journ. Cont. ind. 1893.33 ; Bull. crim. 1896.570.)

En face des lois du 14 août 1889 et du 24 juillet 1894, la loi du 28 avril 1816 conserve toute sa force. (Cass. 16 juill. 1891 ; S. 92.1.540 ; 19 nov. 1891 ; S. 92 1.540 ; 25 juin 1896 ; Journ. Cont. ind. 1898.33 ; Bull. crim. 1896.570 ; 22 mars 1900.)

Commet une contravention, le marchand en gros qui, au cours d'un recensement, déclare comme alcool des vins vinés. (Cass. 11 janv. 1894 ; Journ. Cont. ind. 1895.98.)

MOUILLAGE DES VINS.

La loi du 24 juillet 1894 prohibe également le mouillage des vins. (Circ. 292 du 29 juin 1898.)

Il a été jugé que le fait de vendre sous la dénomination de « *vin* » des vins altérés par une addition d'eau constitue une infraction aussi bien à l'article 10 de la loi du 28 avril 1816 qu'à la loi du 24 juillet 1894. (Bordeaux 4 juin 1896 ; Bull. Cont. ind. 1897.471 ; Besançon 29 juin 1898 ; Journ. Cont. ind. 1899.48.535 ; Riom 4 juill, 1901 ; Bull. Cont. ind. 1901.17.88 ; Aix 13 avril 1902 ; Nancy 5 nov. 1903 ; Bull. Cont. ind. 1904.1.2.)

L'introduction de l'eau dans le vin non seulement augmente le volume de la matière imposable, mais encore en altère profondément la nature et en change la composition. Le vin ainsi mouillé n'est plus, en effet, un produit exclusif de la fermentation du raisin frais, mais un mélange d'eau et d'alcool que l'Administration qualifie avec raison dilution alcoolique. (Arr. Nancy 5 nov. 1903 ; Bull. Cont. ind. 1904.1.2.)

La loi du 24 juillet 1904, qui interdit le mouillage et l'alcoolisation des vins, ne vise pas les cidres.

Même procédure que pour le vinage. (Lett. autogr. 14474, du 9 avril 1896 et circ. 292 du 29 juin 1898.)

VINS DE MARCS, VINS DE SUCRE ET AUTRES VINS ARTIFICIELS.

La loi prohibe la fabrication, la circulation et la détention des vins de sucre en vue de la vente. (Loi du 6 avril 1897, art. 3, et loi du 28 janv. 1903, art. 7.)

Les contraventions aux dispositions qui précèdent, ainsi qu'à celles de l'article 7 de la loi du 28 janvier 1903, et du règlement d'administration publique rendu pour son exécution, entraînent, indépendamment des pénalités prévues aux sixième et septième paragraphes dudit article, la confiscation des sucres et des glucoses saisis. (Loi du 6 août 1905, art. 5.)

Les vins de marcs, les vins de sucre et autres vins artificiels saisis chez le producteur de ces vins ou chez le négociant, doivent être transformés en alcool, après paiement de leur valeur, ou être détruits. En attendant la solution du litige, le prévenu est tenu de conserver gratuitement les marchandises intactes, sous peine de payer une amende complémentaire égale au double du droit de consommation sur l'alcool contenu dans les liquides détournés. (Loi du 6 août 1905, art. 7.)

Quand, à la suite d'un procès-verbal, les saisissants accorderont mainlevée des marchandises, ils les prendront en charge à un compte ouvert au prévenu. (Circ. 613 du 8 août 1905.)

Un certificat de cette prise en charge sera annexé au dossier contentieux. *Ib.*

Afin de permettre la liquidation éventuelle de l'amende exigible, le procès-verbal contiendra, d'après l'analyse du laboratoire, l'indication du degré alcoolique des liquides saisis. Bien entendu, des échantillons, suivant les règles ordinaires, seront conservés en vue de toute contestation éventuelle. *Ib.*

La vente des vins artificiels étant interdite, si, après solution de l'affaire, les liquides saisis doivent être transformés en alcool, ils ne pourront être distillés que par leur propriétaire lui-même ou pour son propre compte. Celui-ci peut être tenu, dans la plupart des cas, de se soumettre à toutes les obligations des bouilleurs de profession, y compris le payement de la licence. *Ib.*

Dans le cas où les vins, ne pouvant être distillés sur place, devraient être mis en mouvement pour être conduits à l'alambic, ils devront circuler, comme dilutions alcooliques, sous le lien d'acquits-à-caution du registre 2 C. Ces titres de mouvement, qui devront mentionner explicitement que les liquides qu'ils accompagnent sont des vins artificiels saisis, seront pris en charge, à destination, à un compte spécial garantissant le double droit. Leur non-décharge entraînerait l'acquittement par le soumissionnaire de l'intégralité des taxes exigibles. L'alcool produit ne circulera, bien entendu, que sous le lien de l'acquit rose. *Ib.*

Lorsque le détenteur préférera détruire les marchandises saisies à son préjudice, celles-ci seront répandues par ses soins sur la voie publique ou versées à l'égout. L'opération de l'effusion matérielle aura lieu sous les yeux du service qui devra, au préalable, s'assurer de l'identité des liquides représentés par la reconnaissance de leur richesse alcoolique. *Ib.*

La destruction sera constatée par un procès-verbal administratif. *Ib.*

Les comptes où auront été pris en charge les vins artificiels saisis devront être apurés. (Circ. 613.)

Syndicats agricoles. Partie civile.

Le syndicat national de défense de la viticulture française, constitué conformément à la loi du 21 mars 1884 sur les syndicats professionnels, est fondé à se porter partie civile aux procès pour obtenir la réparation du préjudice causé aux viticulteurs français par les fraudes sur les vins de sucre. (Arr. Montpellier 18 mai 1904; Bull. Cont. ind. 1904.13; Nîmes 29 juin 1905 conformé par Cass. crim. 1er mars 1906. Bull. Cont. ind. 1906.8.)

ENLÈVEMENTS FICTIFS.

Toute déclaration d'enlèvement de boissons faite sous un nom supposé, ou sous le nom d'un tiers sans son consentement, et toute déclaration ayant pour but de simuler un enlèvement de boissons non effectivement réalisé, sont passibles des peines édictées par l'article 1er de la loi du 28 fév. 1872. (Loi du 16 avril 1897, art. 4, et loi du 16 déc. 1897, art. 8.)

Ces pénalités sont l'amende et la confiscation. C'est à tort qu'un tribunal refuserait de prononcer la confiscation des boissons saisies fictivement et énoncées aux titres de mouvement, sous prétexte qu'il n'y aurait eu aucun enlèvement réel de boissons. (Arr. Montpellier 16 fév. 1906.)

La Régie peut, en outre, par la voie civile, poursuivre le recouvrement des droits garantis par l'acquit-à-caution.

Lorsqu'il a été impossible de retrouver les destinataires des spiritueux énoncés à un congé, le soumissionnaire est à bon droit condamné pour enlèvement fictif ou transport à fausse destination, alors même qu'il soutiendrait que les boissons ont été vendues par lui au comptant et enlevées par les acheteurs eux-mêmes. (Cass. crim. 13 nov. 1902; Bull. Cont. ind. 1903.2.6.)

En vue de restreindre la pratique des acquits fictifs au moyen desquels certains commerçants se livrent au mouillage des vins, des mesures préventives ont été prises au cours de ces dernières années.

Dans ce but, l'article 1er de la loi du 18 juillet 1904, modifié et complété par l'article 12 de celle du 6 août 1905, a étendu aux chargements de plus de 10 hectolitres de vins les dispositions du premier paragraphe de l'article 8 de la loi du 16 décembre 1897. Aux termes de ces articles, la Régie peut exiger que l'acquit-à-caution délivré pour accompagner des chargements de plus de 10 hectolitres de vin ou de plus d'un hectolitre d'alcool pur soit visé en cours de transport à un ou plusieurs bureaux des contributions, des douanes et de l'octroi.

C'est dans le même but que le Parlement a voté les dispositions suivantes :

« L'art. 6 de la loi du 28 avril 1816 est complété ainsi qu'il suit :

« Pour les enlèvements de vin de plus de vingt hectolitres, lorsque la déclaration n'est pas faite par le détenteur actuel des boissons, elle doit être accompagnée d'une attestation de ce dernier confirmant la réalité de l'opération. L'auteur d'une attestation reconnue fausse ou inexacte et celui qui en aura sciemment fait usage seront punis des peines prévues à l'article 4 de la loi du 6 avril 1897. » (Loi du 18 juill. 1904, art. 2.)

L'article 2 de la loi du 18 juillet 1904 a été étendu à toutes les expéditions de vin par acquit-à-caution, quelle qu'en soit la quantité. (Loi du 6 août 1905, art. 10.)

La pénalité d'affichage du jugement a été rendue applicable aux infractions prévues et punies..... par l'article 2 de la loi du 18 juillet 1904. (Loi du 1er août 1905, art. 15.)

Dans l'intérêt de la répression de la fraude, notamment celle des acquits fictifs, l'article 12 de la loi de finances du 30 janvier 1907 dispose que la prescription de quatre mois édictée par l'article 7 de l'ordonnance du 11 juin 1816 ne s'applique pas à l'action correctionnelle qui résulte des contraventions aux lois et règlements en matière de contributions indirectes, et qui sera exercée dans les délais et formes ordinaires. (Circ. 675 du 4 fév. 1907.)

SECT. XXVII. — FRAUDES COMMERCIALES.

La loi du 1er août 1905 a pour objet la répression des fraudes commises dans la vente des marchandises et des falsifications des denrées alimentaires et des produits agricoles.

Les agents des contributions indirectes *agissant à l'occasion de l'exercice de leurs fonctions* sont chargés de rechercher et de constater les infractions à cette loi. (Décret du 31 juill. 1906, art. 2.)

Certaines obligations sont imposées au service de la Régie soit par la loi du 1er août 1905, soit par le décret du 31 juillet 1906. C'est ainsi que les directeurs sont obligés de mettre à la disposition des magistrats instructeurs et des tribunaux, lorsque ceux-ci en feront la demande, les registres et documents de la Régie, en cas d'action pour tromperie ou tentative de tromperie sur l'origine des marchandises, des denrées alimentaires ou des produits agricoles et naturels.

Sur la réquisition écrite des agents, qui ont qualité pour opérer des prélèvements, les chefs locaux de service et les receveurs buralistes dans les localités non pourvues d'un poste d'employés, doivent leur communiquer, *sur place*, les registres, portatifs, déclarations de sucrage, etc., dont ils demandent à prendre connaissance. Aucune rétribution n'est exigée pour la communication de ces documents. (Circ. 661 du 23 août 1906.)

Des dispositions combinées des art. 15 et 22 du décret du 31 juillet 1906 il résulte que. lorsque des échantillons de vins, bières, cidres, alcools ou liqueurs prélevés par des agents n'appartenant pas à l'Administration des contributions indirectes sont incriminés de fraude, le préfet doit transmettre au procureur de la République, avec le procès-verbal de prélèvement, le rapport du laboratoire relatif à ces échantillons, et donner ensuite avis de cet envoi aux directeurs des Contributions indirectes. De son côté, si des poursuites sont décidées, le procureur de la République doit faire connaître au directeur ou à l'employé de la Régie le plus élevé en grade au siège du tribunal, dix jours au moins à l'avance, le jour et l'heure de l'audience à laquelle l'affaire sera appelée. *Ib.*

Aussitôt après la réception de l'avis du préfet, les directeurs ou sous-directeurs doivent s'informer des motifs du prélèvement d'échantillons, rechercher si les faits retenus tombent sous l'application de la législation spéciale aux contributions indirectes et, le cas échéant, prendre les dispositions utiles pour déposer, à l'audience fixée par le Parquet, des conclusions tendant à la condamnation du prévenu aux pénalités fiscales encourues. Dans le cas où le procureur de la République renoncerait à l'action publique, il y aurait lieu, avant d'engager toute poursuite, de rendre compte de l'affaire, sous le timbre du contentieux, à l'Administration, qui apprécierait la suite à donner en ce qui concerne l'action fiscale. *Ib.*

Mais il n'est rien innové pour les agents de la Régie en ce qui concerne la constatation et la poursuite des faits constituant à la fois une contravention fiscale et une infraction de droit commun : le prélèvement des échantillons et les poursuites ont lieu dans les mêmes conditions que par le passé.

Lorsque l'infraction constatée est uniquement prévue par la loi du 1er août 1905, les employés se conforment aux prescriptions des articles 5 à 11 du décret et à celle de l'arrêté ministériel du 1er août 1906, en ce qui concerne les conditions de prélèvement et de scellement des échantillons, la rédaction du procès-verbal et la transmission de cet acte, ainsi que des échantillons, à la préfecture ou à tout autre service administratif qui sera désigné. (Circ. 661 du 23 août 1906.)

L'application de la loi du 1er août 1905 n'est pas subordonnée à la

promulgation des règlements d'administration publique qu'elle prévoit.
(Cass. crim. 12 mai 1906; Gaz. trib. 7 oct. 1906.)

Loi du 1er août 1905.

Art. 1er. — Quiconque aura trompé ou tenté de tromper le contractant :

Soit sur la nature, les qualités substantielles, la composition et la teneur en principes utiles de toutes marchandises ;

Soit sur leur espèce ou leur origine lorsque, d'après la convention ou les usages, la désignation de l'espèce ou de l'origine faussement attribuées aux marchandises, devra être considérée comme la cause principale de la vente ;

Soit sur la quantité des choses livrées ou sur leur identité par la livraison d'une marchandise autre que la chose déterminée qui a fait l'objet du contrat ;

Sera puni de l'emprisonnement, pendant trois mois au moins, un an au plus, et d'une amende de cent francs (100 francs) au moins, de cinq mille francs (5.000 francs) au plus, ou de l'une de ces deux peines seulement.

Art. 2. — L'emprisonnement pourra être porté à deux ans, si le délit ou la tentative de délit prévus par l'article précédent ont été commis :

Soit à l'aide de poids, mesures et autres instruments faux ou inexacts ;

Soit à l'aide de manœuvres ou procédés tentant à fausser les opérations de l'analyse ou du dosage, du pesage ou du mesurage, ou bien à modifier frauduleusement la composition, le poids ou le volume des marchandises, même avant ces opérations ;

Soit enfin à l'aide d'indications frauduleuses tendant à faire croire à une opération antérieure et exacte.

Art. 3. — Seront punis des peines portées par l'article 1er de la présente loi :

1° Ceux qui falsifieront des denrées servant à l'alimentation de l'homme ou des animaux, des substances médicamenteuses, des boissons et des produits agricoles ou naturels destinés à être vendus ;

2° Ceux qui exposeront, mettront en vente ou vendront des denrées servant à l'alimentation de l'homme ou des animaux, des boissons et des produits agricoles ou naturels qu'ils sauront être falsifiés, ou corrompus ou toxiques ;

3° Ceux qui exposeront, mettront en vente ou vendront des substances médicamenteuses falsifiées ;

4° Ceux qui exposeront, mettront en vente ou vendront, sous forme indiquant leur destination, des produits propres à effectuer la falsification des denrées servant à l'alimentation de l'homme ou des animaux, des boissons et des produits agricoles ou naturels et ceux qui auront provoqué à leur emploi par le moyen de brochures, circulaires, prospectus, affiches, annonces ou instructions quelconques.

Si la substance falsifiée ou corrompue est nuisible à la santé de l'homme ou des animaux ou si elle est toxique, de même si la substance médicamenteuse falsifiée est nuisible à la santé de l'homme ou des animaux, l'emprisonnement devra être appliqué. Il sera de trois mois à deux ans et l'amende de cinq cents francs (500 francs) à dix mille francs (10.000 francs).

Ces peines seront applicables même au cas où la falsification nuisible serait connue de l'acheteur ou du consommateur.

Les dispositions du présent article ne sont pas applicables aux fruits frais et légumes frais fermentés ou corrompus.

Art. 4. — Seront punis d'une amende de cinquante francs (50 francs) à trois mille francs (3.000 francs) et d'un emprisonnement de six jours au moins et de trois mois au plus, ou de l'une de ces deux peines seulement :

Ceux qui, sans motifs légitimes, seront trouvés détenteurs dans leurs magasins, boutiques, ateliers, maisons ou voitures servant à leur commerce ainsi que dans les entrepôts, abattoirs et leurs dépendances et dans les gares ou dans les halles, foires et marchés :

Soit de poids ou mesures faux ou autres appareils inexacts servant au pesage ou au mesurage des marchandises ;

Soit de denrées servant à l'alimentation de l'homme ou des animaux, de boissons, de produits agricoles ou naturels qu'ils savaient être falsifiés, corrompus ou toxiques ;

Soit de substances médicamenteuses falsifiées ;

Soit de produits, sous forme indiquant leur destination, propres à effectuer la falsification des denrées servant à l'alimentation de l'homme ou des animaux, ou des produits agricoles ou naturels.

Si la substance alimentaire falsifiée ou corrompue est nuisible à la santé de l'homme ou des animaux ou si elle est toxique, de même si la substance médicamenteuse falsifiée est nuisible à la santé de l'homme ou des animaux, l'emprisonnement devra être appliqué.

Il sera de trois mois à un an et l'amende de cent francs (100 francs) à cinq mille francs (5.000 francs).

Les dispositions du présent article ne sont pas applicables aux fruits frais et légumes frais fermentés ou corrompus.

Art. 5. — Sera considéré comme étant en état de récidive légale quiconque ayant été condamné par application de la présente loi ou par application des lois sur les fraudes dans la vente :

1° Des engrais (loi du 4 février 1888) ;

2° Des vins, cidres et poirés (lois des 14 août 1889, 11 juillet 1891, 24 juillet 1894, 6 avril 1897) ;

3° Des sérums thérapeutiques (loi du 25 avril 1895) ;

4° Des beurres (loi du 16 avril 1897) ;

5° De la saccharine (art. 49 et 53 de la loi du 30 mars 1902) ;

6° Des sucres (loi du 28 janvier 1903, art. 7 ; loi du 31 mars 1903, art. 32) ;

Aura dans les cinq ans qui suivront la date à laquelle cette condamnation sera devenue définitive, commis un nouveau délit tombant sous l'application de la présente loi ou des lois susvisées.

Au cas de récidive, les peines d'emprisonnement et d'affichage devront être appliquées.

Art. 6. — Les objets dont les vente, usage ou détention constituent le délit, s'ils appartiennent encore au vendeur ou détenteur, seront confisqués ; les poids et autres instruments de pesage, mesurage ou dosage, faux ou inexacts, devront être aussi confisqués et, de plus, seront brisés.

Si les objets confisqués sont utilisables, le tribunal pourra les mettre à la disposition de l'Administration, pour être attribués aux établissements d'assistance publique.

S'ils sont inutilisables ou nuisibles, les objets seront détruits ou répandus aux frais du condamné.

Le tribunal pourra ordonner que la destruction ou effusion aura lieu devant l'établissement ou le domicile du condamné.

Art. 7. — Le tribunal pourra ordonner, dans tous les cas, que le jugement de condamnation sera publié intégralement ou par extraits dans les journaux qu'il désignera et affiché dans les lieux qu'il indiquera, notamment aux portes du domicile, des magasins, usines et ateliers du condamné, le tout aux frais du condamné, sans toutefois que les frais de cette publication puissent dépasser le maximum de l'amende encourue.

Lorsque l'affichage sera ordonné, le tribunal fixera les dimensions de l'affiche, et les caractères typographiques qui devront être employés pour son impression.

En ce cas et dans tous les autres cas où les tribunaux sont autorisés à ordonner l'affichage de leur jugement à titre de pénalité pour la répression des fraudes, ils devront fixer le temps pendant lequel cet affichage devra être maintenu, sans que la durée en puisse excéder sept jours.

Au cas de suppression, de dissimulation ou de lacération totale ou partielle des affiches ordonnées par le jugement de condamnation, il sera procédé de nouveau à l'exécution intégrale des dispositions du jugement relatives à l'affichage.

Lorsque la suppression, la dissimulation ou la lacération totale ou partielle aura été opérée volontairement par le condamné, à son instigation ou par ses ordres, elle entraînera contre celui-ci l'application d'une peine d'amende de cinquante francs (50 francs) à mille francs (1.000 francs).

La récidive de suppression, de dissimulation ou de lacération volontaire d'affiches par le condamné, à son instigation ou par ses ordres, sera punie d'un emprisonnement de six jours à un mois et d'une amende de cent francs (100 francs) à deux mille francs (2.000 francs).

Lorsque l'affichage aura été ordonné à la porte des magasins du condamné, l'exécution du jugement ne pourra être entravée par la vente du fonds de commerce réalisée postérieurement à la première décision qui a ordonné l'affichage.

Art. 8. — Toute poursuite exercée en vertu de la présente loi devra être continuée et terminée en vertu des mêmes textes.

L'article 463 du Code pénal sera applicable, même au cas de récidive, aux délits prévus par la présente loi.

Le tribunal, en cas de circonstances atténuantes, pourra ne pas ordonner l'affichage et ne pas appliquer l'emprisonnement.

Le sursis à l'exécution des peines d'amende édictées par la présente loi ne pourra être prononcé en vertu de la loi du 26 mars 1891.

Art. 9. — Les amendes prononcées en vertu de la présente loi seront réparties d'après les règles tracées à l'article 11 de la loi de finance du 26 décembre 1890, modifiée par l'article 45 de la loi de finances du 28 avril 1893 et par l'article 84 de la loi de finances du 13 avril 1898.

Les délinquants condamnés aux dépens auront à acquitter, de ce chef, en dehors des frais ordinaires et au profit des communes, les frais d'expertise engagés par ces dernières lorsqu'elles auront pris l'initiative de déceler la fraude et d'en saisir la justice (laboratoires municipaux).

La Commission départementale peut, sur la proposition du préfet, accorder aux communes qui auront organisé une police municipale alimentaire des subventions prélevées sur le reliquat disponible du fonds commun.

Art. 10. — En cas d'action pour tromperie ou tentative de tromperie sur l'origine des marchandises, des denrées alimentaires ou des produits agricoles et naturels, le magistrat instructeur ou les tribunaux pourront ordonner la production des registres et documents des diverses administrations et notamment celle des contributions indirectes et des entrepreneurs de transports.

Art. 11. — Il sera statué par des règlements d'administration publique sur les mesures à prendre pour assurer l'exécution de la présente loi, notamment en ce qui concerne :

1° La vente, la mise en vente, l'exposition et la détention des denrées, boissons, substances et produits qui donneront lieu à l'application de la présente loi ;

2° Les inscriptions et marques indiquant soit la composition, soit l'origine des marchandises, soit les appellations régionales et de crus particuliers que les acheteurs pourront exiger sur les factures, sur les emballages ou sur les produits eux-mêmes, à titre de garantie de la part des vendeurs, ainsi que les indications extérieures ou apparentes nécessaires pour assurer la loyauté de la vente et de la mise en vente;

3° Les formalités prescrites pour opérer des prélèvements d'échantillons et procéder contradictoirement aux expertises sur les marchandises suspectes;

4° Le choix des méthodes d'analyses destinées à établir la composition, les éléments constitutifs et la teneur en principes utiles des produits ou à reconnaître leur falsification;

5° Les autorités qualifiées pour rechercher et constater les infractions à la présente loi, ainsi que les pouvoirs qui leur seront conférés pour recueillir des éléments d'information auprès des diverses administrations publiques et des concessionnaires de transports.

Art. 12. — Toutes les expertises nécessitées par l'application de la présente loi seront contradictoires et le prix des échantillons reconnus bons sera remboursé d'après leur valeur le jour du prélèvement.

Art. 13. — Les infractions aux prescriptions des règlements d'administration publique, pris en vertu de l'article précédent, seront punies d'une amende de seize francs (16 francs) à cinquante francs (50 francs).

Au cas de récidive dans l'année de la condamnation, l'amende sera de cinquante francs (50 francs) à cinq cents francs (500 francs).

Au cas de nouvelle infraction constatée dans l'année qui suivra la deuxième condamnation, l'amende sera de cinq cents francs 500 francs) à mille francs (1.000 francs), et un emprisonnement de six jours à quinze jours pourra être prononcé.

Art. 14. — L'article 423, le paragraphe 2 de l'article 477 du Code pénal, la loi du 27 mars 1851 tendant à la répression plus efficace de certaines fraudes dans la vente des marchandises, la loi des 5 et 9 mai 1855 sur la répression des fraudes dans la vente des boissons, sont abrogés.

Néanmoins, les incapacités électorales édictées par la loi du 24 janvier 1889 continueront à être appliquées comme conséquence des peines prononcées en vertu de la présente loi.

Art. 15. — Les pénalités de la présente loi et ses dispositions en ce qui concerne l'affichage et les infractions aux règlements d'administration publique rendus pour son exécution sont applicables aux lois spéciales concernant la répression des fraudes dans le commerce des engrais, des vins, cidres et poirés, des sérums thérapeutiques, du beurre et la fabrication de la margarine. Elles sont substituées aux pénalités et dispositions de l'article 423 du Code pénal et de la loi du 27 mars 1851 dans tous les cas où des lois postérieures renvoient aux textes desdites lois, notamment dans les :

Article 1er de la loi du 28 juillet 1824 sur altérations de noms ou suppositions de noms sur les produits fabriqués ;

Articles 1 et 2 de la loi du 4 février 1888 concernant la répression des fraudes dans le commerce des engrais ;

Articles 7 de la loi du 14 août 1889, 2 de la loi du 11 juillet 1891 et 1er de la loi du 24 juillet 1894 relatives aux fraudes commises dans la vente des vins ;

Article 3 de la loi du 25 avril 1895 relative à la vente des sérums thérapeutiques ;

Article 3 de la loi du 6 avril 1897 concernant les vins, cidres et poirés ;

Articles 17, 19 et 20 de la loi du 16 avril 1897 concernant la répression de la fraude dans le commerce du beurre et la fabrication de la margarine.

La pénalité d'affichage est rendue applicable aux infractions prévues et punies par les articles 49 et 53 de la loi de finances du 30 mars 1902, 7 de la loi du 28 janvier 1903, 32 de la loi de finances du 31 mars 1903 et par les articles 2 et 3 de la loi du 18 juillet 1904.

Décret du 31 juillet 1906.

TITRE PREMIER

ORGANISATION ET FONCTIONNEMENT DU SERVICE DES PRÉLÈVEMENTS.

Art. 1er. — Le service chargé de rechercher et de constater les infractions à la loi du 1er août 1905 est organisé par l'État, avec le concours éventuel des départements et des communes.

Le fonctionnement de ce service est assuré, sous l'autorité du ministre de la justice, du ministre de l'agriculture, et du ministre du commerce, de l'industrie et du travail, dans les départements par les préfets, à Paris et dans le ressort de la préfecture de police par le préfet de police.

Art. 2. — Les autorités qui ont qualité pour opérer des prélèvements sont :
Les commissaires de police ;
Les commissaires de la police spéciale des chemins de fer et des ports ;
Les agents des contributions indirectes et des douanes agissant à l'occasion de l'exercice de leurs fonctions ;
Les inspecteurs des halles, foires, marchés et abattoirs.

Les agents des octrois et les vétérinaires sanitaires peuvent être individuellement désignés par les préfets pour concourir à l'application de la loi du 1er août 1905 et commissionnés par eux à cet effet.

Dans le cas où des agents spéciaux seraient institués par les départements ou les communes pour concourir à l'application de ladite loi, ces agents devront être agréés et commissionnés par les préfets.

Art. 3. — Une commission permanente est instituée près les ministères de l'agriculture et du commerce, de l'industrie et du travail pour l'examen des questions d'ordre scientifique que comporte l'application de la loi du 1er août 1905. Cette commission est obligatoirement consultée pour la détermination des conditions matérielles des prélèvements, l'organisation des laboratoires et la fixation des méthodes d'analyse à imposer à ces établissements.

Art. 4. — Des prélèvements d'échantillons peuvent, en toutes circonstances, être opérés d'office dans les magasins, boutiques, ateliers, voitures servant au commerce, ainsi que dans les entrepôts, les abattoirs et leurs dépendances, les halles, foires et marchés, et dans les gares ou ports de départ et d'arrivée.

Les prélèvements sont obligatoires dans tous les cas où les boissons, denrées ou produits paraissent falsifiés, corrompus ou toxiques.

Les administrations publiques sont tenues de fournir aux agents désignés à l'article 2 tous éléments d'information nécessaires à l'exécution de la loi du 1er août 1905.

Les entrepreneurs de transports sont tenus de n'apporter aucun obstacle aux réquisitions pour prises d'échantillons et de représenter les titres de mouvement, lettres de voiture, récépissés, connaissements et déclarations dont ils sont détenteurs.

Art. 5. — Tout prélèvement comporte quatre échantillons, l'un destiné au laboratoire pour analyse, les trois autres éventuellement destinés aux experts.

Art. 6. — Tout prélèvement donne lieu, séance tenante, à la rédaction sur papier libre d'un procès-verbal.

Ce procès-verbal doit porter les mentions suivantes :
1o Les nom, prénoms, qualité et résidence de l'agent verbalisateur ;
2o La date, l'heure et le lieu où le prélèvement a été effectué ;
3o Les nom, prénoms, profession, domicile ou résidence de la personne chez laquelle le prélèvement a été opéré. Si le prélèvement a lieu en cours de route,

les noms et domiciles des personnes figurant sur les lettres de voiture ou connaissements comme expéditeurs et destinataires ;

4° La signature de l'agent verbalisateur.

Le procès-verbal doit, en outre, contenir un exposé succinct des circonstances dans lesquelles le prélèvement a été opéré, relater les marques et étiquettes apposées sur les enveloppes ou récipients, l'importance du lot de marchandise échantillonné, ainsi que toutes les indications jugées utiles pour établir l'authenticité des échantillons prélevés et l'identité de la marchandise.

Le propriétaire ou détenteur de la marchandise, ou, le cas échéant, le représentant de l'entreprise de transport peut, en outre, faire insérer au procès-verbal toutes les déclarations qu'il juge utiles.

Il est invité à signer le procès-verbal en cas de refus, mention en est faite par l'agent verbalisateur.

Art. 7. — Les prélèvements doivent être effectués de telle sorte que les quatre échantillons soient autant que possible identiques.

A cet effet, des arrêtés ministériels, pris de concert entre le ministre de l'agriculture et le ministre du commerce, de l'industrie et du travail, sur la proposition de la commission permanente, déterminent, pour chaque produit ou marchandise, la quantité à prélever, les procédés à employer pour obtenir des échantillons homogènes, ainsi que les précautions à prendre pour le transport et la conservation de ces échantillons.

Art. 8. — Tout échantillon prélevé est mis sous scellés. Ces scellés sont appliqués sur une étiquette composée de deux parties pouvant se séparer et être ultérieurement rapprochées, savoir :

1° Un talon qui ne sera enlevé que par le chimiste au laboratoire après vérification du scellé. Ce talon ne doit porter que les indications suivantes : nature du produit, dénomination sous laquelle il est mis en vente, date du prélèvement et numéro sous lequel les échantillons sont enregistrés au moment de leur réception par le service administratif ;

2° Un volant qui porte ces mêmes mentions, mais où sont inscrits, en outre, les noms et adresse du propriétaire ou détenteur de la marchandise, ou en cas de prélèvement en cours de route, ceux des expéditeurs et destinataires.

Ce volant est signé par l'auteur du procès-verbal.

Art. 9. — Aussitôt après avoir scellé les échantillons, l'agent verbalisateur, s'il est en présence du propriétaire ou détenteur de la marchandise, doit le mettre en demeure de déclarer la valeur des échantillons prélevés.

Le procès-verbal mentionne cette mise en demeure et la réponse qui a été faite.

Un récépissé détaché d'un livre à souche est remis au propriétaire ou détenteur de la marchandise. Il y est fait mention de la valeur déclarée.

En cas de prélèvement en cours de route, le représentant de l'entreprise de transport reçoit, pour sa décharge, un récépissé indiquant la nature et la quantité des marchandises prélevées.

Art. 10. — Le procès-verbal et les échantillons sont, dans les vingt-quatre heures, envoyés par l'agent verbalisateur à la préfecture du département où le prélèvement a été effectué et, à Paris ou dans le ressort de la préfecture de police, au préfet de police.

Toutefois, en vue de faciliter l'application de la loi, des décisions ministérielles pourront autoriser l'envoi des échantillons aux sous-préfectures ou à tout autre service administratif.

Le service administratif qui reçoit ce dépôt l'enregistre, inscrit le numéro d'entrée sur les deux parties de l'étiquette que porte chaque échantillon et, dans les vingt-quatre heures, transmet l'un de ces échantillons au laboratoire dans le ressort duquel le prélèvement a été effectué.

GUIDE PRATIQUE   8

Le talon seul suit l'échantillon au laboratoire.

Le volant, préalablement détaché, est annexé au procès-verbal. Les trois autres échantillons sont conservés par la préfecture.

Toutefois, si la nature des denrées ou produits exige des mesures spéciales de conservation, les quatre échantillons sont envoyés au laboratoire, où ces mesures sont prises conformément aux arrêtés ministériels prévus à l'article 7. Dans ce cas, les quatre volants sont détachés des talons et annexés au procès-verbal.

Art. 11. — Les laboratoires créés par les départements et les communes peuvent être admis, concurremment avec ceux de l'État, à procéder aux analyses lorsqu'ils ont été reconnus en état d'assurer ce service et agréés par une décision ministérielle prise sur l'avis conforme de la commission permanente.

TITRE II

FONCTIONNEMENT DES LABORATOIRES.

Art. 12. — Des arrêtés ministériels pris de concert entre le ministre de l'agriculture et le ministre du commerce, de l'industrie et du travail, déterminent le ressort des laboratoires admis à procéder à l'analyse des échantillons.

Pour l'examen des échantillons, les laboratoires ne peuvent employer que les méthodes indiquées par la commission permanente.

Ces analyses sont à la fois d'ordre qualitatif et quantitatif. L'examen comprend notamment les recherches microscopiques, spectroscopiques, polarimétriques, réfractométriques, cryoscopiques, susceptibles de fournir des indications sur la pureté des produits, la recherche des antiseptiques et des colorants étrangers.

Ces méthodes sont décrites en détail par des arrêtés pris de concert entre le ministre de l'agriculture et le ministre du commerce, de l'industrie et du travail, après avis de la commission permanente.

Art. 13. — Le laboratoire qui a reçu pour analyse un échantillon dresse, dans les huit jours de la réception, un rapport où sont consignés les résultats de l'examen et les analyses auxquelles cet échantillon a donné lieu.

Ce rapport est adressé au préfet du département d'où provient l'échantillon ; à Paris et dans le ressort de la préfecture de police, le rapport est adressé au préfet de police.

Art. 14. — Si le rapport du laboratoire ne révèle aucune infraction à la loi du 1er août 1905, le préfet en avise sans délai l'intéressé.

Dans ce cas, si le remboursement des échantillons est demandé, il s'opère d'après leur valeur au jour du prélèvement, aux frais de l'État, au moyen d'un mandat délivré par le préfet, sur représentation du récépissé prévu à l'article 9.

Art. 15. — Dans le cas où le rapport du laboratoire signale une infraction à la loi du 1er août 1905, le préfet transmet sans délai ce rapport au procureur de la République.

Il y joint le procès-verbal et les trois échantillons réservés.

S'il s'agit de vins, bières, cidres, alcools ou liqueurs, avis doit être donné par le préfet au directeur des contributions indirectes du département.

Art. 16. — Des arrêtés ministériels, pris de concert entre le ministre de l'agriculture et le ministre du commerce, de l'industrie et du travail, déterminent dans quelle forme les laboratoires doivent rendre compte périodiquement aux préfets du nombre des échantillons analysés, du résultat de ces analyses et signaler les nouveaux procédés de fraude révélés par l'examen des échantillons.

TITRE III

FONCTIONNEMENT DE L'EXPERTISE CONTRADICTOIRE.

Art. 17. — Le procureur de la République informe l'auteur présumé de la fraude qu'il est l'objet d'une poursuite. Il l'avise qu'il peut prendre communication du rapport du directeur du laboratoire et qu'un délai de trois jours francs lui est imparti pour faire connaître s'il réclame l'expertise contradictoire prévue à l'article 12 de la loi du 1er août 1905.

Art. 18. — S'il y a lieu à expertise, il est procédé à la nomination de deux experts, l'un désigné par le juge d'instruction, l'autre par la personne contre laquelle l'instruction est ouverte. Celle-ci a toutefois le droit de renoncer à cette désignation et de s'en rapporter aux conclusions de l'expert désigné par le juge.

Les experts sont choisis sur les listes spéciales de chimistes experts dressées, dans chaque ressort, par les cours d'appel ou les tribunaux civils.

L'inculpé pourra toutefois choisir son expert sur les listes dressées par la cour d'appel ou le tribunal civil du ressort d'où il aura déclaré que provient la marchandise suspecte.

Art. 19. — Chaque expert est mis en possession d'un échantillon.

Le juge d'instruction donne communication aux experts des procès-verbaux de prélèvement ainsi que des factures, lettres de voiture, pièces de régie et, d'une façon générale, de tous les documents que la personne mise en cause a jugé utile de produire ou que le juge s'est fait remettre.

Aucune méthode officielle n'est imposée aux experts. Ils opèrent à leur gré, ensemble ou séparément, chacun d'eux étant libre d'employer les procédés qui lui paraissent le mieux appropriés.

Leurs conclusions sont formulées dans des rapports qui sont déposés dans le délai fixé par l'ordonnance du juge.

Art. 20. — Si les experts sont en désaccord, ils désignent un tiers expert pour les départager. A défaut d'entente pour le choix de ce tiers expert, il est désigné par le président du tribunal civil.

Le tiers expert peut être choisi en dehors des listes officielles.

Art. 21. — Sur la demande des experts ou sur celle de la personne mise en cause, des dégustateurs, choisis dans les mêmes conditions que les autres experts, sont commis pour examiner les échantillons.

Art. 22. — Lorsque des poursuites sont décidées, s'il s'agit de vins, bières, cidres, alcools ou liqueurs, le procureur de la République devra faire connaître au directeur des contributions indirectes ou à son représentant, dix jours au moins à l'avance, le jour et l'heure de l'audience à laquelle l'affaire sera appelée.

Art. 23. — Il n'est rien innové quant à la procédure suivie par l'administration des douanes et par l'administration des contributions indirectes pour la constatation et la poursuite de faits constituant à la fois une contravention fiscale et une infraction aux prescriptions de la loi du 1er août 1905.

Art. 24. — En cas de non-lieu ou d'acquittement, le remboursement de la valeur des échantillons s'effectue dans les conditions prévues à l'article 14 ci-dessus.

Art. 25. — Il sera statué ultérieurement sur les conditions d'application de la loi du 1er août 1905 à l'Algérie et aux colonies.

Arrêté ministériel du 1ᵉʳ août 1906.

(Mesures à prendre pour le prélèvement des échantillons.)

Art. 1ᵉʳ. — Chaque prélèvement comporte toujours la prise de quatre échantillons.

Ces quatre échantillons doivent être identiques.

Art. 2. — Les échantillons prélevés doivent remplir les conditions suivantes:

I. — LIQUIDES.

A. — Liquides vendus en litres, demi-litres, bouteilles, demi-bouteilles, flacons, cruchons, portant des cachets, marques et étiquettes d'origine.

1. *Vins, vinaigres, cidres, poirés.* — Un litre ou une bouteille par échantillon.

2. *Bières.* — Une bouteille ou une canette.

3. *Eaux-de-vie, cognac, armagnac, rhum, kirsch, apéritifs divers, liqueurs, sirops.* — Une bouteille de 75 centilitres ou un demi-litre par échantillon.

4. *Huiles.* — Une bouteille ou une carafe d'un demi-kilogramme par échantillon.

5. *Lait stérilisé.* — Une bouteille ou une carafe d'un demi-litre par échantillon.

6. *Eau-de-vie blanche, esprit de vin, alcool dénaturé, alcool à brûler.*

(Ces produits sont généralement vendus en litres.)

Déboucher l'un de ces litres et en partager le contenu dans quatre flacons d'un quart de litre propres et secs qu'on bouchera avec des bouchons neufs.

On mentionnera au procès-verbal la disposition et le libellé des étiquettes portées sur le litre ainsi employé; si possible, décoller ces étiquettes et les joindre au procès-verbal.

B. — Liquides contenus dans des futs, réservoirs, bidons, estagnons, intacts ou en vidange.

Les quatre échantillons devront provenir d'un même récipient. Si celui-ci n'est pas encore entamé, s'il est intact, on devra relever minutieusement toutes les marques, cachets ou inscriptions dont le récipient est revêtu pour les mentionner au procès-verbal, avant de procéder au prélèvement, lequel se fera, soit en piquant le fût avec un foret ou une vrille, soit par tout autre moyen approprié.

On tirera dans un vase quelconque, sec et propre (baquet, terrine, broc, etc.), une quantité de liquide suffisante pour constituer les quatre échantillons, puis on répartira ce liquide entre les quatre bouteilles de prélèvement.

Si l'on ne dispose pas d'un vase sec et propre, et qu'on soit dans l'obligation de remplir les quatre bouteilles de prélèvement en tirant directement au fût, par exemple, on devra s'y prendre à deux reprises, c'est-à-dire qu'on commencera par remplir les quatre bouteilles à moitié seulement, puis on les reprendra, dans le même ordre, pour achever de les remplir.

On indiquera soigneusement au procès-verbal la nature du récipient d'où l'on aura tiré le liquide prélevé, sa contenance approximative et, s'il était en vidange, la quantité de liquide qu'il contenait encore au moment du prélèvement.

Dans le cas où le liquide a été mis en bouteilles prêtes à la vente, par le détaillant, on débouchera un nombre suffisant de bouteilles dont on mélangera le contenu dans un vase sec et propre. on remplira avec ce liquide les quatre bouteilles de prélèvement.

Les précautions spéciales à chaque cas, ainsi que les quantités à prélever pour chaque échantillon, sont indiquées ci-après :

Les bouteilles de prélèvement devront toujours être propres et sèches, complètement remplies et bouchées avec des bouchons de liège neufs.

7. *Vins.* — Bouteilles d'un litre ou de 800 centimètres cubes au moins, autant que possible en verre blanc, entièrement propres, sèches, sans aucune odeur.

Elles seront, si elles ont déjà servi, lavées à l'eau de cristaux à 5 p. 100, rincées à l'eau froide, puis complètement égouttées. Si elles doivent servir aussitôt après le lavage, elles subiront un second rinçage avec un centilitre du vin prélevé.

Sur wagon-réservoir, la prise du volume nécessaire se fera par le robinet de tirage après avoir laissé écouler et rejeté le premier centilitre.

Sur fût, la prise se fera à l'aide d'un trou de fausset fait au foret sur l'un des fonds, à dix centimètres environ des bords; le trou sera garni d'un ajutage métallique d'écoulement et celui-ci assuré par un trou de fausset fait à la partie supérieure du fût.

On devra avoir soin que les bouteilles ne soient pas plus froides que le vin au moment de l'embouteillage.

9. *Bières, cidres et poirés.* — Prélever un litre environ par échantillon, dans des bouteilles résistantes (les bouteilles du genre Vichy suffisent). Le bouchon devra être maintenu soit avec une ficelle, soit avec du fil de fer.

Dans le cas de la bière, si celle-ci est tirée au fût au moyen d'une pompe, on aura soin de laisser perdre le liquide qui a séjourné dans les tuyaux de la pompe, soit un quart ou un demi-litre, avant de faire le prélèvement.

10. *Vinaigre.* — Un litre.

11. *Eaux-de vie, cognac, armagnac, rhum, kirsch, marcs, apéritifs divers* (absinthe, vermout, bitter, amers, quinquinas, etc.), *liqueurs, sirops.* — Un demi-litre.

12. *Huiles.* — Un quart de litre.

Si on constate la présence d'un dépôt ou si l huile s'est épaissie, ce qui est le cas pour certaines huiles en hiver, on devra mélanger et prélever l'huile trouble. On devra prélever les échantillons dans des fioles d'un quart de litre, en verre blanc, autant que possible.

13. *Eau-de-vie blanche, esprit de vin, alcool à brûler, alcool dénaturé.* — Un quart de litre.

II. — MATIÈRES GRASSES, PATEUSES, SEMI-FLUIDES.

(A prélever en pots ou bocaux.)

Pour les produits vendus en pots ou bocaux d'origine. on prélèvera quatre échantillons semblables, après s'être assuré que leurs marques. étiquettes ou cachets sont identiques.

16. *Beurres, graisses alimentaires diverses, saindoux, fromages mous.* — 200 grammes environ par échantillon.

Pour les beurres, quand le prélèvement se fera sur la motte, on se servira du fil, du couteau ou de la sonde et on aura soin de prendre en tous les points, en se rappelant que certaines mottes sont fourrées, c'est-à-dire que le milieu n'a pas la même qualité que l'extérieur. On prendra ainsi environ 800 grammes de matière qu'on malaxera au couteau, sur une feuille de papier, et dont on fera quatre parts semblables, qui seront placées dans les pots de prélèvement.

. . . .

. . . .

Méthodes officielles pour l'analyse des vins, alcools, liqueurs, etc.

Le *Journal officiel* du 22 janvier 1907 publie un arrêté du ministre de l'agriculture du 18 janvier 1907 relatif aux méthodes d'analyse que devront suivre les laboratoires admis à procéder aux analyses des vins qui, conformément à la loi du 1er août 1905, auront été l'objet d'un prélèvement.

Un arrêté du 18 février 1907 (Journal officiel du 18 février 1907) donne les méthodes à suivre pour l'analyse des alcools, eaux-de-vie, liqueurs (Voy. *Journal des contributions indirectes*, 1907, p. 102 et 118).

Liste des Laboratoires admis à procéder aux analyses.

Par arrêtés des 18 février et 12 mars 1907, les ministres de l'Agriculture et du Commerce ont désigné les Laboratoires admis concurremment avec ceux de l'Etat à procéder aux analyses des boissons et denrées alimentaires. V. *Journal des contributions indirectes*, 1907, p. 134 et 166.

SECT. XXVIII. — PRÉLÈVEMENT D'ÉCHANTILLONS.

1° FRAUDES COMMERCIALES.

Lorsque l'infraction constatée sera *uniquement* prévue par la loi du 1er août 1905, les employés se conformeront aux prescriptions des articles 5 à 11 du décret et à celles de l'arrêté ministériel du 1er août 1906, en ce qui concerne les conditions de prélèvement et de scellement des échantillons, la rédaction du procès-verbal et la transmission de cet acte, ainsi que des échantillons, à la préfecture ou à tout autre service administratif qui sera désigné. (Circ. 661 du 25 août 1906.) *V. Fraudes commerciales.*

Mais on opérera comme par le passé, c'est-à-dire selon les règles rappelées au § 2° ci-après, si les faits constituent à la fois une contravention fiscale et une infraction à la loi du 1er août 1905. *Ib.*

2° FORMULE 20 H. BOISSONS.

Si le service a des doutes sur la nature, l'espèce ou la qualité du liquide vérifié, le titre alcoolique des spiritueux, s'il se trouve notamment en présence de vins vinés ou mouillés, de vins de sucre et autres vins artificiels, il déclarera procès-verbal au transporteur, prononcera la saisie de la boisson, prélèvera trois échantillons *sur chaque fût* ou sur chaque *lot* de liquide de même espèce et donnera immédiatement mainlevée des boissons saisies, afin d'éviter à la Régie le paiement de dommages-intérêts en cas de saisie mal fondée. (Circ. 416 du 26 janv. 1885 ; circ. 599 du 8 août 1890 ; L. C. 46 du 3 août 1892 ; circ. 612 et 613 du 8 août 1905.)

On saisirait réellement la boisson si le contrevenant s'opposait au prélèvement des échantillons. Un gardien serait constitué et il serait alors loisible aux employés de prélever les échantillons nécessaires.

La rédaction du procès-verbal est ajournée jusqu'après notification des résultats de l'analyse du laboratoire.

Il a été spécialement recommandé de donner mainlevée, sans conditions, des boissons saisies, lorsqu'il s'agit de vins présumés artificiels. Dans ce cas, on prendra les boissons en charge à un compte ouvert au prévenu, qui sera tenu, en attendant la solution du litige, de les conserver gratuitement intactes, sous peine de payer une amende complémentaire égale au double du droit de consommation sur l'alcool contenu dans les liquides détournés. (Circ. 613 du 8 août 1905.)

Les échantillons sont revêtus d'une étiquette d'origine, reliée par une ficelle au bouchon, sur lequel sont apposés les cachets de la Régie et celui du contrevenant. (Circ. 396 du 6 juin 1900.)

L'importance des échantillons sera, autant que possible, d'un demi-litre ou d'un litre, et jamais de moins de 30 centilitres. (Circ. 227 du 3 janv. 1878.) (1).

Un échantillon est remis au contrevenant ; le deuxième est envoyé au laboratoire, et les autres sont déposés à la sous-direction pour servir, le cas échéant, à une expertise judiciaire (2).

Les échantillons sont adressés directement par les agents d'exécution au laboratoire central du ministère des finances, 11, rue de la Douane, à Paris.

Le jour même de l'expédition, ces agents en donnent avis au directeur du laboratoire par une lettre spéciale, et ils envoient au directeur ou au sous-directeur une formule n° 20 H *en double expédition* (la formule n° 20 E est réservée exclusivement pour le service des alcools dénaturés).

Dès qu'il a reçu ces deux exemplaires, le directeur ou le sous-directeur en transmet un à l'Administration et l'autre au laboratoire central. Les indications portées sur ces formules doivent être écrites lisiblement et toujours en concordance avec celles de l'étiquette apposée sur les échantillons.

Toutes les formules 20 H doivent être adressées sous le timbre du

---

(1) Pour les vins, les experts exigent généralement un litre, et 50 centilitres pour les alcools.

(2) Dans quelques directions, on fait prélever quatre échantillons : le premier, pour le laboratoire central ; le second, pour le contrevenant ; le troisième, pour servir à l'expertise judiciaire ; le quatrième, destiné à être utilisé dans une contre-expertise

Dans la pratique, les échantillons sont conservés par le chef de service local, qui les tient à la disposition du directeur ou du sous-directeur.

Le chef local ouvre un registre sur lequel il inscrit : 1° les indications consignées sur les formules 20 H ou 20 E ; 2° les résultats des analyses qui lui sont communiqués ; 3° le numéro d'ordre des échantillons.

bureau central, service des échantillons. (Note autogr. du 15 janv. 1897, n° 732.) Les formules d'analyse continuent d'ailleurs à porter la mention du bureau qui doit traiter l'affaire à laquelle elles se rapportent.

Enfin, il est essentiel que la mention : *Le service désire savoir si...* soit toujours remplie et libellée d'une manière suffisamment claire. Au besoin, les chefs divisionnaires doivent la rectifier ou la compléter. (Circ. 599 du 8 août 1890.)

Comme on le voit, les sous-directeurs n'ont pas à transmettre les formules par l'intermédiaire des directions : ils doivent les adresser directement à l'Administration et au laboratoire.

Le service doit remplir les deux parties des formules adressées au laboratoire, en ce qui concerne les indications relatives au timbre, au département et aux diverses circonscriptions administratives, au numéro et à la nature de l'échantillon, et à la date du prélèvement. (Note com. 2660 du 6 avril 1891.)

Il y a quelques mesures à prendre pour la conservation des liquides en fermentation. Les agents antiseptiques les plus efficaces sont :

1° Le fluorure de sodium à la dose de 2 grammes par litre ;

2° Le chloroforme à la dose de cinq centimètres cubes par litre ;

3° L'acide salicylique à la dose d'un gramme par litre. (L. C. 99 du 19 avril 1895 ; lett. autogr. 9153 du 13 juin 1899 ; Bull. Contr. ind. 1899. 13.)

S'il s'agit d'échantillons prélevés sur des liquides *en fermentation*, il est indispensable d'indiquer exactement, tant sur l'étiquette dont l'échantillon est revêtu que sur les bulletins adressés au laboratoire et à l'Administration, la nature de l'agent antiseptique employé à la stérilisation, ainsi que la quantité de substance ajoutée. (L. C. 99 du 19 avril 1895 ; Bull. Cont. ind. 1899. 13.)

Les prescriptions de la Lettre commune 99 ne s'appliquent pas aux vins mutés à l'alcool. (Note com. du 5 juill. 1895. 4918.)

Si le résultat de l'analyse justifie la saisie des liquides, les verbalisants se présentent chez le contrevenant, lui confirment la précédente déclaration de procès-verbal et de saisie et fixent le jour, le lieu et l'heure de la rédaction de l'acte.

En pareil cas, les frais d'achat, d'emballage et de transport des échantillons sont cumulés avec les autres frais du procès-verbal. A défaut du procès-verbal, au contraire, le directeur ordonnance les états de frais produits par les divers chefs de service. Il régularise ces dépenses après avoir obtenu les crédits nécessaires. (Circ. 194 du 24 déc. 1896.)

Si la saisie est basée sur une différence de degré, il y aura lieu également de prélever trois échantillons lorsque le transporteur (1) refusera d'assister à la vérification, ou lorsque, étant présent, il en contestera

---

(1) Si le conducteur n'est pas propriétaire des marchandises, il est prudent de prélever toujours des échantillons, car bien souvent l'expéditeur, qui, au fond, est engagé, ne reconnaît pas comme valable l'acceptation de son agent.

le résultat. (Circ. 227 du 3 janv. 1878.) Un échantillon sera remis au contrevenant, et les deux autres seront déposés à la sous-direction pour servir soit à une analyse administrative, soit à une expertise judiciaire.

Envoi d'échantillons par colis postaux. Tarif. Emballage.

Colis postaux sans déclaration de valeur.	0 à 3 kilogr. 3 à 5 — 5 à 10 —	0,50 (A) 0,70 (A) 1,15 (A)	Plus 0 fr. 25 de factage en cas	
Colis postaux avec valeur déclarée.	0 à 3 — 3 à 5 — 5 à 10 —	0,60 (A) (B) 0.80 (A) (B) 1,25 (A) (B)	de remise des colis à domicile.	

(A) Déduction faite du droit de timbre de 10 centimes dont sont affranchis les envois du département des finances. (Circ. 54 du 18 mai 1883.) A cet effet, tout colis postal déposé par le service dans une gare, revêtu d'une étiquette, donne lieu à l'établissement d'une déclaration relatant le nom et le grade de l'agent expéditeur, ainsi que sa résidence. (Circ. 76 du 7 déc. 1893.)

(B) Y compris la taxe d'assurance de 10 centimes.

(Modèle de déclaration.)

Envoi de l'Administration des Finances.

CIRCULAIRE N° 54 DU 13 MAI 1893.

Le   des contributions indirectes, soussigné, requiert la Compagnie des chemins de fer de   , de transporter. en franchise du droit de timbre de dix centimes, établi par la loi du 3 mars 1881. le colis postal faisant l'objet de la déclaration d'expédition ci-jointe. (Echantillon de   envoyé par le   des contributions indirectes au laboratoire central, rue de la Douane, 11, à Paris.)

A   le   19

(Signature.)

Emballage. — Les liquides qui ne rentrent pas dans la catégorie des objets prohibés sont admis par le service des postes à la condition d'être renfermés dans des flacons en verre épais.

Ces flacons doivent être placés dans des blocs en bois perforés ou dans des boîtes en bois, en buis, ou en carton solide, garnis de sciure de bois, de coton ou de matière spongieuse, en quantité suffisante pour absorber le liquide en cas de rupture des flacons.

Lorsqu'il est fait emploi de boîtes, ces boîtes doivent être renfermées dans des étuis en fer-blanc.

Les parois des blocs perforés ne doivent pas avoir, dans leurs parties les plus faibles, une épaisseur inférieure à 2 millimètres 1/2. (Arrêté minist. du 25 nov. 1893, pris en exécution de l'article 10 de la loi du 25 juin 1856, qui réglemente l'expédition des échantillons de boissons.)

3° FORMULE 20 E. ALCOOLS DÉNATURÉS.

Aux termes de la décision du Comité des Arts et Manufactures, en date du 1er mars 1893, toute opération de dénaturation, quelle qu'en soit l'importance, entraîne des prélèvements d'échantillons, savoir :
Sur le méthylène dénaturant ;
Sur l'alcool en nature ;
Sur la benzine lourde ;
Sur l'alcool dénaturé.

Que les spiritueux mis en œuvre soient destinés aux usages de la combustion ou à la préparation des vernis, l'expertise porte sur un échantillon d'alcool en nature, un de méthylène et un d'alcool dénaturé.

Le service envoie, en outre, s'il s'agit d'alcools dénaturés en vue du chauffage ou de l'éclairage, un échantillon de benzine. Mais ce dernier produit doit circuler à part et faire l'objet d'un colis spécial, selon les prescriptions de la lettre commune n° 86 du 2 juillet 1894. (Note autogr. 42317 du 24 nov. 1894.)

Les échantillons sont envoyés aux laboratoires de l'Administration, qui, après analyse, prononcent sur la validité de la dénaturation. (Circ. 61 du 25 juin 1893.)

Pour alléger la tâche du laboratoire central, les échantillons sont répartis entre ce dernier établissement et les laboratoires régionaux de Saint-Quentin, Arras, Lille, Dunkerque, Boulogne, Le Havre, Rouen, Nantes, Bordeaux, Bayonne, Port-Vendres, Cette, Marseille, Nice, Lyon, Belfort, Nancy et Alger. (Circ. 461 du 23 sept. 1901.)

Le service échantillonne d'abord l'alcool présenté à la dénaturation. Après que les bouteilles ont été remplies, bouchées et placées dans les étuis métalliques et que ceux-ci ont été scellés du double cachet de l'industriel et de la Régie, il opère, dans les mêmes conditions, les prises d'essai sur le méthylène, sur la benzine lourde et sur l'alcool dénaturé. (Circ. 61 précitée.)

Les échantillons sont prélevés en *double expédition*, à moins qu'il ne s'agisse d'une contestation ou d'une poursuite judiciaire. Dans ce cas, on procède comme l'a prescrit la circulaire n° 314 du 30 avril 1881, p. 13, 3° alinéa.

Les deux échantillons sont revêtus de l'étiquette détachée de la formule n° 20 E.

Les employés placent en outre, à l'*intérieur* de l'étui, immédiatement sous le couvercle une étiquette détachée des bulletins 20 E, dont ils remplissent les indications. (Circ. 61 précitée.)

L'Administration a recommandé de se servir de gomme arabique pour le collage des étiquettes. (Lett. autogr. 12327 du 25 mai 1893.)

Pour le logement des prises d'essai effectuées sur l'alcool en nature, sur le méthylène et sur l'alcool dénaturé, on emploie exclusivement les *nécessaires* d'emballage dont l'adoption a été notifiée par la lettre commune n° 50, du 31 octobre 1892. (Circ. 61 précitée.)

Pour la benzine lourde, dont les échantillons devront être d'une capacité d'environ 10 centilitres, on fera usage de flacons et de nécessaires d'emballage délivrés par l'Administration. (L. C. 86 du 2 juill. 1894.)

Les boîtes composant l'un des doubles échantillons seront conservées par les employés, qui en restituent le contenu à l'industriel dès que le résultat de l'analyse leur aura été notifié. (Circ. 61 précitée.)

Selon que l'établissement du dénaturateur relève du laboratoire central ou de l'un des laboratoires régionaux, les boîtes qui forment l'autre échantillon seront transmises, comme colis postaux, à l'Administration, sous le timbre du Bureau central, service des échantillons (Lett. autogr. 732 du 15 janv. 1897), ou au directeur à la résidence duquel se trouve le bureau d'essai. Cet envoi est annoncé au moyen de l'une des deux expéditions du bulletin d'avis n° 20 E, la seconde continuant à être adressée au chef de service de la circonscription administrative (directeur ou sous-directeur), qui la transmet sans retard à l'Administration ou au directeur à la résidence duquel est installé le laboratoire régional. *Ib.*

Dans l'intérêt du commerce et afin d'éviter des réclamations justifiées, l'Administration tient essentiellement à ce qu'il soit apporté la plus grande célérité dans la transmission des échantillons aux laboratoires et dans la notification du résultat des analyses. (Note autogr. 2453 du 18 mars 1902.)

Il importe que le service local adresse les échantillons le jour même de leur prélèvement à la direction ou à la sous-direction dont relève le laboratoire d'essai, et que la direction ou la sous-direction qui reçoit ces échantillons *les remette aussitôt* au laboratoire. *Ib.*

Dès la réception des bulletins renvoyés par les chimistes, le résultat des analyses doit être transcrit et notifié, d'une part, au chef de la circonscription (directeur ou sous-directeur) dans laquelle les échantillons ont été prélevés, et, d'autre part, au chef local (receveur ou contrôleur) tenu de porter immédiatement ce résultat à la connaissance de l'intéressé. *Ib.*

Groupement des échantillons provenant d'une même dénaturation. — Les quatre échantillons se rapportant à la même dénaturation doivent être désignés par la même lettre alphabétique, qui est reproduite à droite du numéro d'ordre de l'échantillon, tant sur les bulletins n° 20 E que sur les étiquettes elles-mêmes. Ainsi, advenant le cas où plusieurs dénaturations auraient lieu, le même jour, chez une même personne, les échantillons afférents à la première opération doivent être groupés sous la lettre A, ceux provenant de la seconde opération sous la lettre B, et ainsi de suite. (Lett. 20157 du 30 août 1893.)

Les échantillons prélevés chez les dénaturateurs d'alcool doivent être fournis gratuitement par ces industriels. (Décret du 1er juin 1898, art. 21.)

4° BOISSONS. — CONTESTATIONS SUR LA NATURE DES VINS OU DES SPIRITUEUX. — EXPERTISE LÉGALE.

La loi du 13 avril 1898 prescrit de recourir à l'expertise légale en cas de contestation sur la véritable *nature* des produits visés à l'article 21, lorsqu'il y a désaccord sur la question de savoir si des boissons, rencontrées à la circulation ou représentées lors d'un recensement, doivent être considérées comme vins ordinaires ou comme vins de liqueur, si un vin apéritif doit être taxé comme vermout, ou comme vin de liqueur, si un produit déclaré vin de liqueur ne doit pas être considéré comme liquide spiritueux, si les liquides destinés au mutage ou au vinage ont bien le caractère de moûts ou de vins, etc., etc. (Circ. 320 du 2 fév. 1899.)

L'article 18 de la loi du 30 janvier 1907 prescrit également de déférer aux commissaires experts les contestations qui pourraient s'élever sur la nature des produits et substances visés aux articles 15, 16 et 17 de cette loi (absinthes, bitters, amers, essences d'absinthe et produits assimilés). (Circ. 671 du 31 janv. 1907.)

En règle générale, il sera bon, avant de porter l'affaire à l'expertise légale, de consulter le laboratoire dans le but de faire corroborer l'appréciation des employés. On procédera donc comme suit :

Le chef de service local prélève contradictoirement, sur les produits en litige, quatre échantillons, dans les conditions déterminées par les circulaires 227 du 3 janvier 1878, 453 du 16 juin 1886, et 599 du 8 août 1890.

Ce prélèvement est constaté par un procès-verbal administratif (modèle C), rédigé sur papier libre en double expédition. Le service remplit la première partie du procès-verbal de prélèvement, qu'il conserve provisoirement, après l'avoir fait signer par le déclarant.

Un des quatre échantillons est adressé immédiatement, avec une lettre d'envoi spéciale indiquant l'urgence de l'affaire, au chef du service des laboratoires du ministère des finances, rue de la Douane, 11, à Paris ; les deux autres sont conservés pour le cas d'expertise légale et le quatrième est remis à la partie intéressée, si elle le demande.

Le jour même de l'expédition des échantillons au laboratoire de Paris, les agents d'exécution envoient au directeur ou au sous-directeur une formule n° 20 H, en double expédition. Dès qu'il a reçu ces deux exemplaires, le directeur ou le sous-directeur en transmet un à l'Administration (service des échantillons) et l'autre au bureau d'essai. Suivant les recommandations déjà faites par les circulaires précitées, il est essentiel que la mention : « Le service désire savoir si..... », soit toujours remplie et libellée d'une manière très claire et très explicite.

Aussitôt l'analyse terminée, l'Administration adresse une copie du bulletin d'analyse au directeur du département du lieu de prélèvement. (Circ. 320 du 2 fév. 1899, et circ. 574 du 8 août 1904.)

5° SUCRES.

Laboratoires.

Le siège des laboratoires et la circonscription de chacun d'eux sont déterminés conformément au tableau ci-après :

LABORATOIRES	DIRECTION DES CONTRIBUTIONS INDIRECTES de
Paris.	Aube. Cher, Eure-et-Loir, Indre, Loir-et-Cher. Loiret, Nièvre, Oise, Orne, Seine, Seine et-Marne, Seine-et-Oise. Yonne.
Saint-Quentin. . .	Aisne, Ardennes.
Arras.	Pas-de-Calais (moins les sous-directions de Boulogne et de Saint-Omer), Somme.
Lille	Nord (moins la sous-direction de Dunkerque).
Dunkerque. . . .	Sous-direction de Dunkerque.
Boulogne	Sous-directions de Boulogne et de Saint-Omer.
Le Havre.	Sous-direction du Havre.
Rouen.	Calvados, Eure, Manche, Seine-Inférieure (moins la sous-direction du Havre).
Nantes.	Côtes-du Nord, Finistère, Ille-et-Vilaine. Indre-et-Loire, Loire-Inférieure, Maine-et-Loire, Mayenne, Morbihan, Sarthe, Deux-Sèvres, Vendée, Vienne.
Bordeaux.	Charente. Charente-Inférieure, Corrèze. Dordogne, Gironde, Lot, Lot-et-Garonne, Tarn-et-Garonne, Haute-Vienne.
Bayonne.	Gers, Landes, Basses-Pyrénées, Hautes-Pyrénées.
Port-Vendres . . .	Ariège, Pyrénées-Orientales.
Cette.	Aude. Aveyron. Haute-Garonne, Gard, Hérault, Tarn.
Marseille.	Bouches-du Rhône, Corse, Var, Vaucluse.
Nice	Basses-Alpes, Hautes-Alpes, Alpes-Maritimes.
Lyon	Ain, Allier, Ardèche, Cantal, Creuse, Drôme. Isère, Jura, Loire. Haute-Loire, Lozère, Puy-de-Dôme, Rhône, Saône-et-Loire, Savoie et Haute-Savoie.
Belfort.	Côte-d'Or, Doubs, Haute-Saône, Territoire de Belfort.
Nancy.	Marne. Haute-Marne, Meurthe-et-Moselle, Meuse, Vosges.
Alger.	Contributions diverses de l'Algérie.

(Arrêté ministériel du 22 août 1901 ; Circ. 461 du 23 sept. 1901.)

Le laboratoire de Paris a le titre de laboratoire central. (Circ. 229 du 24 août 1897.)

Indépendamment de l'analyse des sucres et des alcools dénaturés, le laboratoire central contrôle les opérations des bureaux d'essai régionaux ; il procède, en outre, à l'analyse des produits exigeant des opérations d'une nature particulière (vins, liqueurs, alcools, bières, huiles, bougies, sels, fécules, etc.).

Les laboratoires régionaux procèdent aux analyses de sucres, de mélasses et d'alcools dénaturés, ainsi qu'aux analyses ayant pour but de déterminer la densité des moûts de bière ou de reconstituer la densité originelle des bières présentées à l'exportation. (Circ. 461 précitée.)

Prélèvement des échantillons.

Les échantillons sont prélevés par le chef de service, en présence du fabricant ou de son représentant.

Il est prélevé 4 échantillons par chaque lot de sucre, lesquels sont renfermés dans des boîtes métalliques ; il est dressé un procès-verbal n° 59, dont le chef de service remplit la 1re partie. (L. C. 29 du 6 septembre 1876.)

L'Administration a autorisé le service à ne prélever qu'un seul échantillon lorsqu'il se trouve en présence de produits appartenant à la même catégorie (poudres blanches), quels que soient le nombre et l'importance des lots. (Lett. autogr. 19996 du 30 oct. 1890.)

Envoi des échantillons.

Les échantillons de sucres, de fécules et de sels sont transmis en franchise par la poste. (L. C. 51 du 18 déc. 1875.)

Ils doivent être enveloppés d'une feuille de papier et ficelés solidement. (L. C. 4 du 15 janv. 1876.)

Il est transmis à l'Administration, à la direction ou à la sous-direction, deux boîtes revêtues d'une étiquette n° 61 A. (L. C. 123 du 30 avril 1896.) Les deux autres boîtes sont conservées à la fabrique en cas de recours à l'expertise ou de perte en cours de transport. (L. C. 29 du 6 sept. 1876.)

Pour les produits entrant ou sortant des raffineries, il est prélevé trois échantillons ; un seul est adressé à l'Administration, à la direction ou à la sous-direction pour être soumis à l'analyse ; on inscrit sur l'étiquette n° 61 A les mots « entrée » ou « sortie », selon le cas.

En ce qui concerne les vergeoises et les bas produits du raffinage, les échantillons sont prélevés par quantités de 400 grammes et renfermés dans des boîtes de grande dimension. (Lett. autogr. 28571/79, du 22 déc. 1892.) Le service adresse en même temps, mais séparément, des avis d'envoi n° 72. S'il n'a pas reçu les résultats d'analyse dans un délai de huit jours, il les réclame par un nouvel avis. (L. C. 4 du 15 janvier 1876.)

Les échantillons de mélasses sont prélevés en triple et renfermés dans des flacons d'une contenance de 70 centilitres environ, qui sont fournis par l'Administration. (L. C. 221 du 30 mars 1901.) Le premier est envoyé à l'Administration, à la direction ou à la sous-direction aux fins d'analyse ; le second est conservé par le chef de service, et le troisième est remis au fabricant. Le service adresse en même temps un avis n° 72 sur lequel il mentionne le numéro du lot. Une série de numéros d'ordre recommence à chaque campagne. (L. C. 88 du 25 juill. 1894.)

Les résultats des analyses sont notifiés par l'Administration ou la Direction aux inspecteurs spéciaux ou au directeur du département, s'il n'y existe pas d'inspection des sucres et distilleries. Ces résultats sont portés à l'état de quinzaine n° 42 c (sucres).

Les échantillons prélevés dans les fabriques de glucoses sont envoyés directement au laboratoire central. (Circ. 162 du 4 avril 1896.) Le chef de service adresse, le jour même du prélèvement, une formule 20 H au laboratoire et une autre à l'Administration (service des échantillons). Les résultats des analyses sont notifiés par l'Administration au directeur du département où est située la fabrique.

Il est prélevé aussi, mais à titre purement administratif, des échantillons de contrôle. Ces prélèvements doivent être faits avec réserve, pour ne pas accroître la tâche du laboratoire central. Ils sont adressés à l'Administration (Bureau central ; service des échantillons). Ils doivent porter le mot « contrôle » et indiquer le laboratoire et le numéro de l'analyse.

L'avis d'envoi doit reproduire le détail complet de l'analyse primitive. (Circ. 461 du 23 sept. 1901.)

Réception des échantillons. Analyse et notification.

Dès leur réception dans les bureaux de l'Administration, de la direction ou de la sous-direction, les échantillons sont classés en différentes séries. La série spéciale des numéros recommence le 1er janvier de chaque année.

Série A, échantillons de sucre sortant des sucreries ;
— M, — de mélasses — —
— E, — de sucres entrant en raffinerie ;
— S, — de sucres de vergeoises et de mélasses sortant des raffineries ;
— I, — divers prélevés à l'occasion des inventaires.
(Lett. de l'Admin. du 9 janv. 1892 et 12 déc. 1895.)

Chaque échantillon doit porter la lettre de la série à laquelle il appartient.

Des registres spéciaux sont tenus à l'Administration, à la direction ou à la sous-direction pour l'enregistrement des échantillons. Un des échantillons prélevés est transmis au laboratoire de la circonscription aux fins d'analyse ; l'autre est conservé dans les bureaux pendant un délai de trois mois pour servir de contrôle, le cas échéant.

A leur réception dans les laboratoires d'essai, les échantillons sont inscrits sur un carnet n° 62 (sucres) et analysés le jour même ou le lendemain au plus tard. Une ampliation du registre n° 62, comprenant le détail de l'analyse, est renvoyée par le chimiste en chef à l'Administration, à la direction ou à la sous-direction. (L. C. 29 du 6 sept. 1876.)

La notification des résultats d'analyse est faite par une seule feuille n° 64 adressée au chef de service, lequel en établit une copie certifiée qu'il remet au fabricant. Ces résultats sont dépouillés sur des feuilles n° 63, qui sont visées par le contrôleur et transmises ensuite au directeur. (L. C. 22 du 14 oct. 1886.)

Aussitôt que les résultats d'analyse sont notifiés, les directeurs ou sous-directeurs en adressent, sur des feuilles 63, une copie à l'Administration (Bureau central, service des échantillons). — (L. C. 29 du 6 sept. 1876.)

Recours à l'expertise.

Si le fabricant n'accepte pas les résultats de l'analyse, il en fait la déclaration au chef de service. Celui-ci remplit la deuxième partie du procès-verbal n° 59, qu'il fait signer par l'industriel ou son représentant. Il la transmet ensuite à l'Administration (Bureau central) avec l'une des deux boîtes conservées à l'usine, et relate, sur l'étiquette (n°61 A) le numéro sous lequel l'échantillon a été primitivement analysé. (L. C. 41 du 28 déc. 1876.)

L'Administration fait procéder à l'expertise légale et notifie la décision des commissaires-experts par une feuille n° 234 qui est adressée en double expédition au chef de service, qui en remet une à l'industriel et conserve l'autre. Une troisième expédition est envoyée également au directeur du département. (L. C. 29 du 6 sept. 1876.)

Lorsque la décision des commissaires-experts n'est pas notifiée dans un délai de 15 jours à partir de la date de l'envoi de l'échantillon, le service le signale à l'Administration par lettre spéciale, sous le timbre du Bureau central, service des échantillons.

6° ÉCHANTILLONS PRÉLEVÉS DANS LES DÉBITS DE TABAC.

Lorsque l'examen des tabacs existant dans un débit fait craindre qu'ils n'aient été altérés, soit par le mouillage, soit par une addition de matières hétérogènes, les employés doivent prélever des échantillons, qu'ils scellent de leur cachet et de celui du débitant. (Circ. 20 du 24 août 1831.) Ils rédigent, sur papier libre, un procès-verbal circonstancié de la levée des échantillons. (Circ. 163 du 14 nov. 1853 et 184 du 1er mars 1876.)

Les échantillons, du poids de 5 hectogrammes au moins, sont remis au sous-directeur qui les adresse au directeur, lequel les fait parvenir à son collègue de l'expertise. (Circ. 150 du 23 déc. 1895.)

Pour les tabacs en poudre, il y a lieu de joindre à l'envoi un autre échantillon prélevé à l'entrepôt sur un colis provenant du même envoi. (Circ. 1083 du 23 déc. 1867, et 164 du 2 août 1875 (1).

Suivant les dispositions de la circulaire n° 150 du 23 décembre 1895, les échantillons de tabacs suspectés de fraude, quelle qu'en soit l'espèce, que le service prélève au cours de ses exercices dans les débits, sont transmis par les directeurs à leur collègue de l'expertise à Paris, avec une copie du procès-verbal administratif dressé par les employés. (L. C. 291 du 27 juill. 1906.)

Sur la demande de l'Administration des Manufactures de l'État, il a été décidé qu'une distinction serait établie, en ce qui concerne la destination à donner auxdits échantillons, suivant qu'il s'agirait de *tabacs en poudre* ou d'*autres produits*. Ces derniers continuent à être envoyés, comme précédemment, à la direction de l'expertise, mais à sa nouvelle adresse, à Paris, 319, rue de Charenton. Quant aux tabacs en poudre, ils sont expédiés au laboratoire de l'école d'application des Manufactures de l'État, 63, quai d'Orsay, également à Paris. *Ib.*

---

(1) L'échantillon est porté en sortie provisoire, appuyé d'un certificat de prélèvement, en attendant qu'il soit passé en sortie définitive, quand le procès-verbal d'expertise est parvenu.

La sortie extraordinaire est justifiée au moyen d'une copie du procès-verbal d'expertise de la manufacture.

De son côté, le service de l'expertise envoie aux directeurs le rapport mentionnant les résultats de son examen, et c'est seulement après la réception de ce document que ceux-ci statuent sur la mesure disciplinaire, dans la limite de leur compétence, ou consultent l'Administration sur la suite à donner à l'affaire. (Circ. 150 précitée et circ. 194 du 24 déc. 1896.)

Les directeurs doivent veiller à ce que, pour l'emballage des échantillons, le service se conforme strictement au procédé suivant :

« *Employer des vases en verre ou en grès verni absolument imperméable, ayant une ouverture modérée, sauf pour le cas où l'on aurait à emballer des paquets à peu près indéformables. On peut, en effet, toujours faire passer les matières saisies, poudre ou scaferlati, dans des goulots d'environ 3 centimètres de diamètre. Ces vases seront fermés avec un bouchon s'adaptant parfaitement, et qui, autant que possible, ne devra pas être plat ou du genre broche. Enfin, couvrir de cire à cacheter toute la surface extérieure de ce bouchon et une petite partie du col du vase, de façon que les joints soient complètement obturés.* »

« *Une fois remplis et cachetés, les vases contenant les échantillons devront être très soigneusement emballés dans des caisses en bois ou en fer-blanc. Ces récipients seront, de même que les échantillons, pourvus d'étiquettes indiquant exactement leur origine.* » (Circ. 150 du 23 déc. 1895.)

La falsification des tabacs des manufactures nationales comporte contre les débitants une double pénalité : destitution (art 227 de la loi du 28 avril 1816) ; amende et emprisonnement. (Art. 125 de la loi du 25 mars 1817.) Pour que le ministère public puisse requérir utilement l'application de l'article 125 précité, il faudrait avoir soin de prélever un deuxième échantillon pouvant au besoin être représenté pour une contre-expertise.

Le mouillage ou l'humectation des tabacs ne constitue pas une falsification au sens légal du mot : ce n'est pas une contravention fiscale que commet le débitant qui s'y livre, mais simplement une infraction aux règlements ; le service doit, dès lors, se borner, en pareil cas, à dresser un procès-verbal administratif. (Déc. de l'Adm. du 7 juill. 1882 n° 11451.)

Les simples infractions au règlement peuvent donner lieu, en fait, à l'application d'une amende.

C'est l'Administration (1re division) ou les directeurs qui en fixent le chiffre d'après les règles de compétence établies par la circulaire 194 du 24 décembre 1896.

Cette amende, qui doit être réglée d'après l'importance de la fraude, les antécédents et les ressources des débitants, a le caractère d'une peine disciplinaire et figure dans la comptabilité parmi les recettes accidentelles.

Si les soupçons des employés n'ont pas été suffisamment confirmés par l'analyse, on admet en dépense les frais d'envoi.

Au lieu de faire opérer le remboursement de la valeur des échantillons, l'Administration a prescrit de faire délivrer gratuitement aux intéressés, par l'entreposeur, des quantités de tabac égales à celles prélevées. Ces livraisons sont portées aux sorties extraordinaires, et l'entreposeur met à l'appui de son compte 73 une copie de la décision de l'Administration. (Circ. 194 du 24 déc. 1896.)

Prélèvements périodiques d'échantillons pour être soumis à l'examen de la Commission d'expertise. (Voy. L. C. 243 du 10 mai 1902.)

SECT. XXIX. — DÉBETS.

On entend par débet toutes les sommes dont un comptable est constaté ou reconnu débiteur, soit par suite de déficit, d'erreurs, d'omissions ou de soustraction de recettes, soit encore pour tous autres faits de charge de nature à engager sa responsabilité.

Un déficit peut, entre autres causes, résulter :

1° De la soustraction constatée de sommes devant exister en caisse, d'après les écritures telles que le comptable les avait lui-même passées ;

2° De la rectification d'erreurs ou de combinaisons qui auraient affaibli les recettes ou exagéré les dépenses ;

3° De l'inscription immédiate et d'office en recette :

Des sommes exprimées à des quittances (1) régulières représentées par les contribuables, et pourtant non enregistrées ;

Des sommes dont la soustraction serait démontrée par le rapprochement de divers registres corrélatifs (une seule et même déclaration donnant lieu, dans certains cas, à la perception de taxes différentes sur des registres distincts) ;

Des sommes représentant la valeur des quantités de tabacs et de poudres à feu manquantes d'après la vérification de la comptabilité en matières ;

Des sommes représentant la valeur d'objets de matériel manquants (caisses, colis, ustensiles, instruments, timbres, etc.), etc. (Instr. 16 de fruct. an XII ; circ. 52 du 26 frim. an XIV ; 66 du 22 août 1821.)

Le premier devoir d'un vérificateur qui constate un débet ou une infidélité est de fermer les mains du comptable. *Ib.*

Il doit rendre compte au directeur pour le mettre à même d'approuver la suspension. *Ib.*

Le directeur, le sous-directeur et l'inspecteur ont le pouvoir de suspension à l'égard des comptables de tous grades. *Ib.*

Les déficits doivent être constatés par des procès-verbaux dressés en

(1) NOTA. — La somme totale à laquelle s'élèveraient ces quittances serait constatée par un procès-verbal descriptif indiquant les dates et numéros des quittances, la nature des droits qu'elles concerneraient, les noms, prénoms, qualité et domicile des contribuables au profit de qui elles auraient été délivrées et au compte de qui elles seraient rétablies en recette, afin que leur situation vis-à-vis du Trésor pût être régularisée sans retard. Il serait mentionné dans le procès-verbal, ou que les quittances n'ont pas été trouvées aux registres, ou qu'elles présentaient des différences, et, dans ce dernier cas, les différences seraient indiquées.

triple expédition : l'une est destinée à l'Administration ; les deux autres sont adressées à la Comptabilité publique, à l'appui du bordereau sur lequel le débet est porté en dépense.

Comptabilité.

Si le débet n'est point soldé sur-le-champ, il doit être constaté dans les écritures au moyen d'un article de dépense établi pour ordre, qui balance la comptabilité et la dégage du débet. Cette dépense est faite dans la comptabilité du receveur principal, à qui le procès-verbal constatant le déficit est versé comme pièce justificative, et qui, se chargeant de toutes les recettes, doit faire dépense du débet.

Ces opérations ont pour effet de distraire absolument de la comptabilité de la Régie le débet, sur lequel les recouvrements ne peuvent plus être faits que par les receveurs des finances.

Toutes les sommes, qui reviennent à un comptable en débet et qui lui sont acquises à un titre quelconque, doivent être versées au receveur des finances.

Aucune remise totale ou partielle de débet ne peut être accordée à titre gracieux qu'en vertu d'un décret publié au *Journal officiel* sur le rapport du ministre liquidateur et sur l'avis du ministre des finances et du conseil d'État. (Décret du 31 mai 1862, art. 369.)

Poursuites à exercer en cas de débet.

1° *Comptable présent à son poste.* — Lorsque le débet est couvert par un cautionnement, le directeur doit s'abstenir de faire aucun acte de poursuite.

Mais, quand le débet d'un comptable n'est ni soldé ni entièrement garanti par un cautionnement, le juge de paix doit être appelé à apposer les scellés. Un bordereau sommaire est dressé pour constater la situation. Au bas de ce bordereau, le directeur décerne immédiatement contrainte ; et il doit de plus, en vertu de ce premier acte, faire procéder à tous les actes conservatoires, tels que saisie mobilière, prise d'inscription sur les immeubles du comptable, etc. (Application des dispositions de la loi du 13 frim. an VIII.)

La contrainte doit être visée par le juge de paix du canton où réside le comptable.

La levée des scellés doit être requise et avoir lieu, au plus tard, dans la huitaine. (Circ. 488 du 19 juill. 1851.)

2° *Comptable failli, absent ou en fuite.* — L'apposition des scellés doit toujours être requise, et la réquisition doit être faite dans les 24 heures. Si le directeur ne peut arriver à temps, cette apposition est requise par le principal employé du lieu. (Instr. 16 du 23 fruct. an XII ; circ. 52 du 26 frim. an XIV ; arrêté Min. Fin. du 29 janv. 1821 et circ. 66 du 22 août suivant.)

Si la situation établie fait ressortir un débet, on procède comme ci-dessus.

Dispositions générales.

Les comptables qui détournent les deniers publics sont passibles des peines édictées par les articles 169 et suivants du Code pénal.

A moins qu'il n'y ait urgence, le directeur attend les instructions de l'Administration pour porter plainte et dénoncer le débet au ministère public. (Circ. 66 de 1821 et 79 de 1834.)

Après que le Conseil d'administration a délibéré sur le débet et en a fixé le montant, l'affaire est remise à la direction du contentieux du ministère des finances, qui donne les instructions au sujet des poursuites qu'il convient d'exercer. (Circ. 79 du 26 mars 1834.)

Les recouvrements sur débets ne peuvent être faits que par les receveurs des finances. (CC. 19 du 31 mai 1833.)

Intérêts des débets.

Le comptable en débet doit l'intérêt des sommes formant le débet à raison de 4 p. 100. (Art. 368 du décret du 31 mai 1862 ; Avis Cons. d'État du 9 juil. 1808.) Le comptable qui a malversé doit les intérêts des sommes, à partir des dates des détournements lorsque ces dates sont connues, et à partir de la clôture de l'exercice lorsqu'elles n'ont pu être déterminées. (Arr. Cour des Comptes du 30 avril 1901.)

Préposés d'octroi.

Il appartient aux maires de donner suite aux procès-verbaux de débet relatifs à des détournements commis par les préposés d'octroi au préjudice exclusif de l'octroi (1). Mais l'initiative des poursuites appartient à la Régie, s'il s'agit de perceptions communes aux villes et au Trésor. (Circ. 7 de 1827, 13 de 1828 et 79 de 1834.)

Prévarication, concussion.

On entend par prévarication tout délit commis par un fonctionnaire dans l'exercice de ses fonctions.

Il y a prévarication quand un employé s'approprie ou cherche à s'approprier des deniers publics, soit en exigeant des redevables des sommes qui ne sont pas dues, soit en favorisant sciemment la fraude. (Art. 16 de la loi du 27 frim. an VIII; art. 15 de l'arr. Min. Fin. du 9 nov. 1820.)

Les fonctionnaires prévaricateurs sont passibles des peines édictées par l'article 174 du Code pénal.

Ces dispositions s'appliquent aux préposés d'octroi. (Art. 63 de l'ord. du 8 déc. 1814.)

La concussion est le crime que commet un officier public en exigeant de ceux qui dépendent de son ministère des droits ou des taxes qui ne sont pas dus. (Art. 174 du Cod. pén.)

---

(1) Voir *Journal des contributions indirectes*, 1888, p. 581.

Procès-verbal de débet.

DÉPARTEMENT

d

SOUS-DIRECTION

de

RECETTE

d

L'an mil neuf cent   à   heures du
Nous soussigné (*grade et résidence du vérificateur*)
certifions que, ce jour, nous étant rendu au bureau de
M.   (*nom et prénoms*) à l'effet de procéder à
la vérification de ses écritures et de sa caisse, nous avons
constaté :

1º Que le montant des recettes par lui effectuées du
(*dernier arrêté*)   à ce jour s'élevait à

2º Que ses versements à l'Administration des contributions indirectes et à l'octroi de .   s'élevaient
pour la même période à

3º Que son encaisse était de

D'où il résulte un débet de   conformément à la situation présentée dans le cadre suivant :

NATURE DES RECETTES effectuées depuis l'arrêté de . .		NATURE DES RECETTES effectuées depuis l'arrêté de.			
Circulation. . . .	3.645 50	Circulation. . . .	1.005.50	»	»
Entrée.	3.10	Consommation. . .	13.982.90	»	»
Consommation. . .	5.642.25	Entrée.	2.312.60	»	»
Double droit de con-		Licences.	315.00	»	»
sommation. . .	100 00	Timbres.	1.200 00	»	»
Droit de 40 centimes .	560.00	Octroi de X. . . .	»	3.800.00	»
Timbres	485.30	TOTAL DES RECETTES.	18.816.00	3 800 00	22.616.00
TOTAL. . .	10.436.15	Versements { Régie .	14 170.70	»	16.670.70
Versements effectués		effectués { Octroi.	»	2.500.00	
au Trésor. . . .	10.125.10	L'encaisse étant de			
Différence à justifier .	311.05	815.30, le débet total			
Encaisse	10.00	s'élève à 5.130 francs			
Débet	301.05	et doit être réparti au			
		prorata des recettes			
		effectuées depuis le			
		dernier arrêté :			
		Régie.	4.268.04	»	5 130.00
		Octroi.	»	861.96	
		TOTAL. . .	18.438.74	3.361.96	21 800.70
		Répartition de l'en-			
		caisse : Différence.			
		Régie.	377.26	»	815.30
		Octroi.	»	438.04	
		Total égal à celui			
		des recettes. . .	18 816.00	3.800.00	22.616.00

En foi de quoi nous avons dressé le présent procès-verbal, en présence de M..... qui
nous a déclaré se reconnaître débiteur de l'Etat et de l'octroi de..... pour la somme
totale de..... résultant de notre arrêté de caisse, ajoutant..... Et il a signé avec nous.

Signatures.

Nota. — S'il y avait des créances liquides, immédiatement réalisables en
espéces, telles que parts d'amendes ordonnancées, remises pour lesquelles il ne
manquerait que l'émargement à l'état 34, etc., on ferait signer l'état nº 99 ou
l'état nº 34 au comptable, et on comprendrait ces sommes dans l'encaisse.

Ainsi qu'il résulte de l'exemple ci-dessus, dans les débets matériels communs
aux deux services (Régie et Octroi), la part contributive de chaque Administration doit être calculée proportionnellement aux recettes encaissées depuis le

dernier arrêté mensuel, c'est-à-dire au prorata des sommes devant exister en caisse pour chaque service.

Aux termes d'un arrêt du conseil d'État en date du 27 juin 1902, le ministre est fondé à refuser de rembourser à la commune la totalité des droits d'octroi détournés, s'il n'est justifié d'aucun fait d'où pourrait résulter pour l'État l'obligation de supporter exclusivement les conséquences de la faute de son employé.

D'où il suit que l'encaisse reconnue au moment de la constatation du débet est répartie, le cas échéant, entre l'État et les communes au prorata des diffé-rences à justifier.

Responsabilité des comptables.

Aux termes des lois des 12 vendémiaire, 13 frimaire et 7 ventôse an VIII, de l'arrêté du 8 ventôse an VIII, du décret du 12 janvier 1811, de l'article 6 de l'ordonnance du 22 mai 1825 et du décret du 31 mai 1862, les comptables sont responsables du recouvrement des droits *liquidés* sur les redevables et dont la perception leur est confiée.

Deux arrêts rendus par le Conseil d'État les 3 et 4 décembre 1891 (S. 1893.3.116 ; Journ. Cont. ind. 1892. 68.343.364 ; Rep. Lebon, 725) ont établi que les droits ainsi conférés au ministre vis-à-vis des comp-tables reliquataires ne peuvent être exercés qu'en cas de débet, de déficit de caisse ou de non-recouvrement provenant de fautes, actes ou né-gligences que l'agent du Trésor aurait commis en qualité de « comp-table ».

A moins qu'une loi spéciale n'en décide autrement, les ministres ne peuvent obliger les fonctionnaires publics non comptables à réparer pécuniairement le préjudice causé par les *fautes* commises par ceux-ci. (Avis du Cons. d'État du 21 juill. 1885; Laferrière, Traité de la Juridict. administrative, t. Ier, p. 392.)

Le ministre ne peut donc prononcer la responsabilité pécuniaire ni d'un simple administrateur ni d'un comptable, à raison d'un acte accompli par celui-ci en qualité d' « administrateur ».

Le fait de ne pas exiger de caution ou d'accepter une caution insol vable constitue une faute d' « administrateur ».

En acceptant une caution dont il n'avait pas constaté l'insolvabilité par suite de l'insuffisance des renseignements qu'il avait demandés sur elle, un receveur principal n'agit pas en qualité de comptable détenteur de deniers publics. Par suite, le ministre ne peut le déclarer respon-sable à ce titre et ordonner, en conséquence, la saisie de son caution-nement. (Arr. Cons. d'État du 16 nov. 1906, aff. Gaugain.)

Aux termes des articles 1er de l'ordonnance du 8 décembre 1832 et 320 et 322 du décret du 1er mai 1862, les comptables sont responsables de tous droits et produits dont la perception leur est confiée. Cette res-ponsabilité est générale et subsiste même pour un entreposeur des ventes directes, alors que des vols et des détournements auraient été commis par des employés auxiliaires choisis et rétribués par l'État, parce que le comptable a l'obligation de contrôler leurs opérations et de vérifier leur service. (Arr. Cons. d'Etat du 28 déc. 1906, aff. Bau-doin.)

DEUXIÈME PARTIE

CHAPITRE PREMIER

Suite donnée aux procès-verbaux dans les bureaux de direction et de sous-direction.

SECT. I. — RÉCEPTION ET EXAMEN DES PROCÈS-VERBAUX (1).

Lorsqu'il reçoit un procès-verbal, l'employé chargé du contentieux doit dépouiller cet acte sur une feuille 122 C et l'inscrire ensuite sur le registre mémorial n° 122 A. (Circ. 2 du 30 mai 1823.) Il doit le lire et examiner s'il est régulier.

---

(1) Un registre mémorial est tenu dans chaque sous-direction. (Circ. 17 du 16 mars 1870.)

Ce registre est destiné à l'inscription de toute affaire contentieuse résultant soit d'un procès-verbal, soit d'une soumission. soit d'une signification faite à la Régie ou donnée à sa requête. Circ 76 du 22 nov. 1852.)

On doit d'abord y inscrire toutes les affaires contentieuses qui, d'après l'état n° 125 du trimestre d'octobre de l'exercice précédent, étaient susceptibles d'être reportées sur celui du trimestre de janvier du nouvel exercice.

Chacune de ces affaires prend un nouveau numéro, selon sa date, tout en conservant celui qui lui a été donné à son origine.

Aussitôt qu'un procès-verbal (ou une soumission) est remis au directeur ou au sous-directeur, il reçoit un numéro dans la 1re colonne et est analysé dans les colonnes 2 et 3. *Le registre doit être clos le dernier jour du trimestre au soir ; les procès-verbaux qui parviendront après cette époque seront inscrits dans le trimestre suivant, quelle que soit leur date.*

Les circonstances particulières, telles que les injures, voies de fait ou autres, qui n'auront pu trouver place dans la partie destinée à l'analyse, feront l'objet d'une note séparée, consignée dans le blanc qui se trouve au bas de chaque article de la troisième colonne.

Ce sera aussi dans ce blanc que seront analysés les actes introductifs d'actions intentées à la Régie ou par elle. autres que celles résultant de procès-verbaux, telles que les oppositions aux contraintes, les significations faites à la Régie ou à sa requête, et, en général, toutes les actions civiles. (Circ. du 16 avril 1821.)

Toutes les fois que le prévenu est arrêté, il doit en être fait mention au mémorial, afin que les frais de transport, s'il y a lieu, ne soient pas perdus de vue. (Lett. com. du 21 nov. 1877.)

Dans le montant des condamnations encourues, on ne comprendra que le *minimum*

Lorsque les procès-verbaux des agents de la Régie faisaient foi jusqu'à inscription de faux, la validité de ces actes était subordonnée à l'accomplissement de nombreuses formalités énumérées dans les articles 20 à 26 du décret du 1er germinal an XIII.

Depuis que l'article 24 de la loi du 30 décembre 1903 a admis la preuve contraire, un procès-verbal est valable ;

1° S'il est établi par un agent compétent ;

2° S'il est exclusivement rédigé par les agents qui ont pris une part personnelle et directe à la constatation du fait contraventionnel (Loi du 6 août 1905, art. 17) ;

3° S'il est daté et signé ;

4° S'il énonce la cause exacte de la saisie ; s'il constate, en un mot, l'existence du délit, en précisant toutes les circonstances de temps et de lieu ;

5° S'il indique le nom et le domicile du contrevenant, à moins qu'il ne s'agisse d'un procès-verbal contre inconnu.

6° Lorsque la saisie procède d'une visite domiciliaire, le procès-verbal doit établir qu'on a observé les formalités édictées par l'article 237 de la loi du 28 avril 1816, complétées et modifiées par les articles 14 et 15 de la loi du 6 août 1905, et par l'art. 21 de la loi du 30 janvier 1907.

7° S'il s'agit d'une saisie en matière de garantie, le procès-verbal doit être rédigé à l'instant et sur place. (Loi du 19 brum. an VI, art. 102.)

Bien que les formalités prescrites par le décret du 1er germinal an XIII

---

de l'amende, à moins qu'il n'y ait eu jugement qui en prononce ou transaction qui en stipule une supérieure. Dans ce dernier cas, ce sera le chiffre soit des condamnations prononcées, soit de la transaction intervenue, qui devra y figurer. Les frais y seront portés pour une somme égale à celle qui aura été comprise dans la transaction.

L'amende prononcée par la loi pour les cas de récidive ne sera portée que lorsqu'il sera intervenu un jugement ayant acquis force de chose jugée sur une précédente contravention : on devra néanmoins avoir soin de relater, dans la troisième colonne, la date des procès non suivis de condamnation, ainsi que celle des transactions qui s'y rapportent, et leur montant.

Les actes contentieux, rédigés à la requête des administrations étrangères, ne seront inscrits qu'au moment du versement de la part revenant aux employés dans la répartition de l'amende payée par le contrevenant. (Lettre com. 33 du 6 nov. 1876.)

On inscrira également au mémorial, au fur et à mesure de leur réception, les procès-verbaux d'ordre qui auront été dressés, pour les visites chez les non-assujettis, dans les cas prévus par la circulaire n° 1er du 15 mai 1823, ainsi que les procès-verbaux concernant les saisies de monnaies de billon étrangères. (Circ. 197 de 1897.)

On y inscrira également les soumissions tenant lieu de procès-verbal. (Circ. 444 du 4 fév. 1886.)

Et les réclamations en matière de licences portées devant le Conseil de préfecture.

Les simples procès-verbaux administratifs constatant de simples différences en plus ou en moins n'y sont pas portés. Ib.

Les procès-verbaux dressés en vertu de la loi du 21 juin 1873, art. 9 (recel), motivent deux inscriptions au 122 A. (L. C. du 2 févr. 1874.)

Ainsi que le prescrit la circulaire 444 du 4 février 1886, il doit être rendu compte à l'Administration de la situation de chaque faillite ; mais on n'inscrit au mémorial que les instances civiles auxquelles ces faillites donnent lieu : contestations sur le fond des droits, sur le privilège de la Régie, revendications des tiers, opposition, etc.

De même, les contraintes décernées pour non-rapport d'acquits-à-caution ne doivent figurer sur le mémorial que s'il y a eu opposition. (Circ. 3 du 16 avril 1821.)

ne soient plus exigées à peine de nullité, l'Administration a recommandé de les observer. (Circ. 649 du 6 janv. 1904.)

Ces formalités sont les suivantes :

1° Date, lieu et heure de la rédaction ;

2° Nom, qualités et demeure du préposé chargé des poursuites ; élection de son domicile ;

3° Noms, qualités et demeure des saisissants ;

4° Lieu et heure de la saisie ;

5° Cause de la saisie (faits qui constituent l'infraction, interpellations des saisissants et réponses des contrevenants) ;

6° Déclaration de procès-verbal et de saisie ;

7° Espèce, poids ou mesure des objets saisis ;

8° Offre de mainlevée des moyens de transport, sous caution solvable, ou consignation du maximum de l'amende, mais seulement lorsqu'il s'agit de moyens de transport saisis pour garantie de l'amende et dont la confiscation n'est pas directement prononcée par la loi ;

9° Présence du prévenu à la vérification des objets saisis, ou sommation d'y assister ;

10° Nom, qualités et demeure du gardien (lorsqu'il y aura eu saisie réelle) ;

11° Evaluation des objets saisis ;

12° Heure et lieu de la clôture du procès-verbal ;

13° Lecture du procès-verbal au prévenu, lorsqu'il est présent à la rédaction ; sommation de le signer et sa réponse ;

14° Remise de la copie au contrevenant, s'il en fait la demande ;

15° Enregistrement dans les quatre jours de la date du procès-verbal ;

16° Si la saisie porte sur le faux et l'altération des expéditions, voir si le procès-verbal l'énonce et si les expéditions sont signées et paraphées *ne varietur*. (Art. 22 décret germ. an XIII.)

Mesures d'ordre.

Dès que le procès-verbal a été inscrit au mémorial et que les diverses colonnes de la feuille 122 C ont été remplies, on doit mettre sur chaque pièce du dossier, en gros caractères, soit à l'encre, soit au crayon rouge ou bleu, le numéro du registre 122 A. Le coin gauche supérieur de chaque pièce est généralement affecté à cet usage.

L'affaire est désignée par le nom du contrevenant suivi du numéro d'inscription au mémorial et de l'année : « affaire Durand n° 150 de 1906. »

Les dossiers doivent être placés dans un carton. Il est indispensable de mettre au-dessus les affaires les plus anciennes en date. Cette façon de procéder permet de se rendre compte rapidement de la date de la prescription et assure la délivrance des assignations en temps opportun.

Dans les directions et sous-directions importantes, il est bon aussi de mettre sur le verso de la couverture du mémorial le numéro et la date des procès-verbaux, dès leur réception. On les efface au fur et à mesure de la délivrance des assignations.

SECT. II. — FEUILLE 122 C.

Dès qu'il est inscrit au 122 A, le procès-verbal et toutes les pièces qui l'accompagnent forment un dossier qui est placé dans une feuille 122 C, sur laquelle on porte, à la première page, toutes les indications qu'elle comporte : numéro du 122 A, date, noms et résidence des rédacteurs, du contrevenant, frais, montant de la saisie et de l'amende, désignation exacte et précise de la nature de la contravention, etc.

En ce qui concerne le cadre des antécédents des contrevenants, il est indispensable qu'il présente les indications très complètes, notamment la date et le montant des condamnations prononcées, et qu'il indique si les jugements se rapportant à ces condamnations sont ou non définitifs, s'ils ont été exécutés ou suivis de transactions. (Circ. 626 du 26 fév. 1891.)

Le cadre doit être servi en donnant avis d'un jugement, comme en toute autre circonstance. Toutefois, lorsque plusieurs feuilles 122 C sont successivement envoyées relativement à une même affaire, on peut se référer à la feuille précédente et inscrire seulement la mention : renseignement produit à telle date et à telle occasion.

En vue de simplifier la correspondance avec l'Administration, il a été admis que les observations des directeurs et sous-directeurs ne seraient consignées que sur la première expédition de la feuille 122 C, c'est-à-dire sur l'expédition que conserve l'Administration. Cette feuille, qui forme chemise, doit être placée au-dessus du dossier. L'autre expédition, qu'on aura soin, dès lors, d'encarter dans la première, restera en blanc, sauf le recto qui sera toujours rempli. On se bornera à reproduire au verso la première ligne de l'observation. C'est cette seconde expédition qui est renvoyée aux directeurs annotée de la décision de l'Administration. (Circ. 194 du 24 déc. 1896.)

Les sous-directeurs correspondent directement avec leurs collègues, quand ils ont besoin de renseignements. (Circ. 310 de 1855 et 7 du 7 juin 1869.)

L'emploi de la feuille 122 C doit être généralisé autant que possible. (L. C. du 5 mars 1873.)

Les circulaires 310 de 1855 et 7 de 1869 indiquent les cas où il est fait usage de la feuille 122 C. En principe, tout ce qui a trait au contentieux doit être traité par feuilles 122 C.

Les diverses indications que comporte le premier cadre de la feuille 122 C doivent toujours être données avec la précision nécessaire (Circ. 626 du 26 fév. 1891.)

Il ne faut pas traiter deux affaires dans la même lettre, quelle que puisse être leur connexité ou leur analogie. (Circ. 79 du 26 mars 1834.)

SECT. III. — DROITS FRAUDÉS (1).

Immédiatement après, on s'occupe d'établir les droits fraudés.

Ces droits doivent dominer tous les autres intérêts. (Circ. 21 du 27 mars 1817.)

Il semble inutile d'entrer dans de longs détails au sujet des droits fraudés ; il doit suffire de poser cette règle générale : *les droits fraudés doivent être établis exactement comme ils l'auraient été si le contrevenant avait fait, à la recette buraliste, une déclaration régulière, sans oublier les timbres.*

Même règle lorsque la contravention est constatée à l'entrée d'une ville sujette.

En matière de *nouveaux impôts*, les droits fraudés doivent être compris dans les *condamnations encourues*. Ils doivent être calculés suivant la constatation qui en aurait été faite.

Pour une introduction frauduleuse chez un marchand en gros, les droits fraudés sont de 50 cent. Si l'introduction porte sur du vin et de l'alcool, on perçoit le coût de deux acquits.

Dans les villes sujettes aux droits d'entrée et d'octroi, les droits locaux doivent être prélevés à titre de droits fraudés. (Circ. 176 du 4 juin 1838.)

L'inapplicabilité de l'expédition équivaut à un défaut d'expédition. Qu'il s'agisse d'une introduction de boissons dans un débit, ou d'une contravention constatée à l'entrée d'une ville, il y a lieu d'exiger par transaction, ou de prélever sur l'amende, à titre de droits fraudés, le coût d'un acquit-à-caution, toutes les fois que la délivrance d'un acquit-à-caution est obligatoire.

En ce qui concerne les voitures publiques, les nuances sont plus

---

(1) En thèse générale, il n'y a lieu de comprendre dans les transactions pour droits fraudés que les droits dont le Trésor a été réellement frustré. Par exemple, si un fût d'alcool est introduit en fraude du droit d'entrée, c'est ce droit qui doit être prélevé. Il n'y a pas lieu à prélèvement lorsque l'acquittement des droits est garanti ultérieurement par la prise en charge, ou que les boissons sont mises sous la main de la Régie d'une manière quelconque, attendu que, dans cette double supposition, il ne peut y avoir de droits fraudés. Il en est de même lorsque les employés rencontrent un chargement sans expédition ou avec une expédition inapplicable, parce qu'alors le dépôt des boissons s'effectue ou le chargement part avec un nouvel acquit-à-caution, et que, dans l'une et l'autre hypothèse, les droits sont garantis. Ce n'est point par cela seul qu'il y a eu des boissons saisies qu'on doit décider qu'il y a eu des droits fraudés ; les circonstances relatées dans le procès-verbal peuvent seules faire juger quels droits sont sujets à prélèvement. C'est ainsi que, dans le cas de contravention de la part d'un marchand en gros surpris vendant en détail les boissons de ses charges, il n'y a pas lieu de prélever de droits fraudés sur le montant de la transaction, parce que l'objet de la fraude, les boissons vendues en détail, se trouvant manquer aux charges, le prélèvement formerait double emploi. Si l'on préférait faire acquitter les droits, dans la crainte que le manquant fût couvert par un boni sur les déchets légaux, ou même par quelque introduction clandestine, il faudrait avoir soin d'opérer une décharge équivalente au compte du contrevenant, afin qu'il n'y eût point double emploi. (Correspondance administrative.)

nombreuses, et les circonstances décrites dans les procès-verbaux peuvent seules déterminer le prélèvement à opérer à titre de droits fraudés.

Voici cependant la marche à suivre dans quelques cas :

Non-renouvellement de la déclaration annuelle : Rien à prélever.

Service régulier sans déclaration : Prélever le coût d'une licence et d'un laissez-passer, le droit de dixième, plus le double décime, sur le prix des places, et, de plus, le prix d'une estampille ; mais il est préférable, en pareil cas, d'obtenir la déclaration en service régulier que le procès-verbal permet d'exiger. (Circ. 27 du 19 mars 1892.)

Voitures en service régulier. Excédent de voyageurs : Faire payer le droit de dixième, plus le double décime, sur les places en surnombre, suivant le prix ordinaire du parcours.

Voitures en service d'occasion. Même contravention : Le prélèvement est laissé à l'appréciation du sous-directeur. A la rigueur, on pourrait exiger le droit fixe d'un mois ; mais lorsque la voiture est déclarée pour le nombre de places qu'elle peut réellement contenir et qu'il s'agit d'un excédent forcé sur l'impériale de la voiture, en dehors, sur le siège du cocher, on peut ne prélever que le droit du dixième sur le prix des places et le coût d'un laissez-passer du 24 A.

Service d'occasion sans déclaration : Prélever le droit fixe d'un mois d'après la contenance de la voiture, le coût du laissez-passer et le prix de l'estampille. Mais ici encore il vaut mieux exiger la déclaration de la voiture (1).

Substitution d'une voiture à une autre : Prendre le coût d'une déclaration de changement et d'un laissez-passer ; si la voiture saisie contient un plus grand nombre de places que celle qu'elle remplace, opérer comme pour les excédents en service régulier ou en service d'occasion, suivant le cas.

Ces exemples suffisent pour déterminer, avec de l'expérience et du jugement, de quelle manière on doit procéder en pareille matière.

N. B. — Si les droits ont été perçus au comptant, c'est-à-dire en dehors de la transaction, ou si des déclarations ont été faites ou des prises en charges opérées, on doit réclamer aux employés verbalisants les duplicata des quittances, déclarations, etc., etc., ou des certificats de prises en charge effectuées. Le sous-directeur doit les viser. (L. C. du 20 mai 1886.)

Les sommes exigibles à titre de double droit ne doivent pas être comprises dans le montant de la transaction.

SECT. IV. — NULLITÉ DES PROCÈS-VERBAUX.

Les cas de nullité sont annotés sur le registre n° 122 A et sur la feuille 122 C dont il vient d'être parlé.

Il est à propos de faire remarquer que les nullités résultant de l'omis-

(1) Les droits fraudés devraient être prélevés si la transaction n'était souscrite que dans le mois suivant.

sion des formalités légales ne peuvent être relevées que devant le tribunal correctionnel et la Cour d'appel. Mais si elles n'ont pas été relevées devant ces deux juridictions, elles ne sauraient l'être devant la Cour de cassation. (Cass. 10 avril 1807 ; D. 27.601; M. 2.421 ; 14 janv. 1842; D. 38.88; M. 16.196.)

Seule, la nullité résultant de la violation de l'article 237 peut être relevée en cassation. (Cass. 12 déc. 1884; M. 21.359; Bull. crim. 1884.336.)

L'amende ou l'emprisonnement ne peuvent être prononcés sur un procès-verbal nul, à moins qu'il ne s'agisse d'infractions que l'on peut établir sans procès-verbal (tabacs, poudres, allumettes, cartes).

Bien qu'un procès-verbal soit entaché d'un vice de forme, la nullité de l'acte n'empêche pas les tribunaux de prononcer la confiscation des objets saisis, lorsque la preuve de la contravention résulte de l'instruction (2ᵉ § de l'art. 34 du décret du 1ᵉʳ germ. an XIII ; Cass. 11 fév. 1820; M. 10.333; 27 mai 1876; M. 19.244) et sur les conclusions du poursuivant lorsqu'il s'agit d'objets prohibés (tabacs, poudres, cartes et allumettes). (Cass. 6 nov. 1885 ; M. 21.471 ; Journ. Cont. ind. 1888.51.)

Toutefois, si le procès-verbal est nul pour inobservation des formalités prescrites par l'article 237 de la loi du 28 avril 1816, cette nullité ne permet pas de réclamer la confiscation des objets saisis, à moins qu'il ne s'agisse d'objets prohibés dont la détention est interdite à tout le monde. Une action procédant d'une *violation de la loi* ne peut être ni valablement ni légitimement intentée. (Arr. Douai 30 déc. 1884 ; Cass. 13 déc. 1895 ; Bull. Cont. ind. 1896.13.) *Voy. Nullité des procès-verbaux, p. 31.*

En matière d'octroi, la nullité du procès-verbal n'empêche pas d'établir la contravention par les moyens de droit commun et de requérir, par la suite, l'application de toutes les peines.

SECT. V. — ORDONNANCEMENT DE L'ÉTAT DES FRAIS.

Le sous-directeur autorise le paiement des frais de saisie, des frais de poursuites, etc.

Avant d'être inscrits au 89 B, les frais sont portés sur un état spécial dûment quittancé et revêtu du *bon à payer* du sous-directeur.

En ordonnançant l'état des frais, le sous-directeur vise les quittances annexées à cet état.

Le compte des avances à régulariser est suivi au registre 89 B.

On doit contrôler avec soin les frais réclamés par les huissiers. (Circ. 155 du 25 janv. 1896.) Les directeurs et les sous-directeurs ne devraient pas hésiter à faire soumettre à la taxe les décomptes de frais qui leur paraîtraient entachés d'exagération. (Circ. 189 du 7 déc. 1896.)

SECT. VI. — COPIE DU PROCÈS-VERBAL ADRESSÉE A LA DIRECTION PAR LE SOUS-DIRECTEUR.

Le sous-directeur adresse le jour même de la réception du dossier, au directeur du département, une copie du rapport sommaire et du procès-verbal. Sur ce dernier on inscrit, en marge, le numéro du 122 A, les nom et prénoms du prévenu, la nature de la contravention, le détail des objets saisis et leur estimation (feuille 122 C en simple expédition).

Il n'est plus tenu de registre mémorial à la direction que pour l'arrondissement chef-lieu. (Circ. 310 du 1er août 1855 et 17 du 16 mars 1870.)

Cependant, dans la pratique, on annexe à la fin du mémorial de la direction quelques feuilles de papier blanc, sur lesquelles on porte sur une ligne l'analyse des affaires de la sous-direction. On ouvre une colonne pour recevoir le numéro de l'approbation de la transaction lorsque celle-ci est de la compétence du directeur. Ce numéro est celui qu'on reproduit sur la feuille 124. On peut aussi affecter un état 125 à cet usage.

SECT. VII. — FICHE N° 129.

Les directeurs ou sous-directeurs établissent pour chaque contrevenant domicilié ou ayant son principal établissement de commerce dans leur division administrative une fiche n° 129 qui constitue le casier fiscal du prévenu. (Circ. 253 du 24 déc. 1897.)

Si le contrevenant ne réside pas dans la circonscription administrative où la contravention a été constatée, le directeur ou le sous-directeur chargé de suivre l'affaire réclamera aussitôt, au chef divisionnaire du domicile du prévenu, une copie de la fiche relatant les antécédents contentieux de celui-ci; il lui transmettra en même temps, au moyen d'une feuille 122 C, l'analyse du procès-verbal rapporté, et il aura soin de l'informer ultérieurement de la solution définitive intervenue. *Ib.*

D'autre part, il convient de mentionner avec soin sur les fiches 129 le montant des amendes encourues (maxima), afin que le simple examen de ces fiches permette de voir si le prévenu a des antécédents contentieux susceptibles de lui faire perdre le bénéfice du sursis. (Circ. 630 du 10 janv. 1906.)

Ces fiches sont ensuite classées par lettre alphabétique, quand l'affaire a reçu une solution définitive.

SECT. VIII. — ACQUITS-A-CAUTION. — AVIS DE SAISIE. — BULLETINS 6 D.

Lorsqu'il est verbalisé pour expédition inapplicable, les acquits-à-caution sont joints au dossier. (§ 40 et 41 de l'instr. du 15 fév. 1827; circ. 480 du 29 janv. 1851.)

Le sous-directeur remplit les bulletins 6 D d'avis de saisie, qu'il adresse à son collègue des lieux d'origine. (Circ. 480 du 29 janv. 1851.)

Une seule expédition de ces bulletins est suffisante pour les acquits d'intérieur ; quant aux acquits d'extérieur, il en faut trois, dont une est conservée par le directeur ou sous-directeur de la circonscription où la saisie a été opérée, tandis que les deux autres sont envoyées aux directeurs ou sous-directeurs du lieu d'origine. (Lett. du 10 oct. 1874.)

On doit indiquer sur les avis de saisie si les droits ont été acquittés ou garantis sur la totalité des boissons. *Ib.*

S'il s'agit d'acquits-à-caution émanant d'une autre circonscription, un avis mentionnant les conditions d'apurement est établi par le sous-directeur entre les mains duquel la transaction a été souscrite et envoyé par l'intermédiaire du directeur à son collègue du lieu d'origine. (*Ib.* et L. C. 78 du 19 fév. 1894.)

On affecte au 166 une partie spéciale pour les acquits de saisie.

Cette partie est divisée en deux chapitres : sont inscrits dans le premier chapitre, les acquits délivrés au dehors du département et, au second, les acquits du département. Ce second chapitre est lui-même subdivisé en deux sections : la première, affectée aux acquits engagés dans des procès-verbaux rédigés par les employés du département ; la seconde section afférente aux procès-verbaux rapportés hors du département est remplie d'après les avis de saisie transmis par les directeurs. (Circ. 480 du 29 janv. 1851.)

Un procès-verbal ne produit pas le même effet que le transit et ne prolonge pas les délais pour l'exigibilité des droits. Dès lors, le cas échéant, on doit prendre des mesures en vue d'éviter la prescription.

SECT. IX — AVERTISSEMENT No 123 AU CONTREVENANT.

On avertit sans retard le prévenu au moyen d'un imprimé n° 123 affranchi, dont on doit annoter l'envoi au 122 A. (L. C. 24 du 21 nov. 1877 ; D. M. du 26 janv. 1877.)

Le sous-directeur a intérêt, en effet, à entendre les explications ou justifications du contrevenant.

Au recto de la feuille 122 C, on consigne la date à laquelle l'avertissement a été envoyé.

SECT. X. — PÉTITIONS.

Les pétitions et demandes adressées au gouvernement, aux autorités et aux administrations publiques doivent être rédigées sur papier timbré. (Art. 12 loi du 13 brum. an VII, et circ. 315 du 23 déc. 1898.)

Quand il s'agit de procès-verbaux, les réclamations doivent être libellées sur timbre.

Lorsque l'attention du ministre ou de l'Administration a été appelée sur un procès-verbal, le directeur doit fournir, dans les huit jours au plus tard, et par feuille 122 C en double expédition, les renseignements demandés, avec son avis sur la suite que l'affaire semble comporter.

S'il n'est pas en mesure de répondre dans ce délai, il doit adresser à l'Administration une note d'attente expliquant le retard. (L. C. 220 du 18 mars 1901.)

Le directeur doit veiller à ce que le service ne communique pas par écrit aux intéressés les décisions relatives à la suite des affaires contentieuses.

Lorsque la décision est exécutée et si l'affaire *est de la compétence du Ministre*, la feuille 124 est soumise ultérieurement au visa de l'Administration par feuille 122 C en double expédition. Il est inutile de porter l'affaire sur l'état 122 D, lorsque le délinquant a payé l'amende déjà fixée par le ministre.

Par contre, on devra continuer à faire figurer au 122 D, en vue de provoquer une décision du Conseil, les transactions *de la compétence de l'Administration*, sans rechercher s'il a déjà été statué, ou non, sur ces affaires par n'importe quelle autorité. (*Correspond. adm.*)

Lorsque l'administration est saisie d'une pétition, le directeur doit surseoir à toute mesure d'exécution (mesures conservatoires exceptées) en attendant la décision à intervenir.

En réponse au communiqué d'une pétition, le directeur doit joindre à la feuille 122 C une copie du procès-verbal, du rapport sommaire, et un extrait du 50 D s'il s'agit d'un marchand en gros, d'un distillateur, etc. (Circ. 14 de 1816, 2 de 1823, 79 de 1834 et 479 de 1851.)

Si l'Administration a déjà été saisie de l'affaire à un titre quelconque, on relatera en tête des observations la mention suivante : « Dernière communication feuille 122 C du... n°... ». Dans ce cas on se dispense, bien entendu, de joindre les pièces déjà produites.

SECT. XI. — PROPOSITIONS D'ABANDON.

En principe, les directeurs n'ont pas qualité pour prononcer l'abandon des affaires. Pour les exceptions, *V. Dépenses.*

Des propositions tendant à abandonner les procès-verbaux, qu'il n'a pas été possible de terminer par transaction et qui ne paraissent pas susceptibles d'être déférées à la justice, sont soumises à l'Administration dans les deux mois au plus tard qui suivent la date de ces actes, au moyen de feuilles 122 C. (Circ. 7 du 7 juin 1869 et 17 du 16 mars 1870.)

SECT. XII. — VENTE D'ANIMAUX ET D'OBJETS SUJETS A DÉPÉRISSEMENT. — VENTE AVANT CONFISCATION.

Dans le cas où la saisie comprendrait des animaux mis en fourrière ou des objets sujets à dépérissement, on fera procéder à la vente desdits objets ou animaux, conformément aux dispositions des articles 39 et 40 du décret du 18 juin 1811.

La vente doit s'effectuer dans les 8 jours. (Art. 39. *Ib.*)

Il importe d'observer les prescriptions impératives du décret précité, sans quoi le juge ne pourrait ordonner, au profit de la Régie, l'attribution du prix des objets vendus. (Trib. Doullens, 23 juill. 1896 ; Journ. Cont. ind. 1897.312.)

A cet effet, on adressera au juge de paix une requête sur papier timbré, format de 60 centimes ; en voici le modèle :

Modèle de requête.

A Monsieur le juge de paix du canton de

Le receveur des contributions indirectes à   requiert au nom de son Administration qu'il vous plaise ordonner, conformément aux art. 39 et 40 du décret du 18 juin 1811 :

1° Qu'il sera procédé le   à la vente, au plus offrant et dernier enchérisseur, d'un cheval et des harnais saisis en vertu de l'art.   de la loi du   par les employés de la Régie à

sur M.   qui en a refusé la remise sous caution à lui offerte par le procès-verbal ;

2° Que le prix de la vente restera déposé dans la caisse de la Régie pour recevoir la destination qui sera ordonnée par le jugement définitif à intervenir ; et vous ferez justice.

A   , le   *Signature.*

Cette requête, après qu'elle a été approuvée par le juge de paix, doit être soumise à l'enregistrement. (L. C. 24 du 21 nov. 1877.) Le droit d'enregistrement est de 1 fr. 88 (principal et décimes).

24 heures avant la vente, les employés apposeront dans les lieux les plus fréquentés, de préférence à la porte de la mairie, de la justice de paix et de la recette buraliste, des affiches sur papier libre.

Quand il s'agit de saisies importantes, on doit recourir à la publicité des journaux.

Modèle d'affiche.

Le public est prévenu qu'il sera procédé le   jour (1) de   à   heures du   au bureau de la recette buraliste de   à la vente aux enchères publiques et au profit de l'État d'un cheval saisi par procès·verbal du   en vertu de l'autorisation accordée par M. le juge de paix du canton, en date du   ou en vertu de jugement.

Au jour dit, le receveur procédera lui-même à l'adjudication, sans le secours d'un crieur, ni de personne, à moins de nécessité absolue. Dans ce dernier cas, il paierait les frais occasionnés moyennant quittance avec un timbre oblitéré de 10 cent., sur papier timbré, si la somme dépassait F. 10.

---

(1) S'il s'agit d'animaux ou d'objets périssables, le jour de la vente sera indiqué par affiches, vingt-quatre heures à l'avance, à moins que la modicité de l'objet ne détermine le magistrat à en ordonner la vente sans formalité, ce qu'il exprimera dans son ordonnance. (Art. 40 du décret du 18 juin 1811.)

Modèle d'acte de vente.

Après la vente, on dressera le procès-verbal dont voici le modèle :

L'an... et le (*mettre tout au long le protocole des procès-verbaux*) je soussigné, receveur des contributions indirectes, assermenté en justice, certifie qu'en vertu de l'art. 40 du décret du 18 juin 1811 (ou bien en vertu de l'art. 33 du décret du 1er germinal an XIII, si les objets saisis ont été vendus après jugement), après affiches signées de moi et apposées tant à la porte de la maison commune qu'à celle de l'auditoire du juge de paix, le   j'ai procédé aujourd'hui à   et en présence du public assemblé, à la vente au plus offrant et dernier enchérisseur de   saisis par procès-verbal du   sur M.   et dont la vente a été ordonnée sur requête par M. le juge de paix (en vertu du jugement rendu le   par   ou en vertu de transaction du)   . Ladite vente faite à la charge par l'acquéreur d'acquitter avant l'enlèvement, outre le prix auquel il aura porté les objets qui lui ont été adjugés, les droits dont ils sont passibles. Lesdits objets ayant été mis successivement à prix par diverses personnes, ont été adjugés : 1° Telle chose à un tel demeurant à   ; 2° Telle chose à un tel demeurant à   , derniers enchérisseurs, au prix de   qu'il a ou qu'ils ont payé comptant, ainsi que les droits. La vente étant terminée, j'ai signé avec MM.

Cet acte, dressé sur papier timbré de 60 cent., sera soumis à l'enregistrement, et on fournira un état des frais comprenant :

1° La requête, 0 fr. 60 cent. ;

2° Les frais d'enregistrement d'icelle, 1 fr. 88 (principal et décimes);

3° Le procès-verbal de vente, 0 fr. 60 ;

4° L'enregistrement d'icelui, proportionnel.

Le produit réel de la vente sera porté en recette au 74 B.

D'après l'art. 1593 du Code civil, les frais des procès-verbaux d'adjudication, autrement dit les frais de vente, doivent être mis à la charge de l'acheteur. (L. C. du 21 nov. 1877.)

Si on procédait autrement, l'Administration n'hésiterait pas à mettre à la charge des comptables les sommes qui auraient été indûment payées à titre de frais de vente. (L. C. 24 du 21 nov. 1877.) Les dépenses de l'espèce qui figureraient aux états 100 A ou 98 seraient rejetées.

Les frais de fourrière restent à la charge de l'Administration. (Applic. de l'art. 39 du décret du 18 juin 1811.)

Les frais de fourrière, devant nécessairement varier suivant les localités, n'ont pu être tarifés.

La taxe, sauf convention, reste à l'arbitraire du juge. (Déc. Min. Just., 13 août 1813.)

Vente d'objets saisis dont la confiscation est prononcée par jugement.

Les affiches ne doivent être apposées que lorsque le jugement a acquis force de chose jugée. Il n'est procédé à la vente que le cinquième jour après la date de l'apposition des affiches (Décret de germ. an XIII, art. 33); autrement dit, la vente ne doit pas précéder le cinquième jour, mais elle peut avoir lieu ce cinquième jour.

SECT. XIII. — PROCÈS-VERBAUX EN MATIÈRE DE SUCRE.

Le directeur doit donner avis au bureau des sucres (2ᵉ division, 2ᵉ bureau) des saisies opérées.

Il utilise, à cet effet, une formule nº 48, sur laquelle il relate les principales circonstances de la contravention. Cet avis est indépendant des communications qui doivent être faites sous le timbre du *contentieux*.

SECT. XIV. — PROCÈS-VERBAUX RAPPORTÉS CONTRE LES RECEVEURS BURALISTES ET LES DÉBITANTS DE TABACS.

Aux termes des règlements administratifs, les directeurs peuvent infliger soit des blâmes, soit des retenues sur remises ou des amendes dans la limite de 50 francs, aux receveurs buralistes et débitants de tabacs pour torts professionnels. (Arr. min. du 5 oct. 1896).

Quand les torts professionnels relevés à la charge des *buralistes* ont donné lieu à la rédaction d'un procès-verbal judiciaire, les directeurs doivent transmettre cet acte à l'Administration (*1ʳᵉ division, service général*), en exprimant leur avis avec leurs conclusions (f. 122 C en double expédition, copie du procès-verbal et du rapport sommaire et autres documents utiles, s'il y a lieu; circ. 194 du 24 déc. 1896).

Au contraire, lorsqu'il s'agit de débitants de tabacs, les directeurs statuent en même temps sur la peine et sur la transaction à consentir aux contrevenants, pourvu que le montant des condamnations encourues ou prononcées ne soit pas supérieur à 500 francs et que la mesure disciplinaire à infliger rentre dans la compétence déterminée ci-dessus. S'il s'agissait d'une peine disciplinaire dont l'application est réservée à l'Administration, celle-ci devrait être consultée (*sous le timbre de la première division, service général*) en même temps sur la suite à donner au procès-verbal, alors même que le montant des condamnations serait inférieur à 500 fr. (Circ. 194 précitée.)

Et si le minimum des condamnations encourues dépassait 500 francs, l'Administration devrait également être consultée (*timbre de la 1ʳᵉ division, service général*) sur la solution à donner à l'affaire.

SECT. XV. — PROCÈS-VERBAUX POUR RECEL. — COMPLICITÉ.

Lorsqu'un procès-verbal est rédigé pour recel avec complice, on doit donner une case du 122 A à chaque inculpé (*numéro et numéro bis*), délivrer assignation à chacun d'eux et conclure à une amende séparée. (L. C. sans numéro du 2 fév. 1874.)

Les pénalités se composent pour l'assujetti : 1° des amendes encourues de son chef ; 2° de la confiscation, qui ne peut être légalement requise qu'à l'encontre de celui qui est le propriétaire des boissons saisies ; des frais du procès-verbal, dont le sort doit, en thèse générale, suivre celui de l'action principale.

Pour le recéleur, les seules condamnations encourues consistent dans les amendes qui lui sont applicables par l'art. 9 de la loi du 21 juin 1873; les frais du procès-verbal ne viendraient s'ajouter à ces amendes que dans l'hypothèse où ils ne pourraient pas être recouvrés sur l'assujetti.

Les limites de la compétence pour l'approbation des transactions se détermineront d'après les bases fixées par l'article 23 du décret du 5 germinal an XII. (Décret du 16 mars 1901.) Il suit de là que l'affaire principale peut être de la compétence de l'Administration, tandis que celle inscrite au n° *bis* est simplement portée à l'approbation du directeur.

Il résulte de la combinaison des articles 50, 53 et 61 de la loi du 28 avril 1816, que toute cave communiquant intérieurement avec les locaux occupés par un débitant est réputée faire partie de ces derniers, et les boissons qui s'y trouvent sont légalement présumées appartenir au débitant. (Cass. 10 août 1832 ; M. 13.12 ; S. 32.1.771 ; D. 32.1.405 ; 25 nov. 1892 ; Bull. crim. 1892.294 ; D. 93.1.215 ; S. 93.1.334 ; 3 août 1893 ; Bull. crim. 1893.221 ; Gaz. trib. 4 août 1893 ; arr. Angers 28 janvier 1904.)

Cette présomption ne peut être détruite que par la production d'un bail authentique. (Art. 61 précité.)

Tandis que les présomptions simples, non établies par la loi, sont abandonnées aux lumières des magistrats, les présomptions légales, au contraire, ont pour effet de dispenser de toute preuve celui qui les invoque.

SECT. XVI. — INCIDENTS. — BLESSURES GRAVES. — SAISIES IMPORTANTES. — AVIS A DONNER A L'ADMINISTRATION SOUS LE TIMBRE DU CABINET DU DIRECTEUR GÉNÉRAL.

L'Administration désire être tenue au courant, par rapports sommaires adressés sous le timbre du *cabinet* du directeur général, et au besoin par télégrammes, de tous les incidents de quelque importance qui viennent à se produire (affaires importantes portées en justice, incidents d'audience, jugements, verdicts du jury, résolutions prises par les congrès de négociants, saisies importantes, rixes avec les fraudeurs, accusations portées contre le personnel, etc., etc.). (Circ. 582 du 17 mars 1890 ; L. C. 220 du 18 mars 1901 ; Note autogr. 357 du 5 avril 1906.)

Ces avis sont donnés sans préjudice des communications réglementaires à faire sous le timbre du contentieux.

SECT. XVII. — SAISIES DE TABACS, DE POUDRES, D'ALLUMETTES, DE PHOSPHORE ET DE CARTES D'ORIGINE ÉTRANGÈRE OPÉRÉES DANS LES DÉPARTEMENTS FRONTIÈRES. — COPIE DU PROCES-VERBAL A ADRESSER AU DIRECTEUR DES DOUANES.

L'Administration des douanes peut avoir intérêt à être renseignée sur les saisies de tabacs, de poudres, d'allumettes, de phosphore et de cartes de provenance étrangère opérées par les agents des contributions indirectes.

Les directeurs ou les sous-directeurs des départements frontières doivent adresser, sans retard, au directeur des douanes voisin un extrait des procès-verbaux de l'espèce. (Note autogr. 99 du 12 déc. 1903 et note 283 du 1er août 1905.)

Pour ce qui est des saisies pratiquées à l'intérieur de la France, l'Administration centrale se réserve, d'après les indications qui lui sont fournies, de signaler à la direction générale des douanes celles de ces saisies qui auraient trait à l'importation des tabacs, poudres, cartes, allumettes et phosphore. *Ib.*

SECT. XVIII. — FRAUDES CONSTATÉES PAR LA GENDARMERIE.

Afin d'inciter les gendarmes à rechercher plus activement les fraudes fiscales qu'ils ont le pouvoir de constater et d'encourager leur zèle, l'Administration a décidé d'allouer une gratification exceptionnelle à ces militaires lorsque, dans les saisies importantes, la part d'amende qui leur revient ne constitue pas une récompense suffisante. (Note autogr. du 4 juin 1897.10904.)

Elle a pris, en outre, ses dispositions pour faire insérer dans les journaux spéciaux à la gendarmerie les faits saillants (captures importantes, saisies opérées au cours de rondes de nuit, lutte avec des contrebandiers, etc.) relatés dans les procès-verbaux rapportés par les gendarmes en matière de contributions indirectes. *Ib.*

Pour entrer dans les vues de l'Administration, les directeurs devront donc désormais signaler, sous le timbre du contentieux, les actes de fraude qui, réprimés par les gendarmes, seront de nature, soit à motiver l'allocation d'une gratification exceptionnelle, soit à faire l'objet d'une notice destinée à être publiée dans les journaux spéciaux à la gendarmerie. *Ib.*

Les communications faites en l'objet à l'Administration devront être appuyées d'une copie du procès-verbal rapporté. *Ib.*

SECT. XIX. — ARRESTATION DES CONTREVENANTS. — CAS DANS LESQUELS ELLE PEUT ÊTRE OPÉRÉE.

L'arrestation a lieu, en matière de contributions indirectes, soit en vertu des articles 222 à 225 de la loi du 28 avril 1816, soit en vertu de l'article 106 du Code d'instruction criminelle. Il y a lieu à arrestation dans les cas suivants :

1° Fabrication, vente à domicile, transport et colportage des tabacs de contrebande. (Loi du 28 avril 1816, art. 222 ; loi du 31 mars 1903, art. 39.)

Falsification des tabacs des manufactures. (Loi du 25 mars 1817, art. 125.)

Fabrication, circulation, vente et colportage de tabacs factices. (Ib. et loi du 12 fév. 1835, art. 5.)

L'article 222 s'applique à l'individu colportant du tabac de cantine, par exemple de la 2ᵉ dans la 3ᵉ zone.

2° Fabrication, colportage et vente de poudres. (Art. 27 de la loi du 13 fruct. an V ; art. 25 de la loi du 25 juin 1841 ; loi du 13 avril 1898, art. 23.)

3° Fabrication, vente à domicile, colportage d'allumettes, détention de pâtes phosphorées. (Art. 3 de la loi du 28 janv. 1875 ; art. 20 de la loi du 16 avril 1895.)

4° Détention des ustensiles, instruments, machines ou mécaniques affectés à la fabrication des allumettes chimiques, lorsque cette détention est accompagnée de celle des allumettes ou d'objets et matières rentrant dans une des catégories ci-après :

a) Bois d'allumettes blanches ou soufrées ayant moins de 10 centimètres de longueur, mèches d'allumettes de cire ou de stéarine ;

b) Matières propres à la préparation de pâtes chimiques ;

c) Boîtes vides et cartonnages destinés à contenir des allumettes. (Loi du 30 janvier 1907, art. 28.)

5° Il en est de même à l'égard de celui qui se livre, soit au débitage des bois d'allumettes, soit à la fabrication des allumettes soufrées, soit au filage des mèches en cire ou en stéarine, soit à la fabrication des boîtes vides et cartonnages destinés à contenir des allumettes, s'il n'a pas fait préalablement la déclaration au bureau de la Régie. *Ib.*

6° Fabrication, colportage et vente de phosphore. (Applic. art. 21 de la loi du 16 avril 1895 ; arr. Dijon 21 janvier 1903 ; Bull. Cont. ind. 1903,6.)

7° Fraudes et contrebande sur les cartes. (Art. 166, 167 et 169 de la loi du 28 avril 1816.)

On ne doit procéder à l'arrestation des colporteurs que lorsque les cartes proviennent d'une fabrique clandestine, à moins qu'elles n'aient été fabriquées à l'étranger. (Circ. 248 du 14 mai 1841.)

8° Fabrication d'eaux-de-vie dans Paris ou dans toute autre localité soumise au même régime prohibitif. (Loi du 21 juin 1873, art. 14.)

9° Revivification, tentative de revivification, détournement d'alcools dénaturés. Vente ou détention de spiritueux additionnés d'alcools dénaturés. (Art. 11 de la loi du 16 déc. 1897.)

10° Détention ou vente d'alcool méthylique mélangé à l'alcool éthylique. (Art. 5 et 11 de la loi du 16 déc. 1897.)

11° Fraudes commises dans les distilleries à l'aide de souterrains ou tout autre moyen d'adduction ou de transport dissimulé de l'alcool. (Loi du 16 déc. 1897, art. 11.)

12° Il y a lieu également à arrestation de toute personne convaincue de fraude sur les spiritueux au moyen d'engins disposés pour les dissimuler et de celles qui sont surprises transportant frauduleusement, en vue de la vente de l'alcool de cru ou de l'alcool fabriqué clandestinement. (Loi du 30 janv. 1907, art. 20.)

13° Les dispositions des articles 222, 223, 224 et 225 de la loi du 28 avril 1816 relatives à l'arrestation et à la détention des contrevenants, sont applicables à toute personne qui aura été surprise fabriquant de l'alcool en fraude et à tout individu transportant de l'alcool sans expédition ou avec une expédition altérée ou obtenue frauduleusement. (Loi du 29 déc. 1900, art. 14.)

14° Fraude dissimulée sous vêtements ou au moyen d'engins disposés pour l'introduction ou le transport frauduleux de *spiritueux* soit à l'entrée des villes, soit dans le rayon déterminé par l'article 12 de la loi du 21 juin 1873. (Art. 106 du Code d'instruction criminelle et loi du 20 mai 1863 sur les flagrants délits. Faustin Hélie, t. VI, p. 521.)

15° Dépôt frauduleux d'alcool dans un lieu sujet, avec des engins prohibés. (Art. 12, § 2, de la loi du 21 juin 1873 ; Cass. 2 janvier 1880 ; M. 21.166.)

On ne peut assimiler le cas d'extraction d'un entrepôt sans déclaration et le transport des spiritueux sous vêtements pour dissimuler la sortie de l'entrepôt à la fraude punie par l'art. 12 de la loi du 21 juin 1873. (Cass. 5 avril 1895 ; Journ. Cont. ind. 1898.4.51.)

16° Fraude au moyen d'engins disposés pour l'introduction frauduleuse des huiles autres que les huiles minérales. (Art. 6 de la loi du 31 déc. 1873.)

17° Introduction ou tentative d'introduction dans les communes ayant un octroi de denrées sujettes aux droits d'octroi, à l'aide d'ustensiles préparés ou de moyens disposés pour la fraude. (Loi du 29 mars 1832, art. 9, et loi du 24 mai 1832, art. 9.)

18° Fraude par escalade, souterrain ou à main armée, à l'entrée des villes sujettes aux droits d'entrée ou d'octroi. (Art. 46 de la loi du 28 avril 1816 ; art. 9 des lois des 29 mars 1832 et 24 mars 1834.)

Ces dispositions s'appliquent aux huiles autres que minérales. (Art. 6 de la loi du 31 décembre 1873.)

19° Vente pour fin d'ouvrages en or ou en argent faux. (Loi du 1er août 1905, art. 1 et 6.)

20° En matière de *douanes*, lorsque l'infraction présente le caractère d'un délit donnant lieu à l'application de la peine d'emprisonnement. (Loi du 9 floréal an VIII ; art. 3 et 6 de l'arrêté du quatrième jour complémentaire de l'an XI, 41 de la loi du 28 avril 1816, 34 de celle du 21 avril 1818 et 1er de celle du 2 juin 1875.)

21° L'article 106 du Code d'instruction criminelle donne aux agents de la Régie, comme à tout citoyen, le droit d'arrêter et de remettre à l'autorité judiciaire les contrefacteurs ou trafiquants de plaques de contrôle destinées aux vélocipèdes. Le cas échéant, il y aurait lieu également de signaler d'urgence à la justice tous faits de fabrication, de détention ou de vente de fausses plaques qui parviendraient à la connaissance 'du service et de rendre compte, en même temps, sous le timbre du Contentieux, des découvertes de l'espèce. Note du 27 mars 1907, n° 41.

Il convient d'ajouter que l'arrestation ne doit être opérée que lorsque le fait de fraude est *flagrant*, c'est-à-dire constaté au moment même où il est commis.

Si une personne en état d'arrestation oppose de la résistance et refuse d'accompagner les employés devant un officier de police judiciaire, il convient, plutôt que de l'y contraindre par la force, de faire intervenir la force publique (gendarmerie, police, troupe, etc.).

Les autorités civiles et militaires et la force publique sont tenues de prêter assistance aux préposés de la Régie dans l'exercice de leurs fonctions. (Art. 51 du décret du 1er germ. an XIII, art. 245 de la loi du 28 avril 1816 et art. 234 du Code pénal.)

Une copie sur papier libre du procès-verbal doit accompagner le prévenu en état d'arrestation. Cette copie justifie les causes de l'arrestation et forme titre pour les autorités à qui le prévenu a été remis et pour le juge d'instruction qui doit prononcer sur le maintien de l'arrestation ou sur la mise en liberté du délinquant.

Dans le cas où l'arrestation des contrevenants n'est que l'exercice anticipé de la contrainte par corps, comme la contrainte par corps ne peut être prononcée contre les mineurs de 16 ans, on doit s'abstenir de mettre en arrestation les individus âgés de moins de 16 ans contre lesquels il aurait été verbalisé. (Circ. 1073 du 14 oct. 1867.)

La loi du 28 avril 1816 qui, pour faciliter la répression de la contrebande sur les tabacs, a autorisé les préposés de l'Administration à arrêter et à constituer prisonniers les colporteurs qu'ils surprennent en fraude, n'a pas entendu que les individus ainsi arrêtés pussent être écroués et détenus sur un simple ordre des préposés ; l'article 224 impose, au contraire, à ces derniers, l'obligation de remettre à la force armée, ou de conduire eux-mêmes devant un officier de police judiciaire, les individus qu'ils arrêtent; il s'ensuit évidemment que le droit qui leur est accordé par l'article 223 de les constituer prisonniers ne doit s'entendre que pour le cas où les délinquants ont été arrêtés dans un lieu trop éloigné du domicile du juge compétent, pour qu'ils puissent être traduits sur-le-champ devant ce magistrat, à qui seul il appartient, suivant les circonstances, de statuer sur la mise en liberté ou l'emprisonnement. Mais cette dernière mesure ne peut avoir lieu, comme dans les délits ordinaires, qu'en vertu d'un mandat de dépôt ou d'un mandat d'arrêt, lequel, aux termes de l'article 97 du Code d'instruction criminelle, doit être mis à exécution par le ministère d'un huissier ou d'un agent de la force armée, dont les employés des contributions indirectes ne font pas partie, et la liberté civile serait trop souvent compromise si l'on pouvait suivre une autre marche dans les cas dont il s'agit. (Lettre de M. le Garde des sceaux au directeur général des contributions indirectes du 8 décembre 1818.)

Les prévenus sont conduits à pied par la gendarmerie, de brigade en brigade ; néanmoins ils pourront, si les circonstances l'exigent, être transférés soit en voiture, soit à cheval, sur les réquisitions notifiées des officiers de justice. (Décret du 18 juin 1811, art. 4 et suiv.)

Toutes les fois qu'un prévenu aura été arrêté, il en sera fait mention au registre mémorial 122 A. Les directeurs et sous-directeurs s'informeront si cette arrestation a occasionné des frais de transport et, dans l'affirmative, ils en prendront note, afin de faire payer ces frais lorsque le contrevenant sera admis à transiger. (L. C. du 21 nov. 1877.)

Les détenus préventivement ou par suite d'un jugement peuvent être mis en liberté sur la simple autorisation du directeur, lorsqu'ils sont malades ou lorsque leur famille est dans une position qui exige impérieusement leurs soins. (Circ. 310 du 1er août 1855 et 1073 du 14 oct. 1867.)

La détention, au sens juridique du mot, ne commence qu'au moment où le magistrat délivre contre l'inculpé un mandat de dépôt ou d'arrêt. (Cass. 16 mars 1893 ; Pand. Franç. ; 93.1.465 ; S. 93.1.216 ; D. 93.1.532 ; Bull. crim. 1893.79.)

Cependant l'individu mis en état d'arrestation et ultérieurement condamné à l'amende, commence à subir la contrainte par corps à partir de son arrestation. (Cass. 26 fév. 1904.)

Dès leur entrée dans la maison d'arrêt, les détenus sont fouillés, et l'argent trouvé en leur possession est déposé au greffe de la prison. En vertu d'un titre exécutoire, de la grosse d'un jugement par exemple, la Régie fait procéder, par ministère d'huissier, à la saisie-exécution des sommes dont il s'agit. Si le détenu y consent, la somme saisie est l'apurement de la créance dont le recouvrement est poursuivi ; dans le cas contraire, l'huissier s'empare de ladite somme et la verse à la Caisse des dépôts et consignations.

En principe, pour se faire attribuer jusqu'à concurrence de ce qui est dû la somme déposée, la Régie devrait suivre la procédure tracée par les articles 656 et suivants du Code de procédure civile. Mais nous croyons savoir que, dans la pratique, la Caisse des dépôts et consignations se dessaisit des fonds quand la demande lui est faite officiellement par l'Administration et qu'il n'existe pas d'autres créanciers opposants.

SECT. XX. — MARCHE A SUIVRE A L'ÉGARD DES CAUTIONS DES CONTREVENANTS.

L'article 224 de la loi du 28 avril 1816 porte : «... Si le prévenu offre bonne et suffisante *caution* de se présenter en justice et d'acquitter l'amende encourue, ou s'il consigne lui-même le montant de ladite amende, il sera mis en liberté, s'il n'existe aucune charge contre lui. »

Si les poursuites exercées contre le contrevenant n'aboutissent pas à un résultat utile, on assignera la caution devant le tribunal civil pour s'entendre condamner en vertu de son engagement. L'instance sera suivie d'après les règles de droit commun (constitution d'avoué, plaidoiries, etc...).

Le jugement obtenu sera notifié à défaut d'exécution ; et lorsqu'il aura acquis l'autorité de la chose jugée, on procédera par voie de saisie mobilière.

Toutefois, malgré l'offre d'une caution solvable, le prévenu doit être maintenu en état d'arrestation si le fait contraventionnel entraîne, indépendamment de l'amende fiscale, l'application d'une peine de droit commun.

Il n'appartient pas aux saisissants d'arbitrer la somme au payement de laquelle un contrebandier mis en état d'arrestation peut obtenir sa liberté. Dans les cas de l'espèce, le contrevenant doit être conduit devant le directeur ou le sous-directeur, qui apprécie les conditions de la répression à exercer.

SECT. XXI. — OPPOSITION AUX ORDONNANCES DU JUGE D'INSTRUCTION.

L'article 224 de la loi du 28 avril 1816 a investi le juge d'instruction du droit absolu d'ordonner le dépôt du contrevenant à la maison d'arrêt, ou sa mise en liberté, sous la seule réserve que sa décision soit motivée. (V. arr. Douai 21 mars 1831.)

Mais la Régie, en sa qualité de partie civile, peut attaquer, devant la Chambre des mises en accusation, par la voie de l'opposition, la décision du juge qui fait grief à ses intérêts. (Art. 135 Code instr. crim.; Cass. 4 nov. 1898; Bull. Cont. ind. 1900.4 ; Note autogr. 298 du 17 oct. 1905.)

Le juge est tenu de décerner un mandat de dépôt contre l'individu arrêté pour colportage d'allumettes, à moins que le prévenu n'offre bonne et suffisante caution ou ait un domicile connu. (Arr. Montpellier 19 avril 1899 ; Bull. Cont. ind. 1900.4.)

Le délai pour former opposition est de 24 heures à compter de la signification de l'ordonnance (art. 135 Code instr. crim.), c'est-à-dire que l'opposition peut être formée pendant toute la journée du lendemain qui suit cette date.

La forme de l'opposition est la même que celle de l'appel, c'est-à-dire une simple déclaration au greffe du tribunal. (Art. 119 et 203 Code instr. crim. ; Cass. 26 avril 1902 ; Bull. Cont. ind. 1902.13.)

Il est admis toutefois que l'opposition peut être formée par exploit d'huissier signifié au Parquet et au prévenu.

D'après quelques arrêts, la notification au Parquet dans le délai fixé par l'article 135 serait même suffisante. (Cass. 17 août 1839 ; S. 39.1.978; D. 39.1.367.)

Quant à ses effets, l'article 135 décide que l'inculpé détenu gardera prison jusqu'à ce qu'il ait été statué sur l'opposition, et, dans tous les cas, jusqu'à l'expiration des délais d'opposition.

La Régie a intérêt à être informée, sans retard, des ordonnances de mise en liberté par une signification régulière; or il est arrivé que des délinquants étaient mis en liberté sans que le directeur en fût avisé.

Saisi de la question, le garde des sceaux, après s'être concerté avec son collègue des finances, a adressé aux chefs des parquets l'instruction reproduite ci-après, afin d'assurer plus régulièrement la signification, aux représentants de l'Administration des contributions indirectes, des ordonnances décidant la mise en liberté des contrebandiers, mais sous la réserve que la Régie prendrait à sa charge les frais de cette signification.

« L'Administration des contributions indirectes s'est plainte de ne « pas être régulièrement informée des ordonnances décidant la mise en « liberté des délinquants arrêtés et conduits devant les juges, confor- « mément aux prescriptions de l'article 224 de la loi du 28 avril 1816.

« D'accord avec M. le ministre des finances, j'ai décidé que ces « ordonnances seront signifiées dans les termes de l'article 135 du « Code d'instruction criminelle à l'Administration des contributions « indirectes pour la mettre à même d'user, s'il y a lieu, des voies de « recours légales.

« La signification devra être faite aux frais de cette Administration « et adressée au fonctionnaire le plus élevé en grade de l'arrondisse- « ment où siège le tribunal : directeur au chef-lieu du département, « sous-directeur au chef-lieu d'arrondissement ou receveur entrepo- « seur des tabacs dans les arrondissements non pourvus d'un sous- « directeur. » (V. note autogr. 298 du 17 oct. 1905.)

SECT. XXII. — PRIMES D'ARRESTATION. — TABACS ET POUDRES A FEU. — VALEUR DES TABACS ET DES POUDRES. — ÉTATS 71 A ET B.

Une prime de 15 francs est accordée pour toute personne arrêtée pour vente et colportage de tabacs. (Ord. du 31 déc. 1817, art. 1er ; Circ. 29 du 16 mars 1818 ; 141 du 21 mars 1837.)

Pareille prime est payée pour toute personne arrêtée pour fabrication, vente et colportage de poudres à feu. (Ord. du 17 nov. 1819 et du 5 oct. 1842 ; circ. 29 du 16 mars 1818 et 110 du 26 août 1835 ; 280 du 12 janv. 1843.)

Le mieux est de conduire le contrevenant devant le juge d'instruction, qui seul a qualité pour le relaxer ou le maintenir en état d'arrestation ; néanmoins l'Administration consent à payer la prime lorsque le contrevenant a été remis à la force armée.

Il est à remarquer, d'ailleurs, que l'article 224 de la loi du 28 avril 1816 laisse aux verbalisants la faculté de remettre le contrevenant soit à un officier de police judiciaire, soit à la force armée. Par officiers de police judiciaire il faut entendre le procureur de la République (ou substituts), le préfet de police, les maires, les adjoints, les juges de paix et les commissaires de police.

Si les prévenus offrent bonne et suffisante caution de se présenter en justice et d'acquitter l'amende encourue, ils seront mis en liberté s'il n'existe aucune autre charge contre eux. (Art. 224 précité.)

Il n'appartient pas aux saisissants d'arbitrer la somme au payement de laquelle un contrebandier mis en état d'arrestation peut obtenir sa liberté. Dans les cas de l'espèce, le contrebandier doit être conduit devant le directeur ou le sous-directeur, qui apprécie les conditions de la répression à exercer.

La prime se paie d'urgence, sauf régularisation au moyen des états 71 A (tabacs) ou 71 B (poudres). (Circ. 20 du 8 fév. 1818 ; § 344 de la Nomencl. du règl. de 1866.)

La prime est partagée par tête, sans acception de grade et sans que sur le montant il puisse être fait déduction d'aucuns frais.

Il n'est pas fait de prélèvement au profit du fonds commun. (Décision 17168 du 23 nov. 1899.)

En cas d'arrestation d'un individu colportant du tabac et des allumettes, on paie la prime dont le taux est le plus élevé.

La prime est due pour l'arrestation des colporteurs de tabacs de zone et de tabacs de troupe, aussi bien que s'il s'agissait de tabacs étrangers.

Paiement des poudres saisies : 3 fr. par kilogr., sans distinction de qualité. (Art. 3 de l'ord. du 17 nov. 1819.)

Paiement des tabacs saisis : Les tabacs saisis sont payés à raison de :

Décret du 1er oct. 1872 ; circ. 71 du 4 nov. 1872.

- 200 fr. les 100 kil. s'ils sont classés comme propres à la fabrication du tabac ordinaire (1).
- 150 fr. les 100 kil. s'ils consistent en tabacs de cantine propres à être vendus ;
- 125 fr. les 100 kil. s'ils sont jugés susceptibles de servir à la fabrication du tabac de cantine ;
- 50 fr. les 100 kil. s'ils ne sont pas jugés propres à la fabrication (détruits).

Ord. du 31 déc. 1817, art. 4.
- Indemnité plus élevée réglée par le Conseil d'administration si le tabac est de qualité supérieure.

Pour la répartition de la valeur des tabacs et des poudres saisis, on devra suivre la contexture des états 71 A ou B. (Voir les circ. 29 du 16 mars 1818 (tabacs) et 25-1 du 25 juin 1829 (poudres).

Le partage de la valeur des tabacs, poudres à feu, allumettes et autres matières prohibées a lieu par tête et sans acception de grade ou de fonctions. (Décret du 22 avril 1898, art. 8.)

La valeur des tabacs, poudres et allumettes allouée aux saisissants ne doit pas supporter de prélèvement au profit du fonds commun : elle doit être répartie dans les conditions déterminées par les règlements spéciaux sur la matière, règlements que le décret du 22 avril 1898 n'avait pas abrogés.

Primes revenant aux préposés des douanes qui arrêtent des colporteurs ou des porteurs de tabacs et de poudres à feu. (Voir circ. 141

_____

(1) Il en est de même des tabacs qui peuvent être remis en vente sans manipulations nouvelles.

du 21 mars 1837 (tabacs) et 280 du 12 janvier 1843 (poudres à feu).

La prime d'arrestation est payée aux agents des douanes, toutes les fois que la saisie comprend 500 grammes de poudre, ou 500 grammes de tabac, ou 500 grammes de tabac et de poudre réunis. (Décision du 20 mars 1900.)

Les états 71 A et B sont adressés mensuellement à la comptabilité. Un extrait de ces états est joint au dossier de l'affaire contentieuse. On utilise à cet effet la première partie du modèle n° 71. (Circ. 17 du 16 mars 1870.)

Versements aux receveurs principaux des douanes des parts revenant aux agents de cette administration dans les répartitions de la valeur des tabacs, des poudres à feu et des allumettes saisies.

Lorsqu'ils effectuent le versement mensuel à leurs collègues des douanes des parts revenant aux agents de cette administration, les receveurs principaux des contributions indirectes doivent retirer une quittance à souche *collective* distincte pour chacune des lignes 144, 158 et 159 *bis* ; mais chacune de ces quittances doit donner au dos, ou sur un bordereau y annexé, le détail par affaire, c'est-à-dire le numéro de chaque état de répartition et la somme afférente à chacun d'eux. On annotera chaque état de répartition en regard des sommes revenant aux douanes de la manière suivante : « Voir quittance collective jointe à l'état 71. » (Circ. Compt. publ. 136 du 18 janv. 1904. 1843.136.)

SECT. XXIII. — PRIMES D'ARRESTATION. — ALLUMETTES ET PHOSPHORE. — VALEUR DES ALLUMETTES ET DU PHOSPHORE. — ɛTAT 71 C.

Les décrets du 10 août 1875 et du 6 avril 1895 allouent une prime de 10 francs pour toute arrestation relative à la fabrication, au colportage et à la vente des allumettes de fraude. (Circ. 581 du 18 fév. 1890 et 129 du 4 sept. 1895.)

La prime d'arrestation de 10 francs est due quand il s'agit d'un colportage de phosphore. (Déc. de l'Adm. du 6 août 1896 ; Lett. de la Dir. gén. des Douanes au Dir. de Lyon du 24 oct. 1891 ; Lett. au Dir. de Meurthe-et-Moselle du 29 déc. 1905. 31883.)

La prime se paye immédiatement aux saisissants, ainsi que la valeur des allumettes et du phosphore au moyen d'un état 71 C, dont une copie est annexée au dossier contentieux. (Circ. 581 du 18 fév. 1890, 129 du 4 sept. 1895.)

Si, parmi les objets saisis, figurent du phosphore, du soufre ou des bois débités, dirigés sur une manufacture, il faut, avant d'établir l'état 71 C, attendre le procès-verbal d'expertise des ingénieurs de la manufacture à laquelle on a expédié ces matières. (*Ib.* et circ. 45 du 12 nov. 1892.)

Les envois de phosphore et de soufre à la manufacture sont toujours effectués en *port payé*. (Circ. 361 de 1899.)

Après réception du procès-verbal d'expertise de la manufacture, on établira l'état 71 C, et les saisissants recevront la part qui leur est attribuée dans la valeur du phosphore, du soufre, etc., sans déduction pour les frais d'emballage et de transport, lesquels seront compris parmi les frais divers du procès-verbal et recouvrés ultérieurement sur les sommes encaissées par suite de transaction ou d'exécution du jugement. (Circ. 361 du 17 août 1899.)

La prime d'arrestation n'est pas payée si le délinquant est âgé de moins de 16 ans. (Décision du 11 mai 1901.)

Valeur des allumettes	en bois ou en papier : 10 cent. le mille en cire : 30 cent. le mille	Circ. 581 préc. Décision 29 juin 1901, n° 10460.
Valeur du phosphore, du soufre et des bois débités.	Prix fixé par le conseil d'expertise de la manufacture.	Circ. 581 et 45 précitées, et L. C. n° 54 du 12 déc. 1892.

Dans les saisies dites de *minuties*, mettre à l'appui du 71 C une copie de chacun des procès-verbaux administratifs. (Circ. 118 du 3 mai 1895.)

En matière de tabacs, poudres et allumettes, l'indicateur a droit au tiers de la valeur de ces marchandises.

En matière de tabacs et de poudres, les indicateurs ont encore une part sur la prime d'arrestation, s'ils ont coopéré à cette arrestation. (Circ. 29 du 16 mars 1818.)

En matière d'allumettes et d'alcool, au contraire, les indicateurs n'ont aucune part à la prime d'arrestation. (V. le texte des ordonnances et des décrets accordant les primes.)

Primes d'arrestation revenant aux préposés des douanes qui arrêtent, à l'importation, des colporteurs ou des porteurs d'allumettes. (V. circ. 326 du 1er mars 1899.)

La prime de 10 fr. est accordée aux agents des douanes pour chaque individu arrêté contre lequel il aura été rédigé un procès-verbal constatant la saisie de 500 allumettes au moins. Cette prime sera néanmoins payée, même pour une quantité inférieure à 500 allumettes, lorsque le procès-verbal établira que, dans une période de 15 jours, le porteur aura déjà été arrêté avec des quantités suffisantes pour parfaire le minimum spécifié. *Ib.*

Le phosphore saisi par les agents de la douane est déposé au bureau de la Régie le plus voisin, chargé de le diriger, le cas échéant, sur une manufacture de l'État. Les frais de transport et d'emballage sont avancés par la Régie pour le compte de la douane. La valeur estimative du produit saisi est encaissée par le receveur principal des douanes qui en provoque la répartition aux ayants droit. (Circ. 361 du 17 août 1899.)

Lorsque le procès-verbal est rapporté dans la ligne des douanes par les agents de cette administration, il incombe aux receveurs principaux des contributions indirectes de payer, au vu des procès-verbaux dressés par les employés des douanes, le montant de la prime d'arrestation des fraudeurs et celui de la valeur des allumettes. (Circ. 2022 du 14 mai 1890. Douanes.)

SECT. XXIV. — PRIMES D'ARRESTATION. — ALCOOL. — ÉTAT 99 C.

L'article 14 de la loi du 29 décembre 1900 autorise l'arrestation de tout individu surpris fabriquant de l'alcool en fraude ou transportant de l'alcool, soit sans expédition, soit avec une expédition altérée ou obtenue frauduleusement. Dans la circulaire n° 423 du même jour, page 34, l'Administration a recommandé d'user de ce droit avec la plus grande circonspection. Les agents ne doivent procéder qu'à l'arrestation des professionnels de la fraude, des inconnus suspects et n'offrant aucune garantie pécuniaire, et seulement lorsque les circonstances de fait ne laissent aucun doute sur l'intention de fraude des délinquants. (Note autogr. 4431 du 21 mars 1901.)

Pour ne pas grever le budget d'un crédit spécial permettant de payer les primes d'arrestation en matière d'alcool sur les mêmes bases que les primes d'arrestation en matière de tabacs, de poudres et d'allumettes, l'Administration a décidé qu'au lieu et place de la prime, une gratification de 15 francs, à prélever sur le fonds commun, serait, jusqu'à nouvel ordre, allouée aux saisissants et que des propositions seraient adressées à l'Administration sur des états 99 C. (Note autogr. 14.685 du 31 mai 1902.)

SECT. XXV. — CAS DANS LESQUELS LA PRIME D'ARRESTATION N'EST PAS DUE.

Il n'est accordé de primes qu'en matière de tabacs, de poudres, d'allumettes, de phosphore et d'alcool.

Il n'y a pas de prime d'arrestation en matière de cartes à jouer.

Si le colporteur arrêté a moins de seize ans, bien qu'il paraisse en avoir dix-sept ou dix-huit, la prime n'est pas payée, à quelque service qu'appartiennent les verbalisants.

Il est fait exception lorsque le mineur de 16 ans a commis un délit contraventionnel passible à la fois de l'amende fiscale et de la peine d'emprisonnement. Ici, le tribunal a à apprécier si le prévenu a agi avec ou sans discernement. Si la réponse est négative, aucune peine d'emprisonnement n'est prononcée, et la prime d'arrestation n'est pas payée. Au contraire, si le tribunal déclare que le prévenu a agi avec discernement, la durée de l'emprisonnement se trouve réduite simplement de moitié par application de l'article 69 du Code pénal, et la prime d'arrestation est due. En résumé, on doit payer la prime d'arrestation, lorsque le tribunal a déclaré que le mineur *a agi avec discernement* et *a condamné ce dernier à une peine d'emprisonnement.* (Corresp. admin.)

Au point de vue pénal, la question de discernement doit être examinée si le prévenu a moins de 18 ans. (Art. 1er de la loi du 12 avril 1906.) Mais au point de vue de la prime, il faut distinguer : la prime est toujours due si le contrevenant est âgé de plus de 16 ans : elle est encore payée lorsque le prévenu est âgé de moins de 16 ans, lorsque ce dernier a encouru une peine d'emprisonnement et que le tribunal déclare qu'il a agi avec discernement.

Si le mineur de 16 ans a encouru une simple amende fiscale, la prime n'est pas due.

Si le contrevenant n'est pas arrêté sur-le-champ, la prime n'est pas due; mais s'il est arrêté ultérieurement sur un mandat du procureur de la République, il est dû des frais de capture d'après le tarif rappelé dans la circulaire n° 336 du 25 avril 1846. Ces frais de capture sont dus également lorsqu'un individu est arrêté pour exécution de la contrainte par corps. (*V. Prime de capture.*)

La détention préventive étant considérée comme l'exercice anticipé de la contrainte par corps, il n'y a pas lieu d'arrêter, à la fois, le mari et la femme, puisque le mari et la femme ne peuvent être simultanément contraints par corps, même pour des dettes différentes. (Art. 16 de la loi du 22 juill. 1867.)

Par suite, il n'y aurait pas lieu d'allouer une prime pour l'arrestation de la femme arrêtée en même temps que son mari.

SECT. XXVI. — TRANSPORT DES PRISONNIERS.

Lorsque les individus arrêtés ne pourront faire à pied le trajet du lieu où a été opérée la saisie au chef-lieu d'arrondissement, cette impossibilité sera constatée par un médecin (art. 5 et 6 du décret du 18 juin 1811), et ce certificat sera joint à une réquisition qui sera dressée pour effectuer le transport du prévenu. Toutes les fois qu'un prévenu a été arrêté, il devra en être fait mention au 122 A. On s'informera immédiatement si cette arrestation a occasionné des frais, et, dans le cas de l'affirmative, on en prendra note, afin de faire payer ces frais lorsque le contrevenant sera admis à transiger. (L. C. 24 du 21 novembre 1877.) Si ces frais n'étaient connus que fort tard, ce qui arrive souvent, on aurait soin de ne pas faire la répartition de la transaction consentie ou des condamnations payées, ou de retarder la production d'un état 98, jusqu'à ce que tous les frais extraordinaires fussent connus.

Pour la manière de transporter les prévenus, on peut consulter la circulaire n° 789 du 31 août 1861.

Dans certains ressorts, l'emprisonnement d'un contrevenant par l'intermédiaire de la force publique nécessite la rédaction d'un mandat de dépôt qui est dressé par un huissier à la requête du juge d'instruction ou du procureur de la République; l'huissier a droit ici, comme pour un écrou simple, à une somme de 3 francs. Cette allocation, qui varie, d'ailleurs, suivant les localités, est attribuée aux huissiers par le tarif criminel. (Décret du 18 juin 1811, art. 71 et suivants.)

La quittance remise par le voiturier peut être libellée sur papier libre jusqu'à 10 francs inclusivement. Au-dessus de cette somme, il convient de produire un mémoire (ou facture) acquitté et établi sur papier timbré à 60 centimes.

SECT. XXVII. — PRIME POUR DESTRUCTION DE CHIENS DE CONTREBANDIERS.

L'Administration alloue une prime de 3 francs aux agents qui prennent et abattent un chien employé à la contrebande ou utilisé par les fraudeurs, aussi bien à l'intérieur qu'à la frontière, soit pour éclairer leur marche, soit pour les défendre au cours des luttes qu'ils engagent contre les préposés.

Le paiement de ces primes, dont le partage a lieu *par tête sans distinction de grade*, est autorisé par les directeurs, et la dépense en résultant est liquidée de la même manière que les frais judiciaires. Toutefois, afin d'éviter les abus, les agents ont, indépendamment du procès-verbal administratif ou judiciaire, relatant les circonstances de la capture, à représenter au sous-directeur ou au directeur la patte gauche postérieure de l'animal. Ils doivent, en outre, mentionner dans leur procès-verbal, qu'ils ont enfoui profondément les chiens abattus. (Circ. 194 du 24 déc. 1896.)

SECT. XXVIII. — EXPULSION DES ÉTRANGERS SURPRIS EN FLAGRANT DÉLIT DE FRAUDE EN MATIERE D'ALLUMETTES OU DE POUDRES DE CHASSE.

Les individus qui se livrent à cette fraude sont, le plus souvent, de nationalité étrangère, sans ressources, tirant de la contrebande et au besoin du vol leurs seuls moyens d'existence.

Non seulement ils sont dans l'impossibilité d'acquitter l'amende qu'ils encourent, mais encore leur présence sur notre territoire est une cause de démoralisation pour les populations, en même temps qu'un danger pour la sécurité publique.

Par ces motifs et suivant le désir exprimé par son collègue des finances, M. le ministre de l'intérieur décida, en 1890, que le moyen le plus efficace de remédier à la situation consistait à faire application de la loi du 3 décembre 1849, c'est-à-dire à prononcer l'expulsion de tout étranger ayant été l'objet d'un procès-verbal pour infraction aux dispositions qui régissent les produits dont il s'agit.

Des instructions dans ce sens furent données aux préfets des régions où ce genre de fraude était plus spécialement signalé.

Cependant, dans quelques départements du Midi de la France, notamment dans le Sud-Ouest, la fraude en matière d'allumettes a pris une extension que tous les rapports sont unanimes à signaler. D'après les appréciations de l'inspection générale des finances, cet état de choses serait imputable, en grande partie, à l'hésitation que l'autorité administrative montrerait à provoquer des arrêtés d'expulsion contre les étrangers surpris en flagrant délit.

Se rangeant à cette opinion, qui est, d'ailleurs, celle de l'Administration, M. le ministre de l'intérieur a, sous la date du 7 septembre 1894, invité les préfets de la région du Sud-Ouest à donner des instructions précises et formelles pour que tout étranger, surpris en flagrant délit de fraude en matière d'allumettes ou de poudre de chasse, soit l'objet d'une instruction à fin d'expulsion, alors même que le procès-verbal dressé contre lui n'aurait pas été suivi de condamnation.

Le directeur doit intervenir auprès du préfet de son département afin que la résolution prise par M. le ministre de l'intérieur soit mise à profit, le cas échéant. (Note autogr. 7401 du 29 sept. 1894.)

Contrebande sur les alcools. Expulsion des étrangers.

Par lettre du 17 janvier 1902, le ministre de l'intérieur a invité le préfet de l'Hérault à donner des instructions pour que les dispositions de la circulaire du 7 septembre 1894 relative aux étrangers fraudeurs d'allumettes et de poudre de chasse soient également appliquées aux étrangers contrebandiers d'alcool.

SECT. XXIX. — CONTREVENANT EN ARRESTATION. — AVIS A DONNER AU PROCUREUR DE LA RÉPUBLIQUE.

Lorsqu'un contrevenant est amené devant le directeur ou le sous-directeur, on doit écrire immédiatement au procureur de la République une lettre conçue à peu près dans les termes suivants :

M.   arrêté par   pour fraude en matière de tabacs, a été amené dans mes bureaux et n'a pu ni fournir caution ni consigner le montant de l'amende encourue.

J'ai l'honneur, en conséquence, de vous prier de vouloir bien le maintenir en état d'arrestation en vertu de l'art. 222 de la loi du 28 avril 1816.

Le prévenu sera assigné pour la plus prochaine audience. Quelques jours avant l'audience, on écrira au procureur de la République pour qu'il prenne ses mesures afin de faire comparaître le contrevenant en personne.

J'ai l'honneur de vous informer que je viens de donner les ordres nécessaires pour que M.   surpris en flagrant délit de colportage de tabacs de provenance frauduleuse et détenu à la maison d'arrêt de   soit assigné pour comparaître à l'audience que tiendra le tribunal correctionnel de cette ville, le...

Ou bien encore :

J'ai l'honneur de vous informer que j'ai fait assigner pour l'audience du   M. H   , arrêté le   en flagrant délit de colportage d'allumettes et actuellement écroué à la maison d'arrêt.

Conformément aux dispositions de l'art. 225 de la loi du 28 avril 1816 rendu applicable en la matière par l'art. 19 de celle du 16 avril 1895, je vous serais reconnaissant de vouloir bien donner les ordres utiles pour que M. H.   soit maintenu sous les verrous jusqu'à l'expiration de la durée fixée pour la contrainte par corps.

Veuillez, etc.

Un tribunal ne peut pas ordonner la mise en liberté immédiate d'un colporteur d'allumettes, de tabacs, etc., détenu au moment de sa condamnation. (Arr. Limoges du 16 nov. 1899.)

L'article 225 de la loi du 28 avril 1816 justifie suffisamment la détention pendant toute la durée de la contrainte fixée par les juges. Par suite, l'Administration des contributions indirectes n'est nullement dans la nécessité, dès qu'elle a connaissance du jugement, d'établir une réquisition d'incarcération ou une demande de recommandation qu'elle ferait parvenir au parquet. (Note autogr. 11862 du 22 juill. 1898.)

Lorsqu'on veut faire mettre un détenu en liberté, soit parce qu'il est malade, soit parce qu'il est indispensable à sa famille, soit même à la suite d'une transaction, on fait sur feuille 122 C, en double expédition, une proposition au directeur qui statue et rend compte à l'Administration lorsqu'il autorise l'élargissement du détenu. (Circ. 310 du 1er août 1855 ; 59 du 23 mars 1833 ; 1073/836 du 14 oct. 1867.)

SECT. XXX. — CONTREVENANT EN LIBERTÉ. — DEMANDE D'AUTORISATION DE POURSUITES.

Lorsque le contrevenant ne se présente pas à la sous-direction pour souscrire une transaction, et qu'il s'est écoulé un temps moral suffisant depuis l'envoi de l'avertissement n° 123, on demande au directeur, sur feuille 122 C en double expédition, l'autorisation de commencer les poursuites. Cette demande doit être adressée, au plus tard, au bout de 45 jours. (L. C. 13 du 4 oct. 1877 et circ. 339 du 5 juillet 1882.)

On fait connaître les cas de nullité, s'il en existe. On a soin de conclure, et dans le cas où on serait d'avis d'abandonner l'affaire, on joindrait une 3e feuille 122 C, attendu que, dans le cas d'abandon, ce n'est plus le directeur qui statue, mais l'Administration.

SECT. XXXI. — PROCÈS-VERBAUX PROVENANT D'ERREURS ET PROCÈS-VERBAUX D'ORDRE.

Lorsque les procès-verbaux ont pour cause unique des erreurs commises par le service, les dossiers de ces affaires figurent, d'office, sur le plus prochain état 98 C, proposition d'admission en dépense. (Circ. 310 du 1er août 1855, 7 du 7 juin 1869, 444 du 4 fév. 1886, 194 du 24 déc. 1896.) V. Reprises indéfinies et dépenses.

Lorsque la saisie est commune, l'octroi doit payer sa quote-part des frais.

Les procès-verbaux d'ordre pour visites chez les non-assujettis donnent lieu à la production d'états n° 98 dans les mêmes conditions. (Circ. 444 précitée.)

SECT. XXXII. – PROCÈS-VERBAUX CONTRE INCONNUS. – CONFISCATION. — REQUÊTE AU TRIBUNAL.

Lorsqu'il s'agira de procès-verbaux contre inconnus, on dressera des états 98 qui seront annexés au prochain relevé 98 C. (Circ. 444 précitée.) Auparavant on fera prononcer la confiscation des objets saisis.

Voici de quelle manière on procédera : huit ou dix jours avant la fin du mois, on réunira tous les actes contre inconnus, rédigés pendant cette période, et on adressera au tribunal une requête dont voici le modèle (Circ. 14 du 17 sept. 1816) :

Modèle de requête.

A Messieurs les Président et Juges composant le Tribunal de première instance de l'arrondissement de   jugeant correctionnellement.

A la requête (comme dans les procès-verbaux), le sous-directeur soussigné a l'honneur de vous exposer que par procès-verbaux ci-joints, en date du (mettre la date de tous les procès-verbaux rédigés contre inconnus pendant le mois) rédigés par les employés de l'Administration à (les divers postes), il a été saisi sur individus qui sont restés inconnus la quantité de   évaluée à la somme   pour contravention à   (*lorsqu'il s'agit de boissons*). — *Quand il s'agit de tabacs* : la quantité de   600 k. qui ont été déposés à l'entrepôt de   et saisis sur un individu qui a pris la fuite, ou pour contravention résultant du dépôt desdits tabacs dans des champs, vignes ou bois — et que l'Administration se trouve conséquemment dans l'impossibilité de traduire les prévenus devant le tribunal à l'effet de voir prononcer la confiscation desdits (tabacs ou liquide) et de s'entendre condamner à l'amende par eux encourue

Pourquoi le sous-directeur soussigné requiert qu'il plaise au tribunal ordonner la confiscation (desdites boissons, desdits tabacs, etc.) en vertu des articles 5 et 6 de la loi du 5 septembre 1792, et 218 de la loi du 28 avril 1816, pour ensuite être par ladite Administration disposé de ces objets comme et ainsi qu'elle avisera.

Fait à   , le   mil

Le Sous-Directeur,

La requête n'a pas besoin d'être enregistrée.

Le représentant légal du directeur a qualité pour présenter lui-même la requête. (Trib. Orthez 29 mai 1894.)

Lorsqu'on ne réunit pas plusieurs affaires dans la requête, il est inutile de citer les articles 5 et 6 du décret-loi du 5 septembre 1792. En matière de boissons, on ne doit réunir qu'un certain nombre d'affaires dont la valeur estimative ne dépasse pas 50 fr. (Circ. 14 du 17 septembre 1816.)

La requête doit être déposée et enregistrée au greffe du tribunal. Elle est signée soit par le directeur ou le sous-directeur, soit, devant les tribunaux d'arrondissement, par l'employé le plus élevé en grade.

Lorsqu'il y a plusieurs procès-verbaux dans une même requête, il est bon de mettre en marge le détail de chacun.

Voici de quelle manière on doit établir l'état des frais en pareil cas :

Etat des frais avancés par le commis soussigné dans les affaires relatives aux procès-verbaux rapportés contre inconnus, aux dates désignées ci-contre (6 affaires) :

(en marge, numéro des affaires et dates)

Requête au tribunal. . . . . F.		60
Jugement, enregistrement, répertoire, feuille 127. . . .	3	08
Total. . . . . F.	3	68

dont le 6º à la charge du procès-verbal nº   est de 62 c. — 2 porteront 62 c. et les 4 autres 61 c.

Certifié par le commis soussigné

Un duplicata est joint à chaque affaire, ainsi qu'un duplicata de la feuille 127.

Quant à la manière d'établir les états 98 et de former le dossier à transmettre, elle se trouve tracée au chapitre des *Reprises indéfinies.*

Allumettes. Saisie de minuties. — Lorsque plusieurs saisies d'allumettes auront été faites séparément sur des inconnus dans le ressort d'un même tribunal, et que la valeur de chaque partie saisie n'excédera pas 50 francs, la Régie pourra en demander la confiscation par une seule requête, laquelle contiendra l'estimation de chaque saisie. Il sera statué sur ladite demande par un seul et même jugement. (Art. 22 de la loi du 16 avril 1895.)

Le droit que l'article 22 accorde à l'Administration des contributions indirectes exige l'entier accomplissement des formalités et conditions sous lesquelles il est conféré, c'est-à-dire : 1º que les objets compris dans la requête aient été saisis sur inconnus ; 2º que la valeur des allumettes, objet de chaque saisie, n'excède pas 50 francs ; 3º qu'il n'y ait pas contestation à propos de la saisie. Si l'une ou l'autre de ces conditions n'était pas remplie à l'égard d'un ou plusieurs lots compris en la requête, le tribunal pourrait se refuser à en prononcer la confiscation par un jugement d'ensemble. (Circ. 118 du 3 mai 1895.)

SECT. XXXIII. — AFFAIRES MIXTES. — RAPPORTS AVEC LE PARQUET.

1º Dispositions générales.

On appelle affaires *mixtes*, celles dont les faits constituent, à la fois, une infraction aux lois de droit commun et une contravention à la législation fiscale. (Vinage, mouillage, vins artificiels, etc.)

Le procès-verbal est adressé au Parquet.

Si le Parquet poursuit, la Régie assigne le contrevenant *pour la même audience* et fait déposer des conclusions tendant à la condamnation du prévenu aux pénalités fiscales encourues.

Dans ces sortes d'affaires, la transaction n'intervient qu'après jugement. Mais si le Parquet ne poursuit pas, l'affaire reste purement fiscale et la Régie use de son droit de transaction, comme elle l'entend, avant ou après jugement.

En vue d'éviter la prescription, il est prudent de toujours délivrer une assignation, dans les trois mois, sans se préoccuper si une instruction a été ouverte à la requête du ministère public. Dans les affaires de vinage ou de mouillage, etc., c'est le Parquet du lieu où l'expédition a été faite qui poursuit. *V. Assignation* et *Vins artificiels.*

2° *Procès-verbaux pour injures, violences, voies de fait, mouillage, vinage, etc...*

Lorsqu'un employé, se trouvant dans l'exercice de ses fonctions, est l'objet d'injures, d'outrages ou voies de fait, il doit constater les faits, non par un procès-verbal ordinaire, mais au moyen d'un simple rapport établi *sur papier libre*. Ce rapport est transmis par la voie hiérarchique au directeur et ensuite à l'Administration, qui apprécie s'il y a lieu de porter plainte au Parquet. (Circ. 444 du 4 fév. 1886.)

Mais si une infraction fiscale est constatée, il est dressé procès-verbal suivant les formes du décret du 1er germinal an XIII et l'on relate dans cet acte les injures, outrages, etc., dont les agents ont été l'objet.

L'initiative des poursuites correctionnelles a été remise au directeur par la circulaire 444, du 4 février 1886. Par exception, les procès-verbaux constatant des injures, des menaces, des voies de fait ou des rébellions doivent être portés sans le moindre retard à la connaissance de l'Administration. Le sous-directeur rend compte de l'incident par f. 122 C en triple expédition. (Circ. 310 du 1er août 1855 et L. C. du 5 mars 1873 ; circ. 399 du 5 juill. 1882 et circ. 444 du 4 fév. 1886.)

Cependant, la circulaire 310 de 1855 déjà citée fait une exception pour le cas où il s'agirait de faits graves, de violences qui rendraient indispensable l'action immédiate de la vindicte publique. Bien entendu, on rendrait compte alors du commencement des poursuites et des causes qui les auraient motivées.

Quoi qu'il en soit, en pareille circonstance, l'assignation est donnée de telle sorte que le tribunal puisse statuer en même temps sur l'infraction à la loi de l'impôt et sur le fait du délit. A cet effet, le sous-directeur écrit au Procureur de la République une lettre dans laquelle il fait connaître qu'à cause de tel délit et de tel article de loi, les poursuites doivent être collectives, qu'il est utile de les joindre, et qu'il le prie de vouloir bien lui donner connaissance du jour de l'audience à laquelle le prévenu sera assigné, pour qu'il puisse, à son tour, faire donner assignation :

J'ai l'honneur de vous remettre copie d'un procès-verbal rapporté le   contre M.   , domicilié à   , constatant le double fait de transport de spiritueux sans expédition et d'injures à l'encontre des verbalisants.

Ce contrevenant a commis une infraction à la législation fiscale en même temps qu'un délit prévu et puni par le code pénal.

Je vous serais reconnaissant, Monsieur le Procureur de la République, de vouloir bien me faire connaître si vous croyez devoir exercer, à votre requête,

des poursuites contre ce délinquant, et, dans l'affirmative, de m'indiquer le jour
où vous porterez l'affaire devant le tribunal, afin que je puisse lier l'action de la
Régie à la vôtre.

Cette entente avec le ministère public est toujours nécessaire, au
préalable, lorsqu'il s'agit de procès-verbaux relevant une contravention
à la loi du 14 août 1889 (*loi Griffe*), à la loi du 24 juillet 1894 (mouillage,
vinage, etc.), à la loi du 6 avril 1897 (vins artificiels) combinée avec les
lois Griffe..... ; pour les procès-verbaux relatifs à des introductions
dans les villes sujettes par escalade, par souterrain ou à main armée
(art. 46 de la loi du 28 avril 1816) ; pour les procès-verbaux ayant trait
à des engins prohibés, dépôts clandestins, etc. (art. 12, 14 et 15 de la loi
du 21 juin 1873) ; pour des procès-verbaux en matière de voitures
publiques (service régulier), de colportage de poudres à feu, etc. On ne
doit pas transiger sans avoir demandé au procureur de la République
s'il ne lui conviendrait pas d'exercer des poursuites au nom de la vindicte publique. Pour les deux dernières catégories d'affaires, on doit
également écrire au préfet ou au sous-préfet. (Circ. 310 du 1er août
1855.)

Modèle de lettre au sous-préfet.

J'ai l'honneur de vous adresser une copie d'un procès-verbal rapporté le .
par les employés de   contre M.,   entrepreneur de voitures
publiques à
Cet acte contentieux constate un excédent de quatre voyageurs dans une voiture en service régulier de   à   , déclarée à 8 places, et par suite une
infraction à la loi de l'impôt. (Loi du 30 mai 1851, décret du 10 août 1852 et
art. 116 de la loi du 25 mars 1817.)
Je vous prie de vous concerter avec M. le procureur de la République, si vous
le jugez convenable, à l'effet d'examiner si ce procès-verbal vous paraît nécessi-
ter des poursuites au nom de la vindicte publique.

Modèle de lettre au procureur de la République pour la même affaire.

J'ai l'honneur de vous informer que j'ai adressé à M. le Sous-Préfet la copie
d'un procès-verbal rapporté le   par les employés de   contre M.   ,
etc , etc. (comme à la lettre précédente).
Dans le cas où l'action publique serait exercée, je vous prierais de me renseigner sur le jour où cette affaire sera portée à l'audience, pour que je sois à même
de faire donner assignation au prévenu, afin que le tribunal puisse statuer en
même temps sur l'infraction à la loi de l'impôt et sur la contravention à la législation de police.

En résumé, la Régie a l'initiative des poursuites quand il s'agit de
procès-verbaux constatant des infractions purement fiscales, punies
soit de l'amende seule, soit de l'amende et d'une peine d'emprisonnement, cette dernière étant d'ailleurs requise par le ministère public.
(Ex. : fabrication d'allumettes, etc.) V. *Assignation*.
C'est au contraire le Parquet qui a l'initiative des poursuites, lorsque
l'infraction est punie, par la loi fiscale, de l'amende et de la confiscation,
et par la loi pénale, d'une peine d'emprisonnement. (Ex. : mise en

circulation de vins sucrés, vinés, mouillés ; introduction d'alcool à l'aide d'engins, disposés, fabrication d'eaux-de-vie dans Paris, revivification et détournement d'alcools dénaturés, etc.) *V. Vins artificiels* et *Assignation*. (L. C. n° 38 du 15 juin 1892.)

Dans ces sortes d'affaires, le tribunal doit statuer par un seul et même jugement sur l'action publique et l'action fiscale. (Art. 161, 189 et 210 du Cod. d'instr. crim. ; Cass. 11 fév. 1888; S. 90.1.138.)

Enfin certains procès-verbaux constatent à la fois une contravention fiscale et un délit de droit commun (injures, voies de fait, etc.). La Régie et le Parquet agissent soit concurremment, soit séparément, et, si la Régie exerce ultérieurement son action, on ne peut lui opposer la maxime *non bis in idem*. Voy. p. 172.

3° Poudres à feu. Dynamite.

Lorsqu'on se trouve en présence d'une saisie de poudres à feu, on doit :

1° Écrire au procureur de la République pour lui demander s'il compte exercer des poursuites, et, dans l'affirmative, le prier de vouloir bien faire connaître la date de l'audience à laquelle il se propose d'appeler le contrevenant. (Joindre une copie du procès-verbal.)

2° Informer le préfet de la saisie qui a été faite et lui dire qu'on a écrit le même jour au procureur de la République. (Joindre une copie du procès-verbal.) (Circ. 41 du 29 mai 1852.)

L'Administration ne transige pas d'office. L'initiative doit venir du préfet ou du procureur de la République. (Art. 6 du décret du 16 mars 1813 ; Déc. Min. Fin. du 10 juin 1851 : Circ. Min. Just. du 16 du même mois ; circ. 485 du 4 juill. suivant.)

Le Ministère public, en l'état actuel de la jurisprudence, a généralement la plénitude de l'exercice de l'action *répressive* et *fiscale*, sauf la faculté laissée à la Régie d'intervenir pour réclamer elle-même l'amende fiscale. (Cass. 17 mars 1837 ; M. 15.62 ; S. 37.1.901 ; D. 37.1.302; 24 mars 1893 ; Bull. crim. 1893.88.)

Si le Parquet ne croit pas devoir exercer des poursuites à sa requête, l'Administration des contributions indirectes peut alors engager elle-même l'action fiscale.

3° Une fois le jugement rendu, si le contrevenant offre de transiger, on écrit au préfet pour lui demander si le projet d'arrangement lui paraît susceptible d'être soumis à l'approbation du Conseil de préfecture.

4° Lorsque la feuille de transaction est établie et signée, on l'envoie au préfet pour être soumise au conseil de préfecture. (Art. 3 de la loi du 25 mars 1852 et art. 11 de la loi du 21 juin 1865.)

Mais si le chiffre des condamnations encourues ou prononcées dépassait 1.000 francs, les propositions du directeur, appuyées de l'avis du préfet et du procureur de la République, seraient adressées à l'Administration, qui prendrait les ordres du ministre relativement aux affaires de cette catégorie. (Circ. 41 du 29 mai 1852.)

Autrement dit, le directeur n'est tenu de consulter le préfet que lorsqu'il veut faire une concession au contrevenant (transaction, réduction de la durée de la contrainte par corps). Mais s'il veut porter l'affaire en justice et exécuter le jugement, il n'a plus à en référer au préfet. C'est ainsi qu'il faut interpréter la circulaire 41 précitée. La mission du préfet est d'empêcher la Régie d'aller trop loin dans la voie de l'indulgence.

Les infractions à la loi du 8 mars 1875 sur la dynamite constituent de simples délits de droit commun. L'action appartient exclusivement au Ministère public et la Régie n'a pas à intervenir ni à recouvrer l'amende. (Cass. 12 janv. 1893 ; Journ. Cont. ind. 1893.140 ; D.93. 1.457.)

CHAPITRE II

Poursuites correctionnelles.

SECT. I. — ACTION. — INITIATIVE DES POURSUITES.

L'action est le moyen légitime que tout citoyen peut employer pour réclamer en justice ce qui lui appartient ou ce qui lui est dû.

L'action *civile* ou privée a pour objet la réparation d'un préjudice causé à un citoyen par suite d'un crime, d'un délit ou d'une contravention.

L'action *criminelle ou publique* appartient à l'État. Elle a pour objet la réparation d'un dommage causé à la société. Elle est exercée par les procureurs généraux près les cours d'appel, les avocats généraux et les substituts de leur Parquet — les procureurs de la République et leurs substituts — les commissaires de police, les maires et les adjoints chargés des fonctions du ministère public près le tribunal de police — *les agents des contributions indirectes*, des douanes, des eaux et forêts, etc..., quand il s'agit de contrebande.

Ainsi donc, l'Administration des contributions indirectes poursuit directement et sans l'intervention du ministère public la répression des contraventions aux lois dont l'exécution lui est confiée. (Loi du 5 ventôse an XII, art. 90 ; décret du 5 germ. an XII, art. 19 ; décret du 1er germ. an XIII, art. 31, cass. 3 mai 1867, Bull. crim. 1867.108.)

En matière de contributions indirectes, l'initiative des poursuites correctionnelles a été remise au directeur par la circulaire 444 du 4 février 1886 aux conditions fixées par les circulaires 7 du 7 juin 1869 et 17 du 16 mars 1870.

Si le délinquant ne transige pas, l'affaire est portée en justice.

Toutes les fois qu'il s'agit d'une fraude véritable, bien caractérisée, les chefs divisionnaires n'hésitent pas à refuser tout arrangement amiable et à porter le procès-verbal en justice, afin d'obtenir une condamnation et de pouvoir ultérieurement invoquer la récidive. (Circ. 207 du 7 avril 1897 et L. C. 275 du 29 mars 1905.)

Le directeur doit saisir sans retard les tribunaux de tous les procès-verbaux en matière de sucrage, d'acquits fictifs, d'excédents de magasin attribués à des mouillages, lorsque l'importance des quantités saisies ou les circonstances de la constatation dénoteront une fraude bien caractérisée. (L. C. 267 du 30 sept. 1904.)

Il est prescrit aux sous-directeurs de rendre compte au directeur des procès-verbaux et de soumettre leurs propositions pour l'introduction de l'instance, s'il s'écoule un délai de 45 jours à compter de la date des procès-verbaux, sans qu'il y ait transaction. En cas d'urgence, ils doivent le faire plus tôt. (Circ. 479 du 23 janvier 1851 et 339 du 5 juill. 1882.)

L'assignation devant être donnée dans le délai d'un mois à partir de l'arrestation, si le condamné est détenu, il est nécessaire, quand une transaction n'intervient pas immédiatement, qu'il soit donné assignation aussitôt après l'enregistrement du procès-verbal. (L. C. du 9 avril 1863 ; circ. Min. Just. du 20 mars 1866.)

Les propositions de poursuites adressées au directeur par le sous-directeur doivent être accompagnées des conclusions. (Arg. circ. 310 du 1er août 1855.)

Le directeur statue sur ces propositions.

a) Pour les procès-verbaux comportant seulement l'application d'une amende et la confiscation, le droit de poursuite appartient exclusivement à l'Administration (art. 90 de la loi du 5 vent. an XII, art. 19 du décret organique du 5 germ. an XII), — attendu qu'elle a toujours la faculté. de s'abstenir ou de transiger. (Cass. 25 août 1827 ; 11 mars 1886 ; 25 fév. 1905 ; Bull. Cont. ind. 1905.6.)

Le droit de poursuite appartient également à l'Administration, si le procès-verbal constate une simple contravention fiscale punie, indépendamment de l'amende et de la confiscation, d'une peine d'emprisonnement. Le ministère public agit alors comme partie jointe pour requérir la peine de l'emprisonnement. (Ex. : fabrication frauduleuse de tabacs, d'allumettes, etc. ; circ. 113 du 3 mai 1895.)

b) Lorsque les procès-verbaux constatent une infraction unique, punie, par la loi fiscale, d'une amende et de la confiscation, et par la loi pénale, d'une peine d'*emprisonnement* ou d'une amende, le Parquet a l'initiative des poursuites, sauf pour l'Administration le droit d'intervenir dans l'instance pour demander l'application des amendes fiscales. (Applic. art. 22 et 182 Cod. instr. crim. — Arg¹ Cass. 12 janv. 1877 ; M. 20.21 ; S. 78.1.95 ; D. 78.1.41.)

Il en est ainsi s'il s'agit d'infractions à la loi du 14 août 1889 (L. C. 38 du 15 juin 1892) ; d'infractions à la loi du 24 juillet 1894 sur le vinage et le mouillage ; d'infractions à la loi du 6 avril 1897 sur les vins artificiels combinée avec les lois Griffe et à la loi du 1er août 1905 sur les fraudes commerciales ; de procès-verbaux en matière de poudres à feu, dans certains cas. (Cass. 17 mars 1837 ; M. 15.62 ; D. 37.1.302 ; S. 37.1.901 ; 24 mars 1893 ; Bull. crim. 1893.88.)

Si, sur les poursuites intentées par le ministère public, le prévenu bénéficie d'une ordonnance de non-lieu ou d'un verdict d'acquittement, cette décision ne fait pas obstacle à l'exercice de l'action fiscale par la Régie. (Paris 20 janv. 1888 ; D. 88.2.1426.)

L'exception de la chose jugée n'a lieu que lorsque la demande est fondée sur la même cause. Il s'ensuit que lorsque, sur les poursuites simultanées du ministère public et de la Régie, un marchand en

gros, prévenu d'avoir falsifié ses vins et d'avoir fait, en cours d'inventaire, une fausse déclaration de l'espèce des mêmes vins, bénéficie
d'une ordonnance de non-lieu en ce qui concerne le délit de falsification, cette ordonnance n'est pas opposable à l'action fiscale de la Régie,
qui a une autre cause et dont l'exercice appartient en propre à cette
administration. (Cass. crim. 25 fév. 1905 ; Bull. Cont. ind. 1905.6.)

Il est de principe que la répression d'un fait unique de fraude passible, à la fois, d'amendes fiscales et de peines de droit commun doit être
simultanément poursuivie par le ministère public et la partie civile.
(Cass. 17 mars 1837 ; M. 15.62 ; D. 37.1.302 ; S. 37.1.901 ; 17 fév. 1888 ;
Bull. crim. 1888.71 ; S. 90.1.138 ; 19 nov. 1891 ; Pand. fr. 92.1.115 ;
S. 92.1.540 ; D. 92.1.193 ; 6 mai 1892 ; S. 92.1.540 et note ; 24 mars
1893 ; Bull. crim. 1893.88 ; applic. art. 161 et 189 Cod. instr. crim.)

Donc, si l'Administration n'intervient pas en temps utile, elle n'est
pas fondée, après le jugement rendu à la requête du ministère public,
à intenter une nouvelle poursuite pour obtenir une condamnation
fiscale. (Art. 161-189 et 210 Cod. instr. crim.)

c) L'initiative de la poursuite a été réservée par l'article 15 de la loi du
21 juin 1873 au ministère public quand il s'agit de réprimer des délits
prévus par les articles 46 de la loi du 28 avril 1816, 12 et 14 de la loi du
21 juin 1873. (L. C. 10 du 14 avril 1882.)

Dans la pratique, ce principe a même été appliqué quand il s'agit de
fraudes commises dans les distilleries à l'aide de souterrains, ou tout
autre moyen d'adduction ou de transport dissimulé de l'alcool. (Loi du
16 déc. 1897, art. 11, et circ. 290 du 15 juin 1898.)

Dans les cas prévus par les articles 217, 221 et 222 de la loi du
28 avril 1816, s'il résulte de l'instruction que d'autres individus ont
coopéré à la fraude sur les tabacs comme entrepreneurs de contrebande
ou intéressés, les procès-verbaux seront transmis au procureur de la
République qui exercera l'action au nom de l'Administration des contributions indirectes. (Loi du 31 mars 1903, art. 39 ; circ. 518 du
31 mars 1903.)

Les infractions à la loi du 8 mars 1875 (dynamite) ne constituent pas
de simples infractions fiscales, mais des délits de droit commun. L'action appartient au ministère public et la Régie n'a même pas à intervenir. (Cass. 12 janv. 1893 ; Journ. Cont. ind. 1893.40 ; D. 93.1.457.)

d) Enfin, pour certains procès-verbaux constatant, à la fois, une
contravention fiscale et un fait délictueux (vol de boissons, voies de fait...)
la Régie et le Parquet peuvent agir soit concurremment, soit séparément. (Arr. Rouen 20 avril 1905 ; Bull. cond. ind. 1905.14.)

Lorsqu'un procès-verbal relève, à la fois, un délit de droit commun
et une contravention purement fiscale, le ministère public et la Régie
peuvent exercer une action distincte, absolument comme s'il y avait
deux procès-verbaux. Les deux faits punissables ayant pu se produire
l'un sans l'autre comportent, en effet, une action, une procédure et
des modes de preuve différents. Aussi, a-t-il été jugé qu'alors même
que le prévenu aurait été renvoyé des poursuites dirigées contre lui par
le ministère public, pour rébellion par exemple, ce fait n'empêchait pas

l'Administration de poursuivre à son tour le même prévenu pour refus d'exercice. (Cass. 1er oct. 1842 ; M. 16.297.)

e) En matière d'octroi, le droit d'intenter les poursuites appartient au maire, sauf dans le cas de ferme ou de régie intéressée, et sauf encore lorsque l'affaire concerne à la fois les droits d'octroi et les droits du Trésor. (Art. 124 du décret du 17 mai 1809 ; 90 de la loi du 5 avril 1884 ; Cass. 10 juin 1882 ; M. 21.366 ; D. 82.1.481 ; S. 84.1.246 ; 12 déc. 1885 ; Bull. crim. 1885.353 ; S. 87.1.86.)

En effet, en matière de *saisie commune*, l'action est exercée par la Régie, d'après les formes qui lui sont propres. (Déc. Min. du 10 fév. 1807 ; art. 164 du décret du 17 mai 1809 et 83 de l'ord. du 9 déc. 1814 ; Cass. 22 déc. 1888 ; S. 89.1.237 ; D. 89.1.83 ; Pand. franç. 1889.1.197 ; 16 juill. 1891 ; Pand. franç. 1892.1.452.)

Les contraventions en matière d'octroi pur étant punies, indépendamment de la confiscation, d'une amende de 100 francs à 200 francs (loi du 24 mai 1834, art. 9), la connaissance des procès-verbaux est toujours du ressort du tribunal correctionnel.

Mais les contestations sur l'application des tarifs d'octroi, la quotité des droits, les poursuites à fin de payement sont de la compétence du juge de paix (art. 81, ord. 9 déc. 1814), en dernier ressort, jusqu'à concurrence de 300 fr., et à charge d'appel jusqu'à la valeur de 600 fr. (Loi du 12 juil. 1905, art. 1er.)

SECT. II. — BASE DES POURSUITES.

Toute poursuite correctionnelle doit avoir sa base dans un *procès-verbal* énonçant les faits qui constituent la contravention. L'article 154 du Code d'instruction criminelle qui prescrit de prouver les délits et contraventions par témoins à défaut de procès-verbaux ou à leur appui, ne peut recevoir son application dans les matières spéciales. (Cass. 11 fév. 1820 ; M. 10.333 ; D. 38.62.)

Toutefois, il a été jugé que la condamnation à l'amende édictée, en matière de tabacs, par l'article 222 de la loi du 28 avril 1816, n'était pas subordonnée à l'existence et à la régularité d'un procès-verbal. (Cass. 25 juin 1835 ; M. 14.235 ; S. 35.1 690 ; 22 fév. 1889 ; D. 90.1.47 ; Bull. crim. 1889.75 ; Pand. franç. 1889.1.482.)

De même, les délits et contraventions en matière de sels peuvent être poursuivis et prouvés par toutes voies de droit, alors même qu'aucune saisie n'aurait été effectuée. (Loi du 1er mai 1895, art. unique.)

Le procès-verbal n'est pas davantage indispensable lorsque la Régie intervient, en temps voulu, à l'audience pour des délits prévus et punis par des textes distincts (lois pénales et lois fiscales) et alors que le ministère public a l'initiative des poursuites. (Ex. : lois Griffe... vinage, mouillage, vins artificiels, etc.) V. *Intervention sans citation préalable*.

Mais un procès-verbal régulier est nécessaire dans les cas prévus par les articles 12 et 14 de la loi du 21 juin 1873.

SECT. III. — TRIBUNAUX COMPÉTENTS.

Les infractions aux lois et règlements des contributions indirectes et des octrois sont poursuivies devant le tribunal correctionnel. (Art. 90 de la loi du 5 vent. an XII ; art. 78 de l'ord. du 9 déc. 1814.) Il n'est fait d'exception que pour les procès-verbaux concernant les vélocipèdes, qui sont portés devant les tribunaux de simple police. (Loi du 30 janv. 1907, art. 24.)

Le juge du lieu où le *délit a été constaté* est le juge naturel de l'infraction. Le tribunal compétent est donc celui du lieu où s'exécute l'acte coupable.

Cependant la Cour de cassation a jugé qu'en l'absence d'une loi spéciale, les dispositions des articles 23 et 63 du Code d'instruction criminelle, qui attribuent la connaissance des crimes et délits aux juges d'instruction et par suite au tribunal correctionnel « du lieu où le délit a été commis, *du lieu de la résidence* du prévenu et de celui où le prévenu pourra être trouvé », étant générales, s'appliquent en matière de contributions indirectes. La Régie aurait donc la faculté, si bon lui semblait, de choisir le tribunal correctionnel du lieu de la résidence du prévenu. (Cass. crim. 13 août 1886; Bull. crim. 1886. 301.) Par contre, en matière de simple police, compétence exclusive est attribuée au juge du lieu de la contravention. (Code instr. crim. art. 133.)

Par exception, si le procès-verbal relevait une contravention à la loi du 14 août 1889 (loi Griffe), à celle du 24 juillet 1894 sur le vinage et le mouillage, à celle du 6 avril 1897 sur les vins artificiels, à celle du 1er août 1905 sur les fraudes commerciales... on devrait faire parvenir ce procès-verbal, par la voie du service, au procureur de la République dans le ressort duquel est située la recette buraliste d'où émane l'expédition accompagnant le chargement saisi. (L. C. 38 du 15 juin 1892.)

Les infractions de l'espèce étant la conséquence d'un acte de commerce accompli dans des conditions spéciales de fraude doivent être portées devant le tribunal du lieu où le fait contraventionnel a été commis. Or, un acte de commerce ne peut évidemment constituer une infraction continue ; par suite, l'infraction est commise au lieu où l'acte de commerce est accompli, c'est-à-dire au lieu même où l'expédition de la marchandise a été opérée. (Voy. L. C. 38 précitée.)

Les membres des pouvoirs publics et les fonctionnaires indiqués aux articles 479 et 481 du Code d'instruction criminelle sont placés en dehors du droit commun.

En ce qui concerne notamment les membres de l'ordre judiciaire, la connaissance des délits qui leur sont imputés est portée devant la Cour d'appel qui est saisie par le procureur général. (Art. 479.) S'il s'agit d'un membre de la Cour d'appel, le ministre de la justice saisit la Cour de cassation. (Art. 481 et 482.)

Un privilège de juridiction existe également en faveur des grands officiers de la Légion d'honneur, des généraux, des membres de la Cour de cassation et de la Cour des comptes. (Loi du 20 avril 1810, art. 10.)

Les dispositions de l'article 479 précité s'appliquent au suppléant du juge de paix. (Cass. 7 mars 1896 ; Bull. cont. ind. 1896.11.)

Les privilèges de juridiction, attachés à la qualité de certaines personnes, n'existent pas en matière de contraventions déférées aux tribunaux de police.

SECT. IV. — QUESTIONS PRÉJUDICIELLES.

Lorsque le sort d'un procès-verbal est lié à une question préjudicielle relevant de la juridiction civile ou criminelle, le tribunal correctionnel doit surseoir à statuer sur la contravention jusqu'à ce que cette question soit vidée par la juridiction qui lui est propre. (Cass. 18 fév. 1897 et 25 mars 1897 ; Bull cont. ind. 1897, 13 et 18.)

De même, le tribunal civil saisi d'une poursuite en recouvrement des droits doit surseoir à statuer, lorsque la Régie s'inscrit incidemment en faux contre le certificat de décharge d'un acquit-à-caution. (Cass. 24 fév. 1886; Journ. Cont. ind. 1886.142.)

CHAPITRE III

SECT. I. — DE L'ASSIGNATION.

Dispositions générales et délai pour assigner.

L'assignation est un acte de procédure par lequel une personne en appelle une autre en justice.

Elle prend le nom de citation, d'ajournement, d'acte d'appel, d'acte de pourvoi, suivant qu'elle est donnée pour comparaître devant la justice de paix, le tribunal de première instance, la Cour d'appel, la Cour de cassation.

Si le contrevenant refuse de transiger, on doit l'assigner.

Toutes les fois qu'il s'agit d'une fraude véritable, bien caractérisée, on n'hésitera pas à refuser tout arrangement amiable et à porter le procès-verbal en justice, afin d'obtenir une condamnation et de pouvoir ultérieurement invoquer la récidive. (Circ. 207 du 7 avril 1897 et L. C. 275 du 29 mars 1905.)

On doit également porter en justice les procès-verbaux en matière de sucrage, d'acquits fictifs, d'excédents de magasin attribués à des mouillages, lorsque l'importance des quantités saisies ou les circonstances de la constatation dénotent une fraude bien caractérisée. (L. C. 267 du 30 sept. 1904.)

L'assignation doit être donnée dans les *trois mois* au plus tard de la date (date de la clôture) du procès-verbal (et non de la constatation de la contravention), à peine de déchéance. Mais lorsque le prévenu est en état d'arrestation, l'assignation doit être donnée dans le délai d'un mois à partir de l'arrestation. (Loi du 15 juin 1835 ; circ. 106 du 25 juin 1835 et 119 du 28 déc. 1836.)

Toutefois, bien que le délai imparti pour assigner les contrevenants mis en état d'arrestation soit d'un mois, il ne faut pas perdre de vue qu'aux termes de l'ordonnance du 21 déc. 1817, rappelée par la lettre commune n° 5 du 9 avril 1863, les prévenus de l'espèce doivent être cités devant le tribunal, immédiatement après l'enregistrement du procès-verbal de constat.

Une assignation suffit pour interrompre la prescription spéciale de trois mois et lui substituer la prescription du droit commun, c'est-à-dire celle de trois ans édictée par l'article 638 du Code d'instruction criminelle (Grenoble 9 fév. 1889 ; Toulouse 30 janv. 1889 ; Douai 31 janv. 1906 ;

Bull. Cont. ind. 1906.7.26; Cass. 26 nov. 1896 ; Bull. Cont. ind. 1897.7 ; Journ. Cont. ind. 1898.94.)

Le jour du procès-verbal (*dies a quo*) n'est pas compris dans le délai de trois mois. (Cass. 2 fév. 1865.) On y comprend le *dies ad quem* comme dernier jour utile. (Agen 18 janv. 1884 ; S. 1884.2.56.)

Dans la supputation de ce délai on compte de quantième à quantième (*de die ad diem*) et non par jour. Ainsi, pour un procès-verbal rapporté le 5 décembre, l'assignation sera valablement délivrée le 5 mars avant 6 heures du soir. (Art. 1037 du Code pr. civ. ; Trib. Bayonne 26 mars 1884 ; Bordeaux 23 déc. 1886 ; D. 1888.2.216.)

Il y a déchéance, à défaut d'assignation délivrée dans le délai légal à la personne désignée, avant l'expiration dudit délai, comme étant le véritable auteur de la fraude. (Cass. 21 déc. 1855 ; M. 18.263 ; 6 juin 1874; M. 19.200.)

En matière correctionnelle ordinaire et d'octroi, il n'y a pas de délai spécial pour la délivrance de l'assignation. L'action se prescrit par trois ans. (Art. 638 C. instr. crim. ; Cass. 18 janv. 1861 ; M. 19.131 ; 21 août 1863; M. 19.133.) C'est à partir du jour de l'infraction que doit se mesurer le délai. Le *dies ad quem* doit être accompli pour que le délai de la prescription soit achevé.

Le décret de germinal an XIII, article 28, et la loi du 15 juin 1835, qui ont donné compétence aux employés de la Régie pour délivrer assignation, n'ont pas été rendus applicables aux préposés d'octroi, de sorte qu'il appartient exclusivement aux huissiers de signifier les assignations en matière d'octroi.

La loi du 15 juin 1835 n'est pas non plus applicable en matière de garantie. (Circ. 119 du 28 déc. 1835.)

La déchéance encourue par la Régie, en raison de la tardivité de son action (*saisie commune*), empêche l'octroi d'exercer des poursuites en vertu du même procès-verbal. (Cass. 23 juin 1897.)

Les citations en matière correctionnelle ne sont pas régies par les articles 68 et 69 du Code de procédure civile (sauf la disposition relative à l'enveloppe fermée), mais par les articles 182 et suivants du Code d'instruction criminelle.

Aucun de ces articles n'autorise les tribunaux correctionnels à prononcer la nullité des citations pour omission des formalités prescrites par la loi civile, lorsque, d'ailleurs, les *prévenus comparaissent*. (Cass. 18 nov. 1813 ; M. 11.47 ; D. 7.712 ; S. Chr. ; 2 avril 1819 ; Bull. crim. 1819.135 ; S. Chr. ; Montpellier 27 janv. 1886 ; M. 21.500 ; Bordeaux 7 juin 1899; Journ. Cont. ind. Recueil de Jurisprudence. 1900.32 ; Limoges 23 nov. 1899 ; Journ. Cont. ind. Recueil de Jurisprudence. 1900.37.)

Mais si l'assignation n'est pas remise à personne ou à domicile, les employés doivent, lors de la notification, observer, à peine de nullité, les règles posées par le Code de procédure civile, en prévision du cas où le prévenu ne se présenterait pas ou ne se ferait pas représenter. (Jug. Cognac, 6 mars 1907).

Pour que le prévenu soit valablement assigné, il suffit qu'il soit établi qu'il a eu connaissance de l'assignation. Or, par le fait seul que le pré-

venu se présente à l'audience ou s'y fait représenter, il reconnaît implicitement qu'il a été touché par l'assignation. Il importe peu, dans ce
cas, que les employés aient, ou non suivi les règles du Code de procédure civile lors de la notification de l'assignation.

Lors de la notification de l'assignation sous enveloppe fermée, le service doit observer, toutefois, à peine de nullité, les prescriptions de la
loi du 15 février 1899. (Loi du 31 mars 1903, art. 27 ; Cass. 12 janv.
1901 ; Bull. Cont. ind. 1905.1.4.)

Le tribunal doit statuer sur tous les faits indiqués sur l'assignation.
Mais si celle-ci a été donnée « sur et aux fins du procès-verbal », le
tribunal ne peut se dispenser de statuer sur toutes les contraventions
mentionnées dans le procès-verbal (Cass. 11 juill. 1873 ; M. 19.36;
D. 1873.1.492 ; S. 1873.1.484 ; 13 juill. 1888 ; Journ. Cont. ind.
1890.10 ; Bull. crim. 1888.244 ; 30 nov. 1889 ; D. 90.1.401 ; S. 91.1.365 ;
20 janv. 1898; Journ. Cont. ind. Recueil de Jurisp. 1900.45; Arr. Lyon
16 déc. 1903 ; Bull. Cont. ind. 1904.11.)

Le tribunal peut également rectifier d'office une erreur ou un oubli
dans la citation des articles, si l'assignation a été donnée « sur et aux fins
du procès-verbal ». (Cass. 17 sept. 1871 ; 22 déc. 1877 ; M. 20.241;
Bull. crim. 1877.268 ; 12 déc. 1889 ; D. 90.1.401 ; Journ. Cont. ind.
1890.609.)

Le juge n'est pas lié par les réquisitions de la partie poursuivante,
non plus que par les articles de loi visés dans la citation. Il a le devoir
de rechercher, même d'office, si le fait poursuivi ne tombe pas sous
l'application d'une autre disposition pénale. (Cass. crim. 24 déc. 1896;
Journ. Cont. ind. 1898.95 ; 4 fév. 1905 ; Bull. Cont. ind. 1905.15.70.)

La Régie peut, dans l'assignation, se prévaloir d'une contravention différente de celle qui a motivé le procès-verbal, lorsque la nouvelle contravention dérive implicitement des faits rapportés, et le tribunal doit prononcer les peines encourues dans ce cas. (Cass. 27 fév. 1828; M. 3.193.)

Si une instruction a été requise par le Parquet avant l'expiration du
délai de trois mois, la déchéance édictée par la loi du 15 juin 1835 ne
recommence à courir que du jour où a été rendue l'ordonnance qui met
fin à l'instruction.

Ainsi jugé : 1° dans le cas où il s'agit d'une contravention fiscale passible, à la fois, d'une peine d'emprisonnement et de l'amende fiscale
(Cass. 11 déc. 1875 ; M. 20.280; D. 78.1.385 ; S. 76.1.93 (introduction
frauduleuse de boissons dans Paris par souterrain) — Cass. 21 mai 1841;
M. 16.116 (introduction par souterrain dans Paris d'objets soumis aux
droits d'octroi) — Cass. 12 fév. 1877 ; D. 87.1.459 ; S. 89.1.131 (transport d'alcools sous vêtements et à l'aide d'engins disposés pour la
fraude ; 2° dans le cas où le ministère public a, sur la demande de
l'Administration, fait ouvrir une information portant tout à la fois sur le
délit de droit commun et sur la contravention fiscale. (Cass. 5 avril
1878 ; M. 20.308; D. 78.1.390; Gaz. Pal. 78.576) (rébellion et contravention fiscale considérée comme connexes).

Mais il a été jugé, depuis, que l'ordonnance de non-lieu n'est opposable à la Régie que si elle est fondée sur la *même cause* que l'action

fiscale. (Cass. 25 fév. 1905 ; Bull. Cont. ind. 1905.6.) Et à l'occasion de
la même affaire, la Cour d'Orléans (arr. du 30 juin 1906) a décidé que
l'instruction ouverte par le Parquet sur *le délit de falsification* n'avait
pas pour effet de proroger, au profit de la Régie, le délai de trois mois
imparti par la loi du 15 juin 1835, parce que la Régie poursuivait pour
« fausse déclaration de la nature du liquide », ce qui impliquait une
cause distincte.

Cette interprétation a été définitivement sanctionnée par la Cour de
cassation. (Arr. du 22 fév. 1907.) Qu'une instruction soit ou non requise,
la Régie doit délivrer assignation dans les trois mois impartis par la loi
du 15 juin 1835. (Voy. Bull. Cont. ind. 1907, n° 6.)

Si le ministère public, qui jouit d'une indépendance absolue dans
l'exercice de son action et qui a le choix entre deux modes de procéder, la voie de la citation directe à l'audience et la voie de réquisition d'une instruction préparatoire (Cass. crim. 15 déc. 1827 et 24 avril
1828), ne juge pas nécessaire d'ouvrir une information et fait assigner
directement les prévenus, la jurisprudence des arrêts précités de
1841, 1875, 1878 et 1887 n'est plus applicable. En pareille hypothèse
la Régie est déchue de son action, si elle n'a pas eu la précaution
d'assigner avant l'expiration du délai de trois mois. (Cass. crim. 9 déc.
1905, aff. Cassu ; Bull. Cont. ind. 1906.2 ; Journ. Cont. ind. 1906,'263.)

Aussi, pour prévenir tout malentendu, convient-il de toujours délivrer assignation dans les trois mois, toutes les fois qu'un procès-verbal
est transmis au Parquet à l'occasion d'un fait unique donnant naissance à l'action publique et à l'action fiscale (mouillage, vinage, vins
artificiels, etc.). Le cas échéant, le directeur se mettrait en rapport avec
le procureur de la République pour la fixation de la date de l'audience.
(Bull. Cont. ind. 1906.2 ; Jurisp. p. 4, note. Bull. C. ind. 1907 n° 6
et note).

Il peut arriver qu'une assignation ait été délivrée dans le délai de
trois mois, mais que l'affaire n'ait pas été inscrite au rôle, soit en prévision d'une transaction, soit par suite de la négligence de l'avocat.

Pour faire revivre la première assignation qui portait : «... à comparaître à l'audience du... et à toutes les audiences suivantes jusqu'à
jugement définitif », il suffit de faire délivrer un simple « avenir »
rappelant la première assignation et fixant la date de l'audience. L'instance peut encore être reprise par une nouvelle assignation.

L'employé chargé du contentieux devra toujours tenir ses dossiers
classés avec ordre, par rang de date, en plaçant les affaires les plus anciennes au-dessus, de manière à les avoir constamment sous les yeux
et sous la main, pour n'en laisser périmer aucune.

Dans la plupart des cas, le ministre ou l'Administration sont en
mesure de statuer avant l'expiration du délai de l'assignation, sur les
transactions qui doivent leur être soumises. S'il arrivait que l'approbation de l'autorité supérieure n'eût pas été notifiée au directeur cinq jours
avant l'expiration dudit délai de trois mois, celui-ci devrait, nonobstant
la transaction et pour éviter la déchéance, faire délivrer une assignation à long délai. (Circ. 310 du 1er août 1855 ; Circ. 479 du 23 janv. 1851.)

On doit toujours donner assignation à long terme lorsque le traité n'a pas été approuvé dans les trois mois de la date du procès-verbal. (L. C. 23 du 4 oct. 1877.)

Les employés doivent avoir bien soin de prévenir le contrevenant que cette assignation conservatoire lui est notifiée en attendant que l'Administration fasse connaître sa décision sur la transaction intervenue.

Le coût des assignations conservatoires est présenté d'office en dépense sur l'état 98 C s'il n'est pas possible de le prélever sur l'amende, quand, par exemple, la transaction a été souscrite pour les frais.

Lorsqu'une assignation a été donnée sans qu'elle ait été suivie de jugement, on a trois ans avant que l'affaire périme. (Art. 637 et 638 du Code d'instruction criminelle ; Cass. des 12 juin 1827 et 11 juin 1829 ; M. 12.432 ; D. 1829.1.268 ; Rennes 28 déc. 1903 ; Bull. Cont. ind. 1904.10.50. Cass. 26 nov. 1896. Bull. Cont. ind. 1897, n° 1. — Arr. Douai 31 janvier 1906. Bull. Cont. ind. 1906, n° 7.)

Forme de l'assignation. Enregistrement. Nullités.

Les citations en matière correctionnelle ne sont assujetties à aucune forme spéciale.

La partie civile fera, par l'acte de citation, élection de domicile dans la ville où siège le tribunal. La citation énoncera les faits et tiendra lieu de plainte. (Art. 183 Code instr. crim.)

Une seule condition est requise pour la régularité de l'exploit introductif d'instance, c'est que celui qu'il intéresse en ait eu connaissance, ait su l'objet de la prévention et ait pu préparer sa défense. (Art. 182 Code instr. crim. ; Cass. 18 nov. 1813 ; M. 11.47 ; D. 7.712 ; S. Chr. ; 25 janvier 1828 ; M. 12.422 ; D. 1828.1.108 ; Cour de Bordeaux 3 juin 1880 ; M. 21.139.)

En matière correctionnelle, aucune disposition légale ne règle, sous peine de nullité, les formes de l'assignation. (Cass. 26 nov. 1896 ; Journ. Cont. ind. 1898.94.)

Il suffit pour la validité des citations en matière correctionnelle qu'elles soient parvenues à la connaissance des prévenus et que ceux-ci n'aient pu avoir aucun doute sur leur existence. (Cass. 25 mars 1905 ; Pand. franç. 1905.1.280.)

La rature non approuvée, sur la copie d'une assignation, doit être considérée comme non avenue, à moins que cette approbation ne résulte indirectement d'une mention de renvoi paraphé remplaçant, à n'en pas douter, les mots raturés. (Cass. civ. 21 janv. 1903 ; D. 1903.1.120 ; Bordeaux 21 mars 1906 ; Bull. Cont. ind. 1906.12.58.)

Le procès-verbal n'étant plus notifié ni affiché, il est indispensable de le transcrire en tête de l'exploit d'ajournement. (Circ. 642 du 18 avril 1906.)

On opère ainsi, même si la copie du procès-verbal a été remise au contrevenant, attendu que le procès-verbal ne fait plus mention de la remise de cette pièce à l'intéressé.

Formule d'assignation en suite d'un procès-verbal.

L'an, etc. (comme pour les procès-verbaux), nous, soussignés (noms, qualités et demeure des employés), avons donné assignation à M. [A] (nom et profession du contrevenant), demeurant à , rue , nᵒ , en son domicile où nous nous sommes transportés, parlant à , à comparaître en personne trois jours francs après la date du présent à la première audience [B] du tribunal civil de jugeant en police correctionnelle, et en tant que de besoin à toutes les audiences suivantes jusqu'à jugement définitif, pour répondre sur et aux fins du procès-verbal dressé par nous le et constatant (indiquer la nature et les circonstances de la contravention) ; procès-verbal enregistré à la date du ; voir prononcer la confiscation de s'entendre (s'il y a plusieurs prévenus : s'entendre les susnommés condamner solidairement en une amende de . Et dans les copies : s'entendre M. condamner solidairement avec MM. .) condamner en une amende de (indiquer le minimum et le maximum de l'amende encourue), conformément à l'article (ou aux articles) [C] et aux dépens, sans préjudice des peines qui pourraient être encourues en raison de toutes autres contraventions résultant soit du procès-verbal, soit de l'instruction de la procédure ; au paiement de tout quoi il pourra être contraint par toutes voies, même par corps. Et avons, à cet effet, parlant comme dessus, laissé à M. copie du présent.

Nota. — [A] S'il y a plusieurs prévenus on les désignera en disant : 1ᵒ à M. , demeurant à, rue, nᵒ , en son domicile, où nous nous sommes exprès transportés, parlant à ; 2ᵒ M.

[B] On peut aussi assigner à jour fixe, en observant le délai de trois jours francs, et en tant que de besoin aux audiences suivantes.

[C] Si les moyens de transport sont saisis pour sûreté de l'amende, ajouter : Ouïr dire qu'il sera procédé à la vente des moyens de transport saisis, pour le prix qui en proviendra être versé dans la caisse de la Régie, en déduction et jusqu'à concurrence de l'amende, s'entendre condamner aux dépens...

L'assignation, qui est rédigée sur timbre (original et copies), doit être enregistrée dans les quatre jours de sa date au droit fixe de 1 fr. 25 (principal et décimes). (Art. 20, 26 et 34 de la loi du 22 frim. an VII.)

S'il y a deux ou plusieurs contrevenants, on doit délivrer autant de copies en ne faisant qu'un original, dans lequel il est fait mention de la copie donnée à chacune des parties. (Cass. 14 août 1813. Pand. fr. chr. 1.148.)

Les assignations signifiées à la requête de la Régie et de l'octroi (en matière de saisie commune) ne donnent ouverture qu'à un seul droit d'enregistrement, à la condition, toutefois, qu'il soit fait mention dans les exploits de la qualité de cointéressés des requérants. Il convient donc d'indiquer dans le protocole des assignations concernant une saisie commune que les requérants (Régie et octroi) sont cointéressés dans la répression. (Circ. 218 du 17 juill. 1897.)

On doit toujours indiquer dans l'assignation le minimum et le maximum des amendes. (L. C. du 29 oct. 1872.)

Du moment que l'assignation a été donnée « sur et aux fins du procès-verbal », les tribunaux ne peuvent se dispenser de statuer sur toutes les contraventions mentionnées dans le procès-verbal. (*V. suprà.*) Mais la Cour de cassation (arrêt du 6 déc. 1889 ; Bull. crim. 1889.377 ; Journ. Cont. ind. 1891.521) a décidé que la citation devait spécifier, soit expressément, soit tout au moins par référence au procès-verbal, la contravention aux lois, ainsi que l'amende dont la Régie demande l'application.

La citation qui comprend l'expression «... sous toutes réserves... » ou qui se termine par cette phrase «... sans préjudice des peines qui pourraient être encourues en raison de toutes autres contraventions, etc. » manque de précision. Ces termes vagues ne peuvent équivaloir à l'*énoncé des faits* tels que l'entend l'article 183 du Code d'instruction criminelle. (Dijon 7 mai 1890 ; D. 1891.2.148.)

Aucune loi n'exige que l'assignation en matière correctionnelle contienne l'indication précise du jour de la comparution ; il suffit qu'elle soit donnée pour comparaître après l'expiration du délai de la loi (Cass. 15 oct. 1835 ; M. 14.274 ; Rennes 12 juill. 1882 ; M. 21.277.)

Si une telle assignation ne permet pas à la Régie de prendre défaut contre le prévenu, sans que celui-ci ait été préalablement avisé de la date de l'audience, elle n'en constitue pas moins un acte de poursuite valable, ayant pour effet de saisir le tribunal et d'interrompre la prescription. (Arr. Rennes 28 déc. 1903 ; Bull. Cont. ind. 1904.10.)

L'assignation, en matière correctionnelle, donnée à jour fixe et jours suivants, est valable alors même qu'elle contiendrait une indication erronée sur le jour de la comparution, et cet exploit interrompt la déchéance. (Cass. crim. 26 nov. 1896 ; Journ. Cont. ind. 1898.94.)

Cependant, l'Administration a recommandé d'indiquer dans l'assignation le jour de l'audience.

Il n'est pas nécessaire de relater l'heure de cette comparution. Cependant, quelques tribunaux l'exigent : il convient dans ce cas de déférer à leur désir.

Aucun texte de loi ne prescrit, en matière correctionnelle, l'obligation d'indiquer dans la citation le numéro de la chambre du tribunal devant laquelle l'affaire devra être appelée. (Cass. 11 mai 1894 ; Bull. crim. 1894.128.)

Cependant, dans le sens de la nullité, voyez arr. Paris 25 nov. 1884, 2 janv. 1885, 17 oct. 1888 et 26 janv. 1894 (Gaz. Pal. 1894.1.239). Il est donc préférable que la citation contienne des renseignements précis sur l'indication de la chambre qui doit connaître de l'affaire.

Une assignation donnée «*pour comparaître à l'audience qui sera ultérieurement fixée par une deuxième citation* » est inexistante, et la prescription est acquise au contrevenant, si la deuxième citation n'est pas donnée dans le délai de trois mois imparti par la loi du 15 juin 1835. (Arr. Toulouse 20 janv. 1904.) Par la première citation, en effet, le tribunal n'est pas saisi et le contrevenant n'est pas mis en demeure de comparaître.

Une citation régulièrement signifiée dans le délai imparti par la loi du 15 juin 1835, quoique donnée devant un tribunal incompétent, suffit pour interrompre la prescription. (Cass. 7 sept. 1849 ; S. 50.1.478 ;

M. 18.48; Jug. Clermont-Ferrand 10 juill. 1884 ; Gaz. Pal. 1884.2.397;
Jug. Béziers 4 mars 1903.)

Il en est de même si la date de la citation est erronée. (Cass. 21 déc.
1888.) Du reste, cette assignation serait-elle nulle qu'elle subsisterait
avec tous ses effets interruptifs de la prescription, du moment qu'elle
aurait été délivrée dans le délai imparti par la loi du 15 juin
1836. (Cass. 21 déc. 1888 ; Bull. crim. 1888.376; D. 1889.1.175;
S. 1890.1.550.)

Il a été jugé qu'une citation régulière, mais donnée dans les délais,
interrompt la prescription, bien que contenant une erreur de date, ou
bien que cette citation ait été ultérieurement abandonnée et remplacée
par une autre. (Cass. 1er mars 1832 ; M. 13.178 ; Bull. crim. 1832.43 ;
Nancy 8 juill. 1885 ; M. 21.482; Cass. 21 déc. 1888; Bull. crim.
1888.376 ; D. 1889.1.175 ; S. 1890.1.550 ; Toulouse, 30 janv. 1889).

L'erreur dans les mentions même substantielles d'un exploit n'entraîne
pas la nullité de cet exploit quand les énonciations de l'acte permettent
de le rectifier. Ainsi l'erreur sur le millésime (date de l'audience) peut
être rectifiée à l'aide de la date indiquée en tête de l'exploit. (Arr. Paris
7 fév. 1907.)

Si la copie de l'assignation indique une date erronée pour le jour de
la comparution, le jugement rendu par défaut doit être annulé, mais la
prescription est interrompue. (Nancy, 8 juill. 1885 ; M. 21.482.)

Voici les divers points de vue sous lesquels il faut envisager cette
question :

La citation sans date, donnée devant le tribunal correctionnel, n'est
pas nulle, quoique ne portant pas de date, si le contrevenant comparaît
soit pour dire n'importe quoi, soit par un acte quelconque prouvant
qu'il a reçu l'assignation en son temps. La citation est validée par ce
fait. Mais si un jugement de défaut est pris sur cette citation sans date,
ce jugement sera nul. En effet, il n'y a dans ce cas nul moyen de prouver
que le jugement a été séparé par trois jours de la citation, et ce, quand
même la date serait sur l'original enregistré et manquerait seulement à
la copie, car celle-ci n'est pas enregistrée. Si la date manquait à l'original, il en serait différemment, celle de l'enregistrement y suppléerait.

Si on avait connaissance de ce défaut de date avant le jugement, il
n'y aurait qu'à recommencer la procédure ; il en serait de même après
jugement, si le procès-verbal n'était pas périmé par l'expiration des
trois mois depuis sa rédaction.

En matière de droit commun, la citation régulièrement délivrée à
l'auteur principal conserve l'action à l'égard du complice. (Cass. 6 avril
1885 ; S. 87.1.94 ; 14 déc. 1837 ; S. 38.1.933 ; 29 mai 1884 ; S. 87.1.445.)

De même, l'interruption de la prescription à l'égard du complice,
produit le même effet à l'égard de l'auteur principal. (Cass. crim. 3 nov.
1887 ; S. 90.1.550.)

La situation est tout autre en matière fiscale où l'assignation doit, en
principe, être donnée à tous les prévenus, solidaires ou complices, dans
les trois mois de la date du procès-verbal.

Cependant il a été jugé qu'une citation valablement délivrée à l'égard de l'un des coprévenus, interrompait la prescription à l'égard des autres (Trib. Narbonne 22 déc. 1890; Journ. Cont. ind. 1891.321); que l'assignation donnée à un complice ou à un coauteur a pour effet d'interrompre la prescription à l'égard d'un autre délinquant (Trib. Toulon 22 mai 1903 confirmé par arr. d'Aix du 29 juin 1905); que si la prescription est interrompue à l'égard d'un prévenu, elle l'est également à l'égard de tous les coauteurs et complices. (Arr. Aix 31 janv. 1901.)

La citation est nulle, lorsque la copie ne contient pas, contrairement aux prescriptions de l'article 68 du Code de procédure civile, l'indication de la personne à qui elle a été remise, et porte seulement « parlant comme à l'original ». (Jug. Grasse 1er mai 1903.)

La formule « parlant comme à l'original » portée sur la copie signifiée ne satisfait pas aux prescriptions de l'article 68 du Code de procédure civile modifié par la loi du 15 février 1899. (Arr. d'Aix du 29 nov. 1905.)

La mention « parlant comme à l'original » inscrite sur la copie signifiée rendrait l'acte nul si la signification n'avait pas été faite à personne. Il est donc préférable de toujours reproduire sur la copie les noms des personnes qui ont reçu les exploits.

La citation, en matière correctionnelle, est régulière quand la copie remise au prévenu porte la mention « parlant comme à l'original », alors que celui-ci représente cette copie et qu'il n'allègue pas l'avoir reçue tardivement. (Cass. crim. 25 mars 1905; Pand. franç. 1905.1.280.)

Lorsque la citation introductive d'instance a été notifiée à une personne autre que le prévenu, dans un domicile autre que le sien, et a été laissée à un tiers qui s'est dit au service de cette personne, aucune condamnation ne peut intervenir contre ce prévenu défaillant. (Cass. 21 déc. 1855; M. 18.263; Arr. Lyon 9 juill. 1903.)

Les assignations doivent être notifiées à la personne du prévenu visé au procès-verbal, en son domicile, et les exploits doivent indiquer d'une façon claire et précise les noms et qualités des personnes auxquelles les agents s'adressent et le lieu qu'habitent les contrevenants (rue et n° s'il y a lieu).

Elle est nulle également, si elle n'indique pas le tribunal qui doit statuer. (Arr. Toulouse 30 juin 1904.)

L'assignation doit être donnée au moins trois jours francs avant l'audience fixée. (Art. 184 Code inst. crim.) Ce délai est augmenté d'un jour par trois myriamètres (1).

Quoique donnée pour comparaître dans un délai moindre de trois jours, la citation en police correctionnelle est valable à titre d'acte de poursuite, qui a pour effet d'interrompre la prescription. (Cass. 25 fév. 1819; S. Chr., Trescaze 1.857; Nancy 8 juill. 1885; M. 21.482.)

Seulement, dans ce cas, l'article 184 (Code inst. crim.) prononce la nullité de la condamnation qui interviendrait par défaut contre la personne citée. Le prévenu cité à un délai trop court ne peut pas requérir

---

(1) Devant le tribunal de simple police, le délai de comparution ne peut être moindre de 24 heures. Ce délai est augmenté d'un jour par trois myriamètres, sans qu'il soit tenu compte des fractions de myriamètre. (Cod. instr. crim. art. 146.)

la nullité de la citation, mais il peut réclamer le renvoi de la cause, ce que le tribunal peut lui accorder ou refuser. (Cass. 15 fév. 1821; M. 11.94; S. Chr.)

Une citation donnée à jour fixe et jours suivants est valable, alors même qu'elle contiendrait une indication erronée sur le premier jour de la comparution; par conséquent, elle suffit pour mettre l'action de la Régie à l'abri de la déchéance édictée par la loi du 15 juin 1835. (Cass. 9 nov. 1888; Bull. crim. 1889. 315; Cass. 26 nov. 1896; Bull. crim. 1896. 338.)

En admettant qu'une citation soit nulle, la nullité doit être proposée devant les premiers juges, in limine litis, et avant toute défense au fond; cette nullité ne serait pas recevable en appel. (Cass. 6 janv. 1838; M. 15.158; D. 1838.1.160; S. 1838.1.922; Cass. 28 nov. 1874; M. 19.152; Bordeaux 11 juill. 1888.)

Les nullités de forme dans les pièces introductives de la poursuite en matière correctionnelle sont couvertes par la défense au fond : elles ne peuvent, en conséquence, être proposées pour la première fois en appel. (Cass. 20 juill. 1832.)

Cependant, aucun texte de loi n'oblige le juge saisi d'une demande en nullité de citation à juger préalablement cette exception de nullité comme l'article 172 du Code de procédure civile lui en impose le devoir s'il s'agit d'une exception d'incompétence. (Cass. civ. 1er mars 1901; Bull. Cont. ind. 1901.8.42.)

Notification de l'assignation.

Les employés ont qualité pour délivrer assignation. (Circ. 19 du 28 déc. 1825.)

A la rigueur, l'assignation peut être donnée par un employé seul. (Bordeaux 23 déc. 1886; D. 1888.2.216; Limoges 17 mai 1888; Loi 10 juin 1888.)

L'article 28 du décret du 1er germinal an XIII ne spécifie pas, comme le faisait l'article 25 pour l'affirmation, que les commis doivent être deux au moins et faire partie des saisissants. Toutefois il est préférable, et l'Administration le recommande, de faire délivrer l'assignation par deux employés.

Si le contrevenant a donné une fausse adresse, la marche à suivre pour l'assigner est celle qui est tracée par l'article 69 du Code de procédure civile, 8e alinéa. Voir à cet égard un arrêt du 26 août 1836. Mém., t. XIV, p. 144. (Affichage de l'assignation à la porte du tribunal et remise de la copie au Parquet.)

Dans ce dernier cas, les employés rédacteurs du procès-verbal n'ont pas à quitter leur circonscription d'exercice, pour se rendre au chef-lieu d'arrondissement. L'assignation est valablement décernée sur l'ordre du sous-directeur par deux employés de la ville où siège le tribunal. Ceux-ci libellent l'acte selon les circonstances propres à la notification et y mentionnent les indications qui leur sont données relativement à l'analyse de l'affaire qui fait l'objet de l'exploit.

Assignation sur procès-verbaux dressés par des agents étrangers à l'Administration. (V. Circ. 126 du 18 juill. 1874.)

En matière correctionnelle, les poursuites et procédures peuvent être faites les jours de fête et dimanches (Cass. 27 août 1807; M. 3.154; S. Chr. 14 avril 1815; P. 12.677; Trescaze Chr. 2.61); mais en matière civile, aucun exploit n'est donné un jour de fête légale. (Art. 63 du Code de pr. civ.; art. 5 de la loi du 17 therm. an VI, pour les signific. de contraintes.)

Une assignation correctionnelle peut donc être signifiée les dimanches et jours fériés; mais les contraintes ne peuvent être notifiées, à peine de nullité, que les jours ouvrables.

Aucune signification ni exécution ne pourra être faite, depuis le 1er octobre jusqu'au 31 mars, avant six heures du matin et après six heures du soir et depuis le 1er avril jusqu'au 30 septembre, avant quatre heures du matin et après neuf heures du soir; non plus que les jours de fête légale, si ce n'est en vertu de permission du juge, dans le cas où il y aurait péril en la demeure. (Art. 1037 du Code de pr. civ.)

Assignation à délivrer sous enveloppe fermée.

Les dispositions du 2e paragraphe de l'article 68 du Code de procédure civile, modifié par la loi du 15 février 1899, sont applicables aux employés des contributions indirectes et des octrois ayant qualité pour notifier des actes ou exploits à domicile. (Loi du 31 mars 1903, art. 27.)

La loi en date du 15 février 1899, intitulée « Loi sur le secret des actes signifiés par huissier », dispose que l'article 68 du Code de procédure civile est modifié ainsi qu'il suit :

« Article 68. — Tous exploits seront faits à personne ou domicile; « mais si l'huissier ne trouve au domicile ni la partie ni aucun de ses « parents ou serviteurs, il remettra de suite la copie à un voisin, qui « signera l'original; si ce voisin ne veut ou ne peut signer, l'huissier « remettra la copie au maire ou adjoint de la commune, lequel visera « l'original sans frais (§ 1er).

« *Lorsque la copie sera remise à toute autre personne que la partie elle-* « *même ou le procureur de la République, elle sera délivrée sous enve-* « *loppe fermée, ne portant d'autre indication, d'un côté, que les nom et* « *demeure de la partie, et, de l'autre, que le cachet de l'étude de l'huissier* « *apposé sur la fermeture du pli (§ 2).*

« L'huissier fera mention du tout, tant sur l'original que sur la « copie. »

Toutes les fois que les employés ne trouvent pas à son domicile la partie intéressée, ils doivent enfermer la copie de leur exploit sous enveloppe fermée. (Circ. 519 du 2 avril 1903.)

Sur le recto de cette enveloppe, qui ne doit porter aucune autre indication, ils écrivent simplement le nom et l'adresse de celui à qui l'exploit est destiné et au verso, sur la fermeture du pli, ils apposent le cachet du poste auquel ils appartiennent. *Ib.*

Ils ont soin, en outre, avant d'insérer la copie de l'exploit dans l'enveloppe, d'y consigner, ainsi que sur l'original, la mention suivante :

« *Remis sous pli fermé, contenant au recto la suscription et, au verso, notre cachet apposé sur la fermeture du pli.* » (Circ. 519 du 2 avril 1903.)

Cette formule n'a rien de sacramentel et il a été jugé que la mention : « Je lui ai laissé copie sous enveloppe fermée portant suscription et « cachet conformément à la loi », suffit à constater l'accomplissement des prescriptions de la loi du 15 février 1899. (Cass. 12 janv. 1901; Bull. Cont. ind. 1905.1.) Mais la formule doit être suffisamment explicite pour qu'on en déduise d'une façon certaine que l'enveloppe porte, d'un côté, la *suscription*, c'est-à-dire le nom et l'adresse de la partie et, de l'autre, *le cachet apposé sur la fermeture du pli.*

La loi du 15 février 1899 n'a pas rendu applicables à peine de nullité aux exploits en matière correctionnelle toutes les formalités exigées pour la validité des exploits par le Code de procédure civile ; à leur égard, la sanction de la nullité édictée par l'article 70 du Code de procédure civile n'est encourue que dans le cas où ils ne sont pas délivrés sous enveloppe fermée. (Cass. 12 janvier 1901 précité.)

En matière civile, est nul l'exploit dont la copie remise au maire de la commune ne porte que cette mention : « Que la copie a été remise sous enveloppe fermée, conformément à la loi », rien n'indiquant que l'enveloppe portait, d'un côté la suscription prescrite, et, de l'autre, sur la fermeture du pli, le cachet de l'huissier. (Cass. civ. 3 août 1903 ; Bull. Cont. ind. 1905.1.)

C'est le cachet du bureau « Contributions indirectes nº   » qui doit être employé, et non un cachet personnel aux employés. (Arr. Nîmes 2 juin 1905.)

La formalité de l'enveloppe fermée n'est pas requise dans les cas prévus par les cinq premiers paragraphes de l'article 69 du Code de procédure civile (exploits délivrés à l'État, départements, communes, établissements publics, etc.). (Cass. 1er mai 1901 ; S. 1902.1.261 et Cass. 8 mars 1905 ; S. 1905.1.217.)

La remise sous enveloppe est obligatoire en ce qui concerne les sociétés de commerce. Par suite, est nulle la signification d'un acte faite à découvert à une personne qui n'est pas le représentant légal de la société. (Cass. 8 mars 1904 ; S. 1905,1.217.)

L'Administration s'est trouvée, à de nombreuses reprises, dans la nécessité d'abandonner des poursuites correctionnelles ou civiles, parce que les employés chargés de notifier une assignation ou une contrainte ne s'étaient pas conformés, en l'absence du prévenu ou du redevable, aux prescriptions de l'article 68 du Code de procédure civile modifié par la loi du 15 février 1899.

Les directeurs et sous-directeurs doivent tenir la main à ce que tous les exploits, dès qu'ils parviennent à la direction ou à la sous-direction, soient l'objet d'un examen attentif afin qu'on puisse renouveler la signification au cas où, nonobstant les recommandations déjà faites, le service aurait perdu de vue les prescriptions de la circulaire 519 précitée. (Note autogr. 278 du 17 juin 1905.)

Sociétés et administrations publiques.

En matière de société, et spécialement de société anonyme, il est nécessaire de distinguer la responsabilité pénale et la responsabilité civile, ces deux espèces de responsabilités n'étant pas soumises aux mêmes règles.

La responsabilité pénale ne peut, en principe et à moins d'exception formelle dans la loi, et en raison de la personnalité des peines, incomber à la société elle-même, être moral, contre lequel ne peuvent être exercés ni la contrainte par corps ni l'emprisonnement. (Cass. crim. 17 déc. 1891; 10 mars 1877 ; 8 mars 1883 ; Paris 16 déc. 1885 ; Orléans 8 nov. 1887.)

La responsabilité pénale doit dès lors incomber personnellement aux agents et employés de la société qui ont concouru aux actes de la société. Ils sont eux-mêmes et personnellement passibles des amendes et de l'emprisonnement, du moment qu'ils ont participé à l'accomplissement des actes contraventionnels. C'est contre eux personnellement que le procès-verbal doit tout d'abord être rapporté, sauf à verbaliser, au surplus, contre la société elle-même pour parer à toute éventualité.

En ce qui concerne la responsabilité civile, la société anonyme doit être assignée comme civilement responsable des actes de ses employés.

Le directeur d'une usine exploitée par une société anonyme qui n'est pas en même temps administrateur de cette société, n'a point mandat pour la représenter en justice. (Cass. 3 fév. 1876 ; Mém. 19.296.)

L'assignation donnée à un individu comme administrateur délégué d'une société de commerce doit être considérée comme donnée à la société elle-même (Code pr. civ., art. 69, § 8), alors surtout qu'elle a été donnée au siège social. (Cass. 9 juin 1873 ; Journ. Pal. 1877.907.)

Mais si les statuts portent que telle ou telle personne, le président du Conseil d'administration, par exemple, représente la société en justice, tant en demandant qu'en défendant, c'est à la requête de cette personne ou contre cette personne que doivent être faits les exploits. (Jug. trib. Toulouse 19 août 1902.)

Il suffit, en tous cas, que l'assignation soit donnée au siège de la société « en la personne de ses directeur et administrateurs », comme cela se fait dans la pratique ; la signification est faite au siège social, sans désignation nominative des représentants légaux. (Cass. req. 23 nov. 1880 ; S. 81.1.408.)

Les administrations publiques sont assignées en leur bureau dans le lieu où réside le siège. (Art. 69, § 3, Code pr. civ.)

A Paris, les significations doivent être faites à la Régie dans son propre bureau. (Cass. 6 juill. 1818 ; M. 10.266 ; S. Chr.)

Dans les autres lieux, les administrations sont assignées en la personne et au bureau de leur préposé. (Art. 69 Code pr. civ.)

Dans les villes où résident à la fois un directeur et un receveur, le préposé visé par l'article 69 du Code de procédure civile est le directeur, chef de service, de sorte que la signification faite au receveur n'est pas recevable. (Cass. 20 juill. 1898.)

Les exploits à notifier aux Compagnies de chemins de fer, notamment ceux d'exécution, tels que les commandements à fin de saisie-exécution, doivent être signifiés au siège social qui est généralement à Paris. Il faudrait pour s'adresser au chef de gare, non mis en cause personnellement, être en mesure d'établir qu'il avait pouvoir de répondre aux actes d'exécution forcée dirigés contre la Compagnie et de recevoir copie des commandements la concernant. (Cass. 15 nov. 1875 ; Trescaze Chr. 5.339.)

Les Compagnies de chemins de fer peuvent être valablement assignées au lieu où elles possèdent un principal établissement et dans la personne de leur préposé à cette succursale. (Cass. 26 mai 1857 ; D. 1857. 1. 246 ; S. 1858.1.263 ; 5 avril 1859 ; D. 1859.1.247 ; S. 1859.1.673.)

Intervention de la Régie sans citation préalable.

La Régie est fondée à intervenir à l'audience, et par voie de simples conclusions, dans une poursuite dirigée par le ministère public à l'occasion d'un fait unique constituant un délit de droit commun et une infraction fiscale. (Cass. 3 mai 1867 ; Bull. crim. 1867.108 ; Trescaze Chr. 1867.1.81 ; Dijon 3 janv. 1877 ; D. 1877.2.102 ; S. 1878.2.141 ; circ. 63 du 25 sept. 1852 ; Cass. 19 nov. 1891 ; Pand. franç. 1892.1.115 ; D. 1892.1.193 et 5 mai 1892 ; S. 92.1.540 ; L. C. 38 du 15 fév. 1892 ; circ. 661 du 23 août 1906.)

SECT. II. — AVOCATS ET AVOUÉS.

Le directeur est autorisé à instruire et à défendre sur les instances qui sont portées devant les tribunaux. (Art. 19 de l'arrêté du 5 germinal an XII.) — Les employés de la Régie peuvent donc eux-mêmes, et sans avoué, prendre des conclusions, au nom de l'Administration, devant les tribunaux correctionnels ou de simple police. (L. Min. Just., 21 août 1822.) Toutefois, il est préférable qu'ils n'interviennent pas personnellement.

L'Administration des contributions indirectes est représentée devant les tribunaux de première instance et devant les cours d'appel, soit par des avocats, soit par des avoués. (Lett. 9656 du 22 mars 1894.)

Les avocats ou les avoués sont agréés par le directeur général. (L. C. du 11 mai 1840.) A cet effet, des propositions lui sont adressées par le directeur départemental, appuyées de l'avis écrit du préfet et de l'opinion du président du tribunal et du procureur de la République sur l'honorabilité et l'aptitude professionnelle du candidat. Si l'on se trouve au siège d'une cour d'appel, il faut l'avis du préfet, du procureur général et du premier président.

Le choix des huissiers appartient au directeur, qui prend néanmoins l'avis du préfet.

Jusqu'à ces dernières années, pendant lesquelles le nombre d'affaires correctionnelles portées en justice a sensiblement augmenté, le rôle de l'avoué de la Régie se bornait, le plus souvent, à un simple dépôt de conclusions ou à une remise de mémoires préparés par les directeurs et revisés par la Direction générale. Mais depuis que les juges ont la faculté d'appliquer les circonstances atténuantes ou le sursis, le défenseur de l'Administration a une tâche plus ardue et plus compliquée. Il doit, notamment, faire apprécier au tribunal ou à la Cour l'importance de la fraude commise ou tentée, déterminer le préjudice causé ou qui aurait pu l'être, signaler les antécédents du prévenu et réfuter les arguments de ce dernier ou de son défenseur. (Lett. 9656 du 22 mars 1894.)

Or, l'Administration a eu l'occasion de remarquer que des questions délicates, quant à la forme et au fond, n'avaient pas toujours été exposées et traitées avec toute la précision et la compétence désirables. Elle a constaté particulièrement que certains avoués, surpris par les plaidoiries d'adversaires habiles et bien familiarisés avec la législation fiscale, n'avaient point répliqué comme ils auraient dû le faire aux attaques dirigées contre l'Administration et ses agents. *Ib.*

Afin d'obvier dans la mesure du possible à ces fâcheux incidents, l'Administration désire que, chaque fois qu'une affaire délicate ou importante devra être appelée devant un tribunal ou devant une Cour près desquels la Régie n'est représentée que par un avoué, ou lorsque le prévenu aura confié le soin de sa défense à un avocat spécialiste et ayant renom de savoir et d'éloquence, les directeurs l'en informent en temps utile, de manière qu'elle puisse aviser aux mesures à prendre en vue d'une meilleure défense des intérêts du Trésor. *Ib.*

En vertu d'une circulaire du garde des sceaux, du 10 avril 1813, il a été longtemps d'usage, lorsque les administrations publiques employaient le ministère des avoués, de faire entrer en taxe les honoraires de ces avoués ; mais à la suite de l'arrêt de la Cour de cassation du 12 avril 1821, le garde des sceaux, interprétant plus exactement les dispositions de l'article 3 du décret du 18 juin 1811, a décidé, les 21 août et 22 nov. 1822, que les honoraires des avocats ou avoués ne doivent, dans aucun cas, entrer en taxe et être compris au nombre des frais de justice correctionnelle. Les administrations publiques, quoique d'ailleurs assimilées aux parties civiles, sont toujours et nécessairement représentées par les officiers du ministère public ; elles ne sont pas tenues, dès lors, d'avoir recours au ministère des avocats et des avoués ; si, dans leur intérêt, elles croient devoir l'employer, il est de toute justice, soit qu'elles succombent ou non, qu'elles supportent seules les frais de plaidoiries et autres de même genre, qu'elles ont occasionnés sans nécessité. Cette doctrine reçoit une nouvelle force d'un arrêt de cassation du 18 février 1826 (M. 12.356) portant que l'emploi du ministère des avoués, devant les tribunaux correctionnels, de la part des parties civiles, est purement facultatif, et des arrêts ci-après qui ont formellement jugé que l'Administration des contributions indirectes, qui avait succombé dans une poursuite pour faits de fraude, ne pouvait être condamnée à payer les honoraires des avocats ou avoués de la partie adverse. (Cass. 8 juin 1827 ; D. 1827.1.266 ; M. 12.399 ; 30 janv. 1833 ; M. 15.1 ; S. 1833.1.255 ; 10 janv. 1868 ; 14 juin 1895 ; Bull. Cont. ind. 1898.15.379 ; S. 1868.1.375 ; Rouen 17 avril 1886' ; Recueil de Rouen 1886.1.155. Poitiers 5 mars 1891.) Par exception, les honoraires d'avoué peuvent entrer en taxe si les juges décident que l'intervention d'un avoué était réclamée par l'intérêt de la défense. (Cass. 10 janv. 1868.)

En matière correctionnelle, la circulaire 328 du 2 décembre 1845 défend d'employer concurremment le concours d'un avoué et celui d'un avocat sans autorisation.

Les avoués ont conservé le droit, qu'ils avaient avant la loi du 22 ventôse an XII, de plaider devant les tribunaux correctionnels, soit pour
un prévenu, soit pour une partie civile. (Cass. 24 juill. 1897 ; Journ.
Cont. ind. 1899.308.)

Honoraires de l'avocat ou de l'avoué.

Les avocats et les avoués sont généralement rétribués d'après le taux
de la demande de la Régie, dans les conditions indiquées au tarif du
16 février 1807.

Quelques-uns cependant touchent un honoraire fixe annuel ; d'autres
reçoivent un honoraire spécial pour chaque affaire portée en première
instance ou en appel.

L'Administration a une tendance à supprimer l'honoraire fixe annuel. (Lett. autogr. 29420 du 27 oct. 1896.) Elle profite des remplacements pour réaliser cette réforme.

La mission des défenseurs de la Régie présente souvent des difficultés
par suite des changements introduits, au cours de ces dernières années,
dans la législation des contributions indirectes. En conséquence, l'Administration a pris pour règle de substituer le ministère des avocats à
celui des avoués. La mesure est prise lorsqu'un avoué demande à être
relevé de son mandat, ou bien lorsqu'il cède son étude. Il s'agit là de
l'exécution d'une réforme générale décidée en conformité d'un désir
exprimé par la commission du budget de 1902 dans un but d'économie.
Suivant les circonstances, l'Administration décide si toutes les affaires
seront remises à l'avocat, ou si les conclusions seront déposées par ses
agents, sauf à ne recourir au ministère de l'avocat que dans les affaires
difficiles.

Bien qu'aujourd'hui la somme à allouer pour les honoraires des
avocats et des avoués soit fixée dans chaque ressort, nous donnons
ci-après le tableau qui se trouve annexé à la circulaire 328 du 2 décembre 1845.

DÉSIGNATION DES ACTES pour lesquels des honoraires sont alloués aux avoués par les art. 67 et 147 du décret du 16 févr. 1807.		EN APPEL		EN PREMIÈRE INSTANCE		
		A Paris Lyon Bordeaux et Rouen.	Partout ailleurs.	A Paris Lyon Rouen et Bordeaux.	Villes de 30.000 âmes et au-dessus où siègent des cours.	Dans les autres villes.
Pour un jugement par défaut.	Lorsque la demande n'excède pas 1000 fr.	15 »	13 50	7 50	6 75	5 62
	Lorsque la demande est de 1000 à 5000 fr.	20 »	18 »	10 »	9 »	7 50
	Lorsque la demande est au-dessus de 5000 fr.	30 »	27 »	15 »	13 50	11 25
Pour un jugement contradic-toire ou définitif	Lorsque la demande sera de 1000 fr. et au-dessous.	30 »	27 »	15	13 50	11 25
	Lorsque la demande sera de 1000 à 5000 fr.	40 »	36 »	20 »	18 »	15 »
	Lorsque la demande sera au-dessus de 5000 fr.	60 »	54 »	30 »	27 »	22 50

Il n'est dû aucune rétribution pour appel de cause, mise au rôle ou communication au ministère public.

Il ne doit jamais être accordé d'honoraires pour de simples renvois ou remises de cause. (Circ. 328 du 2 déc. 1845.)

La circulaire 328 du 2 décembre 1845 admet que les taxes du tarif de 1807 peuvent s'accroître d'un quart s'il y a plus de deux parties en cause ayant des intérêts contraires.

Aux termes de la lettre commune du 29 octobre 1872, on doit conclure, dans les assignations, du minimum au maximum de l'amende.

Les honoraires du défenseur doivent être calculés sur le chiffre le plus élevé, c'est-à-dire sur le maximum des pénalités encourues.

Les décimes entrent dans le calcul des honoraires. (Correspondance administrative.).

Il n'y a pas lieu de comprendre dans le calcul des honoraires la confiscation des objets prohibés, ni les dépens. Ces produits étant hors commerce, il n'est pas loisible aux juges d'en faire remise, pas plus qu'ils ne peuvent se dispenser de statuer sur les dépens. (Correspondance administrative.)

Les honoraires sont dus à l'avocat ou à l'avoué chaque fois que les dossiers leur ayant été remis, une transaction intervient dans les quatre jours précédant l'audience. (Circ. 328 précitée.)

Lorsque les affaires ont nécessité des soins particuliers, l'Administration n'hésite pas à accorder des honoraires supplémentaires. Il y a lieu de lui adresser une proposition motivée par feuille 122 C en double expédition.

Le décret du 15 août 1903, qui modifiait le tarif des frais et dépens devant les tribunaux de première instance et les Cours d'appel, a été rapporté par le décret du 14 juin 1904. (Circ. 562 du 28 mars 1904 et lett. autogr. 176 du 16 juin 1904.)

Mémoires et états des frais.

Les huissiers n'établissent pas de mémoire. Ils donnent l'acquit au pied de l'acte et apposent un timbre de 10 cent. si le coût des frais dépasse 10 francs.

On peut cependant exiger de l'huissier qu'il fasse taxer ses frais par le président du tribunal civil lorsqu'il s'agit d'actes de 2e classe. (Circ. 328 du 2 déc. 1845.)

Dans ce cas, un bordereau est établi sur timbre de dimension, et le coût reste à la charge de la partie qui a requis la taxe.

Lorsque les avoués de première instance ou d'appel produisent à la Régie un relevé des diverses sommes qui leur reviennent, ce mémoire doit être établi sur timbre de dimension, avec apposition d'un timbre de 10 cent. si la somme dépasse 10 fr. (Règl. du 26 déc. 1866, art. 138; art. 18 de la loi du 23 août 1871 sur le timbre.)

Aux termes de l'article 135 du règlement du 26 décembre 1866, complété par la nomenclature des pièces à produire (p. 193, § 364), les frais judiciaires doivent, en effet, faire l'objet d'un état de frais timbré, dûment taxé, ou d'un exécutoire sur timbre.

D'après la nomenclature annexée au règlement du 26 décembre 1866 (VIII° section, § 364) et d'après la jurisprudence de la Cour des comptes, les quittances des sommes payées aux avocats et avoués doivent également être accompagnées de mémoires établis sur papier timbré à 0 fr. 60.

Les quittances des greffiers devraient également être établies sur timbre. (Art. 135, Règl. du 26 déc. 1866 et injonctions diverses de la Cour des Comptes.)

Dans la pratique, le timbre à 0 fr. 60 n'est exigé des greffiers que s'ils produisent un mémoire. Les greffiers se bornent à remettre une simple quittance, timbrée s'il y a lieu à 10 centimes, contre paiement d'une pièce qui leur est réclamée, tel qu'un extrait de jugement à 0 fr. 25 ou à 0 fr. 60.

Le coût du timbre est toujours à la charge des parties prenantes. (Art. 29 de la loi du 13 brumaire an VII ; avis du Conseil d'État du 23 janv. 1894.)

SECT. III. — ENVOI DU DOSSIER A L'AVOUÉ OU A L'AVOCAT.

L'assignation doit être adressée à l'avoué ou à l'avocat trois ou quatre jours avant l'audience, avec l'original du procès-verbal. On accompagne l'envoi des conclusions, ou tout au moins d'une lettre spéciale dans laquelle on indique le numéro et la teneur des articles à invoquer pour obtenir les amendes encourues.

Condamnation à demander au tribunal. — Dans le cas où les verbalisants auraient négligé d'invoquer la requête du maire et les articles du règlement de l'octroi, lorsque la saisie aurait dû être commune, on rappellera à l'avoué que l'assignation, donnée aux fins du procès-verbal, impose au tribunal l'obligation de prononcer sur toutes les contraventions qui découlent des faits constatés par le procès-verbal. (Cass. 5 nov. 1806 ; M. 1.193 ; D. 27.444 ; 17 fév. 1809 ; M. 5.199 ; S. Chr. ; 7 mars 1835 ; M. 14.174.)

D'où il résulte qu'il y a toujours lieu de conclure, devant les tribunaux, à toutes les amendes encourues à raison des faits constatés par le procès-verbal, (L. C. du 29 oct. 1872, du 2 fév. 1874.)

Copie d'une lettre adressée à l'avoué en matière de tabacs.

J'ai l'honneur de vous adresser un procès-verbal rédigé contre M. X.   , de   , portant saisie de 41 kil. de feuilles d'épamprement à l'état vert, ramenés à 16 kil. 400 grammes de tabac. Ces feuilles d'épamprement considérées comme étant récoltées avant l'inventaire auraient été soustraites frauduleusement, ce qui constitue la contravention à l'article 217 de la loi du 28 avril 1816.

La pénalité se trouve édictée par l'article 218 de la même loi complété par l'article 39 de la loi du 31 mars 1903, lequel porte une amende de 20 fr. par kilog., c'est-à-dire, pour le cas présent, 328 fr., plus les décimes, les dépens, la confiscation et la contrainte par corps.

M. X. ne présentant pas des garanties de solvabilité, sa caution, M. V. Eugêne, de C.   , a été mis en cause, art. 190 de la loi citée et 5 du règlement de la culture.

En conséquence, l'un et l'autre ont été assignés, et je vous prie de prendre des conclusions pour qu'ils soient condamnés solidairement aux peines encourues.

Les frais avancés jusqu'à ce jour s'élèvent à

Ci-joint également l'original de l'assignation donnée pour l'audience du

Copie d'une lettre adressée à l'avoué en matière de boissons.

J'ai l'honneur de vous adresser l'original du procès-verbal rapporté le contre M. R. Antoine, marchand en gros à   , et portant saisie de 3 hectolitres 20 litres de vin pour contravention à l'article 100 de la loi du 28 avril 1816 et 7 de celle du 29 décembre 1900.

L'estimation des objets saisis a été portée à 45 francs.

La pénalité applicable à cette contravention se trouve édictée par l'article 106 de la loi du 28 avril 1816, 14 de celle du 29 décembre 1900 et 7 de la loi du 21 juin 1873.

Vous aurez donc à conclure à l'amende de 200 à 1.000 francs encourue, à la confiscation des objets saisis, avec décimes, dépens et contrainte par corps.

Je joins également à la présente l'original de l'assignation donnée pour l'audience du

Bien entendu, ces modèles ne sont donnés que pour les débutants et afin qu'ils trouvent là, par à peu près, le fond de ce qu'on doit dire.

Mais on ne peut se borner à écrire à l'avoué d'une manière aussi laconique que pour les affaires ne présentant aucune difficulté et dont la solution n'est pas douteuse. Si on avait à plaider une affaire présentant quelques points litigieux, on ne devrait pas hésiter à faire un mémoire explicatif des faits de la contravention.

Les avocats ou les avoués ont à rendre compte, sans retard, au directeur des incidents qui ont pu survenir à l'audience. Spécialement, lorsqu'un prévenu aura demandé à faire la preuve contraire, les avocats ou avoués devront indiquer les points qui paraissent devoir être contestés et la date à laquelle la cause reviendra à l'audience. (Circ. 549 du 6 janvier 1904.)

SECT. IV. — CONCLUSIONS.

Pendant un certain temps, l'Administration a obligé les directeurs à lui soumettre, en minute, les conclusions proposées en vue de l'introduction d'instances. Depuis 1886, elle a dispensé les directeurs de cette communication préalable. (Circ. 444 du 4 fév. 1886.)

Dans la plupart des directions, on remet à l'avocat ou à l'avoué les conclusions qui doivent être présentées à l'audience. On trouvera à la fin de l'ouvrage quelques modèles destinés à guider l'employé chargé de ce travail.

Les conclusions à prendre devant les tribunaux contiendront, dans la forme ordinaire, un exposé des faits constitutifs de l'infraction, des circonstances matérielles au milieu desquelles elle s'est produite, de manière que la réalité, l'importance de la fraude et, s'il y a lieu, la mauvaise foi, l'intention coupable des prévenus, soient nettement établies. On visera le minimum et le maximum de l'amende encourue, la confiscation intégrale ou la valeur représentative de cetfe dernière, telle qu'elle aura été évaluée par les agents verbalisateurs. On mentionnera ensuite le montant des droits fraudés, c'est-à-dire des droits qui auraient été acquittés et qui ne l'ont pas été à raison de la fraude ou de la contravention. Le calcul en sera établi d'une manière très exacte, en détail, et avec l'indication des articles de lois ou règlements qui déterminent les tarifs à appliquer. Il est essentiel qu'on fournisse aux magistrats tous les éléments nécessaires pour qu'ils puissent apprécier sainement les faits et la culpabilité des prévenus et graduer en conséquence les pénalités à leur infliger. (Circ. 207 du 7 avril 1897.)

Les défenseurs de la Régie recevront à ce sujet des instructions aussi étendues que précises, de manière à leur permettre de convaincre les tribunaux que la fraude a été intentionnelle et que le préjudice causé ou qui aurait pu être causé au Trésor est bien celui qui a été énoncé dans les conclusions. (*Ib.* et circ. 511 du 12 avril 1888.)

Les chefs de service chargés des poursuites devront établir, le cas échéant, devant le tribunal, que le prévenu n'est pas en situation de bénéficier du sursis, et l'énoncer dans les conclusions en fournissant les justifications nécessaires. (Bulletin n° 2, feuille 124 de la transaction ou attestation conforme au modèle donné par la circulaire 630 du 10 janvier 1906.) *V. sursis.*

L'Administration a recommandé vivement aux directeurs et aux sous-directeurs de donner tous leurs soins à la rédaction des conclusions, lesquelles doivent être fortement motivées pour permettre aux tribunaux de mesurer le degré de gravité des infractions et de les punir comme elles le méritent. (Circ. 675 du 4 fév. 1907.)

CHAPITRE IV

Caractère probant des procès-verbaux.

SECT. I. — DE LA PREUVE CONTRAIRE. — TÉMOINS.

Admission de la preuve contraire.

La règle générale est que le procès-verbal d'un fonctionnaire fait foi jusqu'à preuve contraire quand aucun texte ne lui a attribué force probante jusqu'à inscription de faux.

Les procès-verbaux des agents des contributions indirectes et des octrois feront foi jusqu'à preuve contraire. (Loi du 30 déc. 1903, art. 24.)

Si le prévenu demande à faire cette preuve, le tribunal renverra la cause à quinzaine au moins. *Ib.*

Dans le délai de trois jours francs à compter de l'audience où le renvoi aura été prononcé, le prévenu devra déposer au greffe la liste des témoins qu'il veut faire entendre, avec leurs nom, prénoms, profession et domicile. *Ib.*

Sont abrogés les articles 8 de la loi du 27 frimaire an VIII, 25 et 26 du décret du 1er germinal an XIII et 3 de la loi du 21 juin 1873. *Ib.*

Les procès-verbaux qui font foi jusqu'à preuve contraire sont par eux-mêmes la preuve irréfragable des contraventions qui s'y trouvent constatées, tant que le prévenu n'a pas établi le contraire par la preuve légale, soit par écrit, soit par témoins, entendus à l'audience, après prestation de serment (application article 154 du Code d'instruction criminelle) ; la dénégation d'un prévenu ne suffit pas pour détruire la contravention.

L'Administration a fait la preuve au moyen du procès-verbal. C'est au contrevenant, à la défense, à détruire cette preuve par les moyens que la loi met en son pouvoir (témoignages, contradictions, impossibilités, etc.).

Le tribunal peut se refuser à la preuve contraire :

1° Lorsqu'il est disposé à ne pas tenir compte de la prévention, c'est-à-dire lorsqu'il veut acquitter le prévenu ;

2° Lorsque le prévenu a fait devant les juges l'aveu des faits contraventionnels (Cass. 25 juin 1813 ; Journ. Off., Sénat, séance du 29 déc. 1903, p. 1756) ;

3° Lorsque le fait articulé serait sans valeur par rapport à la preuve alléguée.

En dehors de ces trois cas, le droit de faire entendre des témoins est absolu.

La loi du 30 décembre 1903 enlève au tribunal tout pouvoir d'appréciation à cet égard. Le tribunal doit renvoyer l'affaire toutes les fois que le prévenu « demandera » à faire la preuve contraire et non pas « sera admis » à faire cette preuve. (Jug. Trib. Seine du 13 fév. 1904 ; Bull. Cont. ind. 1904.23.128.)

Les dispositions de cette loi sont impératives. Le juge ne peut se refuser à l'admission de la preuve demandée, alors même que le prévenu aurait reconnu devant le service la réalité des faits énoncés au procès-verbal, s'il dénie que sa réponse soit l'aveu d'une contravention. (Arr. Paris 7 juill. 1904 ; Bull. Cont. ind. 1904.23.)

Au surplus, cette loi n'édicte pas de déchéance contre celui qui a déposé tardivement la liste des témoins. *Ib.*

Caractère probant des procès-verbaux.

La loi attache à ces procès-verbaux la valeur d'une preuve légale. Cette preuve, tant qu'elle n'est pas attaquée et détruite par une autre preuve, non seulement est une base suffisante de la condamnation, mais elle lie même le juge, qui n'a pas le droit de la rejeter ni de s'en écarter.

En conséquence, toutes les énonciations de ces procès-verbaux, qu'ils aient été dressés par un ou plusieurs agents, seront tenues pour vraies et constitueront la base unique des condamnations, tant que des preuves contraires, contradictoirement discutées à l'audience, n'auront pas été admises par les juges. (Circ. 549 du 6 janv. 1904.)

Il est un principe qui domine toute la matière des procès-verbaux, c'est que la foi due aux procès-verbaux ne porte que sur les faits matériels que leurs rédacteurs ont reconnus eux-mêmes et qu'ils ont constatés par l'usage de leurs propres organes. Les conséquences que les rédacteurs tirent de ces faits en ne les appuyant que sur leur opinion personnelle n'ont aucune force probante.

Si la foi est due jusqu'à preuve contraire, c'est seulement lorsque le rédacteur a vu personnellement commettre les faits spécifiés au procès-verbal. (Cass. 15 mars 1878 ; S. 79.1.96 ; 13 janv. 1888 ; Gaz. Pal. 88.2.309 ; 19 juill. 1889 ; Pand. franç. 90.1.179.)

Si l'auteur du procès-verbal n'a rien vérifié ni constaté par lui-même, le juge peut trouver dans les débats des raisons suffisantes pour décider que la contravention n'est pas établie (Cass. 19 juill. 1889 ; Pand. franç. 90.1.179), sans même recourir à la preuve contraire. (Cass. 18 mai 1854 ; D. 55.5.363.)

Ainsi il a été jugé que lorsque les gendarmes rédacteurs d'un procès-verbal n'ont pas personnellement constaté les faits, mais ont seulement rapporté les déclarations du plaignant et des témoins, le jugement qui condamne un prévenu malgré ses dénégations, en se fondant uniquement sur ledit procès-verbal, sans faire aucunement résulter de l'instruction et des débats la preuve de la culpabilité du prévenu, manque de base légale. (Cass. 20 janv. 1893 ; Journ. Cont. ind. 1894.388.) Dans le même sens : Cass. 13 avril 1861 ;. S. 1862.1.334 ; 12 mai 1876 ; S. 1876.1.286.

Par contre, le procès-verbal rédigé par un gendarme, quoique dressé, non d'après une constatation *de visu* des faits qui constituent la contravention, mais sur l'aveu de ces faits par celui à qui ils sont imputés, fait foi de la contravention jusqu'à preuve contraire. (Cass. 8 mars 1889 ; S. 1889.1.349 ; Bull. crim. 1889.97.)

On peut ranger parmi *les faits matériels* les résultats d'un jaugeage non contestés dans les conditions déterminées par l'article 146 de la loi du 28 avril 1816 (Montpellier, 13 décembre 1889 ; Annales Cont. ind. 85.87-185) ; la reconnaissance du liquide faite par l'odorat (Cass. 14 avril 1894 ; Gaz. Trib. 21 avril 1894) ; la constatation de l'identité du contrevenant. (Applic. arr. Montpellier 18 déc. 1896 ; Cass. 3 mars 1888 ; Douai 30 avril 1900.)

Mais la foi jusqu'à preuve contraire ne s'étend pas à l'opinion personnelle des verbalisants relativement à ces faits, ni aux conséquences ou inductions qu'ils peuvent en tirer, ni enfin aux raisonnements plus ou moins justes auxquels ils se livrent. (Applic. Cass. 6 avril 1821 ; M. 11.103.)

La foi jusqu'à preuve contraire ne s'étend pas aux simples opinions ou appréciations personnelles émises par les employés à la suite d'opérations scientifiques plus ou moins exactes. Dans ce cas, les tribunaux peuvent ordonner toutes les vérifications propres à éclairer leur religion. (Cass. 11 mars 1876 ; M. 19.230 ; 5 avril 1879 ; M. 21.52 ; D. 1879.1.318 ; S. 1879.1.438 ; 21 déc. 1888 ; Journ. Cont. ind. 1890.265 ; D. 1890.1.95 ; Poitiers 8 fév. 1893 ; circ. 190 du 20 mai 1876.)

Ainsi, un procès-verbal ne fait pas foi jusqu'à preuve contraire des énonciations relatives à la détermination de la richesse alcoolique du liquide. (Cass. 11 mars 1876 ; M. 19.230.)

Il est toutefois admis que la détermination de la richesse alcoolique des spiritueux fait foi jusqu'à preuve contraire, lorsque les opérations y relatives ont été effectuées *contradictoirement* avec le contrevenant ou son représentant légal et que le résultat de ces opérations n'a pas été contesté. (Cass. du 11 mars 1876 ; M. t. XIX, p. 230, note.)

La doctrine exposée dans la note précitée paraît contestable.

Reconnue ou non par le délinquant, la détermination du degré n'en résulte pas moins d'une opération scientifique qui dépend du plus ou moins d'exactitude des instruments. — Or l'exactitude des instruments n'est pas un fait matériel dont les employés peuvent se rendre compte personnellement.

Cependant, en vertu de leur plein pouvoir d'appréciation,. les juges peuvent retenir cette fixation de degré et condamner le prévenu.

La foi jusqu'à preuve contraire ne s'étend pas davantage aux procès-verbaux qui relèvent une fraude non actuelle (applic. Cass. 2 mars 1821 ; M. 11.100 ; Cass. 18 fév. 1888 ; Journ. Cont. ind. 1889.574 ; S. 1890.1.138) ; à moins que cet acte ne soit basé sur les aveux des contrevenants eux-mêmes.

Ni aux faits que les employés ont appris par des tiers. (Cass. 7 sept. 1895.)

Elle ne s'étend pas non plus aux faits délictueux qui ne constituent pas une infraction à la loi fiscale, aux délits de droit commun, même connexes à la contravention fiscale. Le procès-verbal ne vaut que comme renseignement ou plainte pour les délits de rébellion et d'injures, de menaces et de voies de fait. (Cass. 22 juin 1810 ; M. 9.105 ; S. Chr. 27 nov. 1818; M. 9.185; S. Chr. 22 janv. 1819 ; M. 9.198; S. Chr.)

Il s'agit alors d'injures ou menaces essuyées par les préposés dans l'exercice de leurs fonctions, mais ne se rattachant pas à une opposition à des vérifications ou à des exercices, opposition qui constituerait par elle-même une contravention fiscale. (Cass. 5 mai 1809 ; M. 11.13.) Mais lorsqu'un procès-verbal constate, en même temps, un empêchement aux exercices et un délit de rébellion, cet acte fait bien foi jusqu'à preuve contraire de l'existence de la contravention fiscale et du délit de rébellion. (Cass. 6 nov. 1823.)

Foi due jusqu'à preuve contraire.

La preuve contraire opérante doit s'entendre de celle qui est produite suivant les règles tracées par les articles 153 et 154 du Code d'instruction criminelle.

Le juge saisi d'une contravention ne peut refuser de la tenir pour constante et s'abstenir de la réprimer tant qu'aucune preuve contraire n'est offerte contre les énonciations du procès-verbal. (Cass. 1er juin 1844 ; D. 45.4.431 ; 14 juin 1849; D. 49.5.530.)

Doit être annulé le jugement qui, en l'absence de preuve contraire, acquitte le prévenu sous prétexte de l'inexistence du fait qui sert de base au procès-verbal (Cass. 7 juin 1849 ; D. 49.5.329) ; ou sous prétexte que le fait a été imputé à tort au prévenu (Cass. 28 sept. 1844 ; D. 45.4.431) ; ou sur le motif que la partie poursuivante n'offrait pas de prouver les faits énoncés au procès-verbal. (Cass. 5 mars 1863 ; D. 64. 5.300.)

Le juge ne peut pas davantage admettre, sans preuve contraire, l'exception de force majeure en opposition avec les énonciations du procès-verbal. (Cass. 4 déc. 1856 ; D. 57.5.265 ; 28 avril 1865 ; D. 65.1.245.)

Doit être annulé le jugement qui, sans preuve contraire, refuse de reconnaître aux faits l'importance délictueuse que leur attribue le procès-verbal (Cass. 15 avril 1853 ; D. 53.5.439), ou qui décide qu'il résulte des débats et des documents du procès que le fait s'est passé autrement que ne l'indique le procès-verbal. (Cass. 7 fév. 1863; D. 63.1.155.)

Preuve contraire.

La preuve contraire opposée à un procès-verbal ne peut résulter que de dépositions de témoins entendus après avoir prêté serment (Cass. 27 avril 1855 ; D. 55.3.363 ; 16 fév. 1878 ; S. 79.1.437) ou de procès-verbaux, expertises, arrêtés ou autres documents authentiques. (Cass. 16 fév. 1878 précité.)

La preuve contraire ne peut résulter d'une déposition reçue sans serment préalable (Cass. 27 avril 1855 précité), ou sous la garantie d'un serment incomplet ou illégal. (Cass. 30 déc. 1864 ; D. 65.5.315.) Les lettres et certificats d'individus non entendus à l'audience et n'ayant point prêté serment sont sans force aux yeux de la loi (Cass. 14 déc. 1889 ; Pand. franç. 90.1.319), alors même que ces certificats émaneraient de fonctionnaires publics. (Cass. 26 mai 1855 ; D. 55.5.362.)

Le juge ne peut puiser la preuve contraire dans les seules allégations du prévenu, alors qu'aucun témoin n'a été entendu à la décharge de celui-ci (Cass. 13 juill. 1861; D. 61.5.391), ni dans les simples dénégations du prévenu. (Cass. 30 nov. 1888 ; Pand. franç. 89.1.363 ; Cass. 11 déc. 1885 ; Journ. Dr. crim. 1887.58.)

Le juge ne peut baser un relaxe sur un simple doute.(Cass. 19 janv. 1889; Pand. franç. 89.1.452), ni sur des renseignements dont il n'indique pas la source (Cass. 26 juill. 1872; S. 73.1.48), ni sous le prétexte que, par des expériences auxquelles il s'est livré, il a acquis la conviction de l'inexactitude de l'instrument employé. (Cass. 15 nov. 1844; D.45.4.438.)

Le jugement doit énoncer clairement en quoi la preuve contraire lui paraît ébranler la foi due au procès-verbal. (Cass. 26 mars 1858; D. 58.1.231.)

Il importe peu que le prévenu prouve par témoins que les faits se sont passés autrement que ne l'indique le procès-verbal, si, tels qu'ils sont établis, ils constituent encore la contravention dénoncée. (Cass. 17 nov. 1859 ; D. 60.5.302.)

Lorsque la preuve contraire a été fournie, le tribunal a un droit souverain d'appréciation quant à l'existence des faits mentionnés au procès-verbal. (Cass. 26 juill. 1860 ; D. 65.5.301 ; 30 juill. 1886.) Son appréciation échappe au contrôle de la Cour de cassation. (Cass. 27 mars 1856 ; D. 56.5.366.)

Il suffit du témoignage d'un seul témoin entendu sous la foi du serment pour faire tomber le procès-verbal. (Cass. 11 déc. 1851 ; D. 51.5.447.)

Un arrêt peut prononcer le relaxe d'un prévenu poursuivi pour contravention d'enlèvement et de transport de boissons sans titre de mouvement, sans méconnaître la force probante due au procès-verbal, lorsque ce procès-verbal se borne à constater que le destinataire déclare « n'avoir jamais vu le titre de Régie » et que les juges du fait refusent d'admettre la sincérité de cet aveu, sans en nier la matérialité, comme inspiré par des motifs de vengeance. (Cass. 11 août 1892 ; Droit, 12 oct. 1892.)

Instruction. — Témoins.

Lorsqu'un prévenu a demandé à faire la preuve contraire, les avocats ou avoués de la Régie ne doivent pas manquer d'en avertir immédiatement le directeur ou le sous-directeur, en lui indiquant les points qui paraissent devoir être contestés et la date de l'audience à laquelle la cause reviendra devant le tribunal. (Circ. 549 du 6 janv. 1904.)

Ainsi mis au courant des faits, le directeur ou le sous-directeur fait prendre copie au greffe du tribunal des nom, prénoms, profession et domicile des témoins désignés par le contrevenant. *Ib.*

Il charge le service local de vérifier l'exactitude des indications fournies, de le renseigner sur l'état civil et la moralité des témoins, dont les antécédents au point de vue de la fraude seront révélés par les fiches n° 129. *Ib.*

Muni de ces renseignements, le directeur ou le sous-directeur établit, pour chacun des témoins, une fiche sur laquelle sont portées les mentions le concernant. Cette pièce est remise au défenseur de l'Administration, qui aura à discuter la valeur des témoignages. Au besoin, des extraits du casier judiciaire seraient demandés au procureur de la République. *Ib.*

Aux termes de l'article 156 du Code d'instruction criminelle, « les ascendants ou descendants de la personne prévenue, ses frères et sœurs ou alliés en pareil degré, la femme ou son mari, même après le divorce prononcé, ne doivent être ni appelés ni reçus en témoignage. » Les avocats ou avoués occupant pour l'Administration doivent, par suite, s'opposer à l'audition des témoins qui viennent d'être désignés. *Ib.*

En même temps qu'il recueille sur les témoins les renseignements ci-dessus indiqués, le directeur ou le sous-directeur invite les agents rédacteurs du procès-verbal à se présenter à l'audience de renvoi afin qu'ils soient entendus si le tribunal le désire, si le prévenu le demande, ou si le représentant de l'Administration le juge utile au soutien de la prévention. *Ib.*

Sauf les incapacités ci-dessus signalées, toutes personnes, quels que soient le sexe, l'âge et la nationalité, peuvent être entendues comme témoins.

Les conseillers d'État, chargés d'une Administration publique, peuvent se dispenser de répondre à une citation. (Décret du 4 mai 1812, art. 4 et 6.)

Le témoin doit prêter serment avant de déposer. (Art. 75, 155, 189 Code instr. crim.)

Il doit, à peine de nullité, prêter serment dans les termes mêmes de l'article 155 du Code d'instruction criminelle. Est donc nul l'arrêt qui fait état de dépositions de témoins reçues sous le serment de dire « la vérité, toute la vérité », sans ajouter les mots « rien que la vérité ». (Cass. crim. 4 mars 1898; Bull. Cont. ind. 1898.9.217.)

Le défaut de prestation de serment d'un témoin en première instance ne peut être relevé pour la première fois devant la Cour de cassation. (Cass. crim. 28 déc. 1894 ; Journ. Cont. ind. 1898.63.)

Le témoin régulièrement cité, qui ne comparaît pas et ne produit pas d'excuse, encourt une amende et peut être contraint par la force à se présenter. (Art. 157 Code instr. crim.)

Les étrangers domiciliés en France sont tenus de déposer sous les mêmes peines que les Français.

Il convient de faire excuser les témoins frappés d'incapacité et d'insister, le cas échéant, auprès des Parquets, pour que les témoins convaincus de faux témoignage et les suborneurs de faux témoins soient punis.

Il ne suffit pas, pour constituer un faux témoignage, que la déposition d'un témoin soit contraire à la vérité, il faut encore que cette déposition ait été faite avec une intention dolosive. (Code pénal, art. 363 ; Cass. crim. 18 déc. 1902 ; Pand. franç. 1904.1.62.)

Aux termes des instructions de la Chancellerie, lorsque des militaires ou des marins sont cités, il est nécessaire que les chefs de corps auxquels ils appartiennent en soient informés 24 heures au moins avant la notification de la citation ou de l'avertissement. Dans la lettre d'avis, on les prie de donner des ordres pour que les témoins cités obéissent à la justice. (Circ. Min. Just. 15 sept. 1826 ; 6 déc. 1840, § 4.)

Les citations aux préposés des douanes et des contributions indirectes doivent être adressées par l'intermédiaire des directeurs de ces administrations, afin que ces fonctionnaires puissent ordonner les mesures de service nécessitées par le déplacement de leurs préposés. (Circ. Min. Just. 4 nov. 1812 ; 6 déc. 1840, § 5.)

De même, quand il s'agit d'employés de chemin de fer, la citation doit être notifiée le plus tôt possible, afin de faciliter la correspondance et les remplacements qu'occasionnera l'absence temporaire des témoins. (Circ. Min. Just. 7 sept. 1863.)

Taxe des témoins.

Les témoins cités ont droit à la taxe ; mais cette taxe n'est payée que sur réquisition. (Décret du 18 juin 1811, art. 26.)

La taxe est inscrite par le Président du tribunal sur la copie de la citation ou de l'avertissement.

En principe, les citations à témoins sont notifiées par exploit d'huissier pour permettre au Parquet de requérir contre les témoins défaillants. Mais dans un but de célérité et par mesure d'économie, les Parquets citent les auxiliaires de la justice (gendarmes, agents de police, etc.) par simple avertissement.

Comme les indemnités allouées aux témoins sont supportées définitivement par la partie qui succombe, il faut faire comprendre le montant de la taxe dans le chiffre des dépens à liquider par le jugement.

Suivant les circonstances, les témoins touchent :

1° Une indemnité de comparution ;
2° Une indemnité de voyage ;
3° Une indemnité de séjour.

L'indemnité de comparution est ainsi fixée par l'article 27 du décret du 18 juin 1811 :

Par jour
{ 2 fr. 00 à Paris.
{ 1 fr. 50 dans les villes de 40.000 âmes et au-dessus.
{ 1 fr. 00 partout ailleurs.

L'indemnité de voyage est de 10 centimes par kilomètre parcouru en allant et autant pour le retour. (Décret du 22 juin 1895, art. 1er.)

L'indemnité de séjour est fixée par le décret du 22 juin 1895, savoir :

Par jour
{ 6 fr. à Paris.
{ 5 fr. dans les villes de 10.000 habitants et au-dessus.
{ 4 fr. dans les autres localités.

Les témoins qui reçoivent un traitement quelconque de l'État, des départements ou des communes n'ont droit qu'au remboursement des frais de voyage, et encore faut-il qu'ils soient domiciliés à plus d'un myriamètre du lieu de comparution. (Décret du 18 juin 1811, art. 32; Décret du 22 juin 1895.)

Les témoins qui ne sont pas domiciliés à plus d'un myriamètre n'ont droit à aucune indemnité. Ceux qui sont domiciliés à plus d'un myriamètre reçoivent une indemnité de voyage, mais ils n'ont pas droit à la taxe de comparution ; enfin, si les témoins sont obligés de prolonger leur séjour dans la ville où ils ont été entendus et où ils n'ont pas de résidence, ils peuvent prétendre à l'indemnité de séjour.

Témoignages des verbalisants.

Aucune loi n'a interdit au rédacteur d'un procès-verbal faisant foi jusqu'à preuve contraire d'être entendu comme témoin sur les faits qui ne sont pas suffisamment désignés dans cet acte. (Cass. 22 déc. 1888.)

Sur ce point la doctrine de l'Administration est conforme à la jurisprudence.

Toutefois, en dehors de la preuve contraire, l'audition du rédacteur ne peut être valablement ordonnée qu'autant que les faits sur lesquels il doit être entendu auront été précisés, et que ces faits n'auront pas pour effet de détruire et d'affaiblir le procès-verbal, mais seulement d'y suppléer par la preuve des circonstances nécessaires pour caractériser l'infraction. (D. p.-v. 13.154; Cass. 20 juill. 1820; 23 nov. 1877.)

Même, quand la preuve contraire n'a pas été requise, les agents verbalisateurs peuvent être invités à déposer sur des allégations du prévenu étrangères aux faits constitutifs de la contravention, ou à fournir des explications sur des faits qui ne sont pas suffisamment désignés au procès-verbal, soit encore à éclairer la religion des juges sur le point de savoir s'il y a lieu, ou non, de déclarer le prévenu de bonne foi.

Bien entendu, si la preuve contraire est administrée, les verbalisants sont tenus de déposer sur les points signalés par le prévenu ou le tribunal.

SECT. II. — AVEUX.

En ce qui concerne les aveux, le procès-verbal fait foi de leur matérialité, et non de leur sincérité. L'aveu peut être rétracté; il peut être le résultat d'une erreur ou d'un mensonge calculé. (V. Cass. 15 fév. 1866.)

La sincérité de l'aveu peut être combattue par la preuve contraire. (Cass. 30 juill. 1835; S. 35.1.848; Bull. crim. 35.397.)

Mais les juges peuvent apprécier, d'après les débats et les pièces produites, la non-conformité des aveux avec la réalité des faits, ou refuser d'en admettre la sincérité. (Cass. 29 juin 1889; D. 90.1.236.)

Ainsi, bien qu'un procès-verbal de gendarmes constate l'aveu fait par le prévenu d'avoir colporté du tabac, cette contravention peut être écartée par les juges auxquels il appartient d'apprécier souverainement les résultats de l'instruction. (Cass. 23 nov. 1893; Bull. crim. 93.317.)

Les juges ont, en ce qui concerne les aveux, plein pouvoir d'appréciation.

Le prévenu n'est pas lié par les déclarations d'une tierce personne. (Cass. 3 nov. 1808 ; M. 4.710; et 22 fév. 1811 ; M. 10.194.)

Mais les aveux des agents, des domestiques ou de la femme d'un *assujetti*, lient ce négociant comme si les aveux émanaient de lui-même. (Cass. 23 avril 1819 ; M. 9.21 ; 18 juin 1819 ; M. 9.26; 27 oct. 1820 ; M. 9.33.)

Ainsi, il a été jugé que les aveux d'une femme dont le mari exploite un débit clandestin sont opposables au mari. (Caen 22 nov. 1899 ; Bull. Cont. ind. 1900.5.20.)

De même, les aveux du destinataire indiqué à l'expédition sont opposables à l'expéditeur s'il existe dans la cause d'autres éléments établissant la contravention. (Cass. 30 avril 1898 ; Bull. Cont. ind. 1898.11.)

Lorsqu'un procès-verbal constate qu'il a été impossible de retrouver les destinataires des spiritueux énoncés aux congés soumissionnés par un marchand en gros, celui-ci est à bon droit condamné pour enlèvement fictif ou transport à fausse destination, alors même qu'il soutiendrait que ces boissons ont été vendues par lui au comptant et *enlevées par les acheteurs* eux-mêmes. (Cass. crim. 13 nov. 1902; Bull. Cont. ind. 1903.2.)

Les procès-verbaux dressés par les employés des contributions indirectes font foi des déclarations que ces agents constatent. Il appartient au prévenu de démontrer la fausseté de ces déclarations ou de prouver que les destinataires indiqués aux titres de mouvement ont réellement reçu les boissons. (Cass. crim. 11 déc. 1902; Bull. Cont. ind. 1903.4.)

SECT. III. — DES EXPERTISES.

1º *Expertises judiciaires.*

Les procès-verbaux réguliers des agents des contributions indirectes font foi jusqu'à preuve contraire des faits matériels relatifs aux délits qu'ils constatent. (Loi du 30 déc. 1903, art. 24.)

En matière criminelle, l'expertise ne doit être ordonnée que dans le cas où les autres preuves seraient admissibles. Ainsi lorsqu'il existe un procès-verbal faisant foi jusqu'à preuve contraire, que le fait qu'il constate en termes précis a le caractère d'une contravention et que la preuve contraire n'est pas proposée, le juge, qui ne pourrait, dans ce cas, ordonner une enquête, ne peut non plus nommer des experts. (Cass. crim. 4 juin 1852; Bull. crim. 1852.181.)

Mais si l'expertise doit s'appliquer à des points qui constituent non pas des faits matériels, mais une appréciation, une opinion personnelle de l'agent, si elle a encore pour objet d'éclaircir des faits que le procès-verbal a laissés dans l'obscurité et qu'il est impossible dès lors d'apprécier exactement, le juge peut ordonner toutes les vérifications propres à éclairer sa religion et notamment une expertise. (Faustin Hélie, t. VI, nº 2618.)

Il est toujours loisible aux juges d'ordonner une expertise pour s'éclairer sur des faits dont l'appréciation exige des connaissances spéciales, pourvu qu'il ne s'agisse pas de rechercher une preuve interdite par la loi. (Cass. 18 mars 1873 ; S. 73.1.268 ; D. 74.1.265 ; M. 19.287 ; 11 mars 1876 ; M. 19.230 ; Bull. crim. 1876.78.)

Le juge du fait a le droit d'ordonner une expertise pour compléter la preuve résultant du procès-verbal et rechercher si le prévenu a ou non revendu, mélangés aux vins de sa récolte, des vins ou moûts d'achat. (Cass. crim. 1er mars 1901 ; Bull. Cont. ind. 1901.10.50.)

Les tribunaux ne peuvent, aux termes des articles 408 et 413 du Code d'instruction criminelle, procéder au jugement de la prévention, sans avoir ordonné une expertise provoquée par des réquisitions ou des conclusions formelles, que dans le cas où ils disent expressément soit que le fait qu'elle aurait pour objet d'établir ne serait ni pertinent ni concluant, soit qu'ils se trouvent suffisamment éclairés par les débats pour n'avoir pas besoin des éléments de conviction qu'elle leur aurait offerts. (Cass. crim. 12 juin 1846 ; Bull. crim. 1846.142 ; Comp. cass. 28 déc. 1861 ; S. 1862.1.103 ; D. 1862.1.145 ; 17 avril 1874 ; S. 1875.1.288 ; D. 1875.1.238.) A rapprocher voy. p. 196.

On a pu se demander s'il était permis, en matière criminelle, de contester le choix des experts. C'est qu'en effet il n'existe pas vis-à-vis d'eux le droit de récusation, dont les parties peuvent, aux termes de l'article 332 du Code d'instruction criminelle user vis-à-vis de l'interprète. Toutefois, comme le rapport des experts est un des éléments du procès-verbal et qu'il importe essentiellement que ses rédacteurs soient à l'abri de toute suspicion, et comme, d'autre part, les experts sont, en matière civile, récusables au même titre que les témoins, on doit admettre par analogie et même a fortiori que leur choix peut être contesté. (Labori, Répertoire, v° Expertise n° 236.)

Lors donc qu'un expert ne paraîtra pas présenter des garanties suffisantes, soit au ministère public, soit à l'accusé, son choix pourra donner lieu à un incident sur lequel le tribunal de répression devra statuer. (Cass. crim. 27 avril 1832 ; Bull. crim. 1832.223.)

Si l'expertise, lorsqu'elle est formellement demandée par les parties ou impérativement ordonnée par la loi, ne peut être faite que par trois experts, à moins du consentement des parties, il en est autrement quand elle est prescrite d'office par le juge. En ce cas, un seul expert peut être désigné. (Code de proc. 303, 305 ; Cass. 18 mars 1873 ; S. 73.1.268 ; D. 74.1.265 ; M. 19.287.)

L'expertise d'une boisson en litige ne peut être ordonnée, plusieurs mois après la rédaction du procès-verbal, qu'autant que l'identité de cette boisson est parfaitement établie. (Cour de Nîmes, 15 déc. 1877 ; M. 20.141.)

L'expertise doit porter sur les échantillons levés régulièrement par le service, et non sur la boisson dont il a été donné mainlevée à l'intéressé. (Arr. Rouen 19 juin 1874 ; Cour de Nîmes 11 juill. 1877 ; M. 20.174.)

Les personnes entendues comme témoins ou comme experts, doivent prêter serment dans les termes de l'article 155 du Code d'instruction criminelle. (Cass. 8 mai 1879; S. 80.1.483; D. 82.1.48 ; M. 21.54; 15 déc. 1892; Journ. Cont. ind. 1894.287; S. 93.1.110.)

Le procès-verbal constatant la nomination d'un expert par le juge d'instruction doit, à peine de nullité, faire mention de la date de la prestation de serment. (Cass. crim. 24 déc. 1904; Bull. crim. 1904. 550.897.)

L'expert cité devant le tribunal pour donner des explications sur son rapport est un véritable témoin. Il doit prêter serment à peine de nullité. (Cass. crim. 15 déc. 1892; Journ. Cont. ind. 1894.287.)

Un jugement de simple police rendu sur le rapport d'un expert non assermenté est nul ainsi que tout ce qui l'a suivi, quoique l'expert ait été dispensé du serment par le juge. (Cass. 27 nov. 1828 ; Bull. crim. 1828.900; 14 août 1856; D. 1856.1.381; 1er juin 1883 ; Bull. crim. 1883.133.)

Est nul l'arrêt qui fait état de dépositions d'experts reçues sous le serment de dire « la vérité, toute la vérité », sans ajouter les mots « rien que la vérité ». (Cass. crim. 4 mars 1898; Bull. Cont. ind. 1898.9.217.)

Quand le tribunal a nommé des experts, le directeur (ou le sous-directeur) doit :

1° présenter une requête au président du tribunal aux fins de fixation de la date de la prestation de serment des experts ;

2° faire signifier le jugement et la requête tant au contrevenant qu'aux experts ;

3° Déposer au greffe du tribunal, le jour de la prestation de serment, les échantillons sur lesquels les experts doivent opérer ;

4° faire signifier le rapport des experts au contrevenant, avec assignation devant le tribunal, qui alors statue au fond.

Mais, avant de faire signifier ce rapport, on en établit une copie sur papier libre que l'on envoie à l'Administration, en demandant des instructions par feuille 122 C en double expédition.

En matière correctionnelle, les expertises sont régies, non par le Code de procédure civile, mais par les articles 43 et 44 du Code d'instruction criminelle.

Ainsi, il n'est pas nécessaire que les parties soient présentes ou appelées à la prestation de serment. (Cass. 16 fév. 1855; D. 55.1.350; 2 janv. 1858; S. 58.1.161.)

Aucune disposition n'exige la présence ou la convocation des parties aux opérations des experts commis par le juge d'instruction ou par le tribunal correctionnel. (Cass. 15 nov. 1844 ; P. 45.1.747; 15 mars 1845; P. 46.1.372; 2 janv. 1858; S. 58.1.161; 27 déc. 1879; S. 81.1.487; 15 nov. 1894; S. 95.1.55.)

Modèle de requête aux fins de prestation de serment d'expertise.

A Monsieur le président du tribunal de 1re instance de l'arrondissement de jugeant correctionnellement :

Le directeur des contributions indirectes du département de   agissant pour et au nom de son Administration,

A l'honneur de vous exposer que par jugement rendu le   dans la cause entre la Régie et M.   marchand en gros, domicilié à   , le tribunal correctionnel de   a nommé experts MM.   exerçant la profession de   , à   , à l'effet de déterminer si   (*indiquer le but de l'expertise*).

A ces effets, l'exposant requiert qu'il vous plaise, Monsieur le président, fixer les jour, lieu et heure qu'il vous conviendra pour recevoir le serment desdits experts.

Fait à   , le   190 .

Le directeur du département de   .

Signé : X.

Ordonnance. — Nous, président du tribunal de   , chambre correctionnelle, vu la requête ci-dessus, fixons au mercredi vingt-huit février courant, à 1 heure du soir, dans la chambre du Conseil dudit tribunal, la prestation de serment des experts.

Fait à   , le   190 .

Le Président,

Signé : X.

Cette requête doit être établie sur timbre et soumise à la formalité de l'enregistrement.

Le mandat d'expert est facultatif.

L'expert peut refuser son mandat, tant qu'il n'a pas prêté serment. Il le peut même après, mais en répondant des frais et du préjudice occasionné par son refus tardif.

Quant au temps dont les experts disposent pour commencer leurs opérations, il est, en principe, illimité, sauf à la partie mécontente de leur lenteur à les sommer de faire diligence et à demander leur remplacement, si leur inertie non justifiée peut s'interpréter comme un refus d'exercice.

2º Expertises légales.

Commissaires-experts. — Les contestations qui peuvent s'élever sur la *nature* des vins sont déférées aux commissaires-experts institués par l'article 19 de la loi du 22 juillet 1822 et par l'article 4 de la loi du 7 mai 1881.

Pour le prélèvement des échantillons et la procédure à suivre, se reporter à la circulaire nº 320 du 2 février 1899. *V. Echantillons.*

Il peut y avoir lieu à expertise légale :

— En matière de sucre (décret-loi du 27 mars 1852, art. 4);

— En matière de bières (loi du 30 mai 1899, art. 13);

— En matière de raisins secs (décret du 7 octobre 1890, art. 19);

— Pour déterminer la nature des vins (loi du 13 avril 1898, art. 21);

— En cas de contestation sur la nature des produits et substances visés aux articles 15, 16 et 17 de la loi du 30 janvier 1907 (absinthes, bitters, amers et similaires, essence d'absinthe, etc.) (Art. 18 de la loi du 30 janv. 1907.)

C'est à l'expertise judiciaire qu'il faudrait recourir pour faire déterminer si un produit est, ou non, exclusivement médicamenteux. (Arr. Montpellier 2 avril 1903.)

Les actes de prélèvement d'échantillons rédigés en vue de l'expertise légale sont exempts de la formalité de l'enregistrement et de timbre tant sur la minute conservée par le service que sur la copie qui en est délivrée aux parties. (Enreg. Décision du 20 juill. 1905.)

Cette décision, prise en conformité de l'article 80 de la loi du 15 mai 1818, est fondée sur le fait que ces actes, dressés par des fonctionnaires de l'ordre administratif agissant dans le cercle de leurs attributions, n'ont pas le caractère d'un acte de poursuite et n'emportent ni marché ni transmission.

3° Expertises diverses.

Contestations sur le jaugeage. — Toute personne qui contestera le résultat d'un jaugeage fait par les employés de la Régie, pourra requérir qu'il soit fait un nouveau jaugeage, en présence d'un officier public, par un expert que nommera le juge de paix, et dont il recevra le serment. La Régie pourra faire vérifier l'opération par un contre-expert, qui sera nommé par le président du tribunal. Les frais de l'une ou de l'autre vérification seront à la charge de la partie qui aura élevé mal à propos la contestation. (Loi du 28 avril 1816, art. 146.)

Garantie. — Les objets anciens d'art ou de curiosité, vendus à l'intérieur ou importés, lorsqu'ils sont reconnus à bas titre, ne sont pas brisés et sont marqués du poinçon E. T. (Circ. 561 du 24 mars 1904.)

Les objets antiques sont dispensés du poinçonnement et du payement du droit de garantie. *Ib.*

L'application de ces concessions est subordonnée à la condition expresse que les ouvrages d'or ou d'argent présentés comme objets anciens d'art ou de curiosité, ou comme objets antiques, soient reconnus tels par les agents chargés du contrôle. *Ib.*

Les contestations qui pourront s'élever à cet égard entre le service et les intéressés devront être soumises à M. le directeur de l'Administration des Monnaies, qui statuera après avis d'un ou de plusieurs experts assermentés près les tribunaux ou cours d'appel. *Ib.*

Dans chaque département, la désignation des experts sera faite par le directeur. *Ib.*

CHAPITRE V

Des peines.

Dispositions générales.

Les infractions aux lois qui régissent les contributions indirectes sont passibles :

1º D'une amende augmentée des décimes ;

2º Certaines infractions entraînent, en sus de l'amende, l'application d'une peine d'emprisonnement ou d'affichage du jugement qui est exclusivement requise par le ministère public ;

3º De la confiscation qui est prononcée même si le délinquant est resté inconnu ou est décédé, ou si le procès-verbal est nul pour vice de forme ;

4º Des droits fraudés et du quintuple droit de consommation ou du quintuple du droit fraudé dans quelques cas spéciaux, visés par la loi ;

5º Des dépens.

SECT. I. — DES AMENDES.

Dispositions générales.

Toutes les infractions fiscales sont passibles d'une amende.

Cette amende est majorée de deux décimes et demi que les tribunaux correctionnels sont tenus de prononcer. (Circ. 131 du 10 sept. 1895 ; loi du 30 mars 1902, art. 33.) *V. Décimes.*

Les juges peuvent se mouvoir entre le minimum et le maximum de l'amende encourue.

Ils peuvent descendre au-dessous du minimum et accorder les circonstances atténuantes, si la bonne foi du prévenu est constatée. *V. Circonstances atténuantes.*

Enfin, ils peuvent accorder au délinquant le bénéfice du sursis. *V. Sursis.*

Sans qu'il y ait récidive, l'amende, lorsque la loi ne contient aucune disposition contraire, peut être appliquée jusqu'au maximum. (L. C. du 29 oct. 1872.)

L'amende ne peut pas être prononcée en cas de décès du prévenu, ni si le procès-verbal est nul pour vice de forme. *V. Décès des prévenus.*

SECT. II. — NATURE DES AMENDES FISCALES.

L'amende fiscale a-t-elle le caractère d'une peine, ou est-elle une réparation civile ? Sur ce point, la jurisprudence a souvent varié. Par deux arrêts des 28 messidor an VIII (D. 17.795) et 9 décembre 1813 (M. 11.51), la Cour de cassation avait d'abord jugé que l'amende, même en matière fiscale, était une peine.

Plus tard la jurisprudence admit que les amendes fiscales n'avaient pas un véritable caractère pénal et qu'elles étaient plutôt la réparation du préjudice causé à l'État par la fraude. (Cass. 19 août 1836 ; S. 36.1.762 ; M. 18.137 ; 18 mars 1842 ; S. 42.1.465 ; M. 16.224 ; 13 mars 1844 [chambres réunies] ; S. 44.1.366 ; M. 17.52 ; 24 août 1850 ; S. 51.1.464 ; M. 18.107 ; 11 juil. 1904 ; Bull. Cont. ind. 1904. 17.108 ; Pand. fr. 1905.1.41.)

Enfin la Cour de cassation a jugé (arr. du 10 déc. 1890 ; S. 91.1.118 ; D. 91.1.102 ; Journ. Cont. ind. 1891. 21) que si les condamnations pécuniaires peuvent, selon le point de vue auquel on se place, être considérées tantôt comme des peines, tantôt comme des réparations civiles, elles sont certainement des amendes prononcées par les tribunaux de police correctionnelle, en matière correctionnelle ; qu'elles tombent dès lors et nécessairement sous le coup de l'article 9 du Code pénal et de l'article 636 du Code d'instruction criminelle.

Et dans son arrêt du 18 décembre 1891 (Journ. Cont. ind. 1893.166), la même Cour énonce que l'amende fiscale est bien moins une peine qu'une réparation accordée au Trésor.

A vrai dire, l'amende fiscale a un caractère *mixte* :

Elle a bien un *caractère pénal*. En effet, elle se prescrit par cinq ans (Cass. 10 déc. 1890 ; S. 91.1.118 ; D. 91.1.102 ; Journ. Cont. ind. 1891. 21) ; elle ne peut être prononcée contre les héritiers du contrevenant ; elle est recouvrable contre le délinquant *lui-même* par voie de contrainte par corps ; elle peut être prononcée contre la femme mariée poursuivie sans autorisation du mari ; elle est encourue dans beaucoup de cas où aucun préjudice n'a été causé au Trésor ; l'article 463 du Code pénal sur les circonstances atténuantes est applicable ; les articles 9 et 11 du Code pénal classent l'amende et la confiscation au rang des peines ; ces amendes sont prononcées par le tribunal correctionnel ; le sursis peut être accordé.

Elle a aussi le caractère *d'une réparation civile* : elle atteint les personnes civilement responsables ; la règle du non-cumul des amendes ne lui est pas applicable, c'est-à-dire que le juge prononce autant d'amendes qu'il y a de contraventions, sans tenir compte du nombre des délinquants ; toute infraction est punie d'une seule amende, quand bien même il y aurait plusieurs contrevenants, qui en sont responsables solidairement ; les nouvelles dispositions législatives n'ont pas d'effet rétroactif ; les litiges auxquels donne lieu leur recouvrement sont jugés dans les formes prescrites pour les contestations sur le fond des droits. (Cass. 11 juill. 1904 ; Bull. Cont. ind. 1904.17.108 ; Pand. fr. 1905.1.41.)

SECT. III. — SOLIDARITÉ.

Les prévenus sont tenus solidairement des amendes encourues.

Cette proposition résulte de deux textes précis :

C'est d'abord l'article 55 du Code pénal qui pose le principe général :

« Tous les individus condamnés pour un même crime ou pour un même délit, seront tenus solidairement des amendes, des restitutions, des dommages-intérêts et des frais. »

C'est ensuite le texte spécial aux contributions indirectes de l'article 37 du décret du 1er germinal an XIII :

« Les condamnations pécuniaires contre plusieurs personnes pour un même fait de fraude seront solidaires. » (Cass. 19 août 1836 ; S. 36.1.762 ; M. 18.137 ; 4 déc. 1863 ; S. 64.1.197 ; D. 64.1.195 ; 4 juill. 1891 ; D. 92.1.340.)

La solidarité s'étend à l'amende (Cass. 3 nov. 1827 ; Trescazes R. chr. 1.1335), à la confiscation (Cass. 5 mai 1838) et aux dépens (Cass. 15 janv. 1875 ; S. 75.1.192 ; M. 19.208.)

En matière de contributions indirectes, l'amende étant considérée, sous certains rapports, comme une réparation, le juge ne doit prononcer qu'une seule amende lorsqu'une contravention unique est constatée. Les amendes frappent le fait matériel de la contravention, abstraction faite du nombre de contrevenants. (Cass. 19 août 1836 ; S. 36.1.762 ; M. 18.137. Cass. 10 nov. 1906 ; Bull. C. ind. 1907 n° 2.)

Un prévenu n'est pas fondé à se prévaloir, au point de vue de l'exonération de tout ou partie de l'amende encourue, de la transaction passée entre son codélinquant et l'Administration. (Arr. Chambéry 27 sept. 1878 ; Trescaze. Doc. judic. 1882-76.)

La solution de l'arrêt de Chambéry paraît inexacte : il serait imprudent de s'appuyer sur elle.

En effet, les prévenus, en matière de contributions indirectes, sont tenus solidairement des amendes encourues.

Il existe entre les prévenus une solidarité parfaite. (Arr. Paris 28 mai 1900 ; Gaz. Pal. 1900.11.24.)

Si l'un des prévenus paie la totalité de l'amende ou une fraction supérieure à sa part, il a un recours contre les autres pour la part virile de ceux-ci. (Arg. art. 1214. Cod. civ. ; Aix 7 août 1879 ; S. 81.2.64 ; Cass. 20 juill. 1852 ; S. 52.1.689 ; Demolombe, XXVI, nos 305 et 423 ; Laurent, XVII, n° 357 ; Pand. fr. v° Oblig. 493.)

La transaction faite avec l'un des prévenus profite à l'autre, sans pouvoir lui être opposée, si elle lui est préjudiciable. (Pand. fr. v° Oblig. 452.477 ; Dalloz v° Oblig. 556 et 1102, etc.)

Par suite, en matière de contributions indirectes, la transaction faite avec l'un des prévenus avant le jugement produit l'un ou l'autre des deux effets suivants, d'après le cas :

A) Si elle est faite *sans réserves*, elle libère l'autre prévenu et ne permet pas de poursuivre ce dernier ;

B) Si elle est faite *avec réserves*, l'action de l'Administration subsiste contre l'autre prévenu, mais seulement pour *la part virile* de celui-ci dans l'amende.

En conséquence, les directeurs doivent avoir soin lorsqu'ils transigent avant jugement avec un seul des prévenus : 1° de *réserver expressément* les droits de l'*Administration* contre l'autre ou les autres prévenus ; 2° de tenir compte, dans la fixation du chiffre qu'ils demandent au prévenu avec lequel ils transigent, de cette circonstance qu'ils ne pourront plus demander à l'autre ou aux autres prévenus que la part virile dans l'amende. (Note 153 du 26 mars 1904.)

L'appel fait par l'un des coprévenus condamné solidairement ne saurait profiter aux autres. (Paris 8 fév. 1877 ; D. P. 77.2.88.)

Si, en matière civile, l'appel fait par l'un des codébiteurs solidaires profite aux autres, il ne saurait en être de même en matière correctionnelle. (Arr. Toulouse 4 mars 1904.)

Si, à l'occasion d'un fait unique de fraude, l'un des prévenus a bénéficié des circonstances atténuantes, l'indivisibilité et la solidarité de la condamnation ne s'appliquent qu'aux pénalités prononcées contre ce dernier. (Arr. Montpellier 14 déc. 1905.)

Les bouilleurs de cru réunis en syndicats professionnels ou en associations coopératives de distillation sont solidairement responsables de toutes les infractions à la loi commises dans le local commun. (Loi du 31 mars 1903, art. 22, et art. 10 de la loi du 17 avril 1906.)

SECT. IV. — NON-RÉTROACTIVITÉ DES LOIS FISCALES.

Les amendes et confiscations sont encourues par le fait même qui donne lieu à la contravention et sont fixées par la loi en vigueur à la date de la perpétration de la contravention. (Cass. 9 nov. 1888; D. 89.1.217 ; S. 89.1.351 ; Journ. Cont. ind. 1890.63 ; 18 nov. 1897 ; Bull. Cont. ind. 1898.1.13 ; 17 fév. 1898; Journ. Cont. ind. 1899.32.)

Mais l'Administration a admis que l'article 24 de la loi du 6 août 1905 sur le sursis aurait un effet rétroactif, attendu qu'il s'agissait d'une loi de procédure. (Circ. 630 du 10 janv. 1906.)

SECT. V. — TOLÉRANCES.

Un tribunal ne peut s'autoriser d'un usage ou d'une tolérance pour se dispenser d'observer la loi lorsqu'il en est requis. (Cass. 16 mars 1809 ; M. 6.456.)

Une tolérance concédée par l'Administration n'a pas pour effet de créer un droit au profit de ceux qui en bénéficient. (Cass. 4 fév. 1832 ; M. 13.4 ; D. 32.1.136 ; S. 32.1.467 ; 29 oct. 1896 ; Bull. crim. 1896. 303.466.)

La Régie a toujours le droit de revenir à l'exécution de la loi. (Cass. 25 mai 1821 ; M. 9.243 ; D. 27.509.)

Mais la bonne foi du prévenu permet au tribunal d'accorder soit les circonstances atténuantes, soit le bénéfice du sursis.

SECT. VI. — TENTATIVE.

Par application de l'article 3 du Code pénal et à défaut d'un texte spécial aux contributions indirectes ou aux octrois, la tentative de fraude n'est pas punissable. On trouve cependant une exception à la règle dans l'article 9 de la loi du 29 mars 1832 (introduction d'objets soumis aux droits d'octroi à l'aide d'engins disposés) et dans l'article 11 de la loi du 16 déc. 1897 (tentative de revivification d'alcools dénaturés).

SECT. VII. — INTENTION. — BONNE FOI. — FORCE MAJEURE.

C'est le fait matériel qui est punissable, abstraction faite de l'intention de son auteur. (Cass. 23 janv. 1903; Bull. crim. 1903.32.51.)

Sous l'empire du décret du 1er germinal an XIII, art. 39, les juges n'avaient pas à tenir compte aux délinquants de l'intention ou de la bonne foi, et ne pouvaient les excuser de ce chef. Il n'en est pas de même aujourd'hui, au moins dans les cas où l'article 463 sur les circonstances atténuantes est applicable. V. *Circonstances atténuantes* et *Sursis*.

Toutefois, la loi et la jurisprudence prescrivaient déjà de tenir compte de l'intention dans certains cas et notamment dans l'application de l'article 7 de la loi du 21 juin 1873 (tolérance de 1 0/0 sur les déclarations) ; dans l'application des articles 9 et 12 de la loi du 21 juin 1873 (recel et transporteur de bonne foi, etc., etc.).

En matière de contributions indirectes, l'infraction existe indépendamment de l'intention frauduleuse. (Arr. Grenoble 9 juin 1879 ; M. 20.308.)

Les pénalités sont attachées à l'existence matérielle de l'infraction sans que la Régie ait à faire la preuve de la fraude. (Arr. Paris 11 janv. 1896 ; Bull. Cont. ind. 1897.10.) Le défaut de préjudice ne saurait excuser la contravention. (Arr. Lyon 29 juill. 1897 ; Bull. Cont. ind. 1901.3.6 ; Rouen 10 nov. 1900.) Il importe peu que les droits soient acquittés si le titre de mouvement est inapplicable. (Cass. 2 fév. 1838 ; M. 15.166 ; 22 fév. 1901.)

Les juges ne peuvent pas tenir compte de l'intention en matière d'octroi pur. (Circ. 437 du 7 mars 1901.)

Force majeure, accidents, retards. — Si le défaut d'identité entre l'expédition et le chargement résulte d'un accident survenu en cours de transport, les tribunaux ne peuvent admettre une excuse de ce genre que si elle est justifiée dans la forme prescrite par l'article 15 de la loi du 28 avril 1816 (procès-verbal dressé par les employés ou par les autorités locales). (Cass. 5 déc. 1822 ; D. 27.445 ; M. 9.58.)

La preuve testimoniale n'est pas admise pour justifier le retard, lorsque les boissons n'arrivent à la destination déclarée qu'après le délai fixé sur l'acquit-à-caution. (Cass. 16 mai 1810.)

SECT. VIII. — COMPLICITÉ.

La complicité se définit légalement : le fait par un individu d'avoir participé en connaissance de cause, soit directement, soit indirectement, à une action qualifiée crime ou délit.

Le Code pénal ne prévoit pas la complicité en matière de *contravention*, et les lois d'impôt n'ont pas dérogé, en principe, aux prescriptions de droit commun. (Cass. 11 septembre 1846 ; D. 46.1.361 ; S. 46.1.840 ; M. 17.373.) Toutefois, dans le domaine fiscal, on trouve quelques exceptions ; ainsi, les complices sont atteints :

1° Par l'art. 10 de la loi du 26 mars 1872 sur les liquoristes ;

2° Par les articles 9 et 12 de la loi du 21 juin 1873 concernant les recels de boisson appartenant à des débitants, marchands en gros et distillateurs, et les dépôts clandestins de spiritueux ;

3° Par l'article 6 de la loi du 31 décembre 1873 sur les huiles ;

4° Par l'article 11 de la loi du 16 décembre 1897 sur les alcools dénaturés et les alcools en général ;

5° Par les articles 10 et 14 de la loi du 29 décembre 1900 (distilleries clandestines et bouilleurs de cru) ;

6° Par l'article 216 de la loi du 28 avril 1816 et l'article 39 de la loi du 31 mars 1903 (fraudes sur les tabacs) ;

7° Par les articles 26 et 32 de la loi du 31 mars 1903 (alambics ; bouilleurs de cru ; glucose) ;

8° Par l'article 7 de la loi du 28 janvier 1903 (vins de sucre, sucrage);

9° Par l'article 20 de la loi du 30 janvier 1907 (fraudes sur les spiritueux).

Dans les cas prévus par les articles 217, 221 et 222 de la loi du 28 avril 1816 (détention, fabrication, colportage ou vente de tabac), s'il résulte de l'instruction que d'autres individus ont coopéré à la fraude comme entrepreneurs de contrebande ou intéressés, les procès-verbaux seront transmis au procureur de la République, qui exercera l'action au nom de l'Administration des contributions indirectes. (Loi du 31 mars 1903, art. 39.)

Il sera sursis à la poursuite des faits relevés par les procès-verbaux jusqu'à la clôture de l'instruction ouverte par les parquets et il sera rendu compte, à l'Administration (1re div. 5e bur.), par f. 122 C en double expédition, de la suite donnée aux affaires. (Circ. 518 du 31 mars 1903.)

Les amendes fiscales étant, d'après leur nature, moins une peine que la réparation du préjudice causé au Trésor, il suit de là que lorsque plusieurs personnes sont poursuivies pour un fait unique constituant une seule contravention, une seule amende doit être prononcée contre tous, sauf à garantir par la solidarité le recouvrement de cette amende, et cette règle s'applique dans tous les cas, sans qu'il puisse être fait de distinction entre les auteurs principaux et les complices des contrevenants. (Cass. 10 nov. 1906 ; Bull. Cont. ind. 1907. 2.)

SECT. IX. — COAUTEURS.

Sont condamnés comme coauteurs directs de l'infraction et punis comme tels, les parents ou surveillants naturels du mineur âgé de moins de 16 ans, s'il est établi qu'ils ont incité celui-ci à commettre une infraction en matière d'allumettes. (Loi du 16 avril 1895, art. 19.)

Dans ce cas, les agents verbalisateurs ne doivent pas omettre de mentionner dans leurs procès-verbaux tous les faits et circonstances de nature à établir la participation agissante ou indirecte des parents ou surveillants des contrevenants mineurs. (Circ. 118 du 3 mai 1895.)

Il en est de même des parents ou surveillants naturels qui ont incité les mineurs de 16 ans à commettre une contravention en matière de phosphore. (Besançon 22 fév. 1899 ; Bull. Cont. ind. 1899.13.249.)

SECT. X. — ERREURS DES BURALISTES.

Les expéditeurs ou transporteurs doivent s'assurer eux-mêmes que les titres de mouvement ont été libellés selon leurs déclarations.

Les tribunaux ne sont pas fondés à acquitter un prévenu alors même que le buraliste déclarerait avoir commis une erreur. (Cass. 11 fév. 1825 ; M. 11.342 ; S. Chr.)

Mais c'est là un droit rigoureux, dont l'Administration entend ne pas user. (Circ. 450 du 2 juin 1850.)

Dans une affaire où l'inapplicabilité de l'expédition était le fait du buraliste, la Cour de Bordeaux (arr. 28 nov. 1894) a prononcé le relaxe du prévenu et condamné la Régie aux dépens. Le prévenu a ensuite assigné la Régie devant le tribunal civil, qui lui a alloué des dommages-intérêts par application des articles 1382 et 1384 du Code civil, indépendamment des indemnités prévues par l'article 29 du décret du 1er germinal an XIII.

La Cour de Bordeaux (arrêt du 6 fév. 1900) a confirmé ce dernier jugement. Elle a déclaré que les administrations publiques, qui sont assimilées aux parties civiles pour la poursuite des contraventions, tombent sous le coup des articles 1382 et 1384 et doivent être rendues pécuniairement responsables des fautes de leurs agents, en cas de poursuites irrégulières et mal fondées. Ce principe résulte non seulement de l'arrêt de cassation du 15 juin 1872, mais encore, *a contrario*, de l'arrêt de la chambre civile du 4 avril 1876. (M. 19, 113.)

SECT. XI. — CUMUL DES AMENDES.

En droit commun, les peines afférentes à un même acte ne se cumulent pas. Mais la disposition de l'article 365 du Code d'instruction criminelle, d'après laquelle la peine la plus forte doit seule être prononcée, en cas de conviction de plusieurs crimes et délits, ne s'applique pas aux lois qui régissent des matières spéciales. (Cass. 28 février 1845 ; D. 46.1.426 ; M. 17.186 ; 22 déc. 1876 ; S. 77.1.234 ; M. 19.193 ; 1er mars 1900 ; Bull. Cont. ind. 1900.13.48.)

En matière fiscale, on peut demander, d'après la jurisprudence, autant d'amendes qu'il y a de contraventions distinctes relevées simultanément. (Cass. 17 mars 1876 ; M. 19.82.) Ainsi, l'individu surpris colportant du tabac et des allumettes commet deux contraventions et encourt deux amendes.

Le procès-verbal qui constate la sortie des magasins d'un marchand en gros de trois employés de ce dernier, porteurs chacun de bouteilles de liqueur, entraîne une triple série d'amendes pour fraude au droit de consommation, d'entrée et d'octroi. (Cass. 17 avril 1902 ; Bull. Cont. ind. 1902.12.44.)

De même, l'individu surpris vendant des vins et des spiritueux sans déclaration et sans licence (contravention aux articles 50 et 144 de la loi du 28 avril 1816) encourt deux amendes : 1° celle de 300 fr. (art. 95 de la loi de 1816) ; 2° celle de 500 fr. (art. 7 de la loi du 2 août 1872).

Le conducteur de plusieurs chargements accompagnés chacun d'une expédition inapplicable est passible d'autant d'amendes qu'il y a d'expéditions inapplicables. (Dijon 21 août 1872 ; M.19.1.)

Si le procès-verbal constate un fait complexe, consulter l'Administration avant de conclure à plusieurs amendes. (Circ. 450 du 8 juin 1850.)

Il est recommandé de conclure à toutes les amendes encourues. (L. C. du 2 fév. 1874.)

Mais il n'y a lieu de conclure contre les prévenus d'un même fait de fraude qu'à une seule amende dont ils sont solidaires. (Cass. 4 déc. 1863 ; S. 64.1.197.) V. *Solidarité*.

Il a été jugé, en outre, que les amendes fiscales peuvent être cumulées, le cas échéant, avec les peines prononcées par le Code pénal, lorsqu'il y a eu, par exemple, rébellion, infraction à la loi du 14 août 1889, etc. (Cass. 17 déc. 1831 ; S. 32.1.272 ; M. 13.169 ; 19 nov. 1891 ; S. 92.1.107.)

Les tribunaux doivent observer les lois et règlements qui régissent les matières non réglées par le Code pénal. (Art. 484 du Code pén.) Et comme les lois sur les contributions indirectes se trouvent comprises dans cette exception, il est interdit aux juges d'appliquer aux amendes encourues pour contravention à ces lois la disposition de l'article 365 du Code d'instruction criminelle.

Dans les affaires qui entraînent la condamnation à l'amende et à l'emprisonnement, il peut être prononcé autant d'amendes qu'il y a de délits distincts, mais tout cumul est interdit pour la peine de l'emprisonnement. Les juges doivent se borner à prononcer la peine la plus forte. (Cass. 28 janv. 1876; Bull. crim. 1876.30.55.)

SECT. XII. — DÉMENCE.

Le prévenu en état de démence n'encourt ni responsabilité pénale ni responsabilité civile. (Code pénal, art. 64 ; Cass. 1er avril 1848 ; S. 48.1.320.)

Le fait est réputé inexistant. (Cass. 1er mars 1855.)

SECT. XIII. — MINEURS DE 18 ANS. — DISCERNEMENT.

Les dispositions de l'article 66 du Code pénal, modifié par la loi du 12 avril 1906, relatives aux prévenus âgés de moins de 18 ans, sont générales et s'étendent, à moins de dérogation particulière, à tous les délits, même à ceux prévus par les lois spéciales. Mais comme, en matière de contributions indirectes, l'amende a principalement le caractère de réparation civile, elle doit être prononcée, que le mineur de 18 ans ait agi avec discernement ou non. (Cass. 17 avril 1824 ; S. Chr. ; 13 mars 1844 ; D. 44.1.188 ; S. 44.1.366 ; 21 mars 1868 ; S. 69.1.368 ; Bordeaux 21 déc. 1877 ; M. 21.116 ; Chambéry 8 juill. 1880 ; M. 21.144 ; Pau 23 mars 1889 ; S. 89.2.152 ; Journ. Cont. ind. 1890.238.)

En matière fiscale, les tribunaux doivent condamner les mineurs de 18 ans aux amendes encourues dont les pères et mères sont civilement responsables en vertu de l'article 1384 du Code civil, quand ceux-ci ne peuvent pas être poursuivis comme coauteurs. (Cass. 18 mars 1842 ; S. 42.1.465 ; D. 42.1.208 ; 11 janv. 1856 ; S. 56.1.633.)

La question de discernement doit cependant être examinée s'il s'agit de l'application d'une peine corporelle. (Cass. 20 mars 1841 ; S. 41.1.463 ; M. 16.78 ; 13 mars 1844 ; D. 44.1.188 ; S. 44.1.366 ; Montpellier, 3 mars 1873 ; M. 21.111 ; Pau 23 mars 1889 ; S. 89.2.152 ; Journ. Cont. ind. 1890.238.)

Le mineur de 18 ans peut être soumis à l'épreuve de la contrainte par corps. Il suffit qu'il soit âgé de plus de 16 ans pour être contraint par corps. En un mot, la loi du 12 avril 1906 est indépendante de la loi du 22 juillet 1867 sur la contrainte par corps.

SECT. XIV. — DÉCÈS DES PRÉVENUS.

Il résulte de l'article 2 du Code d'instruction criminelle que l'action publique, pour l'application de la peine, s'éteint par la mort du prévenu, mais que l'action civile, pour la réparation du dommage, peut être exercée contre le prévenu et contre ses représentants.

En matière fiscale, comme en toute autre matière, l'amende n'en constitue pas moins une peine ; elle est personnelle. L'action s'éteint donc par le décès du prévenu, lorsque le décès survient en cours d'instance ou avant que la condamnation soit définitive. (Cass. 9 déc. 1813 ;

D. 27.594 ; M. 11.51 ; 16 déc. 1898 ; Bull. Cont. ind. 1899.19.322.)

Mais le décès du prévenu n'anéantit pas l'action qui a pour objet la confiscation d'objets prohibés. (Cass. 9 déc. 1813 ; D. 27.594 ; M. 11.51 ; 16 déc. 1898 ; Bull. Cont. ind. 1899.19.322.)

Alors même qu'il ne s'agit pas d'objets prohibés, l'Administration, s'appuyant sur la jurisprudence, en poursuit le recouvrement après le décès du contrevenant. (Cass. 16 déc. 1898 ; Bull. Cont. ind. 1899.19. 322.)

Même solution pour les frais. La Cour de cassation assimile ces frais aux réparations civiles, et il est hors de doute que le recouvrement en est légitimement poursuivi contre les représentants du *de cujus*.

La contravention commise par le fils d'un redevable, dans la maison de son père et pendant son absence, étant réputée le fait du père, le décès du fils avant le jugement ne peut éteindre l'action pour l'amende, puisque le père, dans ce cas, est passible lui-même de cette peine. (Cass. 20 août 1818 ; M. 9.181.)

SECT. XV. — CIRCONSTANCES ATTÉNUANTES.

Dispositions générales.

Le Code pénal français autorise les juges à abaisser la peine au-dessous de la mesure ordinaire, en déclarant d'une manière générale qu'il existe des circonstances atténuantes, non définies au préalable par la loi, et qu'ils n'ont même pas besoin de préciser dans leur jugement.

Les circonstances atténuantes sont laissées à l'appréciation du juge, qui peut les trouver dans toutes les causes qui affaiblissent soit la matérialité de l'infraction, soit la culpabilité de l'agent, qui peut même les déclarer pour rectifier, dans l'espèce qui lui est soumise, l'application d'une loi qu'il trouve mauvaise. (Garraud, Traité des pénal., t. II, p. 561.)

Les circonstances atténuantes peuvent être déclarées pour toutes les infractions qui sont prévues par le Code pénal. Ce principe résulte de la rédaction même des articles 463 et 483.

Elles ne s'appliquent pas, en principe, aux infractions prévues par des lois spéciales.

En ce qui concerne les contributions indirectes, le décret du 1er germinal an XIII, article 39, interdisait aux juges de modérer les amendes et les confiscations. Les juges, dans la fixation des pénalités, pouvaient tout au plus se mouvoir entre le minimum et le maximum.

Les articles 14 de la loi du 30 mars 1888 et 12 de celle du 26 décembre 1890 avaient permis de modérer l'amende seule, et sauf en cas de récidive dans le délai d'un an. Ces dispositions ont été abrogées par l'article 19 de la loi du 29 mars 1897.

Cette loi étendait l'application de l'article 463 à l'amende et à la confiscation ; elle élevait d'un an à trois ans la durée de la récidive, stipulait la perte des circonstances atténuantes à défaut de paiement dans le mois, et subordonnait l'application des circonstances atténuantes à deux conditions essentielles :

1° Le contrevenant devait justifier de sa bonne foi ;

2° Le juge devait motiver sa décision sur la question de bonne foi. (Circ. 207 du 7 avril 1897.)

L'article 34 de la loi du 25 février 1901 a rendu applicables aux saisies communes à la régie et à l'octroi les dispositions de l'article 19 précité. (Circ. 437 du 7 mars 1901.)

Enfin, l'article 23 de la loi du 6 août 1905 a apporté des modifications aux articles 19 et 34 précités. (Circ. 612 du 6 août 1905.)

Saisies concernant spécialement le Trésor.

Le deuxième paragraphe de l'article 19 de la loi du 29 mars 1897 est modifié ainsi qu'il suit :

« En matière de contributions indirectes et par application de l'article 463 du Code pénal, si les circonstances paraissent atténuantes, les tribunaux sont autorisés, lorsque la bonne foi du contrevenant sera dûment établie, à modérer le montant des amendes et à libérer le contrevenant de la confiscation, sauf pour les objets prohibés, par le payement d'une somme que le tribunal arbitrera et qui ne pourra en aucun cas être inférieure au montant des droits fraudés (1). (Art. 23 de la loi du 6 août 1905.)

« Cette disposition cessera d'être applicable en cas de récidive dans le délai d'un an. » Ib.

Le troisième paragraphe du même article 19 de ladite loi de 1897 ainsi que le deuxième paragraphe de l'article 34 de la loi du 25 février 1901 sont et demeurent abrogés. Ib.

L'article 23 permet de modérer l'amende et la confiscation si les circonstances paraissent atténuantes et la bonne foi du contrevenant dûment établie ; mais il dispense les juges de motiver leur décision.

Il suffit donc au tribunal de constater l'existence de ces deux conditions par une déclaration pure et simple sans avoir besoin de motiver sa décision sur ce point. (Circ. 612 du 8 août 1905.)

D'autre part, la récidive est ramenée de trois ans à un an, et le contrevenant n'est plus tenu de se libérer dans le mois, sous peine de perdre le bénéfice des circonstances atténuantes. Ib.

Le jugement à partir duquel court la récidive, doit s'entendre d'un jugement définitif. (Bordeaux 29 déc. 1893 ; Journ. Cont. ind. 1894.151.)

Pour que la récidive puisse être invoquée, il n'est pas nécessaire qu'il y ait identité de délit. (Poitiers 10 janv. 1894 ; Journ. Cont. ind. 1894.8.97 ; Douai 10 juill. 1899 ; Bull. Cont. ind. 1899.7.29.)

La preuve de la récidive ne peut être administrée que par la production, à la barre du tribunal, des titres (extrait du jugement ou de

---

(1) Cette restriction ne s'applique pas à l'amende, mais à la confiscation seulement.

Le juge peut se mouvoir pour la confiscation entre le chiffre des droits fraudés, minimum des pénalités, et la valeur entière des boissons saisies. (Arr. Limoges 18 juin 1903, aff. Guyader, et Cass. 26 janv. 1905 ; Bull. Cont. ind. 1905.5.20.)

l'arrêt et exploit de signification en cas de jugement et défaut) établissant l'existence légale des précédentes condamnations. (Circ. 253 du 24 déc. 1897 ; Cass. 21 déc. 1882 ; D. 82.1.488.)

L'arrêt qui déclare le prévenu en état de récidive doit énoncer de quelle juridiction émane la condamnation antérieure et si elle avait un caractère définitif. (Cass. 2 juin 1904 ; Bull. crim. 1904.235.397 ; 3 déc. 1904 ; Bull. crim. 1904.514.844.)

Doit être annulé l'arrêt qui, pour déclarer le prévenu en état de récidive, se fonde sur un jugement de défaut en omettant de spécifier s'il a été régulièrement signifié. Ni l'acquiescement, ni l'exécution volontaire ne sauraient faire acquérir à un jugement de défaut non signifié l'autorité de la chose jugée. (Cass. crim. 2 déc. 1904 ; Bull. crim. 1904.509.834.)

L'état de récidive n'existe que quand la précédente condamnation est passée en force de chose jugée avant le jour où se commet une nouvelle contravention. (Cass. crim. 20 mars 1903 ; Pand. fr. 1904.1.84 ; 20 juin 1903 ; Pand. fr. 1904.1.486.)

Le chef de service doit s'efforcer d'établir, le cas échéant, que le prévenu a des antécédents contentieux ou qu'il est même en état de récidive. C'est à cette fin qu'a été créée la fiche n° 129. (Circ. 253 du 24 déc. 1897.) *V. Conclusions.*

Il est permis au juge de modérer l'amende et la confiscation, mais non les droits fraudés. (Cass. 23 janv. 1903 ; Bull. Cont. ind. 1904.14.)

Le bénéfice des circonstances atténuantes s'étend aux peines fixées par l'article 39 de la loi du 31 mars 1903 sur les tabacs. (Cass. 28 déc. 1906 ; Bull. Cont. ind. 1907.4.)

Le bénéfice des circonstances atténuantes s'étend à la garantie. (Cass. 3 juin 1905 ; Bull. crim. 1905.284.452.)

L'article 23 de la loi du 6 août 1905 n'est pas applicable aux fraudes visées par le premier paragraphe de l'article 16 de la loi du 30 mai 1899 sur les bières (emploi d'appareils clandestins, soit pour la saccharification, soit pour la cuisson des moûts, existence de tuyaux ou conduits dissimulés et non déclarés). (Loi du 30 mai 1899, art. 16, § 4.)

En permettant au juge de modérer les amendes et la confiscation, l'article 19 de la loi du 29 mars 1897, auquel se réfère l'article 14 de la loi du 29 décembre 1900, ne l'a pas autorisé à supprimer la peine de la suspension du privilège de bouilleur de cru portée à l'article 10 § 4, lorsque cette formalité était en vigueur. (Cass. 19 mars 1903; Bull. Cont. ind. 1903.9.)

L'article 463 du Code pénal est applicable, même en cas de récidive, aux délits prévus par la loi du 1er août 1905 sur les fraudes commerciales et les falsifications de denrées alimentaires (Loi du 1er août 1905, art. 8.)

Saisies communes à la régie et à l'octroi.

En matière d'octroi, mais dans le cas seulement de contraventions communes à l'octroi et aux contributions indirectes, si les circonstances paraissent atténuantes, les tribunaux sont autorisés, par application de l'article 463 du Code pénal, lorsque la bonne foi du contrevenant sera dûment établie et en motivant expressément leur décision sur ce point, à modérer le montant des amendes et à le libérer de la confiscation, sauf pour les objets prohibés, par le paiement d'une somme que le tribunal arbitrera et qui ne pourra être inférieure au montant des droits dus. (Art. 34 de la loi du 25 fév. 1901.)

En ce qui concerne l'amende d'octroi que les tribunaux sont autorisés à modérer dans les affaires communes à la régie et à l'octroi, les juges devront, comme par le passé, motiver expressément leur décision sur la question de bonne foi. (Circ. 612 du 6 août 1905.)

L'article 23 de la loi du 6 août 1905 se borne, en effet, à supprimer les dispositions relatives à la récidive et à l'obligation qui était faite au condamné de se libérer dans le mois. *Ib.*

L'application des circonstances atténuantes en ce qui concerne l'octroi est subordonnée à deux conditions essentielles :

1º Il faut que le contrevenant justifie de sa bonne foi ;

2º Il faut, en outre, que les juges motivent leur décision sur la question de bonne foi.

Le contrevenant doit justifier de son absolue bonne foi. (Douai 10 juill. 1899 ; Bull. Cont. ind. 1900.7.29 ; Caen 22 nov. 1900 ; Bull. Cont. ind. 1900.24.116; Dijon 5 nov. 1902; Bull. Cont. ind. 1903.3.12.)

Le contrevenant qui prend la fuite n'est pas réputé de bonne foi. (Nîmes 3 juill. 1902.)

On ne saurait invoquer une prétendue tolérance pour obtenir les circonstances atténuantes. (Dijon 5 nov. 1902 ; Bull. Cont. ind. 1903.3.12.)

La volonté formelle du législateur a été de n'accorder les circonstances atténuantes qu'aux contrevenants de bonne foi, c'est-à-dire aux personnes qui auraient pu contrevenir à la loi par erreur ou ignorance, ou se seraient trouvées dans l'impossibilité, par suite de circonstances indépendantes de leur volonté, de remplir les formalités pouvant leur permettre d'éviter cette contravention. (Arr. Montpellier du 24 juin 1898 ; Bull. Cont. ind. 1900.14.56. ; arr. Nancy du 10 mai 1900; Bull. Cont. ind. 1900.14.57.)

Sont inopérantes les considérations tirées de l'état de misère du contrevenant (Nancy 11 mai 1900) ; du défaut d'antécédents (Chambéry 17 mai 1900 ; Aix 21 janv. 1906) ; de prétendues irrégularités commises par les employés d'un entrepositaire (Aix 8 août 1900) ; du peu d'importance de la saisie (Grenoble 9 nov. 1900) ; du défaut de préjudice causé au Trésor (Rouen 10 nov. 1900) ; de l'âge du contrevenant (Toulouse 23 mars 1898) ; du repentir manifesté par le prévenu (Toulouse 16 fév. 1898 ; Bull. Cont. ind. 1899.9.220) ; du faible écart qui existe entre les quantités et degré reconnus et les quantités et degré déclarés. (Pau 4 juin 1898.)

Au point de vue fiscal, la bonne foi n'est pas plus établie par le défaut d'antécédents qu'on ne peut déduire la mauvaise foi de l'existence d'antécédents. (Arr. Montpellier 24 juin 1898 ; Bull. Cont. ind. 1900.14.56.)

Le jugement qui se borne à déclarer que les faits reprochés au prévenu ne sont pas exclusifs de bonne foi, sans donner les motifs exprès d'où résulterait cette bonne foi, ne satisfait pas à la loi. (Riom 2 août 1899.)

La bonne ou la mauvaise foi doit être appréciée *au moment même où la contravention est commise.* (Arr. Poitiers 18 déc. 1902.)

L'ignorance des lois n'est pas une excuse, mais peut justifier, dans certains cas, l'application des circonstances atténuantes. (Aix 1er juill. 1905.)

Procès-verbaux en matière d'octroi pur.

Les circonstances atténuantes ne s'appliquent aux amendes d'octroi qu'en cas de saisie commune.

Il n'est rien innové à la législation en matière d'octroi pur. (Circ. 437 du 7 mars 1901.)

SECT. XVI. — SURSIS A L'EXÉCUTION DE LA PEINE.

APPLICATION DE LA LOI DE SURSIS EN MATIÈRE DE CONTRIBUTIONS INDIRECTES.

Loi du 26 mars 1891 (Loi Bérenger) (1).
Loi du 6 août 1905.

La loi du 26 mars 1891, que la voix publique a désignée du nom de son promoteur, a organisé le sursis à l'exécution de la peine.

(1) Loi sur l'atténuation et l'aggravation des peines (26 mars 1891).

Art. 1er. — En cas de condamnation à l'emprisonnement ou à l'amende, si l'inculpé n'a pas subi de condamnation antérieure à la prison pour crime et délit de droit commun, les cours ou tribunaux peuvent ordonner, par le même jugement et par *décision motivée,* qu'il sera sursis à l'exécution de la peine.

Si pendant le délai de cinq ans à dater du jugement ou de l'arrêt, le condamné n'a encouru aucune poursuite suivie de condamnation à l'emprisonnement ou à une peine plus grave pour crime ou délit de droit commun, la condamnation sera comme non avenue.

Dans le cas contraire, la première peine sera d'abord exécutée sans qu'elle puisse se confondre avec la seconde.

Art. 2. — La suspension de la peine ne comprend pas le payement des frais du procès et des dommages-intérêts.

Elle ne comprend pas non plus les peines accessoires et les incapacités résultant de la condamnation.

Toutefois ces peines accessoires et ces incapacités cesseront d'avoir effet du jour où, par application des dispositions de l'article précédent, la condamnation aura été réputée non avenue.

Art. 3. — Le président de la cour ou du tribunal doit, après avoir prononcé la suspension, avertir le condamné qu'en cas de nouvelles condamnations dans les conditions de l'article 1er, la première peine sera exécutée sans confusion possible avec la seconde, et que les peines de la récidive seront encourues dans les termes des articles 57 et 58 du Code pénal.

Art. 4. — La condamnation est inscrite au casier judiciaire, mais avec la mention expresse de la suspension accordée.

Si aucune poursuite suivie de condamnation dans les termes de l'article 1er, § 2, n'est

Elle a eu pour but d'adoucir le sort des condamnés *primaires* en leur épargnant les funestes effets du régime pénitentiaire et, par contre, d'aggraver le sort des délinquants d'habitude dont la peine est augmentée en cas de récidive.

Cette loi, visant les pénalités répressives, laissait en dehors du système les amendes fiscales. (Cass. 19 nov. 1891; Journ. Cont. ind. 1894.64; 22 déc. 1892; Journ. Cont. ind. 1894.92; 30 août 1900.)

La loi du 6 août 1905 a rendu la loi de sursis applicable aux lois et règlements concernant les contributions indirectes.

« En cas de condamnation pour infraction aux lois et règlements régissant les contributions indirectes, si l'inculpé n'a jamais été l'objet d'un procès-verbal suivi de condamnation ou de transaction pour une infraction punie par la loi d'une amende supérieure à 600 francs, les tribunaux pourront, dans les conditions établies par la loi du 26 mars 1891, décider qu'il sera sursis à l'exécution de la peine. » (Loi du 6 août 1905, art. 24.)

Conditions auxquelles le sursis peut être accordé.

Le nouveau système peut se résumer ainsi :

(*a*) Le bénéfice du sursis peut être accordé par les juges à tous les contrevenants non pourvus d'antécédents en matière de contributions indirectes et à ceux qui ont été l'objet de procès-verbaux suivis de condamnations ou de transactions définitives intervenues sur des infractions

---

intervenue dans le délai de cinq ans, elle ne doit plus être inscrite dans les extraits délivrés aux parties.

Art. 5. — Les articles 57 et 58 du Code pénal sont modifiés comme suit :

« Art. 57. — Quiconque ayant été condamné pour crime à une peine supérieure à une année d'emprisonnement aura, dans un délai de cinq années après l'expiration de cette peine ou sa prescription, commis un délit ou un crime qui devra être puni de la peine de l'emprisonnement, sera condamné au maximum de la peine portée par la loi, et cette peine pourra être élevée jusqu'au double.

« Défense pourra être faite, en outre, au condamné de paraître, pendant cinq ans au moins et dix ans au plus, dans les lieux dont l'interdiction lui sera signifiée par le gouvernement avant sa libération.

« Art. 58. — Il en sera de même pour les condamnés à un emprisonnement de plus d'une année pour délit qui, dans le même délai, seraient reconnus coupables du même délit ou d'un crime devant être puni de l'emprisonnement.

« Ceux qui, ayant été antérieurement condamnés à une peine d'emprisonnement de moindre durée, commettraient le même délit dans les mêmes conditions de temps, seront condamnés à une peine d'emprisonnement qui ne pourra être inférieure au double de celle précédemment prononcée, sans toutefois qu'elle puisse dépasser le double du maximum de la peine encourue.

« Les délits de vol, escroquerie et abus de confiance seront considérés comme étant, au point de vue de la récidive, un même délit.

« Il en sera de même des délits de vagabondage et de mendicité. »

Art. 6. — La présente loi est applicable aux colonies où le Code pénal métropolitain a été déclaré exécutoire en vertu de la loi du 8 janvier 1877.

Des décrets statueront sur l'application qui pourra en être faite aux autres colonies.

Art. 7. — La présente loi n'est applicable aux condamnations prononcées par les tribunaux militaires qu'en ce qui concerne les modifications apportées par l'article 5 ci-dessus aux articles 57 et 58 du Code pénal.

passibles d'une amende qui ne dépasse pas 600 francs. (Circ. 630 du 10 janv. 1906.)

Pour l'établissement de ce dernier chiffre, étant donné que les amendes fiscales comprennent un minimum et un maximum, il a paru que c'est le *maximum* de l'amende (en principal) encourue qui doit servir de critérium. *Ib.*

Lors de l'examen des antécédents, il n'y aura donc pas à se préoccuper du chiffre de la condamnation prononcée ou de la transaction réalisée, mais à examiner uniquement si le maximum de l'amende encourue, *abstraction faite des décimes*, était ou non supérieur à 600 francs, sans faire entrer en ligne de compte, dans ce calcul, les autres pénalités. *Ib.*

Il n'est pas nécessaire que la condamnation antérieure ait été subie; il suffit qu'elle soit définitive. *Ib.*

Une condamnation éteinte par l'amnistie ne fait pas obstacle au sursis. *Ib.*

(*b*) Sauf l'exception ci-dessus indiquée, le sursis peut être accordé pour tout procès-verbal, quels que soient la nature et l'importance de l'affaire et le chiffre des pénalités encourues. *Ib.*

(*c*) Le bénéfice du sursis s'appliquant dans les conditions établies par la loi du 26 mars 1891 concerne l'emprisonnement et l'amende en principal et décimes. *Ib.*

Cette loi laisse en dehors du sursis les peines accessoires, les frais, les dommages-intérêts et les restitutions. *Ib.*

Le bénéfice du sursis ne s'étendra donc pas aux frais, à la confiscation, aux droits fraudés, à la perte du privilège, à la confiscation ni aux amendes d'octroi. *Ib.*

Le sursis ne s'étend pas à la confiscation. (Arr. Agen 28 déc. 1905, aff. Magistry.)

Il ne s'étend pas aux amendes d'octroi. (Arr. Montpellier du 27 déc. 1906. Bull. C. ind. 1907 n° 7.)

La condamnation conditionnelle est portée au casier judiciaire (bulletin n° 1 avec la mention « sursis accordé », et cette mention est inscrite sur les extraits n° 2 fournis aux administrations publiques. (Circ. 630 précitée.)

L'individu qui, par un jugement antérieur, a été déclaré civilement responsable des condamnations prononcées contre un tiers, ne perd pas le bénéfice du sursis.

Le sursis à l'exécution de la peine autorisé par la loi du 26 mars 1891 est purement facultatif pour le juge. Ce sont seulement les décisions accordant le sursis qui doivent être *motivées*. (Cass. crim. 3 août 1894; D. P. 1899.1.238; S. 1895.1.200.)

La décision du sursis doit être motivée en droit et en fait. (Rép. Labori v° Peine, p. 57.)

Toutefois, il faut reconnaître que sur ce point l'exigence de l'article 1er de la loi du 26 mars 1891 est à peu près dépourvue de sanction. La Cour de cassation n'ayant point à exercer un contrôle sur les constatations de fait du jugement, il suffira, en effet, pour éviter une annulation, que celle-ci mentionne une formule des plus vagues dans le genre de celles-ci : « Attendu que le prévenu n'est pas indigne d'indulgence... » « Attendu que les circonstances de la cause permettent de penser qu'il y a lieu de suspendre l'exécution de la peine... » (Rép. Dall. suppl. vº Peine, 266.)

Effets de la loi de sursis.

Le bénéfice du sursis a pour effet de suspendre l'exécution de la peine pendant cinq ans. (Circ. 630 du 10 janv. 1906.)

Ce délai court à dater du jugement ou de l'arrêt qui a accordé le sursis. *Ib.*

Si, durant la période d'épreuve, le délinquant a été l'objet d'un nouveau procès-verbal et de poursuites suivies d'une condamnation à l'emprisonnement ou à des pénalités plus graves que l'emprisonnement, la révocation du sursis se produit de plein droit. Cette déchéance rend exécutoire la peine et rend définitive la précédente condamnation jusque-là affectée d'une condition résolutoire. *Ib.*

Au contraire, si le condamné reste cinq ans sans être l'objet soit en matière fiscale, soit en toute autre matière, d'une condamnation à l'emprisonnement ou à des pénalités plus graves, il est, à l'expiration de cette période, affranchi d'office des peines dont l'exécution était simplement suspendue, et la condamnation est réputée non avenue.

Cette condamnation n'est plus maintenue au casier judiciaire et ne fait pas obstacle, le cas échéant, à l'application du sursis pour une condamnation ultérieure. *Ib.*

Comme conséquence, il y a lieu également d'affranchir les écritures des sommes constatées, par une ordonnance de décharge. *Ib.*

Registre des surséances.

La totalité des condamnations prononcées doit figurer sur les états de produits nº 122 B. (Circ. 630 précitée.)

Mais les directeurs et sous-directeurs ont soin de porter en marge des affaires ayant donné lieu au sursis la mention « sursis, registre des surséances nº... ».

Il importe, en effet, d'ouvrir au siège de chaque direction ou sous-direction un registre spécial où sont analysées, en suivant la contexture de l'état 122 B, toutes les affaires contentieuses ayant bénéficié du sursis, avec référence audit état 122 B. *Ib.*

Au fur et à mesure des liquidations, on biffe les articles apurés et l'on inscrit en marge l'une des mentions suivantes : « Ordonnance de décharge du... » ou « jugement exécuté le... » ou « transaction du... » *Ib.*

Dispositions diverses.

Les chefs de service chargés des poursuites doivent établir devant le tribunal que le prévenu n'est pas en situation de bénéficier de la loi de sursis et l'énoncer dans les conclusions en fournissant les justifications nécessaires. (Circ. 630 du 10 janv. 1906.)

Si le procès-verbal rapporté antérieurement a été suivi d'un jugement de condamnation, il suffit de produire soit un extrait du jugement, soit un extrait du casier judiciaire (bulletin n° 2). *Ib.*

Si le contrevenant a transigé, on fournit au tribunal une attestation relatant que le prévenu a transigé à telle date sur un procès-verbal, dont copie est jointe, lequel relevait une infraction passible d'une amende supérieure à 600 francs. Si les juges ne se contentent pas de cette attestation, l'original de la transaction serait réclamé à la Cour des comptes par les soins de l'Administration. *Ib.*

Mais pour éviter auprès de la Cour des comptes des démarches et des recherches toujours longues, on doit avoir soin, toutes les fois qu'une transaction est souscrite à l'occasion d'une infraction passible d'une amende supérieure à 600 francs (maximum de l'amende encourue), de faire signer au contrevenant, indépendamment de la feuille 124, une attestation libellée à peu près dans ces termes :

« Je soussigné (*nom, prénoms, profession et demeure*) reconnais avoir
« versé à l'Administration des contributions indirectes la somme de.....
« pour arrêter les suites d'un procès-verbal rapporté le.....; pour.....
« et que l'amende encourue était de..... ».

(Date et signature.) Ib.

Cette attestation est conservée dans les bureaux de la direction ou de la sous-direction pour être produite, le cas échéant, au tribunal avec la copie du procès-verbal. *Ib.*

D'autre part, il convient de mentionner avec soin sur les fiches n° 129 le montant des amendes encourues (maxima), afin que le simple examen de ces fiches permette de s'assurer si le prévenu a des antécédents contentieux susceptibles de lui faire perdre le bénéfice du sursis. *Ib.*

La loi de sursis (art. 24 de la loi du 6 août 1905) a un effet rétroactif. (Arr. Besançon 21 déc. 1905.)

La prescription de la peine est suspendue pendant la période de sursis. (Cass. crim. 14 déc. 1901 ; D. 1904.1.593.)

La loi de sursis s'étend aux amendes de garantie. (Applic. Cass. crim. 8 juin 1905.)

Le sursis à l'exécution des peines d'amende édictées par les articles 53 et 54 de la loi du 30 mars 1902 sur la saccharine ne pourra être prononcé en vertu de la loi du 26 mars 1891. (Art. 55 de la loi du 30 mars 1902)

Le sursis à l'exécution des peines d'amende édictées par la loi du 1er août 1905 sur les fraudes commerciales ne peut être prononcé en vertu de la loi du 26 mars 1891. (Loi du 1er août 1905, art. 8.)

Quant à l'influence du sursis sur les garanties qui en assurent le recouvrement, il y a lieu de distinguer : 1° la condamnation subsistant, l'hypothèque judiciaire subsiste ; 2° la contrainte par corps est suspendue en ce qui concerne le recouvrement de l'amende ; 3° la solidarité subit l'effet du sursis accordé pour l'amende, en ce sens qu'on ne peut ni demander au condamné qui a obtenu le sursis de payer pour les autres, ni aux autres de payer pour lui.

RÉPARTITION.

Soit un procès-verbal pour introduction dans un lieu sujet de 30 litres de vin estimés 5 francs (saisissants étrangers).

Le prévenu a été condamné, savoir :

A) Au profit de la Régie : 100 francs plus les décimes (*avec sursis*) ;

B) Au profit de la commune : 100 fr., plus décimes (sans sursis) ;

C) Confiscation : 5 fr.

D) On exécute le jugement. Frais taxables : 15 fr. 05.

Etat 99.

Montant brut	de la confiscation. .	5 »	
	amende d'octroi. . .	100 »	145 fr. 05
	décimes	25 »	
	frais taxables . . .	15 05	
A déduire	frais de toute nature.	30 25	55 fr. 25
	décimes.	25 »	

Produit net. . . . .   89 fr. 80

Part revenant à l'octroi (saisie commune). . . .   87 fr. 66

Net à répartir (confiscation Régie). .   2 fr. 14

	RÉGIE.	OCTROI.	TOTAL.	RÉGIE.	OCTROI.	TOTAL.
Confiscation. . . .	2.50	2.50	5 00	2 14	2.14	4.28
Amende.	—	100.00	100.00	—	85.52	85.52
Total. . . .	2.50	102.50	105.00	2.14	87.66	89.80

Bien entendu, si le contrevenant venait à perdre le bénéfice du sursis, il y aurait lieu, plus tard, de tenir compte à l'octroi de la première répartition et d'établir le second état 99 de manière à attribuer à l'octroi la part qui lui serait normalement revenue sans le sursis.

SECT. XVII. — AMNISTIE.

L'amnistie est un acte du pouvoir social qui a pour objet et pour résultat de mettre en oubli certaines infractions et, en conséquence, d'abolir les poursuites faites ou à faire, ou les condamnations prononcées à raison de ces infractions.

Au point de vue pénal, l'amnistie éteint l'action publique, si elle intervient avant qu'une condamnation irrévocable ait été prononcée ; elle efface cette condamnation, si elle intervient après.

Au point de vue des conséquences civiles de l'infraction, l'amnistie laisse subsister les actions en réparation du dommage que le fait a causé et les condamnations prononcées à raison de ce fait.

Bien que les amendes fiscales aient principalement le caractère de réparation civile, certaines lois d'amnistie ont visé les contraventions en matière de contributions indirectes.

Depuis la loi constitutionnelle du 25 février 1875, cinq lois d'amnistie ont visé les délits et contraventions en matière de contributions indirectes. La première, en date du 21 juillet 1889, se bornait à faire remise de la contrainte par corps aux individus définitivement condamnés.

La seconde, intervenue le 27 décembre 1900, accordait, sous certaines conditions, remise des pénalités ne dépassant pas 800 fr. (*Circ.* 426 *du* 31 *déc.* 1900.) La troisième loi, promulguée le 1er avril 1904, accorde remise, également sous certaines réserves, de pénalités n'excédant pas 600 francs. (*Lett. autogr.* 157 *du 2 avril* 1904.)

Puis, celle du 23 décembre 1905, spéciale aux bouilleurs de cru, accorde remise des pénalités n'excédant pas 1.000 francs. (Note autogr. 316 du 28 déc. 1905.)

La caractéristique de cette dernière loi consiste dans l'injonction qui est faite à l'Administration d'avoir à restituer d'office, dans le délai maximum de six mois, les sommes déjà acquittées. (Note autogr. 361 du 18 avril 1906.)

Enfin celle du 12 juillet 1906, qui accorde amnistie lorsque les pénalités encourues ne sont pas supérieures à 600 francs. (Note du 13 juillet 1907 n° 389.)

SECT. XVIII. — RÉCIDIVE.

Un récidiviste est un individu qui, après avoir été jugé et définitivement condamné pour une infraction, en commet une ou plusieurs autres.

La récidive dénote, de la part du délinquant, la persistance dans la volonté d'enfreindre la loi ; elle démontre, de plus, l'insuffisance de la précédente condamnation.

La légitimité d'une répression de la récidive n'est plus contestée en France.

Il appartient à la Régie de faire devant le tribunal la preuve de cette condamnation par la production du jugement ou de l'arrêt.

Il y a une distinction à faire entre la récidive spéciale et la récidive ordinaire.

1° *Récidive spéciale.*

L'article 19 de la loi du 29 mars 1897, modifié par l'article 23 de la loi du 6 août 1905 sur les circonstances atténuantes, ne permet pas d'appliquer les circonstances atténuantes s'il y a récidive dans le délai d'un an à partir du jugement de condamnation. *V. Circonstances atténuantes.*

Pour que cette récidive puisse être invoquée, *il n'est pas nécessaire qu'il y ait identité de délit.* (Poitiers 10 janv. 1894 ; Journ. Cont. ind. 1895.8.97 ; Douai 10 juill. 1899 ; Bull. Cont. ind. 1899.7.29.)

2° *Récidive ordinaire*.

Pour un grand nombre de contraventions fiscales, la récidive a pour effet une aggravation de peine.

La récidive ordinaire n'existe que si le second délit a été commis dans un délai de 5 années après l'exécution de la peine ou sa prescription. (Cass. 4 mars 1872.)

Il faut, en outre, que la seconde contravention soit *identique* à la première. (Art. 58, § 2, Code pénal, texte nouveau ; Cass. crim. 9 janv. 1896 ; Journ. Cont. ind. 1896.30.399.)

Pour qu'il y ait récidive, il ne suffit pas d'un précédent procès-verbal terminé par transaction (Cass. 8 sept. 1820 ; M. 11.88) ; il faut que ce procès-verbal ait été suivi d'une condamnation *définitive*. (Circ. 626 du 26 fév. 1891.) Un jugement par défaut, frappé d'une opposition sur laquelle il n'a pas encore été statué, ne permet donc pas de considérer le contrevenant comme un récidiviste. (Cass. 22 juin 1844 ; M. 17.99.) Il en est de même d'un jugement en dernier ressort attaqué par un pourvoi en cassation. (Cass. 4 janv. 1856 ; D. 56.5.383.)

La sentence condamnant un individu en état de récidive doit spécifier de quelle juridiction émane la condamnation antérieure et si elle avait un caractère définitif (Cass. crim. 2 juin 1904 ; Bull. crim. 1904.235.397 ; 3 déc. 1904 ; Bull. crim. 1904.514.844) ; et si l'état de récidive se fonde sur un jugement de défaut, les juges doivent spécifier s'il a été régulièrement signifié. (Cass. crim. 2 déc. 1904 ; Bull. crim. 1904.509.834.) L'état de récidive légale n'existe que quand la précédente condamnation est passée en force de chose jugée avant le jour où se commet une nouvelle contravention. (Cass. crim. 20 mars 1903 ; Pand. fr. 1904. 1.84 ; 20 juin 1903 ; Pand. fr. 1904.1.486.)

Quand une condamnation est éteinte par l'amnistie, on ne doit pas s'appuyer sur cette condamnation pour constituer l'état de récidive. (Cass. 4 janv. 1851 ; D. 51.5.459.)

La récidive entraîne une aggravation de peine en matière :
— de tabacs, art. 221 de la loi du 28 avril 1816 ; art. 39 de la loi du 31 mars 1903 ;
— de poudres, art. 27 de la loi du 13 fruct. an V ;
— de cartes, art. 166 de la loi du 28 avril 1816 ;
— d'allumettes, art. 2 et 3 de la loi du 28 juillet 1875 et art. 20 de la loi du 16 avril 1895 ; 28 de la loi du 30 janvier 1907 ;
— phosphore, art. 21 de la loi du 16 avril 1895 ;
— de boissons, art. 96 et 106 de la loi du 28 avril 1816, et 7 de la loi du 21 juin 1873 ; 11 de la loi du 16 décembre 1897 ; 14 de la loi du 29 décembre 1900 ; 7 de la loi du 28 janvier 1903 ; 26 de la loi du 31 mars 1903 ; 20 de la loi du 30 janvier 1907 ;
— d'alcools dénaturés, art. 11 de la loi du 16 décembre 1897 ;
— de sucres, lois du 30 décembre 1873, art. 3 ; du 5 août 1890, art. 14 ; du 26 juillet 1893, art. 28 ;
— de garantie, art. 80, 81, 88, 89 et 99 de la loi du 19 brum. an VI ;
— de voitures publiques, art. 122 de la loi du 25 mars 1817 ;

— de sels, art. 10 de la loi du 17 juin 1840 ;
— de bières, art. 16 de la loi du 30 mai 1899 ;
— de raisins secs et de vins de raisins secs, art. 10 de la loi du 26 juillet 1890 ;
— de saccharine, loi du 30 mars 1902, art. 55;
— de fabrication, circulation et détention de vin de sucre, loi du 28 janvier 1903, art. 7 ;
— de sucrage de vendanges et en matière de fabrication, de circulation ou de détention de vin de sucre en vue de la vente, loi du 28 janvier 1903, art. 7 ; loi du 6 août 1905, art. 5.

Autant que possible, l'état de récidive du prévenu, qui est une question de fait de nature à influer sur la condamnation, doit être, par voie de conclusions, porté à la connaissance du tribunal. Il doit être justifié par la production du jugement (ou de l'arrêt) antérieur, et la preuve de sa signification s'il était par défaut, de l'état de récidive légale du prévenu. En l'absence de ces justifications, les juges pourraient s'en tenir aux seuls faits contraventionnels visés au procès-verbal.

Quand la loi porte que l'amende sera doublée en cas de récidive, c'est le maximum de l'amende encourue pour une première contravention qui doit être pris pour base. (Cass. 30 déc. 1813 ; D. 31.555.)

Il est recommandé d'indiquer la récidive sur l'état des affaires contentieuses. (Circ. 14 du 17 sept. 1816.)

SECT. XIX. — CASIER JUDICIAIRE.

L'institution des casiers judiciaires a eu pour objet de localiser au greffe du tribunal du lieu de naissance tous les renseignements judiciaires qui concernent un individu.

Cette institution remonte à 1850 ; elle a reçu une consécration légale en 1899. (Loi du 5 août 1899 modifiée par la loi du 11 juillet 1900.) Pour toute condamnation prononcée par une juridiction répressive, dès qu'elle est devenue définitive, le greffier du siège dresse un *bulletin n° 1.*

Ces bulletins sont centralisés au greffe du tribunal civil de l'arrondissement dans lequel est né le condamné. Toutefois les bulletins n° 1 sont centralisés au ministère de la justice, en ce qui concerne les personnes nées à l'étranger, dans les colonies ou dont l'acte de naissance n'a pas été retrouvé.

Le relevé qui constate les renseignements contenus au casier judiciaire a reçu le nom de bulletin n° 2 ou bulletin n° 3, suivant qu'il était délivré aux administrations publiques ou aux particuliers.

Moyennant 0 fr. 25, les administrations publiques peuvent demander au greffe du tribunal du lieu d'origine ou au ministère de la justice un relevé des bulletins n° 1 des prévenus, autrement dit, un bulletin n° 2. (Loi du 5 août 1899 et décret du 12 déc. 1899.)

Une circulaire du ministre de la justice en date du 15 décembre 1899 avait prescrit d'établir des bulletins n° 1 pour les condamnations à l'amende prononcées à la requête d'une administration publique, notamment pour les infractions aux lois sur les douanes, les contributions indirectes et les octrois.

Cette circulaire a été rapportée par M. Monis, garde des sceaux. (Circ. Min. Just. du 22 janv. 1900.)

Depuis 1900, les condamnations fiscales en matière de douanes, de contributions indirectes et d'octroi ne figuraient pas au casier judiciaire. La Régie n'avait donc pas à réclamer ni à produire de bulletins n° 2.

Par une nouvelle circulaire du 20 décembre 1904, le garde des sceaux a prescrit de considérer comme non avenues les dispositions de la circulaire du 22 janvier 1900 et ordonné d'établir un bulletin n° 1 pour toutes les condamnations prononcées, même en matière fiscale, par une juridiction répressive.

Certains Parquets ont, en conséquence, mis les directeurs en demeure de produire au tribunal le bulletin n° 2 relatif à chaque prévenu.

L'Administration n'a pas à se préoccuper de la transcription des condamnations au bulletin n° 1. Les frais de ces bulletins sont payés sur les crédits affectés aux frais de justice criminelle. Mais il lui appartient de produire au tribunal, avant l'audience, un extrait (bulletin n° 2) du casier judiciaire de tout individu poursuivi à sa requête.

Les frais liquidés par le jugement doivent comprendre le coût de cet extrait.

Le directeur ou le sous-directeur saisi de l'affaire demande le bulletin n° 2 à son collègue du département d'origine du délinquant, ou au directeur de la Seine, s'il s'agit d'un prévenu né hors de France ou dont l'extrait de naissance n'a pas été retrouvé. Au reçu de cette demande, on fait réclamer, par lettre, au greffe l'extrait en question en précisant l'état civil du prévenu et le motif de la demande.

Le coût de l'extrait est immédiatement payé au greffier. La dépense devant s'ajouter aux frais judiciaires du procès est remboursée par voie de virement de fonds par le receveur principal de la division où l'affaire est suivie.

En ce qui concerne les procès pour mouillage, vinage, etc., le Parquet a été considéré comme étant plus intéressé que l'Administration à la poursuite, puisqu'il en a l'initiative. Dans ce cas, le bulletin n° 2 est réclamé par le ministère public et soldé au titre des frais de justice criminelle.

Pour faciliter l'établissement du bulletin n° 1 et pour permettre de réclamer, en temps voulu, l'extrait n° 2, il importe que le dossier contentieux (procès-verbal ou rapport sommaire) contienne les renseignements nécessaires sur l'état civil du délinquant (lieu et date de la naissance; noms et prénoms de ses père et mère). Les renseignements que le service aura pu se procurer sont transmis, le cas échéant, soit au Parquet si celui-ci a l'initiative de la poursuite, soit au directeur chargé de réclamer le bulletin n° 2.

SECT. XX. — DÉCIMES SUR AMENDES.

1° Décimes sur amendes en matière de contributions indirectes.

Les amendes acquises à la Régie en vertu de jugements définitifs ou de transactions sont frappées de deux décimes et demi. (Déc. Min. Fin. du 16 avril 1895; circ. 131 du 10 sept. 1895.)

Cette décision stipule que la mesure est applicable aux amendes en matière d'octroi et aux amendes en matière de culture de tabac autorisée.

Le premier décime a été créé par la loi du 6 prairial an VII, article 1er; — le second décime par celle du 14 juillet 1855, article 5 ; — le demi-décime par celle du 30 décembre 1873, article 2.

Le produit de cette taxation n'est pas susceptible d'être réparti entre les saisissants : il est intégralement acquis à l'État. (Applic. art. 2 de la loi du 6 prairial an VII.)

Il n'y a pas lieu de prélever les décimes sur les amendes consignées en matière d'acquits-à-caution. (Lett. autogr. 38.396 du 11 déc. 1895.)

La condamnation à l'amende entraîne de plein droit l'obligation de payer les décimes et demi-décimes dont la perception est autorisée par les lois des 6 prairial an VII, article 1er ; 28 avril 1816, article 232 ; 14 juillet 1855, article 5 ; 30 décembre 1873, article 2, et par les lois annuelles des finances. (Loi du 30 mars 1902, art. 33.)

Les décimes et demi-décimes seront recouvrés en vertu des mêmes titres et dans les mêmes formes et conditions que le principal de l'amende. *Ib.*

En matière de douanes et de contributions indirectes, le tribunal compétent pour prononcer la condamnation au principal des amendes doit prononcer en même temps, sur les conclusions de la partie chargée des poursuites, la condamnation aux décimes et demi-décimes desdites amendes. *Ib.* (Circ. 389 du 14 avril 1900 et circ. 486 du 1er avril 1902.)

La condamnation à l'amende entraîne de plein droit l'obligation de payer les décimes et demi-décimes dont la perception est légalement autorisée, et ceux-ci doivent être recouvrés en vertu des mêmes titres et dans les mêmes formes et conditions que le principal de l'amende. Conséquence, les décimes ne peuvent être recouvrés par voie de contrainte comme en matière d'impôts, et ils ne sauraient bénéficier, en cas de faillite du redevable, du privilège accordé à la Régie pour le recouvrement des droits, par l'article 47 du décret du 1er germinal an XIII. (Cass. req. 17 juill. 1906 ; Bull. Cont. ind. 1906.16.)

On aura soin de viser dans les assignations et les conclusions les décimes au même titre que les autres pénalités à appliquer. (Circ. 134 du 10 sept. 1895 ; circ. 389 précitée.)

En fait, l'Administration s'était abstenue souvent de conclure aux décimes quand les amendes en matière de tabacs étaient fixées par l'article 12 de la loi du 11 janvier 1892, rendu applicable aux tabacs par l'article 39 de la loi du 31 mars 1903. Le tarif de 1892 comprend, en effet, les décimes. (Note au dir. de la Somme du 5 juill. 1904.) Mais les tribunaux et les cours d'appel ont prononcé d'office les décimes.

Les décimes ont le caractère d'un impôt et s'ajoutent à l'amende dans un pur intérêt fiscal. (Cass. 13 avril 1894 et 5 déc. 1896 ; S. 96.1. 429.)

D'après d'autres arrêts, les décimes font partie de l'amende et en prennent la nature. (Cass. 27 août 1868 ; 2 juin 1875 ; Cass. Ch. réunies, 16 janv. 1872 (douanes) ; D. P. 72.1.329 ; S. 72.1.13. Voy. aussi *supra* Cass 17 juillet 1906.)

Les décimes entrent en ligne de compte pour la détermination de la durée de la contrainte par corps. (Circ. 131 du 10 sept. 1895 ; Cass. 28 juill. 1871 ; 16 nov. 1871 ; 16 janv. 1872 ; Bull. crim. 1872.11.17.)

Le bénéfice du sursis rendu applicable en matière de contributions indirectes par l'article 24 de la loi du 6 août 1905, s'étend aux décimes. (Circ. 630 du 10 janv. 1906.) *V. Sursis.*

Le quintuple droit de consommation qui est alloué en cas de fraude sur les spiritueux n'est pas frappé des décimes. (Circ. 675 du 4 fév. 1907.)

Les décimes s'ajoutent aux autres pénalités pour le calcul des honoraires dus aux défenseurs de la Régie. (Décision du 18 juin 1900.)

Mais ils n'entrent pas en ligne de compte pour la détermination de la compétence en matière de transaction. (Circ. 131 précitée.)

Soit une transaction passée pour la somme de 971 fr. 25.

Les condamnations encourues étaient :

Amende.	500 »
Confiscation.	326 25
Frais.	20 »
Total.	846 25 ⎱ 971 25
Décimes.	125 » ⎰

L'encaissement des décimes n'a pas pour conséquence de ranger l'affaire dans la compétence du ministre, parce que la somme totale perçue serait supérieure au minimum des condamnations encourues, défalcation faite des décimes.

L'affaire reste de la compétence de l'Administration, car les décimes ne modifient pas les règles de compétence fixées par l'article 23 de l'arrêté du 5 germinal an XII. Bien qu'ils soient exigibles et adjugés par le tribunal correctionnel, leur perception est sans influence sur la compétence.

Si, à certains égards, les décimes ont le caractère d'un impôt, il s'agit là d'un impôt d'une nature particulière, qui n'est pas irréductible au même titre que les diverses taxes dont l'Administration des contributions indirectes est chargée d'opérer le recouvrement. Les décimes constituent, en fait, une amende additionnelle susceptible de subir les mêmes réductions que le principal des amendes et pour le recouvrement de laquelle la Régie ne jouit pas du privilège de l'article 47.

Ainsi, dans une affaire d'allumettes, les condamnations prononcées et recouvrées s'élèvent à :

Amende.	25 »	⎫
Décimes.	6 25	⎬ 48 18
Frais taxables.	16 93	⎭

La répartition s'effectuera ainsi qu'il suit :

Montant brut	de la confiscation. . . .	Néant	⎫
	de l'amende, décimes com-pris.	31 25	⎬ 48 18
	des autres condamnations.	16 93	⎭
A déduire. .	droits fraudés.	Néant	⎫
	frais taxables et non taxables.	46 25	⎬ 48 18
	décimes.	1 95	⎭

Soit encore un procès-verbal portant saisie réelle de 4 hectolitres de vin et des moyens de transport.

Les condamnations prononcées comprennent :

Amende.	1000 »	⎫
Décimes.	250 »	⎬
Confiscation des marchandises.	» »	1286 25
Frais taxables.	36 25	⎭

L'exécution du jugement n'a produit que :

Vente des liquides.	53 »	⎫ 223 »
Vente des moyens de transport.	170 »	⎭

La répartition donnera :

Montant brut	de la confiscation. . . .	53 »	⎫
	de l'amende, décimes compris.	133 75	⎬ 223 »
	des frais taxables. . .	36 25	⎭
A déduire. .	droits fraudés.	» »	⎫
	frais de toute nature. . .	49 88	⎬ 76 63
	décimes.	26 75	⎭

Produit sur lequel la prime d'indicateur doit être prélevée. 146 37

Calcul des décimes. — Confiscation.

La loi du 6 prairial an VII ne concerne pas la confiscation. (Circ. 131 du 10 sept 1895.)

Dans les répartitions, les directeurs et sous-directeurs doivent d'abord attribuer à la confiscation, jusqu'à concurrence de la valeur estimative de l'objet confisqué, la somme qui, en sus des frais et des droits fraudés, est exigée du contrevenant ; le surplus, si les conditions de l'arrangement le comportent, est affecté à l'amende et, en dernier lieu, au quintuple droit, s'il s'agit d'un procès-verbal en matière d'alcool ou de vélocipèdes. V Répartition des amendes.

Il importe, tout d'abord, d'observer que, dans la pratique, le mode de perception des décimes diffère suivant que l'amende procède d'une transaction ou d'un jugement. Dans le premier cas, les limites de la répression que l'Administration juge suffisantes étant atteintes, les décimes sont prélevés sur l'amende exigée, tandis que, dans le second cas, les décimes viennent s'ajouter à l'amende fixée par le jugement. (Circ. 131 précitée.)

Ainsi donc, le cinquième des amendes perçues par transaction est, avant toute répartition, attribué au Trésor public à titre de décimes. *Ib.*

S'il s'agit, au contraire, de l'exécution intégrale d'un jugement, l'amende prononcée est accrue des deux décimes et demi établis par la législation précitée. *Ib.*

Pour trouver le principal d'une somme majorée de deux décimes et demi, il faut prendre les 4/5 de cette somme, et pour avoir les décimes le 1/5.

1er EXEMPLE.

On suppose que dans une affaire où le montant de la confiscation s'élève à 300 francs et celui de l'amende encourue à 200 francs, il intervient une transaction stipulant le paiement de la somme totale de 135 francs.

Dans ce cas, il n'y a pas de décimes à prélever, et l'état n° 99 sera établi comme suit :

Montant	de la confiscation. . . .	100 »	135 »
	de l'amende, déc. compris.	» »	
	des frais et autres condamn.	35 »	
A déduire	droits fraudés.	10 »	35 »
	frais.	25 »	
	décimes.	» »	

Produit sur lequel la prime d'indicateur doit être prélevée. 100 »

2e EXEMPLE.

Dans la même affaire, il est versé, à titre de transaction, la somme de 435 francs. Le double décime et demi est prélevé sur la portion attribuée à l'amende, et l'état n° 99 présente la situation ci-après :

Montant	de la confiscation. . . .	300 »	435 »
	de l'amende, déc. compris	100 »	
	des frais et autres condamn.	35 »	
A déduire	droits fraudés.	10 »	55 »
	frais.	25 »	
	décimes.	20 »	

Produit sur lequel la prime d'indicateur doit être prélevée. 380 »

3e EXEMPLE.

Enfin, encore dans cette affaire, le tribunal prononce le minimum des condamnations encourues, et le jugement est intégralement exécuté. Les décimes s'ajoutent alors à l'amende, et l'état n° 99 est ainsi libellé :

Montant	de la confiscation. . . . 300 »		
	de l'amende, déc. compris 250 »		
	des frais taxables et autres	585 »	
	condamnations. . . . . 35 »		
A déduire	droits fraudés. . . . . 10 »		
	frais de toute nature et		
	taxe des lettres. . . . 25 »	85 »	
	décimes. . . . . . . 50 »		

Produit sur lequel la prime d'indicateur doit être prélevée. . . . . 500 »

2° *Décimes sur les amendes en matière d'octroi. Bordereau S bis.*

Les amendes d'octroi, qu'elles soient recouvrées par voie de transaction ou à la suite d'un jugement, doivent être frappées au profit du Trésor de deux décimes et demi. (Circ. 131 du 10 sept. 1895 ; Jug. trib. civ. du Blanc du 28 oct. 1903, et jug. de Brest du 30 juin 1904.)

Cette taxation est perçue par le receveur municipal en même temps que le principal de l'amende et versée tous les mois dans les caisses de la Régie.

Ces versements sont accompagnés d'un bordereau S *bis* établi par le préposé en chef et visé par le maire.

En fin d'année, ces bordereaux sont mis à l'appui du relevé n° 101. (Circ. 131 précitée.)

Le timbre de la quittance du 74 relative à l'encaissement de la somme énoncée à l'état S *bis* doit rester annexé à la souche.

Les décimes ne portent pas sur la confiscation. Pour le calcul des décimes, on suit les règles indiquées ci-dessus pour les amendes en matière de contributions indirectes.

Bien entendu, en cas de saisie commune, l'amende revenant à l'octroi ne sera pas, une seconde fois, frappée des décimes, puisque la somme attribuée de ce chef à l'État aura été liquidée, avant tout partage entre les deux administrations intéressées, sur le produit total des amendes encaissées. (Circ. 131 précitée.)

L'application de la circulaire n° 131 du 10 septembre 1895 relative à la perception des décimes sur les amendes n'a pas pour effet de modifier, dans les saisies intéressant le Trésor et un octroi, les dispositions de la circulaire n° 83 du 19 février 1873. Par suite, le principal des amendes encourues ou prononcées doit exclusivement servir de base à la répartition. (Note autogr. 34.583 du 7 nov. 1895.)

Si le maire refusait de verser les décimes, il y aurait à lui décerner contrainte, et s'il ne formait pas opposition à cet acte de poursuite, il conviendrait de prier le préfet de prendre les mesures utiles pour que, conformément aux dispositions de l'article 136, § 16, 17 et 20, et de l'article 149 de la loi municipale du 5 avril 1884, une somme égale à la somme due fût inscrite d'office au budget de la ville.

SECT. XXI. — CONFISCATION DES MARCHANDISES SAISIES.

Dispositions générales.

La confiscation est inhérente au corps du délit. Elle est prononcée dans la plupart des cas.

Il suffit, pour qu'elle soit prononcée, que la contravention ait été commise « par ou sur la chose même qui est assujettie à cette peine », et ce, que la chose soit, ou non, prohibée. (Cass. 16 déc. 1898 ; Bull. Cont. ind. 1899.19.322 ; Aix 6 juin 1900 ; Bull. Cont. ind. 1900.21.)

La confiscation est la sanction obligée de toute contravention dûment établie, même lorsque l'auteur de celle-ci n'est pas poursuivi (Nîmes 7 mars 1879 ; M. 21.70 ; Poitiers 21 mai 1879 ; M. 21.75 ; S. 79.2. 214)

Elle est même prononcée, sur requête, si le contrevenant est inconnu. (Cass. 8 juill. 1841.) *V. Saisies sur inconnus.*

Le décès du prévenu n'empêche pas la Régie de requérir la confiscation. (Cass. 9 déc. 1813 ; 16 déc. 1898 ; Bull. Cont. ind. 1899.19.322.) *V. Décès.*

La confiscation peut être prononcée contre les héritiers du délinquant. (Aix 6 juin 1900 ; Bull. Cont. ind. 1900.21.)

Lorsque le procès-verbal est entaché d'un vice de forme, la confiscation est prononcée sur les conclusions du poursuivant ou du ministère public, lorsqu'il s'agit d'objets prohibés (tabacs, poudres, allumettes, cartes) ; et s'il s'agit d'autres marchandises (boissons, huiles, etc...) quand la contravention est suffisamment démontrée par l'instruction. (Art. 34 du décret du 1er germ. an XIII ; Cass. 16 janv. 1869 ; M. 21.70 ; 4 juin 1875 ; M. 20.176.)

Toutefois, si le procès-verbal est nul pour inobservation de l'article 237 de la loi du 28 avril 1816, complété et modifié par la loi du 6 août 1905, cette nullité ne permet pas de réclamer la confiscation des objets saisis, à moins qu'il ne s'agisse d'objets prohibés dont la détention est interdite à tout le monde. Une action procédant d'une *violation de domicile* ne peut être valablement intentée. (Cass. 13 déc. 1895 ; Bull. Cont. ind. 1896.13.)

En matière d'octroi, la nullité du procès-verbal n'empêche pas d'établir la contravention par les moyens de droit commun et de requérir, par suite, l'application de toutes les peines.

L'article 21 du décret du 1er germinal an XIII indique les conditions dans lesquelles est opérée la saisie des objets de fraude et des moyens de transport.

La confiscation des objets saisis peut être poursuivie ou prononcée contre les conducteurs, sans que la Régie soit tenue de mettre en cause les propriétaires, quand même ils lui seraient indiqués ; sauf, si les propriétaires intervenaient ou étaient appelés par ceux sur lesquels les saisies auraient été faites, à être statué, ainsi que de droit, sur leurs interventions ou réclamations. (Art. 36 du décret du 1er germ. an XIII.)

Les objets soit saisis pour fraude ou contravention, soit confisqués,

ne peuvent être revendiqués par les propriétaires, ni le prix, qu'il soit
consigné ou non, réclamé par un autre créancier, même privilégié, sauf
leur recours contre les auteurs de la fraude. (Art 38.) *Ib.*

Objets de fraude.

L'article 21 du décret du 1er germinal an XIII prévoit la saisie réelle
dans tous les cas.

La saisie doit être réelle quand il s'agit d'objets prohibés (tabacs,
poudres, allumettes, cartes), puisque le commerce de ces objets est
interdit.

Toutefois, pour ne pas entraver les opérations commerciales et ne
pas s'exposer à des revendications onéreuses en cas de saisie mal
fondée, l'Administration, s'il s'agit d'objets non prohibés, a recommandé
aux verbalisants d'offrir la remise provisoire des objets saisis sous caution solvable, et même, si le délinquant est solvable, sur simple promesse de représenter, en cas de condamnation, ces objets ou leur
valeur à toute réquisition légale. (Instr. n° 27 du 18 prairial an XIII;
circ. 207 du 7 avril 1897; circ. 612 du 8 août 1905.)

Lorsque l'estimation des objets saisis a été faite de gré à gré avec le
contrevenant, il s'est formé entre ce dernier et les saisissants un contrat
que le tribunal est tenu de sanctionner, sauf le cas de circonstances
atténuantes. (Dijon 21 août 1872; M. 19.1; Montpellier 27 avril 1874;
M. 19.61; Cass. 28 nov. 1874; M. 19.152; Montpellier 5 août 1905;
Bull. Cont. ind. 1905.18; *Contra :* Arr. Aix 22 nov. 1906, aff. Castellin.)

La confiscation des boissons entraîne la saisie des vases et des fûts.
(Cass. 5 août 1808; 28 fév. 1874; D. 75.1.191; M. 20.118; 5 nov. 1891.)

La confiscation des ouvrages d'or et d'argent ne comprend pas les
diamants et pierres précieuses montées sur ces ouvrages. (Cass.
15 juill. 1817.)

Pas de confiscation. — La loi du 30 mai 1899 ne prévoit pas la confiscation des bières. Les verbalisants doivent donc se borner à déclarer
procès-verbal sans saisir les bières.

Toutefois, s'il y avait contravention au règlement de l'octroi, on
devrait déclarer saisie de la bière et en requérir la confiscation au profit
de l'octroi.

La saisie des vélocipèdes n'a lieu que pour garantir le paiement de
l'amende à intervenir. Ce n'est que dans le cas d'infractions relevées
sur inconnus que la confiscation est directement accordée. (Loi du
30 janv. 1907, art. 24.)

Limitation de la confiscation. — La confiscation est limitée dans les
cas prévus par les articles 95 et 106 de la loi du 28 avril 1816 (vente en
détail ou en gros sans licence) : 1.000 francs dans le premier cas et
2.000 francs dans le second.

Aux termes de l'article 106 de la loi du 28 avril 1816, l'exercice du
commerce de gros sans licence permet de saisir les boissons trouvées
en la possession du délinquant, au jour où le procès-verbal a été déclaré,
à l'exclusion de celles qui ont été auparavant l'objet de ses opérations
commerciales et qui ne sont plus en sa possession. (Arr. Limoges

18 mai 1905; Cass. 11 janv. 1906; Bull. Cont. ind. 1906.4; Arr. Bordeaux 27 déc. 1905.)

Qu'il s'agisse de vins, cidres, spiritueux ou autres liquides, en cas d'expédition inapplicable, mais lorsque l'identité du chargement n'est pas contestée, la saisie est limitée aux fûts sur lesquels les différences auront été constatées. (Loi du 6 août 1905, art. 21 ; circ. 612 du 8 août 1905.)

Saisie fictive. — Si les agissements du contrevenant ont mis le service dans l'impossibilité de saisir le corps du délit, il peut en prononcer la saisie fictive et faire confirmer cette saisie par le tribunal. La jurisprudence a ratifié ces saisies. (Cass. 6 fév. 1836; S. 36.1.195; Cass. 25 juin 1875; S. 76.1.45; 12 janv. 1877; S. 78.1.95; 13 déc. 1902; Bull. Cont. ind. 1903.2; Arr. Limoges 23 mars 1877; S. 77.2.183.)

Le contrevenant est tenu soit de faire offre des marchandises saisies fictivement, soit d'en payer la valeur fixée par le jugement. (Cass. 22 juill. 1891 ; S. 92.1.606; 12 juill. 1895; Bull. cr. 95.201.)

Lorsque les sels n'auront pu être saisis, le tribunal prononcera, pour tenir lieu de la confiscation, la condamnation au paiement d'une somme égale à la valeur de ladite marchandise, d'après le cours du marché intérieur à l'époque où la fraude a été commise. (Loi du 1er mai 1905.)

Interdiction de la mise en consommation des vins artificiels saisis. — Les vins de marcs, les vins de sucre et autres vins artificiels, saisis chez le producteur de ces vins ou chez le négociant, devront être transformés en alcool, après paiement de leur valeur, ou être détruits. En attendant la solution du litige, le prévenu sera tenu de conserver gratuitement les marchandises intactes, sous peine de payer une amende complémentaire égale au double du droit de consommation sur l'alcool contenu dans les liquides détournés. (Loi du 6 août 1905, art. 7.)

Ces boissons sont prises en charge à un compte ouvert au prévenu. Un certificat de prise en charge est annexé au dossier contentieux. (Circ. 613 du 8 août 1905.)

La vente des vins artificiels étant interdite, si, après solution de l'affaire, les liquides saisis doivent être transformés en alcool, ils ne peuvent être distillés que par leur propriétaire lui-même ou pour son propre compte. Celui-ci est tenu de se soumettre à toutes les obligations des bouilleurs de profession, y compris le payement de la licence. *Ib.*

Dans le cas où les vins, ne pouvant être distillés sur place, devraient être mis en mouvement pour être conduits à l'alambic, ils devront circuler, comme dilutions alcooliques, sous le lien d'acquits-à-caution du registre 2 C. Ces titres de mouvement, qui devront mentionner explicitement que les liquides qu'ils accompagnent sont des vins artificiels saisis, seront pris en charge, à destination, à un compte spécial garantissant le double droit. Leur non-décharge entraînerait l'acquittement par le soumissionnaire de l'intégralité des taxes exigibles. L'alcool produit ne circulera, bien entendu, que sous le lien de l'acquit rose. *Ib.*

Lorsque le détenteur préférera détruire les marchandises saisies à son préjudice, celles-ci seront répandues par ses soins sur la voie publique ou versées à l'égout. L'opération de l'effusion matérielle aura lieu sous les yeux du service qui devra, au préalable, s'assurer de l'identité des liquides représentés par la reconnaissance de leur richesse alcoolique. *Ib.*

La destruction sera constatée par un procès-verbal administratif. *Ib.*

Moyens de transport.

Les moyens de transport sont saisissables, tantôt au même titre que les objets de fraude eux-mêmes, par exemple en matière de tabacs, d'allumettes, etc., et alors leur confiscation constitue une pénalité spéciale juxtaposée à l'amende, et tantôt seulement pour garantie de l'amende (boissons, huiles, vélocipèdes, etc.).

Le tribunal doit ordonner la destruction d'une voiture spécialement agencée pour le transport frauduleux des boissons. (Bordeaux 13 déc. 1900 ; Bull. Cont. ind. 1901.4.15.)

Par contre, une bicyclette trouvée dans ladite voiture ne saurait être considérée comme rentrant dans la catégorie des objets qui peuvent être retenus et confisqués. *Ib.*

Mais une bicyclette servant au transport de tabacs est saisissable comme moyen de transport. (Cass. 7 déc. 1899. Douanes.)

En matière de colportage de tabac, il y a obligation pour les juges de prononcer la confiscation des moyens de transport, sans qu'on ait à se préoccuper de savoir si le conducteur connaissait ou non le contenu des colis. (Cass. 26 nov. 1829 ; M. 12.196 ; Paris 2 mars 1885 ; M. 21.479 ; Pau 13 avril 1889 ; Amiens 3 août 1894 ; Cass. 26 oct. 1906 ; Bull. Cont. ind. 1906 n° 24.)

Par suite, la confiscation des moyens de transport doit être prononcée, même lorsque le transporteur, étant reconnu de bonne foi, a été relaxé en vertu de l'article 13 de la loi du 21 juin 1873. Ce relaxe a seulement pour effet de permettre au transporteur d'exercer un recours contre l'auteur de la fraude. (Cass. 26 oct. 1906 précité.)

Une roulotte servant à la fois de domicile et de moyen de transport est saisissable. (Limoges 16 nov. 1899.)

Un voiturier ne peut être exempté de la confiscation, sous prétexte qu'il ignorait la nature des objets par lui transportés. (Cass. 26 nov. 1829 précité.)

Si le propriétaire des chevaux servant au transport les réclame, sous prétexte qu'il les a donnés à simple location, sans se douter de la tentative de fraude, la remise doit en être refusée par les tribunaux, lorsque la loi prononce la confiscation des moyens de transport. (Cass. 13 déc. 1810 ; M. 11.19 ; D. 6.412.)

Le tribunal doit prononcer la confiscation des moyens de transport, même lorsque la voiture n'appartient pas au colporteur et alors que celui-ci s'est borné à déposer un colis d'allumettes sur une voiture rencontrée en cours de route. (Riom 17 janv. 1903 ; Paris 2 mars 1885 ; M. 21.479.)

Revendication d'objets saisis.

Les objets saisis soit pour fraude ou contravention, soit confisqués, ne pourront être revendiqués par les propriétaires, ni le prix, qu'il soit consigné ou non, réclamé par aucun créancier, même privilégié, sauf leur recours contre les auteurs de la fraude (Décret du 1er germ. an XIII, art. 38.)

Les marchandises faisant partie du chargement, qui ne seront pas en fraude, seront rendues au propriétaire. (Loi du 28 avril 1816, art. 17.)

SECT. XXII. — QUINTUPLE DROIT.

1° Spiritueux. Quintuple droit de consommation.

Toute contravention aux lois et règlements sur les spiritueux entraîne, dans tous les cas, indépendamment des pénalités actuellement en vigueur, le payement du quintuple droit de consommation sur les spiritueux fabriqués, recélés, enlevés ou transportés en fraude. (Loi du 30 janv. 1907, art. 19.)

Le bouilleur de cru qui aura enlevé ou laissé enlever de chez lui des spiritueux sans expédition ou avec une expédition inapplicable sera, indépendamment des peines principales dont il est passible, responsable du quintuple droit prévu au paragraphe précédent et sans préjudice de la loi du 6 août 1905. *Ib.*

Le quintuple droit de consommation constitue une pénalité complémentaire, mais le caractère d'amende ne lui ayant pas été explicitement attribué, il ne doit pas, comme les amendes, être frappé des doubles décimes et demi. (Circ. 675 du 4 fév. 1907.)

Pour la constatation et le recouvrement, il y a lieu de suivre les règles applicables à l'amende et à la confiscation, le quintuple droit étant perçu concurremment et au même titre ; mais, lors de la répartition, l'imputation des sommes encaissées se fait à l'état n° 99 dans l'ordre suivant :

Montant brut :

1° De la confiscation ;

2° De l'amende, décimes compris ;

3° Du quintuple droit et autres condamnations. *Ib. V. Répartitions.*

Pour obtenir le produit sur lequel l'indemnité allouée, le cas échéant, à l'indicateur doit être prélevée, on déduit du montant brut encaissé, les droits fraudés, les .frais, les taxes de lettres et les décimes sur l'amende, de telle sorte que le quintuple droit, lorsqu'il a été perçu en tout ou partie, concourt, avec l'amende et la confiscation, à former le produit net. *Ib. V. Répartition des amendes.*

2° Vélocipèdes. Quintuple des droits fraudés.

Les infractions concernant les vélocipèdes .sont passibles d'une amende de 1 à 15 francs et du quintuple du droit fraudé.(Loi du 30 janvier 1907, art. 24. Voy. circ. n° 672, du 31 janvier 1907.)

Il va de soi qu'on peut faire remise, en tout ou partie, du quintuple des droits fraudés dont il est question à l'article 24. Mais ce quintuple droit, qui a le caractère d'une pénalité complémentaire, et non d'un droit proprement dit, est indépendant de la taxe simple qui est généralement assurée au moment de la saisie ou tout au moins lors de la remise de l'appareil au contrevenant. Ce n'est donc que dans des cas très exceptionnels qu'il peut y avoir lieu de prélever le droit fraudé sur la transaction, car on ne peut guère admettre qu'un chef de service consente une transaction sans avoir, au préalable, exigé du délinquant qu'il régularise sa situation par l'achat d'une plaque. (*Correspondance administrative.*)

Le quintuple droit (ou partie du quintuple droit) est perçu, comme en matière de boissons, au même titre qu'une amende et ressort comme l'amende au produit net à répartir. *V. Répartition des amendes.*

SECT. XXIII. — DROITS FRAUDÉS.

Les droits compromis par suite de contravention n'entrent dans les condamnations encourues qu'en matière :
— De sel (art. 10 et 13 de la loi du 17 juin 1840) ;
— De bougies (art. 16 de la loi du 30 déc. 1873) ;
— De bières (loi du 30 mai 1899, art. 16);
— De vinaigres (art. 9 de la loi du 17 juill. 1875) ;
— De raisins secs (art. 10 de la loi du 26 juill. 1890) ;
— De contraventions aux articles 9, 10, 11 et 12 de la loi du 29 déc. 1900 (distilleries clandestines; bouilleurs de cru);
— De contraventions aux articles 12 à 24 de la loi du 31 mars 1903 (loi du 31 mars 1903, art. 26);
— De contraventions relatives aux alcools dénaturés et certaines fraudes concernant les alcools éthyliques et méthyliques (loi du 16 déc. 1897, art. 11);
— De contraventions à l'article 15 de la loi du 30 janvier 1907 (surtaxe. Art. 15 de ladite loi).

Ne pas négliger, lorsqu'on se trouve en présence de contraventions rentrant dans l'une de ces catégories, de conclure au remboursement des droits fraudés.

Lorsqu'il en est requis, le tribunal doit condamner le prévenu au remboursement des droits fraudés. (Cass. 3 avril 1830; S. 31.1.414; 10 juin 1892; S. 93.1.394; Cass. 23 janv. et 19 mars 1903; Bull. Cont. ind. 1903.9.44; Cass. 28 avril 1906; Bull. Cont. ind. 1906.12.)

Mais il n'y a pas lieu de conclure au remboursement des droits fraudés, si ces droits ont été acquittés ou garantis à la suite du procès-verbal. (Arr. Aix 25 nov. 1905; Bull. Cont. ind. 1906.3.)

Alors même que les droits fraudés ne sont pas compris dans le montant des condamnations encourues, il convient d'en établir le décompte, pour mémoire, dans les conclusions, afin que le tribunal, s'il juge à propos d'accorder les circonstances atténuantes, ne réduise pas la confiscation au delà du montant des droits fraudés. (Circ. 207 du 7 avril 1897.) *V. Circonstances atténuantes.*

SECT. XXIV. — FRAIS ET DÉPENS A LA CHARGE DU CONDAMNÉ.

On appelle dépens, les frais légaux faits à l'occasion d'un procès.

Les dépens sont liquidés par le jugement et sont définitivement supportés par la partie qui succombe. (Art. 162 et 184 Code instr. crim.; art. 130 Code pr. civ.)

Le ministère des avocats et avoués étant facultatif, il n'y a pas lieu de comprendre leurs honoraires dans la liquidation des dépens, à moins que le tribunal n'ait déclaré dans le jugement que l'assistance des conseils ou défenseurs était nécessaire. (Art. 3, § 3, du décret du 18 juin 1811; Cass. 8 juin 1827; D. 27.1.266; M. 12.399; 30 janv. 1833; S. 33.1.255; M. 15.1; 19 janv. 1868; S. 68.1.375; 14 juin 1895; Bull. Cont. ind. 1898.15.)

Par les mêmes motifs, les contrevenants qui sont condamnés n'ont pas à supporter les honoraires des avoués ou avocats de la Régie. *Ib.*

Lorsqu'il en aura été compris dans la liquidation, on pourra former opposition à la taxe dans les trois jours de la signification du jugement ou de l'exécutoire, conformément à l'article 6 du décret du 16 février 1807. (Circ. 328 du 2 déc. 1845; Cass. 22 nov. 1878; S. 79.1.139.)

Bien entendu, s'il était fait appel du jugement sur le fond, l'allocation des honoraires fournirait un motif d'appel.

Le tribunal correctionnel statue sur l'opposition à la taxe en chambre du conseil, c'est-à-dire sans publicité.

Un jugement n'est pas susceptible d'appel en ce qui concerne les dépens. à moins qu'il n'y ait appel de quelques dispositions sur le fond. (Cass. 28 nov. 1826; S. 27.1.209; 2 fév. 1826; S. 26.1.28; 22 déc. 1860; D. 61.1.293; 13 juin 1890; S. 90.1.368.)

Il ne faut pas négliger de faire connaître dans les conclusions le montant des frais jusqu'au moment de l'assignation et y compris le coût de cet acte, afin que le jugement donne les dépens qui doivent toujours être demandés en vertu des articles 156, 157 et 158 du décret du 18 juin 1811 et de l'article 194 du Code d'instruction criminelle.

Car, si le jugement ou l'arrêt ne contient pas la liquidation des frais et dépens, il devient nécessaire que le greffier en dresse un état séparé. Le juge compétent décernera alors exécutoire contre qui de droit, au bas dudit état de liquidation. (Applic. des art. 51 et 163 du décret précité.)

Lorsque plusieurs individus sont poursuivis pour le même fait, ceux d'entre eux qui sont reconnus coupables sont condamnés aux frais, sans distinction de ceux qui ont été faits contre leurs coprévenus acquittés. (Cass. 15 janv. 1875; S. 75.1.192; M. 19.208; Grenoble 2 juin 1877; M. 20.374; Cass. 5 nov. 1891; D. 92.1.137; Journ. Cont. ind. 1893. 113.)

Ainsi, lorsqu'une compagnie de transport invoque le bénéfice de l'article 13 de la loi du 21 juin 1873, la Régie est fondée à mettre en cause l'expéditeur et le transporteur, sauf au tribunal à dégager les responsabilités. Les frais nécessités par cette procédure doivent être supportés par la partie qui succombe. (Arr. Caen 30 déc. 1903.)

La partie qui a obtenu devant la Cour de cassation l'annulation d'un jugement ou d'un arrêt ne peut, si elle succombe de nouveau devant le tribunal ou la Cour de renvoi, être condamnée aux frais du jugement ou de l'arrêt annulé et de sa signification. (Cass. 31 mars 1841 ; 16 juill. 1846.)

Le défaut absolu de liquidation des dépens n'entraîne pas la nullité du jugement ou de l'arrêt. (Cass. 27 avril 1825 ; S. 26.1.422 ; 20 juin 1826 ; S. 26.1.430.)

La condamnation aux frais sera prononcée, dans toutes les procédures, solidairement contre tous les auteurs et complices du même fait, et contre les personnes civilement responsables du délit. (Art. 156 du décret du 18 juin 1811.)

Ceux qui se seront constitués parties civiles, soit qu'ils succombent ou non, seront personnellement tenus des frais d'instruction, expédition et signification des jugements, sauf leur recours contre les prévenus ou accusés qui seront condamnés, et contre les personnes civilement responsables. (Art. 157 ib.)

Sont assimilées aux parties civiles, les administrations publiques, etc... (Art. 158 du décret du 18 juin 1811 et ord. du 22 mai 1816.)

Et au sujet de cette question, nous ne saurions mieux faire que de reproduire l'avis émis le 15 janvier 1834 par les comités réunis de législation et des finances au Conseil d'Etat :

« Considérant que l'article 158 du décret du 18 juin 1811, en déclarant les régies et administrations publiques passibles des frais occasionnés par les instances suivies dans leur intérêt, n'a eu et n'a pu avoir en vue que les procès intentés dans l'intérêt de la perception en vertu des lois spéciales qui ont établi l'impôt, ou qui en ont assuré le recouvrement par des dispositions particulières ;

« Qu'en effet, ces poursuites ayant lieu principalement dans l'intérêt de ces administrations, et pouvant amener une recette à leur profit, il était juste que les frais auxquels elles pouvaient donner lieu fussent à leur charge, que ces administrations eussent ou non pris la qualité de parties civiles ;

« Mais qu'il ne saurait en être ainsi des instances poursuivies pour délits communs prévus par les lois ordinaires, et dont la répression, tout en présentant un intérêt moral à ces administrations, a lieu principalement dans l'intérêt de la vindicte publique ;

« Sont d'avis que l'article 158 du décret du 18 juin 1811 ne peut être appliqué aux régies et administrations publiques que dans les instances qui sont suivies en vertu des lois spéciales relatives à ces administrations. »

En assimilant les administrations publiques aux parties civiles relativement aux instances suivies à leur requête ou d'office et dans leur intérêt, l'article 158 du décret du 18 juin 1811 a eu en vue tous les procès intentés en vertu des lois spéciales qui ont établi l'impôt ou qui en ont assuré le recouvrement. Il n'y a d'exception à cette règle que pour les délits dont la répression, tout en représentant un intérêt moral pour les administrations, est provoquée principalement dans l'intérêt général de la société. Tel est, en substance, l'avis émis le 15 juin 1834 par le Conseil d'État.

Lorsque l'Administration intervient dans les poursuites dirigées par le ministère public contre un prévenu poursuivi en même temps pour un délit de droit commun, le tribunal doit faire la ventilation des frais de l'instance et déterminer la part qui incombe à la Régie et celle qui doit être supportée par le Trésor, de manière que les agents des contributions indirectes et le percepteur connaissent exactement le chiffre des condamnations dont le recouvrement appartient respectivement à chacun d'eux. Lorsque l'Administration est appelante des délits qui se rattachent à l'impôt, elle doit supporter tous les frais d'appel. (Lettre du directeur général de la Comptabilité publique au trésorier-payeur général de l'Hérault, et circ. du garde des sceaux du 19 juill. 1852.)

Lors donc que des poursuites étant intentées par le ministère public pour un délit commun (police des cabarets, police des messageries, mouillage, vinage, lois Griffe, poudres à feu, etc.), la Régie intervient pour faire prononcer l'amende édictée par la loi fiscale, elle ne doit supporter que les frais nécessités par son intervention et rien de plus. Mais si des poursuites sont exercées par le procureur de la République au profit exclusif de la Régie (fabrication d'allumettes, fraude à l'aide d'engins prohibés, article 12 de la loi du 21 juin 1873), c'est à celle-ci qu'incombe le paiement de la totalité des frais de la procédure. (V. circ. 64 du 28 sept. 1852 et note autogr. 10855 du 5 juill. 1898 ; Bull. Cont. ind. 1898.14 ; arr. Lyon 12 fév. 1879 ; M. 20.413 ; arr. Chambéry du 11 juill. 1879 ; M. 20.431.)

La loi du 21 juin 1873 a le caractère d'une loi purement fiscale et les contraventions qu'elle prévoit ne sont poursuivies que dans l'intérêt de l'Administration des contributions indirectes. (Lettre du garde des sceaux au min. des fin. du 28 avril 1903.)

Dans les affaires où la poursuite est engagée dans l'intérêt général de la société (vinage, mouillage, falsifications...), le défenseur de la Régie doit donc tenir la main à ce que le tribunal ne mette pas tous les frais à la charge de l'Administration.

Il importe que le jugement spécifie les frais qui incombent au ministère de la justice et ceux qui restent à la charge de la partie civile. (Circ. 64 du 28 sept. 1852 et note autogr. 10855 du 5 juill. 1898.)

Dans les conclusions, on aura soin de demander au tribunal de déclarer que la Régie ne sera tenue que des frais nécessités par son intervention, s'élevant à... et que les autres frais seront supportés sur les fonds du Ministère de la justice.

L'Administration ne fait plus l'avance des frais dans les affaires suivies par le ministère public à raison d'injures, de voies de fait ou de rébellion envers les préposés. (Circ. 328 du 2 déc. 1845.)

A moins qu'elle n'intervienne comme partie civile ou qu'elle n'autorise spécialement l'intervention de ses agents à l'effet d'obtenir des dommages-intérêts. *Ib.*

En matière correctionnelle, les frais sont liquidés par le jugement. (Circ. 328 du 2 déc. 1845.)

Frais de levée et de signification de jugement. — Légalement, le condamné n'est tenu au payement que des dépens liquidés dans le jugement; mais il est de jurisprudence que les frais de levée de la sentence et ceux de signification sont également à la charge de la partie qui succombe, bien que faits postérieurement à la liquidation des dépens. (Rennes 7 avril 1838 ; Cass. 5 avril 1870.) En principe, ces actes de procédure sont, en effet, considérés comme une conséquence normale de l'instance.

Toutefois, s'il est constaté, en fait, que la partie qui a obtenu le jugement n'était pas obligée d'en faire la levée et la signification pour parvenir à l'exécuter, ces frais sont réputés frustratoires et doivent rester à sa charge. (Cass. Belg. 12 déc 1889.) Les juges apprécient souverainement l'utilité de la levée et de la signification du jugement.

La Régie a un privilège dans le recouvrement des frais exposés en matière correctionnelle. (Loi du 5 sept 1807.)

Ce privilège ne vient qu'en troisième rang, après le privilège des articles 2101 et 2102 du Code civil. Il ne s'exerce pas avant tout autre privilège comme lorsqu'il s'agit du recouvrement de droits. *V. Privilège.*

Bien que liquidés après la déclaration de faillite, les frais de poursuite concernant des faits contraventionnels antérieurs à la faillite sont privilégiés. (Cass. 11 août 1857.)

Les frais en matière correctionnelle ne se prescrivent que par trente ans. (Cass. 28 fév. 1905 ; Pand. fr. 1905.1.257.)

Droits de poste. Port des lettres et paquets.

On entend par droits de poste, le port des lettres et paquets pour l'instruction criminelle.

L'article 2 du décret du 18 juin 1811, relatif aux frais de justice en matière criminelle, correctionnelle et de simple police, comprend parmi les frais de justice « le port des lettres et paquets pour l'instruction des affaires ».

La loi de finances du 5 mai 1855, article 18, modifié par l'article 6 de la loi du 30 décembre 1903 (voy. circ. 562 du 28 mars 1904) qui en a fixé le chiffre, a décidé qu'ils seront perçus après chaque jugement définitif, suivant le tarif ci-après :

NATURE DES AFFAIRES.	Tarif des frais de poste.
Affaire de simple police. { Portée directement à l'audience.	0.20
Jugée en appel.	1 »
Portée à l'audience après instruction.	1.20
Jugée sur appel.	2.60
Jugée en cassation.	6.40

NATURE DES AFFAIRES	Tarif des frais de poste
Affaire correctionnelle. Portée directement à l'audience.	2. »
Jugée en appel (*affaire portée directement à l'audience*) (1)	4.40
Portée à l'audience après instruction.	5. »
Jugée sur appel (*après instruction*) (2).	7.20
Jugée en cassation.	9.60
Affaire criminelle. Devant la Haute-Cour.	30. »
Devant la Cour d'assises.	30. »
En cassation.	16 »

(1) Lorsqu'une affaire correctionnelle a été portée *directement* à l'audience, les frais d'appel, pour les droits de poste, sont taxés à 4 fr. 40, lesquels, ajoutés aux 2 fr. de droits de poste en première instance, forment un total exigible de 6 fr. 40.

(2) Lorsqu'une affaire correctionnelle a été portée à l'audience *après instruction*, les frais d'appel à titre de droits de poste sont taxés à 7 fr. 20, lesquels, ajoutés aux 5 francs de droits de poste en première instance, forment un total de 12 fr. 20.

Par une décision du 13 juillet 1904, concertée entre le ministre des finances et le garde des sceaux, il avait été admis en matière forestière et en matière de pêche fluviale, que les droits de poste ne seraient pas dus, lorsque l'affaire serait portée directement à l'audience par la partie civile ou une administration publique ; qu'ils seraient seulement exigibles dans les affaires dans lesquelles le procureur de la République aurait poursuivi d'office avec ou sans l'adjonction d'une partie civile (administration publique ou simple particulier) (1).

Le garde des sceaux a estimé que le principe posé par cette décision

(1) *Bulletin Min. Justice* (juillet-août 1904, 122ᵉ livraison).

Décision du 13 juillet 1904.

Frais de justice. Port de lettres et paquets. Greffiers. Extraits d'arrêts ou de jugements. Parties civiles. Administrations publiques.

Décision concertée entre le garde des sceaux, ministre de la justice, et le ministre des finances (13 juillet 1904).

Il a été jugé nécessaire de rappeler et de généraliser les principes posés dans la circulaire du 22 janvier 1880 relativement au droit de poste.

Le port des lettres et paquets, visé en l'article 18 de la loi du 5 mai 1855 modifié par l'article 6 de la loi du 30 décembre 1903, comprend le port de la correspondance adressée ou reçue en toutes matières pour l'instruction criminelle par le ministère public ou le juge d'instruction. (Art. 2, n° 11, art. 98 et suiv. du décret du 18 juin 1811.) En conséquence, le droit de poste doit être perçu dans toutes les affaires dans lesquelles le procureur de la République a poursuivi d'office avec ou sans adjonction d'une partie civile. (Administration publique ou simple particulier.)

Lorsqu'au contraire l'affaire a été portée directement à l'audience par une partie civile ou une administration publique, il y a présomption qu'aucune correspondance n'a été adressée dans les conditions prévues par les articles susvisés du tarif criminel, et il n'y a pas lieu de comprendre le droit de poste dans les frais du procès.

La correspondance nécessitée par la simple mise en état de la procédure suivie à la requête de la partie civile (demande de renseignements, demande de bulletin n° 2, transmission de pièces, etc...) ne justifie pas l'allocation d'un droit de poste.

Toutes instructions ou décisions contraires ont été rapportées.

devait être généralisé et appliqué en matière de contributions indirectes.
(Lettre 1168 de la dir. gén. de la Compt. publ. du 12 mars 1906, et
note autogr. 352 du 26 mars 1906.)

En conséquence, la Régie n'aura à recouvrer les droits de poste que
dans les cas où le ministère public aura engagé les poursuites pour le
compte et dans l'intérêt de l'Administration (tabacs, loi du 31 mars
1903, art. 39 ; fraudes sur les alcools, loi du 21 juin 1873, art. 15, et loi
du 18 déc. 1897, art. 11).

Le cas échéant, les droits de poste doivent être liquidés non pas en
raison du nombre des prévenus, mais d'après la nature des affaires.
Ainsi, il est dû un droit pour chaque affaire, quel que soit le nombre
des prévenus.

Les droits de poste ne peuvent pas être portés aux avances provi-
soires. Ils ne sont payés à l'Administration des postes que tout autant
qu'ils ont été recouvrés effectivement. Pour le mode de perception, de
répartition et de remboursement de ces droits, consulter la circulaire
n° 376 du 5 mai 1856. V. *Productions périodiques.*

Ils sont perçus, suivant le tarif, autant de fois que l'affaire a parcouru
de degrés de juridiction. (Lett. du dir. gén. des postes du 12 oct. 1858 ;
circ. Compt. publ. du 17 mars 1879, § 8.)

Ils ne sont pas dus pour les affaires *purement civiles* ni pour les affaires
terminées par transaction avant jugement.

La feuille 124 et l'état n° 99 doivent présenter distinctement les frais
de poste.

On joint à l'état n° 99 un extrait du registre de caisse établissant qu'il
a été fait recette de la taxe des lettres. (Circ. compt. 62 du 24 mai
1856.)

Mais, dans une affaire contre inconnu, aucun prévenu n'étant mis en
cause, il n'y a pas lieu de prélever les droits de poste sur la valeur
réalisée de la confiscation.

Les frais de port de lettres et paquets qui n'ont pas été liquidés par
le jugement ou l'arrêt doivent faire l'objet d'un exécutoire supplémentaire, conformément à l'article 163 du décret du 18 juin 1811. (Déc.
Just. 7 fév. 1856.)

CHAPITRE VI

Des responsabilités.

SECT. I. — RESPONSABILITÉ DES CONTRAVENTIONS.

Le principe de la responsabilité civile est inscrit dans la loi à l'article 1384 du Code civil, ainsi conçu :

« On est responsable non seulement du dommage que l'on cause « par son propre fait, mais encore de celui qui est causé par le fait « des personnes dont on doit répondre ou des choses que l'on a sous « sa garde.

« Le père et la mère après le décès du mari sont responsables du « dommage causé par leurs enfants mineurs *habitant avec eux* ;

« Les maîtres et les commettants, du dommage causé par leurs « domestiques ou préposés dans les fonctions auxquelles ils les ont « employés ;

« Les instituteurs et les artisans, du dommage causé par leurs élèves « et apprentis pendant le temps qu'ils sont sous leur surveillance.

« La responsabilité ci-dessus a lieu, à moins que le père et la mère, « instituteurs et artisans ne prouvent qu'ils n'ont pu empêcher le fait « qui donne lieu à cette responsabilité. »

En droit commun, les amendes sont considérées comme des peines personnelles. (Art. 9 du Code pénal.) En cette matière, la responsabilité civile est donc limitée aux restitutions, aux dommages-intérêts et aux frais.

Il n'en est pas absolument de même en matière fiscale. Bien que l'amende prononcée ait, sous certains rapports, un caractère pénal, elle est aussi la réparation du dommage causé à l'État par l'effet de la fraude, et la responsabilité s'étend aux amendes comme aux autres condamnations pécuniaires. (A. C. 11 oct. 1834, 19 août 1836, 24 août 1850, 10 déc. 1890 et 18 déc. 1891 ; D. 92.1.338 ; Journ. Cont. ind. 1893.166.) *V. Nature des amendes.*

Les propriétaires des marchandises sont responsables du fait de leurs facteurs, agents ou domestiques en ce qui concerne les droits, confiscations, amendes et dépens. (Art. 35 du décret du 1ᵉʳ germinal an XIII et A. C. des 13 mai 1809 ; D. 27.494 ; M. 6.417 ; et 4 sept. 1813 ; S. Chr. ; M. 8.291.)

Par application de ces dispositions, toutes les personnes spécialement dénommées aux articles 1384 du Code civil et 35 du décret du

1er germinal an XIII sont responsables de toutes les peines encourues par les prévenus, y compris l'amende.

Cette responsabilité s'étend aux amendes comme aux frais exposés par la Régie. (Cass. 24 août 1850.)

La personne civilement responsable et poursuivie à ce titre ne peut être actionnée en justice que si la personne qui a commis la contravention est mise en cause. (Cass. 15 déc. 1828 ; D. 28.1.59.)

Les personnes non dénommées aux articles 1384 du Code civil et 35 du décret de germinal an XIII font exception à cette règle. Ainsi l'héritier n'est point passible de l'amende encourue par le prévenu, si, avant sa mort, celui-ci ne s'est pas soumis par transaction à payer cette amende, ou si le jugement de condamnation intervenu n'a pas acquis l'autorité de la chose jugée. Dans le cas contraire, l'amende est exigible, parce qu'elle est considérée comme une des charges de la succession. (A. C. 18 avril 1811, 19 nov. 1814, 18 mai 1815, et avis du Conseil d'État du 26 fructidor an XIII.) V. Décès des prévenus.

Il résulte de la combinaison des articles 35 et 36 du décret du 1er germinal an XIII que la Régie a toujours le droit de poursuivre, à son choix, soit le porteur de boissons transportées en fraude, soit le propriétaire de ces boissons, soit tous les deux collectivement et solidairement, et il suffit que le procès-verbal soit régulier vis-à-vis du transporteur pour qu'il produise, le cas échéant, son effet à l'égard du propriétaire lorsque l'infraction est imputable à ce dernier. (Cass. 4 sept. 1813 ; S. Chr. ; M. 8.291 ; 10 juin 1826 ; D. 26.1.394 ; 28 juill. 1892 ; D. 93.1.400.)

Avec ce système, pour être logique, l'assignation, comme les conclusions déposées à l'audience, doivent considérer le patron du transporteur comme auteur direct de la contravention poursuivie.

Mais la Régie a le droit de poursuivre les contraventions, soit contre les conducteurs, soit contre les détenteurs des objets trouvés en fraude, sans être tenue, hors le cas prévu par l'article 13 de la loi du 21 juin 1873, de rechercher ni de mettre en cause les propriétaires de ces objets. (Cass. 28 juill. 1892 ; D. 93.1.400.)

Les instructions administratives recommandent de toujours déclarer procès-verbal au transporteur ou au détenteur des marchandises. (Circ. 381 du 21 mai 1856 et circ. 94 du 5 juill. 1873.)

La responsabilité de l'article 35 du décret de germinal est une responsabilité principale entraînant la mise en cause directe du propriétaire. La responsabilité de l'article 1384, au contraire, est incidente et ne peut être prononcée contre le propriétaire que si l'auteur de la contravention a été mis en cause. (Cass. 11 sept. 1818 ; S. Chr. ; 24 déc. 1830 ; M. 13.145 ; 9 juin 1832 ; S. 32.1.744 ; M. 13.182 ; 29 avril 1843 ; S. 43.1.923 ; M. 18.145.)

Lorsqu'un mineur de 16 ans est reconnu l'auteur d'une contravention, alors même qu'il aurait agi sans discernement, il doit être condamné à l'amende, et les maîtres ou parents peuvent être déclarés civilement responsables tant de l'amende que des frais. (Cass. 18 mars 1842 ; S. 42.1. 465 ; 14 mai 1842 ; M. 16.246 ; 13 mars 1844 ; S. 44.1.366 ; M. 17.52 ;

Cour de Bordeaux 21 déc. 1877 ; M. 21.116 ; Cour de Chambéry 8 juill. 1880 ; M. 21.144.) *V. Mineurs.*

Le législateur est allé plus loin en matière d'allumettes : sont condamnés comme coauteurs directs de l'infraction les parents ou surveillants naturels d'un mineur âgé de moins de 16 ans, s'il est établi qu'ils ont incité celui-ci à commettre une contravention en matière d'allumettes. (Art. 19 de la loi du 16 avril 1895.)

Si le prévenu est en état de démence au moment de l'infraction, il n'encourt ni responsabilité pénale ni responsabilité civile. (Art. 64 Code pén. ; Cass. 1er avril 1848 ; S. 48.1.320.)

Jusqu'à la décharge de l'acquit-à-caution, l'expéditeur demeure garant de la conformité de la boisson avec le titre de mouvement et *peut* être déclaré responsable de la contravention résultant de l'inapplicabilité de l'expédition, si les boissons se trouvent dans l'état où elles ont été expédiées. Le procès-verbal peut alors être dressé contre l'expéditeur et le destinataire. (Cass. 21 août 1847 ; M. 17.437 ; 20 janv. 1877 ; S. 77.1.231 ; M. 20.214 ; 9 mars 1877 ; M. 20.222 ; 13 fév. 1880 ; S. 80.1.484 ; M. 21.172 ; 16 fév. 1892 ; S. 93.1.245 ; Journ. Cont. ind. 1893.367 ; 26 mai 1900 ; Rec. Jurispr. ; Journ. Cont. ind. 1900.47.)

Il est de principe général que le propriétaire ou le simple locataire des lieux où sont trouvés les objets de contravention est, de plein droit, réputé l'auteur du délit. Le seul fait de la détention élève contre lui la prévention de fraude. (Caen 22 janv. 1902.)

Le propriétaire d'un immeuble est responsable des objets qui y sont trouvés en fraude. Sa responsabilité est directement engagée, tant qu'il ne justifie pas d'un cas de force majeure (Cass. 3 juill. 1875 ; Bull. crim. 1875.214 ; Douai 24 juill. 1883 ; M. 21.384) ; ou d'une location régulière à un tiers (Cass. 6 nov. 1885 ; Bull. crim. 1885.295 ; 21 déc. 1888 ; Bull. crim. 1888.381) ; ou ne fait pas connaître à la Régie le véritable coupable. (Agen 19 nov. 1896 ; Bull. Cont. ind. 1897.3 ; Bordeaux 18 mars 1903.)

Si le propriétaire n'est pas responsable du fait de son locataire, c'est à lui néanmoins qu'il appartient de prouver d'une manière légale, soit par acte, soit par témoins, le fait de la location. Jusqu'à ce que cette preuve soit fournie, il est personnellement responsable des objets trouvés en fraude dans sa maison, et soumis, comme détenteur, aux peines résultant de la contravention. (Cass. 28 juill. 1892 ; Journ. Cont. ind. 1894.23.)

Celui qui exploite une carrière de pierres doit être déclaré civilement responsable des contraventions constatées dans son chantier à l'encontre de ses ouvriers.

Il lui appartient, en effet, de surveiller l'exploitation régulière du chantier, en admettant même qu'il ait donné à exécuter son travail à des tâcherons, comme il le prétend. (Arr. Montpellier 10 juill. 1903.)

Vérification de boissons de nouvelle venue chez un débitant ; Différences.
Aux termes de la jurisprudence, lorsqu'il est avéré que le fût en litige n'a subi aucune manipulation de la part du destinataire, l'expéditeur

reste responsable de la contravention. (Cass. 5 mai 1876 ; S. 76.1.486 ; D. 76.1.213 ; circ. 190 du 20 mai 1876.)

Le juge, d'après les faits de la cause, décide souverainement lequel, du transporteur, de l'expéditeur ou du destinataire, doit être condamné. (Cass. 1er août 1889 ; D. 89.5.152.)

Le propriétaire.récoltant qui livre les vins de sa récolte à un acheteur et qui ne participe ni à leur enlèvement ni à leur transport n'est pas tenu de veiller à ce que ces boissons sortent de sa cave accompagnées de titres de mouvement réguliers. (Cass. 7 sept. 1895; Bull. Cont. ind. 1896.3.)

Pour tous les enlèvements de vin, lorsque la déclaration d'enlèvement n'est pas faite par le détenteur actuel des boissons, elle doit être accompagnée d'une attestation de ce dernier confirmant la réalité de l'opération. (Loi du 19 juill. 1904, art. 2, et loi du 6 août 1905, art. 10.)

Le bouilleur de cru qui aura enlevé ou laissé-enlever de chez lui des spiritueux sans expédition ou avec une expédition inapplicable sera, indépendamment des peines principales dont il est passible, responsable du quintuple droit de consommation. (Loi du 29 déc. 1900, art. 10 ; loi du 30 janv. 1907, art. 19.)

Le bouilleur de cru qui « laisse enlever » des spiritueux en fraude est personnellement responsable de la contravention, alors même qu'il n'aurait pas joué un rôle actif dans l'enlèvement. (Arr. Montpellier du 29 janv. 1903 ; Bull. Cont. ind. 1903.10.)

Le soumissionnaire d'un acquit ayant accompagné un alambic peut dégager sa responsabilité s'il met l'Administration en mesure d'exercer des poursuites efficaces contre la personne à qui incombe le défaut de décharge du titre de mouvement. (Loi du 31 mars 1903, art. 13.)

Les membres de chaque syndicat ou association coopérative de distillation sont solidairement responsables de toutes les infractions à la loi commises dans un local commun. (Loi du 31 mars 1903, art. 22.)

Toutefois, ces syndicats ou associations peuvent présenter à l'agrément de l'Administration deux de leurs membres qui restent solidairement responsables des infractions. (Loi du 22 avril 1905, art. 18.)

Il est de jurisprudence que les chemins de fer ne sont pas responsables des fraudes commises par colis postaux. (Cass. 23 janv. 1885; S. 86.1.41.)

Le conducteur d'un train arrivant de l'étranger est responsable de la contravention, si l'on découvre dans une des voitures des marchandises prohibées. (Cass. 3 mars 1877 ; S. 77.1.483.)

Le conducteur préposé à la garde d'un fourgon est aussi pénalement responsable de la découverte de tabac dans son fourgon. (Cass. 14 mars 1884 ; M. 21.378 ; 21 janv. 1885; M. 21.431.) Il en est de même du conducteur d'un tramway, s'il ne peut désigner le propriétaire des objets trouvés en fraude. (Paris 3 janv. 1884 ; D. 85.2.24.)

L'article 24 de la loi du 28 avril 1816, obligeant le conducteur de boissons introduites dans un lieu sujet au droit d'entrée à faire une déclaration et à acquitter la taxe, c'est ce conducteur seul qui, en cas de contravention, doit être mis en cause. (Cass. 30 mai 1846 ; M. 17.339.)

Pour la responsabilité des détenteurs d'objets trouvés en fraude, consulter les arrêts suivants :

En matière d'alcools (Cass. 28 juill. 1892 ; Journ. Cont. ind. 1894.23 ; 9 mars 1899 ; Bull. crim. 1899.43.64 ; Journ. Cont. ind. ; Rec. Jurispr. 1900.10) ;

En matière d'allumettes (Cass. 21 déc. 1888 ; Bull. crim. 1888.381) ;

En matière de tabacs fabriqués (Cass. 6 nov. 1885 ; M. 21.471) ;

En matière de tabacs en feuilles. (Cass. 5 nov. 1887 ; Bull crim. 1887.370.)

Le bijoutier trouvé détenteur d'articles à bas titre peut être relaxé ou mis hors de cause, s'il indique le fabricant et remet les factures relatives à ces objets. (Cass. 30 déc. 1836 ; S. 37.1.828.)

Le commissionnaire en douane qui présente à l'importation des objets fourrés, doit être condamné, alors même que sa bonne foi serait reconnue. (Paris 19 nov. 1903 ; Bull. Cont. ind. 1904.4.)

L'industriel ou le commerçant soumis aux visites des employés de la Régie est personnellement responsable des contraventions relevées dans ses magasins ou ateliers. (Cass. 15 janv. 1820 ; 15 mars 1828 ; 7 avril 1902 ; Bull. Cont. ind. 1902.11 ; Jug. Trib. Seine 21 janv. 1905 ; Journ. Cont. ind. 1905, p. 59.)

Les certificats de sortie délivrés par les préposés d'octroi font foi de la déclaration de sortie, mais non de son exactitude. (Cass. 7 avril 1876 ; M. 19.234 ; Besançon 29 mai 1901 ; Bull. Cont. ind. 1901.16.)

L'expéditeur pourrait cependant être mis hors de cause si, au moment de la sortie du lieu d'expédition, le liquide avait été trouvé conforme à l'acquit-à-caution, après vérification effective. (Lyon 25 août 1876 ; M. 19.248 ; Agen 20 nov. 1878 ; Nîmes 7 mars 1879 ; M. 21.70 ; et 24 nov. 1888 ; trib. Tarbes 30 déc. 1899.)

Le tribunal apprécie.

SECT. II. — IMMUNITÉ DU TRANSPORTEUR.

Sous l'empire de la loi de 1816, les transporteurs étaient responsables des contraventions relevées à l'occasion de leurs transports, et les poursuites pouvaient être dirigées exclusivement contre eux.

Aujourd'hui, en vertu de l'article 13 de la loi du 21 juin 1873, les transporteurs, leurs préposés ou agents, ne sont plus considérés comme contrevenants, toutes les fois que, par une désignation exacte et régulière de leurs commettants, ils mettent l'Administration en mesure d'exercer des poursuites contre les véritables auteurs de la fraude.

Les juges apprécient souverainement si c'est l'expéditeur ou le transporteur qui doit supporter les conséquences de la contravention. (Cass. 1er août 1889 ; D. 89.5.152.)

La Régie doit assigner le transporteur et le commettant et laisser au tribunal le soin de fixer les responsabilités. (Arr. Montpellier 21 déc. 1874 ; M. 19.205.)

Si l'un est acquitté et que l'autre fasse appel, ou bien si la Régie estime que les condamnations sont insuffisantes, elle doit prendre ses dispositions pour que la déclaration d'appel au regard de toutes les parties soit faite en temps voulu. Il importe que l'affaire vienne entière devant la Cour. On a vu, en effet, l'expéditeur acquitté en première instance et le transporteur en appel. Si la Régie n'a pas eu soin de traduire tous les prévenus devant la Cour, elle risque d'être déboutée sur toute la ligne.

Mais l'immunité de l'article 13 précité ne s'applique qu'au transporteur de *bonne foi*, agissant pour le compte d'un tiers, et non au complice. (Paris 7 mars 1874 ; S. 74.2 84 ; Cass. 14 nov. 1874 ; M. 19.203; Cass. 12 nov. 1880; M. 21.182.) Elle ne peut être invoquée par le voiturier transportant des boissons dont il est propriétaire (Cass. 10 août 1876 ; M. 19.252) ; ni par le destinataire des boissons. (Cass. 5 mai 1876 ; M. 19.238 ; 3 mars 1898 ; Bull. Cont. ind. 1898.7.161.)

L'immunité de l'article 13 ne peut être invoquée par le propriétaire qui a pris livraison des boissons (Bourges 4 mars 1886) ; ni pour transport à fausse destination (Cass. 22 déc. 1877 ; M. 20.243); ni lorsque la contravention résulte de faits qui sont personnels au voiturier (refus de représenter l'expédition, péremption de délai). (Cass. 6 juin 1874; M. 19.200.)

Le transitaire de boissons étant substitué au voiturier a le droit de réclamer le bénéfice de l'article 13. (Grenoble 20 mars 1880; M. 21.135.)

Il faut nécessairement que le transporteur désigne son commettant avant l'expiration du délai de 3 mois imparti par la loi du 15 juin 1835 pour la délivrance de l'assignation. (Arr. Paris 25 août 1875; M. 19.217; Caen 16 fév. 1876 ; M. 19.228; Cass. 23 juin 1876 ; M. 19.247.)

Le transporteur n'est pas admis au bénéfice de l'article 13, si, malgré la désignation par lui faite de son commettant, les circonstances de la cause n'ont pas permis de découvrir le véritable auteur de la fraude. (Cass. 17 mars 1876 ; M. 19.82 ; 31 mars 1876 : M. 19 233 ; 1er août 1889 ; D. 89 5.152 ; 12 fév. 1891, 12 fév. 1896, 26 mai 1900 ; Rec. Jurisp. ; Journ. Cont. ind. 1900.47.)

Bien qu'invoquant les dispositions de l'article 13, les transporteurs peuvent être poursuivis et maintenus en cause jusqu'à ce que l'instruction ait établi la culpabilité des véritables auteurs de la fraude. (Cass. 15 janv. 1875 ; M. 19.208.)

Lorsque, par suite d'un vice de procédure, le tribunal est amené à mettre successivement hors de cause l'expéditeur et le transporteur, il doit néanmoins prononcer la confiscation des liquides, si le titre de mouvement est inapplicable. (Arr. Montpellier 21 mars 1901.)

Lorsque le liquide circule en vertu du tarif « spécial », ne comportant aucune garantie, cette clause, si elle n'exonère pas le transporteur de la responsabilité de ses fautes et de celles de ses agents, a pour effet de mettre la preuve à la charge de l'expéditeur ou du destinataire. (Cass. 11 juin 1898 ; arr. Bordeaux 13 fév. 1901.)

Le transporteur d'allumettes pour le compte de fraudeurs peut réclamer le bénéfice des dispositions de l'article 13 de la loi du 21 juin 1873. (Art. 19 de la loi du 16 avril 1895 ; art. 27 de la loi du 30 janv. 1907.)

Les dispositions de l'article 13 sont applicables en matière d'octroi. (Cass. 25 juill. 1891 ; S. 92.1.426.)

SECT. III. — DOMMAGES-INTÉRÊTS. SAISIE MAL FONDÉE. — FAUTES DES AGENTS — RESPONSABILITÉ DE L'ADMINISTRATION. — DÉPOSSESSION D'INDUSTRIE.

En cas de saisie mal fondée, l'article 29 du décret du 1ᵉʳ germinal an XIII limitait à 1 p. 100, par mois, de la valeur des objets indûment saisis, l'indemnité que la Régie pouvait être tenue de payer *pour privation* de ces objets.

De plus, si, par l'effet de la saisie et de leur dépôt dans un lieu et à la garde d'un dépositaire qui n'avait pas été choisi ou indiqué par le saisi, les objets saisis avaient dépéri avant leur remise ou les offres valables de les remettre, la Régie pouvait être condamnée à en payer la valeur ou l'indemnité de leur dépérissement. (Art. 30 du même décret.)

La Régie n'avait pas à payer cette indemnité, s'il avait été donné *mainlevée pure et simple* de la saisie. (Cass. 20 nov. 1812 ; 26 avril 1880 ; M. 21.91.)

Le Parlement a estimé que cette réparation n'était pas toujours suffisante et a décidé que, « si le tribunal jugeait la saisie mal fondée, il « pourrait condamner la Régie, non seulement aux frais du procès et à « ceux de fourrière le cas échéant, mais encore à une indemnité représentant le préjudice que la saisie indûment pratiquée a pu causer. » (Art. 22 de la loi du 6 août 1905.)

Pour ne pas exposer inutilement l'Administration à des revendications onéreuses, le service aura soin, lorsqu'il ne s'agira pas d'objets prohibés ou ne se trouvera pas en présence d'un contrevenant insolvable, de donner mainlevée sous la seule réserve de représenter *en cas de condamnation* la marchandise ou sa valeur estimée suivant les règles actuelles. (Circ. 612 du 8 août 1905.)

En principe, les actions tendant à faire déclarer l'État responsable et à mettre à sa charge une réparation pécuniaire sont de la compétence des tribunaux administratifs.

Par exception, la demande d'indemnité pour saisie mal fondée est portée devant le tribunal civil, si elle n'a pas été déposée sous forme de demande reconventionnelle au cours du procès correctionnel. (Cass. 15 juin 1872 ; M. 20.260.)

De même, les tribunaux civils devant lesquels sont portées les contestations relatives à la perception de l'impôt, sont compétents pour connaître des demandes en dommages-intérêts formées contre l'État, quand elles ont pour cause le préjudice résultant pour le contribuable d'une contrainte ou d'une saisie déclarée nulle et vexatoire. (Cass. 30 déc. 1873 ; M. 19.51 ; Jug. Valenciennes du 1ᵉʳ avril 1874 ; M. 19.54 ; arr. Montpellier 3 janv. 1888 ; Ann. Contr. ind. 89.114.)

Dans ce dernier cas, on suit la procédure écrite. (Cass. 18 janv. 1893 ;

Journ. Cont. ind 1894, p. 400 ; Cass. 11 janv. 1898 ; Bull. Cont. ind. du 20 fév. 1898.) V. Civil.

Il en est autrement lorsque l'action en dommages-intérêts procède d'une autre cause, et particulièrement de faits qui n'influent en rien sur la validité des poursuites. L'action en dommages-intérêts, basée sur une arrestation illégale, des erreurs, des faits de négligence ou autres imputés à l'État ou à ses agents dans l'exécution des ordres qu'ils ont reçus, reste de la compétence exclusive de l'autorité administrative. (Trib. des conflits 8 fév. 1873 ; M. 19.117; 20 mai 1882 ; M. 21.251; 27 juin 1903 ; Bull. Cont. ind. 1903.18.82 ; Cass. 30 déc. 1873 ; Journ. du Palais, 1874.142 ; arrêt du Conseil d'État du 8 mai 1874 ; M. 19.119 ; Cass. 13 juin 1876 ; S. 77.1.62 ; M. 19.115.)

Toutefois, si l'acte dommageable résulte d'un fait abusif ou délictueux commis *en dehors de la fonction*, et où apparaît la faiblesse, l'imprudence de l'homme plutôt que les difficultés et les risques de la fonction, la faute est personnelle et l'agent est seul responsable. Dans cette dernière hypothèse, les tribunaux ordinaires sont compétents.

Il est parfois assez délicat de déterminer si l'affaire relève du tribunal civil ou de l'autorité administrative. Il existe cependant un critérium qui donne des solutions assez exactes : il faut d'abord rechercher si c'est la *fonction* ou le *fonctionnaire* qui est en cause ; dans le premier cas, l'affaire rentre dans les attributions de l'autorité administrative, et dans le second, les tribunaux ordinaires de droit commun sont compétents.

Lorsque l'action engagée contre l'Administration est portée à tort devant le tribunal civil, l'avocat de la Régie doit opposer l'exception d'incompétence. Si cette exception est repoussée, le directeur interjette immédiatement appel du jugement ; il prie ensuite le préfet de proposer le déclinatoire et d'élever le conflit devant la Cour saisie de cet appel. (Art. 6 et suiv. de l'ordon du 1er juin 1828.)

Le juge devant lequel l'exception de compétence est soulevée doit statuer sur cette exception immédiatement et avant de procéder au fond. (Faustin Hélie, t. V, p. 589. Cass. 25 juin 1835.)

C'est au préfet dans le département duquel l'affaire a été jugée en première instance qu'il appartient de proposer le déclinatoire devant la Cour et d'élever le conflit. (Arr. Cons. d'Et. du 27 mai 1848.)

Le préfet compétent pour proposer le déclinatoire et élever le conflit devant les tribunaux compris dans la circonscription de son département a seul qualité pour faire ces actes devant la Cour saisie de l'appel du jugement qui a statué sur le déclinatoire, quoique cette cour ait son siège dans un autre département. (Déc. du trib. confl. du 26 mars 1892.)

Le déclinatoire d'incompétence pourrait être présenté en première instance; mais on peut également élever le conflit devant la Cour d'appel.

Ou bien le tribunal se déclare incompétent et se dessaisit : alors tout est terminé par là et le conflit évité.

Ou bien, au contraire, le tribunal se déclare compétent. Alors le préfet élève le conflit en prenant un arrêté dit *arrêté de conflit* en vertu duquel le tribunal doit surseoir.

L'*octroi* est responsable de tous les dommages causés par ses préposés. (Cass. 19 juill. 1826.)

L'État n'est pas responsable des conséquences des lois qui, dans l'intérêt général, prohibent l'existence d'une industrie. (Cons. d'État 11 janv. 1838 ; D 39.3.59.)

Il n'est tenu à aucune indemnité. (Cons. d'État arr. 26 août 1835 ; 11 janv. 1838 ; D 39.3.59 ; arr. Paris 17 mai 1900.)

Il est de jurisprudence que le Trésor et l'octroi ne peuvent être condamnés au paiement des intérêts des sommes à la restitution desquelles ils sont tenus, de même qu'ils n'ont pas la faculté d'exiger des intérêts sur les sommes dont la perception est ordonnée contre les redevables. (En matière d'octroi : A. C. 21 juin 1880 ; S. 81.1.110 ; 29 juin 1886 ; S. 87.1.35 ; Trib. civ. Seine 26 fév. 1895 ; Journ. Cont. ind. 1895 ; en matière de Cont. ind. : Cons. d'État 9 fév. 1850 ; M. 18-65 ; en matière de douanes ; A. C. 19 fév. 1884 ; S. 86.1.452.)

La revision d'un jugement ou arrêt peut donner lieu à une indemnité au profit de celui qui a été victime d'une erreur judiciaire. (Loi du 8 juin 1895 ; S. 95.1809.)

La déchéance quinquennale établie par la loi du 29 janvier 1831 s'applique à toute action ou réclamation qui *peut constituer* l'État débiteur à quelque titre que ce soit. (Arr. Cons. d'État 29 avril 1904.)

Régie lésée par un crime ou un délit. — Droits éludés. — Action en dommages-intérêts.

En principe, l'Administration des contributions indirectes peut, comme partie civile, citer devant le tribunal correctionnel l'auteur d'un délit qui lui cause un dommage. Le plus souvent, l'action de l'Administration des contributions indirectes a pour objet une amende fiscale, sorte de peine mixte qui tient à la fois de la peine et des dommages-intérêts. Mais cette Administration jouit du bénéfice du droit commun, de sorte qu'à défaut de textes spéciaux édictant des peines fiscales, elle peut, si elle est lésée par suite d'un crime ou d'un délit, d'un faux, d'une escroquerie ou d'un faux mesurage, exercer l'action civile dans les termes de l'article 1er du Code d'instruction criminelle. (Applic. Cass. 12 déc. 1869 ; Bull. crim. 583 ; Cass. 16 juill. et 5 déc. 1891 ; S. 92.1.537 et 540 et note.) V. *Cour d'assises*.

SECT. IV. — RESPONSABILITÉ DE L'ÉTAT.

L'État est responsable d'un accident occasionné par ses employés, quand il est établi que cet accident est imputable à la faute desdits employés. (Cons. d'Et., 8 mai 1874 ; M. 19.119.)

Il est également responsable du préjudice causé à des tiers, mais à la condition qu'il ait été constaté que ce préjudice a été causé par la faute, la négligence ou la prévarication de ses agents, agissant dans l'exercice de leurs fonctions. (Chambéry 18 mai 1876 ; Journ. le Droit 27 juill. 1876.)

D'après la jurisprudence administrative, cette responsabilité ne peut être régie par les principes établis par le code civil pour les rapports de particulier à particulier. Elle a ses règles spéciales qui varient suivant les besoins du service et la nécessité de concilier les droits de l'État avec les droits privés. (Trib. confl., 8 fév. 1873 ; M. 19.117.)

Le Conseil d'État, le Tribunal des conflits et la Cour de cassation sont d'accord pour reconnaître que si les tribunaux judiciaires sont compétents quand il s'agit de demandes en dommages-intérêts procédant de poursuites déclarées nulles et vexatoires, il convient, au contraire, de s'adresser à l'autorité administrative si les réclamations d'indemnités sont fondées sur des fautes commises par des agents dans l'exercice de leurs fonctions et pour des faits qui n'influent en rien sur la validité des poursuites.

A l'autorité administrative seule appartient le pouvoir de rechercher si l'Administration ou ses agents ont agi dans les limites des instructions qu'ils ont reçues, et quelle peut être la responsabilité qui incombe à l'État en raison de fautes prétendues commises dans un service public. (Cass. civ. 30 déc. 1873; M. 19.51; 13 juin 1876 ; M. 19.115; Trib. confl., arr. du 8 fév. 1873 ; M. 19.117.)

Si l'action est engagée, à tort, devant le tribunal civil au lieu de la juridiction administrative, l'avoué de la Régie devra prendre devant le tribunal des conclusions dans le sens suivant :

Vu l'article 13 de la loi du 16/24 août 1790;

Vu le décret du 16 fructidor an III ;

Attendu que les tribunaux de l'ordre judiciaire sont incompétents pour connaître des actions tendant à déclarer l'État débiteur ; '

Attendu que la responsabilité que l'Administration des contributions indirectes a pu encourir à raison du fait qui lui est reproché ne saurait être appréciée d'après les principes du droit commun ; que cette appréciation est subordonnée à une interprétation préjudicielle des règlements administratifs ; que, dès lors, l'autorité judiciaire ne saurait retenir l'instance sans violer le principe de la séparation des pouvoirs établis par les lois susvisées;

Plaise au Tribunal

Se déclarer incompétent *ratione materiœ* ;

Condamner le demandeur aux dépens.

Le directeur transmettra immédiatement au préfet un rapport circonstancié sur l'affaire et ses causes, et le priera de présenter au tribunal, avant l'audience, conformément à l'article 6 de l'ordonnance du 1er juin 1828, un mémoire en déclinatoire d'incompétence. Dans le cas où ce déclinatoire serait rejeté, le préfet élèverait le conflit d'attributions suivant les formes et le délai indiqués par les articles 8 et suivants de l'ordonnance précitée.

Bien entendu, si le fait abusif ou délictueux a été commis en dehors de la fonction, s'il s'agit, en un mot, d'une faute personnelle dont l'agent seul est responsable, les tribunaux ordinaires sont compétents pour connaître de l'action en dommages-intérêts.

CHAPITRE VII

SECT. I. — DES JUGEMENTS.

1° *Définition*.

Le mot *jugement* s'applique aux décisions des tribunaux de police correctionnelle ou de simple police ; les décisions rendues par les Cours sont qualifiées d'*arrêts ;* la réponse du jury s'appelle *verdict*. On donne plus spécialement le nom de *sentences* aux décisions des arbitres, celui d'*ordonnances* aux décisions prises par le président d'une Cour ou d'un tribunal.

On désigne généralement sous le nom d'*arrêtés* les actes d'autorité émanés d'un ministre, d'un préfet ou d'un maire.

Ce nom est également réservé aux décisions que rend le conseil de préfecture statuant en matière contentieuse.

La *décision ministérielle* est un véritable jugement rendu sur la réclamation d'un citoyen par un ministre dans la limite de son autorité, et sauf pourvoi au Conseil d'État.

Les jugements *définitifs* sont ceux qui terminent le procès, au moins devant la juridiction qui les a rendus. On leur oppose les jugements d'*avant faire droit*, c'est-à-dire ceux que le tribunal rend au cours du procès et pour l'instruction de l'affaire.

2° *Jugements préparatoires et interlocutoires ou jugements d'avant dire droit*.

Aucun texte ne consacre, en matière criminelle, la distinction exposée en matière civile, des jugements en préparatoires et interlocutoires. On est d'accord cependant pour appliquer aux jugements criminels les dispositions de l'article 452 du Code de procédure civile, qui déterminent les caractères des jugements préparatoires ou interlocutoires.

Les jugements *préparatoires* sont ceux qui, *sans rien préjuger du fond*, ordonnent un acte d'instruction, par exemple une communication de pièces, un interrogatoire sur faits et articles, etc.

Est préparatoire, le jugement du tribunal de simple police qui ordonne, alors que le prévenu n'a pas encore débattu par la preuve contraire le procès-verbal, un transport contradictoire sur les lieux. (Cass. 28 avril 1854 ; D. 54.5.95.) Mais un jugement de ce genre serait interlocutoire s'il emportait un préjugé sur le fond. (Labori, Rép. v° Jugements, n° 47.)

Est préparatoire un jugement qui ordonne une expertise, si aucun débat n'a eu lieu entre les parties et s'il n'y a pas eu contestation sur l'étendue de la mission donnée aux experts. (Cass. 22 juin 1864; D. 64.1.342.)

L'arrêt qui statue sur la prétendue irrégularité de la citation est un arrêt préparatoire et d'instruction contre lequel le recours en cassation n'est ouvert qu'après la décision sur le fond. (Cass. 29 déc. 1904; Bull. crim. 1904.554.902.)

Sont réputés *interlocutoires* les jugements qui ordonnent une instruction qui préjuge le fond.

On a considéré comme interlocutoires : le jugement qui ordonne une expertise à l'effet de vérifier si les faits sont constitutifs de la contravention qu'on prétend en résulter (Cass. 28 fév. 1834; Dalloz, Rép. v° Jugements d'avant dire droit, n° 92); l'arrêt qui ordonne une expertise à l'effet de vérifier si certains objets tombent sous l'application d'un tarif d'octroi (Cass. 23 janv. 1885; D. 86.1.230); le jugement qui ordonne, en matière de contributions indirectes, une expertise pour déterminer la qualité du liquide saisi, nonobstant l'opposition du prévenu à cette mesure (Cass. 25 avril 1885; Gaz. Pal. 85.2.298); le jugement qui, en ordonnant une expertise, préjuge dans les termes de la mission donnée aux experts, la décision définitive qui devra intervenir selon la réponse qui sera faite aux questions posées (Cass. 15 fév. 1889; D. 90.1.190); l'arrêt qui statue sur la validité d'une expertise (Cass. 24 juill. 1857; D. 57.1.369); le jugement qui admet ou rejette des reproches proposés contre les témoins (Cass. 20 mars 1871; P. Chr.); le jugement qui rejette la récusation proposée contre un expert (Cass. 20 juin 1834; Bull. crim. 1834.195); qui ordonne une expertise contestée (Cass. 8 août 1883; S. 1894.1.164).

Les jugements préparatoires ne peuvent être frappés d'appel qu'avec le jugement sur le fond et conjointement avec l'appel de ce jugement. (Art. 451 Cod. pr. civ. applicable en matière correctionnelle, à défaut de disposition spéciale.)

Le recours en cassation contre les jugements et arrêts préparatoires et les jugements en dernier ressort en cette qualité, n'est ouvert qu'après le jugement ou arrêt définitif. (Art. 14 du décret du 2 brumaire .an IV et art. 416 Code instr. crim.)

Les jugements interlocutoires doivent être frappés d'appel sans attendre le jugement définitif. Leur exécution sans protestation ni réserves ne permet plus de les faire réformer. (Art. 451 Cod. pr. civ.; Cass. 5 juill. 1877; D. 78.1.95; Cass. 14 mai 1880; M. 21.107; 12 fév. 1881; S. 81.1.386.)

Nul n'est présumé renoncer à son droit. La déclaration de la Régie de ne pas s'opposer à une demande d'expertise et le silence gardé par elle ne constituent pas une adhésion de sa part à ce qui a pu être fait en vertu du jugement qui a ordonné l'expertise et une renonciation à se prévaloir des vices de cette expertise. (Cass. 23 janv. 1897; Bull. Cont. ind. 1897.188.)

Un même jugement peut être, suivant les circonstances, tantôt préparatoire, tantôt interlocutoire. Il faut, pour trancher la question, toujours rechercher s'il préjuge, ou non, le fond.

Pour qu'un jugement soit interlocutoire, et par suite susceptible d'appel, il n'est pas nécessaire qu'il touche au fond du droit ; il suffit qu'il préjuge le fond en laissant pressentir l'influence qu'exercera sur le sort du procès la mesure d'instruction qu'il a prescrite. (Cass. 8 août 1893 ; S. 1894.1,164.)

Peu importe que les juges déclarent ne rien préjuger sur le bien fondé de ce chef de demande ; cette réserve qui est de droit et qui se rapporte soit aux moyens de défense, soit à la faculté qu'ont les *juges de s'écarter de l'interlocutoire*, ne peut modifier la nature essentiellement interlocutoire du jugement, telle qu'elle résulte des mesures ordonnées.

Si les juges qui ont ordonné une expertise ne sont pas liés par cet interlocutoire, en ce sens que, quel que soit le résultat de la mesure prescrite, ils restent libres sur la décision du fond, ils ne peuvent néanmoins ni modifier l'interlocutoire ni statuer au fond tant qu'il n'a pas été exécuté. (Cass. 26 juin 1893.)

Mais si le juge n'est pas lié par l'interlocutoire, c'est à la condition que la décision d'avant faire droit n'aura pas au préalable tranché définitivement, sur les prétentions respectives des parties, des questions touchant au fond du litige. (Cass. 19 oct. 1893 ; Bull. crim. 1893.275.415.)

3° *Jugements contradictoires et par défaut.*

Sont contradictoires les jugements qui sont rendus lorsque les deux parties ont comparu et présenté leurs défenses.

Si le prévenu ne comparaît pas, il est jugé par défaut (Art. 186 Code instr. crim.)

Le prévenu qui se présente, mais qui n'expose pas ses moyens de défense, qui répond aux questions qui lui sont posées sur son identité tout en déclarant faire défaut, est censé ne pas comparaître. (Cass. 7 déc. 1822 ; 23 fév. 1837.)

Si la Régie refuse de conclure, elle doit être condamnée par défaut. (Cass. crim 11 mai 1894 ; Journ. Cont. ind 1895.412.)

SECT. II. — AVIS DE JUGEMENT.

Quelle que soit l'issue de l'affaire, on doit donner promptement avis du jugement à l'Administration au moyen d'une feuille 122 C établie en double expédition. (Circ. 339 du 5 juillet 1882 et 207 du 7 avril 1897.)

Si l'Administration a déjà été saisie de l'affaire, on aura soin de rappeler le numéro et la date de la feuille 122 C relative à la précédente communication.

On se sert de feuilles 122 C portant en tête l'une des mentions ci-après : *avis de jugement pour la Régie*, ou *avis de jugement contre la Régie.*

On indiquera si le jugement a été rendu contradictoirement ou par défaut, si une déclaration d'appel a été formée par la Régie ou par le contrevenant. On joindra aux feuilles 122 C des copies des procès-verbaux et des rapports sommaires, un extrait n° 127 pour les jugements favorables à la Régie, et, pour ceux lui faisant grief, une copie *in extenso*, sur papier libre, des motifs et du dispositif du jugement, ainsi que des conclusions prises au nom de la Régie. (Circ. 444 du 4 fév. 1886; 511 du 12 avril 1888; 207 du 7 avril 1897; 369 du 13 oct. 1899.)

On indiquera, en outre, le montant de la transaction offerte avant jugement. (Circ. 511 du 12 avril 1888.)

Chaque fois qu'un jugement contenant des motifs de principe ou de doctrine aura été rendu, les directeurs auront à transmettre à l'Administration, au lieu d'un extrait n° 127, une copie *in extenso* sur papier libre. (Circ. 626 du 26 fév. 1891.)

Par décisions en date des 28 mai 1822 et 23 juin 1893, la Chancellerie a fixé à 0 fr. 60 par copie, quel que soit le nombre de rôles, la rétribution due aux greffiers pour copie « in extenso » d'arrêts et de jugements en matière correctionnelle dans lesquels l'Administration est en cause et dont elle requiert la délivrance. (Lett. autogr. 22.221 du 12 août 1896.)

Dans l'avis du jugement, on expose sommairement la nature de la contravention, les conditions de la transaction proposée, le montant des condamnations encourues et des droits fraudés, ainsi que les pénalités prononcées. (V. circ. 207 du 7 avril 1897.)

En cas de condamnation, et s'il s'agit d'une affaire très importante ou susceptible d'intéresser particulièrement l'Administration à un titre quelconque, on pourra donner, d'urgence, un simple avis par feuille 122 C, en faisant connaître que dès qu'on aura pu se procurer un extrait *in extenso* du jugement, on s'empressera de le transmettre.

Tant que l'Administration n'aura pas répondu à l'avis de jugement, on devra surseoir à toute mesure d'exécution. *V. Exécution des jugements.*

Le coût des extraits de jugement délivrés aux préposés des régies est de 0 fr. 25. (Décret du 7 avril 1813, art. 7.)

Si le tribunal n'a pas adopté entièrement les conclusions de la Régie, l'employé chargé de suivre l'action (directeur, sous-directeur, entreposeur, etc.) fait, dans les dix jours, au nom de l'Administration, une déclaration d'appel au greffe. Dans l'avis de jugement, qui est adressé à l'Administration avec une copie du jugement et les pièces du dossier, il est fait mention de cette déclaration. (Circ. 612 du 8 août 1905.)

S'il n'y a pas de question de principe ou de procédure en jeu, les directeurs décident s'ils doivent ou non faire appel. (Note 303 du 14 nov. 1905.)

Saisie de l'affaire dans les conditions déterminées aux circulaires 207 du 7 avril 1897 et 369 du 13 octobre 1899, l'Administration fait connaître, le cas échéant, s'il convient de se désister ou de donner suite à l'appel. (Circ. 612 précitée.)

Dans le cas d'appel formé par le condamné, il y a lieu de s'assurer au greffe si une déclaration d'appel a été formulée dans les dix jours de la prononciation, ou de la signification du jugement si le jugement est par défaut. Avis en est également donné à l'Administration dans les formes indiquées ci-dessus. *Ib. V. Appel.*

Si le jugement est contradictoire au regard du prévenu (*le jugement est en principe contradictoire vis-à-vis de la Régie puisqu'elle est représentée à l'audience*), on n'a plus besoin de le faire signifier pour le rendre définitif. Le délai d'appel court de la prononciation du jugement.

Si le jugement est par défaut, on attendra la réponse de l'Administration avant de lever et de faire signifier ce jugement au contrevenant.

On rend compte à l'Administration, par feuille 122 C en double expédition, à laquelle sont annexées les copies du procès-verbal et du rapport sommaire, de tous les jugements autorisant les prévenus à faire la preuve contraire. Il en est de même pour les jugements rendus sur le fond. (Circ. 549 du 6 janv. 1904.)

Toutes les démarches que l'on fait pour arriver à solutionner une affaire sont toujours inscrites sur la feuille 122 C servant de chemise. On y inscrit le jour où on a donné le 1er avertissement, la date du jour où on a demandé l'autorisation des poursuites, la date de l'assignation, la date de l'avis du jugement, la date de l'appel, etc...

Emoluments dus à l'huissier. — Les frais de signification et de commandement de payer doivent être réglés d'après le tarif établi par le décret du 16 février 1807. (Instruction sur le service des amendes, art. 218 ; circ. 328 du 2 déc. 1845.)

Les tarifs fixés par l'arrêté du 24 mars 1849 concernaient les significations uniquement faites en vue d'exercer la contrainte par corps en matière civile et commerciale. En supprimant la contrainte par corps en ces matières, la loi du 22 juillet 1867 a infirmé les dispositions de l'arrêté précité. (Trib de Périgueux du 28 avril 1892 ; Journ. Cont. ind. 1893. 33.359.)

Les huissiers sont payés d'après le tarif légal, sans réduction. (Circ. 445 du 5 fév. 1857.)

CHAPITRE VIII

De l'opposition.

1º Opposition aux jugements de défaut.

L'opposition est une voie de recours contre les jugements ou les arrêts rendus par défaut. C'est le moyen de faire rétracter le jugement par le tribunal qui l'a rendu.

Cette voie est ouverte à toute partie défaillante, qu'elle soit demanderesse ou défenderesse, à la condition qu'il y ait *intérêt* à attaquer le jugement.

Ainsi, n'est pas recevable, faute d'intérêt, l'opposition formée par le prévenu à un jugement de défaut qui l'a relaxé pour cause de prescription. (Cass. 14 août 1884 ; Bull. crim., nº 443.)

De même, n'est pas recevable, faute d'intérêt, l'opposition formée par un prévenu contre les motifs d'un arrêt de défaut qui l'a renvoyé des fins de la poursuite sans dépens. (Amiens 24 avril 1884 ; D. 85.2.109.)

Est jugé par *défaut* le prévenu qui ne comparaît pas, ou qui, quoique comparaissant, n'a présenté aucune défense au fond ni pris aucune conclusion.

Nous disons *au fond*, car le prévenu peut, après avoir posé des conclusions préjudicielles, par exemple, après avoir soulevé une exception d'incompétence, faire défaut si le tribunal rejette ses conclusions, et le jugement rendu sera *contradictoire* sur la compétence, *par défaut* au fond.

A la différence de l'appel qui est porté devant une juridiction supérieure, l'opposition se forme devant le tribunal qui a rendu le jugement.

Les lois spéciales des contributions indirectes étant muettes sur le délai d'opposition, il faut recourir au droit commun.

En matière de simple police, l'opposition doit être faite dans les *trois jours* de la signification, outre un jour par trois myriamètres. (Art. 151 Code instr. crim.)

En matière correctionnelle l'opposition doit être formée dans les *cinq jours* à partir de la *signification* du jugement qui a été faite au prévenu ou à son domicile, outre un jour par cinq myriamètres. Toutefois, aux termes de l'article 187 du Code d'instruction criminelle modifié

par la loi du 27 juin 1866 (1), si la signification d'un jugement de défaut
n'a pas été faite à personne, ou s'il ne résulte pas d'actes d'exécution que
le prévenu a eu connaissance du jugement, l'opposition sera recevable
jusqu'à l'expiration des délais de la prescription de la peine (5 ans).
Le tribunal apprécie, en fait, si le prévenu a, ou non, eu connaissance
du jugement. (Faustin Hélie, Tr. instr. crim. t. VI, n° 2969.)

L'article 187 du Code d'instruction criminelle prescrit sans doute de
notifier l'opposition au ministère public et à la partie civile. Mais il a été
jugé que si la Régie a seule introduit la poursuite, la notification au
ministère public n'est pas indispensable.

La Régie qui se rend opposante n'est pas tenue de notifier son opposition au ministère public. (Cass. 9 oct. 1835 ; S. 35.1.943.)

L'opposant qui s'abstient de notifier son opposition à la Régie doit être
considéré comme irrecevable dans son opposition. (Cass. fév. 1894.
Bull. cr. 1894, n° 37 ; D. 1896.1421.)

Le prévenu qui a été condamné à la requête du ministère public et de
la Régie doit signifier son opposition à l'un et à l'autre.

Les délais de l'opposition et de l'appel courent ensemble. Le défaillant qui choisit l'appel renonce à la voie de l'opposition.

Lorsque la signification d'un jugement de défaut n'a pas été faite *à
personne* et que d'ailleurs il n'est pas établi que la décision rendue ait
été portée à la connaissance du prévenu par un acte d'exécution, la voie
de l'opposition reste ouverte à ce dernier jusqu'à l'exécution du jugement.
(Cass. 16 juin 1883 ; Crim. 1883.153.257.)

Lorsque le condamné a refusé de recevoir la copie du jugement correctionnel rendu par défaut contre lui, qui lui a été présentée par un
huissier parlant à sa personne, en alléguant que ledit jugement ne le
concernait pas et que la copie ainsi refusée a été remise au procureur de
la République, il n'y a pas eu signification du jugement à personne.
(Cass. crim. 2 déc. 1904 ; Pand. franç. 1905.1.235.)

Il n'en est autrement que si l'opposant lui-même avoue avoir reçu la
copie qui lui était destinée. Dans ce cas, le délai de l'opposition court
nécessairement à partir du jour où, de son propre aveu, le prévenu a été
touché par la signification. (Cass. 3 mars 1876 ; Bull. crim. 1876.70.132.)
Les actes d'exécution prévus à l'article 187, § 2, doivent être tels qu'ils
établissent, non une simple présomption, mais la certitude que le prévenu a connu le jugement. (F. Hélie, Prat. crim., t. I, n° 422.)

L'opposition à un jugement ou arrêt de défaut n'est plus recevable
lorsqu'il y a eu un acte d'exécution nécessairement connu de la partie

(1) **Article 187.** La condamnation par défaut sera comme non avenue si dans les
cinq jours de la signification qui en aura été faite au prévenu ou à son domicile, outre
un jour par cinq myriamètres, celui-ci forme opposition à l'exécution du jugement et
notifie son opposition tant au ministère public qu'à la partie civile. Les frais de l'expédition, de la signification du jugement, pourront être laissés à la charge du prévenu.
Toutefois, si la signification n'a pas été faite à personne ou s'il ne résulte pas d'acte
d'exécution du jugement que le prévenu en a eu connaissance, l'opposition sera recevable jusqu'à l'expiration des délais de la prescription de la peine. — Voir Dalloz,
année 1866, 4ᵉ partie, p. 145 et suivantes.

condamnée, par exemple une saisie-exécution en présence du condamné. (Cass. crim. 13 déc. 1904 ; Pand. franç. 1905.1.235.)

En matière correctionnelle l'opposition est formée par acte extra judiciaire *notifié* à chaque partie adverse. Elle emporte de droit citation à la première audience. Néanmoins il doit y avoir au moins un délai de 3 jours entre l'opposition et le jugement. (Art. 184, 187 et 188 Code instr. crim. ; Cass. 14 juin 1844 ; S. 44.1.732 ; 9 janv. 1880 ; D. 80.1.285.)

En matière de simple police (vélocipèdes) l'opposition peut être faite soit par déclaration en réponse au bas de l'acte de signification, soit par acte notifié dans le délai légal. (Art. 151 Code instr. crim.)

Et lorsque le jugement n'a pas été signifié, l'opposition peut être faite verbalement à la barre du tribunal. (Cass. 23 fév. 1837 ; D. Répert. Suppl. v° Jugement par défaut, n° 443.)

En matière correctionnelle, il faut, comme l'admettent tous les auteurs, par argument d'analogie de l'article 203 du Code d'instruction criminelle, que l'opposition soit déclarée et notifiée à la partie civile, d'après l'article 187 du même Code.

Les formes de la notification de l'opposition sont les mêmes que celles de la notification du jugement par défaut. Elle doit en conséquence mentionner la personne à la requête de laquelle elle est faite, la date de l'exploit, la remise de la copie, etc. (Cass. 9 mars 1844 ; Bull. crim. 1844.97 ; 30 mai 1850 ; Bull. crim. 1850.175.)

L'opposition faite par lettre adressée au Parquet est irrecevable. (Arr. Paris 14 juin 1890 ; loi 15 juin 1890 ; Arr. Agen 21 déc. 1892 ; Gaz. Pal. 93.1, 2° partie, 23.)

La nullité de l'opposition formée après l'expiration du délai légal est d'ordre public et peut être invoquée en tout état de cause. (Cass. crim. 5 déc. 1903 ; Pand. franç. 1904.1.211 ; Bull. Cont. ind. 1904 3 11)

L'opposition à un arrêt par défaut de la Cour de cassation peut être formée soit au greffe de la Cour d'appel, dont l'arrêt a été déféré à la Cour de cassation, soit au greffe de la Cour d'appel devant laquelle l'affaire a été renvoyée. (Cass. crim. 20 nov. 1902 ; D. 1904.1.284.)

L'opposition a un effet *suspensif* et un effet *extinctif* :

Elle a pour effet de suspendre ou de paralyser toute exécution de jugement et d'anéantir immédiatement le jugement par défaut.

Si l'opposant ne comparaît pas, l'opposition est déclarée non recevable par un jugement de débouté d'opposition (art. 188) ; mais ce jugement n'est plus susceptible d'être attaqué par la même voie : opposition sur opposition ne vaut. Le tribunal ne peut pas rentrer dans l'examen du fond ; il statue sur l'opposition pour la déclarer non avenue.

La déchéance n'est pas encourue de plein droit et doit être requise (Cass. 4 juin 1829 ; D. Rép. Suppl. v° Jugement par défaut, n° 486) ; de plus, elle a besoin d'être prononcée pour être encourue. (Cass. 26 avril 1860 ; D. 60.1.291.)

Cependant si, à la première audience, il n'est intervenu ni débouté d'opposition ni remise à jour déterminé, l'opposant n'est pas tenu de se trouver à toutes les audiences qui suivent. En conséquence, il ne peut être débouté de son opposition qu'après avoir été cité régulièrement.

(Cass. 27 avril 1861 ; Bull. crim. 1861.89 ; 29 avril 1865 ; D. 66.5.275.)

Le jugement de débouté d'opposition est un jugement par défaut, bien qu'il ne soit pas susceptible d opposition : il est rendu contre une partie qui ne se présente pas. Il faut en conclure que le délai d'appel, en matière correctionnelle, ne court. à l'égard du prévenu, que du jour où ce jugement lui a été signifié, et non du jour où il a été prononcé. (Cass. 15 juin 1879 ; S. 80.1.385.)

Si l'opposant comparaît, le tribunal rend un jugement contradictoire. Il peut décharger le prévenu des condamnations prononcées, les diminuer, les maintenir ou les aggraver. (Cass. 2 mars 1881 ; S. 82.1.43.)

De même que les directeurs ont l'initiative des poursuites correctionnelles et peuvent provoquer un jugement de condamnation sans prendre l'attache de l'Administration, de même ils ont qualité pour défendre, d'office, aux oppositions formées à des jugements.

Jugement de défaut-congé. — La Régie qui a fait assigner un contrevenant pour une date déterminée et qui ne se fait pas représenter pour soutenir les poursuites peut faire opposition au jugement de défaut-congé. (Rouen 17 avril 1886 ; Rec. de Rouen 1886.1.155 ; Poitiers 19 déc. 1890 ; Gaz. Pal. 91.1.99 ; Cass. 11 mai 1894 ; Journ. Cont. ind. 1895.412.)

2° *Opposition à un arrêt de défaut.*

En appel, comme en première instance, le prévenu qui ne comparaît pas peut être jugé par défaut. (Cass. 4 nov. 1843.)

Les arrêts rendus par défaut peuvent être attaqués par la voie de l'opposition, dans la même forme et les mêmes délais que les jugements par défaut rendus par les tribunaux correctionnels. (Art. 208 Code instr. crim.)

CHAPITRE IX

De l'appel.

Dispositions générales.

L'appel est une voie de réformation par laquelle une partie recourt au tribunal supérieur contre les griefs qu'elle prétend lui avoir été faits par le tribunal inférieur.

L'appelant est la partie qui saisit la première et principalement le tribunal supérieur.

L'intimé est celui qui est assigné devant le tribunal d'appel.

On peut former appel de tout jugement *définitif,* c'est-à-dire de tout jugement qui termine l'instance devant le tribunal ; mais, pour les jugements *d'avant faire droit,* tels que les jugements *préparatoires* ou *interlocutoires,* on doit suivre les règles de l'article 451 du Code de procédure civile.

Tandis que l'appel des jugements simplement préparatoires (ceux qui, sans préjuger le fond, ordonnent un acte d'instruction) ne peut être interjeté qu'après jugement définitif et conjointement avec lui, les jugements interlocutoires (faisant grief immédiat aux parties, en préjugeant le fond de l'affaire) peuvent être attaqués sans attendre le jugement définitif. (Cass. 5 juill. 1877 ; M. 20.40.)

L'article 32 du décret du 1er germinal an XIII est abrogé. L'article 203 du Code d'instruction criminelle est applicable à la procédure d'appel en matière de contributions indirectes. (Art. 27 de la loi du 6 août 1905.)

Aux termes de l'article 32 du décret du 1er germinal an XIII, l'appel devait être notifié par exploit d'huissier dans la huitaine de la signification du jugement.

L'article 27 de la loi du 6 août 1905 a substitué à cette procédure spéciale la procédure de droit commun. (Circ. 612 du 8 août 1905.)

Jugements dont on peut appeler.

L'article 199 du Code d'instruction criminelle porte que les jugements rendus en matière correctionnelle peuvent être attaqués par la voie de l'appel.

La faculté d'appeler s'applique à tous les jugements définitifs, alors même qu'ils ne sont pas en dernier ressort.

La loi autorise l'appel de tous les jugements définitifs sans distinguer ceux qui sont définitifs sur les exceptions de ceux qui sont définitifs sur le fond. (Cass. 12 mars 1829.)

Doivent être considérés comme définitifs, les jugements : *a*) qui ordonnent une expertise préjugeant le fond ; *b*) qui accordent ou refusent la mise en liberté provisoire ; *c*) qui repoussent des fins de non-recevoir ; *d*) qui statuent sur des exceptions, comme l'exception d'incompétence ; *e*) qui admettent ou rejettent des moyens de reproche contre les témoins, etc.

Par contre, l'appel des jugements préparatoires n'est recevable qu'après le jugement définitif et conjointement avec l'appel de ce dernier. (Cass. 22 janv. 1825 ; 11 août 1826 ; S. 27.1.112.) On doit considérer comme jugements préparatoires : *a*) le jugement qui ordonne l'apport d'une pièce ; *b*) le jugement qui, sur la demande du prévenu, ordonne une expertise tendant à détruire la preuve de l'existence du délit résultant tant du procès-verbal que des déclarations des témoins (Cass. 5 avril 1845 ; S. 45.1.752) ; mais il n'en est ainsi que lorsqu'il ne résulte pas de cette décision un préjugé sur le fond ; *c*) le jugement qui ordonne la disjonction de deux affaires.

Lorsqu'il y a deux coprévenus, ou bien un transporteur et un commettant, si l'un est condamné par défaut et l'autre acquitté, on doit toujours interjeter appel au regard de l'acquitté, afin de réserver les droits de la Régie pour le cas où le condamné, faisant opposition ou appel, dégagerait sa culpabilité. La Régie aurait alors la possibilité de faire condamner l'autre prévenu. On s'empresse, dans ce cas, de faire signifier le jugement au condamné par défaut pour lui faire acquérir l'autorité de la chose jugée.

Personnes qui peuvent appeler.

La faculté d'appeler appartient, aux termes de l'article 202 du Code d'instruction criminelle :

Au ministère public ;

Aux parties civiles ;

Au prévenu et aux personnes civilement responsables.

En matière de contributions indirectes, le droit d'appel appartient à cette administration, à l'exclusion du ministère public. Cette règle comporte des exceptions dans les affaires mixtes (mouillage, vinage, etc.), c'est-à-dire lorsque le fait contraventionnel est passible d'une action publique et d'une action fiscale.

Le ministère public ne peut pas interjeter appel d'un jugement qui statue sur une contravention punie d'une simple amende. (Cass. 10 juin 1882 ; S. 84.1.246.)

Délai de l'appel.

L'appel doit, à peine de déchéance, être interjeté dans les dix jours qui suivent celui où le jugement a été prononcé, lorsque le jugement est contradictoire. (Art. 203 Code instr. crim.)

Le jour de la prononciation du jugement n'est pas compris dans ce délai de dix jours. Le délai n'est pas franc ; par suite, l'appel ne serait pas recevable s'il était fait le onzième jour après celui de la prononciation du jugement.

Ainsi, lorsque le jugement a été rendu le 29 juin, le délai d'appel expire le 9 juillet suivant, et l'appel interjeté le 10 n'est pas recevable. (Cass. 3 oct. 1833.) Il en est ainsi bien que le dixième jour soit un jour férié. (Angers 26 fév. 1849 ; S. 49.2.415 ; Nîmes 29 juill. 1875 ; S. 75.2.270 ; Paris 19 déc. 1881 ; Gaz. Pal. 82.1.271.)

Le délai fixé par l'article 203 du Code d'instruction criminelle ne peut être augmenté à raison des distances, lorsque le jugement est contradictoire. (Cass. 18 oct. 1850 ; S. 51.1.75.)

Si le jugement a été rendu *par défaut*, le délai court du jour de la signification, sans qu'il y ait lieu de l'augmenter du délai de l'opposition (Cass. 4 sept. 1813 ; 22 janv. 1825 ; S. 25.1.318), car l'appel peut être interjeté pendant le délai de l'opposition.

Le délai d'appel ne court toutefois à l'égard du prévenu condamné par défaut qu'autant qu'il a eu connaissance de cette signification ou qu'il a été touché par un acte d'exécution. (Art. 187 Code instr. crim. modifié par la loi du 27 juin 1866 ; Paris, 10 nov. 1871 ; S. 71.2.268. — Contrà Cass. 21 avril 1864 ; S. 64.1.370.)

Il suffisait autrefois de faire signifier un jugement à un individu ayant disparu, au domicile précédemment indiqué ; aujourd'hui on est intéressé à ce que le jugement de défaut soit signifié partout où on peut trouver le condamné, sinon celui-ci peut faire appel, quel que soit le délai expiré, pourvu qu'il prouve que le jugement ne l'a pas touché. (Art. 187 du Code instr. crim. et lois des 27 juin, 3 juill. 1866 ; circ. 612 du 8 août 1905.)

Pour les jugements de défaut, le délai de dix jours est augmenté du délai de distance. (Art. 203 Code instr. crim.) Il n'y a lieu d'augmenter le délai d'appel que d'un jour par trois myriamètres, sans tenir compte des fractions en excédent. (Cass. 11 mai 1843 ; S. 43.1.460)

Mais l'appel d'un jugement par défaut doit être interjeté par le ministère public ou par la Régie *qui y a comparu*, à l'égard desquels il est contradictoire, dans les dix jours de la prononciation du jugement. (Cass. 10 oct. 1834 ; S. 35.1.153 ; 19 juill. 1868 ; S. 69.1.47 ; 17 janv. 1873 ; S. 73.1.351.)

Le jugement par défaut doit être considéré, par rapport à la partie au profit de laquelle il a été rendu, comme contradictoire ; et dès lors cette partie n'a que dix jours à compter de la prononciation du jugement pour en interjeter appel si elle le juge à propos. Elle peut donc faire sa déclaration d'appel dans ce délai et cela avant même d'avoir fait signifier le jugement au prévenu condamné par défaut et par suite avant d'avoir laissé écouler les délais d'opposition, aucune loi ne subordonnant la validité de son appel à l'accomplissement de ces formalités préalables. Mais alors, pour concilier entre eux les articles 187 et 203 du Code d'instruction criminelle et assurer l'exercice des droits qu'il comprend, il doit être sursis à statuer sur l'appel jusqu'à l'expiration des délais de l'opposition. (Dalloz, vᵒ Appel, nᵒ 222.)

Si le prévenu forme opposition en temps utile, l'appel du ministère public ou de la partie civile devient nul et non avenu. (Cass. 30 août 1821. Rép. Labori, vᵒ Appel, nᵒ 33.)

Il n'y a pas d'opposition possible quand le prévenu est acquitté, puisqu'il ne peut pas espérer une solution meilleure. Dans ce cas la Régie se borne à faire une déclaration d'appel au greffe ; mais afin que le prévenu acquitté n'en ignore, il faut lui faire signifier la déclaration d'appel avec copie du jugement.

Le délai d'appel n'est pas suspendu pendant les 5 jours, à partir de la signification d'un jugement correctionnel, que la loi laisse au défaillant pour former opposition. Tandis que les délais d'appel et d'opposition sont successifs dans la procédure civile (art. 443 Code pr. civ.), dans la procédure pénale ces délais courent ensemble et sont parallèles : le prévenu a le choix entre ces deux voies de recours. Mais le défaillant qui choisit immédiatement l'appel renonce par là même à la voie de l'opposition.

La déchéance qui résulte de la tardiveté de l'appel est d'ordre public ; elle peut être proposée en tout état de cause, même après cassation, devant la Cour de renvoi.

Elle peut aussi être proposée par la Cour, malgré le silence des parties. (Cass. 20 mars 1812 ; 2 avril 1850 ; D. 50.1.81 ; M. 18.79 ; Paris 19 déc. 1881 ; Gaz. Pal. 82.1.271.)

Forme de l'appel.

Aux termes de l'article 203 du Code d'instruction criminelle, l'appel doit être formé par une déclaration faite au greffe du tribunal qui a rendu le jugement.

Cette forme de procéder est prescrite à peine de nullité. (Cass. 22 mai 1835 ; S. 35.1.763.)

Serait nul, l'appel formé par exploit d'huissier notifié au ministère public et à la partie civile. (Aix 22 mai 1862 ; S. 62.2.560 ; Cass. 5 juillet 1878 ; Sir. 78.1.387 ; Aix, 1er sept. 1879 ; Sir. 80.2.136.)

La loi ne trace aucune forme spéciale pour la déclaration d'appel. Il suffit donc que cette déclaration contienne l'indication de la personne de qui elle émane, qu'elle fasse connaître d'une façon précise le jugement attaqué, et que de ces termes s'induise l'intention de faire appel de ce jugement. (F. Hélie, t, IV, 3016, et circ. 612 du 8 août 1905.

La déclaration doit être faite par l'appelant lui-même, par son avoué ou par un mandataire muni d'un pouvoir spécial. Ainsi l'avocat est sans qualité s'il n'est pas nanti d'un pouvoir spécial. (Circ. 612 du 8 août 1905 ; arr. Nîmes 7 juin 1866 ; S. 67.2.150.)

Mais la loi n'a pas déterminé la forme de la procuration, qui peut être sous seing privé.

Le mari ne peut, sans mandat exprès, interjeter appel d'un jugement rendu contre sa femme. (Cass. 16 juin 1904 ; Bull. crim. 1904.256.433 ; Pand. fr. 1905.1.321.)

Si la déclaration d'appel est irrégulière, on peut la renouveler tant qu'on est dans les délais.

Aussitôt que la déclaration d'appel est faite au greffe, quel que soit l'appelant, c'est au procureur de la République, quand il y a délit, qu'il appartient de mettre le dossier en état et de l'envoyer au greffe de la

Cour. C'est à la requête du ministère public près la Cour que sont citées, à trois jours, outre le délai de distances, toutes les parties, soit appelantes, soit intimées.

S'il s'agit d'une simple infraction fiscale n'intéressant pas l'ordre public, c'est à la partie la plus diligente à lancer la citation.

Effets de l'appel.

L'appel produit deux effets : il suspend l'exécution de la sentence contre laquelle l'appel a été ou peut être formé ; en second lieu, il a pour effet de porter la connaissance de l'affaire devant le tribunal supérieur. Tandis qu'en matière civile, c'est seulement l'*appel interjeté* qui est suspensif, en matière pénale, au contraire, c'est *le délai* même d'appel qui est suspensif. (Art. 173 et 203 Code instr. crim.) Mais si l'appel n'a pas été formé dans les dix jours de la prononciation ou de la signification de la sentence, le jugement devient définitif.

On ne peut appeler d'un jugement, en ce qui concerne les dépens, sans appeler de quelque disposition sur le fond. (Cass. 13 juin 1890 ; Bull. crim. 1890.126.)

Si le jugement frappé d'appel est annulé pour violation des formes prescrites par la loi, la Cour peut évoquer le fond de l'affaire et statuer. (Art. 215 Code instr. crim.) Ces dispositions sont applicables à tous les jugements qui ont tranché un incident, une exception. (Cass. 17 fév. 1826 ; D. 26.1.174 ; 26 mars 1836 ; M. 14.351 ; 25 fév. 1845 ; D. 45.4.429 ; M. 17.183.)

En matière pénale, aucun acte d'exécution ne peut être fait quand l'appel est interjeté, ou même durant le délai accordé au condamné pour former appel.

Par suite, ni le délai d'appel ni l'appel lui-même ne peuvent avoir pour effet de suspendre l'élargissement d'un prévenu *acquitté* qui se trouvait en détention préventive au moment de sa mise en jugement. (Code instr. crim., art. 206, et lois des 20 mai 1862 et 14 juill. 1865.)

Dans le cas où, la saisie n'étant pas déclarée valable, la Régie interjetterait appel, les navires, voitures et chevaux saisis, et tous les objets sujets à dépérissement ne sont remis que sous caution solvable, après estimation de leur valeur. (Décr. du 1er germ. an XIII, art. 31.)

En matière civile, l'appel d'un des codébiteurs solidaires profite aux autres ; mais en matière correctionnelle, l'exercice du droit d'appel est absolument individuel, et l'appel interjeté par un prévenu ne profite pas à ses coprévenus, même solidaires. (Paris, 8 fév. 1877 ; M. 19.373.)

Appel par le prévenu. — Le sort du prévenu ne peut être aggravé sur son seul appel. Le juge d'appel, lorsqu'il n'est saisi que par le seul appel du prévenu, ne peut donc modifier le jugement que dans son intérêt. La base même du principe est que le juge ne peut statuer *ultra petita* ; or, il est clair que le prévenu ne demande qu'un adoucissement ou la suppression de la peine. (Cass. crim. 17 janv. 1896 ; Bull. crim. 1896.49 ; 31 janv. 1903 ; D. 1904.1.158.)

Par contre, la Cour peut, en supprimant tout à fait la peine d'emprisonnement, élever le taux de l'amende. (Cass. 26 fév. 1869 ; S. 69.1.481 ; 3 fév. 1893 ; Bull. crim., n° 31.)

Appel par la partie responsable. — Cet appel ne donne à la Cour que le droit d'examiner soit le principe de la responsabilité, soit le quantum de cette responsabilité, et de modifier, à cet égard, la décision des premiers juges, seulement dans l'intérêt de l'appelant, et sans que le prévenu puisse s'en prévaloir.

Administrations publiques. — Lorsque l'Administration a interjeté appel d'un jugement en ce qui touche l'une de ses dispositions, ce jugement ne peut être réformé au profit du prévenu dans une autre disposition, alors surtout que le prévenu y a acquiescé. (Cass. crim. 7 mai 1813 ; S. Chr. ; Dall. 2 370 ; 11 fév. 1897 ; Journ. Cont. ind. 1898.520.)

Appel par le ministère public. — Le ministère public n'agit pas dans son intérêt personnel. Il agit dans l'intérêt de la société. L'arrêt peut donc décharger le prévenu qui n'a pas fait appel.

Réparations civiles. — La Cour saisie par le seul appel de la partie civile ne peut modifier le jugement que dans son intérêt, point à son préjudice. C'est toujours la conséquence du principe que la compétence du juge est limitée.

Désistement d'appel.

Il peut se faire que l'Administration prescrive de se désister d'un appel. Le désistement d'appel est fait, soit *par une déclaration à l'audience* de la Cour (déclaration faite par le directeur, le sous-directeur ou l'avoué de la Régie, voire même par un employé nanti des pouvoirs suffisants), soit par un exploit de désistement notifié à l'intimé par huissier et dont on donne connaissance au greffe de la Cour.

Il ne peut être fait de désistement par déclaration au greffe.

S'il y a déjà eu citation, et si le désistement doit être fait à l'audience, il importe d'informer l'intimé, par lettre recommandée, que l'Administration entend se désister et qu'il pourra, dès lors, s'abstenir de venir à l'audience. On joindra au dossier le récépissé de la poste, sinon la partie dérangée mal à propos pourrait demander le remboursement des frais, et des dommages intérêts.

Le désistement d'appel n'est définitif que lorsque la Cour en a reconnu la régularité et en a donné acte. Jusque-là, le prévenu peut se rétracter, et la rétractation du désistement rend l'appel recevable. (Nancy 23 juin 1852 ; S. 52.2.368.)

La partie civile peut, comme le prévenu, se désister de son appel. Mais il faut que la Cour en donne acte.

Comme les frais de la procédure de désistement restent à la charge de l'Administration, il convient de réduire les frais au strict nécessaire. Autant que possible, on doit se dispenser de faire intervenir un avocat ou un avoué.

L'avocat à une cour d'appel, à la différence de l'avoué, ne peut être présumé muni de la procuration de son client. S'il est permis à l'Administration de se désister de sa poursuite, c'est à la condition que ce désistement émane régulièrement ou de l'Administration ou de son avoué (sauf désaveu s'il y a lieu), ou d'un avocat porteur d'un pouvoir régulier. (Cass 4 nov. 1887 ; Gaz. Pal. 88.1.179.)

Doit être annulé l'arrêt qui, sans s'assurer de l'existence d'un mandat *ad hoc*, donne acte à l'avocat de la Régie de son désistement. *Ib.*

Acte de désistement d'appel. — L'an........ le (en toutes lettres), au requis de M. le conseiller d'Etat, directeur général de l'Administration des Contributions indirectes, dont les bureaux sont à Paris, au Louvre ; poursuites et diligence de M   .directeur desdites Contributions pour le département de   , lequel fait élection de domicile chez M.   , sous directeur de ladite Administration pour l'arrondissement de   , au chef-lieu duquel il demeure, rue   , n°

Nous (nom et prénoms), huissier, etc., avons déclaré au sieur X... Joseph, limonadier, et à la dame B... Marie, veuve C..., débitante de liqueurs, domiciliés et demeurant l'un et l autre à N...

Que l'Administration des Contributions indirectes représentée comme dessus se désiste de l'appel par elle émis envers les jugements du tribunal correctionnel de   rendus au profit des susnommés le   ; qu'elle accepte en conséquence lesdits jugements, protestant contre tout ce qui serait fait par le sieur X... Joseph et la dame B... Marie, épouse C ., à partir de la signification du présent désistement. Et avons à chacun des susnommés laissé séparément copie du présent dans son domicile, parlant :

Pour le sieur X... Joseph, à
Pour la dame B ., épouse C..., à
(Un seul original, deux copies.)

Il pourrait se faire que, pour éviter qu'un arrêt fût rendu, on consentît une transaction au dernier moment ; ce traité pourrait être accepté par le sous-directeur ou le directeur du chef-lieu de la Cour ; mais ce serait toujours au nom et sur les fixations du directeur ou du sous-directeur du lieu d'origine, et le receveur principal ne pourrait recevoir les fonds qu'à titre de virement de fonds pour le compte de son collègue de l'arrondissement dans lequel l'affaire a pris naissance. (Circ. 14 du 17 sept. 1816 et 310 du 1er août 1855.)

D'après la circulaire 14 précitée : « Le directeur qui réside près le tribunal d'appel sera chargé de la direction de la procédure dans l'intérêt de l'Administration ; mais sous tout autre rapport il ne peut être considéré que comme le fondé de pouvoir et le mandataire du directeur dans la direction de qui l'affaire a pris naissance ; c'est donc ce directeur qui continuera de rendre compte des progrès de l'instance, du résultat des jugements ou arrêts, qui acquittera les frais, qui passera les transactions, en un mot qui agira, dans ses rapports avec l'Administration centrale, comme si l'affaire n'était point sortie de sa direction. »

Certaines Cours ont pour principe de statuer sur toutes les affaires dont elles sont saisies, alors même que le litige qui leur est soumis se termine par une transaction. On provoque alors un arrêt qui enregistre le désistement d'appel.

Frais. — Lorsqu'il s'agit d'acquitter les frais, c'est toujours au directeur ou au sous-directeur du lieu d'origine que les mémoires seront adressés pour être ordonnancés. Ces frais sont acquittés par le receveur principal du lieu où l'appel est vidé. Ils figurent au compte des avances à régulariser. Lorsque l'instance est terminée, ils rentrent dans la comptabilité de la recette principale du lieu d'origine à l'aide de virements de fonds. (Circ. 310 du 1er août 1855.)

En ce qui concerne la déclaration d'appel proprement dite, aucun texte ne prescrit à l'Administration d'en supporter les frais, lorsque cette déclaration émane du prévenu. Mais, aux termes de l'article 74 de la loi du 25 mars 1817, doivent être visées pour timbre et enregistrées en débet, les déclarations d'appel de tous jugements rendus en matière correctionnelle, lorsque l'appelant est emprisonné. Par contre, c'est à l'Administration à mettre en état la procédure pour l'envoi du dossier à la Cour, et ce dossier comprend :

1° L'expédition du jugement dont est appel ;
2° L'expédition de la déclaration d'appel.

Dans la pratique, le Parquet charge le greffier de préparer le dossier à envoyer à la Cour. Ce travail achevé, le greffier réclame au receveur de la Régie le remboursement des frais d'expédition du jugement et des frais d'expédition de la déclaration d'appel, et soumet ensuite au Parquet le dossier régulièrement constitué.

Procédure.

L'Administration doit être avisée sans retard de tous les appels. (Circ. 626 du 26 fév. 1891.)

« Aux termes de la circulaire 612 du 8 août 1905, toutes les fois qu'un tribunal n'aura pas adopté entièrement les conclusions de la Régie, l'employé chargé de suivre l'action (directeur, sous-directeur, entreposeur, etc.) fera, dans les dix jours, au nom de l'Administration, une déclaration au greffe. Dans l'avis de jugement, qui sera adressé à l'Administration avec une copie du jugement et les pièces du dossier, il sera fait mention de cette déclaration. »

« Saisie de l'affaire dans les conditions déterminées aux circulaires 207 du 7 avril 1897 et 369 du 13 octobre 1899, l'Administration fera connaître s'il convient de se désister ou de donner suite à l'appel. »

Il a paru possible de faciliter la tâche du service et d'apporter quelques modifications aux instructions données par la circulaire n° 612, en laissant aux directeurs le soin de juger, dans la plupart des cas, s'il convenait, ou non, d'interjeter appel. On évitera de la sorte les démarches que nécessitent les désistements faits à l'audience et la constitution hâtive de dossiers dont il n'est pas fait usage.

Aujourd'hui, toutes les fois qu'il n'y aura pas de question de principe ou d'interprétation en jeu, il appartiendra aux directeurs de décider s'il y a lieu ou non d'interjeter appel lorsque les condamnations prononcées se rapprocheront sensiblement du chiffre fixé pour une transaction, ou encore lorsque, le délinquant étant insolvable, il serait sans intérêt d'engager de nouveaux frais. (Note 303 du 14 nov. 1905.)

Toutefois, on continuera de se conformer aux prescriptions de la circulaire 612, s'il s'agit de fraudes ayant un caractère fiscal et commercial (vins artificiels, etc.).

Dans les avis de jugement faisant grief à la Régie et auxquels les directeurs auront acquiescé, il conviendra d'énoncer sommairement les motifs de cet acquiescement et de joindre au dossier une copie in extenso, sur papier libre, des motifs et du dispositif du jugement.

Relativement aux questions d'appel qui continuent d'être soumises à l'appréciation de l'Administration, il sera fait toutes diligences pour que celle-ci soit promptement en état de statuer. Dans le cas où une affaire serait portée d'urgence devant la Cour, il conviendrait, en vue d'abréger les délais impartis aux greffes pour la délivrance des copies de jugements, de charger un commis des bureaux de prendre sur place, avec l'assentiment préalable du greffier, copie des motifs et du dispositif de la sentence attaquée. (Note autogr. 303, du 14 nov. 1905.)

La Régie n'est pas avisée par le greffe des déclarations d'appel. Une vérification au greffe est donc nécessaire.

Dans le cas d'appel formé par le condamné, il y aura lieu de s'assurer au greffe si une déclaration d'appel a été formulée dans les dix jours de la prononciation ou de la signification du jugement. Avis en sera également donné à l'Administration dans les formes indiquées ci-dessus. (Circ. 612 précitée.)

La cause sera portée devant la Cour sur citation de l'appelant ou à la requête de la partie la plus diligente en cas de retard de l'adversaire. *Ib.*

Dans la pratique, le greffier du tribunal, à la demande du Procureur de la République, constitue pour la Cour le dossier qui comprend, outre les pièces du procès : 1° une expédition du jugement ; 2° une expédition de la déclaration d'appel. Il demande le remboursement des frais au receveur de la Régie qui est plus intéressée que quiconque à mettre en état la procédure et à hâter la formation et l'envoi du dossier au Parquet, qui le transmet à la Cour.

Lorsqu'un jugement est rendu contre plusieurs contrevenants, dont les uns sont condamnés et les autres acquittés, si l'un de ceux qui ont été condamnés interjette appel, la Régie doit, à son tour, interjeter appel contre tous les autres délinquants, afin de les ramener ensemble devant la Cour qui connaît de l'affaire.

Il est arrivé, en effet, que, dans certaines affaires, les prévenus ayant été traduits séparément devant la Cour, ceux condamnés précédemment ont été acquittés, tandis que les autres qui devaient être les coupables ont été à l'abri de toute poursuite, la Régie se trouvant forclose envers eux par l'expiration des délais.

Le fait peut se produire notamment quand la Régie poursuit et la compagnie de transport et l'expéditeur. Si l'un des deux est mis hors de cause et que l'autre fasse appel, la Régie doit interjeter appel au regard de celui qui est relaxé pour que la cause revienne entière devant la Cour.

En matière de *saisie commune*, la Régie exerce l'action devant tous les degrés de juridiction, suivant les règles qui lui sont propres : elle appelle régulièrement d'un jugement uniquement dans l'intérêt de l'octroi. (Cass. 16 juill. 1891.)

En cas de poursuites connexes du ministère public et de la Régie et d'acquittement complet du prévenu, cette dernière peut, même en l'absence d'appel du ministère public, interjeter appel du jugement quant à ses intérêts civils. (Article 202 du Code d'instruction criminelle. (Cass. 16 déc. 1898; Bull. Cont. ind. 1899.19.322.)

Si l'Administration est intimée, c'est-à-dire si elle a eu gain de cause en première instance, elle autorise le directeur à défendre à l'appel et à conclure à la confirmation du jugement entrepris.

L'Administration n'a pas l'habitude de produire des mémoires dans les affaires où elle est en défense. Elle ne le fait que dans des cas très rares, quand il s'agit d'affaires importantes ou de questions délicates.

Si la Régie est appelante, le directeur ou le sous-directeur, dès qu'il a reçu l'autorisation de suivre sur l'appel, prépare et soumet à l'examen de l'Administration un mémoire établi *en simple expédition* sur papier libre (format tellière). (Circ. 274 du 10 sept. 1879.)

Une marge représentant la moitié de la page doit être réservée pour la revision de ces documents.

Dès que le mémoire est approuvé, on en fait remettre une copie au défenseur de la Régie, au président de la Cour, au conseiller rapporteur et au procureur général. (Circ. 274 du 10 sept. 1879.)

Si le siège de la Cour se trouve dans un autre département, des copies du mémoire sont transmises, en nombre suffisant, au directeur chargé de suivre l'appel, en même temps que le dossier administratif de l'affaire.

Le mémoire ne doit pas être joint au dossier judiciaire que le procureur de la République est tenu, aux termes de l'article 207 du Code d'instruction criminelle, de faire parvenir au greffe du Parquet de la Cour d'appel. Il doit être distribué suivant les prescriptions de la circulaire 274 précitée.

Les arrêts, comme les jugements du tribunal correctionnel, peuvent être rendus par défaut. La voie de l'opposition est ouverte pour les faire rétracter; et l'article 208 du Code d'instruction criminelle renvoie simplement, en ce qui concerne la forme et les délais de cette opposition, aux règles déjà expliquées.

Appel des jugements de simple police.

En matière de simple police, l'article 172 du Code d'instruction criminelle ne permet d'interjeter appel que dans certaines conditions déterminées.

La faculté d'appeler n'appartient qu'aux personnes *qui ont été condamnées,* soit à une peine d'emprisonnement, soit à des amendes, institutions ou autres réparations civiles *excédant,* additionnées ensemble, la somme de cinq francs. Elle peut donc être exercée, sans conteste, par les prévenus et les personnes civilement responsables, condamnés à des sommes dépassant cinq francs.

La Cour de cassation a reconnu également ce droit aux parties civiles, condamnées à des dommages-intérêts envers le prévenu en raison du préjudice que leur action mal fondée lui a causé. (Cass. 6 déc. 1849; Trib. corr. de Perpignan 16 fév. 1886; Le Droit 27 oct. 1888) Bien entendu, il faut que le montant des dommages-intérêts dépasse cinq francs.

Tous autres jugements, même ceux sur la compétence, sont en dernier ressort.

En résumé, la première condition pour que l'appel soit recevable en matière de police, c'est que le jugement porte condamnation.

L'appel doit être interjeté par déclaration au greffe du tribunal qui a rendu le jugement, dans les 10 jours au plus tard après celui où il a été prononcé, s'il est contradictoire, et dans les 10 jours de la signification à personne ou à domicile, s'il est par défaut. (Art. 174 Code instr. crim. modifié par la loi du 6 avril 1897.)

La jurisprudence ajoute au délai de 10 jours un jour par trois myriamètres de distance. (Cass. 20 mars 1884; S. 86.1.391.)

L'appel des jugements de simple police est porté au tribunal correctionnel. (Loi du 6 avril 1897.)

En matière de police, l'article 172 n'ouvrant la faculté d'appeler qu'au condamné, il est certain que l'appel interjeté par le prévenu n'autorise pas la partie civile à former un appel incident; le tribunal correctionnel peut donc, sur appel, maintenir la condamnation, la diminuer ou l'écarter, mais il ne peut pas l'aggraver.

Les appels contre les jugements de simple police seront suivis devant le tribunal correctionnel, dit l'article 174, « dans la même forme que les appels des sentences des justices de paix », c'est-à-dire sommairement, avec les différences qui existent entre la procédure civile et la procédure pénale. (Code instr. crim. 175.176.)

A titre de simple indication, nous donnons ci-après la reproduction de quelques mémoires.

1er MÉMOIRE.

A Messieurs les Président et Conseillers composant la Chambre des appels correctionnels de la Cour de Douai.

Mémoire
Pour l'Administration des Contributions indirectes

Appelante d'un jugement rendu le 16 janvier 1904 par le tribunal correctionnel de Boulogne-sur-Mer,

Contre le nommé Martin Henri et contre la veuve Martin Louise, sa mère, ménagère à Saint-Louis.

Faits.

D'un procès-verbal dressé le 14 décembre 1903 par MM.   M   et P.   , agents des Douanes à   , il résulte que, la veille, à 5 heures du soir, le nommé Martin Henri, âgé de 14 ans, demeurant chez sa mère domiciliée à Saint-Louis   , a été surpris sur le territoire de ladite commune (rayon de la 2e zone) colportant 1 k. 100 gr. de scaferlati de 1re zone.

En raison de ce fait qui constitue une contravention prévue par l'article de la loi du 28 avril 1816, et punie par ledit article et l'article 39 de la loi du 31 mars 1903, ledit Martin Henri a été traduit devant le tribunal correctionnel de Boulogne-sur-Mer, pour s'entendre condamner, par application des articles précités, en une amende de 600 à 2.000 francs, aux dépens et à la confiscation du tabac saisi.

Comme le prévenu, mineur âgé de moins de 16 ans, habite avec sa mère, la femme Martin Louise, fraudeuse de profession à Saint-Louis, cette dernière a été également traduite devant le même tribunal pour s'entendre déclarer responsable des actes de son fils en vertu de l'article 1384 du Code civil, et par suite tenue envers la Régie des condamnations fiscales prononcées contre lui.

L'affaire a été portée à l'audience du 16 janvier 1904 et, ce même jour, par jugement contradictoire, le tribunal a rendu le jugement suivant.

Jugement.

Attendu que les prévenus sont traduits devant ce tribunal sous la prévention d'avoir, suivant procès-verbal dressé le quatorze décembre mil neuf cent trois par M. et P., agents des Douanes à , été surpris sur le territoire de la commune de Saint-Louis, située dans la deuxième zone, colportant un kilogramme 100 grammes de scaferlati de première zone.

En ce qui regarde la mère :

Attendu qu'il ne résulte pas des débats que la veuve Martin se soit rendue coauteur ou complice des faits qui sont reprochés à son fils, que l'Administration d'ailleurs ne persiste pas dans les conclusions prises à la barre.

En ce qui concerne le prévenu Martin fils :

Attendu qu'il est convaincu des faits qui lui sont reprochés, mais qu'il est âgé de moins de seize ans et qu'il a agi sans discernement ;

Par ces motifs :

Le tribunal : Renvoie la veuve Martin des fins de la poursuite contre elle sans dépens ;

Déclare le prévenu Martin Henri coupable du délit sus-spécifié.

Lecture faite par le Président des articles deux cent vingt-deux, loi du 28 avril 1816, trente-neuf, loi du 31 mars 1903, soixante-six du Code pénal dont le deuxième porte :

Article 66. — Lorsque l'accusé aura moins de seize ans, s'il est décidé qu'il a agi sans discernement, il sera acquitté, mais il sera selon les circonstances remis à ses parents.

L'acquitte comme ayant agi sans discernement ; le remet à ses parents ;

Le condamne aux frais liquidés à treize francs cinquante-un centimes, y compris l'enregistrement du jugement, et deux francs de droits de poste. Prononce la confiscation du tabac saisi.

Déclare la dame veuve Martin Louise civilement responsable des condamnations prononcées contre son fils et la partie civile tenue des frais envers l'État, sauf son recours.

Discussion.

Le procès-verbal du 14 décembre 1903 relève à la charge du sieur Martin Henri le fait matériel de colportage, dans la 2e zone, de 1 kgr 100 gr. de scaferlati de 1re zone. contravention prévue et punie par l'article 222 de la loi du 28 avril 1816, lequel a été modifié par l'article 39 de la loi du 31 mars 1903 le rendant passible d'une amende de 600 à 2.000 fr., ainsi que des dépens et de la confiscation du tabac saisi.

Bien qu'ayant reconnu le jeune Martin coupable de ce fait, le tribunal ne l'en a pas moins acquitté comme mineur de moins de 16 ans, ayant agi sans discernement, se bornant à le condamner aux frais, en même temps qu'il déclarait sa mère, la veuve Martin, civilement responsable des condamnations prononcées contre son fils.

Dans l'espèce, le tribunal a commis une erreur de droit, attendu que les dispositions de l'article 66 du Code pénal ne sont pas applicables aux contrevenants en matière de contributions indirectes, les amendes en cette matière ayant surtout le caractère de réparation civile.

Au surplus, la question n'est pas nouvelle. Elle a été tranchée par de nombreux arrêts portant que lorsqu'un mineur de 16 ans est reconnu l'auteur d'une contravention, et lors même qu'il aurait agi sans discernement, il doit être condamné à l'amende, qui n'est qu'une réparation civile dont les père et mère sont responsables.

Pour justifier la demande de la Régie et éclairer la Cour, il suffira de rappeler ci-après le texte de l'un de ces arrêts, par exemple celui de la Cour de Bordeaux du 21 décembre 1877.

« Attendu, dit cette Cour, qu'il est de principe en matière fiscale et spéciale-ment en matière de contributions indirectes, que les amendes ont moins le carac-tère d'une peine que celui d'une réparation civile du préjudice causé à l'Etat par la fraude ;

« Attendu que si les mineurs de 16 ans peuvent, à raison de leur âge, être plus ou moins exonérés des conséquences pénales ou des infractions qu'ils ont commises, ils restent, au contraire, exposés à toutes les conséquences civiles du préjudice qu'ils ont causé par leur faute ou leur fait, conformément aux prin-cipes posés par les articles 1382 et 1383 du Code civil ;

« Attendu, dès lors, que c'est à tort que le tribunal correctionnel d'Angou-lême a refusé de prononcer contre Ratinaud fils et solidairement contre son père, comme civilement responsable, l'amende de 100 fr. édictée par l'article 122 de la loi du 25 mars 1817 ;

          « Par ces motifs :

« La Cour faisant droit à l'appel régulièrement interjeté par l'Administration des contributions indirectes du jugement du tribunal d'Angoulême en date du 27 janvier 1877 ;

« Déclare Ratinaud fils coupable d'avoir, etc. ;

« Le condamne en une amende de 100 francs et aux frais faits ; maintient la confiscation des objets saisis ; condamne Ratinaud père, comme civilement res-ponsable et solidairement avec son fils, au paiement de l'amende et des frais. »

Voilà les vrais principes que le tribunal a méconnus dans la circonstance et que l'Administration demande à la Cour de consacrer à nouveau.

Conclusions.

Par ces motifs et tous autres à développer :

Attendu qu'il résulte d'un procès-verbal dressé le 14 décembre 1903 par MM.   , agents des Douanes à Boulogne, que la veille, à 5 h. 1/4 du soir, le nommé Martin Henri, âgé de 14 ans, demeurant chez sa mère domiciliée à Saint-Louis, a été surpris sur le territoire de ladite commune (rayon de la 2e zone) colportant 1 kgr. 100 gr. de scaferlati de 1re zone ;

Attendu que ce fait constitue à la charge du sieur Martin Henri la contraven-tion prévue et punie par l'article 222 de la loi du 28 avril 1816, dont les péna-lités ont été modifiées par l'article 39 de la loi du 31 mars 1903 ;

Attendu que le prévenu, mineur, âgé de moins de seize ans, habite avec sa mère, fraudeuse de profession, à Saint-Louis, et qu'il y a lieu, aux termes de l'article 1384 du Code civil, de déclarer celle-ci civilement responsable des actes de son fils;

Plaise à la Cour :

Déclarer l'Administration recevable en son appel ;

Réformer le jugement du tribunal de Boulogne du 16 janvier 1904 ;

Déclarer le sieur Martin Henri fils, convaincu de la contravention qui lui est reprochée ;

En réparation de quoi le condamner en une amende de 600 à 2.000 francs ; aux doubles décimes et demi (art. 33 de la loi du 30 mars 1902 ;

Confirmer la confiscation du tabac saisi ;

Déclarer la nommée Martin Louise civilement responsable des actes de son fils mineur (article 1384 du Code civil) et dire qu'en cette qualité elle sera tenue envers la Régie des condamnations fiscales prononcées contre son fils ;

Dire que la Régie, tenue des frais en qualité de partie civile (articles 157 et 158 du décret du 18 juin 1811), aura son recours contre le condamné tant pour les dépens de 1re instance que pour ceux d'appel.

2º MÉMOIRE.

A Messieurs les Président et Conseillers composant la Chambre des appels correctionnels de la Cour de Rennes.

Mémoire.

Pour la Régie des contributions indirectes dans la cause « régie contre B. » renvoyée devant la Cour de Rennes en vertu d'un arrêt de cassation (Chambre criminelle) du 28 mai 1901.

Exposé des faits.

Les négociants qui font le commerce en gros des vins et spiritueux, ne sont pas tenus de payer, à l'instant même où ces boissons sont introduites dans leurs magasins, les droits du Trésor dont elles sont passibles. Ils jouissent du crédit de ces droits jusqu'à ce que les boissons soient livrées à la consommation. A ce moment, ils paient l'impôt, ou plus exactement ils en font l avance, car le montant des droits vient s'ajouter sur la facture du client à la valeur du liquide vendu.

La concession de ce crédit est subordonnée à des conditions de garantie qui sont indiquées dans le chapitre IV de la loi du 28 avril 1816. Nous retenons seulement les deux suivantes, pour les besoins de notre exposé :

1º Il est tenu pour les boissons en la possession des marchands en gros, un compte d'entrée et de sortie dont les charges sont établies d'après les congés, acquits-à-caution ou passavants qu'ils sont tenus de représenter, sous peine de saisie, et les décharges, d'après les quittances du droit de circulation. Les eaux-de-vie et esprits sont suivis par degré (article 100 de la loi du 28 avril 1816).

2º Les employés de la Régie peuvent faire, à la fin de chaque trimestre, les vérifications nécessaires à l'effet de constater les quantités de boissons restant en magasin et le degré des eaux-de-vie et esprits. Indépendamment de ces vérifications, ils peuvent également faire, dans le cours du trimestre, toutes celles qui sont nécessaires pour connaître si les boissons reçues ou expédiées ont été soumises au droit de circulation ou aux autres droits dont elles sont passibles (article 101 de la loi précitée).

C'est en vertu des dispositions de ce dernier article que les employés de la Régie de R... se sont présentés, le 29 juin 1898, chez M. B..., marchand en gros de vins et spiritueux audit lieu, à l'effet de constater les quantités de boissons

restant en magasin. Cette opération, faite en présence de M. B..., a permis de
reconnaître matériellement qu'il restait 75 hectolitres 09 litres 02 centilitres
d'alcool pur et. sans désemparer, les employés ont établi la situation suivante :

Total des entrées du compte tenu en exécution de
l'article 100. . . . .   161 h.   33 l.   09 c.
Total des sorties du même compte.   86   78   75

Différence représentant le doit rester.   74   54   34
Restes d'après l'inventaire.   75   09   02

D'où excédent de. . . . .   54 l.   68 c.

M. B..., qui a reconnu cet excédent, n'ayant pas représenté d'acquit à-caution
pour légitimer l'introduction en magasin de cette quantité d'alcool, procès-verbal
lui a été déclaré pour contravention à l'article 100 de la loi du 28 avril 1816
cité plus haut et à l'article 4 du règlement d'octroi de la ville de R .., ainsi
conçu :

« Tout porteur ou conducteur d'objets assujettis aux droits d'octroi.sera tenu,
« avant de les introduire, d'en faire la déclaration au bureau ; de produire les
« congés, acquits-à-caution, passavants, ainsi que les lettres de voiture, con-
« naissements, chartes-parties ou toutes expéditions qui les accompagnent, et
« d'acquitter les droits, si les objets sont destinés à la consommation du lieu,
« sous peine de la confiscation desdits objets et d'une amende de 100 à 200 fr. »

Ce procès-verbal a été déféré au tribunal correctionnel d'Alais qui, adjugeant
à la Régie les conclusions prises par elle, a prononcé, le 8 août 1898, un jugement condamnant M. B. :

1o A une amende de 500 fr. pour contravention à l'article 100 de la loi du
28 avril 1816, punie par l'article 106 de la même loi modifié, quant au chiffre de
l'amende, par l'article 7 de la loi du 2 août 1872 qui a rendu applicable l'article
1er de la loi du 28 février 1872 ;

2o A une amende de 100 fr. pour contravention à l'article 4 du règlement de
l'*octroi* de R...

Le tribunal a, en outre, prononcé la confiscation des 54 l. 68 c. d'alcool pur
formant l'excédent saisi, et il a dit que le contrevenant, qui en a reçu mainlevée,
sera tenu d'en faire la remise à la Régie ou d'en payer la valeur fixée à soixante
francs par le procès-verbal.

Sur l'appel de M. B..., ce jugement a été confirmé par arrêt de la Cour de
Nîmes en date du 24 novembre 1898

Mais le pourvoi qu'il a introduit a été accueilli par un arrêt de la Chambre
criminelle du 24 octobre 1899.

Des deux moyens de cassation invoqués par M. B..., la Cour a rejeté le premier et admis le second tiré de la violation de l'article 7 de la loi du 20 avril
1810, en ce que la Cour de Nîmes avait omis d'examiner la valeur d'une critique
de B..., qui tendait à contester le résultat d'un recensement antérieur (15 juin
1898) que le prévenu prétendait être la base de la contravention relevée contre
lui le 29 juin 1898. La cause et les parties ont été renvoyées devant la Cour de
Besançon.

Suivant arrêt du 3 janvier 1900, la Cour de Besançon, après avoir examiné
les moyens de défense présentés jusque-là par M. B .., y compris celui sur
lequel la Cour de Nîmes avait omis de statuer, a confirmé le jugement du tribunal d'Alais.

M. B... s'est également pourvu en cassation de cette sentence, et il l'a obtenue
par un arrêt de la Chambre criminelle du 28 juin 1901. Après avoir rejeté un
moyen de forme, cet arrêt statue dans les termes suivants :

« Sur le moyen pris de la violation ou de la fausse application des art. 100,

« 106, 242 de la loi du 28 avril 1816, en ce que l'arrêt a condamné le prévenu
« sur la foi de prétendus portatifs qui, dans les circonstances de la cause, ne
« pouvaient faire foi jusqu'à inscription de faux ;

« Attendu qu'aucun mode particulier de recensement n'étant imposé par la
« loi aux agents de la Régie, ceux-ci peuvent, lors des vérifications et des inven-
« taires, procéder soit par mesurage et jaugeage des boissons, soit en recevant
« les déclarations que les marchands en gros sont tenus de leur faire, d'après
« l'art. 9 de la loi du 19 juillet 1880 ; que dans l'un et l'autre cas, les actes
« inscrits au portatif, sauf l'application de l'art. 146 de la loi du 28 avril 1816,
« si la demande d'un nouveau mesurage est faite en temps utile, font foi jusqu'à
« inscription de faux, dans les termes de l'art. 242 de la loi du 28 avril
« 1816 ;

« Sur le moyen pris de ce que l'on aurait dû tenir compte du 5 % d'erreur
« accordé par l'art. 10 de la loi du 19 juillet 1880 au sujet du manquant de
« 67 l. constaté lors du recensement du 15 juin 1898, soit au sujet de l'excédent
« de 54 l. d'alcool constaté le 29 juin de la même année :

« Attendu que B... ne justifie pas qu'il ait été dans le cas d'invoquer le
« bénéfice de cette tolérance légale,

« Rejette ces moyens.

« Mais sur le moyen pris de la violation de l'art. 7 de la loi du 20 avril 1810,
« en ce que l'excédent de 54 l. 68 c. d'alcool pur constaté le 29 juin 1898
« n'existerait pas si on lui tenait compte du bénéfice de 1 % d'erreur accordé
« par la loi :

« Vu l'art. 7 de la loi du 20 avril 1810 ;

« Attendu que la Cour d'appel de Besançon a été saisie par B... des conclu-
« sions suivantes ;

«... Et attendu enfin que le prétendu excédent relevé le 29 juin 1898 repré-
« sente moins de 1 % ; que la moindre erreur d'évaluation de mesurage ou de
« calcul suffirait à expliquer cette erreur ;

«... Dire que la contravention n'est pas justifiée. »

« Attendu que sans rechercher s'il devait ou non être tenu compte à B.
« de la tolérance accordée par l'art. 7, § 3, de la loi du 21 juin 1873, et si ou
« non l'excédent devait seulement être pris en charge au compte du destinataire,
« la cour d'appel de Besancon a omis de s'expliquer sur ce système de défense
« qui tendait à détruire l'existence de la contravention et qu'ainsi il y a eu
« violation de l'art. 7 de la loi du 20 avril 1810 ;

« Par ces motifs, casse   , renvoie la cause et les parties devant la
« Cour de Rennes. »

Ainsi, des différents moyens de défense successivement présentés par M. B.. ,
au cours des poursuites nées du procès-verbal du 29 juin 1898, il n'en reste
plus qu'un sur lequel la justice ne s'est pas prononcée, tous les autres ont
été écartés.

Ce moyen consiste à prétendre que M. B... est en droit d'invoquer le
bénéfice d'une tolérance légale d'un pour cent, et l'on comprend l'importance
qu'y attache le défendeur, si l'on considère que cette concession aurait pour
résultat de faire disparaître la contravention relevée par le procès-verbal, puisque l'excédent de 54 litres constaté est inférieur de 20 litres à la quantité de
74 litres qui représente un pour cent du doit rester résultant, comme on l'a vu
plus haut, de la comparaison des charges et des décharges inscrites au compte
tenu en exécution des prescriptions de l'art. 100 de la loi du 28 avril 1816.

Le moment est venu d'expliquer l'origine de cette tolérance d'un pour cent ;
d'examiner la portée du texte de loi qui l'a établie et de rechercher si M. B...
est fondé à en réclamer l'application.

Discussion.

En règle générale, la perception de l'impôt sur les boissons mises en circulation se fait d'après une déclaration. C'est l'application des articles 6 et 10 de la loi du 28 avril 1816 ainsi conçus :

ART. 6. — « Aucun enlèvement ni transport de boissons ne pourra être fait « sans déclaration préalable de l'expéditeur ou de l'acheteur, et sans que le con- « ducteur soit muni d'un congé, d'un acquit-à-caution ou d'un passavant pris « au bureau de la Régie. »

ART. 10. — « Il ne sera délivré de passavant. congé ou acquit-à-caution que « sur des déclarations énonçant les quantités, espèces et qualités des boissons, « les lieux d'enlèvement et de destination, les noms, prénoms, demeures et pro- « fessions des expéditeurs, voituriers et acheteurs ou destinataires. »

En conséquence de ces dispositions légales, toute différence, quelque minime qu'elle soit, entre la quantité de boissons mise en circulation et celle énoncée sur le titre de mouvement. d'après la déclaration de l'expéditeur ou de l'ache- teur, serait de nature à motiver la rédaction d'un procès-verbal. Mais afin d'atténuer ce que la stricte application de la loi présentait de trop rigoureux, la Régie a usé, de tout temps, de tolérance pour les légères différences en plus ou en moins provenant d'erreurs involontaires commises par les déclarants. Finalement cette tolérance a été consacrée par l'art. 7 de la loi du 21 juin 1873, dans les termes suivants :

« Une tolérance d'un pour cent, soit sur la contenance, soit sur le degré, est « accordée aux expéditeurs sur leurs déclarations d'alcools, spiritueux, vins, « cidres, poirés et hydromels ; mais les quantités reconnues en excédent seront « prises en charge au compte du destinataire. »

Ainsi, la tolérance d'un pour cent est accordée par la loi à ceux qui expédient des boissons à des tiers et qui, dans la déclaration qu'ils sont tenus de faire au bureau de la Régie, conformément aux articles 6 et 10 de la loi du 28 avril 1816, peuvent commettre une erreur d'appréciation soit sur la contenance des fûts, soit sur le degré des spiritueux. Instituée pour les expéditeurs de boissons et uniquement pour eux, la tolérance d'un pour cent ne saurait être étendue, sans méconnaître l'esprit et le texte de la loi, à des personnes qui ne sont pas expé- diteurs.

Or, dans la relation des faits sur lesquels est basé le procès-verbal du 29 juin 1898, il n'est nullement question d'une expédition de boissons que M. B. aurait faite à un tiers et au sujet de laquelle il aurait déposé au bureau de la Régie une déclaration comportant, relativement à la quantité expédiée, un excé- dent de 54 l. 68 c. d'alcool qui devrait être pris en charge au compte du desti- nataire.

Il n'y a, dans cette affaire, ni expéditeur, ni destinataire.

Il y a simplement un marchand en gros, M. B.., chez lequel les employés de la Régie ont constaté l'existence d'un excédent de 54 l. 68 c. d'alcool pur.

Le cas de M. B... ne rentre donc pas dans les prévisions de l'article 7 de la loi du 21 juin 1873 et, par suite, le moyen de défense que présente le prévenu en s'appuyant sur cet article ne saurait être accueilli.

En conséquence, la Régie des contributions indirectes conclut qu'il plaise à la Cour :

Confirmer le jugement rendu contre M. B... par le tribunal correctionnel d'Alais le 8 août 1898 ;

Condamner B... aux dépens liquidés à la somme de 147 fr..31 c. jusqu'à ce jour dont l avance sera faite par la Régie des contributions indirectes, partie civile, sauf son recours contre le condamné;

Fixer la durée de la contrainte par corps, etc., etc...

3e MÉMOIRE

N. — Si l'affaire n'est pas trop complexe, il est préférable de reproduire le procès-verbal, au lieu de faire un exposé sommaire des faits. Ex. :

A Messieurs les Président et Conseillers composant la Chambre des appels correctionnels de la Cour de Lyon.

Mémoire.

Pour l'Administration des contributions indirectes contre le sieur B..., chef de gare à   , représentant la Compagnie P.-L.-M., et R..., marchand en gros à

Faits.

Les faits sont exposés comme suit dans le procès verbal rapporté le 12 novembre 1899 par MM. C..., contrôleur, et D..., chef de poste des contributions indirectes à   . Certifions que le (*reproduire le procès-verbal*)...

. . . .

Sur les poursuites correctionnelles que l'Administration a engagées à défaut de transaction, le tribunal de Lyon a rendu, le 11 février 1901, un jugement contradictoire de relaxe ainsi motivé :

« Attendu que (reproduire le jugement).

. . . .

C'est le jugement frappé d'appel.

Discussion.

. . . .
. . . .
. . . .

Conclusions.

. . . .
. . . .
. . . .

Tableau des 26 cours d'appel et de leurs ressorts.

COURS D'APPEL.	DÉPARTEMENTS DU RESSORT.	COURS D'APPEL.	DÉPARTEMENTS DU RESSORT.
Agen	Gers. Lot. Lot-et-Garonne.	Montpellier.	Aude. Aveyron. Hérault. Pyrénées-Orientales.
Aix.	Alpes (Basses-). Alpes-Maritimes Bouches-du-Rhône. Var.	Nancy.	Meurthe-et-Moselle. Meuse. Vosges. Ardennes.
Amiens.	Aisne. Oise. Somme.	Nîmes.	Ardèche. Gard. Lozère. Vaucluse.
Angers.	Maine-et-Loire. Mayenne. Sarthe.	Orléans	Indre-et-Loire. Loiret. Loir-et-Cher.
Bastia.	Corse.		Aube.
Besançon.	Doubs. Jura. Saône (Haute-).	Paris	Eure-et-Loir. Marne. Seine. Seine-et-Marne. Seine-et-Oise.
Bordeaux.	Charente. Dordogne. Gironde.		Yonne. Landes.
Bourges.	Cher. Indre. Nièvre.	Pau.	Pyrénées (Basses-). Pyrénées (Hautes-). Charente-Inférieure.
Caen.	Calvados. Manche. Orne.	Poitiers	Sèvres (Deux-). Vendée. Vienne.
Chambéry.	Savoie. Savoie (Haute-).	Rennes	Côtes du Nord. Finistère. Ille-et-Vilaine. Loire-Inférieure. Morbihan.
Dijon.	Côte-d'Or. Marne (Haute-). Saône-et-Loire.		Allier.
Douai.	Nord. Pas de Calais.	Riom.	Cantal. Loire (Haute-). Puy-de-Dôme.
Grenoble.	Alpes (Hautes-) Drôme. Isère.	Rouen.	Eure. Seine-Inférieure.
Limoges.	Corrèze. Creuse. Vienne (Haute-).	Toulouse.	Ariège. Garonne (Haute-). Tarn. Tarn-et-Garonne.
Lyon.	Ain. Loire. Rhône.		

REMARQUE. — Il y a, de plus, une cour d'appel à Alger.

Appel d'un jugement prononcé dans une autre division administrative.

Nous venons d'exposer sommairement ce qu'il est utile de savoir dans un ressort de tribunal ordinaire ; mais il n'est pas sans intérêt d'entrer dans quelques développements et de donner notamment la marche à suivre lorsque le jugement a été prononcé dans une autre division administrative.

Comme il a été dit, l'appel doit être formulé par simple déclaration au greffe du tribunal qui a rendu le jugement.

L'Administration doit être avisée sans retard des appels formés par ses représentants.

Si la partie adverse interjette appel, on doit également en aviser l'Administration. (Circ. 2 du 30 mai 1823, 1 du 2 janv. 1825, 626 du 26 fév. 1891 et 612 du 8 août 1905.)

Dans l'un et l'autre cas, on doit adresser à l'Administration une copie sur papier libre du jugement. ainsi que du procès-verbal, du rapport sommaire et des conclusions, si l'envoi de ces pièces n'a pas été déjà effectué. (Même circ. 2.)

Lorsqu'on a déclaré l'appel et si l'Administration ratifie cette déclaration, on transmet le dossier administratif au directeur ou au sous-directeur où siège la Cour. C'est généralement par l'intermédiaire des directeurs que se font les communications de renseignements soit judiciaires, soit extrajudiciaires ; toutefois, s'il y avait urgence. le sous-directeur pourrait s'adresser directement au chef que cela concerne. (Circ. 310 du 1er août 1855.)

Il va de soi que le directeur ou le sous-directeur par qui l'affaire a été portée en première instance fournit avec le dossier des explications nécessaires au directeur ou au sous-directeur qui porte l'affaire devant la Cour. (Même circulaire.)

Le sous-directeur ou le directeur dans la circonscription duquel la Cour est fixée dirige l'instance : il fournit à l'avocat ou à l'avoué tous les renseignements que la cause comporte et tous les arguments qu'il croit de nature à faire triompher l'appel.

L'examen des affaires portées en appel par les directeurs ressortissant de la Cour donne souvent lieu de remarquer que les dossiers sont incomplets. La demande des documents nécessaires entraîne des retards quelquefois très longs, qu'il est bon d'éviter.

Pour hâter la solution des affaires, il est utile que le plus grand soin soit apporté à la formation de ces dossiers et que leur transmission au siège de la Cour n'ait lieu qu'après qu'on aura réuni toutes les pièces devant les composer et dont voici la nomenclature :

1° Copie du procès-verbal ;

2° Rapport sommaire ;

3° Copie de l'assignation devant le tribunal ;

4° Conclusions de l'Administration en 1re instance ;

5° Expédition du jugement dont est appel ;

6° Mémoire dressé suivant les prescriptions de la circulaire n° 274 du 10 septembre 1879 (au cas où l'Administration est appelante) ;

7° Notes d'audience ;

8° Fiche n° 129 ;

9° En cas de preuve contraire : une expédition du jugement autorisant cette procédure ;

10° S'il y a eu expertise des objets saisis : expédition du jugement ordonnant l'expertise ;

11° Expédition du rapport de l'expert.

Indépendamment de ces pièces, dont la production est indispensable, il y a lieu, principalement lorsqu'il s'agit de points de fait, de fournir tous les renseignements qui paraîtraient de nature à éclairer la religion des juges et à leur démontrer qu'ils se trouvent en présence d'une manœuvre de fraude.

En bonne règle, les pièces originales (procès-verbal, assignation...) sont provisoirement conservées au greffe du tribunal qui a rendu le jugement entrepris, et c'est au même greffe que le directeur aura à déposer les autres originaux (assignation devant la Cour s'il y a lieu...) Le procureur de la République transmet le tout à la Cour avec son rapport sur l'affaire.

Les autres documents, autrement dit le dossier administratif, y compris les mémoires, sont transmis au directeur chargé de suivre l'affaire devant la Cour.

Ce directeur forme un dossier pour l'avocat de l'Administration ; celui-ci peut, il est vrai, prendre communication des pièces déposées à la Cour; mais l'examen auquel il est obligé de se livrer ne lui permet pas toujours de se rendre un compte très exact de la situation des affaires. D'ailleurs il arrive souvent qu'au moment où il se présente pour prendre communication des documents composant le dossier, le procureur général a déjà remis ce dossier au conseiller rapporteur, qui ne s'en dessaisit que pour le renvoyer au Parquet. Dès lors il convient de former, pour le défenseur de l'Administration, un dossier qui devra contenir les documents suivants :

1° Les copies, dûment certifiées, de toutes les pièces composant le dossier de la Cour ;

2° La feuille 122 C rendant compte de l'affaire à l'Administration ;

3° S'il y a lieu, le relevé des condamnations précédentes subies par le prévenu ou des transactions intervenues avant jugement;

4° Le projet de mémoire dont la production a été prescrite par la circulaire n° 274 du 18 septembre 1879;

En résumé, tous les éléments d'appréciation propres à fortifier la défense des intérêts du Trésor.

A la réception du dossier, le directeur ou le sous-directeur dans la circonscription duquel la Cour est fixée doit inscrire l'affaire, par mesure d'ordre, sur un registre qu'il a formé à cet effet et sur lequel il porte les indications qui se trouvent sur la feuille 122 C, en détaillant le nombre des pièces reçues et en annotant le jour de leur transmission à l'avoué.

Ce dernier est invité à veiller à ce que l'affaire soit mise au rôle le plus tôt possible.

L'affaire une fois mise au rôle et l'assignation à comparaître à un jour indiqué donnée, cette assignation est immédiatement transmise à l'avocat ou à l'avoué par lettre spéciale portant invitation à représenter la Régie au jour dit et à déclarer, en cas de condamnation, le pourvoi sans autre avis.

De cette manière on exécute les prescriptions de la lettre commune sans numéro du 31 août 1874, et rien n'empêche qu'on se tienne au courant de la procédure et qu'on s'assure que le pourvoi est bien déclaré dans les trois jours de l'arrêt.

C'est le directeur du lieu où se trouve la cour d'appel qui fait ou fait faire la déclaration de pourvoi et la fait signifier à la partie adverse.

Dès que le directeur du lieu où l'affaire a pris naissance a reçu une copie sur papier libre de l'arrêt qui fait l'objet du pourvoi, il donne avis du pourvoi à l'Administration par f. 122 c. dans laquelle il rend compte des raisons qui ont fait déclarer ce pourvoi. Il joint à cet avis des copies textuelles et complètes de toutes les pièces de la procédure. V. Pourvois.

AVIS D'ARRÊT.

Les directeurs doivent transmettre très exactement, au lieu et place de simples extraits, des copies *in extenso*, sur papier libre, de tous les arrêts rendus. (Circ. 626 du 26 fév. 1891.)

Le cas échéant, ils font connaître dans cet avis si un pourvoi a été déclaré, soit par la Régie, soit par le contrevenant.

Un arrêt peut être par défaut ou contradictoire. — Il peut se faire que la partie adverse ne se présente pas, soit parce que l'avocat n'a pas eu le temps de préparer sa défense, soit parce que son but unique en appelant est de gagner du temps dans l'espoir de retarder autant que possible l'exécution du jugement. Alors l'arrêt est rendu par défaut.

Immédiatement il faut faire lever l'arrêt pour qu'il soit signifié dans le plus bref délai, afin de faire courir les délais d'opposition, qui sont de cinq jours, après la signification.

S'il y a opposition, on doit recevoir la signification qui a été faite à partie et on l'adresse à l'avoué qui a gardé le dossier, en l'invitant à faire mettre au plus tôt l'affaire au rôle pour pouvoir vider l'opposition. Lorsque l'arrêt est rendu, il est l'objet d'un pourvoi dans le délai de trois jours s'il est contraire à la Régie, et dans ce cas on n'a plus à s'en occuper, attendu que c'est le greffier de la Cour qui se charge de faire parvenir à la Cour de cassation toutes les pièces nécessaires, le pourvoi ayant été fait et signé au greffe par l'avocat ou l'avoué de l'Administration. La déclaration de pourvoi est en outre notifiée également dans le délai de trois jours à la partie contre laquelle le recours est dirigé. (Art. 417 et 418 du Code d'instr. crim. ; L. C. 33/4 du 24 avril 1829 ; L. C. sans numéro du 31 août 1874.) V. Pourvoi.

Lorsqu'un jugement rendu sur une affaire qui présente quelque nullité accorde à la Régie le montant de la confiscation seulement et non l'amende, le prévenu doit être également condamné aux dépens, par application de l'article 194 du Code d'instruction criminelle. (Cass. 2 déc. 1824 ; D. 25.1.16 ; 12 mars 1891 ; Bull. crim. 1891.62.) Il en est de même devant la Cour.

CHAPITRE X

Du pourvoi en cassation en matière correctionnelle.

Le pourvoi en cassation a pour objet de faire décider si le jugement ou l'arrêt attaqué est conforme à la loi.

Pour se pourvoir, il faut que la décision attaquée soit *en dernier ressort;* il faut aussi que le jugement ou l'arrêt soit *définitif.* D'où trois conséquences : 1° si la décision est en premier ressort, le pourvoi en cassation n'est pas recevable pendant les délais d'appel ; 2° il ne l'est pas non plus après l'expiration des délais d'appel, la décision, quoique inattaquable désormais, n'étant pas en dernier ressort ; 3° mais il peut être formé après l'expiration du délai d'opposition, contre une décision par défaut, d'ailleurs en dernier ressort.

Délai de pourvoi.

En matière correctionnelle, le délai de pourvoi est de trois jours francs. (Art. 373 Code instr. crim.)

On ne doit comprendre dans ce délai ni le jour où l'arrêt a été prononcé, ni le dernier des trois jours. Ainsi un pourvoi est valablement formé le 19 pour un arrêt du 15. (Cass. 7 déc. 1832 ; S. 33.1.560.)

En un mot, le pourvoi est valable le cinquième jour : il peut être formé le 11 pour un arrêt du 7. (Cass. 18 mars 1843 ; S. 43.1.337.)

Mais les jours fériés sont comptés comme utiles dans la fixation du délai. Ainsi, notamment une déclaration de pourvoi faite le 15, contre un arrêt du 10, est non recevable, quoique, dans le nombre de jours intermédiaires, il s'en soit trouvé un férié. (Cass. 12 fév. 1808.)

De même, le délai n'est pas prorogé, quoique le dernier jour utile pour la déclaration de pourvoi soit un jour férié. (Cass. belg. 9 oct. 1835.)

L'inobservation du délai emporte déchéance. (Cass. 10 août 1833.)

Si le dernier jour du délai est un jour férié, le demandeur doit justifier des diligences faites par lui à cette date pour la réalisation du pourvoi. (Cass. 22 juin 1900 ; Pand. franç. 1902.1.462 ; 25 sept. 1902 ; Journ. Cont. ind. ; Rec. jurisp. 1902.144.)

Le délai ordinaire pour se pourvoir est de trois jours francs après celui où l'arrêt *a été prononcé* au condamné. (Art. 373, 417 et 418 du Code instr. crim.)

Le pourvoi doit être notifié à la partie contre laquelle il est dirigé dans le même délai de trois jours. (Art. 418 Code instr. crim. ; circ. 626 du 26 fév. 1891.)

L'obligation de notifier le pourvoi n'est pas prescrite à peine de nullité. Mais le défaut de signification a pour effet de donner à l'arrêt de cassation qui intervient le caractère d'arrêt de défaut. La notification peut être faite valablement après l'expiration du délai de trois jours. (Circ. 2 du 14 déc. 1826 et L. C. du 24 avril 1829.)

Il n'y a pas de termes sacramentels pour la notification à partie d'un pourvoi en cassation. L'exploit doit faire connaître simplement que, tel jour et à telle date, il a été formé un recours en cassation contre l'arrêt rendu le... dans l'affaire... sans assignation, à jour fixe, devant la Cour suprême.

Au contraire de ce qui a lieu en matière civile, le pourvoi est suspensif. Il suffit qu'il ait été régulièrement formé et dans les conditions légales.

Point de départ des délais de pourvoi.

a) En ce qui concerne les arrêts *contradictoires*, le délai du pourvoi court, soit de leur prononciation (art. 373 Code instr. crim.), soit de l'indication précise du jour de leur prononciation au cas de remise du prononcé de la sentence. (Cass. crim. 2 juill. 1898 ; Bull. crim. 242 ; Bull. Cont. ind. 1900.3.8.)

Ainsi l'arrêt qui a été rendu au jour où l'affaire a été renvoyée en présence du prévenu, ou de son mandataire, doit être considéré comme ayant été *prononcé* devant lui, quoiqu'il n'ait pas comparu au jour indiqué. (Cass. 15 fév. 1866 ; S. 66.1.231 ; 27 mars 1857 ; Bull. crim. 127 ; 11 août 1871 ; Bull. crim. 87 ; 20 août 1891 ; Bull. crim. 174.)

Le délai de pourvoi contre un arrêt qui a donné lieu à un délibéré et dont le prononcé a été renvoyé à une audience ultérieure, sans indication de jour, court non pas de l'arrêt, mais seulement à partir de sa signification, alors que la partie défaillante n'a pas été avertie du jour de la prononciation et qu'elle n'y a pas assisté. (Cass. 21 mars 1889 ; Bull. crim. 1889.126 ; 2 juill. 1898 ; Bull. Cont. ind. 1900.3.8.)

Il en est autrement si l'audience subséquente a été fixée au condamné. (Cass. 30 mai 1902 ; Gaz. Trib. 1902.1.174.)

C'est seulement dans le cas où, par suite de remises successives prononcées hors de la présence du prévenu ou de ses représentants, celui-ci n'a pas été à même d'avoir connaissance de l'audience à laquelle la prononciation de l'arrêt correctionnel a eu lieu, qu'une notification devient nécessaire pour faire courir le délai du pourvoi.

Quant aux jugements ou arrêts de *défaut*, ils ne peuvent être attaqués par la voie du recours en cassation, tant qu'ils sont susceptibles d'opposition (Cass. 3 mai 1906); et l'on sait que la notification du jugement fait seule courir le délai de l'opposition. (Cass. 12 déc. 1878 ; S. 79.1.487 ; 14 juin 1884 ; S. 84.1.399 ; 11 janv. 1895 ; Bull. crim. 22 ; 24 fév. 1903 ; Bull. crim. 88.)

Il s'ensuit, d'une part, que la partie condamnée est recevable à se pourvoir contre l'arrêt qui l'a condamnée par défaut, tant que cet arrêt ne lui a pas été signifié (Cass. 18 sept. 1828), alors même qu'il s'agit d'un arrêt qui, intervenu sur l'opposition à un précédent arrêt, est réputé contradictoire. (Cass. 18 nov. 1854 ; S. 55.1.69.)

Mais la signification qui fait courir les délais de l'opposition, fait en même temps courir, du jour où ils sont expirés, ceux du pourvoi, et il n'est pas nécessaire de faire une nouvelle signification. (Cass. 17 janv. 1834.)

En résumé, le ministère public (ou la Régie) ne peut se pourvoir utilement contre un arrêt de défaut, qu'après l'avoir fait notifier au prévenu (Cass. 24 mars 1855 ; S. 55.1.609) et lorsque l'arrêt est *définitif* par l'expiration des délais d'opposition. (Cass. crim. 11 janv. 1895 ; Bull. crim. 22 ; 24 janv. 1900 ; Bull. crim. 88 ; Cass. crim. 3 mai 1906 (Régie).

La Régie doit donc signifier l'arrêt de défaut et former le pourvoi dans les trois jours qui suivent l'expiration du délai d'opposition.

En présence d'un arrêt de défaut, la Régie ne peut former utilement le pourvoi *avant l'expiration du délai d'opposition* (le délai de l'opposition est de cinq jours, outre un jour par cinq myriamètres). (Cass. crim. 17 déc. 1887 ; 24 fév. 1900 ; 11 janv. 1895 ; Bull. crim. 436, 88 et 22.) Toutefois, si l'arrêt de défaut, rendu sur le seul appel de la Régie, s'était borné à maintenir purement et simplement la décision des premiers juges, le prévenu serait sans intérêt et par suite irrecevable à former opposition. En ce cas, la Régie serait recevable à se pourvoir sans attendre l'expiration des délais d'opposition. (Cass. crim. 9 janv. 1897 ; Bull. crim. 11.)

Le droit, pour le ministère public (ou la Régie), de se pourvoir contre un arrêt qui, rendu par défaut, *renvoie le prévenu de la poursuite*, est ouvert à dater de la prononciation même de l'arrêt. (Cass. 7 avril 1865; S. 65.1.463.)

Et, par suite, c'est aussi à partir de ce moment que court le délai de pourvoi. (Cass. 14 nov. 1872 ; S. 73.1.96.)

Dans ce cas, en effet, il n'y a pas lieu de notifier l'arrêt au prévenu, il suffit de lui notifier le pourvoi formé contre l'arrêt qui le renvoie de la poursuite.

Observons que la disposition de l'article 187 du Code d'instruction criminelle modifié par la loi du 27 juin 1866, qui déclare l'opposition à un jugement correctionnel rendu par défaut recevable jusqu'à l'expiration des délais de la prescription de la peine, quand la notification du jugement n'a pas été faite à personne, ou qu'il ne résulte pas d'actes d'exécution du jugement que le prévenu en a eu connaissance, ne fait pas obstacle à la recevabilité du pourvoi formé par le ministère public (ou la Régie) après l'expiration du délai légal de cinq jours qui a suivi la notification du jugement au domicile du prévenu. (Cass. 29 fév. 1868 ; S. 68.1.376.)

Déclaration de pourvoi. — *Notification.* — *Envoi du dossier.*

Le pourvoi ne se forme pas, comme au civil, par une requête, mais par déclaration au greffe de la Cour qui a rendu la décision attaquée.

En cas d'arrêt défavorable à la Régie, il convient de faire *d'office* une déclaration de pourvoi au greffe de la Cour qui a rendu l'arrêt. (Circ. 7 du 7 juin 1869 ; L. C. 31 août 1874 ; art. 417 Code instr. crim.)

Est valable le pourvoi formé par un commis chargé du contentieux, quoique aucun pouvoir spécial n'y soit joint.

Il suffit que l'employé énonce qu'il agit en sa qualité d'agent de l'Administration. (Cass. 14 août 1833 ; D. 17.828.)

On en informe immédiatement l'Administration, et, dès qu'on est en mesure de le faire, on lui adresse, pour être jointe au dossier de l'avocat de la Régie près la Cour de cassation, une copie de toutes les pièces de la procédure (*Procès-verbal — Assignation — Conclusions — Rapport d'experts — Jugement — Signification dudit s'il y a lieu — Déclaration d'appel — Mémoires — Arrêt — Déclaration de pourvoi — Notification du pourvoi. — Fiche 129*).

Mais il ne faut envoyer ni l'expédition de la déclaration de pourvoi ni l'original de la signification, ces deux pièces faisant partie du dossier de la procédure qui est transmis à la Chancellerie par les soins du ministère public. (L. C. du 14 oct. 1828 et du 24 avril 1829.)

En résumé, si le pourvoi est formé par la Régie, il faut joindre au dossier transmis à l'Administration : 1° une expédition de la déclaration de pourvoi ; 2° l'exploit de signification dudit pourvoi au contrevenant, ou bien des copies de ces exploits si les originaux ont été remis au Parquet.

Si le pourvoi est formé par le délinquant, on joint au dossier, s'il y a lieu, la copie signifiée de la déclaration de pourvoi.

Les grosses des jugements ou arrêts sont conservées à la Direction. On ne doit transmettre au greffe de la Cour de cassation que des expéditions authentiques de ces documents.

En matière de saisies communes, la Régie étant maîtresse de l'action peut se pourvoir même du chef d'un arrêt qui ne concernerait que la quotité de l'amende d'octroi. (Cass. 22 déc. 1888 ; S. 89.1.237.)

Arrêts de la Cour de cassation.

Tandis qu'en matière civile l'affaire est portée devant la chambre des Requêtes d'abord et devant la Chambre civile ensuite, en matière correctionnelle, l'affaire est portée directement devant la Chambre criminelle.

La Cour de cassation rend soit un arrêt de *déchéance* quand le pourvoi n'est pas recevable, soit un arrêt de *rejet* quand il est mal fondé, soit un arrêt de *cassation* quand il est accueilli.

La Cour de cassation ne connaît pas des *faits de la cause* ; elle ne connaît pas non plus du *fond* des affaires. Quand elle a cassé, elle renvoie le procès devant le tribunal de la même qualité, le plus voisin de celui dont la décision est annulée. (Loi des 1er déc. 1790 et 2 brum. an IV.)

Si la nouvelle juridiction saisie sur renvoi rend une décision semblable à celle cassée, la Cour examine de nouveau la question, toutes chambres réunies. Lorsque la Cour a annulé deux arrêts ou deux jugements rendus dans la même affaire, la Cour d'appel ou le tribunal auquel l'affaire est renvoyée, doit se conformer à la décision de la Cour de cassation sur le point de droit jugé par cette Cour. (Loi du 1er avril 1837.)

Les chambres réunies de la Cour de cassation ne doivent être appelées à statuer sur un pourvoi que dans le cas où, après cassation d'une première décision, le second arrêt rendu dans la même affaire est attaqué par un moyen identique au premier. (Loi du 1er avril 1837, art. 1er.)

S'il intervient un arrêt de cassation avec renvoi devant une autre Cour, le directeur est invité à préparer un nouveau mémoire rappelant toutes les phases de l'affaire. Ce mémoire, une fois approuvé par l'Administration, est joint au dossier qui est transmis au directeur chargé de suivre l'affaire devant la Cour de renvoi.

. On ne fait pas notifier l'arrêt de cassation.

Quant aux arrêts de déchéance et de désistement, l'Administration ne les lève jamais pour continuer les poursuites aux fins d'exécution. Elle se borne à poursuivre l'exécution de l'arrêt de condamnation qui a motivé la déclaration de pourvoi.

Suivant une pratique constante, les jugements ou arrêts faisant partie d'un pourvoi sont annexés à l'arrêt de la chambre criminelle pour être conservés aux minutes de la Cour de cassation.

Pour obtenir, le cas échéant, la restitution des grosses et des significations, il est nécessaire d'y substituer des expéditions authentiques délivrées par les greffes qui ont établi ces jugements ou arrêts. La substitution se fait par les soins de l'Administration.

Le mieux est donc de conserver les grosses en toute éventualité, et de ne joindre au dossier du pourvoi que des expéditions authentiques.

Le demandeur en cassation qui est déchu de son pourvoi en est informé directement.

Les jugements *préparatoires* ne sont susceptibles de pourvoi qu'après le jugement ou l'arrêt définitif, et à la condition qu'on attaquera, en même temps, ce jugement ou cet arrêt. (Art. 416 Code instr. crim. ; 1er mars 1901 ; Bull. Cont. ind. 1901.10.) Pour les jugements *interlocutoires*, le pourvoi est immédiatement ouvert, s'ils sont, du reste, en dernier ressort.

En matière criminelle, le pourvoi est *suspensif*, même pour les frais et les dépens, c'est-à-dire qu'il arrête l'exécution de la décision attaquée. (Circ. 114 du 26 fév. 1807.) Le délai de trois jours accordé pour le pourvoi est également suspensif. (Art. 373 Code instr. crim.)

Il découle de la jurisprudence que la Régie a la faculté de se désister d'un pourvoi. Son désistement ne peut résulter que d'un acte formel ou d'une déclaration émanée soit d'elle, soit d'un mandataire muni d'un pouvoir spécial. (Cass. 4 août 1827 ; D. 27.1.452.)

Les agents publics pour les affaires qui concernent les administrations de l'Etat sont dispensés de la consignation d'amende. (Art. 420 Code instr. crim.)

Jugements de simple police.

La voie du pourvoi en cassation est ouverte contre les jugements difinitifs rendus en dernier ressort par les tribunaux de simple police. Le pourvoi est fait dans les mêmes conditions de temps et de forme que pour les jugements correctionnels. (Art. 407, 416 C. instr. crim.)

C'est au greffe du tribunal qui a rendu le jugement qu'on doit se pourvoir. Le délai est de 3 jours francs à partir de la prononciation du jugement. (Art. 373.)

CHAPITRE XI

Exécution des jugements.

SECT. I. — DISPOSITIONS GÉNÉRALES.

Nulle peine ne peut être infligée ni subie, en France, qu'en vertu d'un arrêt ou d'un jugement irrévocable, c'est-à-dire ayant acquis l'autorité de la chose jugée par l'expiration des délais accordés pour se pourvoir, ou par l'épuisement de toutes les voies de recours. (Cod. pén. art. 23 et 28; Code instr. crim. art. 173, 203, 373.)

Si la partie condamnée se soumet de plein gré à ce qu'ordonne le jugement, l'exécution est dite « volontaire ».

Mais il peut arriver que, malgré l'autorité du jugement, la partie condamnée refuse de s'y soumettre. Pour vaincre sa résistance, la Régie n'a d'autre moyen que de recourir à l'exécution forcée (contrainte par corps, saisie mobilière, saisie immobilière, saisie-brandon, etc.).

La loi exige que certaines formalités soient remplies préalablement à l'exécution.

Il est nécessaire que le débiteur contre lequel il va être procédé à un acte d'exécution puisse prendre connaissance du titre qui est le fondement de la poursuite. La loi a voulu que, préalablement à toute exécution, signification soit faite du titre exécutoire, avec sommation d'y obtempérer.

L'exécution forcée des jugements a lieu par le ministère des huissiers, procédant à la requête du créancier.

C'est l'Administration qui décide si le jugement doit être exécuté. En attendant, il est sursis à toute mesure d'exécution.

Le directeur ne statue pas sur les demandes établies par les sous-directeurs et tendant à assurer l'exécution d'un jugement, soit par la voie de la saisie mobilière ou immobilière, soit par la voie de la saisie-brandon, soit par la voie de la contrainte par corps. Le sous-directeur adresse au directeur, à l'appui des feuilles 122 C, une formule n° 127 présentant les considérants et le dispositif du jugement. Le directeur transmet cette pièce à l'Administration, qui prononce et fait connaître sa décision en renvoyant l'une des expéditions de la feuille 122 C. (Circ. 310 du 1er août 1855 et 7 du 7 juin 1869.)

Il est recommandé au directeur de motiver son opinion succinctement. (L. C. du 22 avril 1851.)

Si le contrevenant est insolvable et sous les verrous, il est inutile de lui signifier le jugement rendu contradictoirement. Dès que le délai d'appel est expiré, le jugement est définitif et les condamnations peuvent être admises en reprise indéfinie sans signification préalable.

SECT. II. — SAISIE-EXÉCUTION.

C'est la saisie des meubles corporels du débiteur à laquelle fait procéder le créancier, porteur d'un titre exécutoire, pour arriver à les faire vendre, et être payé, sur le prix en provenant, de ce qui lui est dû.

Les formes et conditions de la saisie-exécution sont déterminées par le Code de procédure civile. (Art. 583-625.)

Il y a des objets que, par humanité ou par décence publique, la loi défend de saisir.

Avant d'opérer la saisie, le créancier doit avertir le débiteur par un commandement de payer. Si cet acte reste sans effet, l'huissier peut, 24 heures après, procéder à la saisie.

On ne vend que jusqu'à concurrence de la somme nécessaire pour désintéresser le créancier.

SECT. III. — SAISIE-BRANDON.

On appelle ainsi l'acte par lequel un créancier porteur d'un titre exécutoire met sous la main de la justice les fruits pendants par racines, appartenant à son débiteur, à l'effet d'en opérer la vente, lorsqu'ils seront parvenus à leur maturité, et d'être payé sur le prix.

La saisie-brandon ne peut être pratiquée que dans les six semaines qui précèdent l'époque ordinaire de la maturité des fruits, et elle doit être précédée d'un commandement de payer avec un jour d'intervalle.

Les formalités en sont réglées par le titre IX du Code de procédure civile. (Art. 626-635.)

SECT. IV. — SAISIE IMMOBILIÈRE.

La saisie immobilière est pour les immeubles ce que la saisie-exécution est pour les meubles. (Code proc. civ., art. 673 et s.)

De nombreuses formalités doivent être remplies pour l'expropriation forcée des immeubles.

On ne peut pas procéder à une saisie immobilière sans l'assentiment préalable de l'Administration. (Circ. 328 du 2 déc. 1845 et 445 du 3 fév. 1857.)

SECT. V. — SAISIE-ARRÊT OU OPPOSITION.

La saisie-arrêt ou opposition est l'acte par lequel un créancier arrête entre les mains d'un tiers les sommes ou les effets mobiliers appartenant à son débiteur pour faire ordonner ensuite que les deniers ou le prix des effets lui soient remis en déduction de sa créance. (Code proc. civ., art. 557-582.) *V. Des saisies.*

CHAPITRE XII

Contrainte par corps.

A défaut de paiement volontaire des condamnations prononcées, la Régie est autorisée à recourir à l'épreuve de la contrainte par corps.

Les condamnations pécuniaires pour le recouvrement desquelles la contrainte par corps peut être exercée en matière criminelle, correctionnelle et de simple police, sont : 1° l'amende ; 2° les restitutions ; 3° les dommages-intérêts ; 4° les frais. (Cod. pén., art. 52, 467, 469 ; loi du 22 juill. 1867 ; loi du 19 déc. 1871 sur les frais.)

La contrainte par corps n'est pas une peine ; c'est une épreuve de solvabilité.

La contrainte par corps est indépendante de la peine d'emprisonnement que peut encourir le délinquant, en sus des peines fiscales.

Le condamné qui a subi la contrainte par corps n'est pas libéré ; il peut être l'objet de nouvelles poursuites sur ses biens.

Il ne doit être fait aucun abus de la contrainte par corps. Son emploi doit être réservé pour les fraudeurs habituels, les contrebandiers à l'égard desquels elle est en somme la seule sanction, pour les individus sans ressources, mais à la solde de gros fraudeurs qui resteraient impunis s'ils n'étaient amenés à verser des amendes pour libérer leurs serviteurs, enfin pour les contrevenants de mauvaise volonté, ayant, par des subterfuges légaux, mis leurs biens à l'abri des poursuites du fisc. (L. C. 275 du 29 mars 1905.)

A l'origine, la contrainte par corps n'était pas applicable à la confiscation. (Loi du 3 mai 1844, art. 6 ; arrêt Metz 29 avril 1868 ; D. 68.2 91.) Toutefois, d'après une jurisprudence récente, la Régie fait entrer en ligne de compte, pour déterminer la durée de la contrainte par corps, le montant de la confiscation. (Arr. Pau 18 mai 1895 ; Bull. Cont. ind. 1896.21 ; Dijon 21 mars 1895 ; Montpellier 10 déc. 1896 ; Bull. Cont. ind. 1897.16 ; Arg. Cass. 30 oct. 1886 ; Bull. crim. 1886.305 ; Pallain, Douanes fr., t. II, n° 2418 ; Lett. Min. Just. au Proc. gén. de Bordeaux du 16 sept. 1903 ; Note de l'Adm. au Dir. de la Charente du 7 déc. 1903.)

Il en est de même, dans la pratique, pour les droits fraudés, lorsque ces droits sont adjugés par le tribunal correctionnel.

Depuis que la loi du 30 mars 1902, article 33, autorise les tribunaux correctionnels à prononcer les décimes, il y a lieu de comprendre les décimes dans le calcul de la durée de la contrainte par corps.

(Cass. Ch. r. 16 janv. 1872 ; Bull. crim. 1872.11.17 ; Circ. 131 du 10 sept. 1895.)

Les frais de signification, de commandement et de capture n'entrent pas dans le calcul de la durée de la contrainte par corps, mais ils peuvent être recouvrés sur le condamné.

On demande à l'Administration, par feuille 122 C en double expédition, l'autorisation d'exercer la contrainte par corps. (Circ. 1073 du 14 oct. 1867.) S'il n'a été déjà donné avis du jugement rendu, dans les conditions prescrites par la circulaire n° 444 du 4 février 1886, on joindra à la proposition des copies du procès-verbal et du rapport sommaire, ainsi qu'un extrait 127.

Dès que l'Administration aura autorisé l'exercice de la contrainte par corps, on fera lever et signifier le jugement, avec commandement de payer, et, pour atténuer les frais, on pourra recourir au mode économique indiqué par l'article 3, § 3, de la loi du 22 juillet 1867 (simple extrait du jugement en tête du commandement).

Recommandation sur écrou. — La contrainte par corps ne peut être exécutée que cinq jours francs après le commandement fait au condamné.

Toutefois l'article 3, § fin., de la loi du 22 juillet 1867 dispose que « si le débiteur est détenu, la recommandation peut être ordonnée immédiatement après la notification du commandement ». Dans ce cas, *et s'il y a urgence*, le directeur adresse, en temps voulu, au Procureur de la République une requête à fin de recommandation :

Le directeur des Contributions indirectes à...
à Monsieur le Procureur de la République à...

Le sʳ..... détenu dans la prison de... pour ...., a été assigné pour comparaître devant le tribunal correctionnel de ...., à l'audience du... de ce mois.

Dès que le jugement sera rendu, l'Administration s'empressera de remplir les formalités de signification et de commandement de payer.

J'ai l'honneur, en conséquence, de vous prier de vouloir bien ordonner la recommandation du sʳ..... afin qu'il soit retenu sous les verrous à l'expiration de la détention préventive qu'il subit en ce moment.

Contrevenant détenu en vertu des articles 223 et 224 de la loi du 28 avril 1816. — Lorsque le prévenu est détenu préventivement au moment de la condamnation, par application des articles 223, 224 et 225 de la loi du 28 avril 1816, il est inutile de faire cette recommandation. D'office, le Parquet maintient le condamné sous les verrous jusqu'à l'expiration de la peine. (Circ. 1073 du 14 oct. 1867 ; Pau 29 mars 1849 ; M. 20.1 ; Lett. du Garde des sceaux au Min. Fin. du 24 mars 1898 ; arrêt Limoges 16 nov. 1899.)

Les dispositions de l'article 225 relatives à la détention préventive des contrebandiers de tabacs s'appliquent :

— Aux cartes à jouer (art. 169, loi du 28 avril 1816) ;
— Aux poudres (loi du 25 juin 1841, art. 25) ;
— Aux allumettes (loi du 16 avril 1895, art. 19) ;

— Aux transporteurs et fabricants d'alcool (Loi du 29 déc. 1900, art. 14.)

— En matière d'octroi (art. 9 de la loi du 29 mars 1832 et art. 9 de celle du 24 mai 1834).

Dans les cas précités, la Régie n'est nullement dans la nécessité, dès qu'elle a connaissance du jugement, d'établir une réquisition d'incarcération ou une demande de recommandation qu'elle ferait parvenir au Parquet. (Lett. Min. Just. du 9 août 1904.)

Les directeurs n'ont pas davantage à remplir les formalités de signification et de commandement prescrites par l'article 3 de la loi du 22 juillet 1867. (Lettre autogr. 11.862 du 22 juill. 1898. ; Bull. Cont. ind. 1898.11.)

Au contraire, pour les contrevenants en état d'arrestation pour des faits non visés aux articles 223 à 225 de la loi de 1816, la Régie ne saurait se dispenser de l'accomplissement des formalités de signification et de commandement exigées par la circulaire n° 1073 du 14 oct. 1867. Par conséquent, aussitôt après la condamnation par corps, on fait signifier un commandement portant en tête un extrait du jugement, conformément à la marche tracée par le 2e § de l'article 3 de la loi de 1867.

La recommandation peut être ordonnée aussitôt après la signification du jugement. (Jug. Périgueux 28 avril 1892 ; Journ. Cont. ind. 1893.359.)

En résumé, lorsque le contrevenant est arrêté et détenu préventivement en vertu de l'article 222 de la loi du 28 avril 1816, les magistrats doivent se référer exclusivement aux dispositions de l'article 225, pour le maintien de la détention après jugement.

Mais il peut arriver que l'infraction poursuivie revête un double caractère, qu'elle constitue à la fois une contravention punissable d'une amende et passible d'une peine corporelle. Le garde des sceaux avait résolu la question dans une note du 26 juin 1877, dont voici un extrait : « L'introduction ou la tentative d'introduction dans une ville sujette aux droits d'entrée et au droit d'octroi de spiritueux dissimulés sous vêtements ou au moyen d'engins disposés pour la fraude, donne lieu : 1° au profit du Trésor, à l'amende de 500 à 5000 francs (circulation, loi du 28 avril 1872, art. 1er), à celle de 100 à 200 francs (entrée, loi du 28 avril 1816, art. 46), et à une peine corporelle de six jours à six mois d'emprisonnement (loi du 21 juin 1873, art. 12) ; 2° au profit de l'octroi, à une amende de 100 à 200 francs. — Or, si, au point de vue des contributions indirectes, l'arrestation rentre dans les prévisions de la procédure ordinaire, puisqu'elle a pour but la répression d'un délit passible d'une peine corporelle, il est certain qu'au point de vue de la contravention au droit d'octroi, punie d'une simple amende, l'arrestation présente les caractères de l'exercice anticipé de la contrainte par corps. Par suite, lorsque le jugement a prononcé les condamnations encourues pour la double infraction à la législation des contributions indirectes et au règlement de l'octroi, le contrevenant doit, par application de l'article 225 de la loi de 1816, être retenu après l'expiration de la peine corporelle, en vue d'assurer le paiement de l'amende et des frais afférents à la pénalité d'octroi. Il n'est nécessaire de remplir les formalités préalables prescrites par l'article 3 de la loi du 22 juillet 1867 que pour assurer le recouvrement des frais et amendes dus pour fraude aux droits du Trésor, et auxquels se joint une peine corporelle. » (Bull. du Min. de la Just. 1877, 6ᵉ livraison; et M. t. XX, p. 1 et 3, note.)

Ces formalités doivent être remplies sans désemparer, de façon qu'à l'expiration de la contrainte par corps afférente à la pénalité d'octroi, les condamnés puissent être, par la voie de recommandation sur écrou, contraints pour le paiement des amendes dues au Trésor. (Note Mém. t. XX, p. 9.)

Les dispositions qui précèdent ont perdu la plus grande partie de leur intérêt depuis la loi du 29 déc. 1900, article 14, § 5.

Demande d'incarcération. — En matière fiscale, l'initiative de la contrainte par corps n'appartient qu'aux agents des régies financières, et leurs réquisitions à fin d'incarcération sont toujours obligatoires pour les Parquets, même lorsque les poursuites ont été exercées directement par le ministère public et sans distinguer entre les condamnés solvables et ceux qui ne le sont pas. (Circ. Min. Just. du 29 oct. 1888.)

Si le contrevenant est en liberté, le directeur ou le sous-directeur adresse une réquisition d'incarcération au procureur de la République siégeant près le tribunal qui a prononcé la condamnation.

Cette demande doit être claire et précise, et mentionner le chiffre des sommes restant dues par le condamné et recouvrables par corps. Elle doit énoncer également les frais liquidés par le jugement, y compris les frais de timbre et d'enregistrement du jugement et les droits de poste.

Les frais d'exécution de la contrainte par corps (signification, commandement, capture) ne doivent pas entrer en ligne de compte pour la fixation de la durée. (Pont, Explic. Cod. civ., t. IX, n° 989, 3°.)

La question est douteuse pour les frais de signification des jugements par défaut, car la signification est alors considérée comme le complément indispensable du jugement lui-même.

Les facteurs qui servent à déterminer la durée de la contrainte par corps sont :

1° L'amende et, s'il y a lieu, le quintuple droit ;
2° Les décimes ;
3° La confiscation ;
4° Les droits fraudés ;
5° Les frais liquidés par le jugement. (Art. unique de la loi du 19 déc. 1871.)

La réquisition d'incarcération pourra être conçue à peu près dans les termes suivants :

Le Directeur des Contributions indirectes
    à Monsieur le Procureur de la République à...
Suivant jugement en date du   rendu par le tribunal correctionnel de
            le sʳ   domicilié à   a été condamné à
payer à l'Etat, à raison d'un procès-verbal rapporté contre
le   pour fraude en matière   une somme
de :   indépendamment des frais de l'instance qui a été engagée.
    La durée de la contrainte par corps a été fixée à :

Le s^r   ne s'étant pas libéré des sommes dont il s'agit, j'ai l'honneur de vous prier de vouloir bien donner les ordres nécessaires pour son incarcération.

Ci-joint en communication :

1º La grosse du jugement précité ;

2º L'original de l'acte de signification, s'il y a lieu ;

3º L'original du commandement de payer.

Le Directeur.

Retrait d'une demande d'incarcération ou demande en élargissement. — Le directeur autorise, *d'office*, l'élargissement des détenus, lorsqu'ils sont malades ou lorsqu'ils sont indispensables à leur famille, soit même à la suite de transaction. (Circ. 59 du 23 mars 1833 et circ. 310 du 1ᵉʳ août 1855.)

Le sous-directeur lui adresse, à cet effet, une proposition établie sur feuille 122 C en double expédition.

Lorsque le directeur a prononcé, une demande en élargissement est adressée au procureur de la République :

Le Directeur des Contributions indirectes
à Monsieur le Procureur de la République à...

J'ai l'honneur de vous informer que le nommé..... au sujet duquel je vous ai adressé, à la date du..., une demande d'incarcération, vient de se libérer des condamnations pécuniaires recouvrables par cette voie (*ou* vient d'obtenir de l'Administration un sursis à l'effet de se libérer, etc...).

Je vous prie, en conséquence, de vouloir bien considérer comme non avenue ma demande d'incarcération, et, pour le cas où vous auriez déjà requis l'arrestation du contraignable, de donner les ordres nécessaires pour suspendre l'exécution de la mesure (*ou bien* pour le faire mettre en liberté).

La contrainte par corps ne peut être ultérieurement requise pour la même dette, si le directeur ne fait pas des réserves expresses.

En admettant qu'il y ait des réserves, il se peut : 1º que les réserves aient été faites par une convention synallagmatique et acceptées par le débiteur; 2º qu'en consentant à l'élargissement du détenu, on ait fait des réserves unilatérales.

Dans ces deux cas, pourrait-on mettre à nouveau en mouvement la contrainte par corps ?

Nul doute dans le premier cas. Cependant si la convention était de telle nature qu'elle entraînât la novation de la créance (transaction définitive par exemple), la contrainte ne pourrait être reprise, en dépit des réserves faites.

Dans le cas où les réserves n'ont pas été acceptées par le débiteur, la difficulté est beaucoup plus sérieuse.

Il faut, bien entendu, que ces réserves soient faites dans l'acte qui constate l'élargissement, car des réserves postérieures à la mise en liberté n'auraient aucune valeur. D'après Darbois (*Traité de la contrainte par corps*), on n'épuise son droit à la contrainte par corps que parce qu'on est présumé y renoncer; or, quand on fait des réserves, cette présomption tombe. On pourrait donc, même dans la deuxième hypothèse, demander la réincarcération du contrevenant.

La contrainte par corps peut être exercée à nouveau contre un débiteur élargi du consentement de son créancier, lorsque les conditions mises par ce dernier à l'élargissement n'ont pas été remplies et alors même que la levée de l'écrou a été pure et simple. (Paris 19 juin 1888; S. 90.2.135.)

Fixation de la durée de la contrainte par corps. — Les tribunaux se bornant à condamner les prévenus au minimum ou au maximum de la contrainte par corps, sans indiquer la durée de cette contrainte, nous croyons devoir donner ci-après un tableau relatif à la durée de cette peine, emprunté à la circulaire n° 1073 du 14 octobre 1867.

MONTANT des condamnations prononcées.	DURÉE DE LA DÉTENTION		Lorsque le condamné justifie de son insolvabilité.
	Lorsque le condamné ne justifie pas de son insolvabilité.		
	Minimum.	Maximum.	
de 50 et au-dessous.	2 jours . . .	20 jours . . .	Moitié de la durée fixée par le tribunal, art. 10 de la loi du 22 juill. 1867.
de 51 à 100.	20 jours . . .	40 jours . . .	Même réduction pour
de 101 à 200.	40 jours . . .	60 jours . . .	celui qui a commencé
de 201 à 500.	2 mois . . .	4 mois . . .	sa 60e année sans pré-
de 501 à 2000.	4 mois . . .	8 mois . . .	judice du bénéfice de
au-dessus de 2000.	1 an. . . .	2 ans. . . .	l'art 10, même loi.

En matière de simple police, la durée de la contrainte par corps ne peut excéder cinq jours. (Loi du 22 juill. 1867, art. 9.)

La durée de la contrainte par corps est calculée à partir de la date de l'arrestation antérieure au jugement de condamnation. (Circ. 59 du 23 mars 1833 et 1024 du 5 avril 1866; arr. Dijon 31 janv. 1877; S. 77.2.141; Cass. crim. 26 fév. 1904.) Il est bien entendu, dès lors, que la prison préventive compte dans la durée de la contrainte par corps.

D'après la doctrine et la jurisprudence, pour déterminer la durée de la contrainte par corps, on fait le total des différentes condamnations énoncées dans le jugement ou l'arrêt, sans qu'il y ait lieu de distinguer entre celles qui profitent à l'État ou à la partie civile. En un mot, le jugement est un tout indivisible qui donne lieu à une contrainte unique calculée sur l'ensemble des condamnations judiciaires. (Cass. rej. 26 juill. 1872; D. 72.1.473; Cass. A, 2 avril 1874; D. 75.1.141; Cass. 4 nov. 1842; Bull. 293; Cass. rej. 19 nov. 1889; D. 70.1.144.)

Le paiement partiel de la condamnation n'a pas pour effet de dimi- nuer la durée de la contrainte; elle est irrévocablement fixée sur le chiffre initial de la dette et jusqu'à complète libération, le débiteur y reste soumis pour le tout. (Arg. des art. 798 et 800 Cod. proc. civ.)

Le soin de faire mettre le détenu en liberté à l'expiration de sa peine incombe au procureur de la République. Toutefois, la circulaire 1073 du 14 octobre 1867 recommande aux directeurs de veiller soigneusement à ce que la détention ne soit pas prolongée au delà de la durée fixée par le jugement.

Lorsqu'un contrevenant a subi la contrainte par corps, il n'est pas pour cela exonéré des condamnations pécuniaires prononcées contre lui. Il peut toujours être l'objet de poursuites, de même qu'on peut prendre hypothèque sur ses biens présents et à venir. (Art. 37 de la loi du 21 avril 1832; A. C. 11 mars 1812.)

Le Trésor public n'a pas, pour le recouvrement des amendes, un privilège sur les autres créanciers des condamnés, comme il en a un pour le recouvrement des droits. (Décis. du Min. des Fin. du 19 mai 1808; M. 4.16.)

Des personnes contraignables par corps. Exemptions. — En principe et sauf exception, toute personne, quels que soient son sexe et sa profession, peut être contrainte par corps.

Voici, du reste, les exemptions admises par la loi :

Les personnes condamnées comme civilement responsables ne sont pas contraignables par corps. (Cass. 11 févr., 18 mai et 3 juin 1843; 25 avril 1884; M. 21.377.)

Pas même pour le recouvrement des frais de justice. (Cass. du 25 avril 1884 ; M. 21.377.)

Les mineurs de 16 ans ne sont pas contraignables par corps. (Loi du 13 déc. 1848, art. 9, et du 22 juill. 1867, art. 13; Cass. crim. 10 déc. 1904; Bull. crim. 1904; 526.861.)

Jouissent de la même immunité les héritiers, les aliénés et les interdits, les agents diplomatiques, ambassadeurs, ministres plénipotentiaires, ministres résidents, chargés d'affaires, etc., etc.

Pour les députés et les sénateurs, voir l'article 14 de la loi constitutionnelle du 16 juillet 1875.

La durée fixée par le tribunal est toujours réduite de moitié, de plein droit, lorsque le condamné justifie de son insolvabilité. (Art. 10 de la loi de 1867 et circ. 1073 du 14 oct. 1867.)

Si le débiteur a commencé sa soixantième année, la contrainte est réduite à la moitié de la durée fixée par le jugement, sans préjudice des dispositions de l'article 10. (Art. 14 même loi.)

Ainsi, dans l'hypothèse où le condamné a dépassé sa cinquante-neuvième année au moment de la mise en exécution de la contrainte par corps, et justifie en même temps de son indigence, la durée de sa détention est réduite *au quart*.

La réduction de l'article 14 est acquise quel que soit le moment auquel l'âge de 60 ans se trouve atteint, soit en instance, soit même lors de l'exécution.

La contrainte par corps ne peut être exercée simultanément contre le mari et la femme, même pour dettes différentes. (Art. 16 de la loi de 1867.)

La contrainte par corps n'étant qu'un moyen légal d'exécution, la

Régie se trouve dans l'impossibilité de l'employer à l'égard d'un condamné en état de faillite, puisque ce dernier n'a plus la libre disposition de ses biens. (Lyon 16 mai 1851. D. P. 51 2.215. Dall. suppl. Rép. 8. Faillite n° 516; Aix 19 janv. 1874 ; M. 19.58.) On signifie le jugement au failli et au syndic de la faillite, et on produit ce titre ou encore mieux un bordereau, afin que la Régie soit comprise dans la masse des créanciers chirographaires. Lorsque la faillite est close sans concordat, le failli redevient contraignable par corps, jusqu'à paiement intégral des condamnations prononcées.

La clôture des opérations de faillite pour insuffisance d'actif ne faisant pas cesser la faillite et le dessaisissement qui en résulte (art. 443 Code com.), on s'est demandé si la Régie peut exercer la contrainte par corps pour recouvrer les amendes et les frais.

Avant la loi de 1867 qui a supprimé la contrainte par corps en matière civile et commerciale, le sauf-conduit accordé au failli était révoqué de plein droit, et tout créancier qui avait obtenu contre lui des condamnations susceptibles d'être exécutées par cette voie rigoureuse pouvait l'exercer. (Rivière, Rép. Code com., p. 751.) Il faut en conclure avec Darbois (Traité de la contrainte par corps, p. 243), que puisque la loi de 1867 a maintenu la contrainte par corps en ce qui concerne les restitutions, dommages-intérêts et frais, la Régie peut aujourd'hui, comme autrefois, reprendre son action tant sur les biens que sur la personne du failli.

Mais le concordat, dûment homologué, a un effet libératoire et est opposable indistinctement à tous les créanciers du failli antérieurs au vote de l'assemblée générale. V. Faillite.

La jurisprudence distingue cependant :

Si la dette à laquelle la contrainte par corps est attachée est postérieure au concordat, le failli concordataire peut subir la contrainte par corps. (Aff. Sédillot. Dalloz 54.5.184.)

Si, au contraire, la dette est comprise dans le passif de la faillite comme née antérieurement à la faillite, la jurisprudence décide que le failli concordataire ne peut subir la contrainte par corps (Paris 24 mai 1854. D. P. 57.2.158), même s'il s'agit du recouvrement d'une amende de police ou de frais de justice. (Délib. Enreg. 2 mars 1847. D. P. 48. 5.68).

L'Administration n'étant pas privilégiée pour le recouvrement des amendes et confiscations se trouve, dès lors, liée par le concordat et elle doit subir la loi commune qui régit tous les créanciers concordataires. Elle ne peut donc agir contre le failli par voie de saisie mobilière ni par voie de contrainte corporelle.

Enfin, si les créanciers sont en état d'union, l'emploi de la contrainte corporelle est suspendu tant que dure cette situation ; mais, dès que la dissolution de l'union a lieu, les créanciers non intégralement payés reprennent leur droit de poursuite individuelle et par conséquent la faculté d'exercer la contrainte par corps.

Les *militaires* et les *marins de l'État* sont soumis à la contrainte par corps, mais ils ne peuvent être arrêtés lorsqu'ils sont sous les armes.

(Circ. Min. de la guerre du 5 juin 1875 et lettres Min. de la marine des 6 fév. et 1er mars 1875.)

Pour l'exécution de cette mesure, il y a lieu de se concerter avec l'autorité militaire.

Par dérogation au principe que les peines doivent être subies sans délai, il y a lieu, pour les chefs de Parquet, d'accorder, jusqu'au 1er mai de chaque année, des sursis d'exécution aux jeunes soldats incorporés depuis le 1er novembre précédent et condamnés à des peines d'emprisonnement avant leur incorporation. Il convient de surseoir également, pendant la période d'instruction des hommes de la réserve et de l'armée territoriale, à l'exécution des peines de toute nature prononcées contre ces militaires. Le motif de cette mesure est que toute interruption de service pendant les premiers mois de présence au corps des jeunes soldats, occasionnée pour l'exécution d'une peine, aurait pour résultat d'obliger le condamné à recommencer dans des conditions défavorables une instruction jugée essentielle par l'autorité militaire. (Lett. Min. Just. du 24 nov. 1897.)

Enfin, le tribunal a la faculté d'accorder, par le jugement même de condamnation, un sursis d'une année au plus en faveur des parents d'enfants mineurs. (Art. 17 de la loi de 1867.)

Paiement partiel. — La durée de la contrainte est fixée par le chiffre *initial* de la dette ; le paiement partiel de la condamnation n'a pas pour effet de diminuer cette durée. Jusqu'à complète libération, le condamné y reste soumis pour le tout. (Art. 798 et 800 du Code pr. civ. ; arr. Paris, 6 juin 1862.)

Telle est la règle ; mais l'Administration peut toujours en modérer la rigueur.

Caution. — Le débiteur peut prévenir ou faire cesser l'exercice de la contrainte par corps en fournissant une caution. (Art. 11 de la loi de 1867.)

Cette caution est admise par le directeur ou le sous-directeur. S'il y a contestation, c'est le tribunal qui statue.

Jamais la caution fournie ne peut être contraignable par corps. Elle doit s'exécuter dans le mois à peine de poursuites. Qu'elle se libère ou non, le débiteur ne peut plus être incarcéré.

Solidarité. — En cas de condamnation solidaire de plusieurs coauteurs, la durée de la contrainte doit être établie d'après le total des différentes peines, quelle que soit la quote-part que chacun aura à supporter. On pourra exercer la contrainte par corps contre l'un quelconque, ou chacun des condamnés solidaires, et successivement pour la durée intégrale, basée sur le total des condamnations.

Circonstances atténuantes. — L'application de l'article 463 du Code pénal ne modifie pas le caractère de l'infraction et ne saurait, dès lors, empêcher l'exercice de la contrainte par corps.

Sursis. — Il n'y a pas lieu de faire entrer en ligne de compte pour le calcul de la durée de la contrainte par corps les amendes ayant bénéficié du sursis.

Opposition à jugement. — Les jugements par défaut constituent un titre

exécutoire en vertu duquel des poursuites peuvent être exercées légitimement, tant que le condamné n'a pas déclaré former opposition. (Instr.
sur le service des amendes du 5 juill. 1895, p. 23.)

En cas d'opposition au jugement par défaut, la contrainte par corps
est subordonnée à la décision à intervenir, à moins que le prévenu ne
soit en état de détention en vertu des articles 222 et suivants de la loi
du 28 avril 1816.

Même en cas d'acquittement, le prévenu pourrait être condamné aux
frais de sa non-comparution. Ces frais seraient alors recouvrables par
corps.

Appel. — L'appel suspend l'exécution de la contrainte (Art. 203, § 2,
du Code instr. crim.), à moins que le prévenu ne soit en état de détention
en vertu de l'article 222 de la loi de 1816.

Pourvoi. — Le pourvoi est également suspensif. (Art. 373 du Code
instr. crim.)

Non-cumul. — Les individus qui ont obtenu leur élargissement ne
peuvent être détenus ou arrêtés pour condamnations pécuniaires antérieures, à moins que ces condamnations n'entraînent, par leur quotité,
une contrainte plus longue que celle qu'ils ont subie, et qui, dans ce
dernier cas, leur est toujours comptée pour la durée de la nouvelle
incarcération. (Loi du 22 juill. 1867, art. 12.)

Il est de principe que le bénéfice du non-cumul des contraintes
visé par l'article 12 de la loi du 22 juillet 1867 et s'appliquant à toutes
les condamnations antérieures à l'arrestation ou à l'élargissement
n'atteint ces condamnations qu'à dater du jour où elles sont passées en
force de chose jugée, parce qu'on ne peut être réputé avoir exercé un
droit qui n'était pas encore ouvert. (Darbois, Traité de la contr. par
corps, § 211 à 215. Aix, 25 mai 1881 ; M. 21.237.)

C'était en raison de ces dispositions, et alors d'ailleurs que le contrevenant n'inspirait aucun intérêt, que l'Administration autorisait
autrefois l'exécution *successive* de deux jugements : elle notifiait le premier jugement et le faisait exécuter ; elle signifiait ensuite le second,
avec recommandation sur écrou, un jour avant l'expiration de la première contrainte par corps. (F. 122 C du 22 juin 1892.)

Cette procédure ne peut plus être suivie aujourd'hui, tout au moins
pour les jugements contradictoires, puisqu'ils deviennent définitifs dix
jours après leur prononciation et sans qu'il soit besoin de recourir à la
signification. (Applic. loi du 6 août 1905, art. 27, et art. 12 loi de 1867.)

« Ne peuvent être détenus ou arrêtés », dit l'article 12, ce qui prouve
que les mots « ont obtenu leur élargissement » doivent s'entendre d'un
élargissement de *droit* aussi bien que d'un élargissement de *fait*.

Par condamnations pécuniaires « antérieures », il s'agit des condamnations *définitives* antérieures à l'arrestation et même à l'élargissement,
et non pas seulement celles qui ont précédé le jugement exécuté par la
contrainte par corps.

Prescription. — La prescription met obstacle à l'exercice de la contrainte par corps. Les amendes prononcées en matière correctionnelle
se prescrivent par *cinq* ans. (Art. 636 Code instr. crim. et Cass. du

10 déc. 1890; D. 91 1.102.) En matière de simple police, la prescription
est de deux ans. (C. instr. crim. art. 639.)

Les frais se prescrivent par trente ans. (Art 642 Code instr.
crim. ; art. 2262 du Code civ.)

La contrainte par corps, qui est un acte d'exécution, interrompt la
prescription de la peine. *V. Prescription.*

Opposition à commandement. — L'opposition à l'exercice de la contrainte par corps, ou plus exactement l'opposition au commandement
de payer, doit être portée devant le tribunal civil.

On suit la procédure écrite. (Cass. 11 juill. 1904 ; Bull. Cont. ind.
1904.17.)

D'après les instructions de la Chancellerie au Parquet de Montpellier
(lett. de 1897), ces oppositions ne mettent pas obstacle à l'exercice de la
contrainte par corps.

Référé. — En cas d'urgence, le contraignable peut, au lieu de suivre
la procédure ordinaire, introduire un référé devant le président du
tribunal civil. L'exercice de ce référé est réglé par l'article 786 du Code
de procédure civile et l'article 22 de la loi du 17 avril 1832.

Le référé ne peut être introduit que si le condamné a été arrêté ou
s'est constitué prisonnier. (Carcassonne, ordonnance de référé du
26 oct. 1906.)

Le droit d'accorder un sursis n'appartient pas au juge de référé, mais
seulement à la partie poursuivante, c'est-à-dire à la Régie. *Ib.*

Il n'appartient pas au juge du référé d'arrêter l'exécution d'une décision judiciaire et d'accorder un délai de grâce s'il n'existe pas un vice
dans les formes extrinsèques de l'acte exécutoire, ou du jugement ou du
commandement. Il est compétent s'il s'agit de difficultés relatives à
l'exécution des jugements, mais il ne peut interpréter les jugements, ni
les modifier, ni les compléter de quelque manière que ce soit, fût-ce
même pour rectifier une erreur. (Arr. Montpellier 7 déc. 1906 ; Bull.
cont. ind 1907.4.)

Les ordonnances de référé ne sont pas susceptibles d'opposition, mais
elles peuvent être frappées d'appel, devant la Cour d'appel, dans les
quinze jours de la signification.

Arrestation à domicile. — Le débiteur ne peut être arrêté dans une
maison quelconque, même dans son domicile, à moins qu'il n'en ait été
ainsi ordonné par le juge de paix.

Le cas échéant, et par application des dispositions de l'article 781 du
Code de procédure civile, on peut demander au juge de paix l'autorisation de faire arrêter le délinquant à domicile.

Prime de capture. — La prime à allouer aux militaires de la gendarmerie, etc..., qui opèrent la capture d'un individu contre lequel a été
rendu un jugement en matière correctionnelle, varie suivant le cas qui
motive l'arrestation.

S'il s'agit d'une arrestation en vue de l'exécution de la contrainte par
corps pour des condamnations pécuniaires non recouvrées, la prime est
de :

5 francs à Paris ;

4 francs dans les villes de 40.000 âmes et au-dessus ;
3 francs dans les autres villes et communes.

Si la prise de corps est effectuée en exécution d'une sentence emportant une peine d'emprisonnement (6 jours au moins, d'après l'article 287 du décret du 18 février 1863 sur la gendarmerie), le droit à payer est de :

18 fr. à Paris ;
15 fr. dans les villes de 40.000 âmes et au-dessus ;
12 fr. dans les autres villes ou communes.

(N° 1 de l'art. 6 du décret du 7 avril 1813 ; ord. du 25 fév. 1832 et ord. du 9 janv. 1846 ; circ. 328 du 2 déc. 1845.)

Bien que les ordonnances de 1832 et de 1846 ne mentionnent que les gendarmes, il est évident que leurs dispositions doivent être étendues aux autres agents de la force publique qui peuvent être requis pour opérer les incarcérations. (Instr. amendes, art. 220.)

En vertu de l'article 77 du décret du 18 juin 1811, les primes relatives aux captures exécutées en vertu de mandements de justice portant contrainte par corps ne sont acquises aux gendarmes qu'autant que les arrestations ont été faites à la suite de recherches spéciales, sans lesquelles le délinquant n'aurait pu être découvert, circonstance qui doit être relatée dans le procès-verbal. Contrairement à l'interprétation donnée à ces dispositions par les membres de certains conseils d'administration et de compagnies de gendarmerie, interprétation d'après laquelle le fait d'arrêter un individu trouvé à son domicile, ou même rencontré dans la commune qu'il habite, ne constituerait pas les recherches spéciales dans le sens donné à cette expression par le décret et n'ouvrirait, par suite, aucun droit à la prime, il convient de décider avec la Chancellerie (lettre du 23 nov. 1891) que la prime est acquise aux gendarmes, s'ils ont effectué des perquisitions ou recherches spéciales, alors même que l'arrestation aurait été opérée au domicile et à plus forte raison dans la commune du condamné. (Circ. de la Dir. gén. de la Compt. publique du 8 déc. 1891.)

Frais d'escorte. — Les frais d'escorte occasionnés par l'arrestation d'un contrebandier sont dus aux gendarmes et doivent être payés par la Régie au même titre que la prime de capture.

CHAPITRE XIII

Recouvrement des amendes adjugées en matière répressive et fiscale. — Consignation.

Jusqu'au 1ᵉʳ janvier 1874, les receveurs de l'enregistrement et des domaines étaient chargés du recouvrement des amendes et autres condamnations adjugées à l'État en matière *répressive*.

L'article 25 de la loi de finances du 29 décembre 1873 leur a substitué les percepteurs des contributions directes, qui sont beaucoup plus à même, grâce à leurs rapports constants avec les contribuables, de s'acquitter convenablement de ce service.

Les percepteurs ne sont pas cependant chargés du recouvrement de toutes les condamnations. Chaque administration de l'État, à l'exception de celle des forêts, opère le recouvrement des amendes prononcées pour contravention aux lois spéciales dont elle assure l'application.

Indépendamment des amendes concernant son service spécial, l'Administration des contributions indirectes est chargée du recouvrement :

1° Des amendes prononcées en matière de garantie (Déc. Min. Fin. du 19 mai 1820 ; circ. 448 du 27 mars 1850) ;

2° Des condamnations pécuniaires relatives aux poudres à feu. (Circ. 41 du 29 mai 1851.)

On appelle *consignation* les fonds déposés entre les mains des receveurs principaux, à titre de transaction, ou avant jugement à titre de dépôt, ou après jugement par suite d'exécution volontaire ou forcée et qui restent ainsi consignés jusqu'à l'approbation de l'autorité compétente ou la répartition.

Recouvrement des sommes afférentes aux employés dans les saisies constatées à la requête d'autres administrations.

Ces sommes sont versées aux receveurs principaux des contributions indirectes par les comptables chargés des recouvrements. (C. C. 32 du 19 déc. 1848, et 33 du 18 déc. 1844.)

Une quittance du 74 est remise au comptable qui fait le versement. Le prix de cette quittance est prélevé sur la somme à répartir. (C. C. 103 du 24 juin 1875.)

CHAPITRE XIV

Des transactions.

La transaction est un contrat par lequel les parties terminent une contestation née, ou préviennent une contestation à naître. (Art. 2044 du Code civ.)

Les transactions doivent être rédigées par écrit. (Art. 2044 Code civ.)

Elles peuvent avoir lieu, soit par acte sous seing privé en deux originaux, soit par acte devant notaire.

Le contrevenant doit, pour transiger, réunir les conditions de capacité exigées par l'article 2045 du Code civil. — Ainsi, une transaction signée par une femme n'ayant pas une autorisation spéciale de son mari ne peut obliger celui-ci. (Cass. 31 juill. 1807.)

Les transactions doivent être rédigées sur papier timbré et être signées par le sous-directeur et le contrevenant. Si celui-ci est absent ou ne sait pas signer, il doit être suppléé par un fondé de pouvoirs, qui soit muni d'une procuration régulière ou qui se porte fort pour lui. (Circ. 186 du 19 mars 1811.)

On admet même, dans l'usage, que le contrevenant fasse une croix en présence de deux témoins.

Cependant, d'après la jurisprudence de la Cour de cassation (Arr. req. 8 juill. 1903 ; Pand. fr. 1904.1.371), on ne saurait voir l'équivalent d'une signature dans une croix apposée par une des parties au bas d'un acte sous seing privé, même devant témoins. Ces contrats doivent plutôt être signés soit par une personne se portant fort, soit par un mandataire du contrevenant.

Il faut avoir soin, autant que possible, de faire signer la transaction par le contrevenant en personne.

Si une autre personne vient transiger au lieu et place du contrevenant, cette personne signe la feuille 124 comme « *se portant fort* ». Le « porte-fort » signe de sa signature et non en contrefaisant celle de la personne dont il garantit l'acquiescement.

En droit, et aux termes de l'article 2052 du Code civil, les transactions ont, entre les parties, l'autorité de la chose jugée en dernier ressort, et elles ne peuvent être attaquées pour cause d'erreur de droit, ni pour cause de lésion.

Le système des transactions en matière de procès-verbaux des contributions indirectes a été inauguré par l'article 23 de l'arrêté du 5 germinal an XII.

Maintenues par l'article 10 de l'ordonnance du 3 janvier 1821, les dispositions de l'article 23 précité ont été modifiées par le décret du 1er novembre 1895.

Par un autre décret en date du 16 novembre 1901, on est revenu au système primitif.

L'Administration des contributions indirectes est investie du droit absolu de transiger, *avant jugement définitif*, sur toutes les peines et réparations civiles qu'entraîne la poursuite des infractions aux lois dont l'application lui est confiée, les décisions qu'elle prend à cet égard ayant pour effet immédiat d'arrêter l'action publique aussi bien que l'action civile ; *après jugement définitif*, elle peut encore transiger sur les condamnations purement pécuniaires ; mais alors, au chef de l'Etat seul appartient le droit de remettre ou de modérer les peines corporelles infligées aux délinquants. (Déc. Min. Just. 1er janv. 1844.)

En matière d'octroi, les maires sont autorisés à transiger, sauf approbation du préfet. Ce droit appartient exclusivement à la Régie en matière de saisie commune. (Ord. du 9 déc. 1814, art. 83 ; circ. 18 du 16 juin 1817.)

La Régie peut aujourd'hui transiger en matière de garantie. (Loi du 22 avril 1905, art. 11.)

D'une manière générale, il a été prescrit de porter en justice les procès-verbaux relevant des fraudes bien caractérisées. (Circ. 207 du 7 avril 1897, et L. C. 275 du 29 mars 1905.)

Les directeurs doivent porter en justice les procès-verbaux en matière de sucrage, d'acquits fictifs, d'excédents de magasin attribués à des mouillages, lorsque l'importance des quantités saisies ou les circonstances de la constatation dénotent manifestement une fraude bien caractérisée. (L. C. 267 du 30 sept. 1904.)

De même, dans certains cas où le Parquet exerce des poursuites au nom de la vindicte publique, la Régie n'exerce son droit de transaction qu'après jugement. Il en est ainsi en matière de poudres à feu, si le prévenu a encouru, indépendamment de l'amende fiscale, une peine d'emprisonnement ; dans les cas prévus par l'article 15 de la loi du 21 juin 1873 (fraude à l'aide d'engins disposés, distillation et revivification dans Paris, etc.) ; par les lois des 14 août 1889 et 11 juillet 1891 (lois Griffe) ; par la loi du 24 juillet 1894, sur le mouillage et le vinage ; par la loi du 6 avril 1897 sur les vins artificiels, dans certains cas, etc., etc.

La Régie peut transiger avant jugement, si le Parquet ne poursuit pas, ou si l'instruction aboutit à une ordonnance de non-lieu qui ne lui est pas opposable.

Il est inutile d'entrer dans aucun détail pour la fixation des transactions : c'est affaire d'appréciation.

La circulaire n° 450 du 8 juin 1850 et la lettre commune n° 275 du 29 mars 1905 indiquent les considérations dont il faut tenir compte pour la conclusion des transactions.

Toute fraude importante, concertée ou habituelle, doit être impitoyablement réprimée ; en principe, elle doit même être déférée aux tribunaux, pour que la condamnation soit connue et qu'elle entraîne toutes ses conséquences juridiques. La sanction définitive ne devra descendre au-dessous des fixations légales que dans la mesure stricte où le recouvrement serait matériellement impossible. (L. C. 275 du 29 mars 1905.)

Sans appeler les mêmes rigueurs, une fraude intentionnelle qui aura été commise accidentellement ou pour un intérêt minime doit encore être sévèrement punie. La réparation qui, d'une façon générale, ne sera pas inférieure au décuple des droits fraudés ou compromis, sera fixée en tenant compte des circonstances de l'affaire et de la fortune des fraudeurs et ira, pour des personnes aisées et instruites, jusqu'au minimum des pénalités encourues. Elle sera telle qu'elle servira sûrement d'exemple, sans cependant avoir des conséquences blessant les sentiments d'humanité dont l'Administration doit toujours faire preuve. *Ib.*

En revanche, une simple contravention dépourvue de toute intention de fraude ne doit jamais être poursuivie avec rigueur. Si elle devait entraîner indirectement une perte d'impôt pour le Trésor, ou si, par sa fréquence et malgré des avertissements, elle amenait un désordre qui serait lui-même de nature à permettre des abus, une légère amende ou, tout au moins, le remboursement des frais serait exigé. En dehors de ces cas, l'affaire devrait être, en règle générale, purement et simplement abandonnée, sans paiement des frais. *Ib.*

Toutefois, l'Administration a fait remarquer que lorsque les tribunaux prononcent des amendes inférieures au minimum encouru, par suite de l'admission des circonstances atténuantes, il faut toujours, en principe, exiger l'intégralité des condamnations.

Exception ne pourrait être admise à cette règle qu'autant qu'il y aurait disproportion évidente et justifiée entre la condamnation, le préjudice causé, l'intention de fraude et les ressources du contrevenant, ou encore dans les cas où le montant de la confiscation, que les juges n'ont pas le pouvoir de réduire entièrement, donnerait à la condamnation une exagération certaine, eu égard à la répression à appliquer. (Lett. de l'Adm. du 25 fév. 1889.)

Lorsqu'on exige du contrevenant la totalité des condamnations prononcées et les frais, après jugement définitif, on doit éviter de faire payer les honoraires de l'avocat ou de l'avoué ; la circulaire n° 328 du 2 décembre 1845 le défend. Dans ce cas, il n'y a même pas de transaction, et on s'abstient de faire signer une feuille 124.

Il n'y a pas lieu de faire signer une feuille de transaction au contrevenant qui acquitte, soit avant, soit après la signification du jugement, la totalité des pénalités prononcées (amende, confiscation et frais taxés). (Journ. Cont. ind. du 13 mai 1892, Chr.)

Mais alors même que le contrevenant consent à payer l'intégralité des condamnations prononcées et des frais taxés, il y a lieu de lui faire signer une feuille 124 lorsque, indépendamment de l'amende, il lui est imposé l'accomplissement de certaines obligations (droits sur acquits non déchargés, prise en charge de boissons saisies, etc...).

Ajoutons que le condamné qui exécute le jugement dans son entier (amende, confiscation, frais...) ne peut être légalement inquiété au sujet d'acquits non déchargés. Le recouvrement des droits garantis par ces titres de mouvement ne peut être poursuivi que contre le soumissionnaire et sa caution.

Toutes les fois qu'une transaction consentie avant jugement stipulera soit l'abandon, soit la prise en charge des marchandises saisies, il faudra exiger la signature du contrevenant ou d'un tiers muni d'une procuration légale. On évitera ainsi les conséquences du refus que pourrait opposer le contrevenant à l'exécution des clauses souscrites par *un portant fort*. (Art. 1119 et 1120 du Code civ.)

Le condamné qui exécute le jugement, qui paie l'amende et les frais taxés, mais qui fait l'abandon de la confiscation, n'a pas à signer une feuille 124.

Lorsqu'il y a plusieurs contrevenants impliqués dans l'affaire, il faut, en principe, faire souscrire une transaction, c'est-à-dire faire signer une feuille 124 par chacun des contrevenants. La transaction est, en effet, un contrat qui ne dégage que les parties qui le souscrivent.

Il n'y a cependant pas d'inconvénient à ce que la même feuille 124 serve pour plusieurs codélinquants, pourvu qu'elle soit signée par chacun d'eux, ou par l'un d'eux se portant fort.

Le montant des transactions doit être versé avant la signature de la feuille 124 par les parties. (Circ. 22 du 8 oct. 1831 ; circ. 92 du 9 déc. 1834.)

On doit toujours faire signer une feuille 124 lorsqu'un contrevenant transige *avant jugement*, alors même qu'il acquitte le montant intégral des condamnations *encourues*.

En principe, on ne doit faire signer la feuille 124 que lorsque le contrevenant s'est entièrement libéré. Advenant le cas où, après avoir signé la feuille 124, le contrevenant refuserait de payer les derniers acomptes, on pourrait lui décerner contrainte au vu de la transaction pour le recouvrement du reliquat, ou encore mieux lui intenter une action civile ordinaire, toujours après en avoir référé à l'Administration. Il est vrai que si la transaction n'est pas définitive, l'autorité compétente peut refuser d'approuver le traité, ce qui permet de reprendre les poursuites correctionnelles.

Le paiement par acomptes constitue l'exception. En pareil cas, il est de pratique constante de n'apposer les signatures des parties au pied du contrat que lorsque le contrevenant s'est complètement libéré. En opérant autrement, on substituerait à une poursuite correctionnelle, basée sur un procès-verbal, une instance civile, longue et coûteuse, reposant sur un contrat civil. On se priverait ainsi d'une des armes les plus efficaces pour amener à composition les fraudeurs : la contrainte par corps.

Le contrevenant qui a consigné une somme afin d'obtenir remise des moyens de transport serait mal venu à prétendre, en produisant au tribunal la quittance du registre 74, qu'une transaction est intervenue sur l'affaire. (Arr. Montpellier 19 juin 1902.)

Il arrive quelquefois que les colporteurs arrêtés se trouvent en possession d'une somme qui serait suffisante pour justifier une transaction. L'Administration ne peut s'attribuer cette somme qu'avec le *consente-*

ment des contrevenants, en donnant à la perception le caractère d'une transaction. A défaut de consentement, la Régie fait procéder à une saisie-exécution entre les mains du gardien-chef de la maison d'arrêt aussitôt après que le jugement est prononcé.

Lorsque la somme en question a été versée entre les mains du receveur des finances, la Caisse des dépôts admet, si la somme est peu élevée et s'il n'y a pas d'opposition, qu'elle soit versée à la Régie contre une quittance d'un registre à souche avec duplicata sur papier libre et la simple remise de l'original de l'opposition faite ès mains du tiers saisi.

La somme saisie en vertu de la grosse exécutoire du jugement sera provisoirement déposée à la Caisse des dépôts et consignations, si l'huissier poursuivant et le saisi ne conviennent pas d'un séquestre volontaire. (Art. 590 du Code pr. civ.) — Pour en obtenir ensuite le retrait, il suffit de remettre au préposé à ladite Caisse, c'est-à dire au receveur particulier ou au trésorier-payeur général, une copie certifiée du jugement, avec des certificats de signification et de non-opposition ou appel s'y rapportant. (Applic. ordonn. du 3 juill. 1816, art. 15.)

Toutes les fois qu'une transaction intervient, avant jugement définitif, sur un procès-verbal relevant une infraction, qui comporte des pénalités supérieures à 600 fr., les directeurs et les sous-directeurs doivent faire signer au contrevenant, indépendamment de la feuille 124, une attestation libellée à peu près dans ces termes :

Je soussigné (nom, prénoms, profession et demeure) reconnais avoir versé à l'Administration des Contributions indirectes la somme de   pour arrêter les suites d'un procès-verbal rapporté le pour   et que l'amende encourue était de   . (Circ. 630 du 10 janv. 1906.) *V. Sursis.*

(Date et signature.)

Ce document permet de faire la preuve devant le tribunal saisi de l'affaire que le contrevenant ne se trouve pas dans les conditions requises pour bénéficier de la loi de sursis. *V. Sursis.*

Les feuilles 124 de transaction sont assujetties au timbre de dimension. (Lett. Min. Fin. du 5 mai 1807.) Il est d'usage d'y faire apposer à l'avance le timbre mobile de dimension de 60 c. ou de les faire timbrer à l'extraordinaire. Sur autorisation spéciale du sous-directeur, le receveur principal à qui incombe l'obligation de faire timbrer ces feuilles porte le montant de l'avance des timbres au 89 B, et au fur et à mesure de l'encaissement des transactions, il reprend en recette 1 fr. 20 au même registre (timbre de l'original et de la copie).

Lorsque le contrevenant se libère par acomptes, on doit procéder conformément aux prescriptions de la circulaire n° 22 du 8 octobre 1831. On encaisse successivement les divers acomptes en les imputant aux consignations sur amendes. (Reg. 89 A.)

On ne remet alors au contrevenant le double de l'acte de transaction que lorsqu'il a soldé le montant intégral. (Circ. 189 du 6 juin 1811.)

Si le contrevenant se présente à la direction ou à la sous-direction pour transiger, le commis chargé du contentieux lui remet un bulletin énonçant le numéro et la date du procès-verbal, les nom, qualités et domicile du délinquant et la somme qu'il a à payer (frais, droits fraudés, amende, timbre de la transaction, etc.). Muni de ce bulletin, le contrevenant se rend à la recette principale, acquitte sa dette et reçoit en échange une quittance du registre 74 qu'il rapporte à la direction. On établit alors la feuille 124, sur laquelle on relate le numéro et la date de la quittance, qui est laissée au contrevenant avec un double de la transaction.

Le contrevenant qui n'est pas en mesure de verser immédiatement entre les mains du receveur principal le montant de la transaction peut être autorisé à opérer le versement entre les mains du receveur ambulant de sa résidence. Le double de la feuille 124 est remis au receveur, qui fait recette de la consignation au 74, pour le compte du receveur principal, et la classe au 76 et au bordereau 80 sous le titre *Recouvrements sur transactions*. (Circ. 22 du 8 oct. 1831.)

Et encore mieux, on attend que le receveur ambulant ait donné avis de l'encaissement, en faisant connaître le numéro et la date de la quittance, pour établir la feuille 124, qui est ensuite envoyée à ce chef de service qui la fait signer à l'intéressé et lui en remet copie.

S'il s'agit d'une affaire portée en justice devant un tribunal qui n'est pas au siège de la direction ou de la sous-direction, et si le contrevenant offre de payer avant jugement la somme exigée à titre de transaction, le comptable, s'il en a reçu l'ordre antérieurement, encaisse la somme en question qu'il majore des frais exposés depuis sa fixation et de ceux que nécessite la radiation de l'affaire du rôle (jugement de désistement, etc.). Il avise immédiatement du paiement le directeur ou le sous-directeur, qui établit et transmet au chef de service la transaction à faire signer.

On peut se dispenser de remplir le cadre des frais au verso de la feuille 124 toutes les fois que les transactions donnent lieu à répartition. Dans ce cas, lorsque les transactions seront soumises à l'approbation de l'autorité compétente, on joindra au dossier l'état 99. A ce moment, on se bornera à servir le cadre des frais et on complétera plus tard les diverses indications que comporte cette pièce. (Circ. 369 du 13 oct. 1899.)

Le compte des produits d'amendes et confiscations réalisés par vente, par transaction, ou en vertu de jugements, est suivi au registre 89 A (1re partie).

Enregistrement. — D'après un arrêt rendu par la Cour des comptes le 21 novembre 1875, on doit *soumettre à l'enregistrement* :

1° Les transactions portant abandon des objets saisis destinés à la vente ;

2° Les ordonnances autorisant la vente à titre conservatoire d'objets périssables. (L. C. 24 du 21 nov. 1877.) On aura soin, par conséquent, de comprendre les frais d'enregistrement dans les frais de la transaction.

Ces transactions sont soumises au droit fixe de 1 fr. 88, principal et décimes. (Circ. 218 du 17 juill. 1897.)

Pécule. — Un décret du 22 octobre 1880 a disposé que le reliquat du pécule disponible au jour de la sortie des détenus dans les maisons *centrales* serait appliqué au paiement des condamnations pécuniaires dues par eux au Trésor. Mais ce décret ne concerne pas les détenus dans les maisons d'arrêt, de justice ou de correction, puisque le Trésor ne fait aucune recette sur le produit du travail de ces détenus.

Il est cependant loisible aux chefs de service de s'entendre avec les directeurs des maisons d'arrêt pour que ceux-ci, avec le consentement des détenus, prélèvent sur le pécule le montant des sommes dues au Trésor, sous la réserve de laisser aux condamnés une somme suffisante pour leur permettre de satisfaire aux premiers besoins au moment de leur libération.

Somme consignée par un contrevenant qui ne peut être retrouvé. — A défaut de transaction ou de jugement attribuant cette somme à la Régie, il convient de procéder comme pour les consignations sur acquits-à-caution ou passe-debout et qui ne sont pas retirées par les ayants droit, malgré les justifications de décharge ou d'apurement. (Circ. 194, p. 17, du 24 déc. 1896.)

Transaction sur une affaire inscrite au rôle. — Souvent les affaires sont rayées du rôle immédiatement après la signature de la transaction, ce qui a pour conséquence de mettre obstacle à la reprise des poursuites, lorsque la répression est jugée insuffisante. Pour parer à cet inconvénient, il suffira de demander au tribunal une remise de cause et de ne produire le désistement de la Régie qu'après approbation du traité par l'autorité compétente. (L. C. du 23 oct. 1883.)

Apurement des acquits-à-caution. — Autant que possible les transactions doivent régler les conditions d'apurement des acquits joints aux procès-verbaux. (Circ. 480 du 29 janv. 1851 et 310 du 1er août 1855.)

La transaction doit énoncer, selon les cas :

— Si la décharge de l'acquit est accordée partiellement ou totalement ;

— Si pour les différences, les simples ou doubles droits ont été exigés et payés par le souscripteur de la transaction ;

— En un mot, si le soumissionnaire est libéré. Quand le sort des acquits n'aura pas été réglé par transaction, les propositions d'apurement, pour ceux de ces titres qui sortiront des limites de la compétence des directeurs, seront transmises à l'Administration sous le timbre du *contentieux* aussitôt après la conclusion des traités. (Circ. 189 du 7 déc. 1896.)

Compétence pour l'approbation des transactions.

Les transactions ne sont définitives que lorsqu'elles ont été approuvées par l'autorité compétente.

1° *Transactions avant jugement.* — Quelle que soit la solution donnée à une affaire (transaction à l'amiable, paiement intégral des pénalités encourues), le traité doit être approuvé par le directeur, lorsque les condamnations (confiscations et amendes) ne s'élèvent pas à plus de 500 francs ; par l'Administration, lorsque lesdites condamnations s'élèvent de 501 à 3.000 francs ; par le ministre, dans les autres cas (art. 23 arrêté du 5 germ. an XII, art. 6 ord. 4 déc. 1822 ; décret du 16 mars 1901), et lorsqu'il y a dissentiment entre le directeur général et le Conseil d'administration. (Art. 10 ord. 3 janv. 1821.)

En thèse générale, c'est le minimum des condamnations encourues (amende et confiscation) qui détermine la compétence.

C'est le maximum, au contraire, qui sert de base lorsque la transaction stipule une somme supérieure au minimum. (Circ. 450 du 8 juin 1850.)

2° *Transactions après jugement.* — C'est le montant des condamnations prononcées qui détermine la compétence (décimes non compris).

Les décimes n'entrent pas en ligne de compte pour la détermination de la compétence (circ. 137 du 10 sept. 1895), ni le quintuple droit de consommation. (Circ. 675 du 4 fév. 1907.)

Il en est de même des droits fraudés, lorsque la loi les accorde, indépendamment de l'amende et de la confiscation.

En un mot, l'amende seule et la confiscation déterminent compétence.

L'Administration avait porté à la connaissance des directeurs, au moyen de la correspondance générale, un arrêté ministériel en date du 26 avril 1888, aux termes duquel toutes les demandes ou propositions tendant à une réduction des amendes ou confiscations prononcées par les jugements et arrêts des cours et tribunaux devaient être déférées au comité des remises et transactions institué par arrêté ministériel du 26 janvier 1887.

Par un second arrêté du 8 février 1889, rapportant celui du 26 avril 1888, il a été décidé que les transactions proposées ne seront plus soumises à l'examen dudit comité que si leur approbation rentre, à raison du chiffre des pénalités encourues (plus de 3.000 fr.), dans les attributions du ministre, conformément aux dispositions de l'article 23 de l'arrêté du 5 germinal an XII.

L'amende fixée pour le cas de récidive n'est encourue que dans le cas où il y a, pour la précédente contravention, jugement passé en force de chose jugée. Ce n'est donc aussi que dans ce cas qu'elle peut figurer dans les condamnations encourues pour déterminer l'autorité capable de transiger. (Circ. 450 du 8 juin 1850.)

Si la contravention est commune au Trésor et à l'octroi, on compte toutes les amendes. *Ib.*

La faculté de transiger d'office, après condamnation correctionnelle, est rendue aux directeurs.

Si, pour les affaires de leur compétence, les directeurs et les sous-directeurs conservent, après jugement, le droit de transaction, ils ne doivent l'exercer que lorsque l'Administration, avisée de la sentence, a fait connaître si elle y acquiesce.

Il peut arriver, en effet, que, même dans les affaires où les tribunaux ont prononcé le minimum des condamnations, l'Administration estime insuffisantes les réparations qui lui sont accordées et prescrive de faire appel *a minima*; ou encore qu'elle ordonne la signification d'un jugement de défaut afin d'établir la récidive.

Procès-verbaux constatant en même temps un délit fiscal et un délit de droit commun. — En thèse générale, on doit, sur les affaires suivies également par le ministère public, ne transiger, au point de vue fiscal, qu'après jugement de condamnation contre le délinquant. Si le ministère public fait connaître qu'il ne donnera, quant à lui, aucune suite au procès-verbal, l'affaire reste purement fiscale, et elle peut être terminée par transaction avant ou après jugement. (Circ. 64 du 22 sept. 1852 ; art. 15 de la loi du 21 juin 1873 ; loi du 14 août 1889 ; loi du 24 juill. 1894.)

Octroi. — Pour les affaires spéciales d'octroi, les transactions sont accordées : 1° par le maire, sauf l'approbation du préfet, lorsque l'octroi est en régie simple ou est géré par la Régie (art. 83 et 89 de l'ord. du 9 déc. 1814) ; 2° par l'adjudicataire, dûment autorisé par le maire, lorsque l'octroi est en ferme ou en régie intéressée. (Art. 124 du décret du 17 mai 1809.)

Transactions sur saisies communes. — En matière d'octroi, les maires sont autorisés, sauf l'approbation des préfets, à faire remise, par voie de transaction, de la totalité ou de partie des condamnations encourues, même après jugement. Ce droit appartient exclusivement à la Régie des contributions indirectes et d'après les règles qui lui sont propres, toutes les fois que la saisie a été opérée dans l'intérêt commun du droit d'octroi et des droits imposés au profit du Trésor. (Ordonn. du 9 déc. 1814, art. 83 ; circ. min. du 16 janv. 1817 ; Cass. 22 déc. 1888 ; S. 89. 1.237.)

Droits. — L'Administration a toujours soutenu que les droits ne peuvent faire l'objet d'une transaction. La Cour de cassation a confirmé cette doctrine. (Cass. 13 mars 1895. Enreg. ; S. 95.1.465 ; D. 95.1.521.)

Mais le quintuple droit de consommation (spiritueux) et le quintuple des droits fraudés (vélocipèdes) peuvent être abandonnés en tout ou partie.

Poudres à feu. — En matière de poudres, on ne fait pas, à proprement parler, de transaction, mais seulement un projet de transaction qui est soumis à l'approbation du conseil de préfecture, lorsque la valeur des amendes et confiscations ne dépasse pas 1.000 fr. Au dessus de ce chiffre, la transaction doit être approuvée par le ministre des finances. (Circ. 485 du 4 juill. 1851.)

Sur feuille 122 C en double expédition on donne à peu près les motifs suivants :

M. le procureur de la République, consulté sur cette affaire, a été d'avis qu'elle n'était susceptible d'aucune suite au point de vue de la vindicte publique, la poudre saisie ne pouvant être employée qu'à l'exploitation des carrières.

En conséquence, l'action fiscale subsiste seule ; dès lors, on a cru devoir proposer un arrangement au contrevenant.

Par tel motif le chiffre de la transaction a été fixé à   . Le sieur X*** a été prévenu que ce projet de traité ne serait définitif qu'après qu'il aura été approuvé par conseil de préfecture, conformément à l'article 3 du décret du 25 mars 1852 et à l'art. 11 de la loi du 21 juin 1865 (Circ. 41 du 29 mai 1852.)

Ces contraventions sont le plus souvent constatées au préjudice de nomades qu'on ne retrouve plus lorsqu'on veut faire verser le montant de la transaction fixée ; conséquemment il est bon d'en exiger le versement immédiat, en portant la somme au 89 C, ou plus régulièrement au 89 A (1re partie).

Sommes indûment payées aux verbalisants.

Les employés saisissants doivent reverser à la recette principale la part d'amende qui leur a été indûment attribuée.

Les rectifications utiles sont faites au 100 A par voie de modification aux antérieurs, et la nouvelle répartition opérée est justifiée par la production d'un état 99 régulièrement établi.

Transaction rejetée ; somme supérieure à verser.

Lorsque l'approbation d'une transaction est subordonnée au paiement d'une amende complémentaire, on doit d'abord prévenir le contrevenant et l'inviter à verser l'amende exigée.

S'il accepte ces conditions, on lui fait signer une nouvelle feuille 124. (On pourrait à la rigueur se borner à ajouter à la transaction primitive une mention spéciale signée par le délinquant.) L'affaire ne figure pas une deuxième fois à l'état 122 D, mais la nouvelle transaction est présentée au visa de l'Administration par feuille 122 C en double expédition. Le dossier est renvoyé au directeur lorsque la feuille 124 a été revêtue de la mention : « *La transaction ci-dessus a été passée conformément à la décision en date du*   *, n°*   *. »*

Si le contrevenant refusait d'accepter les nouvelles conditions, on lui ferait signifier, par ministère d'huissier, un acte extrajudiciaire portant notification du rejet du traité d'arrangement. Le procès-verbal reprendrait alors toute sa force en vertu de l'assignation qui a dû être donnée dans le délai fixé par la loi du 15 juin 1835.

Si besoin est. on fait délivrer une nouvelle assignation rappelant la première (bien entendu, il faut qu'il y ait une première assignation ou que l'acte ne soit pas périmé) et on reprend l'instance.

On ne manquera pas de faire connaître au tribunal que toute transaction qui n'a pas reçu l'approbation de l'autorité compétente doit être considérée comme non avenue. (Cass. 11 juin et 31 juill. 1807 ; Chambéry 7 mars 1879 ; Lyon 30 juin 1885.)

Transaction rejetée. Demande de remboursement de la somme versée conditionnellement.

Le contrat passé sur une f. 124 et qui ne doit être considéré comme une *transaction* que lorsqu'il a été ratifié par l'autorité compétente, est un engagement conditionnel, tel que le dépeint l'article 1168 du Code civil.

Le directeur consent à ne pas donner suite au procès-verbal moyennant le paiement d'une certaine somme déterminée, mais l'arrangement est subordonné à la réalisation d'une condition exprimée à l'article 5 de la feuille 124. C'est une condition résolutoire qui, aux termes de l'article 1183, opère, lorsqu'elle s'accomplit, la révocation de l'obligation et qui remet les choses au même état que si l'obligation n'avait pas existé. Bien plus, ajoute la même disposition, « *elle oblige le créancier à restituer ce qu'il a reçu dans le cas où l'événement prévu par la condition arrive.* »

Lorsque le directeur (l'Administration ou le ministre) n'a pas approuvé le projet de transaction, l'affaire se trouve ramenée à son premier état et l'Administration ne peut se dispenser de rembourser à l'intéressé, sous prétexte d'un droit éventuel, la somme que ce dernier avait versée conditionnellement, s'il exige ce remboursement.

Transaction rejetée. Remboursement complet.

Une transaction est passée pour la somme de 18 fr. 80 se décomposant comme suit :

Frais.	6 fr. 15
Droits fraudés.	11 45
Total.	17 60
Timbre 124.	1 20
	18 80

L'Administration prescrit de rembourser cette somme.

La somme de 17 fr. 60 doit figurer à l'état 100 A (colonne des restitutions).

On produit un état 98 pour l'admission en dépense des 6 fr. 15 (frais).

Quant à la somme de 1 fr. 20, si le remboursement en a été prescrit, il fait l'objet d'un mandat spécial de restitution sur proposition du directeur.

Transaction rejetée. Remboursement partiel.

Lorsqu'une transaction est rejetée et qu'on fait rendre une partie de la somme versée, la somme restituée figure à l'état 100 A à la colonne à ce destinée (col. 3) ; la dépense est justifiée par la production de la quittance de la somme d'abord versée et par la quittance de la somme ex-mains de la personne à qui on rembourse. (Circ. de la comptabilité n° 7 du 30 déc. 1826.)

Le timbre de la quittance de remboursement reste à la charge du contrevenant. (Circ. 324 du 2 juill. 1840.)

Remboursement complet (*frais, amende, droits fraudés et timbre*) d'une transaction déjà répartie.

Les restitutions autorisées sur amendes et confiscations sont opérées par rectification et déduction sur les totaux de l'état 100 A, cadre des rectifications. Les autorisations et les pièces justificatives sont jointes à cet état.

On fait dépense effective au 87 A, à titre de remboursement, de la somme qui avait été encaissée pour droits fraudés, décimes, et de celle qui avait été attribuée au Trésor.

On opère par voie de déduction au 87 et au 88, en ce qui concerne les frais et les sommes inscrites en recette pour le service des pensions et pour le fonds commun. Pour les frais, suivre l'opération au 89 B, de telle sorte que, les frais n'étant plus balancés, on peut les faire rembourser par les verbalisants, s'il y a eu faute de leur part, ou régulariser le compte des avances au moyen d'un état 98.

Les saisissants remboursent de la main à la main. Mais si les verbalisants ont quitté le département, c'est le receveur principal qui fait l'avance, en attendant que son collègue lui envoie, par virement de fonds, le montant de ses débours.

L'octroi rembourse également de la main à la main la somme touchée, déduction faite de celle qu'il aurait reversée à titre de sous-répartition.

Mais, en ce qui concerne les saisissants et l'octroi, il serait peut-être plus régulier de délivrer des quittances du 74. On ferait alors recette au 87 des sommes versées et on balancerait par un article de dépense, à titre de remboursement.

Enfin au 89 A, 1re partie, déduire de chaque colonne l'attribution du montant de la transaction et en reporter le total à la colonne des remboursements. Poursuivre les rectifications au 100 A (1re page) et aux bordereaux 91 A et B.

Les rectifications dont les répartitions sont jugées susceptibles devront être opérées sur l'état 100 A, lors même qu'elles concerneraient les répartitions de l'année précédente. (L. C. 28 du 31 mai 1851; circ. Compt. publ. 8 du 10 déc. 1827 et 11 du 28 janv. 1829.)

En ce qui concerne les timbres de la transaction (1 fr. 20), l'Administration adresse au directeur un mandat de restitution. Ces timbres, en effet, ne figurent pas à l'état 100 A.

CHAPITRE XV

Etat 122 D.

(Proposition d'approbation de transaction.)

Si l'affaire est de la compétence du directeur, le sous-directeur lui adresse une feuille 122 C en double expédition, sur laquelle on donne les raisons ayant déterminé la fixation de la transaction.

Les transactions qui doivent être soumises à l'approbation du Conseil d'administration ou du ministre sont adressées au moyen d'un état collectif n° 122 D, modèle créé par la circulaire n° 7 du 7 juin 1869.

L'état 122 D de la compétence de l'Administration est dressé tous les quinze jours. Il doit être transmis en *simple* expédition du 1er au 5 et du 15 au 20 de chaque mois. (Lett. com. du 14 nov. 1872, circ. 195 du 26 déc. 1896 et circ. 478 de 1902). Les affaires de la compétence du ministre font l'objet d'un état distinct établi en *double* expédition. (Circ. 7 précitée ; circ. 345 du 27 juin 1899 et circ. 478 du 24 janv. 1902.)

Dans le but d'accélérer la marche des affaires, il y a lieu d'adresser à l'Administration les états n° 122 D présentant les transactions à l'approbation du ministre, au fur et à mesure de la conclusion des traités d'arrangement. (Note autogr. 21.945 du 13 déc. 1897.)

Quand aucune transaction de l'espèce n'aura été consentie dans la quinzaine, un état négatif n° 362 (ancien 234) sera produit les 5 et 20 de chaque mois, dates de transmission indiquées par la circ. n° 478 précitée.

On ne forme pas des feuilles 122 C relativement aux transactions portées sur les états 122 D. Autant que possible, on doit porter ces affaires dans leur ordre d'incription au Mémorial.

Il n'y a pas lieu de joindre les fiches n° 129 quand les contrevenants n'ont pas d'antécédents contentieux : un simple certificat négatif sur papier libre suffit.

L'examen des états 122 D a donné lieu aux observations suivantes :

Tout d'abord, en ce qui concerne le libellé de la nature de la contravention (col. 3), il importe de préciser en quelques mots le caractère de l'infraction. On ne saurait se contenter d'une formule vague, comme introduction frauduleuse de boissons, transport ou enlèvement frauduleux, une telle formule n'indiquant pas s'il s'agit d'un enlèvement, d'un transport ou d'une introduction, soit sans expédition, soit avec une expédition inapplicable.

Pour les expéditions inapplicables, il faut encore spécifier les différentes hypothèses qui peuvent se produire : il peut y avoir, en effet,
inapplicabilité à cause de la nature, espèce ou qualité des objets, du
volume et du degré (pour les spiritueux), de la désignation des expéditeurs, transporteurs ou destinataires, de la nature des moyens de transport, de la route parcourue ou à parcourir, de l'anticipation sur l'heure
d'enlèvement, de la péremption du délai, etc. De même, pour les assujettis placés sous le régime de l'exercice, il est nécessaire de spécifier
les défauts de déclaration et en quoi consistent les fausses déclarations
ou les fausses inscriptions.

En résumé, il importe de préciser le caractère de l'infraction en indiquant l'obligation spéciale, le point de détail s'il y a lieu, que la loi ou
les règlements imposaient, mais qui n'a pas été observée.

Lorsque le défaut de concordance porte sur des quantités, on devra
établir une situation des quantités déclarées, des quantités reconnues
et les différences en plus ou en moins.

Enfin, on ne devra pas perdre de vue que la désignation (col. 3) des
objets saisis comporte, s'il s'agit de spiritueux, non seulement le volume
total, mais aussi l'alcool pur total.

Par note du 27 avril 1877, l'Administration a fait connaître qu'on
devait indiquer dans la col. 4 du 122 D comment les droits afférents
aux marchandises saisies ont été assurés ou garantis.

Lorsque les objets saisis ont été vendus, ce n'est plus le montant de
l'estimation qui doit être porté au 122 D, mais bien le produit de la
vente.

Lorsque la transaction imposée dépasse le minimum de l'amende
encourue, c'est le maximum de cette amende qui sert à déterminer la
compétence. En pareil cas, on indique, colonne 3 de l'état 122 D : 1° le
minimum des amendes encourues ; 2° le maximum des amendes encourues.

Les décimes n'entrent pas en ligne de compte pour la détermination
de la compétence. (Circ. 131 du 10 sept. 1895.) Il en est de même du
quintuple droit. (Circ. 675 du 3 fév. 1907.) Par conséquent, en bonne
règle on ne devrait pas les faire figurer à la colonne 3. Toutefois, après
avoir totalisé le principal de l'amende et la confiscation, il est utile de
mentionner, séparément et pour mémoire, les décimes et le quintuple
droit.

Lorsque l'état 122 D sera négatif, les directeurs ou sous-directeurs se
borneront à adresser un certificat négatif n° 234. (Circ. 369 du 13 oct.
1899.)

Si l'Administration a déjà été appelée à statuer sur le procès-verbal,
on se bornera à exposer très sommairement l'affaire et à rappeler le
numéro et la date de la décision. On joindra au dossier une copie de
ladite décision, ou la décision elle-même.

On peut se dispenser de remplir le cadre des frais au verso de la
feuille 124, si un état 99, qui sera complété plus tard, est joint au dossier. (Circ. 369 précitée.)

Lorsque le chiffre de la transaction a été fixé par décision ministérielle pour des affaires entraînant des condamnations supérieures à 3.000 fr., il ne faut pas inscrire ces affaires à l'état 122 D (ministre). On soumet simplement la transaction au visa de l'Administration par feuille 122 C en double expédition.

Mais si l'affaire est de la compétence de l'Administration, que la décision ait été prise par le directeur général ou le ministre, on porte l'affaire sur l'état 122 D (Administration), en ayant soin de relater la date de la décision dans la colonne des observations.

Tout dossier annexé à un état 122 D doit être formé de la façon suivante : 1º Transaction (feuille 124) ; 2º Procès-verbal ; 3º Expéditions ou quittances annexées au procès-verbal ; 4º Pièces diverses, fiche 129, etc., etc. (V. le classement indiqué pour l'état 100 A.)

Si les transactions ne sont pas renvoyées 5 jours avant l'expiration du délai de trois mois imparti par la loi du 15 juin 1835 pour assigner, le directeur ou le sous-directeur fait délivrer immédiatement assignation à titre conservatoire. (L. C. 23 du 4 oct. 1877.)

Si une transaction intervient sur une affaire portée en justice, avant jugement, il ne faut pas faire rayer l'affaire du rôle tant que la transaction n'est pas approuvée par l'autorité compétente. *Ib.*

Afin d'éviter, dans la mesure du possible, la délivrance d'assignations conservatoires, l'Administration renvoyait, à l'issue de chaque séance du Conseil d'administration, une fiche servant d'avis provisoire d'approbation ou de rejet de transaction. (Note du 24 juin 1905.)

Il a paru utile de compléter cette mesure par le renvoi immédiat des transactions elles-mêmes, ce qui permet d'accélérer la répartition des affaires et de hâter ainsi leur solution définitive. (Note autogr. 325 du 18 janv. 1906.)

Aujourd'hui, les directeurs doivent joindre aux états 122 D de quinzaine, aussi bien pour les affaires de la compétence du ministre que pour celles de la compétence du directeur général, un imprimé du modèle 86. *Ib.*

On doit, dans chaque direction ou sous-direction, remplir les colonnes 1 à 3 de cet imprimé qui, complété dans les bureaux de l'Administration par l'inscription, dans les colonnes 4 et 5, de la date et du numéro de la décision d'approbation, sert de bordereau aux transactions. *Ib.*

Aussitôt après réception de ces documents, le directeur, au vu de l'état 86 qui est ensuite classé à l'appui des minutes des 122 D, a soin d'inscrire, au bas de chaque transaction, la mention d'approbation qu'il certifie par l'apposition de sa signature. Les affaires peuvent, de la sorte, figurer sans aucun retard à l'état 100 A. *Ib.*

Un nouveau modèle, destiné à remplacer le nº 86, va être créé sous le 260 *bis*-122 E de la série du service général, mais on ne devra en faire usage qu'après épuisement du stock actuel. *Ib.*

Ainsi que cela a été prescrit pour la fiche créée par la note du 24 juin 1905, le bordereau nº 86 doit être épinglé au recto de chaque état 122 D. *Ib.*

CHAPITRE XVI

Fonds commun.

Constitution du fonds commun.

Un arrêté ministériel du 24 juillet 1877 avait créé un fonds de réserve destiné, d'une part, à rétribuer les agents qui avaient donné des preuves d'intelligence, d'initiative et de dévouement exceptionnels dans la répression de la fraude, et qui ne recevaient pas une récompense suffisante de leurs efforts et de leurs recherches, et, d'autre part, à accorder des gratifications aux employés qui avaient accompli un acte de réel courage dans une lutte contre les fraudeurs.

Ce fonds de réserve était alimenté exclusivement au moyen de prélèvements effectués sur les amendes réalisées à la suite de procès-verbaux ne constatant pas des faits de fraude actuels.

A partir de 1898, le fonds commun a été alimenté à l'aide de ressources normales, et tous les employés du service actif qui avaient accompli leurs obligations professionnelles avec zèle et intelligence pouvaient participer à la répartition annuelle des disponibilités du fonds commun. (Circ. 280 du 23 mai 1898.)

Aux termes du décret du 22 avril 1898, le fonds commun était constitué à l'aide d'une retenue de 8 0/0 opérée sur le produit *net* des amendes.

Indépendamment de ces affectations ordinaires, on versait encore au fonds commun :

1° Les sommes prélevées sur la part des saisissants lorsque le procès-verbal ne constatait pas un fait de fraude actuel ;

2° La part des agents à la charge desquels les circonstances de la saisie avaient révélé de graves négligences ou des fautes de service;

3° La part des saisissants qui, en raison de leur grade et fonction, n'étaient pas admis à la répartition.

L'Administration devait être consultée, au moyen d'états 99 B, s'il s'agissait :

1° De déterminer la part à allouer à des employés qui avaient rapporté un procès-verbal constatant des faits de fraude non actuels ;

2° De décider si des employés à qui des torts professionnels étaient reprochés devaient être exclus de la répartition.

La loi du 6 août 1905, par son article 20, supprima la répartition directe et décida que le produit net des amendes serait attribué :

25 0/0 au Trésor ;

25 0/0 aux pensions ;

50 0/0 au fonds commun.

Peu de temps après, l'article 16 de la loi de finances du 17 avril 1906 modifia ainsi qu'il suit l'article 20 précité :

Le produit net des amendes et confiscations recouvrées en matière de contributions indirectes, tel qu'il est défini par l'article 2 du décret du 22 avril 1898, est attribué :

35 0/0 au Trésor ;

25 0/0 aux pensions ;

40 0/0 au fonds commun. .

En conséquence, le fonds commun comprend aujourd'hui :

1° Les 40 0/0 du produit net des amendes dans le cas de procès-verbaux faits par les agents de la Régie en matière de contributions indirectes ; 2° les 8 0/0 dans le cas de procès-verbaux faits par les agents de la régie à la requête d'autres administrations (octrois, douanes, sous-répartitions d'octroi, etc.). (Circ. 642 du 18 avril 1906.)

Quant aux procès-verbaux rapportés par les agents étrangers, à la requête de la Régie, il n'est plus fait de prélèvement au profit du fonds commun, la majoration de la part du Trésor ayant été évaluée d'après le rendement de l'ancien fonds ; ils supportent, au total, un prélèvement de 60 0/0 (35 0/0 pour le Trésor, 25 0/0 pour les pensions civiles). *Ib.*

Distribution du fonds commun.

1° Prélèvements extraordinaires. Etat 99 C

L'article 5 du décret du 22 avril 1898 autorise des prélèvements extraordinaires dans le courant de l'année pour allouer :

1° Des gratifications et indemnités aux employés qui se sont signalés par des actes de courage et de dévouement à l'occasion de rébellions ou faits quelconques de fraude ;

2° Des indemnités à la famille d'un saisissant ou de toute autre personne ayant contribué à la saisie, qui aurait été tuée ou blessée ou serait morte des suites de blessures reçues dans une lutte contre des fraudeurs ;

3° Des gratifications ou indemnités aux personnes étrangères à l'Administration qui auront assisté le service à l'occasion d'une saisie ou de la constatation d'une fraude, ou de l'arrestation d'un fraudeur.

Ces propositions sont établies sur des états n° 99 C en double expédition.

Jusqu'à 300 fr., et s'il y a urgence, le directeur général statue en Conseil d'administration ; au-dessus de ce chiffre, c'est le ministre qui autorise le paiement.

La dépense est faite pour le compte du receveur principal de la Seine (ligne 257, virement de fonds entre les comptables de la Régie), à qui les quittances justificatives des paiements sont adressées. (Instr. Compt. publ.)

2° Répartitions mensuelles pour les procès-verbaux faisant ressortir, pour leurs auteurs, des qualités spéciales de zèle, d'initiative ou de courage.

Sous l'empire du décret du 22 avril 1898, la répartition du fonds commun s'opérait en bloc, en fin d'année. Depuis la suppression de la répartition directe (loi du 6 août 1905), on avait procédé, deux ou trois fois par an, à des répartitions partielles, et on distribuait le reliquat en fin d'exercice.

Mais ce système était défectueux en ce sens que les propositions étaient formulées trop tard. Autant que possible, la récompense doit suivre de près l'acte à gratifier.

Aussi, à partir du 1er octobre 1906, les directeurs ont été invités à formuler, *à la fin de chaque mois*, sur un état 99 C, des propositions de gratification en faveur des agents remplissant les conditions voulues. L'Administration a insisté tout particulièrement pour que l'état 99 C mensuel ne fasse mention que des affaires à l'occasion desquelles les verbalisants ont eu, soit des luttes à soutenir, soit des investigations longues et difficiles à opérer, soit encore des surveillances prolongées, de nuit principalement, à effectuer, etc. Des indications sommaires, mais très précises, doivent être consignées à cet égard sur l'état en question. (Note autogr. 409 du 18 oct. 1906.)

Le cas échéant, un certificat négatif est adressé à l'Administration.

L'Administration tient, en un mot, à gratifier, *au fur et à mesure de la liquidation des affaires,* ou dès que la solution n'est plus douteuse, les agents qui se seraient distingués par des qualités spéciales de zèle, d'initiative ou de courage. *Ib.*

De cette façon se trouve supprimé l'envoi, dans le courant du mois, de 99 C spéciaux à chaque affaire, sauf en ce qui concerne les cas d'urgence (blessures, etc...), les propositions à l'égard des agents étrangers et les paiements des primes d'arrestation des colporteurs d'alcool, pour lesquels on procédera comme par le passé. *Ib.*

3° Etat 99 C. Répartition annuelle des disponibilités.

L'article 6 du décret du 22 avril 1898 dispose que les disponibilités du fonds commun seront distribuées chaque année par le ministre des finances, sur la proposition du directeur général des contributions indirectes, aux agents du service actif qui auront concouru le plus efficacement à la répression de la fraude et à ceux qui auront utilement contribué à la perception ou à la sauvegarde des droits du Trésor. (Circ. 280 du 23 mai 1898.)

On doit faire entrer en ligne de compte non seulement les preuves de zèle dans la répression de la fraude, mais encore la façon dont les agents s'acquittent de leurs obligations journalières.

En fin d'année, toutes les opérations de recette du fonds commun sont centralisées par le receveur principal de la Seine, qui fait connaître à l'Administration, vers le 10 janvier, le total disponible.

Vers la même époque, les directeurs adressent à l'Administration un état présentant les renseignements suivants pour chaque sous-direction et pour l'ensemble du département :

1° *Nombre d'agents du service actif* en fonction le 31 décembre de l'année écoulée.

Bien que ce chiffre ne doive pas nécessairement concorder avec les données de l'état 155 *bis*, des différences sensibles ne sauraient subsister sans être expliquées.

2° *Montant des amendes recouvrées* dans le département au 31 décembre . . . (chiffre à rapprocher du bordereau 91 transmis à la Comptabilité publique).

3° Produit du fonds commun suivant état 100 A du mois de décembre.

L'Administration, après avoir récapitulé ces états, attribue à chaque département la part qui lui revient sur le fonds commun, proportionnellement aux amendes encaissées.

En vue d'opérer la distribution de la somme qui a été attribuée à son département, chaque directeur adresse aussitôt à l'Administration des états de proposition n° 99 C en double expédition. (Circ. 345 du 27 juin 1899.)

Pour établir ces documents, les recommandations ci-après doivent être suivies :

1° Si la valeur du point est fixée, pour l'année, à 8 francs, l'employé coté 10 recevra 80 francs, et celui ayant la cote 6 touchera 48 francs.

2° Il y a lieu de ne gratifier que les agents méritant une bonne note.

3° Les propositions ne doivent concerner que les agents qui ont exercé effectivement, au moins pendant 6 mois, des fonctions actives.

4° Les employés supérieurs (inspecteurs, contrôleurs) peuvent être admis au partage du fonds commun, ainsi que les agents des services spéciaux (sucres, distilleries, etc.) et mêmes les receveurs buralistes ; mais les agents appartenant à un service étranger à l'Administration (octroi, gendarmerie, douane, etc.) n'y ont pas droit.

5° Les employés du *service actif* affectés au service des bureaux ne doivent pas figurer sur les états 99 C, à moins qu'ils ne justifient de *six mois de présence effective sur le terrain* ; il en est de même des agents qui, au cours de l'année, sont passés du service actif dans celui des bureaux, et *vice versa*.

6° Les employés qui, au cours de l'année, ont servi dans plusieurs départements, figureront, s'il y a lieu, sur l'état 99 C de la division administrative où ils se trouvaient en résidence au 31 décembre.

7° Le total des propositions établies ne doit pas dépasser le chiffre des gratifications allouées au département.

8° Les employés qui ont encouru des mesures disciplinaires au cours de l'année ou dont la manière de servir laisse à désirer, ne doivent pas être compris sur les états 99 C.

9° On ne doit faire figurer sur les états de proposition que les seuls agents à gratifier.

10° Les états seront totalisés et ce total devra concorder avec le chiffre des gratifications allouées pour le département. On aura soin d'inscrire les cotes et les sommes dans des colonnes distinctes. (Note autogr. 3657 du 8 mars 1901.)

Les employés d'octroi ne participent pas à la répartition du fonds commun. (*Correspond. adm.*)

La part attribuée à un employé lors de la répartition du fonds commun est saisissable en totalité. (Déc. nº 11.933 du 26 juill. 1899.)

CHAPITRE XVII

Répartition du produit des amendes et confiscations.

I

Historique et régime du décret du 22 avril 1898.

L'origine de l'attribution aux employés verbalisateurs d'une portion des amendes et confiscations remonte à la loi du 19 brumaire an VI, dont l'article 104 dispose qu'un dixième du produit de la vente des objets d'or et d'argent saisis sera partagé, par portions égales, entre les employés du bureau de garantie. (Circ. 280 du 23 mai 1898.)

Plus tard, les décrets des 24 août 1812 et 16 mars 1813 ont attribué aux saisissants la totalité des amendes et confiscations en matière de poudres et salpêtres.

La loi organique du 28 avril 1816 (art. 240) a admis les agents au partage des amendes et confiscations encourues ou prononcées à la suite de·fraudes relatives aux octrois, tabacs et cartes, et cette disposition a été étendue par la loi du 25 mars 1817 (art. 126) aux contraventions en matière de voitures publiques et de circulation de boissons.

Enfin, le principe de l'admission des employés au partage des amendes et confiscations a été successivement appliqué aux infractions sur les sucres et à toutes celles concernant les nouveaux impôts.

Le droit des agents au partage des amendes et confiscations était donc limité. Des critiques reconnues fondées ayant été dirigées contre ce mode de répartition, le législateur, par l'article 32 de la loi de finances du 26 juillet 1893, avait chargé le gouvernement de déterminer, par décret, les conditions dans lesquelles serait réparti le produit net des amendes et confiscations recouvrées en matière de contributions indirectes.

Ce décret a été rendu le 22 avril 1898.

Après prélèvement des droits, des frais, des décimes et de la part d'indicateur, ce décret attribue :

25 % au Trésor ;

25 % aux pensions civiles ;

8 % au fonds commun ;
42 % aux saisissants.

Ce décret est resté en vigueur jusqu'à la promulgation de la loi du 6 août 1905.

II

Régime de la loi du 6 août 1905.

L'article 20 de cette loi impute au fonds commun la part revenant précédemment aux saisissants.

Le produit net des amendes et confiscations recouvrées en matière de contributions indirectes, tel qu'il est défini à l'article 2 du décret du 22 avril 1898, est attribué comme suit :

1° 25 % au Trésor ;
2° 25 % aux pensions ;
3° 50 % au fonds commun. (Art. 20 de la loi du 6 août 1905.)

Ainsi que le spécifie l'article 2 dudit décret, le produit *total* des amendes et confiscations supporte, avant tout partage, les prélèvements suivants : 1° les droits ; 2° les frais taxables ou non taxables ; 3° les décimes ; 4° la part de l'indicateur, s'il y a lieu. (Circ. 612 du 8 août 1905.)

Le surplus forme le produit net. *Ib.*

C'est la date de la déclaration du procès-verbal, et non celle de sa rédaction, qui démarque les deux régimes.

Il a été déclaré, au cours de la discussion, par le commissaire du gouvernement et le rapporteur, que l'article 20 ne serait pas applicable aux procès-verbaux faits par les personnes étrangères à la Régie. *Ib.*

En conséquence, trois lignes sont ouvertes aux états 100 A :

1° Fonds commun, auquel sont portés les 50 % dans le cas de procès-verbaux faits par les agents de la Régie en matière de contributions indirectes, les 8 % dans le cas de procès-verbaux faits par des agents étrangers, conformément aux règles du décret de 1898, et le 8 % dans le cas de procès-verbaux faits par les agents de la Régie à la requête d'autres administrations ;

2° Parts des saisissants étrangers (soit 42 % conformément encore au décret de 1898) ;

3° Parts des agents de la Régie dans les procès-verbaux faits à la requête d'autres administrations (octrois, sous-répartitions, douanes, etc.), au sujet desquels il n'est rien innové. (Circ. 612 précitée.)

La part des saisissants étrangers est payée aux ayants droit dans les conditions déjà en vigueur. *Ib.*

Il résulte de ce qui précède que si dans la même affaire figurent, à la fois, des agents de la Régie et des agents de l'octroi, on fait une première répartition comme sous le régime du décret de 1898 ; puis on alloue aux saisissants étrangers la part qui leur revient sur les

42 % disponibles ; la part des agents de la Régie est ensuite imputée au fonds commun.

Et s'il s'agit d'une saisie commune dans laquelle figurent des agents de la Régie, la sous-répartition s'opérera comme suit :

25 % aux pensions ;

8 % au fonds commun ;

67 % aux saisissants.

L'amende sous-répartie est une amende d'octroi. Les règles de l'article 20 de la loi du 6 août 1905 ne sont pas applicables.

Rien n'a été changé en ce qui concerne la répartition de la valeur des tabacs, des poudres et des allumettes.

III

Régime de la loi du 17 avril 1906.

L'article 16 de la loi de finances du 17 avril 1906 modifie ainsi qu'il suit l'article 20 de la loi du 6 août 1905 :

« Le produit des amendes et confiscations recouvrées en matière « de contributions indirectes, tel qu'il est défini par l'article 2 du décret « du 22 avril 1898, est attribué comme suit :

« 35 % au Trésor,

« 25 % aux pensions civiles,

« 40 % au fonds commun. »

En conséquence, le fonds commun comprend : 1° les 40 % du produit net des amendes dans le cas de procès-verbaux faits par les agents de la Régie en matière de contributions indirectes ; 2° les 8 % dans le cas de procès-verbaux faits par les agents de la Régie à la requête d'autres administrations (octrois, douanes, sous-répartitions d'octroi, etc.). (Circ. 642 du 18 avril 1906.)

Quant aux procès-verbaux rapportés, par les agents étrangers, à la requête de la Régie, il n'est plus fait de prélèvement au profit du fonds commun, la majoration de la part du Trésor ayant été évaluée d'après le rendement de l'ancien fonds ; ils supportent, au total, un prélèvement de 60 % (35 % pour le Trésor, 25 % pour les pensions civiles). *Ib.*

En résumé, si les agents de la Régie verbalisent en matière de contributions indirectes, la répartition se fait comme suit :

Trésor, 35 % ;

Pensions, 25 % ;

Fonds commun, 40 %.

Si des agents de la Régie verbalisent en matière d'octroi, on impute sur la part leur revenant :

25 % aux pensions civiles si le prélèvement n'a pas déjà été effectué ;

8 % au fonds commun ;

67 % aux saisissants.

Enfin, si des agents étrangers verbalisent en matière de contributions indirectes, on répartit :

Trésor, 35 % ;

Pensions, 25 % ;

Saisissants, 40 %.

Les receveurs buralistes sont traités comme les agents de la Régie. Leurs parts d'amende sont versées au fonds commun, mais ils peuvent participer à la répartition de ce fonds commun.

IV

Sauf en ce qui concerne l'imputation nouvelle donnée à la part des saisissants, la plupart des règles posées par le décret du 22 avril 1898 sont encore en vigueur. Comme il subsiste, au surplus, des procès-verbaux, non liquidés, qui ont été rapportés sous le régime du décret de 1898, nous allons reproduire ce décret, en le faisant suivre des instructions et décisions le concernant.

DÉCRET DU 22 AVRIL 1898

Relatif au partage des amendes et confiscations recouvrées en matière de contributions indirectes.

ART. 1er. — Les employés des contributions indirectes seront admis au partage du produit des amendes et confiscations, quelle que soit la nature de l'infraction réprimée.

ART. 2. — Le produit total des amendes et confiscations recouvrées en matière de contributions indirectes supportera, avant tout partage, les prélèvements suivants :

1° Les droits exigibles sur les objets saisis, lorsqu'ils n'auront été ni acquittés par le contrevenant, ni garantis par une prise en charge ou par la délivrance d'un acquit-à-caution ;

2° Les frais taxables et non taxables qui auront été exposés ;

3° Les décimes ;

4° La part de l'indicateur, s'il y a lieu.

Le surplus formera le produit net.

ART. 3. — Le produit net sera attribué comme suit :

1° Vingt-cinq pour cent (25 0/0) au Trésor ;

2° Vingt-cinq pour cent (25 0/0) aux pensions civiles ;

3° Huit pour cent (8 0/0) au fonds commun ;

4° Quarante-deux pour cent (42 0/0) aux saisissants.

ART. 4. — Lorsque le procès-verbal ne constatera pas un fait de fraude actuel, mais contiendra simplement la relation de faits antérieurs de nature à prouver l'existence de la fraude, la part des saisissants sera fixée par une décision spéciale du conseil d'administration. Le surplus du produit net sera versé au fonds commun.

Seront également versées au fonds commun : la part des saisissants qui, à raison de leur grade et fonction, ne sont pas admis à la répartition ; les parts des agents à la charge desquels les circonstances de la saisie auront révélé de graves négligences ou des fautes de service.

ART. 5. — Sont prélevées sur le fonds commun, *en vertu de décisions du ministre des finances*, rendues sur la proposition du directeur général des contributions indirectes en conseil d'administration :

1º Les gratifications et indemnités allouées aux employés qui se seront signalés par des actes de courage et de dévouement à l'occasion de rébellions ou faits quelconques de fraude ;

2º Les indemnités attribuées à la famille d'un saisissant ou de toute autre personne ayant contribué à la saisie qui aurait été tuée ou blessée ou serait morte de blessures reçues dans une lutte contre les fraudeurs ;

3º Les gratifications ou indemnités allouées aux personnes étrangères à l'Administration qui auront assisté le service à l'occasion d'une saisie ou de la constatation d'une fraude ou de l'arrestation d'un fraudeur.

Toutefois, dans les cas d'urgence, ces indemnités et gratifications pourront être accordées, dans la limite d'une somme de trois cents francs (300 fr.), par le directeur général en conseil d'administration.

ART. 6. — Le surplus des ressources du fonds commun sera distribué chaque année par le ministre des finances, sur la proposition du directeur général des contributions indirectes en conseil d'administration, aux agents du service actif qui auront concouru le plus efficacement à la répression de la fraude et à ceux qui auront utilement contribué à la perception ou à la sauvegarde des droits du Trésor.

ART. 7. — L'indicateur qui aura fourni soit aux saisissants, soit à leurs chefs hiérarchiques, un avis ou des renseignements ayant amené directement la découverte de la fraude, recevra, sur le produit total des amendes et confiscations, le tiers de la somme disponible après prélèvement des frais, droits fraudés et décimes.

Dans le cas contraire, la part de l'indicateur sera fixée, par une décision du conseil d'administration, à un sixième, un douzième ou un vingt-quatrième, suivant l'utilité des renseignements fournis.

Ne pourra être considéré comme indicateur celui qui dénoncera un acte de fraude qu'il aura provoqué ou auquel il aura participé.

ART. 8. — Le partage des sommes disponibles affectées aux saisissants aura lieu par tête et sans acception de grade ou de fonctions.

Il en sera de même à l'égard des sommes revenant aux saisissants sur la valeur des tabacs, poudres à feu, allumettes et autres matières prohibées.

ART. 9. — Les directeurs et les sous-directeurs sont exclus du partage des amendes et confiscations, même dans les saisies auxquelles ils auraient personnellement coopéré.

ART. 10. — Ne seront admis au partage comme saisissants que ceux dont les noms se trouveront dans les procès-verbaux.

Le conseil d'administration pourra toutefois être appelé à décider si, indépendamment des signataires des procès-verbaux, d'autres employés ayant indirectement participé à la saisie ne doivent pas, quant au partage de la somme disponible, être assimilés aux saisissants.

ART. 11. — Lorsque la saisie aura été uniquement pratiquée par des agents d'un service étranger, ou quand ceux-ci auront pris part à la saisie concurremment avec des employés des contributions indirectes, la répartition des sommes recouvrées sera effectuée suivant les règles générales indiquées par les articles ci-dessus.

Les parts afférentes aux agents étrangers, calculées par tête, seront réunies en une masse qui devra être versée entre les mains des comptables de leur service ou des conseils d'administration des corps de troupes pour être distribuées aux ayants droit.

ART. 12. — Les parts d'amendes revenant aux employés des contributions indirectes dans les affaires constatées à la requête d'autres administrations subiront, au profit des pensions civiles, un prélèvement de vingt-cinq pour cent (25 0/0) sur le produit net.

Ce prélèvement ne sera, toutefois, opéré par l'Administration des contributions indirectes que dans le cas où l'Administration poursuivante ne l'aurait pas elle-même effectué.

Le surplus sera réparti dans les conditions générales indiquées aux articles ci-dessus.

ART. 13. — En cas de contravention commune à l'octroi et à l'Administration des contributions indirectes, les condamnations recouvrées ou les sommes payées en vertu de transactions seront, après les prélèvements prévus à l'article 2, réparties d'après les règles ci-après :

1° L'Administration des contributions indirectes et l'octroi partageront par moitié le produit net de la confiscation ;

2° Le produit net des amendes prononcées par les tribunaux sera partagé entre les mêmes Administrations au prorata du chiffre de l'amende que le jugement ou l'arrêt aura respectivement attribué à chacune d'elles ;

3° Dans l'imputation du montant des transactions, les réductions consenties aux contrevenants porteront sur les amendes et sur la confiscation proportionnellement aux sommes exigibles, tant à titre d'amendes qu'à titre de confiscation ;

4° Lorsque le taux de la transaction concédée sera supérieur au minimum des condamnations encourues, il y aura lieu d'attribuer d'abord à chaque Administration l'intégralité de ce minimum (la valeur de la confiscation se divisant par moitié) ; l'excédent sera ensuite réparti au prorata des chiffres représentant la différence entre le maximum et le minimum de chaque amende.

La portion des condamnations revenant à la commune sera versée à la caisse du receveur central de l'octroi, qui la répartira ensuite dans les conditions déterminées par l'article 84 de l'ordonnance du 9 décembre 1814 ; celle attribuée à l'Administration des contributions indirectes sera répartie selon les règles générales tracées par les dispositions qui précèdent.

Les employés saisissants, à quelque service qu'ils appartiennent, ont aussi bien leur part à la répartition opérée par l'Administration de l'octroi qu'à celle effectuée par l'Administration des contributions indirectes.

ART. 14. — La répartition des sommes provenant d'amendes et de confiscations ne pourra être opérée avant que les transactions intervenues aient été approuvées par l'autorité compétente ou que l'Administration des contributions indirectes ait acquiescé aux décisions de justice à la suite desquelles ces sommes ont pu être encaissées.

ART. 15. — Le mode de répartition des amendes et confiscations édicté par le présent décret est immédiatement applicable à toutes les affaires contentieuses, quelle que soit la nature de l'infraction constatée, qui ne sont pas actuellement liquidées.

ART. 16. — Toutes les dispositions antérieures contraires au présent décret sont et demeurent abrogées.

Application du décret du 22 avril 1898.

A) *Dispositions générales.*

Aux termes de ce décret de 1898, les agents verbalisateurs sont admis au partage du produit des amendes et confiscations, *quelle que soit la nature de l'infraction relevée.*

La part des saisissants est de 42 0/0 sur le *produit net* des amendes et confiscations.

Le partage a lieu par tête et sans acception de grade ou de fonctions.

Les inspecteurs et les contrôleurs ne touchent plus la double part. (V. art. 8 du décret.)

Les directeurs et les sous-directeurs sont exclus des répartitions et leur part attribuée d'office au fonds commun.

Lorsqu'il y a concours de préposés des douanes, des octrois et des contributions indirectes, le partage de la part revenant aux saisissants s'effectue par tête, d'après le nombre réel des employés verbalisants, quel que soit leur grade.

Le partage par tête n'a d'autre but que de déterminer, d'après le nombre effectif des saisissants, la somme totale revenant aux employés de chaque service. L'Administration des douanes et celle des contributions indirectes ou des octrois continuent à établir, suivant les règles qui leur sont propres, la sous-répartition de la masse des parts dévolues à leurs préposés respectifs.

La répartion du produit des amendes et confiscations ne peut être faite qu'après que les transactions ont été approuvées par qui de droit, ou après que les jugements sur lesquels il n'intervient pas de transaction ont reçu l'exécution qu'ils comportent. (Circ. 310 du 1er août 1855; circ. 280 du 23 mai 1898 ; art. 14 du décret.)

Les états de répartition n° 99 ne sont donc formés qu'après approbation définitive de la transaction ou acquiescement au jugement de condamnation, et les receveurs principaux n'effectuent aucun paiement aux saisissants et indicateurs, que lorsqu'ils sont en possession des états de répartition dûment signés et ordonnancés par les directeurs ou sous-directeurs. (Circ. 280 du 23 mai 1898.)

Il convient d'ajouter que les parts d'amendes revenant aux saisissants et indicateurs sont soumises à la prescription quinquennale édictée par l'article 9 de la loi du 29 janvier 1831. Les comptables doivent donc retirer ces parts du compte des consignations pour les convertir en perception définitive, lorsque les ayants droit ne les réclament pas dans un délai de cinq ans. (Arrêt de la Cour des comptes du 14 fév. 1894.) *Ib.*

Certaines répartitions d'amendes et confiscations n'entraînent que des virements d'écritures et d'imputations sans donner lieu à aucun paiement effectif. Lorsque ces répartitions sont nombreuses, le sous-directeur peut être dispensé de les établir sur les feuilles n° 99 : un état qui récapitule toutes les répartitions de l'espèce est alors dressé suivant le modèle annexé à la circulaire n° 478 du 22 janvier 1851. Dans le but de réduire le nombre des communications et de diminuer les écritures, l'Administration autorise les sous-directeurs à ne former cet état collectif que dans le troisième mois de chaque trimestre, pour l'ensemble du trimestre, mais sous la réserve que les répartitions aont il s'agit seront comprises dans les écritures du troisième mois, qu'elles seront portées à l'état récapitulatif n° 100 A de ce troisième mois, et que les affaires qu'elles concernent pourront ainsi figurer comme apurées à l'état 125 du même trimestre. (Circ. 310 déjà citée.)

Dans la pratique, on a généralement renoncé à ce système. Les états n° 99 sont établis au fur et à mesure de la conclusion des affaires, et on porte, chaque mois, à l'état 100 A toutes les affaires en état d'être apurées, même celles qui n'ont donné lieu qu'au remboursement des frais et des droits fraudés.

B) *Prélèvements préliminaires sur le produit brut.*

Aux termes de l'article 2 du décret, le produit des amendes et confiscations réalisé doit, avant tout partage, être atténué :

1° Des droits exigibles sur les objets saisis, lorsqu'ils n'auront été ni acquittés par le contrevenant, ni garantis par une prise en charge ou par la délivrance d'un acquit-à-caution ;

2° Des frais taxables et non taxables qui ont été exposés :

3° Des décimes sur l'amende, dont l'attribution au Trésor est prescrite par la loi du 6 prairial an VII.

Ces déductions faites, on obtient le produit *disponible* sur lequel est prélevée, s'il y a lieu, la part revenant à l'indicateur.

Le reliquat forme le produit *net* à répartir.

Lorsque plusieurs contrevenants sont impliqués dans une affaire, il peut se faire que l'un d'eux transige, mais que les autres, qui sont insolvables, soient condamnés. Tous les frais (taxables et non taxables) ainsi que les droits fraudés doivent d'abord être prélevés sur l'amende versée. Il faut donc surseoir à toute répartition jusqu'à ce que l'affaire ait reçu une solution définitive à l'égard de tous les délinquants.

C) *Attribution du produit net.*

L'article 3 du decret détermine le mode de répartition du produit net. D'après ce texte, il est attribué :

25 0/0 au Trésor ;

25 0/0 aux pensions civiles ;

8 0/0 au fonds commun ;

42 0/0 aux saisissants.

Ce mode d'attribution doit être suivi d'une manière uniforme. Il y a lieu d'opérer les prélèvements indiqués, quelles que soient la nature de la contravention et la qualité des saisissants ; que ceux-ci soient ou non titulaires de la caisse des retraites, qu'ils appartiennent au cadre des contributions indirectes ou à une autre administration publique, leur part ne doit, en aucun cas, excéder les 42 0/0 du produit net. (Circ. 280 du 23 mai 1898.)

En règle générale, les prélèvements sur l'amende encaissée, attribués par les règlements au Trésor et aux pensions civiles, doivent être effectués sans qu'il y ait lieu de se préoccuper de la *qualité* des saisissants ni du *service* auquel ils appartiennent.

La retenue du quart au profit des pensions civiles doit aussi continuer à s'exercer sur les parts d'amendes attribuées aux employés des contributions indirectes qui ont constaté des contraventions à la requête d'autres administrations, à moins, toutefois, que ces administrations n'aient elles-mêmes opéré ce prélèvement lors de la liquidation de l'affaire (art. 12 du décret). (Circ. 280 du 23 mai 1898.)

Avant donc d'établir la sous-répartition et d'autoriser le paiement des parts revenant aux ayants droit, les directeurs et sous-directeurs auront soin de s'assurer si le prélèvement dont il s'agit a été effectué. C'est surtout en matière de sous-répartition d'octroi que cette prescription trouvera son application. *Ib.*

D) *Titres des saisissants à la répartition.*

L'article 10 du décret dispose formellement que les saisissants dont les noms se trouvent dans le procès-verbal seront seuls admis au partage des amendes.

L'employé de la Régie, qui a donné des indications, mais qui n'a pas participé à la saisie, n'est jamais traité comme indicateur. L'Administration décide si, indépendamment des signataires de l'acte, les employés qui ont fourni des renseignements ne doivent pas prendre part à la répartition. (Circ. 217 du 25 août 1877.)

Les procès-verbaux ne doivent être signés que par les agents aptes à verbaliser qui ont effectivement participé à la constatation de l'infraction. Les employés qui s'écarteraient de cette règle et figureraient dans un procès-verbal relatif à une saisie à laquelle ils n'auraient pas personnellement coopéré seraient exclus de la répartition. (Circ. 280 précitée et art. 17 de la loi du 6 août 1905.)

Toutefois, sur la proposition des directeurs et sous-directeurs, le Conseil d'administration pourra être appelé à décider si, indépendamment des signataires du procès-verbal, d'autres employés, ayant indirectement participé à la saisie, ne doivent pas, quant au partage de l'amende, être assimilés aux saisissants. (Art. 10, § 2, du décret ; circ. 280 du 23 mai 1898.)

Les propositions motivées à produire en l'objet sont établies en double expédition sur des imprimés n° 99 B.

Les employés destitués ou démissionnaires ont droit au partage, bien que la répartition ne s'effectue qu'après la cessation de leurs fonctions. (Circ. 17 du 30 oct. 1816.)

Une part de verbalisant peut être accordée à un buraliste qui, par des renseignements précis, consignés à la suite d'un bulletin 6 A ou 6 E, ou bien encore fournis par lettre ou dépêche télégraphique, aura mis le service à même de réprimer la fraude. L'Administration reste d'ailleurs juge de la valeur des indications ainsi données par les buralistes. (Lettre autogr. 3348 du 25 fév. 1897, et art. 13, § 1er, du décret du 22 avril 1898.) Le cas échéant, des propositions sont soumises à l'Administration par voie d'état 99 B.

Une part de verbalisant a été également accordée à un préposé en chef d'octroi qui avait coopéré à une saisie pratiquée en dehors de sa commune. (Déc. du 20 avril 1900.)

La peine pécuniaire infligée à un receveur buraliste ou à un débitant de tabacs à la suite d'un rapport de service ne donne pas droit à répartition.

Les employés n'ont pas droit à la répartition des amendes prononcées pour rébellion, injures, voies de fait. (Circ. 328 du 2 déc. 1845.) Ces amendes sont d'ailleurs recouvrées par les percepteurs.

Les agents de police et les gendarmes requis pour prêter main-forte au service n'ont pas droit au partage des amendes.

E) *Saisissants étrangers.*

D'après l'article 11 du décret, cette réglementation s'impose à tous les saisissants, quel que soit le service auquel ils appartiennent, qu'ils aient agi séparément ou concurremment avec des employés des contributions indirectes.

Quant au paiement des parts revenant aux saisissants étrangers, les receveurs principaux se conformeront aux instructions qui vont être rappelées.

Ces parts, calculées par tête et réunies en une masse, seront versées entre les mains du receveur principal des douanes le plus voisin, si les saisissants appartiennent à cette Administration, et à la caisse du receveur du bureau central de l'octroi lorsque les agents verbalisateurs feront partie de ce service municipal. (Circ. 381 du 21 mai 1856 et circ. 280 du 23 mai 1898.)

S'il s'agit de gendarmes, les receveurs principaux devront, conformément aux prescriptions des articles 311 et 405 du décret du 18 février 1863 sur la gendarmerie, remettre le montant des répartitions aux mains du Conseil d'administration de la compagnie dont les ayants droit dépendent, exiger une quittance collective des membres de ce Conseil et inscrire eux-mêmes la somme payée sur le livret de solde dont les corps, compagnies et détachements de gendarmerie sont pourvus. L'oubli de cette double obligation, dispose la circulaire de la Comptabilité publique en date du 20 mars 1875, peut engager sérieusement la responsabilité des comptables qui doivent, par suite, scrupuleusement remplir les formalités prescrites et refuser notamment toute quittance seulement signée du trésorier de la gendarmerie. *Ib.*

C'est également entre les mains des Conseils d'administration des corps de troupe que les parts d'amendes attribuées aux militaires doivent être versées. *Ib.*

A l'appui des versements effectués à ces divers services, il convient de produire une copie de l'état de répartition n° 99. (Circ. 17 du 30 oct. 1816, 7 du 17 mai 1827, 280 du 23 mai 1898.)

En ce qui concerne les parts revenant aux gardes forestiers, gardes champêtres et autres agents aptes à verbaliser en matière de contributions indirectes, leur paiement est fait directement aux intéressés, sur simple émargement à l'état n° 99 ou production d'une quittance.

F) *Saisies à la requête d'autres administrations.*

La répartition des parts d'amendes revenant aux employés des contributions indirectes, à l'occasion de contraventions constatées à la requête d'autres administrations, est réglée par l'article 12 du décret.

À moins que l'Administration poursuivante n'en ait elle-même effectué le prélèvement, ces parts sont soumises à la retenue de 25 0/0 au profit des pensions civiles. Le surplus est liquidé dans les conditions ordinaires (8 0/0 au fonds commun et le reste (67 0/0) aux saisissants.

Les sommes qui, de ce chef, sont attribuées aux employés des contributions indirectes, doivent être versées à la caisse du receveur principal de la circonscription par l'Administration (douanes, octrois, etc.) qui a réalisé le montant des condamnations ; puis, au vu de l'état de répartition que cette Administration lui a fait parvenir, le sous-directeur ou le directeur vérifie l'exactitude du chiffre de la rémunération allouée, et il établit ensuite un état n° 99 suivant les règles propres au service des contributions indirectes. (Circ. 478 du 22 juin 1851 et circ. 280 du 23 mai 1898.)

Il est expressément interdit aux employés de toucher directement des administrations étrangères les parts de saisies qui leur sont dues ; ces sommes doivent toujours faire l'objet d'un état de répartition n° 99 établi et mandaté par le chef de service de la division administrative. (Circ. 280 du 23 mai 1898.)

Pour les contraventions constatées à la requête des administrations étrangères, s'assurer qu'une retenue a été opérée au profit des pensions ; si cette retenue n'a pas été opérée, la Régie l'exerce elle-même. (Circ. 381 du 21 mai 1856.)

G) *Indicateurs.*

La prime allouée à l'indicateur varie d'après la nature et la précision des révélations qu'il a faites, c'est-à-dire suivant que l'avis donné au service est *direct* ou *indirect*. (Circ. 280 précitée.)

Un avis est *direct* lorsque, sans recherches, sans hésitations de la part des employés, il conduit directement à la découverte de la fraude. Il est, au contraire, *indirect,* quand les renseignements fournis ne sont pas suffisamment précis pour rendre certaine la découverte de la fraude, ou n'ont eu pour effet que d'appeler l'attention du service sur les agissements d'un fraudeur. *Ib.*

Dans le premier cas, il est accordé d'office à l'indicateur, sans qu'il soit nécessaire d'obtenir l'autorisation préalable de l'Administration, le tiers de la somme restant disponible, après prélèvement des droits exigibles, des frais et des décimes. Dans les autres cas, la part de l'indicateur est fixée au sixième, au douzième ou au vingt-quatrième du produit disponible ; il appartient alors au directeur général en Conseil d'administration, saisi de la question par des propositions que les sous-directeurs et directeurs doivent motiver et établir en double expédition sur des imprimés n° 99 B, de déterminer, d'après l'utilité des avis indirects donnés, la quotité de la prime à attribuer à l'indicateur. (Art. 7 du décret.)

Dans les rapports sommaires, les employés à qui des fraudes sont dénoncées auront soin d'indiquer si l'avis reçu était direct ou indirect,

et avant de proposer la réduction au-dessous du tiers de la prime revenant à l'indicateur, les sous-directeurs et directeurs devront, au besoin,
provoquer les explications de celui-ci. (Circ. 280 précitée.)

Et si la part de l'indicateur est allouée, la quittance constatant le
paiement sera soumise au visa du sous-directeur. (Circ. 310 du 1er août
1855.)

Il arrive que des colporteurs d'allumettes, des contrebandiers de
tabacs poussent la mauvaise foi et l'indélicatesse jusqu'à aller signaler
aux employés les personnes à qui ils viennent de vendre, de livrer ces
objets de fraude. Le deuxième paragraphe de l'article 7 met fin à ce
honteux trafic, en privant de toute part l'individu qui révèle un acte de
fraude qu'il a lui-même pratiqué ou auquel il a participé. *Ib.*

Dans ce cas, c'est encore au directeur général qu'incombe le soin de
décider en Conseil d'administration, et d'après les circonstances portées
à sa connaissance par les propositions des sous-directeurs et directeurs,
s'il y a lieu ou non d'exclure l'indicateur du partage des amendes et
confiscations recouvrées. *Ib.*

Les errements actuellement suivis pour le paiement des primes aux
indicateurs sont maintenus. *Ib.*

Si le produit disponible des pénalités réalisées ne permet pas de
donner à l'indicateur une rétribution en rapport avec l'utilité des renseignements fournis, une rémunération complémentaire pourra, conformément à l'article 5, § 3, du décret, être proposée en sa faveur. *Ib.*

Il ne convient pas qu'un chef de service prenne pour ainsi dire à sa
solde un indicateur chargé de provoquer les contraventions et de faire
naître la fraude. (Lett. au dir. de la Marne du 13 avril 1853, n° 3645.)

Lorsque la fraude a été constatée par des préposés étrangers, la part
d'indicateur est portée aux états de répartition, sur la production d'une
attestation du chef immédiat des préposés verbalisants.

Toutefois, l'Administration peut exiger que le nom et l'adresse de
l'indicateur lui soient fournis. Elle s'est prononcée dans ce sens par
une décision reproduite ci-après : « Aux termes de l'article 7 du décret
du 22 avril 1898, relatif au partage des amendes, ne peut être considéré
comme indicateur celui qui dénonce un acte de fraude qu'il a provoqué
ou auquel il a participé. Il y a donc intérêt aujourd'hui à connaître
l'indicateur, afin de pouvoir, s'il y a lieu, appliquer cette disposition.
D'autre part, des indicateurs peuvent être parfois redevables envers le
Trésor de sommes généralement irrécouvrables, et c'est grâce à ce que
les bénéficiaires des parts d'indicateur ont été connus des chefs de
service que la Régie a pu, dans maintes circonstances, éteindre ou
atténuer des créances en faisant d'office la compensation des dettes. »
(Journ. Cont. ind. 28 déc. 1906, p. 733.)

Quand la fraude a été constatée par des agents de la Régie, le sous-
directeur apprécie s'il y a ou s'il n'y a pas lieu d'admettre qu'elle a été
dénoncée par un tiers. Dans l'affirmative, il signe aux états de répartition le certificat relatant le paiement de la part d'indicateur. Quant à
la quittance fournie par la partie prenante, le receveur principal la
conserve dans ses bureaux.

Il convient sans doute d'accorder aux indicateurs ce que les règlements leur attribuent ; mais toute allocation qui ne serait pas justifiée par des indications réelles, sérieuses, doit être refusée. (Circ. 17 du 16 mars 1870.)

Les indicateurs ne sont admis au partage qu'après avoir été vus par le directeur ou le sous-directeur. (Circ. 381 du 21 mai 1856.) S'ils ne peuvent ou ne veulent pas se présenter, la circulaire 410 du 21 décembre 1841 prescrit, avant d'admettre leur introduction dans une répartition, d'exiger de l'employé à qui ils se sont adressés un certificat constatant les motifs qui n'ont pas permis de suivre la marche régulière, et indiquant le nom et la demeure de chacun d'eux.

Si l'indicateur refuse de toucher sa prime parce qu'il la juge insuffisante, on met cette prime en consignation où elle reste jusqu'à ce qu'elle soit atteinte par la prescription quinquennale.

Aux termes de l'article 18 de la loi du 6 août 1905, aucun indicateur ne peut prétendre à une remise quelconque s'il n'est justifié par écrit que les renseignements qu'il a fournis l'ont été avant le procès-verbal.

Le service doit joindre au dossier une note spéciale établissant cette justification. (Circ. 612 du 6 août 1905.)

PREMIÈRE SÉRIE

Régime du décret du 22 avril 1898.

Etat 99. Répartion ordinaire.

Transaction, frais compris.			32 04
Prélèvement ⎧ des frais.	4 95 ⎫		
⎨ des droits fraudés. . . .	» 50 ⎬		5 45
⎩ des décimes.	» » ⎭		
Reste à répartir.			26 59
Prélèvement du tiers pour l'indicateur.			8 86
Produit net à répartir.			17 73

Répartition.

25 0/0 au Trésor.	4 44 ⎫	
25 0/0 à la caisse des retraites.	4 44 ⎪	
8 0/0 au fonds commun.	1 41 ⎬ 17 73	
42 0/0 aux saisissants.	7 44 ⎭	

Partage de 7 fr. 44 entre les verbalisants.

1 contrôleur.	3 72
1 commis.	3 72

Etat 99. Répartition ordinaire.

Transport de vin sans expédition. Amende encourue, 200. — Confiscation, 40. — Transaction, 36 fr. 10.

Montant brut	de la confiscation.	30 »	
	de l'amende.	» »	36 10
	des autres condamnations. .	6 10	
A déduire	droits fraudés.	» »	
	frais.	6 10	6 10
	décimes.	» »	

Pas d'indicateur.

Produit net à répartir. . . . ˙. . . . . 30 »

Répartition.

25 0/0 au Trésor.	7 50	
25 0/0 aux pensions.	7 50	
8 0/0 au fonds commun.	2 40	30 »
42 0/0 aux saisissants.	12 60	

Partage de 12 fr. 60 entre les saisissants.

1 receveur.	6 30
1 commis principal.	6 30

Etat 99. Répartition ordinaire.

Transport de 15 litres d'eau-de-vie avec une expédition inapplicable.
Amende encourue, 500 fr. Estimation, 30 fr. Transaction, 53 fr. 70.

Montant brut	de la confiscation.	30 »	
	de l'amende.	20 »	53 70
	des autres condamnations (1).	3 70	
A déduire. .	droits fraudés.	» »	
	frais.	3 70	7 70
	taxe des lettres.	» »	
	décimes.	4 »	

Part d'indicateur (néant).

A répartir. 46 »

Répartition.

1/4 au Trésor.	11 50	
1/4 aux pensions. . . . . . , . . .	11 50	46 »
8 0/0 au fonds commun.	3 68	
42 0/0 aux saisissants.	19 32	

Partage de 19 fr. 32 entre les saisissants.

1° Préposés étrangers.

1 vérificateur des douanes.	3 86	
1 contrôleur d'octroi.	3 86	7 72

(1) Quand il y a exécution de jugement, ne comprendre que les frais *taxables* dans le montant brut « des autres condamnations ».

2° Préposés de la Régie.

1 inspecteur.	3 87	
1 commis.	3 87	11 60
1 préposé.	3 86	

Total. 19 32

État 99. Fraude non actuelle. Prélèvement extraordinaire au profit du fonds commun.

Lorsque le procès-verbal relève une fraude non actuelle, le directeur ou le sous-directeur soumet des propositions à l'Administration, au moyen d'un état 99 B en double expédition, à l'effet de faire déterminer si un prélèvement extraordinaire doit être opéré au profit du fonds commun, en dehors du prélèvement ordinaire.

A l'appui de l'état 99 B, joindre, si ces pièces n'ont pas été déjà fournies, une copie du procès-verbal, du rapport sommaire et un état 99 établi d'après les propositions du directeur.

Le prélèvement extraordinaire est calculé sur la somme qui reviendrait aux saisissants, s'il n'y avait pas de prélèvement extraordinaire à opérer.

S'il s'agit d'une saisie commune, le prélèvement ne porte pas sur la somme qui serait reversée par l'octroi pour être sous-répartie.

EXEMPLE :

Transport de 59 litres d'eau-de-vie sans expédition estimés 118 fr. Amende encourue, 500 fr. Transaction, 316 fr. 48. Prélèvement extraordinaire de 40 0/0 au profit du fonds commun.

Montant brut	de la confiscation. . . . . 118 »		
	de l'amende, décimes compris. 132 »	316 48	
	des autres condamnations. . 66 48		
A déduire. .	droits fraudés. 62 18		
	frais. 4 30	92 88	
	décimes. 26 40		

Pas d'indicateur. Net à répartir. 223 60

25 0/0 au Trésor.. . . . . . . 55 90			
25 0/0 aux pensions.. . . . . . . 55 90	129 69		
8 0/0 au fonds commun. 17 89		223 60	
Prélèvement extraordinaire de 40 0/0. . . . 37 57			
Part des saisissants.. . . . . 56 34			

Partage entre les saisissants.

M. X. 18 78		
M. Y. 18 78	56 34	
M. Z. 18 78		

Saisies communes.

Il y a *saisie commune* dans les cas suivants : lorsque la contravention a été constatée *de visu* soit à l'entrée d'un lieu sujet, soit à la sortie d'un entrepôt, ou encore lorsqu'elle résulte *d'aveux* du prévenu insérés au procès-verbal. (Circ. 176 du 4 juin 1838.)

Les exédents chez les marchands en gros rentrent dans cette catégorie.

Autrement dit, il y a *saisie commune*, c'est-à-dire on doit verbaliser à la requête de la Régie et à celle de l'octroi dans les cas ci-après :

1° Si les boissons sont saisies à l'entrée d'un lieu sujet (*différence en plus ou défaut d'expédition*) ;

2° Si elles sont saisies à la sortie d'un entrepôt (*différence en plus ou défaut d'expédition*) ;

3° Si une différence en moins sur le chargement est constatée à la sortie du lieu sujet ;

4° Si le fait contraventionnel intéressant à la fois le droit de circulation ou de consommation et les taxes locales résulte des *aveux* du contrevenant.

La répartition des sommes recouvrées pour contraventions en matière commune à l'octroi et à la Régie présente seule quelques difficultés, mais seulement quand il s'agit de déterminer la portion revenant à la commune et celle revenant à la Régie.

L'arrêté ministériel du 17 octobre 1872 avait réglé le mode de répartition entre le Trésor et les octrois du produit net des amendes et confiscations recouvrées en matière de saisie commune.

La plupart des dispositions de cet arrêté sont maintenues par l'article 13 du décret. Cependant, si le mode de calcul adopté reste le même, les éléments essentiels du décompte changent lorsque l'affaire a été soumise aux tribunaux.

Si la transaction intervient avant jugement, le partage du produit net des amendes réalisées est opéré d'après le chiffre des amendes respectivement *encourues* ; après jugement, au contraire, le partage a lieu d'après le chiffre des amendes *prononcées* au profit de chacune des deux administrations intéressées.

L'Administration des contributions indirectes et celle de l'octroi partagent par moitié le produit net de la confiscation, d'après l'évaluation de la saisie faite par les saisissants ou par les juges.

Mais dans l'imputation du montant des transactions, les réductions consenties aux contrevenants portent sur les amendes et sur la confiscation proportionnellement aux sommes exigibles, tant à titre d'amende qu'à titre de confiscation.

Supposons une transaction dans laquelle, après prélèvement des frais, des droits fraudés et autres, la somme à répartir entre la Régie et l'octroi soit de F. 50, la saisie ou confiscation s'élevant à F. 1,500 et l'amende à F. 300 (F. 200 pour la Régie et F. 100 pour l'octroi). Il suffira de faire ce raisonnement : le total des condamnations encourues F. 1,800 est à la confiscation F. 1,500 comme F. 50 montant à répartir est à x (1,800 : 1,500 :: 50 : x = 41.67) et ensuite, 1.800 : 300 amende :: 50 : x, et on obtient la part de l'amende de F. 8, 33. Or, la Régie et l'octroi ont chacun la moitié de la confiscation.

	Régie	Octroi	Total
Il reviendra donc sur la confiscation (moitié).	20 84	20 83	41 67
Sur l'amende 2/3 à la Régie, 1/3 à l'octroi. .	5 55	2 78	8 33
Total.			50 »

(F. 100 d'amende pour l'octroi et F. 200 pour la Régie 1/3 et 2/3.)
Et on aura la preuve de la justesse de ce calcul par le cadre du verso
du 99.

	Régie	Octroi	Total	Régie	Octroi	Total
Confiscation.	750	750	1500	20 84	20 83	41 67
Amende .	200	100	300	5 55	2 78	8 33
Totaux .	950	850	1800	26 39	23 61	50 »

$$1800 : 50 :: 950 : x = 950 \times 50 = 26,\ 39$$
$$1800 ; 50 :: 850 : x = \frac{850 \times 50}{1800} = 23,\ 61$$

Lorsque le taux de la transaction concédée est supérieur au minimum
des condamnations encourues, il y a lieu d'attribuer, d'abord à chaque
Administration, l'intégralité de ce minimum (la valeur de la confiscation
se divisant par moitié). L'excédent est ensuite réparti au prorata des
chiffres représentant la différence entre le maximum et le minimum de
chaque amende.

EXEMPLE.

Décompte de la part revenant à l'octroi en cas de saisie commune.

	MONTANT DES CONDAMNATIONS encourues ou prononcées.			RÉPARTITION DU produit net.		
	Régie.	Octroi.	Total.	Régie.	Octroi.	Total.
Confiscation.	40 »	40 »	80 ›	40 »	40 »	80 ›
Amendes (minimum) (1).	600 »	100 »	700 »	600 »	100 »	700 »
Totaux.	640 »	140 »	780 »	640 »	140 »	780 ›
Amendes (différence entre le minimum et le maximum).	4.600 »	100 »	4.700 ›	254 47	5 53	260 »
Totaux généraux .	5.240 »	240 »	5.480 »	894 47	145 53	1.040 »

(1) Depuis la loi du 30 janvier 1907, et dans le cas où le quintuple droit de consommation s'ajoute aux autres pénalités, il y a lieu de faire figurer ce quintuple droit à la même ligne que le minimum des amendes (colonne Régie).

Sous-répartition.

Dans les saisies communes à l'octroi et à la Régie, la part qui est
versée à la ville (dans l'exemple ci-dessus, 23 fr. 61) est répartie
selon le mode en usage dans chaque octroi (art 84, ordonnance du 9 déc.
1814). Mais, dans tous les cas, les employés des contributions indirectes
doivent être traités absolument comme les préposés des octrois, sans
plus d'avantages, sans plus de défaveur. Ainsi la somme revenant aux
employés des contributions indirectes est déterminée selon la règle qui
est suivie lorsque les procès-verbaux ont été rapportés exclusivement
par des préposés d'octroi. (Circ. 381 du 21 mai 1856.)
S'il s'agit de procès-verbaux rapportés par les employés de la Régie,

sans coopération de préposés d'octroi, la somme totale qui, suivant le mode de répartition en usage dans l'Administration de l'octroi, forme la part des employés verbalisants, est versée au receveur principal et répartie de la manière suivante :

> 25 0/0 aux pensions ;
> 8 0/0 au fonds commun ;
> 67 0/0 aux saisissants.

La circulaire n° 381 du 21 mai 1856 dispose ce qui suit : « Si le mode en usage dans l'octroi attribue double part aux employés supérieurs de l'octroi, les employés supérieurs des contributions indirectes ont droit également à une double part ; s'il n'accorde aux employés supérieurs de l'octroi qu'une simple part, les employés supérieurs des contributions indirectes n'ont également qu'une simple part, nonobstant ce fait que les employés supérieurs de l'octroi reçoivent une double part dans les répartitions spéciales aux contributions indirectes. »

Ces instructions n'ont pas été abrogées. La circulaire n° 280 du 23 mai 1898 les a, au contraire, confirmées en décidant, page 15, que les règles en vigueur dans l'octroi s'imposent, s'appliquent aux agents verbalisateurs de l'Administration des contributions indirectes.

Ainsi donc, dans les répartitions établies aux états 99 et P, les employés supérieurs des deux services intéressés doivent être traités sur le même pied, c'est-à-dire que lorsque l'octroi accorde double part à ses employés supérieurs, les contrôleurs et inspecteurs de notre service doivent être comptés pour deux parts dans le calcul des sommes à verser à l'Administration à titre de sous-répartition d'octroi. (Déc. du 20 juin 1898, n° 10.34.)

PREMIER EXEMPLE.

Etat 99. Saisie commune.

Saisie de 459 litres de spiritueux estimés 1000 francs. — Amendes encourues, 600 fr. Transaction, 111 fr. 05.

Montant brut	de la confiscation. . . . . 85 »		
	de l'amende. . . . . . . » »	} 111 05	
	des autres condamnations. . 26 05		
A déduire. .	droits fraudés. 14 85		
	frais. 11 20	} 26 05	
	décimes. . . . . » »		

Produit sur lequel la part d'indicateur est prélevée. . . 85 »
Pas d'indicateur.

Part revenant à la commune { 1/2 de 50 fr. = 25 fr. } 30 »
{ 1/7 de 35 fr. = 5 fr. }

Produit net. . . . . 55 »

Répartition.

25 0/0 au Trésor. 13 75
25 0/0 aux pensions. 13 75

8 0/0 au fonds commun. 4 40
42 0/0 aux saisissants. 23 10
                                            ─────
                                             55 »

Préposés étrangers.

Un vérificateur d'octroi. . . . . ⎞
Un préposé d'octroi. . . . . ⎠   9 24 ⎞

Employés de la Régie.   ⎬ 23 10

Un contrôleur. . . . . 4 62 ⎞   ⎠
Un commis. . . . . 4 62 ⎬ 13 86 ⎠
Un préposé. . . . . 4 62 ⎠

Cadre final.

	Régie.	Octroi.	Total.	Régie.	Octroi.	Total.
Confiscation. . . .	500	500	1000	25	25	50
Amende	600	100	700	30	5	35
	1100	600	1700	55	30	85

$$1700 : 85 :: 1100 : x = 55 \text{ fr.}$$
$$1700 : 85 :: 600 : x = 30 \text{ fr.}$$

Lorsque parmi les verbalisants se trouvent des employés de la Régie, *mais seulement dans ce cas*, on établit une sous-répartition de ce qui revient à l'octroi. Ainsi, dans l'exemple qui précède, il est revenu à la commune 30 francs. On répartit cette somme pour le compte de la commune ou de l'octroi, au moyen d'un état P. Voici comment :

Etat P.

Somme reçue. . . . . 30 »
A déduire, frais ordinaires et extraordinaires 0 fr. 25
    (circ. 1176/103 du 24 juin 1875) . . . . » 25
Reste net. . . . . ─────
                                             29 75
 — 64 0/0 revènant à la commune et par elle alloué à la
caisse des retraites. 19 04
 — 36 0/0 aux saisissants. 10 71

Employés d'octroi (1).

Un vérificateur. . . . . : 2 15
Un préposé. 2 14

Employés de la Régie.

Un contrôleur. . . . . ⎞
Deux commis. . . . . ⎠ 6 42

Etat 99. Sous-Répartition.

Au moyen d'un état 99 on fait une sous-répartition de la portion revenant aux employés de la Régie.

(1) S'il y a un préposé en chef parmi les verbalisants, l'octroi doit avoir soin de prélever sur la part qui lui revient 25 % pour les pensions.

Montant de la somme versée. 6 42
Frais (10 cent. de quittance). . . . . » 10

Net. 6 32
25 0/0 aux pensions. . . . . 1 58 ⎱
 8 0/0 au fonds commun. . . . . » 51 ⎰ 6 32
67 0/0 aux saisissants. . . . . 4 23 ⎰

Répartition.

Un contrôleur. 1.41
Un commis. 1.41
Un commis. 1.41

Lorsqu'un prélèvement extraordinaire a été opéré au profit du fonds commun, ce prélèvement ne porte pas sur la somme reversée par l'octroi pour être sous-répartie. (Déc. n° 4335 du 17 mars 1899.)

2e EXEMPLE.

Etat 99. Saisie commune.

Enlèvement de spiritueux d'un entrepôt sans expédition. Amendes encourues, 700 fr. — Confiscation, 3 fr. — Transaction, 26 fr. 85.

Montant brut ⎧ de la confiscation. . . . 3 » ⎫
             ⎨ de l'amende. . . . . . . 17 » ⎬ 26 85
             ⎩ des autres condamnations. 6 85 ⎭

A déduire ⎧ droits fraudés. . . . . 2 55 ⎫
          ⎨ frais. . . . . 4 30 ⎬ 10 25
          ⎩ décimes. . . . . 3 40 ⎭

Produit sur lequel l'indemnité de l'indicateur doit être prélevée (pas d'indicateur). 16 60

Produit net. 16 60
Part revenant à l'octroi. 2 39
Produit net à répartir. 14 21

Répartition.

25 0/0 au Trésor. . . . . 3 56 ⎫
25 0/0 aux pensions. . . . . 3 56 ⎬ 14 21
 8 0/0 au fonds commun. . . . . 1 14 ⎬
42 0/0 aux saisissants. . . . . 5 95 ⎭

Partage entre les saisissants (Régie).

Un contrôleur. 1 99
Un commis. 1 98
Un préposé. 1 98

Cadre final.

	Régie.	Octroi.	Total.	Régie.	Octroi.	Total.
Confiscation. . .	1 50	1 50	3 »	» 04	» 03	» 07
Amende	600 »	100 »	700 »	14 17	2 36	16 53
Total. . .	601 50	101 50	703 »	14 21	2 39	16 60

Etat P.

Somme reçue. 2 39
A déduire (néant). . . . . » »
A répartir. . . . . . . : 2 39
Moitié à la commune. 1 20)
Moitié aux saisissants. 1 19) 2 39
Les saisissants sont des employés de la Régie.

Sous répartition (Etat 99).

Montant brut. 1 19
A déduire (timbre). . . . . » 10
   Produit net. 1 09

Répartition.

25 0/0 aux pensions. . . . . » 28
 8 0/0 au fonds commun. . . . : . . . . » 09
67 0/0 aux saisissants. . . . . » 72
Soit 0 fr. 24 pour chaque saisissant. . . . .

3ᵉ EXEMPLE.

Etat 99. Saisie commune.

(La somme exigée à titre de transaction dépasse le minimum des con-damnations encourues.)

Introduction de spiritueux dans un lieu sujet sans expédition. —
Amendes encourues (minimum), 700 fr. — Confiscation, 250 fr. —
Transaction, 1.521 fr. 20. — Amendes encourues (maximum), 5.400 fr.

Montant brut {
   de la confiscation. . . . 250   »)
   de l'amende. . . . . . 1264 55 } 1521 20
   des autres condamnations.   6 65)

A déduire. {
   droits fraudés. . . . .   » 50)
   frais. . . . .   6 15 } 259 56
   décimes. 252 91)

Produit sur lequel l'indemnité allouée à l'indicateur
doit être prélevée (pas d'indicateur). 1261 64

Produit net. 1261 64
Part revenant à l'octroi. 231 63
Produit net à répartir. 1030 01

Dans ce cas, le cadre final doit être servi de la façon suivante :

	Régie.	Octroi.	Total.	Régie.	Octroi.	Total.
Confiscation. . . .	125	125	250	125	125	250
Amendes (minimum) .	600	100	700	600	100	700
Totaux. . . .	725	225	950	725	225	950
Amendes (différence entre le minimum et le maximum)	4600	100	4700	305.01	6.63	311.64
Totaux généraux. .	5325	325	5650	1030.01	231.63	1261.64

Les autres opérations comme au deuxième exemple.

4e EXEMPLE.

Etat 99. Saisie commune.

Enlévement frauduleux de 761 litres d'eau-de-vie à 49° d'un magasin de gros. (*Exécution de jugement*)

Montant brut
- de la confiscation. . . . 1100 00
- de l'amende, déc. compris 875 00
- des autres condamnations (frais taxables). 323 01
} 2298 01

A déduire
- droits fraudés. 633 50
- frais taxables et non taxables. 371 01
- taxe de lettres. 2 00
- décimes. 175 00
} 1181 51

Produit net. 1116 50
Part de l'octroi. 403 17
Produit net à répartir. 713 33

Répartitions :

Trésor (1/4). . . . . 178 fr. 34
Pensions (1/4). . . . 178 fr. 34
} 356 fr. 68
Fonds commun (8 0/0). . . . . 57 fr. 07
Aux employés (42 0/0). . . . . 299 fr. 58
} 713 33

	MONTANT des CONDAMNATIONS ENCOURUES.			RÉPARTITION du PRODUIT NET.		
	Régie.	Octroi.	Total.	Régie.	Octroi.	Total.
Confiscation.	550 »	550 »	1100 »	341 16	341 16	682 32
Amendes (minimum). . .	600 »	100 »	700 »	372 17	62 01	434 18
Totaux.	1150 »	650 »	1800 »	713 33	403 17	1116 50
Amendes (différence entre le minimum et le maximum)						
Totaux généraux. . .	1150 »	650 »	1800 »	713 33	403 17	1116 50

Partage entre les employés :

M. X... chef de poste. . . . . 149 fr. 79
M. X... commis. . . . . 149 fr. 79
} 299 58

Les autres opérations comme au deuxième exemple.

IIᵉ SÉRIE.

Régime de la loi du 6 août 1905.

Etat 99. Répartition ordinaire.

(Procès-verbal rapporté par des agents de la Régie.)

Circulation de vin sans expédition. — Amende encourue, 200 fr. — Confiscation, 200 fr. — Transaction, 207 fr. 35.

Montant brut
- de la confiscation. 149 90
- de l'amende, déc. compris   » »
- des autres condamnations.   57 45

207 35

A déduire
- droits { cont. ind. 50 10 } 50 10
- fraudés { octroi. . » » }
- taxe de lettres. . . . » »
- frais. 7 35
- décimes. . . . . » »

57 45

Pas d'indicateur.

Produit net à répartir. 149 90

Répartition.

25 0/0 au Trésor. . . . . 37 48 } 74 96
25 0/0 aux pensions. . . . . 37 48 }
50 0/0 au fonds commun. 74 94   74 94

IIIᵉ SÉRIE.

Régime en vigueur depuis la loi du 17 avril 1906.

Etat 99. Répartition ordinaire.

(Procès-verbal rapporté par des agents de la Régie.)

Transport de 2 litres de spiritueux à 50 degrés sans expédition. — Amende encourue, 500 fr. — Confiscation, 1 fr. 00. — Quintuple droit : 11 fr. — Transaction, 76 fr. 60.

Montant brut
- de la confiscation. . . . 1 00
- de l'amende, décimes compris. 69 00
- du quintuple droit et des autres condamnations. . 6 60

76 60

A déduire
- droits) contrib. ind. . . » »
- fraudés) octroi. . . . » »
- frais. 6 60
- taxe de lettres. . . . » »
- décimes sur l'amende. . 13 80

20 40

Pas d'indicateur.

Produit net. 56 20

Répartition.

35 0/0 au Trésor. . . . . .   19 67 ⎫
25 0/0 aux pensions. . . . .   14 05 ⎬ 33 72 ⎫
40 0/0 au fonds commun. .. .   22 48 ⎭ 22 48 ⎬ 56 20

Etat 99. Répartition ordinaire.

Saisissants étrangers.

Transport de spiritueux sans expédition (3 litres à 40°). — Amende encourue, 500 fr. — Confiscation, 2 fr. — Quintuple droit : 13 fr. 20. — Transaction, 53 fr. 10.

Montant brut	de la confiscation. . .	2 00	
	de l'amende, décimes compris.	48 00	53 10
	du quintuple droit et des autres condamnations. .	3 10	
A déduire	droits ⎱ cont. ind. » » ⎰ fraudés ⎰ octroi. . » » ⎱	» »	
	frais.	3 10	12 70
	taxe de lettres.	» »	
	décimes sur l'amende. . .	9 60	
Produit net.			40 40

Répartition.

35 0/0 au Trésor. . . . . . . 14 14 ⎫
25 0/0 aux pensions. . . . . 10 10 ⎬ 24 24 ⎫
40 0/0 aux saisissants. . . . . 16 16 ⎭ 40 40

Partage entre les employés saisissants.

PRÉPOSÉS ÉTRANGERS.

Un receveur d'octroi. . . . . . . • . . . 8 08 ⎫
Un préposé d'octroi. . . . . 8 08 ⎬ 16 16

Fraudes sur les alcools. Imputation du quintuple droit de consommation.

Le quintuple droit de consommation constitue une pénalité complémentaire, et non un droit fraudé. La somme encaissée est inscrite dans l'ordre suivant au cadre de la feuille n° 124 :

1° Les droits fraudés ;
2° Les frais ;
3° La confiscation ;
4° L'amende et les décimes (minimum) ;
5° Le quintuple droit ;
6° Reliquat qui sera ajouté à l'amende.

Bien entendu, il n'est fait d'imputation dans l'une de ces catégories que si les catégories précédentes ont été entièrement apurées.

Soit un procès-verbal pour transport sans expédition de 25 litres d'alcool pur estimés 50 fr. ; amende et décimes, 625 fr. ; quintuple droit, 275 francs ($\frac{25 \times 220}{100} = 55.00 \times 5 = 275$ fr. 00).

Si une transaction est consentie pour 383 fr. 60, l'imputation doit se faire comme suit au cadre de la feuille n° 124 :

$$
\left.
\begin{array}{l}
\text{Droits fraudés (néant).} \\
\text{Frais.} \qquad\qquad\qquad 3.60 \\
\text{Confiscation.} \qquad\qquad 50.00 \\
\text{Amende et décimes.} \qquad 330.00 \\
\text{Quintuple droit (néant).}
\end{array}
\right\} 383\ 60
$$

Ici, on n'impute rien au quintuple droit, attendu que la somme encaissée est même insuffisante pour couvrir l'amende. En un mot, le quintuple droit est réparti au même titre que la confiscation et l'amende ; mais il n'y a pas à en faire état quand la somme exigée ne dépasse pas le total de la confiscation et du minimum de l'amende, décimes compris, pas plus qu'actuellement on n'impute à l'amende, quand la somme exigée à titre de transaction ne dépasse pas le montant de la confiscation.

Et à l'état 99 on aura donc :

$$
\begin{array}{ll}
\text{Montant brut} \left\{
\begin{array}{l}
\text{de la confiscation.} \qquad\quad 50\ 00 \\
\text{de l'amende, décimes com-} \\
\qquad \text{pris.} \qquad\qquad\qquad 330\ 00 \\
\text{du quintuple droit et des} \\
\qquad \text{autres condamnations.} \quad 3\ 60
\end{array}
\right\} & 383\ 60 \\[3em]
\text{A déduire.} \left\{
\begin{array}{l}
\text{droits fraudés (néant).} \\
\text{frais.} \qquad\qquad\qquad 3\ 60 \\
\text{décimes.} \qquad\qquad\ 66\ 00
\end{array}
\right\} & 69\ 60
\end{array}
$$

Part d'indicateur (néant).

Produit net. 314 00

Si, au contraire, on avait transigé la même affaire pour 788 fr. 60, on aurait au cadre de la feuille 124 :

$$
\left.
\begin{array}{l}
\text{Droits fraudés (néant).} \\
\text{Frais.} \qquad\qquad\qquad\qquad\quad 3\ 60 \\
\text{Confiscation.} \qquad\qquad\qquad 50\ 00 \\
\text{Amende et décimes (minimum).} \quad 625\ 00 \\
\text{Quintuple droit (2 fois le droit).} \quad 110\ 00
\end{array}
\right\} 788\ 60
$$

Enfin, si la même affaire était terminée par une transaction stipulant le paiement d'une somme supérieure au minimum des condamnations encaissées, soit pour la somme de 1.153 fr. 60, l'imputation à la feuille 124 se ferait comme suit :

$$
\left.
\begin{array}{l}
\text{Droits fraudés (néant).} \\
\text{Frais.} \qquad\qquad\qquad\qquad\quad 3\ 60 \\
\text{Confiscation.} \qquad\qquad\qquad 50\ 00 \\
\text{Amende et décimes (minimum).} \quad 625\ 00 \\
\text{Quintuple droit.} \qquad\qquad\quad 275\ 00 \\
\text{Complément à ajouter à l'a-} \\
\qquad \text{mende.} \qquad\qquad\qquad\ 200\ 00
\end{array}
\right\} 1.153\ 60
$$

Et à l'état 99, après l'attribution faite à la confiscation, on sert le minimum de l'amende en principal et décimes, puis on passe au quintuple droit, et ce qui reste s'ajoute à l'amende.

L'état n° 99 portera donc :

Montant brut	de la confiscation. . . .	50 00	
	de l'amende décimes compris. . . : . : . : .	825 00	1.153 60
	du quintuple droit et des autres condamnations. .	278 60	
A déduire. .	droits fraudés (néant).		
	frais.	3 60	168 60
	décimes sur amende. . .	165 00	

Produit sur lequel l'indemnité allouée à l'indicateur doit être prélevée. 985 00
Montant de ladite indemnité (1/12) (décision du). . . 82 17

Produit net. 902 83

35 0/0 au Trésor. . .	316 00	541 71	902 83
25 0/0 aux pensions. . . · 225 71			
Aux saisissants. 361 12			

Part des saisissants de la Régie versée au
fonds commun (1 employé verbalisant).   120 38

Employés étrangers   361 12

Un receveur d'octroi. . . .   120 37 ⎱ 240 74
Un préposé d'octroi. . . .   120 37 ⎰

Nota. S'il s'agissait d'une saisie commune, le quintuple droit s'ajouterait au minimum de l'amende (colonne Régie) pour établir la somme revenant, soit au trésor, soit à la commune, d'après le cadre final de l'état 99.

Ûtat 99. Répartition ordinaire.

Agents de la Régie en concurrence avec des saisissants étrangers.

Circulation de vin sans expédition.
Amende encourue, 200 fr. Confiscation, 15 fr. Transaction, 26 fr. 09.

Montant brut.	de la confiscation. .	5 00	26 09
	de l'amende (d. comp.) » »		
	des autres condam. 21 09		
A déduire. .	droits fraudés. .	contrib. ind. 1 19	1 19	21 09
		octroi . . » »	
	frais . . . . : . : . :	19 90	
	taxe des lettres.	» »	
	décimes . . : :	» »	

Produit net. 5 00

Répartition.

Au fonds commun

35 0/0 au Trésor . . .	1 75	} 3 00	
25 0/0 aux pensions . .	1 25		
Part des saisissants de la Régie (un employé)	0 67		} 5 00
Aux saisissants étrangers . . .	1 33		

Partage entre les saisissants étrangers.

Un vérificateur d'octroi	0 67	} 1 33
Un préposé d'octroi	0 66	

Etat 99. Saisie commune.

Enlèvement de vin d'un entrepôt sans expédition. Amendes encourues, 300 fr. Confiscation, 1 fr. Transaction, 38 fr. 10.

Montant brut	de la confiscation . .	1 00		} 38 10
	de l'amende, d. comp.	33 75		
	des autres condam.	3 35		
A déduire . .	droits fraudés .	contrib. ind. 0 16	} 0 25	} 10 10
		octroi . . 0 09		
	frais		3 10	
	taxe de lettres		» »	
	Décimes sur amendes		6 75	

Produit sur lequel l'indemnité allouée à l'indicateur doit être prélevée	28 00
Part de l'indicateur (1/3)	9 33
Produit net	18 67
Part revenant à l'octroi	6 23
Produit net restant à répartir	12 44

Répartition.

Au fonds commun (1)

35 0/0 au Trésor . .	4 36	} 7 47	
25 0/0 aux pensions .	3 11		
Part des saisissants de la Régie (un empl.) 1 25	1 25		} 12 44
Aux employés saisissants étrangers .	3 72		

Partage entre les employés saisissants.

Un vérificateur d'octroi	1 24	
Un receveur d'octroi	1 24	} 3 72
Un préposé d'octroi	1 24	

(1) *Nota.* — On fait une première répartition comme sous le régime du décret de 1898, puis on alloue aux saisissants étrangers la part qui leur revient sur les 40 0/0 disponibles ; la part des agents de la Régie est imputée au fonds commun.

CADRE FINAL.

	MONTANT DES CONDAMNATIONS encourues ou prononcées.			RÉPARTITION DU produit net.		
	Régie.	Octroi.	Total.	Régie.	Octroi.	Total.
Confiscation	0.50	0 50	1.00			
Amendes (minimum) (1).	200.00	100.00	300.00			
Totaux	200.50	100.50	301.00	12.44	6.23	18.67

(1) Lorsqu'il s'agit d'une affaire d'alcool, comprenant dès lors le quintuple droit au nombre des pénalités encourues ou prononcées, ce quintuple droit doit figurer, dans le *cadre final*, à la ligne *« Amendes minimum »* et à la colonne « *Régie* ».

Etat P.

Somme reçue. 6 23
A déduire (néant). . . . . » »
Reste net 6 23

Répartition.

1/4 à la ville . . . . 1 55 ⎫
1/4 à la Caisse des retraites. . . 1 56 ⎬ 6 23
1/2 aux saisissants. . . . . . 3 12 ⎭

Partage entre les employés saisissants.

PRÉPOSÉS D'OCTROI.

Un vérificateur. . . . . 0 78 ⎫
Un receveur. . . . . . 0 78 ⎬ 2.34 ⎫
Un préposé.. . . . . . 0 78 ⎭ ⎬ 3 12
⎪
PRÉPOSÉS ÉTRANGERS. ⎪

Un employé de la Régie . . . . 0 78 ⎭

Etat 99. Sous-répartition.

Montant de la sous-répartition. . 0 78
A déduire : frais. 0 10
Net. 0 68

25 0/0 aux pensions. . . 0 17 ⎫
8 0/0 au fonds commun. 0 06 ⎬ 0 23 ⎫
67 0/0 aux employés saisissants. 0 45 ⎭ ⎬ 0 68

Partage entre les employés saisissants.

PRÉPOSÉS DE LA RÉGIE.

Un commis 0 45

Nota. — Quand il s'agit d'une affaire commune dans laquelle figurent des agents de la Régie et des agents de l'octroi, dans la sous-répartition on opère comme dans le décret de 1898 et l'on attribue sur la part des agents de la Régie :

> 25 0/0 aux pensions ;
> 8 0/0 au fonds commun ;
> 67 0/0 aux saisissants.

Vélocipèdes. — Imputation du quintuple des droits fraudés. — Répartition.

On peut faire remise, en tout ou partie, du quintuple des droits fraudés dont il est question à l'article 24 de la loi du 30 janvier 1907. Mais ce quintuple droit, qui a le caractère d'une pénalité complémentaire et non d'un droit proprement dit, est indépendant de la taxe simple qui est généralement assurée au moment du procès-verbal ou tout au moins lors de la remise de l'appareil au contrevenant. Ce n'est donc que dans des cas très exceptionnels qu'il peut y avoir lieu de prélever le droit fraudé sur la transaction.

Il est à noter, en outre, que la machine n'est saisissable que lorsqu'il est nécessaire de garantir l'amende, ou lorsque la saisie a lieu contre inconnu. Ce n'est que dans cette dernière hypothèse qu'une imputation peut être faite à la ligne « confiscation ».

Le quintuple droit, ou partie du quintuple droit, vient s'ajouter à l'amende pour constituer, après les prélèvements ordinaires, la somme à répartir.

Ces principes posés, la répartition se fait selon les règles ordinaires en tenant compte, bien entendu, des dérogations déjà signalées et des indications contenues dans la circulaire 675, p. 2, au sujet de l'affectation que comporte le quintuple des droits fraudés.

Soit un procès-verbal pour une bicyclette (taxe de 3 fr.) transigé pour 13 fr. 35 se décomposant comme suit :

Imputation à la feuille n° 124	droits fraudés néant.	
	frais.	3 10
	confiscation (néant).	
	amende et décimes (minimum). . .	1 25
	quintuple droit (3 fois la taxe seulement).	9 00
		13 35

A l'état 99, l'imputation se fera comme suit :

Montant brut	de la confiscation. . . .	» »	
	de l'amende plus les décimes.	1 25	13 35
	des autres condamnations.	12 10	
A déduire. .	droits fraudés (néant). . .	» »	
	frais.	3 10	3 35
	décimes	0 25	
Produit net.			10 00

Répartition (agents de la Régie saisissants).

35 0/0 au Trésor.	3 50
25 0/0 aux pensions.	2 50
40 0/0 au fonds commun.	4 00
	10 00

Supposons maintenant que, pour la même affaire, la transaction s'élève à 25 fr. 35, somme supérieure au minimum de l'amende et au quintuple droit.

Imputation à la feuille n° 124	droits fraudés (néant). . .	» »	
	frais.	3 10	
	confiscation (néant). . . .	» »	
	amende et décimes (minimum).	1 25	25 35
	quintuple droit. . . .	15 00	
	complément d'amende (décimes compris). . .	6 00	

A l'état 99, l'imputation se fera comme suit :

Montant brut	de la confiscation (néant). .	» »	
	de l'amende et décimes. .	7 25	25 35
	du quintuple droit et autres condamnations	18 10	
A déduire. .	droits fraudés (néant). . .	» »	
	frais.	3 10	4 55
	décimes.	1 45	

Produit net.	20 80

Comme on le voit, on n'impute rien à la confiscation, à moins qu'il ne s'agisse d'un procès-verbal sur inconnu ; on n'impute rien aux droits fraudés, si le délinquant a levé une plaque au moment de la saisie ou lors de la remise de la bicyclette ; on attribue d'abord 1 fr. 25 au minimum de l'amende et des décimes ; le surplus est affecté au quintuple droit et, s'il subsiste un reliquat, on l'ajoute à l'amende.

Dispositions diverses.

Le cas échéant, on force le centime au profit du Trésor et de la caisse des retraites, jamais au profit de l'indicateur.

S'il n'y a qu'un centime de forcement, il doit être attribué au Trésor.

Entre saisissants, on force également, dans la pratique, en faveur de l'employé le plus élevé en grade.

Lorsque la répartition est faite sur une somme versée après jugement, il ne faut pas oublier, s'il y a lieu, de prélever la taxe des lettres. (Circ. 349 du 13 fév. 1856, 376 du 5 mai 1856.)

S'il y a eu vente des objets saisis, c'est la somme réalisée par la vente qui détermine le chiffre de la confiscation.

Si l'ayant droit ne signe pas l'état 99, la somme est portée en consignation. On joint à l'état 99 un extrait de l'article du 89 C relatif à la consignation effectuée.

L'amende de 50 francs encourue pour opposition à l'exercice des préposés de l'octroi (art. 15 de la loi du 27 frim. an VIII) concerne exclusivement l'octroi et appartient, lorsqu'elle est encaissée, en totalité à la commune.

Quittances à l'appui des répartitions. — Un timbre de 10 centimes est dû pour chaque émargement supérieur à 10 francs sur l'état d'attribution d'amendes, soit aux agents de l'octroi, soit aux agents de la Régie.

Les préposés d'octroi ne doivent jamais émarger sur l'état 99 ; leurs parts d'amende sont toujours versées dans la caisse du receveur du bureau central qui établit un état P.

Le versement effectué à l'octroi de *parts d'amendes* allouées à des préposés d'octroi doit être justifié par des quittances du K^{bis} dont le timbre reste à la souche et est remplacé par le timbre mobile de 10 centimes créé par la loi du 23 août 1871. (Circ. Compt. publ. 103 du 24 juin 1875.)

Le versement de la part revenant à la commune (d'après le cadre final de l'état 99) fait l'objet d'une quittance du K^{bis} timbrée non à 10 cent., mais à 0 fr. 25, si la somme dépasse 10 francs. Si la somme n'est pas supérieure à 10 francs, la quittance est délivrée sans timbre. (Loi du 8 juill. 1865 ; loi du 13 brum. an VI, art. 16 ; arr. min. du 20 oct. 1863 et C. C. 74 du 22 juill. 1865.)

On peut comprendre dans cette dernière quittance le montant des droits fraudés, ou bien ceux-ci font l'objet d'une quittance du registre A, sans timbre.

Lorsque le receveur central reverse à la Régie la part revenant aux employés des contributions indirectes d'après l'état P (il retient la part revenant à ses préposés), le receveur principal lui délivre une quittance du 74 avec timbre. (Circ. Compt. publ. 103 du 24 juin 1875.)

Le prix du timbre du 74 est présenté ensuite en déduction, à la ligne des frais, sur l'état de sous-répartition n° 99.

Dans la pratique, l'employé chargé du contentieux établit en même temps l'état 99, l'état P et l'état de sous-répartition. L'état 100 est remis avec ces pièces au receveur principal assez tôt pour qu'il puisse faire chez le receveur central, vers la fin de chaque mois, les versements de fonds et les échanges de quittances.

Les quittances données par les gendarmes pour primes de capture, pour frais de justice, pour gratification à raison de constatation de délits ou de contravention sont exemptées de l'apposition du timbre mobile à 10 centimes, et ce, en exécution des dispositions de l'article 16 de la loi du 13 brumaire an VII, concernant les gens de guerre. (Lettre du Dir. gén. de l'Enreg. aux commandants de gendarmerie, du 13 juin 1873.)

Octrois.

Le produit des amendes et confiscations pour contraventions aux règlements de l'octroi, déduction faite des droits et prélèvements autorisés, est réparti, moitié à la commune et moitié aux saisissants. (Art. 13 du décret du 17 mai 1809; art. 84 de l'ord. du 9 déc. 1814.)

Lorsqu'un octroi est en ferme, la moitié attribuée aux préposés revient à l'adjudicataire. (Art. 126 du décret du 17 mai 1809; circ. 73 du 5 nov. 1852.)

Les répartitions d'octroi dans lesquelles les employés de la Régie sont admis doivent être faites selon le mode en usage dans chaque administration de l'octroi. (Art. 84 de l'ordonnance du 9 déc. 1814.) Ces employés sont traités absolument comme les préposés des octrois. (Circ. 381 du 21 mai 1856.)

A cet effet, le receveur municipal verse à la caisse du receveur des contributions indirectes la somme qui revient aux employés de la Régie. Le prix du timbre de la quittance du 74 est à la charge des saisissants et il convient de le prélever sur la somme à répartir. Les 10 centimes représentant le coût du timbre sont portés en dépense au bordereau 80 A ou au registre 89 B, comme s'il s'agissait de frais judiciaires, et la situation est régularisée lors de la formation de l'état 99 (sous-répartition).

La répartition de la portion des amendes qui forme la part des employés de la Régie, dans les affaires communes et non communes, s'opère comme suit :

25 0/0 aux pensions ;

8 0/0 au fonds commun ;

67 0/0 aux saisissants.

CHAPITRE XVIII

État 100 A.

Relevé mensuel des répartitions d'amendes.

Lorsque toutes les répartitions sont établies sur feuilles 99, on forme les dossiers, c'est-à-dire qu'on réunit toutes les pièces ayant trouvé un emploi quelconque dans une affaire; lorsque l'affaire est de la compétence du directeur départemental, on les place dans une feuille 122 C portant sur la première page les indications que l'en-tête des colonnes comporte, et on inscrit dans l'intérieur de cette feuille les motifs justifiant la transaction. On fait ensuite le dépouillement des états 99 sur l'état 100 A, conformément à l'en-tête de chaque colonne de ce dernier état et en suivant les indications de la circulaire n° 2 du 30 mai 1823 et de la lettre commune du 20 mai 1846.

Le sous-directeur établit l'état 100 A. (Circ. 17 du 16 mars 1870.) Il le fait parvenir au directeur avant le 10 de chaque mois ; celui-ci en fait l'envoi à l'Administration du 15 au 20. *V. Productions périodiques.*

Les pièces sont classées dans la feuille 122 C dans l'ordre et suivant la nomenclature donnée par la lettre commune sans numéro du 5 mars 1873, et inscrites suivant l'ordre et le rang qu'elles occupent.

Un état 100 A spécial est établi pour la répartition d'amendes en matière de culture de tabac autorisée. (C. C. 105 du 5 fév. 1876.)

Ce relevé doit être fourni alors même qu'il n'aurait été opéré aucune répartition pendant le mois. (Circ. 3 du 16 avril 1821 et circ. 2 du 30 mai 1823.)

Les affaires sont inscrites par ordre de numéro. Ce numéro sera celui donné au procès-verbal sur le registre 122 A.

CLASSEMENT DES PIÈCES DANS CHAQUE DOSSIER. — *Ordre dans lequel doivent être classées les pièces composant le dossier des affaires contentieuses.* (L. C. du 5 mars 1877.)

1. Transactions (feuille 124).
2. Expéditions annexées aux procès-verbaux.
3. Extrait des registres (du 87 ou du 74, ventes, taxe des lettres).
4. Procès-verbaux.
5. Contraintes.
6. Procès-verbaux de perquisition chez les non-assujettis, quittances des frais ordinaires, ou mieux états des frais ordinaires appuyés de quittances pour vacations, transport des objets saisis, etc., des-

truction des tabacs, frais de nourriture des individus arrêtés, etc.

7. Assignations données par les employés.

8. Quittances des frais d'icelles (ou mieux états des frais d'icelles quittancées).

9. Extraits de jugements ou arrêts (sur feuilles 127 ou copie *in extenso* sur papier libre).

10. Expéditions de jugements ou arrêts.

11. Actes du ministère des huissiers.

12.   —   des avoués.

13.   —   des avocats.

14. Quittances d'interprètes taxées.

15.   —   d'essayeur de la garantie.

16.   —   des frais de greffe.

17. Certificats d'insolvabilité, de disparition et de décès.

18. Requêtes à fin de confiscation des objets saisis.

19. Quittances des frais d'icelles.

20. Procès-verbaux de vente.

21. Procès-verbaux d'arrestation par les gendarmes.

22. Quittances de droits.

23.   —   de gendarmes pour frais de capture.

24.   —   de frais d'écrou.

25.   —   de gardien d'objets saisis.

26.   —   de militaires de toutes armes.

27. Certificat d'inscription hypothécaire.

28. Mandats de dépôt.

29. Certificats d'écrou.

30.   —   de dépôt à la caisse des dépôts et consignations.

31. Procès-verbaux d'avaries de boissons.

32.   —   de destruction d'objets saisis.

33. Quittances des receveurs des actes judiciaires.

34. Taxe des témoins (quittancés).

35. Pièces diverses (rapport sommaire, acquits, congés, lettres de renseignements, feuilles 122 C. Certificats de prise en charge, fiche n° 129, etc., etc.

Ces pièces ne doivent pas être énumérées à l'état 100. Elles doivent former un dossier spécial auquel la feuille 122 C sert de chemise. (C. C. 117 du 3 fév. 1886.)

36. État 99 B revêtu de la décision du conseil d'administration.

37. État 99 de répartition et quittances à l'appui (1).

38. États P.

39. États 99 de sous-répartition appuyés d'une quittance. La feuille 122 C enveloppante fait partie des pièces diverses.

Les restitutions sont justifiées par les quittances des consignataires. (Circ. 76 du 22 nov. 1852 et 56 du 25 nov. 1820.)

---

(1) Lorsque l'ayant droit ne signe pas l'état 99 et que la somme est portée en consignation, la Comptabilité publique exige en pareil cas la production d'un extrait de l'article du 89 C relatif à la consignation effectuée.

En fin d'année, l'Administration transmet toutes ces pièces à la Comptabilité publique. Mais pour ne pas retarder la vérification de la Comptabilité publique, il a été prescrit de joindre aux pièces de comptabilité mensuelle des receveurs principaux un état 100 A spécial dont on remplit seulement le cadre de la récapitulation.

A l'appui de l'état 100 A, on doit joindre toutes les pièces des dossiers ; mais on n'inscrit dans les colonnes 15, 17 et 18 de cet état que les pièces justificatives des dépenses portées aux diverses colonnes (3 à 13), ces pièces étant les seules que l'Administration ait à produire à la Cour des comptes. Invariablement, et comme l'indique d'ailleurs son intitulé, la colonne 16 ne doit jamais présenter qu'une seule pièce, qui est l'état 99, ou la transaction pour droits et frais, ou pour frais seulement. Pour les sous-répartitions des saisies communes, l'état 99 doit figurer colonne 16, et l'état P, colonne 17. Dans cette dernière colonne doivent être inscrites les pièces suivantes : les procurations ou quittances fournies à défaut d'émargement des parties prenantes, les quittances du registre K *bis* pour les sommes versées aux communes, les extraits de recette, en ce qui concerne les taxes de lettres, le procès-verbal, la transaction, les procès-verbaux de vente, les copies ou extraits des jugements, et toutes les pièces justificatives des frais détaillés au deuxième cadre de la transaction. (L. C. du 20 mai 1846, du 5 mars 1873 et du 21 nov. 1877.)

On doit inscrire à l'état 100 de chaque mois les transactions approuvées qui seront parvenues avant le 16 dudit mois, lorsqu'elles donneront lieu au paiement de parts aux employés, et toutes celles qui auront été reçues avant le 25, lorsqu'elles ne donneront pas lieu à répartition. (L. C. 24 du 21 novembre 1877.)

Contrairement aux dispositions de la circulaire 56 de 1820, le montant des transactions consenties moyennant le remboursement des frais seulement doit être introduit au registre n° 89 et à l'état 100 A. (C. C. 27 du 21 déc. 1838.)

Exercice. — Les répartitions des produits d'amendes doivent être rattachées au budget de l'année courante au moment où la dépense est contractée. Par suite de cette disposition, la mise en répartition de ces produits ne doit avoir lieu pendant le mois de décembre qu'autant qu'il y a possibilité de délivrer les mandats avant l'expiration de l'année. (C. C. 72 du 15 juin 1867.)

Rectifications. — Les rectifications, dont les répartitions auront été reconnues susceptibles, seront opérées sur les états 100 A, lors même qu'elles se rapporteraient à des répartitions faites pendant l'année précédente ; les pièces justificatives sont adressées à l'Administration. (Circ. Compt. publ. n° 8 du 18 déc. 1827 et n° 11 du 28 janv. 1829.)

On peut procéder aux régularisations dont il s'agit sur l'ordre de l'Administration et sans qu'il soit besoin d'une injonction spéciale de la Comptabilité publique, à laquelle il devra cependant être adressé une copie des pièces justificatives des changements opérés. (Circ. 8 précitée.)

CHAPITRE XIX

État 125.

(État de situation des affaires contentieuses.)

Actuellement, l'état 125 des quatre trimestres ne comporte que l'analyse des affaires ayant pris naissance pendant le trimestre pour lequel l'état est fourni. Celui de la reprise doit présenter des renseignements succincts sur la situation des affaires remontant à plus de trois mois. (Circ. 444 du 4 fév. 1886.) *V. Productions périodiques.*

CHAPITRE XX

États nᵒˢ **122 B et 122 B bis.**

1° *État* 122 *B.*
État de produit des amendes et confiscations.

On fournit également à la fin de chaque trimestre un état 122 B, état de produit des amendes et confiscations. Cet état a été créé par la circulaire nᵒ 92 du 9 décembre 1834. Il est dressé d'après les indications du Mémorial 122 A et du registre 89 A (1ʳᵉ partie).

On ne fait une constatation des amendes et confiscations que s'il y a jugement ayant acquis force de chose jugée. Dans les autres cas, ce sont les recettes effectives qui figurent sur les relevés trimestriels. (Circ. 445 du 5 fév. 1857.)

L'état 122 B doit porter pour chaque affaire :

1° Le montant des transactions qui auront été précédées ou suivies de la consignation des sommes pour lesquelles elles auront été consenties;

2° Les parts versées entre les mains des receveurs principaux et revenant aux employés de la Régie, dans les saisies qu'ils ont opérées à la requête des administrations étrangères ;

3° Le montant des transactions définitives, c'est-à-dire qui auront été approuvées par l'autorité compétente, soit le directeur du département, soit l'Administration, soit le ministre, suivant l'importance de la somme, et pour lesquelles, par dérogation aux règles établies, la consignation n'aura pas eu lieu (1).

Ce cas devra être fort rare si l'on se conforme aux instructions qui prescrivent de faire consigner le montant de chaque transaction avant que celui qui transige soit admis à signer la feuille 124 et que la copie lui soit remise.

4° Les produits de vente d'objets saisis, dont l'abandon à la Régie a été stipulé par transaction, ou dont la confiscation a été prononcée par jugement ;

---

(1) Lorsqu'on aura constaté, en vertu de transactions définitives ou de jugements des sommes qui n'étaient pas encore payées, on ne devra point les constater de nouveau dans le trimestre où le recouvrement aura lieu, car il en résulterait nécessairement un double emploi. Pour prévenir toute erreur à cet égard, il est fait sur le mémorial 122 A une annotation en ces termes : « constaté par l'état du... trimestre de 190... nᵒ , Fr. C. (Circ. 92 du 9 déc. 1834.)

5° Enfin, les sommes dues à titre d'amendes, confiscations, décimes ou frais taxables seulement, par suite de jugement passé en force de chose jugée, c'est-à-dire pour lesquels les délais d'appel ou de recours en cassation sont expirés à la fin du trimestre pour lequel l'état 122 B est formé. (L. C. 31 août 1874.)

Il n'y a pas lieu de faire figurer sur les états les affaires en instance ou qui ne sont pas encore terminées par transaction, les sommes à recouvrer dans l'un et l'autre cas n'étant pas connues.

Si l'état 122 B est négatif, adresser un certificat n° 234. (Circ. 369 du 13 oct. 1899.)

2° État 122 B bis.

· Contrôle par la Cour des comptes des amendes et confiscations.

A la demande de la Cour des comptes et en vue de l'exercice d'un contrôle plus efficace sur les constatations ainsi que sur les admissions en décharge et en reprise indéfinie concernant les amendes et confiscations, le ministre a décidé la production, en fin d'année, à l'appui du relevé n° 101, d'un état détaillé présentant en cette matière, article par article, l'importance des sommes dues au Trésor.

Cet état, qui est annexé aux relevés 101 afférents à chaque principalité et destinés à la Cour, à l'exclusion du 101 récapitulatif par département conservé à la Comptabilité publique, a pris les n°s 258 bis et 122 B bis de la série du service général et reproduit les principales indications du 122 B déjà existant. La demande des exemplaires (titres et intercalaires) est faite par les receveurs principaux, au Matériel des finances, au moyen de formules n° 150 spéciales. (Note autogr. 429 du 9 nov. 1906.)

La contexture de ce nouvel état étant suffisamment explicite, l'Administration s'est bornée à faire remarquer, qu'en ce qui concerne les pièces justificatives, la Cour est disposée à admettre leur remplacement par des références, lorsque la production a été faite au soutien de dépenses (états 100 A, 98, etc.). Pour les affaires non terminées, il y a lieu de fournir, pour tenir lieu des documents qui, aux termes de la circulaire n° 626, du 26 février 1891, doivent être conservés dans les directions, des extraits dûment certifiés. Les imprimés n° 127, sur lesquels est nettement indiqué le montant des condamnations, amendes, décimes, confiscation, droits fraudés s'il y a lieu, et dépens, peuvent être utilisés à cet effet. En cas de transaction non répartie, il y a lieu de joindre une copie de la feuille 124. Ib.

Enfin il a été décidé que, pour ne pas retarder l'envoi des comptes de deuxième partie à la Comptabilité publique, l'état en question devrait être rempli, tout au moins relativement aux colonnes 1 à 4, à l'expiration de chaque trimestre, de façon qu'il soit rapidement complété en fin d'année. Ib.

Par affaires terminées, il faut entendre toutes celles pour lesquelles aucune pièce justificative n'a encore été produite à la Cour des comptes, c'est-à-dire :

1° Toutes les affaires non réparties à l'état 100 A ;

2° Toutes celles qui n'ont pas fait l'objet d'états 98 ;

3° Toutes celles qui ont donné lieu à des propositions d'admission en reprise indéfinie sur lesquelles il n'a pas encore été statué.

En résumé, les justifications à produire sont les suivantes :

a) *Amende constatée et non répartie* : joindre, suivant le cas, un extrait n° 127 certifié par le directeur, ou une copie de la feuille n° 124 ;

b) *Amende répartie* : inscrire la mention « état 100 A du mois de... »

c) *Reprise indéfinie ou dépense* : état 98, avec indication du bordereau 91 où la dépense a été faite ;

d) *Payement par acomptes et constatation avant la signature de la feuille* 124 : joindre un certificat du directeur.

CHAPITRE XXI

Comptabilité du contentieux.

1° COMPTABILITÉ-RÉGIE.

Frais.

Les premières avances en matière contentieuse (achat de papier timbré, frais d'enregistrement, etc.) sont faites par les agents rédacteurs de procès-verbaux. Elles donnent lieu à la formation d'un état de frais qui, après inscription au mémorial 122 A et ordonnancement par le chef divisionnaire, est remboursé à l'ayant droit par le receveur particulier payant pour le compte du receveur principal.

Au versement mensuel, le comptable supérieur fait dépense de la somme au journal général 87 A à titre d'avances pour frais judiciaires et l'inscrit ensuite tant au sommier 88 (compte des avances) qu'au registre auxiliaire 89 B.

On opère de même pour tous les autres frais (citation, jugement, signification, commandement, etc.) auxquels l'affaire peut donner lieu par la suite.

Seuls, les droits de poste afférents aux affaires *portées en justice par les Parquets* et dans lesquelles l'Administration intervient comme partie civile ne sont pas inscrits aux avances pour frais judiciaires ; ils ne sont d'ailleurs dépensés qu'après recouvrement sur le condamné.

Constatations.

Les affaires contentieuses se terminent, soit par règlement amiable avant ou après jugement, soit par exécution de jugement.

Dans le premier cas, la somme fixée par le chef divisionnaire ou l'Administration en cas de jugement, après avoir été versée entre les mains du receveur principal ou perçue pour le compte de celui-ci par un comptable subordonné, est portée en recette au registre des consignations (89 A 1re partie), et inscrite ensuite — quel que soit d'ailleurs le montant des condamnations encourues ou prononcées — à l'état de produit trimestriel 122 B.

Dans le second cas, qu'il y ait ou non paiement, c'est le montant des condamnations devenues définitives qui est constaté et porté audit état.

Le 122 B est établi tous les trimestres d'après les indications du mémorial 122 A et, quand il y a lieu, c'est-à-dire en cas de paiement, à l'aide de celles du 89 A 1re partie. On y inscrit, outre le montant des transactions et des condamnations dont il est question ci-dessus : 1o les parts versées entre les mains des receveurs principaux et revenant aux agents de la Régie dans les procès-verbaux qu'ils ont rapportés à la requête d'administrations étrangères ; 2o les produits de la vente d'objets saisis dont l'abandon à la Régie a été consenti par transaction ou prononcé par jugement.

Répartitions.

Une fois les transactions devenues définitives ou les jugements exécutés par le paiement intégral des condamnations prononcées, il est procédé à la répartition des sommes perçues. Cette répartition, dont le mode est réglé par l'article 16 de la loi du 17 avril 1906, s'effectue pour chaque affaire au moyen d'états 99 que l'on récapitule par mois sur un état 100 A. Ces états sont tous formés par les directeurs ou sous-directeurs ; ils sont ensuite adressés au receveur principal qui fait dépense à son journal 87 A des portions attribuées :
1o Aux octrois ;
2o Aux frais ;
3o Aux indicateurs ;
4o Aux saisissants ;
5o Aux droits fraudés (octrois) ;
6o Aux pensions ;
7o Au fonds commun ;
8o Enfin aux droits de poste.
Il n'est pas fait mention dans cette dépense de la portion du Trésor, ni des décimes et des droits fraudés (contributions indirectes).

La somme ainsi inscrite en dépense est ensuite reportée au sommier 88 (compte des consignations-dépenses) ainsi qu'au registre 89 A 1re partie ; on porte, en outre, à ce dernier registre les portions du Trésor, les décimes et le montant des droits fraudés (contributions indirectes).

Il résulte de ces diverses opérations :
1o Que les comptes des contrevenants au registre 89 A 1re partie sont balancés en recette et en dépense ;
2o Que la sommier 88 ne l'est pas, la recette excédant la dépense de la totalité des sommes revenant au Trésor (parts d'amendes, décimes et droits fraudés) et dont celui-ci se trouve nanti par la consignation ;
3o Qu'après paiement aux tiers intéressés (octroi, indicateurs et saisissants) des sommes leur revenant, le comptable, quoique ayant fait dépense des frais, du fonds commun et de la part des pensions, se trouve encore avoir ces sommes entre les mains. Il doit donc, pour régulariser la situation, les inscrire en recette à son journal 87 A et les reporter ensuite au sommier 88 : la première, moins les droits de poste, au compte des avances ; la seconde, au chapitre des opérations de trésorerie, et la troisième, au compte des pensions. La première est, en outre, inscrite en recette au 89 B, où elle balance les diverses avances faites dans l'affaire.

Quant aux droits de poste, ils sont repris en recette, non pas comme remboursement d'avances, mais au titre général de consignations ou dépôts divers et sous leur rubrique propre.

Tous les trimestres, les directeurs et sous-directeurs établissent en double expédition le relevé des droits de l'espèce effectivement encaissés; l'un des états est adressé au receveur principal, l'autre au directeur départemental des postes. Sur récépissé d'un comptable de cette administration, le receveur principal rembourse la somme et en fait dépense tant au 87 A qu'au 89 C.

Il arrive parfois qu'en fin d'année l'exiguité des crédits ne permet pas de répartir l'intégralité des sommes définitivement acquises à la Régie. Dans ce cas, le montant intégral de l'état 100 A de décembre est déduit de la dépense faite à titre de répartitions d'amendes (ligne 224 du bordereau) et transporté — défalcation faite des sommes attribuées aux pensions, aux droits de poste et aux frais — au compte des avances à régulariser. La recette est, de son côté, atténuée (lignes 76, 89 et 98) du montant des trois sommes défalquées du total de l'état 100 A.

Les amendes et confiscations pourront donner lieu à des restitutions totales ou partielles. Si la somme n'a pas été répartie et se trouve encore tout entière en consignation, on l'inscrit à l'état 100 A dans la colonne réservée aux remboursements ; le paiement en est justifié par une quittance de la partie prenante, et si la restitution n'est que partielle, le surplus est réparti dans la forme ordinaire.

Si la répartition de la somme à rembourser a déjà été effectuée, on procède par voie de modification aux antérieurs (1er cadre de l'état 100 A) et on annexe au tableau deux états 99 reproduisant, l'un la répartition primitive, l'autre la répartition après restitution.

On opère de la même façon lorsqu'il s'agit de simples modifications rendues nécessaires par le paiement tardif de nouveaux frais ou par des erreurs précédentes d'imputations.

Abandon. — Reprises indéfinies.

Lorsque la Régie succombe dans une affaire contentieuse ou qu'elle abandonne spontanément les poursuites, les frais restent à sa charge et ne peuvent être apurés que par décision de l'Administration. Les propositions sont présentées par états 98 et analysées tous les trois mois sur un état 98 C établi en double expédition.

Parfois aussi, les contrevenants sont insolvables ou viennent à disparaître avant la liquidation de l'affaire. On présente alors en reprise indéfinie, et dans les mêmes conditions que ci-dessus, le montant des condamnations prononcées ; mais tandis qu'après décision de l'Administration les frais admis en dépense sont portés en recette à la ligne : « frais tombés à la charge de l'Administration », les autres sont enregistrés à la ligne spéciale des frais admis en reprise indéfinie.

Quant aux frais que les communes sont appelées à rembourser dans les affaires de l'espèce, on les porte en recette comme recouvrement d'avances.

Si, par suite d'erreur dans les constatations, il y a lieu de proposer la décharge d'amendes, on formule une proposition sur état 98 C en simple expédition, et il est fait emploi de l'ordonnance de l'Administration comme s'il s'agissait de droits constatés.

Dans le cas enfin de rentrées sur reprises indéfinies, on ouvre un article au mémorial 122 A et on répartit l'affaire au 100 A comme s'il s'agissait d'une affaire ordinaire ; mais les frais sont classés dans les recettes accidentelles et inscrits comme tels au journal 87 A et au sommier 88 ; ils ne figurent, dès lors, ni au 89 B, ni au 122 B, ni à l'état 100 A.

2° COMPTABILITÉ-OCTROI.

Lorsqu'un procès-verbal est dressé, le receveur du bureau central en avance les frais et établit un état *ad hoc*.

Ces frais sont inscrits sur un registre auxiliaire qui porte la lettre M.

Lorsqu'il y a transaction, l'acte est rédigé sur l'imprimé O.

La somme totale payée par le contrevenant, soit par transaction, soit par exécution de jugement, est portée en recette par le receveur du bureau central sur le registre K *bis* qui est à souche et comporte une quittance, revêtue du timbre de 0 fr. 10.

La recette effectuée, le receveur central établit la répartition de l'amende sur l'état P, lequel comporte l'émargement des saisissants.

Tous les mois, le registre K *bis* est arrêté et le montant des sommes encaissées est versé au receveur municipal au moyen du bulletin de versement G *bis* (2ᵉ partie de ce bulletin).

Le G *bis* est appuyé d'un état P *bis*, qui récapitule par procès-verbal l'amende payée pour chaque affaire et le détail de la répartition. Le total de l'état P *bis* doit être égal à celui de l'arrêté mensuel du K *bis*.

Le P *bis* est appuyé à son tour, pour chaque affaire : 1° de l'état des frais ; 2° du procès-verbal ; 3° de l'état P ; 4° de la transaction, s'il y a lieu.

Le registre K *bis* doit être arrêté et le produit versé tous les 20 de chaque mois.

Le receveur municipal passe écriture, en masse, des fonds provenant des saisies et amendes, qui lui sont versés, avec l'état P *bis*, au moyen du bulletin G *bis*.

Dans la pratique, le receveur central ne verse en numéraire que la part d'amende revenant à la commune.

Les décimes sur amende sont versés à la Régie par le receveur central, qui donne, comme espèces, au receveur municipal la quittance du 74 de la Régie.

Lorsqu'il y a eu consignation au moment de la saisie, la somme est portée en recette au registre K *bis* et une quittance est délivrée au contrevenant. Si le montant de la transaction ou des condamnations prononcées est inférieur à la consignation, la différence est remboursée au contrevenant contre une quittance timbrée à 0 fr. 10, si la somme dépasse 10 francs. Cette quittance est versée au receveur municipal.

Le receveur du bureau central a effectué pour le compte du receveur municipal : 1° l'avance des frais ; 2° le paiement des parts d'amendes revenant aux saisissants ; 3° le versement des décimes à la Régie. Or, le receveur municipal a seul qualité pour payer les fonds communaux, et il ne peut le faire sans un mandat du maire. Les opérations du receveur central sont donc régularisées au moyen de trois mandats : un au nom du receveur central pour les frais, un autre au nom des saisissants (un seul par mois) et un troisième au nom du receveur de la Régie pour les décimes.

Ces trois mandats sont remis par le receveur central au receveur municipal en même temps que toutes les autres pièces contentieuses.

La comptabilité du receveur central est balancée : pour les frais par un mandat, et le registre M est annoté en conséquence, et pour les produits figurant au K *bis* par le bulletin de versement G *bis* (appuyé du P *bis* et autres pièces du procès-verbal).

Lorsqu'un procès-verbal tombe à la charge de la ville, le receveur central verse au receveur municipal l'état des frais avancés et celui-ci le rembourse par un mandat.

En même temps le receveur central fait recette au K *bis* de ces frais et verse la quittance à l'appui de l'état de frais.

Ces opérations se font simultanément.

S'il y a des frais d'avoués ou d'avocats, ils sont payés directement sur mandat par le receveur municipal.

Les recettes et dépenses des saisies et amendes figurent enfin tous les mois au bordereau Q.

CHAPITRE XXII

Reprises indéfinies. — Dépenses. — Décharges. États 98 C.

Si la Régie ne poursuit pas ou bien si elle est condamnée, les frais de justice tombent à sa charge.

Les frais et les amendes à recouvrer en vertu d'un jugement peuvent encore tomber en non-valeur et être admis en reprise indéfinie par suite de disparition ou d'insolvabilité du délinquant.

Mais l'admission en reprise indéfinie ne peut être prononcée qu'après que le jugement a acquis l'autorité de la chose jugée par l'expiration des délais d'appel ou d'opposition. Toutefois l'Administration admet la constatation de l'amende à l'état 122 B, après la signification sommaire tracée par l'article 3 de la loi du 22 juillet 1867. D'ailleurs, la signification n'a plus aujourd'hui sa raison d'être que pour les jugements par défaut.

Au lieu d'être transmises au fur et à mesure que la situation des affaires le comporte, les propositions d'admission en reprise indéfinie, en décharge ou en dépense sont, tous les trois mois, analysées sur un état 98 C qui doit parvenir à l'Administration en double expédition le 15, au plus tard, du deuxième mois qui suivra le trimestre pour lequel cet état est formé. (Circ. 369 du 13 oct. 1899.)

Ces états doivent être totalisés avant d'être expédiés.

1° *Dépenses* (*États 98 C*).

Établir *d'office* (sans autorisation préalable de l'Administration) une proposition d'admission en dépense des frais, lorsqu'il s'agit :

1° De procès-verbaux rapportés contre inconnus. (Lett. com. du 5 mars 1873) ;

2° De procès-verbaux résultant d'erreurs de service (employés ou receveurs buralistes) ;

3° De procès-verbaux d'ordre pour visites infructueuses ;

4° De frais d'assignation conservatoire non recouvrés. (Circ. 194 du 24 déc. 1896.)

Lorsque l'abandon des poursuites est basé sur d'autres considérations, on consulte l'Administration avant de formuler des propositions d'admission en dépense. (F. 122 C en double expédition.) *V. Propositions d'abandon.*

L'original ou la copie de cette décision doit, le cas échéant, être annexé au dossier. (Circ. 369 du 13 oct. 1899.)

2° Reprises indéfinies (États 98 C).

Établir également d'office (1) une proposition d'admission *en reprise indéfinie* :

1° Lorsque le contrevenant est insolvable (2) et a subi la contrainte par corps, soit en totalité, soit partiellement ;

2° Lorsque la disparition du contrevenant est constatée, ou lorsqu'il a été vainement recherché. (Circ. 194 du 24 déc. 1896.)

Établir, après autorisation préalable de l'Administration, une proposition d'admission en reprise indéfinie, lorsque le contrevenant est insolvable et n'a pas subi la contrainte par corps, ou bien lorsque le directeur estime qu'il n'y a pas lieu de pratiquer une saisie ou d'exercer la contrainte par corps. On adresse alors à l'Administration (f. 122 C en double expédition) une proposition par laquelle on fait connaître la situation du contrevenant ; on y joint, s'il y a lieu, un extrait 127 du jugement, une copie du procès-verbal et du rapport sommaire.

L'original ou la copie de cette décision est annexé au dossier. (Circ. 369 précitée.)

Se trouve-t-on en présence d'un contrevenant insolvable, en donnant avis du jugement dans les conditions déterminées par les circulaires 444 de 1886 et 511 de 1888, on propose à l'Administration d'acquiescer à la sentence et d'en autoriser l'exécution par toutes voies de droit. Cette manière de procéder dispense de faire ultérieurement une proposition d'exécution spéciale.

Après la signification du jugement et le commandement de payer, on adresse au Parquet le dossier de l'affaire accompagné d'une réquisition aux fins d'incarcération.

Lorsque le condamné a subi sa peine, on réclame au maire de sa commune un certificat d'indigence (ou de disparition, si le contrevenant n'a pu être découvert). Ce certificat ne doit plus être visé, pour

---

(1) « Afin de simplifier la correspondance, le directeur est autorisé à transmettre d'office, et sans qu'il soit nécessaire de consulter préalablement l'Administration, les dossiers des affaires à admettre en reprise indéfinie, dans tous les cas où les contrevenants dont l'insolvabilité est établie ont subi la contrainte par corps, soit en totalité, soit partiellement.

« Chaque dossier accompagné soit d'un procès-verbal de carence, soit d'un procès-verbal de disparition ou d'insolvabilité, est renfermé dans une feuille 122 C *en simple expédition* indiquant succinctement les motifs de la présentation en reprise indéfinie.

« Le même mode d'opérer est employé pour l'admission en dépense des frais : 1° des assignations conservatoires ; 2° des procès-verbaux résultant d'erreurs du service ; 3° des procès-verbaux de visites domiciliaires infructueuses.

« L'Administration se réserve d'annoter les états n° 98 et les extraits de l'état de *produits* n° 122 B de la décision portant autorisation d'admission en reprise indéfinie ou en dépense. » (Note com. 10887 du 22 avril 1896.)

(2) L'insolvabilité se constate soit par des procès-verbaux de perquisitions ou de carence dressés par les huissiers, soit par des certificats délivrés par les commissaires de police ou les maires.

la légalisation de la signature du maire, par le préfet ou le sous-préfet. (Circ. Compt. publ. du 25 janv. 1902.)

L'employé chargé du contentieux établit alors :

1° Un extrait de l'état de produit 122 B (1) en simple expédition. Cet extrait comporte le détail du montant des condamnations prononcées (amendes, confiscation et frais) (2) ; il est appuyé de l'original du certificat d'indigence ou de disparition, selon le cas ;

2° Un état n° 98 dressé en simple expédition. A l'appui de ce document il met tous les états des frais (frais taxables ou non taxables). Si le coût des actes de procédure est acquitté sur les originaux des exploits (car certains directeurs exigent des huissiers des quittances spéciales ou des quittances par duplicata), l'employé doit joindre à l'état 98 des extraits des articles de dépense relatifs aux frais judiciaires inscrits au livre de caisse n° 87 A. Les pièces originales de la procédure sont conservées à la sous-direction.

Les grosses des jugements et arrêts, ainsi que les actes de signification et de commandement de payer, sont conservés dans les directions et sous-directions. Ces actes originaux sont remplacés, dans le dossier de comptabilité, par des extraits des articles de dépense relatifs aux frais judiciaires de l'affaire inscrits au livre de caisse n° 87 A. (Circ. 626 du 26 fév. 1891 et 155 du 25 janv. 1896.)

On met aussi à l'appui de l'état 98 les procès-verbaux de capture ou de recherches infructueuses, une copie certifiée conforme du certificat d'indigence ou de disparition et la feuille 122 C contenant l'autorisation d'exercer la contrainte par corps.

On y joint également, s'il y a lieu, un extrait du registre 87 A des sommes provenant de la vente d'objets saisis, un extrait des états 71 A, B ou C (répartition de la valeur des tabacs, poudres et allumettes), le procès-verbal d'incinération des allumettes...

Dans la colonne 6 de l'état 98 C, il convient d'exposer d'une manière très succincte (*contrevenant insolvable, disparu, décédé..., contrevenant insolvable qui a subi la contrainte par corps, erreur du buraliste...*) les raisons qui motivent l'admission de condamnations ou des frais en reprise indéfinie, ou en dépense. (Circ. 369 de 1899.)

Sur chaque état 98 C, il ne doit figurer que des propositions de même nature. (Reprise indéfinie, dépense ou décharge.) *Ib.*

Pour les reprises indéfinies et les dépenses, l'état 98 C est établi en double expédition. *Ib.*

Lors de leur envoi à l'Administration, les états 98 C doivent être renfermés dans une enveloppe de papier fort. Sur chaque paquet, qui ne devra contenir que les dossiers et états précités, on apposera une étiquette indiquant l'objet de l'envoi et le bureau qui doit le recevoir.*Ib.*

---

(1) Pour décharger le 122 B des constatations qui y ont été portées, on doit se référer à la circulaire n° 92 du 9 décembre 1834 et à la circulaire de la Comptabilité publique n° 80/22 du 18 décembre de la même année.

(2) Il n'y a pas lieu d'y comprendre les droits de poste ; mais le montant de ces droits est annoté au registre des reprises indéfinies, pour être recouvré si le délinquant devient solvable. (Circ. 376 du 5 mai 1856.)

Enfin, en vue de faciliter la vérification de pièces produites, l'extrait de l'état 122 B et les certificats d'insolvabilité ou de disparition seront épinglés ensemble et placés en tête du dossier. Quant aux autres pièces, elles seront classées dans l'état 98 suivant l'ordre des frais portés sur ce document. *Ib.*

L'Administration renvoie : 1° l'extrait 122 B à l'appui d'une ordonnance de reprise indéfinie relatant le reliquat de la dette du condamné ; 2° l'état 98, avec le dossier, à l'appui d'un mandat qui permet au receveur principal de porter tous les frais en dépense définitive pour apurer le 89 B et de les imputer à son bordereau à la ligne *reprise indéfinie.*

Saisie commune. — S'il s'agit d'une affaire poursuivie à la requête de la Régie et de l'octroi, une partie des frais reste à la charge de la commune.

La répartition des frais est faite au prorata des intérêts engagés, c'est-à-dire au prorata des condamnations encourues ou prononcées au profit de chaque administration intéressée. (Lett. au Dir. de la Seine du 25 juill. 1899, n° 11881 ; f. 122 C du 30 mars 1903 au Dir. de Saône-et-Loire.)

Avant de constituer le dossier, on adresse au receveur principal une note conçue à peu près dans ces termes :

La part des frais restant à la charge de la commune dans l'affaire X..., n°..., s'élève à 19 fr. 93.

Monsieur le receveur principal est prié d'opérer le recouvrement de cette somme. Ci-joint, à cet effet, un état n° 98 qui devra être remis au receveur municipal.

Il conviendra d'adresser une copie de la quittance délivrée en l'objet.

Le Sous-Directeur.

L'exemple suivant fera mieux saisir la manière d'opérer, lorsqu'on se trouve en présence d'une saisie commune :

Amendes prononcées (Régie 100 fr. — octroi 100 fr.).	200 fr.
Confiscation.	60 50
Frais (taxables)	25 36
Total au 122 B :	285 86

Pour mémoire : Frais non taxables, 14 fr. 50, soit avec les 25 fr. 36 (frais taxables) une somme totale de 39 fr. 86, dont la commune rembourse la moitié (19 fr. 93).

L'extrait du 122 B joint à la proposition d'admission en reprise indéfinie doit porter 285 fr. 86.

L'état n° 98 joint à la proposition d'admission en dépense des frais doit comprendre les frais taxables et non taxables (39.86), déduction faite de la part remboursée par la commune (19 fr. 93) qui figure en recette à la ligne 101 *bis* du 91.

Frais taxables et non taxables. Frais frustratoires.

Ont seules le caractère de frais taxables et sont par conséquent recouvrables sur le condamné, les dépenses qui ont pour objet la recherche.

la poursuite et la punition des crimes, délits ou contraventions. (Art. 2 et 3 du décret du 18 juin 1811.)

On doit ranger, par exemple, dans cette catégorie le coût de l'extrait du jugement n° 127 (0 fr. 25), lorsque cet extrait a servi à faire maintenir le contrevenant sous les verrous, dans les conditions déterminées par l'article 3 de la loi du 22 juillet 1867. Dans tous les autres cas, ces frais sont non taxables.

Le prix des vacations payées aux commissaires de police fait partie des frais taxables, lorsque l'officier de police a été requis en vertu de l'article 237 de la loi du 28 avril 1816 complété par l'article 15 de la loi du 6 août 1905.

Lorsque la visite domiciliaire a lieu en vertu de l'ordonnance du président du tribunal ou du juge de paix (art. 14 de la loi du 6 août 1905), la présence d'un officier de police n'étant plus indispensable, on ne doit pas comprendre les frais de vacation dans les frais taxables.

Les frais de timbre et d'enregistrement de l'ordonnance du président du tribunal ou du juge de paix constituent des frais taxables, dans les cas d'application de l'article 14 de la loi du 6 août 1905.

Et encore le coût de l'extrait n° 2 du casier judiciaire. V. *Casier judiciaire.*

Il en est de même des frais de transport du prévenu du lieu où il a été arrêté au siège du tribunal qui doit le juger, et des frais de transport en vue de l'exercice de la contrainte par corps, etc., etc.

Les frais de déplacement occasionnés par l'accomplissement de la formalité d'enregistrement d'un procès-verbal ou de visa d'une contrainte, peuvent être considérés comme ayant un caractère judiciaire, et paraissent, dès lors, recouvrables sur le contrevenant ou le redevable en retard.

Frais non taxables. — On entend par frais non taxables ceux qui ne sont pas recouvrables sur le condamné, tels que :

Les frais de transport des objets saisis;

Les frais de serrurier;

Les honoraires des avocats ou avoués, etc., etc...

L'extrait n° 127;

Les frais d'une inscription hypothécaire faisant suite à un jugement.

En bonne règle, il faudrait n'admettre en reprise indéfinie que les frais taxables seuls recouvrables sur le condamné et porter en dépense ceux qui restent à la charge du Trésor (frais non taxables). Pour simplifier les écritures, on comprend tous les frais sur la même ordonnance. Le total est égal au détail des frais portés au 122 A et au registre 89 B.

Frais frustratoires. — Les frais d'actes inutilement notifiés ne peuvent être mis à la charge de l'employé qui a commis l'irrégularité, qu'avec l'autorisation de l'Administration préalablement consultée.

Classement des pièces jointes aux états 98 C.

A) *Extraits 122 B.* — Mettre ensemble tous les extraits 122 B et épingler au dos de chacun d'eux le certificat d'indigence ou de disparition. Épingler ou ficeler le tout séparément et le mettre dans l'état 98 C avant les pièces de dépense.

Si des constatations relatives à une même affaire ont été effectuées sur des 122 B de différents trimestres, l'indiquer sur l'extrait fourni, et indiquer également le numéro d'ordre de chaque état 122 B.

B) Etats 98 et pièces de dépense. — La somme à porter en dépense ou en reprise indéfinie est celle qui subsiste, défalcation faite des recouvrements effectués.

Joindre à l'état 98 : 1° les quittances et états de frais ; 2° les originaux qui ne sont pas conservés ; 3° la décision de l'Administration, s'il en existe une ; 4° les pièces justificatives des recouvrements effectués.

Si des originaux sont conservés, établir un 98 B.

Classer les pièces dans l'ordre suivant :

L'état des frais, puis la quittance et la pièce à l'appui, s'il y en a une.

Épingler ensemble par le coin gauche inférieur toutes ces pièces et les placer à l'intérieur de l'état 98.

C) Etats 98 C. — Disposer les dossiers dans l'ordre des constatations pour les reprises indéfinies et l'ordre du mémorial pour les dépenses, et reproduire exactement cet ordre sur l'état 98 C.

Porter dans les colonnes 7 et 8 (frais taxables et non taxables et sommes constatées) ce qui reste à recouvrer (v. l'extrait 122 B et l'état 98), et totaliser ces deux colonnes.

Il est bien entendu qu'on ne doit pas émarger dans les colonnes de l'état 98 C les sommes déjà perçues. En un mot, les sommes à inscrire à l'état 98 C sont celles qui subsistent après déduction des sommes recouvrées ou remboursées.

Huissiers. Conservation de pièces.

A l'exception de la minute de l'acte de vente qu'ils doivent conserver, les huissiers peuvent disposer des minutes des autres actes de poursuite qu'ils ont faits. En général, ils les conservent jusqu'à remboursement de leurs frais (Cass. civ. 10 août 1870), après quoi ils les remettent à ceux contre lesquels les poursuites ont été dirigées.

3° Décharges accordées en matière contentieuse (État 98 C).

Lorsque, par suite d'erreur dans les constatations, ou pour toute autre cause, il y a lieu de proposer la décharge d'amendes, le sous-directeur (ou le directeur) formule une proposition sur un état 98 C en simple expédition sous le timbre du contentieux. (Circ. 369 du 13 oct. 1899.) Sur la production d'un extrait n° 122 B, faisant ressortir la somme à passer en décharge, l'Administration délivre une ordonnance dont il est fait emploi comme s'il s'agissait de droits constatés. S'il y a des frais, on les porte sur le 98 C (dépenses).

RECOUVREMENTS SUR REPRISES INDÉFINIES. OPÉRATIONS D'ÉCRITURES. REGISTRE DES SURSÉANCES.

Si des sommes admises en reprise indéfinie viennent à être recouvrées ultérieurement, on ouvre un article au registre mémorial n° 122 A et on répartit l'affaire au 100 A, comme s'il s'agissait d'une affaire ordinaire ayant pris naissance dans le courant de l'année ou figurant en reprise sur le mémorial.

Pour régulariser la position du contrevenant en face de la Régie et le décharger du montant des condamnations non recouvrées, il importe de lui faire souscrire une transaction. Lorsque le traité est approuvé, on procède à la répartition par la voie du 100 A. On a soin de prélever la totalité des frais. Le montant des frais précédemment admis en reprise indéfinie ou en dépense est porté aux recettes accidentelles, ce dont il est justifié par un extrait du livre de caisse n° 87 A mis à l'appui de l'état n° 99. Autrement dit, la somme recouvrée se divise en deux parties : 1° celle concernant les frais doit faire l'objet d'un article de recette au livre de caisse n° 87 A ; elle est ensuite portée au sommier n° 88, cadre des recettes accidentelles propres au receveur principal, à la ligne des rentrées sur reprises indéfinies ; 2° la deuxième partie, attribuée à l'amende, fait l'objet d'une inscription au 87 A, ainsi qu'au registre auxiliaire n° 89 A (1re partie); elle est ensuite répartie par la voie du 100 A.

Il va de soi que les frais qui sont classés dans les recettes accidentelles ne doivent figurer ni au registre 89 B, ni à l'état 100 A, ni à l'état 122 B.

Enfin le registre des surséances doit être annoté du montant et de la date de la transaction intervenue.

D'après la lettre commune n° 16 du 11 novembre 1887, le dossier des créances admises en reprise indéfinie doit suivre le redevable dans ses déplacements successifs.

Dès qu'un comptable est avisé du décès d'un redevable inscrit au registre des surséances, il transmet, par la voie hiérarchique, un bulletin n° 87 au service de l'enregistrement qui fera connaître la situation des meubles et immeubles du redevable décédé. (L. C. n° 257 du 10 oct. 1903.)

RECOUVREMENTS SUR REPRISES INDÉFINIES. ALLOCATION D'UNE PRIME.

Une prime de 10 0/0 est accordée aux receveurs qui obtiennent des rentrées sur des créances admises en reprises indéfinies, qu'il s'agisse de droits ou d'*amendes*. — Ce taux est applicable à toute perception inférieure à 1.000 fr. sur une même créance admise en reprise indéfinie. Pour les perceptions supérieures à 1.000 fr., la fixation de la prime fait l'objet d'une décision spéciale de l'Administration. Aucune allocation de l'espèce n'est payée sans l'autorisation de l'Administration à qui des propositions sont adressées sous le timbre de la 1re division (*service général*), au fur et à mesure des encaissements. (Circ. 189 du 7 déc. 1896.)

RECOUVREMENT D'AMENDES ATTEINTES PAR LA PRESCRIPTION.

Les amendes en matière de contributions indirectes se prescrivent par 5 ans. (Cass. 10 déc. 1890 et 16 déc. 1898.) La confiscation étant une peine se prescrit dans le même délai que l'amende. (V. C. inst. crim., art. 137.) Il en est de même des droits fraudés, lorsqu'ils viennent s'ajouter à l'amende et qu'ils sont prononcés par le tribunal correctionnel. — Restent les frais qui, eux, n'ont pas de caractère pénal. Ils constituent plutôt une réparation civile. (Cass. 11 août 1857.) Ils ne se prescrivent que par 30 ans. (Code civ., art. 2262; Code instr. crim., art. 642; Cass. 23 juin 1828; instr. sur le service des amendes, art. 207.)

Donc, à l'exception des frais, les autres pénalités sont atteintes par la prescription quinquennale. Or, la prescription est une exception d'ordre public qui doit être prononcée d'office par le juge. (Cass. 7 avril 1854 et 1er mars 1855.) Il en résulte qu'en matière pénale le condamné ne peut y renoncer ni directement ni indirectement. (Lett. Min. Just. 14 sept. 1885.)

C'est un principe absolu en matière pénale auquel le débiteur ne pourrait, en droit strict, s'engager à déroger, même par acte notarié. Cependant, l'acquittement d'amendes prescrites peut, dans certains cas, présenter pour le débiteur un intérêt majeur, lorsqu'il s'agit, par exemple, de sa réhabilitation. Aussi, lorsque des versements de cette nature sont spontanément offerts, l'Administration ne s'opppse pas à leur encaissement; mais, comme les comptables n'ont pas de titre de perception, ils doivent imputer ces sommes aux recettes accidentelles.

Les condamnations au remboursement des frais de justice n'ayant pas de caractère pénal et constituant, au contraire, une réparation civile, on peut valablement renoncer à la prescription de ces frais.

Le comptable est donc fondé à recevoir le payement des frais de justice, lorsque le débiteur déclare renoncer à la prescription. (Circ. Compt. publ. 13 déc. 1873.)

Pour éviter toute réclamation ultérieure, il est prescrit d'avertir la partie versante et de mentionner dans sa quittance ou à l'article 3 de la feuille n° 124 qu'il s'agit de sommes atteintes par la prescription.

En matière de simple police, la prescription de la peine est à deux ans. (Art. 639 Code instr. crim.)

TROISIÈME PARTIE

CHAPITRE PREMIER
Des saisies.

Dispositions générales.

Tous les biens du débiteur forment le gage commun de ses créanciers. (Art. 2092 Code civ.)

Aux meubles corporels qui sont en la possession du débiteur s'applique la saisie-exécution (art. 583 à 625 Code pr. civ.);

Aux fruits pendants par branches ou par racines, la saisie-brandon (art. 626 à 635);

Aux créances du débiteur et aux meubles qui lui appartiennent, mais qui sont en la possession d'un tiers, la saisie-arrêt (art. 557 à 582);

A ses immeubles, la saisie immobilière (art. 673 à 748);

A ses rentes, une saisie spéciale (art. 636 à 655).

On peut aussi cumuler la contrainte par corps avec les saisies; dans les cas où elle existe encore aujourd'hui : « l'exercice de la contrainte par corps n'empêche ni ne suspend l'exécution sur les biens ». (Art. 2069 Code civ.)

On ne peut saisir qu'en vertu d'une créance certaine, liquide et exigible. (Art. 551 Code pr. civ.)

Une créance est *certaine* parce qu'elle existe actuellement : elle doit être pure et simple et non éventuelle.

Une dette est *liquide* lorsqu'il « est constant qu'il est dû et combien il est dû », *an et quantum debeatur.*

Enfin la dette *exigible* est celle dont le créancier est en droit d'exiger le paiement.

Saisie-exécution.

Par la saisie-exécution, le créancier met sous la main de la justice les meubles corporels de son débiteur, afin de se payer sur le prix provenant de leur vente.

Tandis que la saisie-arrêt ne peut se poursuivre qu'après qu'un jugement l'a déclarée valable, et que la saisie immobilière se termine par un jugement d'adjudication, la saisie-exécution dépouille le débiteur de ses meubles, sans intervention de la justice.

Toute saisie-exécution doit être précédée d'un commandement fait un jour franc avant la saisie (jour compté de minuit à minuit). (Art. 583 Code pr. civ.)

Cette condition est valablement remplie par la notification de la contrainte qui porte *commandement* de payer; l'huissier peut donc pratiquer une saisie un jour franc après la signification de la contrainte.

Le commandement ne se périme que par 30 ans. (Code civ. art. 2262.)

Lorsque la saisie est faite en vertu d'un jugement, un seul acte peut contenir le commandement et la signification du jugement.

La saisie se fait « sans déplacer ». Elle consiste : 1° dans la rédaction d'un procès-verbal ; 2° dans l'établissement d'un gardien.

La vente ne peut être opérée que huit jours francs après la saisie. (Art. 613 Code pr. civ.) Elle est précédée de publications et d'un procès-verbal de récolement qui constate si les meubles saisis sont fidèlement représentés par le gardien.

A moins de circonstances graves qui obligent d'agir tout à fait d'urgence, la question de savoir jusqu'à quel point il faut continuer les poursuites après la saisie doit être soumise au directeur. (Circ. 445 du 5 fév. 1857, 17 du 16 mars 1870.)

En d'autres termes, le sous-directeur consigne son avis sur une feuille 122 C en double expédition, et le directeur décide. *Ib.*

Saisie-arrêt ou opposition.

La saisie-arrêt est l'acte par lequel un créancier arrête entre les mains d'un tiers les sommes et objets mobiliers qui sont dus ou qui appartiennent à son débiteur.

Nous avons dit qu'on ne pouvait saisir qu'en vertu d'une créance *certaine, liquide* et *exigible.* Ce principe souffre une exception en matière de saisie-arrêt : la certitude et l'exigibilité sont nécessaires à peine de nullité, mais il n'est pas indispensable que la créance soit liquide. S'il en était autrement, « il y aurait fort à craindre qu'un mauvais débiteur dont la dette est constante mais non fixée ne parvînt à toucher ce qui lui est dû, et à se soustraire ensuite au paiement de ce qu'il doit ».

Le créancier peut procéder à cette saisie sans être muni d'un titre authentique; un titre sous seing privé suffit, et, s'il n'en a pas, la permission du juge lui en tient lieu.

La procédure de la saisie-arrêt se divise en trois parties :

1° Exploit de saisie-arrêt au tiers saisi.

Cet acte est une déclaration au tiers saisi par laquelle on s'oppose au paiement de ce qu'il doit au saisi, en l'avertissant que, s'il passait outre, il serait tenu de payer deux fois.

2° Dénonciation de l'exploit de saisie-arrêt au saisi; demande en validité de la saisie; jugement de cette demande.

Le débiteur saisi ignorait encore la saisie. Il fallait la lui dénoncer. L'exploit de dénonciation contient assignation en validité devant le tribunal.

3° Contre-dénonciation de la demande en validité au tiers saisi ;

assignation en déclaration affirmative ; jugement de cette demande.

Dans la huitaine de la dénonciation au saisi, cette dénonciation doit être notifiée au tiers saisi par un exploit contenant assignation en déclaration affirmative. Les administrateurs des caisses de deniers publics ne peuvent être assignés en déclaration ; ils se bornent à délivrer un certificat des sommes dont ils sont détenteurs ou dépositaires.

S'il n'y a pas eu d'oppositions, le saisissant obtient paiement en vertu d'un jugement de validité ; dans le cas contraire, le tiers saisi dépose les fonds à la Caisse des dépôts et consignations.

L'instance en validité d'une saisie-arrêt, opérée à la requête de la Régie, pour le recouvrement d'un droit, doit être portée devant le tribunal du lieu où le bureau du préposé poursuivant est établi. (Cass. 14 déc. 1819 ; Caen 5 juin 1883.)

Les instances auxquelles donnent lieu les saisies-arrêts se rapportant à des perceptions de droits doivent être instruites par simple mémoire, sans plaidoiries, et jugées sur le rapport d'un juge. V. *Affaires civiles.*

Conformément à la jurisprudence rendue en matière d'enregistrement, la demande en validité d'une saisie-arrêt pratiquée en vertu d'une contrainte entre les mains d'un syndic de faillite soulève entre la Régie et le redevable une véritable contestation sur le fond des droits. Elle doit, dès lors, être instruite et jugée dans les formes prescrites par l'article 65 de la loi du 22 frimaire an VII et par l'article 17 de la loi du 27 ventôse an IX. (Cass. civ. 22 avril 1898 ; Bull. Cont. ind. 1898. 13.)

Il ne saurait en être de même quand il s'agit d'une instance entre la Régie et un tiers saisi qui ne doit rien personnellement à cette administration. L'instance doit être suivie d'après les règles de droit commun. (Cass. 18 janv. 1830 ; D. 30.1.57 ; Lyon 1er avril 1841 ; Caen 5 juin 1883.)

Ou encore s'il s'agit d'une contestation entre la Régie et un syndic de faillite, au sujet du privilège que l'Administration revendique sur le produit de la vente d'un immeuble contrairement aux prétentions du syndic. (Cass. 24 fév. 1904 ; Bull. Cont. ind. 1904.9.)

Le jugement de validité équivaut à un transport judiciaire, et toutes les saisies-arrêts postérieures doivent être considérées comme tardives, nulles et non avenues. (Cass. 13 fév. 1865 ; D. 65.1.79 ; req. 23 mars 1881 ; D. 82.1.420 ; S. 82.1.217.)

En matière de faillite, la Régie n'est pas obligée de faire valider la saisie-arrêt pratiquée entre les mains du syndic, lorsqu'une contrainte a été signifiée à ce dernier avec sommation d'avoir à désintéresser l'Administration selon le rang de son privilège. Il a été jugé, en effet, que cette signification vaut comme *mise en demeure* (Trib. civ. Lyon 9 déc. 1876 ; M. 19.451) et que le syndic qui distribuerait l'actif au mépris de la contrainte serait passible de dommages-intérêts. (Trib. Épernay 8 et 29 déc. 1876 ; M. 19.449 ; Cass. 21 mai 1883.)

Le tribunal d'Épernay est allé plus loin : il a considéré que la contrainte décernée au failli et à laquelle le syndic forme opposition, produit, à l'égard de ce dernier, des effets analogues à ceux d'une saisie-arrêt régulière. (Jugem. Épernay 29 déc. 1876 précité.)

Si la somme saisie-arrêtée a été versée à la Caisse des dépôts et consignations, deux voies sont ouvertes au comptable pour obtenir paiement de sa créance. La première consiste à obtenir amiablement des intéressés (débiteur saisi et créanciers apparents) leur consentement écrit au prélèvement de la créance de la Régie sur la somme déposée à la Caisse des dépôts et consignations.

A défaut de cette solution, il faut recourir à la voie judiciaire ; le comptable, après autorisation du directeur, doit, par ministère d'avoué, provoquer l'ouverture d'une distribution par contribution, procédure prévue par les articles 656 et suivants du Code de procédure civile.

Saisie immobilière.

Aucun acte de poursuite tendant à la saisie immobilière ne doit être fait sans l'assentiment préalable de l'Administration. (Circ. 328 du 2 déc. 1845 et 445 du 5 fév. 1857.)

Saisies-arrêts sur traitements, indemnités, salaires, etc.

La saisissabilité des pensions de l'État est, ainsi que celle des traitements, régie par des lois spéciales. (Art. 580 Code proc. civ.)

Les traitements des fonctionnaires publics et employés civils sont saisissables jusqu'à concurrence du cinquième sur les premiers mille francs et toutes les sommes au-dessous ; du quart sur les 5.000 fr. suivants, et du tiers sur la portion excédant 6.000 fr., à quelque somme qu'elle s'élève. (Loi du 21 ventôse an IX.)

Le montant de la retenue doit être calculé sur le chiffre brut du traitement ordonnancé, sans déduction du prélèvement pour retraite ou pour congé.

Ainsi, pour un employé dont le traitement est de 2.100 fr., la retenue mensuelle est de 39 fr. 58 ; pour un traitement de 2.500 fr., la retenue mensuelle est de 47 fr. 91 ; pour un traitement de 8.000 fr., la retenue mensuelle est de 176 fr. 37.

Par exception, les salaires des ouvriers et gens de service, quel qu'en soit le montant, et les appointements ou traitements des employés, commis ou fonctionnaires, lorsqu'ils ne dépassent pas 2.000 fr. par an, ne sont saisissables que jusqu'à concurrence du dixième. (Loi du 12 janv. 1895, art. 1er.)

Toutefois, les cessions et saisies faites pour le paiement des dettes alimentaires ne sont pas soumises aux règles du précédent alinéa. (Art. 3, ib.) Ce qui revient à dire qu'on applique alors la règle fixée par la loi du 21 ventôse (Déc. Min. Fin. du 7 déc. 1897), à moins d'une stipulation expresse, formelle du jugement. Pour que la retenue sur traitement dépasse la quotité fixée par la loi de ventôse an IX, il faut que le jugement décide que la retenue excédera cette quotité.

Tous les actes, décisions et formalités auxquels donnera lieu l'exécution de la loi du 12 janvier 1895, relative à la saisie-arrêt sur les salaires et petits traitements des ouvriers ou employés, seront, quelle qu'en soit la nature, rédigés sur papier non timbré et enregistrés gratis. (Loi du 22 avril 1905, art. 8.)

Toute opposition ou cession, signifiée au conservateur des oppositions au ministère des finances, à un comptable des deniers publics ou à un préposé de la Caisse des dépôts et consignations, devra rester déposée, jusqu'au lendemain, au bureau de la caisse où elle aura été faite. Le visa sera daté de ce dernier jour. (Loi du 12 juill. 1905, art. unique.)

On doit considérer comme insaisissables les sommes allouées, non à titre de rémunération, mais à titre de remboursement d'avances déjà faites ou de payement de frais relatifs à l'exécution d'un service public : telles sont les sommes mandatées pour frais fixes, pour frais de bureau, de tournées, de déplacement, de découcher, etc. (Art. 167 de l'instr. minist. du 31 août 1905.)

Les secours accordés par tous les ministères, et considérés comme provisions alimentaires, sont insaisissables, sauf pour aliments. (Article 581 Code pr. civ.) Cependant les ministres, chacun en ce qui le concerne, peuvent ordonner, pour cause de débet envers l'État, une retenue sur les secours qu'ils accordent. Cette retenue s'opère par la voie administrative. (Art. 153 de l'instr. minist. du 31 août 1905.)

On doit assimiler aux appointements les sommes qui en tiennent lieu. (Arr. min. du 21 oct. 1837.) Aussi, la circulaire 161 du 30 novembre 1837 a-t-elle prescrit l'application de la loi de ventôse aux indemnités de localité, ainsi qu'à celles accordées à certains employés pour leur coopération à un service spécial.

Pour les gratifications, la question est plus délicate : lorsqu'elles ne sont ni fixes ni périodiques, mais uniquement accordées en vue de récompenser le zèle, l'assiduité, le dévouement de l'employé, elles ne peuvent être considérées comme des accessoires des appointements. A l'instar des secours (Circ. 161 précitée), elles sont, en totalité, insaisissables.

Les indemnités de sucrage allouées aux agents du service actif sont insaisissables, parce qu'elles sont considérées comme le remboursement d'une dépense effective ; mais l'indemnité revenant aux employés des bureaux pour surcroît d'écritures a le caractère d'un supplément de traitement.

Les amendes ne sont pas placées sous le régime exceptionnellement consacré par la loi de ventôse. (Circ. 161 précitée.)

Il en est de même des indemnités allouées sur le fonds commun. (Corresp. adm.)

La loi du 12 janvier 1895 ne vise que les salaires et traitements inférieurs à 2.000 fr. Elle n'est pas applicable aux pensions de retraite et elle n'a pas abrogé l'article 14 de la loi du 9 juillet 1836.

Les pensions civiles payées par l'État sont incessibles et insaisissables. Aucune saisie ou retenue ne peut être opérée du vivant du pensionnaire que jusqu'à concurrence d'un cinquième pour débet envers l'État ou pour créances privilégiées, aux termes de l'article 2101 du Code civil, et d'un tiers dans les circonstances prévues par les articles

203, 205, 206, 207 et 214 du même Code. (Loi du 9 juin 1853, art. 26.)

Les pensions militaires de retraite et leurs arrérages sont incessibles et insaisissables, excepté pour débet envers l'État ou dans les circonstances prévues par les articles 203, 205 et 214 du Code civil. — Dans les deux cas, les pensions militaires sont passibles de retenues qui ne peuvent excéder le cinquième de leur montant pour cause de débet, et le tiers pour aliments. (Art. 141 de l'instr. min. du 31 août 1905 sur les saisies-arrêts.)

D'après une circulaire de la Dette inscrite en date du 28 août 1844, les retenues sur pensions sont exercées à la requête, soit du chef du Service du Contentieux en ce qui touche les débets dont la poursuite lui est attribuée, soit du directeur de la Dette inscrite pour le recouvrement des amendes, frais de justice, contributions arriérées, etc.

Lorsqu'un redevable est titulaire d'une pension civile ou militaire et qu'il paraît utile de pratiquer une retenue, le directeur saisit l'Administration sous le timbre du contentieux et lui adresse : un extrait du compte ouvert, l'original de la contrainte, les autres pièces de la procédure, des extraits du registre 74 pour les acomptes qui ont pu être versés, et enfin un relevé détaillé des frais de poursuite restant à recouvrer. Il indique, en outre, la nature de la pension, le numéro, la date et le montant du brevet et fait connaître s'il y a des oppositions.

Les pensions de retraite des employés des chemins de fer ne figurent pas au rang des choses déclarées insaisissables par l'article 581 du Code de procédure civile. (Jug. trib. civ. Seine 24 déc. 1895 ; Journ. Cont. ind. 1897.131.)

CHAPITRE II

Contrainte pour le recouvrement des droits.

Dispositions générales.

En droit fiscal, on désigne sous le nom de contrainte le mandement décerné contre un redevable de deniers publics ou de droits dus au fisc pour le mettre préalablement en demeure de se libérer. (Fuzier Hermann Rép.)

La contrainte est la voie générale de poursuite que l'État est autorisé à employer contre tout individu redevable de deniers publics.

A défaut de paiement des droits, il est décerné contrainte contre les redevables. (Art. 64 de la loi du 22 frim. an VII ; art. 89 de la loi du 5 vent. an XII ; art. 43 du décret du 1er germ. an XIII et art. 239 de la loi du 28 avril 1816.)

Les contraintes sont soumises au timbre de dimension. (Déc. Min. Fin. du 14 avril 1807 et du 20 déc. 1808.)

L'absence du timbre ne serait pas une cause de nullité de la contrainte, mais donnerait lieu à une amende.

Les notifications des contraintes sont soumises à l'enregistrement. (Loi du 22 frim. an VII, art. 20, 26, 34.)

L'Administration a fait imprimer une formule de contrainte qui porte le n° 78.

La contrainte est décernée par le directeur ou le receveur de la Régie. (Art. 44 du décret du 1er germ. an XIII.)

Elle n'est soumise à aucune forme spéciale. Pour être valable, il suffit qu'elle indique l'objet de la demande, c'est-à-dire la somme réclamée, la nature des droits dus, les quantités soumises aux droits, ainsi que la cause de cette réclamation. (Cass. 25 juill. 1844.)

Il suffit qu'elle renferme les mentions nécessaires pour que le débiteur connaisse les sommes qui lui sont réclamées et les causes à raison desquelles elles lui sont réclamées. (Cass. 25 juill. 1814 ; 12 mars 1890.)

L'action par voie de contrainte est une simple faculté que la loi accorde à l'Administration. Celle-ci peut donc, si elle le juge préférable, agir par les voies ordinaires et procéder au moyen d'une assignation directe du redevable devant le tribunal compétent. (Trib. Le Blanc 31 déc. 1867 ; trib. civ. Bergerac du 26 août 1873 ; Cass. civ. 4 déc. 1899 ; Jugem. trib. civ. Seine 11 mars 1899 ; Garnier Rép. P., n° 9607.)

Visa de la contrainte.

La contrainte pour le recouvrement des droits doit être visée et déclarée exécutoire, sans frais, par le juge de paix du canton où le bureau de perception est établi. (Art. 44 du décret du 1er germ. an XIII.)

Ainsi, ce qu'exige la loi, et cela à peine de nullité, c'est le visa du juge de paix du canton dans lequel est situé le bureau de perception.

L'instruction n° 27 du 28 prairial an XIII prescrivait l'apposition d'un second visa lorsque le comptable demeurait dans un canton autre que celui de la résidence du comptable ; mais, ainsi que cela est précisé clairement dans cette instruction, c'était uniquement pour le cas où la Régie se trouvait dans l'obligation d'exercer la contrainte par corps en matière commerciale, civile et contre les étrangers.

La disposition de l'instruction du 28 prairial an XIII est sans objet depuis que la loi du 22 juillet 1867 a abrogé la contrainte par corps en matière civile. (Trib. civ. Barbezieux du 19 juin 1899.)

Seul est obligatoire le visa de la contrainte par le juge de paix du canton où est établi le bureau de perception. Par conséquent, cet acte n'a pas besoin d'être visé par le juge de paix du canton où le redevable est domicilié. (Cass. civ. 30 déc. 1903.)

Le suppléant du juge de paix a qualité pour viser la contrainte.

Le juge de paix est présumé empêché, toutes les fois que le contraire n'est pas prouvé. (Cass. 24 mai 1897 ; D. 98.1.84 ; Trib. Seine 29 juill. 1899.)

Aucun délai n'est fixé pour l'apposition du visa. Il suffit que le visa précède la notification de la contrainte.

S'il est indispensable que l'original de la contrainte soit revêtu du visa du juge de paix, aucune disposition légale n'oblige ce magistrat à apposer également son visa sur la copie signifiée au redevable. (Castres 8 nov. 1869 ; S. 70.2.192 ; Cass. 22 déc. 1874 ; M. 20.130 ; S. 76.1.256; Trib. Seine 29 juill. 1899.)

Mais si l'omission, par les agents qui notifient la contrainte au redevable, de la transcription du visa du juge de paix sur la copie signifiée peut motiver la nullité de l'exploit de signification de commandement de payer qu'elle contient, elle ne saurait entacher la contrainte elle-même d'irrégularité et justifier son annulation. (Cass. 22 déc. 1874 précité.)

La copie de la contrainte doit reproduire la mention du visa apposé sur l'original par le juge de paix, sinon la notification qui en aurait été faite ne pourrait interrompre la prescription. (Châteaudun 11 avril 1851 ; S. 70.2.192.)

Le cas échéant, il importe donc de renouveler la signification avant l'expiration des délais de prescription.

L'omission du visa du juge de paix sur la copie rend la signification nulle. (Jug. trib. civ. La Réole du 31 déc. 1900.) Dans cette espèce, l'original lui-même était également dépourvu de visa.

Aux termes de la jurisprudence, la contrainte et le visa d'une part, la signification de l'autre, sont des formalités distinctes et indépendantes. Cette signification peut donc être nulle, alors que la contrainte reste valable. Mais la signification doit être renouvelée avant que la prescription d'un an relative aux droits soit acquise. (Art. 50 du décret du 1er germ. an XIII.) Il est évident que ce délai est réduit à 4 mois ou à 40 jours s'il s'agit d'acquits-à-caution. (Loi du 21 juin 1873, art. 8 ; loi du 29 déc. 1900, art. 3.)

L'omission sur une contrainte de la date de sa confection n'entraîne pas la nullité de cet acte, celle du visa du juge de paix étant de nature à suppléer à cette omission. (Trib. civ. Saint-Jean-d'Angely du 21 mars 1888.)

Cependant le tribunal de Toulouse (jugement du 25 mai 1901) a prononcé l'annulation d'une contrainte portant, relativement au visa du juge de paix, une date antérieure à celle de l'établissement et de la signification de la contrainte.

Le visa du juge de paix n'a pas besoin d'être daté. Il suffit que le visa précède la notification. Seule, la date de la signification est essentielle. (Trib. civ. Angers du 6 avril 1867 ; Trib. Béziers du 22 mai 1878 avec Cass. civ. du 19 fév. 1884 ; Bull. civ. 84.35.)

Ainsi une contrainte n'est pas nulle si le nom du juge de paix est mal orthographié sur la copie (trib. de Bruxelles du 12 déc. 1853) ; ou s'il n'est pas transcrit sur la copie (trib. Civray 3 avril 1879 ; Trib. Toulouse 15 mai 1895) ; ou s'il est remplacé par un mot illisible (trib. Gap 18 déc. 1885).

Signification.

Par l'exploit de notification de la contrainte, il est fait au redevable *commandement de payer* au bureau du receveur poursuivant les droits énoncés à ce titre. (Art. 583 Cod. pr. civ.)

On observera pour la signification des contraintes les règles tracées par les articles 68 et 69 du Code de procédure civile en tenant compte des modifications apportées au deuxième alinéa de l'article 68 par la loi du 15 février 1899 (enveloppe fermée.)

En matière civile, et à moins d'une autorisation spéciale, les actes ne peuvent pas être notifiés un jour de fête légale (art. 5 de la loi du 17 thermidor an VI, et art. 63 Code pr. civ.), et sont notifiés dans les délais fixés par l'article 1037 du Code de procédure civile. En matière correctionnelle, au contraire, les poursuites et procédures peuvent être faites les jours de fête et dimanches. (Cass. 27 août 1907 et 14 avril 1816) (1).

Selon les termes de la circulaire n° 94 du 5 juillet 1873, les contraintes relatives aux acquits-à-caution doivent toujours être signifiées par les employés.

Il en est de même des contraintes délivrées à titre conservatoire.

Pour les autres droits, la circulaire n° 445 du 5 février 1857 recom-

---

(1) Les jours de fêtes légales sont, outre les dimanches : la Noël, l'Ascension, l'Assomption, la Toussaint ; le 1er janvier, le 14 juillet, le lundi de Pâques et le lundi de la Pentecôte.

mande aux employés de signifier eux-mêmes les contraintes, s'il n'y a pas intérêt à recourir au ministère d'un huissier.

L'Administration a eu l'occasion de remarquer que des contraintes garantissant le recouvrement de sommes importantes avaient été signifiées aux redevables dans des conditions irrégulières. En conséquence, elle a décidé que toutes les fois qu'il s'agirait de droits élevés ou de questions de principe délicates, les contraintes devraient être signifiées par ministère d'huissier. (F. 90 du 20 juill. 1901, n° 11883.)

Lorsque la signification est faite par les employés des contributions indirectes, l'original et la copie sont établis sur des formules n° 78 et respectivement revêtus du timbre extraordinaire ou du timbre mobile de 0 fr. 60. (L. C. n° 10 du 3 mars 1875.)

Au contraire, si la contrainte doit être signifiée par un huissier, le receveur se borne à rédiger l'original de la contrainte sur une formule 78 et à le faire viser par le juge de paix. L'huissier établit la copie sur du papier spécial débité et fourni gratuitement par l'Administration de l'enregistrement et fait apposer sur l'original un ou plusieurs timbres mobiles qui représentent le montant des droits de timbre dus à raison de la dimension des feuilles employées pour chaque copie. Il est évident que si l'huissier faisait usage de formules n° 78, cette irrégularité n'entraînerait pas la nullité de l'exploit.

Le receveur doit employer l'huissier le plus rapproché du domicile du contribuable. (Circ. 445 du 6 fév. 1857.)

L'huissier ne doit pas se faire payer directement par le contribuable les frais de contrainte et de poursuites. *Ib.*

C'est entre les mains du comptable qui a délivré la contrainte que le redevable doit se libérer. (Circ. 445 du 6 fév. 1857.)

En droit, l'huissier agissant comme mandataire de la Régie aurait cependant qualité pour recevoir payement et donner quittance comme le créancier lui-même. (Applic. art. 1239 Code civ.)

Une contrainte peut être valablement signifiée par un seul employé.

Dans les recettes sédentaires, le receveur établit la contrainte, la fait viser par le juge de paix et la remet ensuite au chef local de service, qui la notifie ou la fait notifier. (Combinaison des art. 44 du décret du 1er germ. an XIII ; 20, 26 et 34 de la loi du 22 frim. an VII, et de la circ. 445 du 5 fév. 1857.)

Pour éviter la prescription, il faut que la contrainte soit signifiée dans l'année de l'exigibilité des droits.

Dans l'exploit de notification de la contrainte, lequel porte commandement de payer, il doit être fait élection de domicile au bureau où les droits réclamés doivent être acquittés. (Cass. 16 fév. 1831 ; S. 38.1.288 ; Toulouse 22 mars 1866 ; S. 66.2.328 ; lettre au dir. de la Haute-Gar. du 22 juin 1895.)

Les contraintes doivent, à peine de nullité, être notifiées à la personne ou au domicile légal du débiteur. (Cass. 9 fruct. an XII.)

Un arrêt de la Cour de cassation du 9 mai 1904 fixe un point important de procédure en décidant, à l'encontre de la jurisprudence antérieure (Cass. cr. 12 nov. 1835 ; 13 juin 1835 ; arr. Montpellier 16 mai

1887), que les contraintes doivent être signifiées au domicile légal de l'assujetti, ou à sa personne, et que le domicile est déterminé conformément au droit commun par le lieu où le négociant a son principal établissement et non par le lieu où il a ouvert un entrepôt.

Toutes les fois qu'il subsistera des doutes sur le domicile légal de l'assujetti, il y aura lieu de faire les significations à personne. (Bull. Cont. ind. 1904.17.)

Ainsi que le prescrit l'article 68 du Code de procédure civile, on aura soin de mentionner, tant sur l'original que sur la copie, la personne à qui la copie a été laissée. La mention « parlant comme à l'original » serait un cas de nullité. (Jug. trib. Toulouse du 25 mai 1901.)

Les employés n'ont pas à délivrer de contrainte ou d'assignation hors de leur circonscription.

Si une contrainte doit être décernée à un redevable qui ne réside pas dans la circonscription, le receveur établit cet acte, le signe, le fait viser par le juge de paix, et l'adresse au chef de la division, directeur ou sous-directeur, qui prend les mesures nécessaires pour la signification.

Signification des exploits sous enveloppe fermée. (Loi du 15 février 1899.)

La loi du 15 février 1899, intitulée « loi sur le secret des actes signifiés par huissiers », dispose que l'article 68 du Code de procédure civile est modifié ainsi qu'il suit :

« *Article 68*. — Tous exploits seront faits à personne ou domicile ; mais si l'huissier ne trouve au domicile ni la partie, ni aucun de ses parents ou serviteurs, il remettra de suite la copie à un voisin qui signera l'original ; si ce voisin ne veut ou ne peut signer, l'huissier remettra la copie au maire ou adjoint de la commune, lequel visera l'original sans frais.

« Lorsque la copie sera remise à toute autre personne que la partie elle-même ou le Procureur de la République, elle sera délivrée sous enveloppe fermée, ne portant d'autre indication, d'un côté, que les noms et demeure de la partie, et, de l'autre, que le cachet de l'étude de l'huissier apposé sur la fermeture du pli.

« L'huissier fera mention du tout, tant sur l'original que sur la copie. »

Le règlement d'administration publique prévu par l'article 2 de la même loi a été publié le 13 novembre 1899 et a été modifié par le décret du 25 juillet 1903. Il est conçu dans les termes suivants :

« Il est alloué aux huissiers, pour la formalité de l'enveloppe prescrite par l'article 68 du Code de procédure civile, modifié par la loi du 15 février 1899, dans tous les cas où cette formalité est requise ;

« Pour chaque copie remise sous enveloppe, 15 centimes. »

En matière criminelle, correctionnelle et de simple police, l'allocation est fixée à 5 centimes.

Article 69, seront assignés :

« 8° Ceux qui n'ont aucun domicile connu en France, au lieu de leur résidence actuelle ; si le lieu n'est pas connu, l'exploit sera affiché à la principale porte de l'auditoire du tribunal où la demande est portée ; une seconde copie sera donnée au Procureur de la République, lequel visera l'original. »

Les dispositions du deuxième § de l'article 68 du Code de procédure civile modifié par la loi du 15 février 1899 sont applicables aux employés des contributions indirectes et des octrois. (Loi du 31 mars 1903, art. 27.)

Les employés des contributions indirectes doivent donc, toutes les fois qu'ils ne trouvent pas à son domicile la partie intéressée, c'est-à-dire le contrevenant visé au procès-verbal ou le redevable désigné à la contrainte, enfermer la copie de leur exploit dans une enveloppe. (Circ. 519 du 2 avril 1903.)

Sur le recto de cette enveloppe, *qui ne doit porter aucune autre indication*, ils écrivent simplement le nom et l'adresse de celui à qui l'exploit est destiné et, au verso, sur la fermeture du pli, ils apposent le cachet du poste auquel ils appartiennent. *Ib.*

Ils ont soin en outre, avant d'insérer la copie de l'exploit dans l'enveloppe, d'y consigner, ainsi que sur l'original, la mention suivante :

« *Remis sous pli fermé, contenant au recto la suscription et, au verso,*
« *notre cachet apposé sur la fermeture du pli.* » *Ib.*

La formule « je lui ai laissé copie sous enveloppe fermée portant suscription et cachet conformément à la loi » suffit à constater l'accomplissement des prescriptions de la loi du 15 février 1899. (Cass. 12 janv. 1901 ; Bull. Cont. ind. 1905.1.) *V. Assignation, p. 187.*

. La remise sous enveloppe est obligatoire en ce qui concerne les sociétés de commerce. Par suite, est nulle la signification d'un acte faite par copie délivrée à découvert à une personne qui n'est pas représentant légal de la société. (Cass. civ. 8 mars 1904 ; Bull. civ. 1904, p. 79.)

Enregistrement.

. Les significations de contraintes doivent être enregistrées dans les quatre jours de leur date. Dans ce délai on ne comprend ni le jour de la signification, ni le dernier jour du délai, lorsqu'il se trouve être un dimanche ou un jour de fête légale. (Loi de frim. an VII, art. 20, 25 et 34.)

Ce n'est pas la contrainte qui doit être enregistrée, *mais l'acte de signification*. Par conséquent, c'est aux employés qui ont fait la signification qu'incombe le soin de la faire enregistrer. Le montant des droits d'enregistrement leur est remboursé par le receveur particulier au moment où il lui est fait remise de l'acte.

Les contraintes décernées en matière de contributions indirectes étaient autrefois enregistrées gratis toutes les fois que la somme globale qu'elles mentionnaient était inférieure à 100 francs. Le droit fixe de 1 franc (1 fr. 25 avec les décimes) n'était exigé que si la totalisation des diverses sommes détaillées à chaque contrainte accusait un chiffre supérieur à 100 francs. (Circ. 549 du 6 janvier 1904.)

Le ministre a décidé, le 11 décembre 1902, qu'à l'avenir la perception de la taxe d'enregistrement serait déterminée par le montant du droit constaté qui donne lieu à la poursuite. *Ib.*

En résumé, chacun des droits réclamés par la contrainte devra être examiné isolément, et s'il s'en trouve un de plus de 100 francs ou même si l'un d'eux a été, au moment de la constatation, supérieur à ce chiffre, le droit d'enregistrement sera exigible. (Circ. 549.)

Il faut envisager non pas, comme en matière d'impôt direct, la créance annuelle qui, dans l'espèce, est incertaine et peut ne pas être acquise intégralement, mais le droit constaté donnant lieu à poursuite. Si la contrainte procède pour plusieurs droits de nature différente, la question d'exigibilité du droit d'enregistrement se ramène à savoir si un seul de ces droits est ou était de plus de 100 francs, bien que, par suite du paiement d'acomptes, la somme réclamée sur ce droit se trouve être insignifiante. (Instruction concernant les perceptions. Enreg. 9 avril 1903.)

Le droit n'est pas dû, si le contribuable se libère entièrement dans le délai de quatre jours fixé pour l'enregistrement de l'acte. (Instr. Enreg. n⁰ˢ 1033, 1303 et 1475.)

Recommandations.

« L'article 44 du décret du 1ᵉʳ germinal an XIII dispose que « la « contrainte sera décernée par le directeur ou le receveur de la Régie, « qu'elle sera visée et déclarée exécutoire, sans frais, par le juge de paix « du canton où le bureau de perception est établi, et qu'elle pourra être « notifiée par les préposés de la Régie. »

« Ainsi donc, le visa du juge de paix compétent est l'unique formalité substantielle imposée par la loi spéciale ; mais c'est aussi la seule formalité qui donne à l'acte de poursuite l'authenticité et le caractère nécessaires pour procéder par voie exécutoire. Il est indispensable, par conséquent, que les agents qui décernent la contrainte observent strictement la disposition de la loi et que les directeurs et sous-directeurs n'autorisent l'emploi des mesures d'exécution qu'après s'être préalablement assurés de l'accomplissement régulier de la formalité du visa. Il y a d'autant plus d'intérêt à éviter tout vice de forme que, dans certains cas, la Régie est obligée de faire exécuter ses contraintes sans attendre le jugement.

« Mais la nullité résultant de la formalité du visa n'est pas la seule qu'on doive éviter. Il y a d'autres conditions à remplir pour que la contrainte soit régulière. Je rappelle succinctement les principales.

« Il faut :

« 1° Que la contrainte soit datée et signée par le receveur qui la décerne, et visée par le juge de paix ;

« 2° Que le visa du juge de paix soit reproduit textuellement sur la copie ;

« 3° Que cette copie soit signifiée au redevable avant que la prescription annale lui soit acquise, et conformément au droit commun, c'est-à-dire à personne ou au domicile légal ;

« 4° Que la contrainte contienne élection de domicile au bureau où les droits sont dus ;

« 5° Qu'elle désigne exactement les qualités des parties ;

« 6° Enfin, qu'elle indique clairement la nature et le détail des droits dus, la désignation des objets, les quantités soumises aux droits, le montant et la cause de ces droits. » (Lettre autographe n° 19446 du 22 juin 1895.)

Rectifications. Nouvelle contrainte. Désistement.

Si la demande de la Régie est exagérée, l'Administration a le pouvoir de réduire, en cours d'instance, sa réclamation, sans qu'il soit besoin de délivrer une nouvelle contrainte. Il suffit d'énoncer dans le mémoire que la Régie réduit sa demande à la somme de...

De son côté, le redevable, après avoir vu son opposition à contrainte annulée pour vice de forme, peut en former une nouvelle tant qu'il n'est pas statué sur son opposition. (Jugement Lons-le-Saunier 4 juin 1883.)

Mais il ne peut former valablement une nouvelle opposition si le tribunal a déjà statué sur la première et l'a déclarée irrégulière et mal fondée. Dans ce cas, en effet, il y a chose jugée. (Art. 1351 Code civ. ; jugement trib. Lyon du 26 mars 1886 ; jugement trib. Toulouse du 15 déc. 1887 ; jugement trib. civ. Mauriac du 5 juill. 1895.)

La chose jugée résulte des dispositifs des jugement et non des motifs. Par suite, quand un jugement annule une opposition à contrainte pour vice de forme et en même temps décide que la contrainte sortira son plein et entier effet, il y a chose jugée sur le fond, et l'on ne peut pas former ultérieurement une nouvelle opposition. (Cass. civ. 30 juin 1903 ; jugement Uzès 13 juillet 1904.)

Si la contrainte est nulle, on peut en délivrer une nouvelle tant que les droits ne sont pas atteints par la prescription. La seconde contrainte rappelle la première et mentionne qu'elle est délivrée en remplacement de celle-ci.

Si l'instance civile est déjà engagée, on fera notifier à l'opposant, par ministère d'huissier, un acte de désistement de la première contrainte, avec offre de remboursement des frais taxés de l'opposition à la contrainte abandonnée.

Si le désistement est accepté, l'incident est clos. Mais si le désistement n'est pas accepté, il appartiendra au tribunal de se prononcer en appréciant si le demandeur avait un intérêt légitime à refuser son acceptation et si le désistement satisfait à toutes les conditions de validité qui lui sont propres.

Il peut arriver que la Régie renonce à suivre, sans que pour cela l'opposant se désiste de son opposition. En pareil cas, on demanderait au tribunal de prononcer le désistement de l'instance avec condamnation du demandeur en tous les dépens.

Pour qu'une opposition à contrainte puisse être examinée quant au fond, il faut qu'elle soit régulière quant à la forme. Les oppositions entachées d'un vice de forme doivent être annulées, et par l'effet de cette annulation, les contraintes de la Régie recouvrent leur plein et entier effet.

Nullités.

En principe, la copie d'un exploit tient lieu d'original à la partie à qui elle est notifiée. (Arg. Cass. civ. 17 mai 1892.)

Toute nullité d'exploit ou d'acte de procédure est couverte si elle n'est pas proposée in limine litis, c'est-à-dire avant toute défense ou exceptions autres que les exceptions d'incompétence. (Art. 173 Code pr. civ.)

Les nullités de forme peuvent être constatées soit sur l'original, soit sur la copie.

Cependant, les erreurs constatées sur l'original ou sur la copie de la contrainte ne portent pas atteinte à sa validité quand elles sont de nature à être rectifiées par les autres énonciations dudit acte.

Ainsi, la date du visa du juge de paix supplée à l'absence de date et de signature de la contrainte. (Trib. civ. Seine du 13 juillet 1861.)

Les nullités de forme dans la notification sont couvertes par le silence du redevable. (Cass. 22 déc. 1874 ; M. 211, 20e vol.)

Les nullités de forme se couvrent aussi par la défense au fond du contribuable. (Cass. 7 août 1807 ; 14 nov. 1815.)

Le redevable ne peut exciper de ces nullités pour la première fois devant la Cour de cassation. (Cass. 16 mars 1897.)

Jugé que la nullité de forme résultant de la surcharge du millèsime de la contrainte est couverte si elle n'a pas été visée dans l'acte d'opposition. (Cass. 15 fév. 1881 ; M. 21.257 ; S. 83.1.365.)

Exécution de contraintes.

Les contraintes produisent tous les effets d'un jugement.

Elles ne permettent cependant pas de prendre inscription hypothécaire tant qu'elles n'ont pas été validées par un jugement. (Cass. 9 déc. 1880 ; S. 81.1.304.)

La contrainte visée et déclarée exécutoire par le juge de paix constitue un titre légal qui permet de saisir-arrêter les sommes appartenant aux redevables. (Cass. 25 avril 1883.) Elle permet, sans qu'il soit nécessaire d'obtenir du tribunal un autre titre, de pratiquer contre le débiteur toutes les mesures conservatoires ou d'exécution (saisie, opposition, vente, etc.). (Lyon 9 déc. 1876 ; M. 19.451.)

Les receveurs peuvent pratiquer d'office la saisie mobilière ; mais pour passer à la vente, ils doivent demander préalablement l'autorisation du directeur. Le sous-directeur consigne son avis sur une feuille 122 C en double expédition, et le directeur statue. (Circ. 445 de 1857, 310 de 1855, 17 de 1870.)

Elles sont exécutoires nonobstant opposition et sans y préjudicier (art. 239 de la loi du 28 av. 1816) ; excepté en matière de pêche, chasse, francs-bords (loi du 22 frim. an VII, art. 64 ; note du Mém. 19.40), et en matière d'acquits-à-caution, sur la consignation du simple droit. (Art. 33 du décret des 6-22 août 1791 ; art. 230 de la loi du 28 avril 1816.)

Il y a lieu de remarquer que le défaut de consignation du simple droit n'a pas pour effet de rendre l'opposition irrecevable ; il permet seulement à l'Administration de continuer ses poursuites d'exécution absolument comme s'il s'agissait d'une contrainte ou recouvrement d'autres droits.

Si le redevable s'inscrit en faux contre l'exactitude des registres portatifs, l'exécution de la contrainte est suspendue. (Applic. art. 1319 Code civ.)

Les poursuites exercées contre le débiteur principal interrompent la prescription à l'égard de tous les débiteurs solidaires. (Art. 1203, 1204, 1206, 2250 du Code civ. ; Cass. 26 juill. 1876 et 18 mars 1884.)

Si l'interpellation faite au débiteur principal, ou sa reconnaissance, interrompt la prescription contre la caution, il n'est pas exact, qu'à l'inverse, la contrainte décernée contre la caution seulement interrompe la prescription à l'égard du débiteur principal. (Jug. trib. civ. Narbonne du 7 mars 1901.)

Si une contrainte était irrégulière ou la procédure qui l'a suivie, l'Administration pourrait se désister de toutes ses poursuites et recommencer son action par une nouvelle contrainte, si toutefois la prescription n'était pas acquise au redevable. (Cass. 8 mars 1808.)

La signification de la contrainte faite au syndic de la faillite du redevable interrompt la prescription vis-à-vis de ce dernier. (Cass. 13 mars 1893.)

Le juge des référés n'a pas à s'immiscer dans l'exécution d'une contrainte. (Cass. 6 août 1817 ; 3 juin 1833 ; S. 33.1.631 ; 26 juill. 1876.)

Nul sursis ne peut être accordé par le juge à l'exécution d'une contrainte. (Cass. 6 août 1817 et 3 juin 1833.)

Les contraintes conservent leur force exécutoire tant qu'elles n'ont pas été annulées par une décision judiciaire ou atteintes par la prescription du droit commun (30 ans). (Cass. 12 avril 1865, et 11 déc. 1875 ; M. 20.136.)

Si l'opposition n'empêche pas l'exécution de la contrainte, dans la pratique, la Régie s'abstient cependant de mesures d'exécution, jusqu'à ce que le tribunal ait statué sur la contestation soulevée, à moins que la situation de fortune du redevable ne mette en péril le recouvrement de la créance litigieuse.

Action des comptables en matière de recouvrements.

En thèse générale, les moyens de coercition pour le recouvrement des droits dus au Trésor doivent être employés avec discrétion, avec prudence ; mais il faut, lorsque cela est nécessaire, que les comptables, agissant avec plus ou moins de ménagements, plus ou moins de résolution, selon le cas, sachent assurer la rentrée de l'impôt. Ayant la direction des poursuites jusqu'après la saisie, ils règlent eux-mêmes ce dont il y a lieu de s'abstenir, ce qu'il faut faire et quand il faut le faire, en ayant soin d'éviter d'avoir recours à des actes de procédure qui pourraient devenir le sujet de plaintes fondées de la part des redevables ou qui engageraient la responsabilité morale de la Régie. Ils doivent, au préalable, bien apprécier les ressources pécuniaires des débiteurs et s'attacher à savoir si des poursuites, poussées jusqu'à la vente mobilière, produiraient un résultat utile pour le Trésor. Assurément, il ne serait pas à propos, ayant affaire à des contribuables momentanément gênés, mais animés de bonne volonté, d'épuiser tous les moyens de poursuites de telle sorte qu'à la dette impayée viendraient s'ajouter des frais disproportionnés dont la Régie ne pourrait obtenir le remboursement. Au contraire, la crainte d'exposer des frais supérieurs à la valeur des effets mobiliers ne devrait pas empêcher de passer outre, si l'on se trouvait en présence d'un redevable de mauvaise foi, persistant à vendre des boissons avec le dessein bien arrêté de ne pas payer les droits. Ce serait ici le cas de pratiquer des saisies, d'abord sur le matériel de l'établissement, puis sur toutes les quantités de boissons introduites, quelque peu importantes qu'elles fussent, et de faire vendre les objets saisis aussitôt après l'expiration des délais légaux, attendu que le but à atteindre serait essentiellement de mettre le redevable dans l'impossibilité de continuer son commerce. Toutefois, il est bien entendu qu'en pareille circonstance, les receveurs ne devraient avoir recours à ces mesures exceptionnelles qu'après avoir pris l'attache du Directeur. (Lett. de l'Adm. au Direct. du Doubs du 7 août 1886 et circ. n° 189 du 7 déc. 1896.)

Indépendamment des conservateurs des hypothèques, les receveurs de l'Enregistrement sont tenus de fournir au service des contributions indirectes des renseignements sur la solvabilité des redevables et de leurs cautions. (Circ. 670 du 18 janvier 1907.)

Droits éludés. — Preuve de leur exigibilité.

Si en matière de contravention aux lois des contributions indirectes toute poursuite correctionnelle doit avoir sa base dans un procès-verbal régulier énonçant les faits constitutifs de la contravention, il en est autrement quand il s'agit de recouvrement de droits, dont la perception n'a pu avoir lieu à raison de faits dolosifs. Le juge peut alors autoriser la Régie à faire, par tous les moyens, la preuve des faits propres à établir, en même temps que l'impossibilité de la perception, la légitimité de la réclamation des sommes spécifiées aux contraintes. (Cass. civ. 14 juin 1880 ; S. 80.1.13.)

La contrainte est une voie générale de poursuite que l'Administration peut employer, non seulement dans les deux cas prévus par la loi des 6-22 août 1791, mais dans tous ceux où elle est en mesure de justifier, soit par un titre émanant du redevable, soit au moyen d'une opération administrative, telle qu'un recensement ou une vérification, qu'elle est créancière, pour droits dus au Trésor, d'une somme liquide. Cette procédure peut être suivie notamment à l'égard des droits fraudés reconnus tels par une vérification d'expert effectuée au cours d'une instruction judiciaire. (Trib. civ. Seine 29 juill. 1899 (Douanes); Bull. Cont. ind. 1900.15.)

Lorsque le recouvrement n'a pu être effectué à raison de faits dolosifs accomplis à l'insu des employés de la Régie, celle-ci est admise à faire, par tous les moyens, la preuve des faits propres à établir, en même temps que l'impossibilité de la perception, la légitimité de la réclamation des sommes spécifiées à la contrainte. (Cass. 1er déc. 1902; Gaz. Pal. 1903.1.182.)

Bien entendu, pour éviter la prescription, le service doit décerner contrainte dans l'année, à partir du jour où les droits ont pu être constatés (Cass. req. 25 juin 1896) et sans qu'il y ait à attendre la solution d'un procès correctionnel connexe. (Cass. civ. 30 déc. 1903; Bull. Cont. ind. 1904.6.)

Droits d'octroi. — Contraintes.

Les contraintes pour les recouvrements des droits d'octroi sont décernées par les receveurs aux mains desquels ces taxes doivent être payées, visées par le maire, et rendues exécutoires par le juge de paix. (Dispositions des règlements locaux et circ. 32 du 13 juill. 1812.)

Ces contraintes sont exécutoires nonobstant opposition. (Art. 36 et 44, ord. 9 déc. 1814; art. 239 de la loi du 28 avril 1816 et Cass. 5 sept. 1834.)

Le recouvrement des sommes dues au Trésor par les communes (*abonnement sur les huiles, article 5, loi du 31 décembre 1875. Frais de casernement, art. 2, ord. du 5 août 1818*) peut être poursuivi par voie de contrainte à l'égard du receveur municipal. (Art. 75 et 157 de la loi du 28 avril 1816.)

Enfin, les contraintes ayant pour objet le recouvrement de droits d'octroi indûment détenus par des receveurs ou autres préposés à la recette, doivent être décernées par le receveur municipal, visées par le maire, rendues exécutoires par le juge de paix du canton, signifiées à la requête du maire et exécutées conformément au titre XV, livre V, de la première partie du Code de procédure civile. (Art. 1 et 2 du décret du 15 nov. 1810.)

Il résulte de ce qui précède qu'un receveur des contributions indirectes, qui n'est pas en même temps chargé des fonctions spéciales de receveur d'octroi, est sans qualité pour décerner contrainte en matière d'octroi. Si un assujetti est à la fois passible de droits généraux et de taxes locales, le receveur de la Régie n'a pas à faire mention des taxes d'octroi sur la contrainte qu'il délivre; il se borne à transmettre l'état de produit au service de l'octroi. L'article 164 du décret du 17 mai 1809 a été abrogé par l'ordonnance du 9 décembre 1814. (Journ. Cont. ind. 1899.461.)

Un fermier d'octroi n'a qualité pour délivrer une contrainte pour le recouvrement des droits que s'il a été commissionné en qualité de préposé d'octroi et s'il a prêté serment. (Cass. 26 juill. 1856 et 1er mai 1866.)

Les dispositions du 2e § de l'article 68 du Code de procédure civile, modifié par la loi du 15 février 1899 (*exploits à délivrer sous enveloppe*), sont applicables aux employés d'octroi. (Loi du 31 mars 1903, art. 27.)

CHAPITRE III

Hypothèques. — Inscriptions requises par la Régie.

L'hypothèque est un droit réel sur les immeubles affectés à l'acquittement d'une obligation. (Code civ., art. 2114.)

Les immeubles sont seuls susceptibles d'hypothèque. (Code civ., art. 2118.)

Au point de vue pratique, l'hypothèque se traduit, pour le créancier, par le droit d'être payé sur le prix de l'immeuble hypothéqué; mais le droit sur le prix ne peut s'exercer qu'après la réalisation de l'immeuble, réalisation qui s'opère par la voie de la saisie.

L'hypothèque n'a lieu que dans les cas et suivant lés formes autorisées par la loi. Elle est légale, ou judiciaire, ou conventionnelle.

L'inscription hypothécaire peut être prise en vertu :

1° D'une contrainte validée par un jugement (Cass. 9 nov. 1880; M. 21.214 et S. 81.1.304 (1) ;

2° D'un jugement provisoire, définitif ou par défaut, rendu au profit de la Régie (art. 2123 du Code civ.) ;

3° D'un contrat d'adjudication ou de tout autre contrat contenant consentement à l'hypothèque. Bien que l'article 2127 du Code civil dise que l'hypothèque conventionnelle ne peut être consentie que par acte passé en forme authentique devant deux notaires ou devant un notaire et deux témoins, les adjudications passées par l'autorité administrative dans les termes déterminés dans la loi ont la force authentique exigée par cet article. (Avis du Conseil d'État du 16 thermidor an XII.)

Lorsqu'on veut connaître la situation hypothécaire d'un redevable, on peut s'adresser au conservateur de l'arrondissement dans lequel le débiteur réside, et le renseignement est fourni gratuitement en vertu de la décision de M. le ministre des finances en date du 10 mai 1875. (L. C. 26 du 27 mai 1875.)

Pour obtenir une inscription hypothécaire, il faut fournir au conservateur deux bordereaux contenant les désignations prescrites par l'ar-

---

(1 A la vérité, l'hypothèque est prise, non pas en vertu d'un jugement de validation, mais en vertu d'un jugement de condamnation. Les tribunaux n'ont pas, en effet, à statuer sur la validité d'une contrainte non contestée ; ils ne doivent pas davantage ordonner l'exécution d'un titre exécutoire par lui-même. Tout ce qu'ils peuvent faire, c'est de condamner le redevable au paiement de la somme portée à la contrainte, ou l'en décharger. (Jug. trib. Saint-Amand 6 juill. 1892; D. 95.9.178.)

ticle 2148 du Code civil, en y joignant l'original de la contrainte ou une expédition du jugement. Après avoir fait son inscription, le conservateur rend la contrainte ou l'expédition du jugement et l'un des bordereaux revêtus du certificat d'inscription. (M. 11.399.)

L'inscription conserve l'hypothèque pendant 10 ans à compter du jour de sa date. Son effet cesse si elle n'a pas été renouvelée avant l'expiration de ce délai. (Art. 2154 Code civ.)

On ne perdra pas de vue qu'en matière correctionnelle l'amende se prescrit par 5 ans et qu'il importe d'interrompre la prescription quinquennale par un acte d'exécution, pour que l'inscription hypothécaire ne devienne pas caduque.

Dans tous les cas où une contrainte est décernée à un commerçant et qu'il est nécessaire de prendre une hypothèque sur ses biens, on doit, autant que possible, s'attacher à prendre cette inscription hypothécaire dans les quinze jours de la date du jugement validant la contrainte, lequel forme l'acte constitutif de l'hypothèque ou du privilège. S'il en était autrement, l'inscription pourrait être déclarée nulle, à moins qu'on ne pût prouver au tribunal que la tardiveté n'est pas le résultat d'une négligence et que dans la circonstance elle n'a pas eu pour résultat de causer un préjudice à la masse en ménageant au débiteur un crédit apparent et mensonger de nature à induire les tiers en erreur sur la véritable situation. (Jug. du trib. de Colmar du 15 janv. 1822 ; de Rouen du 8 mai 1851 ; applic. art. 448 Code com.)

La mainlevée totale ou partielle des inscriptions hypothécaires prises à la requête de l'Administration des contributions indirectes pourra être donnée par les receveurs principaux chargés de suivre le recouvrement de ces créances, après qu'ils en auront obtenu l'autorisation du directeur de leur circonscription. (Circ. 112 du 13 mai 1853.)

Les frais de cet acte et ceux de la radiation seront à la charge de la partie qui aura requis la mainlevée, conformément aux art. 1248 et 2155 du Code civil. (Décision ministérielle du 28 avril 1853; circ. 112 du 13 mai 1853.)

Voici un modèle de bordereau d'inscription :

Inscription requise au bureau des hypothèques de   au profit de l'Administration des contributions indirectes, à la diligence du directeur de ladite Administration à   lequel élit domicile en son bureau situé audit   , rue   , n°   .
suivant jugement du tribunal de   en date du   (en toutes lettres) par M.   receveur principal ou particulier à la résidence de
contre M. (nom et prénoms), caution solidaire du sieur (nom et prénoms), pour le paiement des droits dus par ce dernier à ladite Administration, laquelle contrainte, revêtue de l'ordonnance d'exequatur de MM. les juges de paix des troisième et quatrième arrondissements de   en date du (en toutes lettres) même mois, a été signifiée audit sʳ   en sadite qualité, par exploit de M   , huissier à   ou par MM.   , employés de ladite Administration à   le (en toutes lettres).

Pour sûreté et avoir paiement de la somme de (en toutes lettres) présentement exigible par suite des droits constatés à la charge du sieur
droits qui ont fait l'objet de la délivrance de la contrainte dont il s'agit :

Intérêts et frais de mise à exécution conservés par la loi, mémoire (fixer une somme approximative, mais toujours plus élevée que ce qui sera probablement dû) ;

Sur tous les biens présents et à venir du sieur   situés dans l'arrondissement de

Fait à   le (en toutes lettres) par le directeur des contributions indirectes de   soussigné.

Modèle de lettre pour autoriser la radiation d'une hypothèque (1).

Date   Monsieur   Par votre lettre en date de ce jour, vous me faites connaître que M. (nom et prénoms), ex-marchand en gros entrepositaire à

a liquidé avec la Régie son compte s'élevant à   plus les frais soit en numéraire, soit au moyen d'une décharge accordée par l'Administration sur le montant du bordereau d'inscription hypothécaire, et que rien ne s'oppose à la radiation de l'hypothèque prise à notre profit tant sur ses biens que ceux de M.   , propriétaire à sa caution.

Sur votre demande, je vous autorise à donner décharge de tous privilèges et hypothèques compétents à la Régie des contributions et attachés à la créance du sieur   et notamment dans tous les effets de l'inscription (ou des inscriptions) prises à son profit contre lui et le sieur   sa caution, au bureau des hypothèques de   , le   , n°   , volume   .

Marche à suivre pour faire valider une contrainte en vue d'une inscription hypothécaire.

Régulièrement établies et signifiées, les contraintes produisent tous les effets des jugements. Elles donnent le droit de saisir les meubles et immeubles du redevable et d'en poursuivre l'expropriation. Mais la contrainte n'emporte pas hypothèque, aucune loi ne lui conférant ce pouvoir. (Cass. 28 janv. 1828; 9 nov. 1880; 4 déc. 1899.)

Lorsque l'Administration veut prendre une garantie, elle fait valider la contrainte et requiert ensuite inscription hypothécaire en vertu du jugement de validation ou plus exactement de condamnation.

En résumé, lorsqu'on veut prendre une inscription hypothécaire pour garantir la créance énoncée à la contrainte, on prépare et on soumet ensuite à l'examen de l'Administration un projet de mémoire succinct contenant un exposé de l'affaire, l'énonciation des sommes dues et le titre en vertu duquel l'Administration poursuit. On conclut non pas à la validation de la contrainte, mais *à la condamnation* du redevable au paiement des sommes portées à la contrainte.

Avec le projet de mémoire, le directeur adresse des copies des contraintes.

Lorsque le mémoire est renvoyé par l'Administration, on le signifie à partie avec assignation *à huitaine franche*, conformément à l'article 72 du Code de procédure civile.

Quand la signification aura été faite, l'huissier remettra l'original à la direction ou à la sous-direction, où on en fera deux copies sur papier

---

(1) Conformément à la circ. 112 du 13 mai 1853.

libre. Selon l'usage, ces copies seront remises au Président du tribunal et au Procureur de la République.

Le jugement prononcé, contradictoirement ou par défaut, est ensuite signifié au débiteur, et, s'il ne s'exécute pas, une inscription hypothécaire est prise sur ses biens présents et à venir, en vertu du jugement.

Aux termes de l'article 156 du Code de procédure civile, les jugements *par défaut* non exécutés dans les *six mois* sont réputés non avenus. L'inscription hypothécaire prise en vertu d'un jugement de défaut suit nécessairement le sort de ce jugement : si le jugement est réformé ou annulé pour une cause quelconque, l'hypothèque s'évanouit avec l'inscription.

Il convient donc de se préoccuper d'exécuter un jugement de défaut dans les six mois. Exécuter au sens de l'article 156, c'est faire un acte d'exécution caractérisé. Rien ne peut remplacer l'exécution, ni la signification du jugement, ni celle d'un commandement, ni l'inscription de l'hypothèque judiciaire, ni une déclaration plus ou moins formelle de la volonté d'exécuter le jugement. Mais il n'y a pas une corrélation forcée entre les actes d'exécution dont il est parlé à l'article 156 et ceux visés à l'article 159. La péremption inscrite à l'article 156 peut être évitée, par exemple, par un procès-verbal d'huissier constatant que la partie condamnée a quitté son ancienne résidence, ou par un procès-verbal de carence constatant que l'huissier n'a trouvé au domicile du débiteur aucun objet susceptible d'être saisi.

Mémoire aux fins de validation d'une contrainte décernée pour le recouvrement de droits garantis par des acquits-à caution :

A Messieurs les Président et juges composant le tribunal civil de...
Mémoire pour l'Administration des Contributions indirectes,
Contre : 1° Le sʳ *Pierre*...., ex-marchand en gros à....,; 2° le sʳ *Paul*...., maçon, demeurant à.....

Suivant contraintes en date des....: rendues exécutoires par le juge de paix du canton de..... et signifiées les... ...: l'Administration des Contributions indirectes a réclamé aux sʳˢ *Pierre*.... et *Paul* ....., le premier comme débiteur principal, le second pris en qualité de caution, une somme de........... (*en toutes lettres*).... montant du double droit de consommation sur....... d'alcool mentionnés à un certain nombre d'acquits-à-caution non rentrés déchargés.

Du..... au .... le sʳ *Pierre*.... a levé à la recette buraliste de..... les acquits-à-caution nᵒˢ...... énonçant l'enlèvement de ses magasins de ladite quantité d'alcool à destination des sʳˢ ..... à......

En soumissionnant ces acquits-à-caution, le sʳ *Pierre*.... a pris, conformément aux prescriptions de l'article 1ᵉʳ de l'ordonnance du 11 juin 1816, solidairement avec le sʳ *Paul*... qu'il a présenté pour caution, l'engagement de conduire les boissons à leur destination et de rapporter un certificat constatant cette arrivée ou, à défaut, de payer le double des droits que les acquits avaient pour objet de garantir.

Non seulement le sʳ *Pierre*... n'a pas rapporté le certificat de décharge de ses acquits, mais de l'enquête faite par la Régie, il est résulté que cette production est devenue impossible, les marchandises n'ayant pas été conduites à la destination déclarée.

C'est donc à bon droit que, par application de l'article 8 de l'ordonnance précitée, le receveur a décerné contrainte contre le soumissionnaire, et sa caution.

En conséquence, l'Administration conclut à ce qu'il plaise au tribunal déclarer que les droits qui font l'objet des contraintes susvisées sont dus et condamner les s's P... et P... au payement des sommes mentionnées auxdites contraintes.

Les condamner également aux dépens.

Autre mémoire aux fins de condamnation en vue d'une inscription hypothécaire.

Exposé des faits. . . . .

. . . .

C'est donc à bon droit que par application des articles 89 de la loi du 5 ventôse an XII; 43 du décret du 1er germinal an XIII et 239 de la loi du 28 avril 1816, le receveur a décerné contrainte contre le sr P... et comme ce débiteur n'a pu jusqu'à ce jour, être amené à se libérer, l'Administration se trouve dans la nécessité de prendre à son égard des garanties.

De ce que, en effet, le sr P... n'a pas fait opposition à la contrainte qui lui a été décernée, il ne s'ensuit pas que l'Administration soit privée du droit d'exercer son action, si son intérêt l'exige. (V. Cass. 4 déc. 1899; S. 1900.1.198.)

Or, dans l'espèce, la Régie a un double intérêt à obtenir un jugement de condamnation.

Ce jugement lui offre, en premier lieu, l'avantage de conserver son droit qui, jusque-là, peut toujours être contesté par la partie.

Ensuite le jugement confère au Trésor une hypothèque judiciaire pour le recouvrement de sa créance, et cet intérêt suffit, à lui seul, pour justifier son action en justice.

Quant à la voie de l'assignation directe, elle est ouverte à l'Administration aussi bien qu'à tout créancier porteur d'une grosse exécutoire qui requiert un jugement de condamnation en vertu de ce titre contre son débiteur. (V. Cass. civ. 4 déc. 1899.)

Conclusions.

En conséquence, l'Administration conclut à ce qu'il plaise au tribunal condamner le sr P... au payement de la somme de...... portée à cette contrainte.

De plus, le condamner aux dépens.

Lorsque l'Administration agit par voie d'assignation directe contre un redevable qui s'abstient de former opposition à la contrainte à lui signifiée, cette assignation doit être donnée *à huitaine franche*, conformément à l'article 72 du Code de procédure civile, et non dans le délai de *huitaine* selon le vœu de l'article 45 du décret du 1er germinal an XIII.

Afin de réduire, autant que possible, les frais, l'Administration a tracé comme suit la marche à suivre, lorsqu'une contrainte est simplement validée *en vue d'une inscription hypothécaire.*

« Après s'être procuré, chez un huissier, une feuille de papier timbré à 1 fr. 20, et le papier spécial de copie correspondant, le sous-directeur fera transcrire dans ses bureaux le mémoire, qui sera ensuite remis à l'huissier pour la signification au débiteur. Cette signification contenant assignation *à huitaine franche* sera libellée à la suite du mémoire, sur la même feuille de papier.

« La signification faite en toute diligence, l'huissier remettra l'original à la sous-direction où on en fera faire deux copies sur papier libre. Après les avoir certifiées conformes à l'original qui sera déposé au greffe contre un reçu du greffier, le sous-directeur remettra l'une des copies au Président du tribunal et l'autre au Procureur de la République.

« En outre, il s'entendra avec le premier de ces magistrats pour la mise au rôle, en s'abstenant absolument de recourir au ministère d'un avoué pour la suite de la procédure.

« Dès que le jugement aura été rendu, on fera lever la grosse en vertu de laquelle une inscription hypothécaire sera prise sur les biens présents et à venir du débiteur, jusqu'à concurrence du montant des droits et des frais. Les intérêts du Trésor étant ainsi sauvegardés, il ne restera plus qu'à faire signifier le jugement pour faire courir le délai d'opposition, si la validation de la contrainte a été prononcée par défaut, ou bien le délai du pourvoi en cassation, dans le cas d'un jugement contradictoire.

« On ne manquera pas de donner avis du jugement qui interviendra. Si le débiteur produisait un mémoire en défense, copie en serait envoyée à l'Administration, avec le projet de réplique qu'il y aurait lieu de signifier, le cas échéant. » (*Corresp. adm.*)

La disposition de l'article 45 du décret du 1er germinal an XIII, qui exige que toute opposition à l'exécution d'une contrainte contienne assignation à jour fixe devant le tribunal civil, à peine de nullité, est exceptionnelle et sans application au cas où il s'agit d'une opposition, non pas à la contrainte elle-même, mais à un jugement par défaut qui l'a validée. C'est, en ce cas, non pas à jour fixe, mais conformément au droit commun, à huitaine franche, que l'assignation à comparaître doit être donnée. (Cass. 14 juin 1892.)

Si, en général, les jugements portant débouté d'opposition à une contrainte ne donnent ouverture qu'au droit fixe d'enregistrement, alors même qu'ils contiennent condamnation expresse au paiement de la somme portée à la contrainte, il en est autrement lorsque le redevable n'a pas fait opposition à la contrainte et est condamné par défaut sur assignation directe de l'Administration. Dans ce cas, et d'après les dernières décisions de justice rendues en la matière, notamment un jugement du tribunal de Cholet en date du 24 février 1898, c'est bien le droit proportionnel établi par l'article 69, § 2, n° 9, de la loi du 22 frimaire an VII et actuellement fixé à 2 0/0, qui est exigible.

CHAPITRE IV

Foi due aux actes inscrits sur les registres portatifs.

Les actes inscrits sur les registres portatifs régulièrement cotés et paraphés par le juge de paix font foi jusqu'à inscription de faux. (Art. 241 et 242 de la loi du 28 avril 1816.)

Par suite, il y a violation de l'article 242 lorsque le tribunal se fonde sur des présomptions pour réduire le manquant constaté à ces registres et pour annuler la contrainte réclamant le droit sur un manquant. (Cass. 16 juin 1903 ; Bull. Cont. ind. 1903.14.)

En principe, les actes doivent être signés par deux employés (art. 54 de la loi du 28 avril 1816), à moins qu'ils ne concernent les comptes tenus chez les débitants (loi du 16 sept. 1871, art. 28) ou chez les bras seurs (loi du 30 mai 1899, art. 15).

Bien que signé par un seul employé, l'acte n'en constitue pas moins un élément d'appréciation sur lequel les juges peuvent s'appuyer, sauf au redevable opposant à fournir la preuve contraire. (Trib. de Bar-s-Aube, 14 janvier 1894.)

Mais la foi jusqu'à inscription de faux n'est attribuée aux actes que dans les conditions stipulées aux articles 1317 à 1319 du Code civil, c'est-à-dire s'ils ont été dressés avec les formalités prescrites par la loi.

Toutes les feuilles des portatifs doivent être cotées et paraphées. Un portatif qui a été signé aux premier et dernier feuillets par le juge de paix ne fait pas foi jusqu'à inscription de faux, si les autres feuillets ne portent aucune signature ni aucun paraphe. (Jug. trib. Saint-Jean-d'An-gély du 30 mai 1902.)

Les certificats de décharge n'ont le caractère de l'authenticité que relativement aux faits matériels dont les agents ont pu juger par le témoignage des sens. Ils ne sauraient faire foi jusqu'à inscription de faux de l'existence de falsifications qui ne peuvent être révélées que par des opérations scientifiques. (Cass. 31 mars 1906 ; Bull. Cont. ind. 1906.11.)

Les juges ne sont pas liés pour prononcer une condamnation par les énonciations d'un compte d'ordre ouvert par la Régie, lorsque ce compte n'a aucune base légale. (Arr. Toulouse 27 mars 1901.)

Font foi jusqu'à inscription de faux : les congés délivrés par les employés de la Régie (Cass. 2 juill. 1875 et 7 avril 1876) et les certificats de décharge des acquits-à-caution. (Cass. 29 janv. 1856 ; 23 fév. 1886 et 14 juin 1895.)

Les certificats de sortie délivrés par les employés d'octroi font foi de l'existence de la déclaration et non de son exactitude. (Cass. 7 avril 1876; arr. Besançon 29 mai 1901.)

L'opposant à une contrainte qui conteste la régularité des décomptes doit s'inscrire préalablement en faux contre les registres portatifs. (Cass. 16 août 1870 ; S. 70.1.400.)

Mais avant de s'inscrire en faux, il est en droit de demander communication des registres qui constatent les manquants à raison desquels les droits sont dus. (Cass. 6 nov. 1895 ; applic. art. 1315 du Code civ.)

D'autre part, il appartient aux tribunaux, en matière de contributions indirectes comme en toute autre, de mettre, avant de statuer, les parties en mesure de leur fournir la preuve non interdite par la loi des faits qui servent de fondement aux moyens qu'elles invoquent. (Cassation req. 9 juin 1896.)

Mais la Régie étant dispensée après trois ans de conserver les registres portatifs, un tribunal ne peut rejeter une demande en paiement de droits sur des manquants en se fondant uniquement sur ce que des registres antérieurs à cette date n'ont pas été produits ; et le juge doit, au contraire, statuer sur la demande d'après les autres éléments de la cause, abstraction faite des documents qui ne lui sont pas représentés. (Cass. civ. 13 mars 1893 ; Journ. Cont. ind. 1895.480.)

La correspondance échangée entre l'Administration et ses agents étant d'ordre d'administration intérieure n'a pas à être communiquée à la partie défenderesse. (Jug. trib. civ. Montbéliard du 4 juill. 1900.)

L'apposition de la signature d'un négociant au bas d'un acte du portatif n'implique pas la reconnaissance de l'exactitude des opérations faites par les employés. (Cass. 28 déc. 1894.)

Mais un marchand en gros qui a accepté les résultats d'un recensement n'est pas fondé, plus tard, à en contester les données pour justifier l'existence d'une situation irrégulière. (Cass. req. 25 juin 1900 ; Bull. Cont. ind 1900.15.)

Les employés peuvent procéder aux inventaires chez les marchands en gros, soit par mesurage et jaugeage, soit en recevant les déclarations que les négociants sont tenus de faire en vertu de l'article 9 de la loi du 19 juillet 1880. Dans l'un et l'autre cas, les actes inscrits au portatif font foi jusqu'à inscription de faux (Cass. 28 juin 1900 ; Bull. Cont. ind. 1900.15.)

La Régie est tenue de conserver ses registres pendant trois ans. (Art. 50 du décret du 1er germ. an XIII ; Cass. 13 mars 1893.)

Cette période de trois ans est calculée à partir de la date du dernier arrêt de la Cour des comptes sur chaque exercice. (Circulaire 149 du 24 déc. 1896.)

En décernant contrainte, la Régie se donne un titre de poursuite qui ne la dispense pas de rapporter la preuve de l'existence de l'obligation en vue de laquelle la contrainte a été prise. (Cass. civ. 12 déc. 1898; Bull. Cont. ind. 1900.3.)

Si le défaut de production des registres ne rend pas l'action de la Régie irrecevable, cette dernière peut être déclarée mal fondée dans sa

demandé lorsqu'elle n'établit pas l'obligation du débiteur poursuivi.
(Jug. civ. Saint Pons du 10 janv. 1900; Jug. trib. civ. Valognes du
27 juill. 1899.)

L'Administration a déjà insisté sur la nécessité de conserver avec
soin les registres portatifs, les registres nos 52 C et 52 D et tous autres
actes de poursuites et documents relatifs à des affaires contentieuses,
correctionnelles ou civiles, tant que celles-ci ne sont pas définitivement
terminées. Il est arrivé que, sommée de produire les registres sur lesquels des contraintes étaient fondées ou de prouver que les cautions
poursuivies étaient bien celles qui s'étaient engagées, l'Administration
n'a pu verser aux débats les pièces nécessaires, soit parce qu'elles
avaient été livrées aux domaines, soit parce qu'elles avaient été adirées.
Comme conséquence, l'Administration a perdu ses procès ou s'est dé-
sistée de son action. (Circ. 549 du 6 janv. 1904.)

A la différence de l'inscription de faux contre un procès-verbal, laquelle était autrefois formée dans les conditions prescrites par l'art. 40
du décret du 1er germinal an XIII, l'inscription de faux contre les
mentions des portatifs n'est soumise qu'aux conditions et formalités de
droit commun lorsque le procès-verbal n'est pas argué de faux. (Cass.
14 nov. 1896 ; Bull. Cont. ind. 1897.2 ; Arr. Rennes 12 mars 1902.)

En matière d'acquits-à-caution, la Régie a 4 mois pour s'assurer de
la validité du certificat de décharge et intenter l'action. (Ordonn. du
11 juin 1816, art. 7.)

La Régie qui s'inscrit en faux contre un certificat de décharge doit
suivre la procédure du faux incident civil. (Trib. civ. Seine 5 août 1892;
Trib. Boulogne-sur-Mer du 23 déc. 1892; Douai 26 avril 1893.) Les
règles tracées par l'article 40 du décret du 1er germinal an XIII étaient
spéciales à l'inscription en faux contre les procès-verbaux.

L'article 541 du Code de procédure civile dont les dispositions sont
applicables à tous les comptes quels qu'ils soient, n'autorise la revision
d'un compte qu'en cas d'erreurs, d'omissions, faux ou doubles emplois.
On ne doit entendre par là, dit la jurisprudence, que les lapsus, les
chiffres erronés ou omis, les erreurs matérielles.

Lorsque la revision est possible, il est nécessaire de s'inscrire préalablement en faux contre les actes passés aux portatifs.

Cependant la Régie a le droit de rectifier, d'office, les erreurs matérielles commises dans la tenue des écritures au portatif 50 A, en ce qui
concerne les entrées et les sorties, tant qu'elle est dans les délais de la
prescription. (Arr. Agen 15 fév. 1900.)

Il a été admis, d'autre part, par la jurisprudence (Cass. 12 juill. 1895 ;
Bull. crim. 1895.337) que la Régie pouvait, en rapprochant les éléments
d'un compte des titres de mouvement soumissionnés par un marchand
en gros, poursuivre les contraventions pouvant résulter de cet examen.
La poursuite basée sur les déclarations de l'inculpé n'implique aucunement la revision des actes inscrits au portatif et notamment du compte
des droits sur manquants.

Car, si les mélanges et les coupages autorisés par la loi peuvent
aboutir à la transformation du 3/6 en eau-de-vie, ils ne sauraient jus-

tifier le remplacement de spiritueux à bas degré par des alcools d'une richesse supérieure, et dans ce dernier cas, une saisie serait parfaitement fondée. (Cass. 10 août 1888; Circ. 545 du 8 fév. 1889; Cass. 11 juill. 1901.)

La cour de Montpellier était allée plus loin. Par un arrêt en date du 16 février 1899, elle avait décidé que lorsque le manquant total trouvé dans un magasin d'un marchand en gros liquoriste est inférieur au manquant que fait apparaître la situation spéciale des *absinthes*, c'est-à-dire d'une des espèces de boissons, le marchand en gros est réputé avoir introduit frauduleusement une quantité d'alcool égale à la différence entre le manquant du compte spécial et celui du compte général.

Mais la Cour de cassation (arr. des 4 novembre 1899, 24 mai et 11 juillet 1901) n'a pas sanctionné cette manière de voir : elle a déclaré que la condamnation prononcée par les juges de Montpellier manquait de base légale parce que l'excédent apparu était purement fictif et ne résultait que de l'inscription irrégulière en sortie d'une quantité d'*absinthe* dont la sortie n'avait pas été justifiée dans les termes de l'art. 100 de la loi du 28 avril 1816. Cette jurisprudence a été confirmée par la Cour de Toulouse. (Arrêt du 19 fév. 1902.)

CHAPITRE V

Affaires civiles.

Les instances civiles naissent généralement de *contestations sur le fond des droits* et, par conséquent, d'opposition à contrainte. Elles ont pour objet des droits prétendus par l'Administration et refusés par celui à qui elle les réclame. Nous nous dispensons de citer tous les autres cas, dont on trouvera l'énumération dans les circulaires n° 445 du 5 février 1857 et n° 905 du 5 juin 1863 ; il suffira d'ailleurs de tracer pour une seule affaire la marche à suivre.

Les droits se divisent en droits au comptant (payés au moment où le contribuable fait la déclaration) et en droits constatés (résultant d'engagements pris par le contribuable ou d'actes établis aux portatifs).

Les droits au comptant donnent rarement matière à contestation. Le forcement en recette d'un comptable, qui a perçu une somme inférieure à celle due, peut, entre autres cas, motiver une instance civile. Mais alors le comptable est subrogé aux droits du Trésor.

A l'exclusion des receveurs, les sous-directeurs et directeurs suivent les affaires (circ. 328 de 1845), pour lesquelles la correspondance avec l'Administration (circ. 479 de 1851) a lieu au moyen de feuilles 122 C en double expédition. (Circ. 445 et 905 précitées.)

Opposition à contrainte. — La voie de recours contre la contrainte est l'opposition. L'opposition est l'acte introductif d'instance. La contrainte, n'impliquant pas assignation, ne saisit pas le juge. L'action est engagée par l'acte d'opposition, lequel est toujours délivré par huissier, et porte assignation devant le tribunal civil du lieu de la perception.

Lorsqu'une opposition à contrainte se produit, on doit inscrire l'affaire au registre 122 A, afin de la suivre comme s'il s'agissait d'un procès-verbal ordinaire, pour pouvoir la faire figurer, en fin de trimestre, à l'état 125 où les affaires civiles occupent la 2ᵉ partie, ainsi que le veut l'instruction placée en tête de ce modèle.

L'Administration doit être avertie et consultée. (Circ. 79 du 25 mars 1834, 479 du 23 janvier 1851, 444 du 4 fév. 1886.)

On joint une copie de la contrainte et de l'exploit d'opposition à la feuille 122 C transmise à l'Administration. (Circ. 14 du 17 sept. 1816 ; 2 du 30 mai 1823, 79 du 26 mars 1834 et 479 du 23 janv. 1851.)

Avant de porter ou de suivre une affaire devant les tribunaux, les directeurs ou les sous-directeurs devront, lorsque le cas le comportera, se faire représenter les déclarations, soumissions, registres, portatifs, etc., établissant le droit de la Régie, et examiner si ces documents sont en état d'être soumis aux magistrats. Les registres qui ne pourront être déplacés seront contrôlés par un inspecteur. (Circulaire 620 du 29 janv. 1891.)

En matière de droits constatés, l'opposition à contrainte basée sur une erreur dans le décompte des droits, doit faire, au préalable, l'objet d'une inscription de faux. (Cass. 9 mars 1852 ; M. 19.141. Cass. 16 août 1870. S 70.1.400.)

Délai pour former opposition à contrainte. — L'opposant peut former opposition à la contrainte aussi longtemps qu'elle conserve sa validité, c'est-à-dire pendant 30 ans. (Cass. 12 avril 1865 ; 11 déc. 1877.)

Défaut d'opposition. Assignation directe. — Le défaut d'opposition à la contrainte de la part du débiteur ne prive pas la Régie du droit d'exercer son action si son intérêt l'exige : elle peut requérir, en vertu de la contrainte et par voie de citation directe, la condamnation du redevable. (Cass. civ 4 décembre 1899.) *V. Validation de contrainte.*

PROCÉDURE.

Les contestations qui pourront s'élever sur le fond des droits établis ou maintenus par la présente loi seront portées devant les tribunaux de première instance, qui prononceront dans la Chambre du Conseil, et avec les mêmes formalités prescrites pour le jugement des contestations qui s'élèvent en matière de paiement des droits perçus par la régie de l'Enregistrement. (Art. 88 loi du 5 ventôse an XII, 25 fév. 1804.)

L'introduction et l'instruction des instances auront lieu devant les tribunaux civils de département. La connaissance et la décision sont interdites à toutes autres autorités constituées ou administratives. — L'instruction se fera par simples mémoires respectivement signifiés. — Il n'y aura d'autres frais à supporter pour la partie qui succombera, que ceux du papier timbré, des significations et du droit d'enregistrement des jugements. — Les tribunaux accorderont, soit aux parties, soit aux préposés de la Régie qui suivront les instances, le délai qu'ils leur demanderont pour produire leurs défenses. Il ne pourra néanmoins être de plus de trois décades. — Les jugements seront rendus dans les trois mois, au plus tard, à compter de l'introduction des instances, sur le rapport d'un juge, fait en audience publique, et sur les conclusions du commissaire du Directoire exécutif (ministère public) ; ils seront sans appel, et ne pourront être attaqués que par la voie de cassation. (Art. 65 loi du 22 frim. an VII, 12 déc. 1798.)

L'instruction des instances que la Régie aura à suivre pour toutes les perceptions qui lui sont confiées, se fera par simples mémoires respectivement signifiés, sans plaidoirie. Les parties ne seront point obligées d'employer le ministère des avoués. (Art. 17 loi du 27 ventôse an IX, 18 mars 1801.)

L'Administration étant dispensée d'employer le ministère de l'avoué dans les affaires civiles, il est donc de règle absolue qu'on ne doit jamais constituer d'avoué dans ces affaires. (Circ. 328 du 2 déc. 1845.) On comprend du reste cette règle, puisque ces sortes d'instances ne reçoivent une solution que sur mémoires, lesquels doivent être généralement rédigés par les directeurs ou les sous-directeurs, sur les indications de l'Administration. (Circ. 328 du 2 déc. 1845.)

Dans les instances civiles portant sur le fond des droits, le ministère des avoués est simplement facultatif. (Cass. 13 août 1873 ; 16 fév. 1892.)

L'avoué ne peut pas plaider, puisqu'en ces matières les plaidoiries sont interdites : il peut être chargé tout au plus de la rédaction et du dépôt des mémoires. A l'audience, il peut assister la partie et prendre des conclusions.

Comme conséquence, les frais résultant de la constitution d'un avoué restent à la charge de la partie qui s'est fait représenter. (Cass 26 mars 1827 ; 31 déc. 1872.)

D'après l'article 45 du décret du 1er germinal an XIII, l'opposition doit être *motivée*, c'est-à-dire contenir les moyens en la forme et au fond que le redevable entend faire valoir à l'encontre de la contrainte, et l'assignation donnée *à jour fixe* sans que le délai pour l'échéance de l'assignation *puisse excéder huit jours*, à compter de la date de l'opposition à contrainte. Une assignation donnée pour la première audience, ou à huitaine, ou qui ne fixerait pas le jour pour lequel elle est donnée, devrait être annulée comme ne remplissant pas le vœu de la loi (1).

Ainsi, pour une opposition faite le 1er septembre, la Régie peut être valablement assignée pour le 9 septembre inclusivement. Si l'assignation était donnée pour une date plus éloignée, l'opposition ne serait pas recevable. Si l'opposition est du 4 décembre, le dernier jour utile est le 12. (Jug. trib. Seine du 23 fév. 1880 ; Cass. 19 oct. 1885 ; Jug. trib. Béziers du 3 avril 1903.)

Le délai fixé pour l'assignation ne peut excéder huit jours, alors même que le défendeur ne résiderait pas au siège du tribunal, ou que le tribunal se trouverait en vacances. (Cass. 15 juill. 1897 ; D. 98.1.399.) Si le tribunal est en vacances, le jugement est renvoyé jusqu'à la reprise des audiences.

De ce que le jour d'audience indiqué sur l'assignation peut être pris *ad libitum* dans la huitaine qui suit la notification de l'opposition, il

---

(1) La disposition de l'article 45 qui exige que toute opposition à contrainte contienne assignation à jour fixe est exceptionnelle et ne s'applique pas au cas d'opposition à un jugement de défaut validant une contrainte décernée par l'Administration : l'assignation est alors donnée à huitaine franche, conformément au droit commun. (Cass. 14 juin 1892 ; S. 92.1.368.)

Lorsque la Régie procède par voie de citation directe en vue d'une inscription hypothécaire, l'assignation est également donnée à huitaine franche.

De même, l'assignation doit être donnée à huitaine franche lorsque la Régie assigne le redevable devant un tribunal de renvoi. (Jug. trib. civ. Libourne 30 mars 1904.)

Au surplus, la Cour de cassation a décidé, d'une manière générale, que les dispositions spéciales relatives aux formes de procéder en matière d'enregistrement constituent des exceptions dérogatoires au Code de procédure civile et n'en excluent l'application que pour les cas qu'elles prévoient expressément. Par suite, le droit commun reprend son empire sur tous les points que la loi fiscale n'a pas exceptionnellement spécifiés. (Cass. civ. 13 nov. 1901 ; S. 1902.1.420.)

ne s'ensuit pas que l'affaire doive être appelée à la date fixée. L'indication d'audience sur l'opposition du redevable est une indication de pure forme, qui n'a pas, en pareil cas, le caractère impératif qu'elle revêt dans l'ordre correctionnel. Elle est portée sur l'assignation dans l'unique but de vêtir la loi, et les affaires auxquelles elle s'applique ne sont que rarement, pour ne pas dire jamais, appelées à l'audience désignée sur l'acte d'assignation.

Enfin, pour que l'opposition soit régulière, l'opposant est tenu d'*élire domicile* dans la commune où siège le tribunal saisi de la contestation.

Lorsqu'une saisie a été opérée, on peut procéder à la vente des objets saisis nonobstant opposition. (*V. Exécution des contraintes.*)

Si l'individu ou le redevable contre qui la saisie est opérée se déclare en faillite sur ces entrefaites, les syndics de la faillite sont mal venus à invoquer l'article 443 du Code de commerce qui stipule que, relativement au failli, toute action mobilière ou immobilière ne peut être suivie ou intentée que contre le syndic, de même que toute voie d'exécution sur les meubles ou immeubles.

L'article précité ne pouvant s'appliquer au Trésor, créancier muni d'un privilège spécial qui s'exerce par des voies exceptionnelles d'exécution, l'Administration peut toujours donner l'ordre de passer outre et de procéder immédiatement à la vente des objets mobiliers saisis. (Jugement de Dunkerque du 22 mai 1862. n° 161, page 418, t. 19 de la Jurisprudence, et arrêts Cass. des 25 avril 1883 et 19 oct. 1885.) *V. Faillites.*

Le produit de cette vente doit être alors notifié par ministère d'huissier aux syndics de la faillite, avec avis que le montant en a été porté en recette et qu'il reste dû, lorsqu'il s'agit de droits constatés, la somme de... et lorsqu'il s'agit d'acquits-à-caution : 1° pour complément du simple droit, avec privilège sur les autres créanciers de la faillite, la somme de... ; 2° pour le second droit exigible à titre d'amende avec participation au marc le franc avec les autres créanciers, la somme de...

Les oppositions aux contraintes ne peuvent devenir la matière d'une ordonnance de *référé* (Cass. 6 août 1871). Il n'appartient pas aux juges des référés d'ordonner qu'il sera sursis à l'exécution d'une contrainte. (Cass. 3 juin 1833 et 26 juill. 1876.) Il s'ensuit que les ordonnances de référé rendues en matière de contributions indirectes peuvent être attaquées par la voie de l'appel. (Application de l'art. 454 Code pr. civ.)

La procédure organisée par le Code pour les *matières sommaires* déroge au droit commun et ne peut, dès lors, être suivie, notamment en ce qui concerne la forme des enquêtes, que dans les affaires où l'emploi en est prescrit soit par le Code, soit par une loi spéciale. (Douai 10 juill. 1899.)

Les formes des enquêtes sommaires ne sont pas prescrites par les articles 65 de la loi du 22 frimaire an VII et 88 du 5 ventôse an XII, lorsqu'il s'agit de contestations engagées sur la perception des contributions indirectes : en outre, elles sont inconciliables avec les nécessités de l'instruction écrite.

Cas dans lesquels on doit employer la procédure écrite.

Aux termes de l'article 2 du décret des 7 et 11 septembre 1790, « les actions civiles relatives à la perception des impôts indirects doivent être jugées en premier et en dernier ressort, sur simples mémoires et sans frais de procédure... par les juges... en bureau ouvert au public et sur les conclusions du ministère public. »

La loi du 22 frimaire an VII a appliqué les dispositions précitées aux affaires de l'enregistrement en ajoutant dans son article 65 que les jugements ainsi rendus « seront sans appel et ne pourront être attaqués que par la voie de cassation ».

L'article 88 de la loi du 5 ventôse an XII, en renvoyant à la loi de l'enregistrement, a voulu que le même principe régît les contestations qui s'élèveraient en matière de contributions indirectes. Seulement elle n'a parlé que des « contestations sur le fond des droits ».

Malgré les termes restrictifs de l'article 88, la Cour de cassation tend à appliquer la procédure spéciale à tous les litiges se rattachant « à la matière des contributions indirectes ».

Elle a posé en principe que toutes les contestations qui s'élèvent en matière de contributions indirectes entre la Régie et les redevables doivent être jugées suivant le mode spécial institué par les articles 65 de la loi du 12 frimaire an VII et 17 de la loi du 27 ventôse an IX. (Cass. 11 janv. 1898 ; Bull. Cont. ind. 20 fév. 1898 ; Cass. 29 janv. 1902.)

L'article 88 de la loi du 5 ventôse an XII a posé une règle générale qui doit être observée à peine de nullité dans toutes les affaires intéressant la perception des impôts indirects et des taxes assimilées. (Cass. civ. 23 juin 1903.)

La chambre civile a soumis aux règles de la procédure spéciale une demande de dommages-intérêts formée par la caution d'un assujetti pour préjudice résultant de contraintes décernées contre elle. (Cass. 18 janv. 1893 ; D. 93.1.170 ; S. 96 1.78.)

Un arrêt du 22 avril 1898 (Bull. Cont. ind. 1898, n° 13) décide, conformément à la jurisprudence antérieure rendue en matière d'enregistrement, que la demande en validité d'une saisie-arrêt, pratiquée en vertu d'une contrainte, soulève entre la Régie et le syndic de la faillite une véritable contestation sur le fond des droits, et doit, dès lors, être instruite et jugée selon les règles de la procédure écrite.

L'action en restitution de droits prévue à l'article 247 de la loi du 28 avril 1816 est portée devant le tribunal civil du siège de la perception (Cass. 1er juill. 1840) au moyen d'une assignation donnée à la Régie et instruite par simples mémoires dans les formes adoptées pour les contestations sur le fond des droits. (Cass. 5 mars 1823 ; 18 janv. 1893 ; 1er mars 1900 ; Bull. Cont. ind. 1900.13.)

Même procédure dans les instances auxquelles donnent lieu les saisies-arrêts se rapportant à la perception des droits. (Cass. 9 fév. 1814.)

Même procédure pour les demandes en dommages-intérêts formées par un contribuable à la suite d'une contrainte ou d'une saisie déclarées nulles et vexatoires. (Cass. 30 déc. 1873 ; S. 74.1.66.)

L'opposition à commandement délivré pour le recouvrement d'amendes adjugées par le tribunal correctionnel est suivi devant le tribunal civil dans les mêmes formes. (Cass. civ. 11 juill. 1904 ; Bull. Cont. ind. 1904.17.)

Résumé de la procédure écrite.

Ainsi que cela a été exposé, la procédure spéciale à la Régie pour les contestations sur le fond des droits est réglée :
— par l'art. 65 de la loi du 22 frim. an VII,
— par l'art. 17 de la loi du 22 vent. an IX ;
— par l'art. 88 de la loi du 5 vent. an XII.

C'est l'article 88 qui a rendu applicables aux contestations qui s'élèvent en matière de contributions indirectes les formes de procéder prescrites par les articles 65 et 17 pour l'instruction et le jugement des instances en matière de paiement des droits perçus par la régie de l'Enregistrement.

Compétence. — Ces contestations sont portées devant les tribunaux civils qui prononcent en premier et en dernier ressort. Les jugements sont donc sans appel et ne peuvent être attaqués que par la voie du recours en cassation.

Le juge des référés est incompétent en pareille matière. (Cass. 3 juin 1833 et 26 juill. 1876.)

Toutefois, la voie de l'opposition n'est pas interdite pour les jugements par défaut. Dans ce cas, c'est dans l'article 158 du Code de procédure civile qu'on doit puiser les règles qui fixent les délais de l'opposition.

Procédure écrite. — L'instruction des instances ne peut se faire que sur mémoires respectivement signifiés, sans plaidoiries, au rapport d'un juge fait en audience publique et sur les conclusions *orales* du ministère public.

Le jugement doit mentionner, à peine de nullité, l'existence et la signification des mémoires. (Cass. 21 août 1876 ; 26 fév. et 5 nov. 1900; Gaz. P. 28 janv. 1900.)

Il ne suffit pas que les mémoires soient produits à l'audience, il faut qu'ils aient été signifiés à l'adversaire. (Cass. 10 fév. 1819.)

Si la Cour de cassation exigeait autrefois la mention obligatoire dans les jugements de *tous* les mémoires produits (arrêts des 17 mai 1887 ; 13 juin 1888; 10 nov. 1891 ; 10 mai 1893), elle paraît avoir modifié, depuis, sa manière de voir à ce sujet. Dans son arrêt du 26 juin 1895 (S. 96.1.469 ; D. 95.1.484), elle a admis que les juges pouvaient se dispenser de mentionner les mémoires dont ils ne faisaient pas spécialement état.

Ministère des avoués. — Les parties ne sont pas obligées de recourir au ministère des avoués. Si on les emploie, les frais extraordinaires qui en sont la conséquence demeurent à la charge de ceux qui les ont faits. (Cass. 26 mars 1827 ; Mém. 12.277 ; Cass. 31 déc. 1872 ; Sir. 74.1.73.)

D'ailleurs, les plaidoiries étant interdites, l'avoué peut tout au plus être chargé de la rédaction et du dépôt des mémoires. Aussi l'Administration a-t-elle recommandé de ne jamais constituer avoué dans les affaires concernant les contestations sur le fond des droits ou les demandes en restitution, puisque l'instruction a lieu sur mémoires qui sont préparés par les directeurs et soumis à l'examen de la direction générale. (Circ. 328 du 2 déc. 1845.)

Plaidoiries. — Pas de plaidoiries : est nul le jugement qui constate que le défenseur de l'opposant a été entendu à l'audience dans ses observations ou dans ses plaidoiries. (Cass. 18 déc. 1878 ; 14 juin 1880 ; 10 mars 1886.)

Mais si l'avoué ne peut pas plaider, il peut prendre la parole pour demander une simple remise (Cass. 16 mars 1897 ; Journ. Cont. ind. 1898, p. 480), ou pour déposer des conclusions verbales reproduisant les conclusions précédemment développés dans l'instruction écrite. (Cass. 31 déc. 1873 ; 29 avril 1889, S. 92-391.)

Rapport d'un juge. — Le jugement doit être précédé d'un rapport fait par l'un des juges en audience publique et doit en faire mention.

Ministère public. — Le jugement qui ne constate pas que le ministère public a été entendu dans ses conclusions orales est nul et le dépôt de conclusions écrites ne peut suppléer à cette formalité.

Publicité. — La publicité des jugements est une condition essentielle de leur validité.

La Cour de cassation admet qu'ils peuvent être indifféremment prononcés ou dans la chambre du Conseil, les portes étant ouvertes au public, ou dans l'auditoire ordinaire des audiences du tribunal. (Cass. 18 mars 1873.)

Rédaction des jugements. — De la combinaison des articles 141 du Code de procédure civile et 7 de la loi du 20 avril 1810 il résulte que les jugements doivent être motivés et contenir la preuve de leur régularité.

Dépens. — La partie qui succombe est condamnée aux dépens. (Art. 130 Cod. proc. civ.) Mais dans les instances civiles intéressant le recouvrement des droits, les dépens sont limités par l'article 65 de la loi du 22 frimaire an VII aux frais « du papier timbré, des significations et du droit d'enregistrement des jugements ».

La Régie pourrait, au surplus, être condamnée à des dommages-intérêts si elle avait engagé une procédure vexatoire. (Cass. 21 avril 1891 ; Journ. Cont. ind. 1891, p. 391.) Mais cette condamnation ne pourrait être prononcée que s'il y avait eu fraude, faute ou mauvaise foi. (Trib. Seine 17 déc. 1897 ; Garnier, Rép. périod. 9334.)

Mémoires.

L'article 45 du décret du 1er germinal an XIII prescrit de *motiver* l'opposition. Il ne suffit pas de dire que les droits réclamés ne sont pas dus ; il est nécessaire de dire pourquoi ils ne sont pas dus, et d'indiquer au moins sommairement, selon le vœu de l'article 61 du Code de procédure civile, les raisons du refus de payer et les moyens de défense que l'on entend invoquer. (Trib. civ. Louhans 10 juill. 1846 ;

trib. Versailles 27 nov. 1885 ; trib. Lyon 19 fév. 1886 et 10 avril 1895.)

L'opposition à une contrainte contient, par cela seul qu'elle est motivée, quelque vaguement qu'elle le soit, les moyens de défense que veut faire valoir le redevable. On n'a pas à se préoccuper de l'importance des développements fournis dans l'opposition. Un jugement rendu sur une telle opposition et sur le mémoire en réponse produit par la Régie, est, dès lors, considéré comme un jugement contradictoire. (Cass. 24 avril 1822 ; 24 août 1835.)

Il suit de là que, dès qu'une opposition a été reçue, on doit se préoccuper du mémoire à préparer en réponse aux moyens invoqués dans l'opposition et en demander immédiatement l'approbation de l'Administration. Si l'adversaire répond par un mémoire plus développé, on doit répliquer par un nouveau mémoire, et alors il n'est pas inutile de faire un résumé plus accentué des arguments qu'on a fait valoir, en réfutant avec énergie ceux apportés par la partie adverse et en appelant fortement l'attention sur les points que l'on croit de nature à éclairer la religion du tribunal et à lui démontrer le bien-fondé des droits de l'Administration.

Voici, du reste, à titre de simple indication, la reproduction de quelques mémoires :

1er MÉMOIRE

A Messieurs les Président et Juges composant le tribunal civil de C.....

Mémoire pour l'Administration des contributions indirectes contre le sieur X....., marchand en gros à C..., rue..., no...

Faits.

Suivant contrainte du 21 déc. 1901 visée pour exécution, le même jour, par le juge de paix de C. ., l'Administration des contributions indirectes a réclamé au sr X...., marchand en gros à C...., rue de Paris, la somme de soixante-douze francs soixante centimes représentant le droit de consommation sur 33 litres d'alcool manquant à son compte. Cette contrainte a été signifiée, avec commandement, le 21 déc. 1901 au sr X...

Mais par exploit du 22 déc. de la même année, le susdit a fait opposition à ladite contrainte avec assignation à comparaître « à huit jours francs après la date du présent, par-devant le tribunal civil de C...... ., » etc...

Cette opposition est ainsi motivée :

« La contrainte est nulle parce que le sr X... ne doit pas la somme de 72 francs sur 33 litres et pour tous autres motifs qui seront ultérieurement déduits en plaidant. »

Discussion.

L'article 45 du décret du 1er germinal an XIII porte :

« L'opposition sera motivée et contiendra assignation à jour fixe devant le tribunal civil de l'arrondissement avec élection de domicile dans la commune où siège le tribunal, le délai pour l'échéance de l'assignation ne pourra excéder huit jours, le tout à peine de nullité de l'opposition. »

L'opposition du sr X... contient deux vices de forme :

1o Elle n'est pas motivée.

En effet, il ne suffit pas de dire que les droits réclamés ne sont pas dus. Il est nécessaire de dire pourquoi ils ne sont pas dus et d'indiquer, au moins sommairement, selon le vœu de l'article 61 du Code de procédure civile, les raisons du refus de payer et les moyens de défense que l'on entend invoquer. (Trib. civ. Louhans 10 juill. 1846 ; D. 47. 4. v° Enreg. ; Trib. Versailles 27 nov. 1885 ; D. 87. 5. 197 ; Trib. Lyon 19 fév. 1886 et 10 avril 1895 ; Mon. Lyon 28 avril 1886 et *Loi* du 17 juill. 1895.)

2° Elle ne donne pas assignation à jour fixe.

Conçue dans des termes formels, cette disposition crée, en matière de contributions indirectes, une règle différente de celle édictée par le Code de procédure civile. Elle limite au délai maximum de huit jours, à compter de la date de l'opposition à contrainte, le jour pour lequel l'assignation doit être donnée, en ajoutant cette disposition finale impérative : « le tout à peine de nullité de l'opposition. »

L'interprétation qui résulte de la lettre même de la loi a été, du reste, consacrée par plusieurs arrêts de la Cour de cassation : Cass. civ. 19 oct. 1885 (Sir. 86. 1. 119 ; D. 86. 1. 72 ; Mém. 21. 433) ; — 14 juin 1892 (Sir. 92. 1. 368 ; D. 92. 1. 352) ; — 15 juill. 1897 (Sir. 98. 1. 260 ; D. 98. 1. 399 ; Bull. civ. 98. 18.)

L'opposition à contrainte du 22 décembre 1901 est donc radicalement nulle en la forme, et cette nullité dispense l'Administration de démontrer au tribunal qu'au fond la prétention du demandeur n'est pas justifiée.

Conclusions.

Par ces motifs et tous autres à déduire et suppléer s'il échet, l'Administration conclut à ce qu'il plaise au tribunal :

Déclarer l'opposition à contrainte formée par le s^r X... nulle en la forme ;

L'en débouter et le condamner aux dépens ;

Dire que la contrainte du 21 déc. 1901 sortira son plein et entier effet.

2e MÉMOIRE

A Messieurs les Président et Juges composant le tribunal de....

Mémoire pour l'Administration des contributions indirectes contre le sieur Antoine, marchand en gros de boissons, demeurant à Luxey.

Faits.

Le 25 mars 1890, le sieur *Antoine* a levé au bureau de Luxey, sous le n° 1er, un acquit-à-caution pour expédier au sieur *Marcy*, négociant à Sauvian, dix fûts d'esprit à 85 degrés pour cinquante-huit hectos quarante litres et soixante centilitres d'alcool pur.

Cet acquit-à-caution n'étant pas rentré déchargé, l'Administration des contributions indirectes a réclamé au sieur *Antoine* la somme de 18.251 fr. 88, représentant le double droit de consommation applicable à la quantité d'alcool mentionnée à ce titre de mouvement, suivant contrainte du 6 juin 1890, rendue exécutoire par le juge de paix de..... à la même date, et signifiée le même jour par MM..... receveur et commis principal à.....

A cette contrainte, le sieur *Antoine* a répondu par une opposition, en date du 20 juin 1890, dont les moyens sont reproduits ci-après :

« Attendu que ladite contrainte est nulle en la forme et au fond, que le prétendu droit de consommation pour lequel elle a été délivrée n'a pas été régulièrement constaté ; — Attendu que l'Administration paraît le faire dériver de la supposition qu'un acquit tiré par le sieur *Antoine* serait fictif ; — Attendu que la loi n'autorise pas la Régie à se faire un titre d'une simple supposi-

« tion ; — Attendu que la contrainte est vexatoire et dommageable au premier;
« — Attendu au surplus que l'action est prescrite ;

« Voir recevoir le requérant opposant à la contrainte dont il s'agit, et pour le
« profit la voir déclarer nulle et de nul effet, ainsi que la signification de ladite
« contrainte et tous actes qui pourraient s'ensuivre, etc., etc... »

Postérieurement à cette opposition et pour éviter la saisie mobilière dont il
était menacé, le sieur *Antoine* a, conformément aux dispositions de l'article 33
du décret des 6-22 août 1791, consigné le montant du simple droit, soit 9.125 fr. 94.

Discussion.

Pour établir le mal fondé de l'opposition du sieur *Antoine*, l'Administration
commencera par rappeler succinctement la législation sur les acquits-à-caution :

L'article 230 de la loi du 28 avril 1816 porte :

« Tout ce qui concerne les acquits-à-caution sera réglé suivant les disposi-
« tions de la loi du 22 août 1791. »

Cette loi relative aux acquits-à-caution délivrés en matière de Douane (Titre
III, art. 2 à 14) a été reproduite par l'ordonnance du 11 juin 1816, qui en fait
l'application à la Régie des contributions indirectes.

(*Reproduire ici le texte des articles 1, 2, 4, 6, 8 de l'ordonnance du 11 juin
1816.*) . . . .

Ces dispositions sont claires et précises. Ce qui en découle avec évidence,
c'est que le législateur a voulu que l'expéditeur de marchandises sujettes à
l'impôt, lorsqu'il réclamerait un acquit-à-caution, obtînt le crédit des droits, à
la condition formelle de les garantir par un engagement spécial. Cet engagement a été réglé par la loi, de telle sorte que la responsabilité du soumissionnaire
d'un acquit-à-caution demeurât liée au sort de la marchandise qu'il veut sortir
de son magasin, jusqu'au moment où, par ses soins, la même marchandise serait
soit replacée sous la main de la Régie, soit libérée d'impôt.

L'expéditeur doit donc s'engager (art. 1er de l'ord. précitée) : 1o à faire parvenir les marchandises à la destination qu'il a déclarée, dans le délai porté à l'acquit-à-caution ; 2o à rapporter un certificat de cette arrivée dans un autre
délai également déterminé, et cela, sous peine du double droit que l'acquit-à-
caution a pour objet de garantir.

En levant au bureau de Luxey, le 25 mars 1890, l'acquit-à-caution no 1er, le
sieur *Antoine* a contracté, solidairement avec sa caution, l'engagement de rendre
les 58 hect. 40 litres 60 centilitres d'alcool pur à la destination déclarée et à
rapporter un certificat de décharge de cette expédition. Il est par conséquent
passible de la peine attachée à l'inexécution de son contrat, et c'est à bon droit
qu'une contrainte a été décernée contre lui en paiement du double droit de
consommation (art. 8 de l'ordonnance).

Cet exposé serait incomplet, si l'Administration ne faisait pas connaître au
tribunal les motifs sur lesquels est basé le refus de décharge de l'acquit-à-caution
en litige.

La loi du 28 février 1872 concernant la répression de la fraude qui peut se
pratiquer sur les spiritueux au moyen d'acquits fictifs, rappelant les prescriptions antérieures, dispose :

« Art. 3..... Les employés ne pourront délivrer de certificat de décharge pour
« les boissons qui ne seraient pas représentées, ou qui ne le seraient qu'après
« l'expiration du terme fixé par l'acquit-à-caution, ni pour les boissons qui ne
« seraient pas de l'espèce énoncée dans l'acquit. »

S'appuyant sur ces dispositions, les employés ont refusé la décharge de l'acquit, d'abord parce que le chargement qui leur a été représenté n'était pas le

même que celui mentionné à l'acquit ; ensuite parce qu'ils n'ont été appelés à reconnaître les boissons qu'après l'expiration du délai fixé pour le transport.

Cette constatation a eu lieu dans les conditions suivantes : les employés du poste de Jayac, prévenus que le s^r *Marcy*, marchand en gros à Sauvian, devait recevoir un chargement de spiritueux accompagné de l'acquit n° 1 du bureau de Luxey, et soupçonnant un envoi fictif, se sont présentés, avec un inspecteur, le 31 mars 1890, à 8 h. du matin, chez ce négociant pour vérifier ledit chargement.

Le s^r *Marcy* leur a représenté un chargement de spiritueux comme étant celui introduit dans ses magasins en vertu dudit acquit. Mais la vérification de ces spiritueux a fait reconnaître que le degré alcoolique était inférieur à celui porté à l'acquit-à-caution. Cette expédition énonçait, en effet, dix fûts pour 61 h. 48 litres à 95°, alors que les alcools représentés par le s^r *Marcy* n'accusaient que 93, 93 1/2 et 94 degrés, d'où il est ressorti, sur l'ensemble, un manquant de 105 litres 3 centilitres d'alcool pur.

En outre, il est établi que cet acquit-à-caution n'a fait l'objet d'une déclaration d'arrivée à la recette buraliste de O.... que le 29 mars 1890, à 11 heures du matin, c'est-à-dire 28 heures après l'expiration du délai fixé pour le transport.

En conséquence, les employés ont rejeté comme inapplicable l'acquit n° 1 de Luxey, en prévenant le s^r *Marcy* que cette expédition ne serait pas déchargée. De plus, et conformément aux prescriptions de l'ordonnance du 11 juin 1816, art. 4 (*in fine*), ils ont saisi par procès-verbal les 10 fûts d'esprit.

Ce procès-verbal, déféré au tribunal correctionnel de C...., a donné lieu à un jugement du 25 juin 1890 condamnant le s^r *Marcy* à une amende de 100 francs, aux dépens, à la confiscation des spiritueux saisis, et fixant au minimum la durée de la contrainte par corps. Ce jugement a été exécuté le 24 octobre 1890.

Ce n'est donc pas, ainsi que le prétend le s^r *Antoine*, sur de simples suppositions que l'envoi était fictif, que la contrainte du 6 juin 1890 lui a été délivrée, mais bien à la suite de constatations matérielles incontestables, ainsi que l'a jugé le tribunal de C....

Enfin, en ce qui concerne la prétendue nullité de la contrainte invoquée par l'opposant, l'Administration se bornera à répondre que ladite contrainte a été délivrée conformément aux prescriptions de l'article 8 de la loi du 21 juin 1873, ainsi conçu :

« Si le certificat de décharge d'un acquit n'est pas représenté, l'action de la
« Régie contre l'expéditeur devra être intentée, sous peine de déchéance, dans
« le délai de quatre mois à partir de l'expiration du délai fixé pour le trans-
« port. »

Un simple rapprochement entre l'acquit-à-caution et la contrainte suffit pour démontrer que celle-ci a été délivrée bien avant l'expiration du délai.

Conclusions.

En conséquence de ce qui précède, l'Administration conclut à ce qu'il plaise au tribunal déclarer le s^r *Antoine* non recevable en son opposition, l'en débouter et le condamner aux dépens; dire que la contrainte du 6 juin 1890 sortira son plein et entier effet.

3e MÉMOIRE

À Messieurs les Président et Juges composant le tribunal civil de T....

Mémoire pour l'Administration des contributions indirectes contre M. P...., bouilleur de profession à C...

Faits.

Suivant contrainte du 18 avril 1900, rendue exécutoire le même jour par le juge de paix du canton de B... et signifiée le même jour à M. P..., bouilleur à C..., l'Administration des contributions indirectes a réclamé audit M. P.... une somme de 2.030 fr. 77, montant du droit de consommation sur des manquants constatés à sa charge pendant la campagne 1898-1899.

A cette contrainte, M. P... a répondu par une opposition en date du 26 février 1901, dont les moyens sont reproduits ci-après :

« Attendu qu'il résulte des écritures que, au cours de la campagne 1898-1899, « le requérant a eu en entrées 320 h. 58 l. 94 d'alcool; qu'il résulte des mêmes « écritures qu'il a eu en sorties effectuées régulièrement constatées 305 h. 29 l. « 25 c.

« Mais attendu que le requérant a droit, aux termes de la loi, à un déchet de « distillation de 5 0/0, ce qui donne une quantité de 16 h. 02 l. 94 ;

« Attendu que, en ajoutant au chiffre de 305. 29. 25 celui de 16 h. 02. 94, on « obtient un total de 321 h. 32 l. 19 c.

« Que les entrées étant de 320 h. 58. 84, il en résulte que le requérant n'est « pas en manquant et que c'est à tort que la contrainte a été délivrée ;

« Voir déclarer nulle la contrainte dont il s'agit..., etc. »

Discussion.

Le compte de M. P..., bouilleur de profession, a été tenu conformément aux prescriptions du décret du 15 avril 1881.

L'article 28 de ce décret porte :

« Les employés peuvent arrêter, à toute époque, la situation du compte de « magasin......

« Si la vérification fait ressortir des manquants, ces manquants ne sont admis « en décharge que jusqu'à concurrence de la déduction annuelle fixée en exé- « cution de l'article 6 de la loi du 20 juillet 1837. Le compte de cette déduction « est suivi par campagne annuelle commençant le 1er octobre et finissant le « 30 septembre suivant. »

Le taux de la déduction à allouer annuellement pour ouillage, coulage, soutirage, affaiblissement de degrés et pour tous autres déchets, fixé en exécution de l'article 6 de la loi du 20 juillet 1837 précité par l'ordonnance du 21 décembre 1838 a été modifié à différentes reprises.

Il est, aujourd'hui, en vertu de l'article 1er du décret du 4 décembre 1872 et de l'article 10 de la loi du 10 décembre 1897, fixé à 7 0/0 en ce qui concerne les spiritueux logés dans des fûts en bois et à 3 0/0 en ce qui concerne les spiritueux logés dans des récipients autres que les fûts en bois. M. P... n'utilisant que des fûts en bois, la déduction qui lui a été allouée a été calculée sur le taux de 7 0/0.

M. P... paraît croire que la déduction de 7 0/0 doit être calculée pendant toute l'année sur le total des entrées en magasin ; il n'en est rien.

Aux termes de l'article 103 de la loi du 28 avril 1816, le décompte de la déduction doit être établi en raison de la durée du séjour des boissons en magasin. C'est ainsi qu'il a été procédé.

Les manquants constatés aux recensements des 11 janvier, 27 mars et 28 mai 1900, — recensements dont les résultats ont été consignés à un registre portatif, par actes ayant foi jusqu'à inscription de faux (art. 242, loi du 28 avril 1816)— sont de 14 h. 06. 83. La déduction allouée à M. P... sur le taux de 7 0/0 jusqu'au jour de la clôture de son compte, c'est-à-dire jusqu'au 28 mai 1900, s'élevant à 1 h. 07. 04, il apparaît donc un manquant imposable de 12 h. 99. 69 c.

L'application à ce manquant du tarif du droit de consommation en vigueur en 1900 donne la somme de 2.030 fr. 77 réclamée à juste titre à M. P.

Conclusions.

En conséquence, l'Administration conclut à ce qu'il plaise au tribunal :

Déclarer M. P... mal fondé en son opposition, l'en débouter et le condamner aux dépens ;

Dire que la contrainte du 18 avril 1900 recevra son plein et entier effet.

Le Directeur.

Dès que le mémoire lui est renvoyé par l'Administration, modifié ou approuvé, le sous-directeur doit le faire signifier par huissier à la partie adverse, attendu que tout mémoire communiqué à l'audience doit être, au préalable, signifié aux parties, sous peine de nullité de jugement. (Cass. 20 oct. 1813, 31 janv. 1814 ; Bull. civil des arrêts de la Cour de cassation, 237 et 38.)

Le mémoire approuvé est transcrit sur timbre, en original et en copie ; il est ensuite notifié à l'opposant. Il importe qu'au lieu d'être faite par exploit séparé, cette notification soit libellée, tant sur l'original que sur la copie, au pied du mémoire avec lequel elle doit faire corps. L'original est ensuite remis au directeur, qui, dans le cas où l'opposant aurait perdu sa copie ou refuserait de la produire, serait à même de faire la preuve authentique de la signification. Des copies, sur papier libre, du mémoire et de la signification sont remises au président du tribunal, ainsi qu'au Ministère public. Enfin, il importe également que les directeurs et sous-directeurs s'assurent par eux-mêmes que les qualités des jugements ont été rédigées au greffe et qu'elles contiennent toutes les mentions de nature à témoigner de la régularité de la procédure. (Note Mém. t. XX, p. 135.)

La Régie a trois mois pour produire le mémoire en réponse à l'opposition. Faute de s'être présentée dans ce délai, la Régie ne peut être déclarée non recevable, mais elle peut seulement être condamnée par défaut. (Cass. des 2 août 1808, 27 juillet 1813.) Dans ce cas, on rentre dans le droit commun et on a tout le temps de faire vider le défaut, en y faisant opposition après signification.

Quand un jugement annule une opposition à contrainte pour vice de forme et, en même temps, décide que la contrainte sortira son plein et entier effet, il y a chose jugée sur le fond. (Cass. civ. 30 juill. 1903 ; Bull. Cont. ind. 1903.16.72.)

Avis de jugement. — Lorsque le jugement est rendu, les directeurs et sous-directeurs doivent en rendre compte à l'Administration, dans la huitaine au plus tard, en produisant sur papier libre une copie de la sentence, conformément aux prescriptions de la lettre commune du 26 janvier 1870. (Circ. 626 du 26 fév. 1891.)

Mais toutes les fois qu'il n'est pas possible d'obtenir du greffe la copie sur papier libre, il convient de demander un extrait contenant simplement les considérants et le dispositif de la sentence. Les émoluments dus aux greffiers, dans l'espèce, ne sauraient être inférieurs à ceux qu'ils sont en droit d'obtenir en vertu du tarif civil. C'est uniquement en matière correctionnelle que la Régie est autorisée à se faire délivrer des extraits 127 ou des extraits de jugement, au coût de 25 ou 60 centimes suivant le cas. (L. C. du 26 janv. 1870.)

Opposition à un jugement de défaut. — D'après l'article 155 du Code de procédure civile, on a huit jours pour faire *opposition* à un jugement de défaut après qu'il a été signifié, et il doit toujours l'être à partie, lorsqu'il n'y a pas eu constitution d'avoué. (V. Cass. 8 juin 1812; M. 10.239.)

L'opposition doit être formée conformément au droit commun, notamment l'assignation à comparaître doit être donnée à huitaine franche. (Cass. 14 juin 1892; S. 92.1.368; D. 92.1.352.)

Le redevable n'est pas réputé défaillant, quand il a formé contre la contrainte une opposition *motivée*. (Cass. 24 août 1835; S. 35.1.682; 21 avril 1846; S. 46.1.393; 17 nov. 1880; S. 81.1.327.) Le jugement est réputé contradictoire, même si l'opposant n'a pas cru devoir fortifier, par des mémoires, les moyens énoncés dans son opposition. (Trib. Lyon 19 avril 1886; M. 21.526; Cass. 28 déc. 1886; S. 87.1.31.)

Pourvoi. — Les jugements au civil, dans les contestations relatives aux droits, *ne sont pas susceptibles d'appel;* ils doivent être relevés par un pourvoi en cassation. (Art. 65 loi du 22 frim. an VII.)

Une cour d'appel serait incompétente *ratione materiæ* pour connaître d'un tel appel. (Cass. 15 janv. et 8 mai 1889; 18 janv. 1898; 15 mars 1898; 26 déc. 1899.)

Lorsqu'un jugement rendu sur opposition fait grief à la Régie, il faut donc en informer sans retard l'Administration par un rapport spécial dans lequel on développe les motifs qui font penser qu'on a des chances d'obtenir la réformation du jugement dont il est question.

C'est par les soins de l'Administration que le pourvoi est déclaré.

La requête est signée par un avocat à la Cour de cassation et déposée par lui, après enregistrement, au greffe même de la Cour.

Il se fait dans la forme ordinaire par le dépôt, au greffe de la Cour de cassation, de la requête contenant les moyens de cassation et signée par l'avocat du demandeur. (Ord. du 28 juin 1838, titre IV, art. 1er.)

Donc, dès que l'Administration a fait connaître son intention de se pourvoir, il faut lui transmettre d'urgence le dossier complet comprenant : contrainte, opposition signifiée, mémoires sur timbre et en copies signifiées, copie signifiée du jugement ou de l'arrêt ou, à défaut, une expédition en forme, c'est-à-dire sur timbre, en un mot *les originaux de tous exploits*, mémoires, actes et jugements ou arrêts.

Aux termes du règlement du 28 juin 1838 et de l'ordonnance du 15 janvier 1836, le demandeur en cassation est tenu de joindre à sa requête la copie qui aura été signifiée de l'arrêt ou jugement en dernier ressort, ou une expédition en forme dudit arrêt ou jugement s'ils ne lui ont pas été signifiés.

A défaut de l'expédition en forme de la décision attaquée, il faut que la copie signifiée soit complète. (Cass. 13 juill. 1808; 8 août 1848.)

On remarquera la différence qui existe dans la marche à suivre, selon qu'il s'agit d'un pourvoi en matière correctionnelle ou d'un pourvoi en matière civile. Dans le premier cas, l'avocat de la Régie ne demande que des copies sur papier libre, parce que le dossier officiel, composé des originaux, reste entre les mains des Parquets, tandis qu'en matière civile, chaque partie conserve les originaux de ses actes et les copies à elle signifiées. (Circ. 626 du 26 fév. 1891.)

La loi du 2 juin 1862, article 1er, fixe à 2 mois le délai à courir pour déclarer le pourvoi à partir de la *signification* du jugement.

Ce délai est franc : ne sont compris dans les 2 mois, ni le jour de la signification du jugement, ni celui de l'échéance ; de plus, si le dernier jour du délai est un jour férié, le délai est prorogé au lendemain ; enfin, dans la supputation du délai, les mois sont comptés date par date. (Loi du 2 juin 1862, art. 9.)

Ainsi pour un jugement signifié le 27 avril, le délai de pourvoi expire le 28 juin.

Le délai du pourvoi ne court qu'à partir de la signification faite au *domicile réel*. (Cass. 3 fév. 1817 et 6 juill. 1818.)

La signification doit être faite à la Régie conformément aux articles 69, § 3, et 70 du Code de procédure civile, c'est-à-dire « en son bureau, dans le lieu où réside le siège de l'Administration; dans les autres lieux, en la personne et au bureau du préposé ». (Cass. 27 avril 1830.) Dans les localités où réside le directeur, la signification doit être faite au directeur, et non au receveur, alors même qu'il aurait été élu domicile au bureau de cet agent par les actes de la procédure. (Cass. 20 juill. 1898.)

Il ne faut pas perdre de vue qu'en matière civile le pourvoi en cassation *n'est pas suspensif* des condamnations prononcées. (Art. 16 du décret des 27 novembre-1er décembre 1790.) Pour l'exécution, le tribunal ne peut accorder aucune surséance. L'Administration est en droit de poursuivre immédiatement l'exécution du jugement qu'elle a obtenu et, en tout cas, de prendre toutes les mesures conservatoires qu'elle jugerait utiles. Mais lorsque la Régie est condamnée et qu'elle a déclaré le pourvoi en cassation, elle jouit d'une immunité que lui donne le décret du 16 juillet 1793 ainsi conçu :

« Il ne sera fait par la Trésorerie nationale et par les caisses des diverses administrations de la République, aucun paiement en vertu de jugements qui seront attaqués par voie de cassation dans les termes prescrits par le décret (27 novembre-1er décembre 1790) qu'au préalable, ceux au profit desquels lesdits jugements auraient été rendus n'aient donné bonne et suffisante *caution* pour sûreté des sommes à eux adjugées. »

La Régie ne peut se soustraire au payement des frais régulièremen taxés réclamés par l'avoué de la partie adverse. Mais on a soin de stipuler dans la quittance que la Régie ne paye que contrainte et forcée et sous réserve de tous droits.

Dans le cas où la Régie est condamnée à une restitution, on ne doit donc s'exécuter, dans les conditions du décret précité, que tout autant que la partie peut fournir bonne et valable caution, et sous toutes réserves de pourvoi. Si le jugement n'est pas signifié, il faut se garder de l'exécuter.

En présence de la signification faite à la Régie, avec commandement de payer, on fait notifier à la partie adverse, par le ministère d'huissier, un acte contenant, sous toutes réserves du pourvoi formé par l'Administration (mentionner avec soin la date du dépôt de la requête et le numéro sous lequel elle a été enregistrée), offre de payer les sommes adjugées au demandeur, mais à la charge par celui-ci de donner bonne et suffisante caution pour sûreté desdites sommes, conformément au décret précité.

Dans le cas où on obtiendrait un jugement n'accordant à la Régie qu'une partie de ses conclusions et rejetant les autres, si on le fait signifier, ce doit être avec réserve expresse de se pourvoir quant aux chefs qui font grief. Mais il est toujours préférable, en tous ces points, de consulter préalablement l'Administration. Toutefois, si la partie adverse se présente spontanément, c'est-à-dire avant toute signification, pour satisfaire au chef qui la condamne, il ne faut recevoir ses offres que sous les mêmes réserves de se pourvoir.

Lorsqu'une affaire est portée devant la Cour de cassation, conformément aux prescriptions de l'article 14 du décret des 27 novembre et 1er décembre 1790, il appartient à l'Administration de remplir les formalités. Il n'y a plus qu'à attendre la solution et les instructions.

En matière civile, tous les pourvois sont soumis à l'examen préalable de la Chambre des requêtes, qui les rejette ou les admet. Le rejet termine le procès.

En cas d'admission, l'arrêt est signifié, dans les deux mois de *sa date*, à personne ou à domicile, avec assignation des défendeurs devant la Chambre civile. Celle-ci délibère à son tour et rend son arrêt, lequel rejette le pourvoi ou casse le jugement.

L'arrêt de cassation anéantit le jugement entrepris, replace les parties dans l'état où elles étaient avant le jugement, et les renvoie devant un autre tribunal de même espèce pour être statué à nouveau.

Remise des pièces de poursuite après paiement. — Lorsque le débiteur se libère intégralement, le créancier est tenu de lui remettre les titres de poursuite qu'il a contre lui (contrainte, grosse du jugement, etc.). (Rousseau-Laisné, taxe, § 38 ; Rogron, Code proc. expliqué, p. 835.)

Affaires civiles suivies d'après les règles de droit commun.

Dans ces affaires, la Régie doit constituer avoué. (Circ. 328 du 2 déc. 1845.)

Les états de frais présentent alors les honoraires des avoués, qui sont soumis à la taxe et sont à la charge de la partie qui succombe. *Ib.*

Les avoués de la Régie ne doivent jamais demander la distraction des dépens à leur profit, en vertu de l'article 133 du Code de procédure civile. *Ib.*

Les affaires civiles de l'espèce sont peu fréquentes. Le cas se produit, par exemple, lorsqu'il s'agit d'une opposition à la vente du mobilier ou de la revendication d'objets saisis à la requête de la Régie. (Circ. 328 du 2 déc. 1845.)

Il en est ainsi des contestations qui s'élèvent entre la Régie et la masse des créanciers de la faillite à l'occasion du privilège édicté par l'article 47 du décret du 1er germinal an XIII. (Arr. Lyon 1er avril 1841; S. 41.2.544; Cass. civ. 24 fév. 1904. Bull. C. ind. 1904. 9.)

Même procédure s'il s'agissait d'une contestation entre la Régie et le tiers saisi. (Cass. 18 janv. 1830 ; D. 30.1.570.)

CHAPITRE VI

Prescriptions.

Dispositions générales.

La prescription est un moyen d'*acquérir* ou de *se libérer* par un certain laps de temps, et sous les conditions déterminées par la loi. (Art. 2219 Code civ.)

Il y a donc deux sortes de prescriptions, l'une à fin d'acquérir ou *acquisitive*, l'autre à fin de se libérer ou *libératoire*.

Acquits-à-caution. Passe-debout.

En matière d'acquits-à-caution, la prescription est acquise *contre* la Régie, lorsque la contrainte n'a pas été délivrée dans les quatre mois qui suivent le délai fixé pour le transport. (Art. 8 de la loi du 21 juin 1873 et cir. c. 94 du 5 juill. 1873.)

Pour un acquit délivré le 10 mars, avec un délai de cinq jours, les employés peuvent décerner contrainte jusqu'au 15 juillet inclus Le *dies a quo* ne compte pas, mais le jour de l'échéance appartient au délai. (Cass. 27 déc. 1811.) C'est à tort que la circulaire 95 du 5 juillet 1873 parle de 120 jours.

Toutefois, le délai de quatre mois est réduit à quarante jours, s'il s'agit d'acquits-à-caution recommandés ayant accompagné des spiritueux. (Loi du 29 déc. 1900, art. 3.)

Un procès-verbal n'a pas pour effet d'interrompre la prescription spéciale sur acquit. Il faut donc avoir soin, lorsqu'un acquit est joint au procès-verbal, de faire décerner contrainte en temps voulu, c'est-à-dire dans les quatre mois ou les deux mois de l'expiration du délai de transport, à moins que l'apurement de l'acquit n'ait été stipulé par une transaction devenue définitive avant l'expiration de ce délai. (Circ. 480 du 29 janv. 1851, 319 du 1er août 1855.)

La prescription est acquise à la Régie contre toute demande en restitution de doubles droits payés ou consignés, six mois après l'expiration du délai accordé pour le rapport du certificat de décharge (*six mois, plus deux ou trois mois accordés pour apporter le certificat de décharge, plus le délai accordé pour le transport*). (Article 14 du décret des 6-22 août 1791, art. 8 et 9 de l'ordonnance du 11 juin 1816.)

Donc, à partir des délais fixés par la soumission (*délai de transport, plus délai de deux ou trois mois pour rapport d'un certificat de décharge*), si les soumissionnaires rapportent, dans les six mois qui suivent, un certificat de décharge, les sommes qu'ils auraient pu payer ou consigner leur sont restituées. Les droits ne sont définitivement acquis à la Régie qu'à l'expiration de ces trois délais. C'est alors seulement qu'il faut constater à l'état n° 196 le montant des sommes acquises par suite de contrainte non suivie d'opposition. (V. circ. 194 du 24 déc. 1896, p. 18.)

L'article 7 de l'ordonnance du 11 juin 1816 dispose que dans le cas où, après vérification, les certificats de décharge des acquits-à-caution seraient reconnus faux, les soumissionnaires et leurs cautions ne seront tenus que des condamnations purement civiles, conformément à leur soumission, sans préjudice des poursuites à exercer contre qui de droit, comme à l'égard des falsifications ou altérations d'écritures publiques. Il porte, en outre, que la Régie aura *quatre mois* pour s'assurer de la validité des certificats de décharge et intenter une action, et qu'après ce délai, elle ne sera plus recevable à former aucune demande.

Ces quatre mois courent à partir de l'expiration des délais fixés par la soumission pour le rapport du certificat de décharge, ou tout au moins à partir de la remise de ce certificat faite avant cette date. (Trib. civ. Seine 5 août 1892.)

Ni le payement des droits ni la décharge de l'acquit-à-caution ne font par eux-mêmes obstacle à la poursuite de la contravention pour fausse déclaration et par suite à la confiscation si les boissons ont été transportées avec une expédition inapplicable. (Cass. 18 juill. 1891 ; S. 92.1.606. V. aussi Cass. 25 juin 1875 et 4 août 1888, argt.)

Le laps de quatre mois (date de la décharge de l'acquit-à-caution) libérait de toute poursuite tant le soumissionnaire de l'acquit, que le transporteur et le destinataire. Cette prescription libératoire s'appliquait non seulement aux contraventions créées avant l'ordonnance du 11 juin 1816, mais même aux contraventions aux formalités prescrites par les lois postérieures pour les déclarations préalables à la délivrance de l'acquit-à-caution. (Cass. 4 août 1888 ; S. 90.1.431 ; arr. Rouen 10 janv. 1889 ; Orléans 6 avr. 1895 ; Jug. trib. Marseille du 14 avr. 1899 ; arg. Cass. 14 juin 1895 ; Bull. Cont. ind. 1898.15. Cass. 8 nov. 1906.)

Toutefois, si la Régie a décerné contrainte dans le délai de quatre mois précité, elle peut, même après l'expiration de ce délai, s'inscrire en faux contre les certificats litigieux. (Cass. 9 avril 1888 ; S. 88.1.376.)

La prescription de quatre mois, édictée par l'article 7 de l'ordonnance du 11 juin 1816, ne s'applique plus aujourd'hui à l'action correctionnelle qui résulte de contraventions aux lois et règlements en matière de contributions indirectes et qui est exercée dans les délais et formes ordinaires. (Loi du 30 janvier 1907, art. 22.)

Droits. Appointements, etc.

La prescription est acquise aux redevables contre la Régie, pour les droits que ses préposés n'auraient pas réclamés dans l'espace d'*un an* à compter de l'époque où ils étaient exigibles. (Art. 50 du décret du 1er germ. an XIII.)

Le *dies a quo* est compris dans ce délai. (Cass. 1er août 1831.)

Les demandes en décharge adressées au ministre n'ont pas pour effet de proroger le délai d'un an imparti pour la délivrance des contraintes. (Jug. trib. civ. Bourges du 1er avr. 1897, aff. Bonichon.)

La prescription n'est interrompue que par la signification régulière de la contrainte au débiteur ou à sa caution (Cass. 12 avril 1865 ; M. 20.136 ; S. 65.1.226 ; Cass. 11 déc. 1877. M. 20.136 ; S. 78.1.108 ; 9 avril 1888 ; Dall. 1888.1.343) ou au syndic. (Cass. 13 mars 1893 ; Sir. 93.1.233 ; Journ. Cont. ind. 1895. 480.)

Lorsque la prescription a été interrompue, c'est la prescription de droit commun qui est substituée à cette prescription spéciale. (Cass. 11 déc. 1877 ; S. 78.1.108.)

Pour les frais de casernement, le point de départ de la prescription date du jour où le décompte a été visé par le préfet. (Cass. req. 2 juin 1904 ; Bull. Cont. ind. 1904. 18.)

Les droits sur manquants extraordinaires étant immédiatement exigibles, l'Administration doit, pour échapper à la prescription de l'article 50 du décret du 1er germinal an XIII, décerner sa contrainte dans l'année de la constatation du manquant, sans attendre le résultat des poursuites correctionnelles relatives à l'excédent dont le manquant serait la conséquence. (Cass. civ. 30 déc. 1903 ; Bull. Cont. ind. 1904. 6.)

Le redevable ne peut faire courir la prescription à son profit que du jour où les employés ont pu constater les droits. (Cass. req. 25 juin 1896.)

La prescription annale de l'article 50 ne s'applique qu'aux droits que les employés ont pu normalement constater dans les forme et délais ordinaires. Les règles de droit commun sont applicables en cas d'empêchement, de manœuvres dolosives, etc., toutes les fois, en un mot, que la constatation a été rendue impossible par les agissements du redevable. (Cass. 23 mai 1832 ; 14 juin 1880 ; 15 juin 1896 ; 29 déc. 1897 ; Pand. fr. 98.1.178.)

S'il y a dol, la prescription court du jour où le dol a été découvert. (Tribun. civil Rouen 8 oct. 1822 ; Cass. 14 juin 1880 ; 25 juin 1896 ; 29 déc. 1897 et 30 déc. 1903 ; Bull. Cont. ind. 1904.6.)

La restitution, même quand elle est ordonnée par le tribunal, n'entraîne, dans aucun cas, des intérêts moratoires (Cass. 23 fév. 1818 ; 7 fév 1877 ; 12 fév. 1878), ni le payement de dommages-intérêts. (Cass. 21 déc. 1821.)

La prescription est acquise à la Régie contre toute demande en restitution de droits *six mois* après le paiement. (Art. 247 de la loi du 28 avr. 1816 ; Cass. 4 avril 1876.)

Par *demandes* il faut entendre les demandes en justice, c'est-à-dire les citations devant le tribunal. (Cass. 14 janvier 1836 ; S. 36.1.93.)

La prescription ne serait pas interrompue par une pétition ou demande adressée à l'Administration ou au ministre.

La prescription de l'action en restitution de droits formée contre l'Administration n'est pas interrompue par les propositions de restitution émanées des agents de l'Administration et auxquelles il n'a pas été

donné suite. (Déc. du cons. d'État du 29 déc. 1882 en matière d'enregistrement.)

Les termes de l'article 247 paraissaient permettre une distinction entre
les réclamations fondées sur l'application d'un tarif trop élevé ou sur
l'imposition d'une autre matière non visée par la loi, qui auraient été
frappées de la prescription de six mois, et toutes les autres réclamations
qui seraient restées soumises à la prescription de deux ans.

Mais il a été jugé que cette disposition modificative du décret de
germinal en tout ce qui touche la durée de la prescription afférente à
l'action de la Régie s'applique à tous les cas et qu'aujourd'hui il n'y a
plus, à cet égard, qu'une prescription, celle de six mois. (Cass. 4 avr.
1876 ; D. 77.1.69.) V. Action en restitution de droits.

Les contraintes régulièrement décernées conservent toute leur force
exécutoire tant qu'elles n'ont pas été annulées par une décision judiciaire ou atteintes par la prescription trentenaire. (Cass. 12 avril 1865,
11 déc. 1877, 9 nov. 1880, 11 déc. 1887.)

Aucun délai n'existe pour les oppositions à contrainte. Le redevable
peut faire opposition aussi longtemps que cet acte conserve sa validité,
qui n'est atteinte que par la prescription trentenaire. (Circ. 189 du 7 déc.
1896.) V. Affaires civiles.

Pour le recouvrement des frais, la prescription est trentenaire. (Cass.
23 janv. 1828.)

À défaut d'une disposition spéciale, les droits d'octroi ne sont atteints
que par la prescription trentenaire. (Art. 2227 et 2262 Code civ. ;
Cass. 8 mai 1899 ; Journ. Cont. ind. 1899. 31.)

Les créances résultant de l'article 199 de la loi du 28 avril 1816
(manquants à la charge des planteurs) sont, par leur nature, de véritables dommages-intérêts et ne se prescrivent que par 30 ans.

Contraintes délivrées tardivement.

Alors même que la prescription est acquise aux redevables parce
qu'on aurait négligé de leur décerner contrainte dans les délais légaux,
l'Administration a prescrit de remplir tardivement cette formalité.

Il est à noter que les frais de contrainte ne sont pas perdus pour le
Trésor, puisqu'ils ne font que sortir de la caisse de la Régie pour rentrer dans celle de l'Enregistrement. Il est à remarquer, d'un autre côté,
que la prescription ne met pas obstacle à la délivrance des contraintes
de l'espèce. C'est seulement, en effet, en matière correctionnelle que la
prescription est d'ordre public, et que, par suite, les juges peuvent se
refuser à examiner une affaire au fond, si l'acte de poursuite n'a pas été
fait dans les délais. En matière civile, au contraire, la nullité résultant
du défaut de contrainte établie en temps voulu n'est pas radicale ; seule,
la partie adverse peut l'invoquer.

Créances de l'État.

Aux termes de l'article 9, § 1, de la loi du 29 janvier 1831 et de l'article
165 du règlement des finances du 26 décembre 1866, les créances de l'État
qui ne rentrent pas dans la catégorie des taxes dont la perception est

régie par des lois spéciales d'impôt tombent sous le coup de la prescription quinquennale. Elles sont prescrites et définitivement éteintes à son profit si elles n'ont pas été liquidées et payées dans un délai de cinq années à partir de l'ouverture, c'est-à-dire à partir du 1er janvier de l'exercice auquel elles appartiennent. (Déc. Min. Fin. du 2 déc. 1891.)

Cette disposition n'est pas applicable aux créances dont l'ordonnancement et le paiement n'ont pu être effectués dans les délais déterminés par le fait de l'Administration ou par suite de pourvois formés devant le Conseil d'Etat. (Art. 136 et 137 du décret du 31 mai 1862 et 165 du règlement du 26 déc. 1866.)

Les produits domaniaux (redevances pour occupations temporaires, pour prises d'eau, produits des francs-bords, etc., etc.) ne rentrent pas dans la catégorie des taxes dont la perception est régie par les lois spéciales d'impôt et tombant sous le coup de la prescription annale de l'article 50 du décret du 1er germinal an XIII ; ils résultent de conventions spéciales, et, pour ce motif, se prescrivent par cinq ans, conformément aux articles 2277 du Code civil et 9 de la loi du 29 janvier 1831.

C'est, d'ailleurs, postérieurement au décret du 1er germinal an XIII (22 mars 1805) que, par décret du 23 décembre 1810, la Régie des contributions indirectes avait été, pour la première fois, substituée à celle des domaines pour le recouvrement d'un produit domanial. Et c'est par un décret du 25 mars 1863 que l'Administration des contributions indirectes avait été chargée de recouvrer tous les produits domaniaux qui peuvent résulter d'un cours d'eau.

L'article 4 de la loi du 26 décembre 1901 a substitué l'administration des domaines à celle des contributions indirectes en ce qui concerne le recouvrement des divers produits du domaine public fluvial. (Circ. 473 du 10 janv. 1902.)

La déchéance quinquennale établie par la loi du 29 janvier 1831 s'applique à toute action ou réclamation qui peut constituer l'Etat débiteur. (Arr. cons. d'Etat du 29 avril 1904, aff. Fournier.)

Parts d'amende.

La prescription particulière de l'article 50 du décret du 1er germinal an XIII ne s'applique pas aux parts d'amende. Les parts d'amende (parts d'indicateurs ou de verbalisants) sont soumises à la déchéance quinquennale. (Arr. Cour des comptes du 14 fév. 1894 et circ. 280 du 23 mai 1898 (1). Il convient de porter en recette définitive les parts non réclamées dans un délai de cinq ans, à partir du 1er janvier de l'année

---

(1) Nous devons toutefois faire remarquer que l'Administration écrivait en 1880... « Cette portion de l'amende versée par le contrevenant est entre les mains de la Régie *chose d'autrui*, et l'Administration ne pourrait par suite invoquer que la prescription acquisitive. Mais cette somme ordonnancée et mandatée à titre de *parts d'amende*, puis passée en dépense et mise en consignation, constitue en ce moment un véritable dépôt et devient imprescriptible (art. 2236 du Code civil). Le seul moyen, en pareil cas, d'apurer le compte au registre 89 C est de verser la somme à la Caisse des dépôts et consignations, où l'ayant droit peut, dans la suite, faire valoir ses prétentions... »

pendant laquelle le montant de ces parts a été déterminé, c'est-à-dire à partir du 1er janvier de l'année pendant laquelle la répartition a figuré à l'état 100 A.

Droits consignés sur passe-debout et sur acquits-à-caution.

La décharge des acquits-à-caution et l'apurement des passe-debout rendent disponibles les sommes consignées. Si les consignataires ne les retirent pas, elles sont transférées dans la caisse du receveur principal et plus tard versées à la Caisse des dépôts et consignations.

Il n'y a, dans l'espèce, aucune prescription ou déchéance à opposer aux réclamants. (Art. 2236 Code civ. ; arr. min. du 22 juillet 1826 ; circ. Compt. publ. 10 du 15 déc. 1828 et 78 du 15 juin 1867 ; circ. 504 du 29 déc. 1851 ; circ. 194 du 24 déc. 1896.)

Toutefois, le remboursement des sommes consignées pour défaut de certificat de décharge d'un acquit-à-caution, doit être demandé six mois au plus tard après l'expiration du délai de transport. (Art. 14 du décret-loi des 6-22 août 1791 ; art. 8 de l'ordon. du 11 juin 1816 ; art. 240 de la loi du 28 avril 1816.)

Débiteurs solidaires.

L'interpellation faite à l'un des débiteurs solidaires interrompt la prescription contre tous les autres ; ainsi, une contrainte décernée au débiteur principal interrompt la prescription à l'égard de la caution et de tous les autres débiteurs solidaires. (Art. 2244, 2249 et 2250 Code civ. ; Cass. 18 mars 1884.)

Mais il n'est pas exact de dire, qu'à l'inverse, la contrainte décernée à la caution interrompe la prescription à l'égard du débiteur principal, (Jug. trib. civ. Narbonne 7 mars 1901.)

Procès-verbaux. Amendes. Frais.

On distingue deux sortes de prescriptions en matière criminelle, l'une qui s'applique à l'action elle-même, l'autre aux peines.

Les procès-verbaux en matière de contributions indirectes doivent être rédigés dans les trois ans à compter du jour où le délit a été constaté. (Art. 638 Code instr. crim. ; Cass. 12 juin 1827, 11 juin 1829, 25 juin 1875, 5 juin 1880.)

L'assignation doit être donnée, à peine de déchéance, au plus tard, trois mois après la date du procès-verbal, lorsque le prévenu est en liberté, et dans le mois, si le prévenu est arrêté. (Loi du 15 juin 1835 ; Cass. 9 juin 1837.)

L'assignation délivrée dans les trois mois impartis par la loi du 15 juin 1885 interrompt la prescription pour trois ans. (Cass. 26 nov. 1896 ; Bull. Cont. ind. 1897.1 ; et arr. Douai 31 janv. 1906 ; Bull. Cont. ind. 1906.7.)

La prescription est acquise contre la Régie lorsqu'aucun acte d'instruction ou de poursuite n'a été fait dans le délai de trois ans à partir de la date de l'assignation. (Art. 637 et 658 Code instr. crim. ; Cass. 25 juin 1875 et 5 juin 1880.)

En ce qui concerne les délais pour l'opposition, l'appel et le pourvoi, se reporter aux chapitres qui traitent de la matière.

C'est la prescription de cinq ans édictée par l'article 636 du Code d'instruction criminelle qui est applicable aux *amendes* et *confiscations* prononcées par le tribunal correctionnel en matière de contributions indirectes. (Cass. 10 déc. 1890, 16 déc. 1898; circ. 549 du 6 janv. 1904.)

L'emprisonnement, qui est une peine correctionnelle, se prescrit également par cinq ans.

Quant aux droits fraudés visés par le jugement correctionnel, dans les cas où ils ont le caractère d'une pénalité et peuvent faire l'objet d'une transaction, ils se prescrivent dans les mêmes conditions de délai que la peine principale.

Les frais de justice constituent plutôt une réparation civile. (Cass. 11 août 1857 ; S. 57.1.751.) Ils ne se prescrivent que par 30 ans. (Cod. civ. 2262 ; Code instr. crim. art. 642 ; Cass. 23 juin 1828 ; S. 1828.1.16; circ. 549 précitée.)

En matière de simple police, la prescription de l'action est d'un an, et la prescription de la peine de deux ans. (Art. 639 et 640 du Cod. instr. crim.)

Actes interruptifs de la prescription.

Si la prescription peut être interrompue civilement par une citation en justice, un commandement ou une saisie-arrêt, en matière *d'amende et de confiscation*, au contraire, le cours de la prescription ne peut être interrompu que par une *exécution directe*, soit sur les biens du condamné par voie de saisie mobilière ou immobilière, soit sur sa personne par voie de contrainte par corps. Un simple acte de poursuite, un commandement, par exemple, ne serait pas suffisant pour interrompre la prescription. (Circ. 549 du 16 janv. 1904.)

A la vérité, on peut assimiler le versement d'un acompte à un acte d'exécution susceptible d'interrompre la prescription ; mais, pour produire ce résultat, le payement doit porter reconnaissance du débiteur, et ce but est atteint par la remise d'un bordereau de versement signé du débiteur avec indication qu'il entend affecter la somme versée à la liquidation de telles ou telles condamnations. *Ib.*

En matière pénale la prescription ne peut être interrompue que par une *exécution directe*, soit sur les biens du condamné par voie de saisie, soit sur sa personne par voie de contrainte par corps. (Cass. 17 juin 1835.) Et par actes d'exécution, il faut entendre la saisie-exécution, la saisie-brandon, la saisie immobilière et enfin la contrainte par corps. Le procès-verbal de carence rentre dans la même classe. (Cass. 23 avril 1816 ; Toulouse 28 avril 1828 ; S. 28.312.)

En matière pénale, le commandement de payer n'est pas un acte interruptif de la prescription. (Instr. amendes, art. 205 ; Cass. 10 déc. 1890; D. P. 91.1.100.)

La radiation du rôle n'est qu'une mesure d'ordre intérieur tenant à la police des audiences et qui n'a pour effet, ni de juger, ni de terminer l'affaire, ni d'éteindre l'instance, mais seulement de refuser l'audience, jusqu'à réintégration de l'affaire au rôle. (Paris 23 juin 1887.) Par suite, la partie civile, après réinscription de l'affaire au rôle, est en droit de continuer la procédure engagée par la citation donnée à l'origine. (Même arrêt.)

En principe, lorsque la prescription de courte durée édictée par une loi spéciale a été interrompue par un acte de poursuite, ce n'est plus, à défaut de stipulations contraires dans ladite loi, la même prescription qui recommence à courir, mais la prescription de droit commun.

C'est ce qui a été jugé :

En matière civile (Cass. 12 avril 1865 ; S. 65.1.226. ; M. 20.136 ; Cass. 11 déc. 1877 ; S. 78.1.108 ; M. 20.36.) *V. Traité du privilège*, 199 et 200) ;

En matière correctionnelle. (Cass. 17 mars 1866 ; 13 avril 1883 ; 29 mars 1884 ; D. Code instr. crim. 1289.89 ; arr. Rennes 28 déc. 1903 ; Bull. Cont. ind. 1904.10.)

Mais lorsque, par l'effet d'une première interruption, une nouvelle prescription commence à courir, celle-ci pourra-t-elle être de nouveau interrompue par d'autres actes d'instruction ou de poursuites ? La majorité des auteurs considèrent que la faculté de renouveler l'interruption n'a pas de limite. (D. *Ib.* 1273, nos 677 et suiv.)

Acomptes. — Le payement d'un acompte interrompt la prescription quand il s'agit de condamnations civiles. La Chancellerie, dans deux lettres des 14 sept. 1885 et 28 juin 1887, a émis l'opinion qu'en ce qui concerne les condamnations pénales (amendes), le versement d'un acompte est également interruptif de prescription. Mais pour produire ce résultat, il importe que le paiement soit constaté par une *reconnaissance du débiteur*. Une simple mention de versement d'un acompte mise sur le quittancier ne serait pas suffisante, car le débiteur pourrait accuser le comptable d'avoir interrompu la prescription par un versement fictif. Toutefois un bordereau de versement signé par le débiteur, avec indication qu'il entend affecter à la condamnation le montant de la somme versée, peut suffire pour atteindre ce but.

Octrois. — En matière d'octroi, il n'y a pas de délai spécial pour l'assignation. La prescription de l'action est ici, comme pour les délits de droit commun, de trois années à partir de la date du délit, et non de trois ans à partir de la date du procès-verbal. (Cass. 18 janv. 1861 ; 21 août 1863 ; Paris 28 fév. 1874.)

Dans les cas de saisie commune, la déchéance de la Régie en raison de la tardiveté de son action empêche l'octroi d'exercer des poursuites en vertu du même procès-verbal. (Cass. 23 janv. 1897.)

CHAPITRE VII

Action en restitution de droits.

Les contribuables ont six mois à partir du paiement pour demander la restitution de droits indûment perçus. (Art. 247 de la loi du 28 avril 1816, § 3 et 4.)

L'action en répétition est portée devant le tribunal civil du siège de la perception (Cass. 1er juill. 1840), au moyen d'une assignation donnée à la Régie. L'affaire est instruite et jugée par simples mémoires dans les formes adoptées pour les contestations sur le fond des droits. (Art. 247 précité ; Cass. 5 mars 1823 ; 14 avril 1876 ; M. 19.97 ; 18 janv. 1893 ; Journ. Cont. ind. 1894.400.)

Il n'est pas dû d'intérêts ni de dommages-intérêts pour les sommes à restituer. (Cass. 2 fév. 1877 ; S. 77.1.131 ; 21 juin 1880 ; S. 81.1.110 ; 19 fév. 1884 ; S. 86.1.452 ; 29 juin 1886 ; S. 87.1.35.)

Le demandeur en restitution doit joindre à son assignation la quittance des droits dont il demande le remboursement, ou offrir de déposer cette pièce soit au greffe, soit sur le bureau du tribunal.

Une assignation régulièrement signifiée et enregistrée peut seule interrompre la prescription de six mois prévue à l'article 247.

Généralement le redevable, avant d'engager l'instance, suit la voie amiable : il adresse à l'Administration une pétition, sur timbre, relatant les considérations de droit et de fait qui justifient sa réclamation. Mais la demande en restitution adressée à l'administration n'interrompt pas la prescription. (Cass. 14 janv. 1836 ; S. 36.1.93.) Seule l'assignation donnée devant le tribunal civil interrompt la prescription. (Cass. 6 mai 1844 ; S. 44.1.429.)

Le délai de six mois n'est pas franc. (Cass. 20 mai 1873 ; S. 73.1. 280.)

Si le contribuable a suivi la voie amiable, on lui restitue, en même temps que le principal, le montant des droits de timbre de sa pétition. (Applic. art. 42 de la loi du 29 mars 1897.)

Les dispositions de l'article 247 précité s'appliquent aux droits d'octroi établis par une autorité compétente. (Cass. 6 déc. 1848 ; S. 49.1.56 ; 6 mai 1884 ; M. 21.434 ; Cass. 11 juill. 1895 et 23 mai 1897.)

La prescription de 6 mois instituée par l'article 247 n'est applicable qu'au cas où des tarifs établis par une autorité compétente ont été étendus, modifiés ou forcés en vertu d'instructions ou d'interprétations erronées, et non au cas où des droits ont été perçus sur des tarifs incompétemment et illégalement établis. (Cass. 11 juill. 1895 ; Journ. Cont. ind. 1896.639.)

CHAPITRE VIII

Faillite. — Liquidation judiciaire.

1° *Faillite.*

La faillite est l'état d'un commerçant qui cesse ses paiements. (Art. 437 Code com.)

La procédure de la faillite étant exclusivement réservée aux commerçants de profession, la Régie peut, comme toute partie intéressée, exciper des dispositions de l'article 580 du Code de commerce, faire opposition à un jugement déclaratif de faillite et en obtenir la rétractation, si son débiteur ne se trouve pas dans les conditions d'ouverture de la faillite. (Trib. com. Bordeaux 29 déc. 1905 ; Bull. Cont. ind. 1906.10.)

La déclaration de faillite met obstacle à l'exercice de la contrainte par corps. Or, il arrive fréquemment que des contrevenants, condamnés à des peines élevées, après avoir pris leurs précautions pour ne pas être atteints pécuniairement, se font déclarer en faillite, bien que non commerçants, pour échapper à la contrainte par corps.

Mais l'article 580 du Code de commerce donne à l'Administration la faculté de faire opposition au jugement déclaratif de faillite, pour faire relever de la faillite ces pseudo-commerçants et déjouer leurs calculs. (Bull. Cont. ind. 1906.10.)

Les dettes fiscales ne peuvent, à elles seules, permettre de provoquer une déclaration de faillite.

La mise en faillite d'un commerçant ne peut être provoquée par le porteur d'une obligation purement civile, à moins qu'il ne soit établi qu'il y a de la part de ce commerçant cessation de paiement de dettes commerciales. (Cass. 2 déc. 1868 ; D. 69.1.130 ; S. 69.1.128 ; Arr. Nancy 23 mai 1874 ; D. 75.1.117 ; S. 75.2.262.)

Par suite du jugement déclaratif de faillite, le failli est *dessaisi de l'administration de ses biens.*

La faillite entraîne *la déchéance du terme et la cessation du cautionnement.* Les dettes à terme deviennent immédiatement exigibles de la part du redevable jouissant d'un crédit ; d'autre part, la caution est dégagée quant aux faits postérieurs à la faillite. La caution n'a à répondre que des manquants constatés au moment de la faillite ou antérieurement à la faillite.

Toutefois, s'il s'agit d'obligations cautionnées, en cas de faillite du principal obligé, la caution d'une obligation cautionnée continue à jouir du bénéfice du terme. (Arr. Besançon 28 fév. 1900.) On ne peut la pour-

suivre que lorsque les obligations viennent à échéance et sont protes-
tées.

De même, si le soumissionnaire d'un acquit-à-caution est déclaré en
faillite, la caution ne saurait avant l'échéance légale fixée pour le rapport
du certificat de décharge être contrainte au paiement des droits.

La faillite entraîne encore *suspension des poursuites individuelles* :
toute action mobilière ou immobilière doit être intentée contre le syndic. (Art. 443 Code com.) Durant la faillite, la contrainte par corps ne
peut être exercée contre le failli tant que dure l'état de faillite, et ce,
même pour une créance postérieure à celle-ci. (Art. 445 Code com. ;
Lyon 16 mai 1851 ; D. P. 51.2.215.) Par exception, les créanciers privilégiés hypothécaires ou gagistes conservent le droit de poursuivre
séparément le recouvrement de leurs créances sur le patrimoine du
failli. (Art. 450, 546, 548 et 571 Code com.)

La faillite d'un redevable ne porte pas atteinte aux droits de l'Administration des contributions indirectes, et notamment au privilège que
lui confère l'article 47 du décret du 1er germinal an XIII. (Applic. art.
2098 Code civ.)

Les règles édictées par le Code de commerce pour la conservation du
gage commun de la masse ne doivent recevoir leur application qu'entre
créanciers ayant sur ce gage un droit de même nature ; elles ne sauraient régir le Trésor public qui est protégé et garanti par des lois
spéciales. (Voy. S. 88.1.34 ; Cass. 11 mars 1835 ; S. 35.1.270 ; M. t. 14
et 19, p. 179 et 390.)

Il est de jurisprudence que l'état de faillite d'un redevable ne change
rien à sa situation au point de vue de l'impôt et ne saurait entraver ni
suspendre l'exercice du privilège conféré à la Régie pour le recouvrement des droits par l'article 47 du décret du 1er germinal an XIII, auquel l'article 2098 du Code civil a laissé toute sa force. (Cass. 25 avr.
1883 ; S. 83.1.456 ; 16 mai 1888 ; S. 88.1.321 ; 13 mars 1893.)

Ainsi l'état de faillite n'enlève pas à l'Administration le droit de
poursuivre en vertu de son privilège et par voie de contrainte, de commandement, de saisie-arrêt ou de saisie-exécution le recouvrement des
droits dus au Trésor. (Cass. 9 juin 1815 ; M. 2.385 ; Arr. Douai 12 août
1829 ; M. 19.389 ; Jug. Dunkerque 22 mai 1869 ; M. 19.418 ; Trib.
Péronne 18 juin 1879 ; M. 20.435 ; Jug. Clermont-Ferrand 27 janv. 1890 ;
Annales 1890.115 ; Arr. Paris 28 avril 1899 ; Gaz. trib. 4 juillet 1899.)

La Régie peut saisir-arrêter les créances appartenant à son redevable
et exiger que le tiers saisi verse directement à sa caisse les sommes
atteintes par l'opposition. (Trib. Châlons-sur-Marne 23 janv. 1880 :
M. 19.244.)

En cas de faillite, l'Administration n'est pas assujettie, pour les
droits, aux formalités ordinaires de production, de vérification et de
concordat. (Arr. Paris, 29 nov. 1864 ; M. 19.423 ; S. 65.2.108 ; Trib.
Péronne 18 juin 1879 ; M. 20.435 ; Trib. Lisieux 7 fév. 1883 ; Arr. Lyon
3 juill. 1874 ; S. 75.2.301 ; M. 20.438.)

Les syndics ne sont pas les représentants légaux des créances privilégiées. (Cass. 11 mars 1835.) — Comme créancière privilégiée, la

Régie n'est pas liée par le concordat passé avec les créanciers de son débiteur. (Arr. Paris 29 août 1836 ; M. 19.393.) — Elle se conduit à l'égard de la faillite comme elle le ferait à l'égard du failli lui-même : elle peut saisir les marchandises du failli, demander, le cas échéant, la mainlevée des scellés mis au nom de la faillite ; faire vendre à sa requête les meubles et marchandises saisis et s'en attribuer le prix jusqu'à concurrence de sa créance (Douai 12 août 1829; Dunkerque 22 mai 1862; Angers 12 mars 1872) ; pratiquer une saisie-arrêt entre les mains du syndic. (Rennes 29 janv. 1811.)

Si la faillite du redevable ne peut entraver l'action privilégiée de l'Administration, celle-ci a toutefois la faculté de revendiquer le bénéfice de l'état de faillite de son débiteur, toutes les fois qu'elle le juge utile à ses intérêts. La Régie peut, à son gré, se soustraire aux règles de la faillite ou s'en prévaloir. Elle peut décerner contrainte et en poursuivre directement l'exécution contre le syndic ; mais elle peut se borner à produire à la faillite dans la forme ordinaire, si elle juge plus expédient d'agir ainsi.

En résumé, la Régie peut renoncer à la voie de la contrainte et produire à la faillite dans la forme ordinaire, si elle trouve ce procédé plus commode ; mais il lui est aussi loisible de décerner contrainte contre le redevable failli et d'en poursuivre directement l'exécution contre le syndic de la faillite. (Pand. fr. 94. 1. 1481, note.)

Les tribunaux de commerce ne sont pas compétents pour régler les contestations qui peuvent s'élever relativement au recouvrement de l'impôt. (Cour de Paris 29 août 1836.)

Les contestations auxquelles peut donner lieu l'exercice du privilège de la Régie, lorsque le redevable est en faillite, sont de la compétence des tribunaux civils, et la procédure est suivie conformément aux dispositions de la loi du 22 frimaire an VII et de l'arrêté du 5 ventôse an XII, c'est-à-dire sur simples mémoires signifiés au rapport d'un juge. (Cass. 5 juin 1883 ; trib. civ. Seine du 9 mai 1887.)

Il en serait autrement s'il s'agissait d'une contestation entre la Régie et le tiers saisi (Cass. 18 janv. 1830 ; D. 30.1.57) ;

Ou si le litige existe entre la Régie et la masse des créanciers représentés par le syndic sur une question de privilège. (Cass. 24 fév. 1904 ; Bull. Cont. ind. 1904. 9.)

La procédure écrite doit être suivie pour faire valider une saisie-arrêt pratiquée par l'Administration des contributions indirectes entre les mains du syndic. (Cass. 22 avril 1898 ; Bull. Cont. ind. 1898.13.)

Le concordat, dûment homologué, est opposable à tous les créanciers du failli antérieurs au vote de l'assemblée générale, sauf, bien entendu, aux créanciers privilégiés ou hypothécaires et relativement aux objets affectés à leurs privilèges ou hypothèques. (Cass. 29 janv. 1900.)

Comme créancière privilégiée, la Régie n'est pas liée, pour les *droits*, par le concordat passé avec les créanciers de son débiteur. (Paris 29 août 1836.) Elle peut donc, à toute époque, même postérieurement à la faillite, agir directement par voie de contrainte et de saisie et poursuivre, à sa requête, la vente des meubles du failli. (Cass. 9 juin 1815 ; Douai, 12 août 1829.)

Le concordat par abandon d'actif autorisé par la loi du 15 juillet 1856, modificative de l'article 541 du Code de commerce, doit rester sans influence sur la rentrée des droits, puisqu'il suppose la renonciation de la part des créanciers à une partie de leur créance. Or, les droits étant irréductibles, il n'appartient pas à l'Administration d'en autoriser la remise.

Comme créancière ordinaire, c'est-à-dire pour les *amendes et confiscations* résultant d'un procès-verbal rapporté avant le jugement déclaratif de faillite, la Régie se trouve soumise à la loi du concordat.

Les frais, les dommages-intérêts, les restitutions, en un mot les condamnations qui ont un caractère de réparations civiles, naissent directement du fait délictueux qui a motivé la poursuite et permettent de produire à la faillite, quoique ces pénalités aient été prononcées postérieurement à la déclaration de faillite. (Arg. Cass. 11 août 1857 ; D. 57.1.342.)

Cet arrêt considère l'amende pénale profitant au Trésor et prononcée à titre de répression d'un délit ou d'un crime, comme acquise au Trésor du jour seulement du jugement qui la prononce et décide par suite qu'elle ne peut figurer au passif de la faillite du condamné si la condamnation pénale est postérieure à la déclaration de faillite, les faits qui avaient motivé la condamnation fussent-ils antérieurs à la faillite. D'autre part, ce même arrêt fait remonter la créance résultant au profit du Trésor de la condamnation aux frais avancés par lui en matière criminelle à la date des faits qui ont rendu les poursuites nécessaires.

Il résulterait a contrario de cet arrêt que la décision judiciaire portant condamnation à l'amende qui a caractère pénal n'aurait pas d'effet rétroactif alors que la décision judiciaire portant condamnation à l'amende fiscale, laquelle présente principalement le caractère de réparation civile, aurait un effet rétroactif.

Mais un autre arrêt de la cour de cassation (chambre des requêtes) du 19 janvier 1898 (D. P. 98.1.473) décide à l'encontre de l'arrêt de 1857 que la créance de réparation civile résultant d'un quasi délit imputable à un failli prend naissance, non du jour où ce quasi délit a été commis, mais seulement du jour de la décision judiciaire qui constate et chiffre la responsabilité.

Dans la pratique, la Régie produit à la faillite, que les jugements intervenus sur procès-verbaux soient, ou non, définitifs.

Trois solutions peuvent intervenir sur une faillite :

1° La clôture pour insuffisance d'actif ;

2° Le concordat ;

3° L'union.

Dans le cas où, dans une faillite, les fonds viennent à manquer, le tribunal prononce la clôture pour insuffisance d'actif. En réalité, la faillite n'est pas close : elle n'est que suspendue, et elle serait susceptible de se rouvrir s'il survenait au débiteur de nouvelles ressources pour couvrir les frais.

Le concordat est un traité par lequel les créanciers d'un commerçant failli, remettant leur débiteur à la tête des affaires à des conditions ou restrictions convenues, lui accordent des délais pour se libérer, ou lui font remise d'une portion de leurs créances.

Aux termes de l'article 507 du Code de commerce modifié par les articles 15 et 20 de la loi du 4 mars 1889, le traité entre les créanciers et le débiteur ne peut s'établir que s'il est consenti par la *majorité de tous les créanciers* vérifiés et affirmés ou admis par provision, représentant, en outre, les *deux tiers* des créances vérifiées et affirmées ou admises par provision.

L'union, au contraire, est l'état des créanciers d'une faillite après le refus ou l'annulation du concordat sollicité par le débiteur, état caractérisé essentiellement par la réalisation intégrale de l'actif, sans préjudice du droit des créanciers, après la clôture de la procédure, d'exercer individuellement des poursuites sur les biens qui pourraient advenir au débiteur.

Aux termes de l'article 516 du Code de commerce, le concordat dûment homologué a un effet libératoire et est opposable indistinctement à tous les créanciers du failli antérieurs au vote de l'assemblée générale, sauf, bien entendu, aux créanciers privilégiés ou hypothécaires. La créance chirographaire est donc réduite dans la proportion fixée au traité, et aucun des créanciers portés ou non portés au bilan, vérifiés ou non vérifiés, ne peut réclamer du débiteur, par les voies judiciaires, une somme supérieure au dividende fixé d'un commun accord. (Cass. 9 août 1849.)

L'Administration n'étant pas privilégiée pour le recouvrement des amendes et confiscations se trouve, dès lors, liée par le concordat. Elle doit subir la loi commune qui régit tous les créanciers concordataires. Elle ne peut donc plus agir contre le failli concordataire par voie de saisie mobilière, ou par voie de contrainte corporelle, si ce dernier tient ses engagements. (Jug. Aix 19 janv. 1874 ; M. 19. 58.) (1).

Les amendes se prescrivent par 5 ans. (Cass. 10 déc. 1890 ; Journ. Cont. ind. 1891. 21.) Or, il peut arriver que le concordat accorde au failli, pour se libérer, un délai supérieur à 5 ans ; d'autre part, aucune mesure d'exécution ne peut être pratiquée contre le failli. Dans une lettre du 28 juin 1887, le garde des sceaux a estimé « que, lorsque le failli concordataire a obtenu de ses créanciers des délais assez longs pour que l'amende à laquelle il a été condamné soit prescrite avant l'expiration des délais, il y a lieu d'appliquer l'article 2257 du Code civil sur la suspension de la prescription. Le concordat a eu pour effet de changer l'époque de l'exigibilité de la dette du condamné envers le Trésor et de la reporter à terme. Elle est donc devenue une créance à terme telle que celle que prévoit le § 3 dudit article, et contre laquelle, dès lors, la prescription ne peut courir ». (Instr. sur le service des amendes n° 217 et note.)

(1) Contra, au sujet de la contrainte par corps, voir Instruction de 1895, sur le service des amendes, n° 326.

Si la faillite est close *pour insuffisance d'actif*, chaque créancier rentre alors dans l'exercice de ses actions individuelles, tant sur les biens que contre la personne du failli. La contrainte par corps peut être requise un mois après le jugement qui prononce la clôture des opérations de la faillite. (Art. 527 Code com. ; Darbois, Traité de la cont. p. corps, n° 291.)

Si les créanciers sont *en état d'union*, l'emploi de la contrainte corporelle est suspendu tant que dure cette situation. Dès la dissolution de l'union, et si le failli n'est pas déclaré excusable (art. 539 Cod. com.), les créanciers reprennent leur droit de poursuites individuelles et la faculté d'exercer la contrainte par corps. (*Ib.*, n° 293.)

La contrainte par corps ne peut pas être exercée au cours des opérations de la faillite.

Toutefois, les créanciers postérieurs à la déclaration de faillite et qui n'auraient pas été admis à participer au concordat rentrent, à dater du jour où le concordat est homologué, en possession de leurs droits et moyens d'exécution, y compris la contrainte par corps contre le failli (*Ib.*, n° 288.)

Le syndic d'une faillite n'est point pénalement responsable des contraventions commises par le failli dans l'exercice de sa profession, continuée par lui du consentement du syndic. (Cass. 24 juin 1864 ; S. 64.1.297.) Le failli reste soumis à l'action publique, pour l'application des peines, sans que l'assistance de ses représentants légaux soit nécessaire. (Cass. 9 mai 1846 ; S. 46.1.844.)

Par suite, l'Administration doit assigner personnellement le failli qui a été l'objet d'un procès-verbal.

La faculté de transiger sur un procès-verbal est accordée au syndic et au liquidé. Mais ceux-ci doivent justifier des pouvoirs qui leur ont été délégués. (Art. 487 Code com. et art. 7 de la loi du 4 mars 1889.)

Mesures à prendre en cas de faillite.

Les directeurs doivent faire relever dans les greffes des tribunaux de commerce les jugements déclaratifs de faillite ou de liquidation judiciaire, ou consulter, dans le même but, les journaux désignés pour recevoir les annonces judiciaires et les insertions légales. Ils en donnent immédiatement avis aux receveurs intéressés. (Circ. 189 du 7 déc. 1896.)

La faillite a pour effet de rendre immédiatement exigibles les droits pour lesquels le failli jouissait précédemment du crédit des droits. Chez un marchand en gros, un distillateur, etc., les droits sur les boissons restantes sont immédiatement exigibles. (Trib. Versailles 30 nov. 1880 ; M. 21.248.)

Les faillites ayant pour effet de mettre fin aux cautionnements des entrepositaires, si le commerce continue, une nouvelle caution doit être présentée par le syndic. (Circ. 905 de 1863, 557 de 1889, 189 de 1896.)

A partir de ce jour, la caution se trouve dégagée de plein droit quant aux faits postérieurs à la faillite. En outre, les droits sur les sorties non justifiées et sur les restes en magasin deviennent immédiatement exigibles. (Cass. 1er mai 1895.) Il en résulte que l'Administration est en droit de faire vendre, sans délai, les marchandises en magasin ou d'imposer à celui qui reprend la suite du commerce ou qui est chargé d'écouler ces marchandises l'obligation de présenter une caution garantissant les intérêts du Trésor. Les circulaires 905 du 5 juin 1863, 557 du 19 avril 1889 et 189 du 7 décembre 1896 sont formelles à cet égard.

Si le syndic n'a pas pris d'engagement et n'a pas fait de déclaration au registre n° 16, sa responsabilité ne peut être mise en cause pour les manquants qui viendraient à apparaître ultérieurement.

Il a été jugé qu'un marchand en gros ne saurait être responsable des manquants survenus dans ses magasins depuis la mise sous séquestre des boissons et la constitution d'un gardien, et que, par suite, la caution de ce redevable ne saurait être tenue du paiement des droits réclamés pour ces manquants. (Cass. 5 juin 1899 ; G. P. 27 juill. 1899.)

De cette situation résulte pour les employés l'obligation de faire un inventaire très exact des boissons dès qu'ils ont connaissance de la déclaration de faillite ou, tout au moins, dans le délai le plus rapproché. C'est le seul moyen d'établir une distinction juste et bien nette entre les manquants dont la caution du failli se trouve responsable et ceux qui pourraient se produire ultérieurement à la charge de la faillite ou du syndic et de la nouvelle caution. (Circ. 352 du 20 oct. 1882.)

Le service établit ensuite le décompte des droits dus : 1° sur les manquants ; 2° sur les restes.

Cependant, si le syndic prend une licence et produit une caution solvable, il n'y a pas à se préoccuper des droits sur les restes qui se trouvent de nouveau garantis.

Lorsqu'un redevable tombe en faillite, le service doit prendre immédiatement les mesures conservatoires indiquées par la circ. 905 du 5 juin 1863, complétée par les circulaires 352 du 20 octobre 1882 et 557 du 19 avril 1889, et rendre compte, sans délai, à l'Administration de la situation de la faillite, au moyen d'une feuille 122 C transmise en double expédition sous le timbre du contentieux. (Circ. 444 du 4 fév. 1886.)

Dans la feuille 122 C on indique approximativement le chiffre de l'actif et du passif, le montant des droits exigibles sur les manquants ou sur les restes. On fait connaître si le syndic continue le commerce, s'il a fourni une caution, s'il est urgent de procéder à une saisie-exécution ou s'il est préférable d'attendre la liquidation, toutes les mesures conservatoires nécessaires ayant été prises. On joint à la feuille 122 C des copies certifiées de la contrainte, de l'acte de saisie-arrêt et, s'il y a lieu, de la saisie-exécution. V. Circ. 905 précitée.

Le syndic représente le failli et la masse des créanciers chirographaires ; il ne représente pas la Régie, créancière privilégiée, qui a des droits opposés à ceux de la masse. (Cass. 11 mars 1835 ; M. t. 19 et 20, p. 179 et 390 ; Arr. Orléans 13 mai 1851 ; S. 51.2.722 ; Rouen 9 fév. 1870 ; S. 71.2.43.)

Le syndic est le représentant légal du redevable en faillite ; les actes faits contre lui sont comme s'ils étaient faits directement contre le failli lui-même. La signification d'une contrainte faite directement au syndic doit être considérée comme interrompant la prescription à l'encontre du redevable. (Cass. 13 mars 1893 ; S. 93.1.233.)

Lorsqu'un redevable est déclaré en faillite, le service lui décerne contrainte. Le comptable chargé du recouvrement remet ensuite l'original de cette contrainte à l'huissier. Cet officier ministériel, en exécution de l'ordre qu'il a reçu, établit et notifie au syndic un exploit portant : 1° en tête, copie de la contrainte précitée ; 2° sommation faite au syndic de verser à la Régie la somme mentionnée à la contrainte.

L'accomplissement de cette double formalité constitue, d'une part, la *dénonciation* au syndic de la contrainte notifiée au failli, et, d'autre part, une mise en demeure adressée audit syndic de désintéresser la Régie par préférence. (Jugem. Lyon 9 déc. 1876 ; M. 19.451.)

En d'autres termes, la dénonciation de la contrainte au syndic vaut saisie-arrêt. (Jug Béziers 1er déc. 1894 ; Bull. Cont. ind. 1897.13.)

La Régie pourrait aussi considérer le syndic comme tiers saisi et pratiquer valablement entre ses mains une saisie-arrêt. (Trib. civ. Mâcon 29 juill. 1891.) Le syndic, en effet, ne représente pas les créanciers privilégiés.

Conformément aux prescriptions des articles 563 et suivants du Code de procédure civile, la saisie-arrêt pour être opérante doit être, dans les huit jours, dénoncée au saisi avec assignation de validité, et ensuite, dans un pareil délai, contre-dénoncée au tiers saisi.

Mais cette procédure est inutile en cas de faillite, puisque la simple signification de la contrainte au syndic équivaut à une mise en demeure ayant pour effet d'astreindre le syndic à désintéresser la Régie. (Trib. civ. Lyon 9 déc. 1876 ; M. 19.451.)

La règle est donc de décerner contrainte au failli et de dénoncer (par ministère d'huissier) cette contrainte au syndic entre les mains de qui l'on pratique une saisie-arrêt sur toutes les valeurs mobilières dont le liquidateur est ou pourra devenir détenteur.

Habituellement l'huissier fait son opposition sur l'original et la copie de la contrainte.

De plus, s'il s'agit d'une somme importante, s'il y a péril pour les intérêts du Trésor, il est essentiel qu'il soit procédé à la saisie-exécution des marchandises en magasin, du mobilier du redevable, et ce, avant que le syndic ait fait apposer les scellés. (Circ. 905 précitée.)

Si le syndic, ayant en sa possession la somme suffisante pour éteindre la créance privilégiée de l'Administration, ne consentait pas à verser entre les mains du receveur poursuivant le montant des droits portés à la contrainte, il conviendrait d'en référer au directeur, qui jugerait sans doute utile d'intervenir officiellement auprès du juge-commissaire de la faillite.

La Régie ne serait pas fondée à actionner en dommages-intérêts un syndic qui refuserait de se dessaisir à son profit des fonds dont il est détenteur et sur lesquels d'autres créanciers ont formé opposition. (Cass. 20 janv. 1862 ; S. 62.1.118.)

Lorsque la créance de la Régie est contestée, ou lorsqu'il y a des oppositions, les fonds réalisés par le syndic sont versés à la Caisse des dépôts et consignations, d'où ils ne peuvent être retirés qu'en vertu d'une ordonnance du juge-commissaire. S'il y a des oppositions, les syndics doivent préalablement en obtenir mainlevée.

Pour arriver au retrait des sommes consignées et les faire appliquer à la créance en souffrance, il faudrait, à défaut d'entente avec la partie saisie et les créanciers opposants, suivre la procédure de distribution par contribution. (Art. 656 et suiv. Code pr. civ.)

En principe, il n'appartient pas aux officiers ministériels de se faire juges du mérite des oppositions pratiquées sur les fonds dont ils sont détenteurs ; sans avoir égard au privilège invoqué par les opposants, ou même par le créancier poursuivant, ils sont tenus de consigner.

Il a été jugé que le syndic qui a distribué tout l'actif, au mépris d'une contrainte délivrée contre le failli et dont il connaissait l'existence, est passible de dommages-intérêts envers l'Administration (Jug. du trib. d'Epernay 8 et 29 déc. 1876 ; M. 19.447 ; Reims 29 janv. 1875 ; M. 19.445 ; Mortain 1er fév. 1884 ; M. 21.427 ; Béziers 1er déc. 1894 ; Bull. Cont. ind. 1897.354), à plus forte raison quand une opposition régulière a été formée entre ses mains.

L'action en dommages-intérêts est portée devant le tribunal du domicile du syndic. (Caen 5 juin 1883.)

Il est recommandé aux chefs divisionnaires de s'assurer qu'il n'est pas fait grief au Trésor dans les distributions de deniers opérées par les commissaires-priseurs et les syndics de faillite. (Circ. 189 du 7 déc. 1896.)

Le décret du 26 mars 1880 a ordonné qu'il soit tenu dans les greffes des tribunaux de commerce un registre que les créanciers et le failli ont toute facilité de consulter, sur lequel doivent être inscrits, pour chaque faillite, tous les actes relatifs à la gestion des syndics (recettes, dépenses, versements à la Caisse des dépôts et consignations).

Le créancier privilégié, dont le privilège peut s'exercer indépendamment et abstraction faite de la faillite du débiteur, ne doit pas supporter, en principe, les frais d'administration de cette faillite. (Cass. 20 août 1821.)

On admet cependant que les frais de scellés et d'inventaire pratiqués à la requête du syndic sont privilégiés, parce qu'ils ont pour but de conserver le gage commun de tous les créanciers. (Arr. Rouen 9 déc. 1841 ; S. 42.2.158.) De même, les honoraires du syndic priment la créance de la Régie, lorsque cette dernière a laissé au syndic le soin de réaliser l'actif. (Cass. 13 avril 1859 ; S. 60.1.170 ; Jugem. trib. civ. Lyon 25 mars 1891.)

En un mot, si la Régie ne poursuit pas directement le recouvrement de sa créance et laisse au syndic le soin de vendre les marchandises, toutes les dépenses relatives à l'administration de la faillite doivent être payées avant la créance de la Régie. (Trib. civ. Reims 31 janv. 1884.)

Les frais engagés pour la conservation d'une créance privilégiée sont privilégiés comme la créance elle-même. (Art. 2101 et 2105 du Code civ. et art. 47 du décret du 1er germ. an XIII.)

Mais la Régie jouit d'un privilège moins absolu que celui qui lui est conféré par l'article 47 précité, quand il s'agit du recouvrement des frais de justice en matière correctionnelle et de simple police. (Loi du 5 sept. 1807.) *V. Privilèges.*

Si le privilège de la Régie ne s'étend pas aux amendes, ni aux décimes, il s'étend aux frais taxables adjugés à la suite de procès-verbaux. *V. Privilèges.*

2° LIQUIDATION JUDICIAIRE.

(Lois des 4 mars 1889 et 4 avril 1890.)

La liquidation judiciaire est une faillite atténuée, qui reste soumise au régime actuel de la faillite, en tant qu'il n'y est pas dérogé expressément ou tacitement par la loi.

La loi sur la liquidation judiciaire place le négociant qui en est l'objet dans un état intermédiaire entre la situation normale de l'homme en possession de tous ses droits et la déchéance absolue, l'incapacité totale résultant de la loi de 1838 pour le commerçant déclaré en faillite. (Sénat, séance du 17 janv. 1889.)

De même que la faillite, la liquidation judiciaire entraîne la déchéance du terme (art. 8 de la loi du 4 mars 1889), la cessation du cours des intérêts, l'hypothèque de la masse, la nullité des inscriptions de privilèges ou d'hypothèques après jugement. — Par contre, le liquidé n'est pas dessaisi de l'administration de ses biens ; il continue à administrer son patrimoine, sous la surveillance d'un liquidateur judiciaire qui l'assiste comme le ferait un curateur. A l'exclusion des emprunts et des aliénations d'actif, il procède, dans les mêmes conditions, au recouvrement des effets et créances exigibles, fait tous les actes conservatoires, intente ou suit toute action mobilière ou immobilière, accomplit tous les actes de désistement, de renonciation ou d'acquiescement. Il peut même être autorisé par le juge-commissaire à continuer l'exploitation de son commerce ou de son industrie, avec l'assistance du liquidateur.

Tandis que le failli est dessaisi de l'administration de ses biens et de la gestion de ses affaires (art. 443 Code com.), le liquidé peut rester à la tête de ses affaires. On ne serait donc pas fondé à exiger du liquidateur une déclaration spéciale et la levée d'une licence, lorsque ce liquidateur se borne à vendre jusqu'à épuisement le stock en magasin. Tout ce qu'on peut faire, c'est de le mettre en demeure de fournir une caution, parce que, à dater du jugement de liquidation, l'engagement de la précédente caution a pris fin et que le crédit des droits sur les restes n'est plus garanti.

Les faillites ont pour effet de mettre fin aux cautionnements fournis par les entrepositaires. (Circ. 905 du 5 juin 1863 et 557 du 19 avril 1889.)

En cas de liquidation judiciaire, lorsque le redevable ou le liquidateur refuseront de fournir une caution nouvelle, des instructions devront être demandées à l'Administration sous le timbre du contentieux. (Circ. 189 du 7 déc. 1896.)

La faculté d'entrepôt et le crédit des droits n'étant possibles que si les droits sont garantis par une caution solvable, l'Administration serait en droit de faire vendre immédiatement les boissons restantes.

A partir du jugement qui déclare ouverte la liquidation judiciaire, les actions mobilières ou immobilières et toutes voies d'exécution, tant sur les meubles que sur les immeubles du liquidé, sont suspendues comme en matière de faillite. Celles qui subsistent doivent être intentées et suivies, à la fois, contre le liquidateur et le liquidé.

La contrainte doit être notifiée au failli et au liquidateur. Mais la contrainte notifiée au liquidateur seul ne serait pas interruptive de la prescription annale, parce que le liquidateur ne représente pas le redevable en liquidation judiciaire.

Armée de la contrainte, la Régie est affranchie des formalités de la liquidation et peut exercer des poursuites directes (arr. Bordeaux 6 déc. 1893 ; S. 96.2.172) ; elle n'est pas soumise à la juridiction du tribunal de commerce, ni à la curatelle du liquidateur, ni au concordat. On aura soin néanmoins de faire signifier la contrainte au liquidateur et au débiteur en liquidation et d'exercer contre l'un et l'autre l'action intentée pour le recouvrement des créances.

En un mot, les règles qui viennent d'être exposées en matière de faillite sont de tous points applicables au cas de liquidation judiciaire du redevable. Il est loisible à la Régie de poursuivre le recouvrement des droits qui lui sont dus, sans se préoccuper de la modification survenue dans la situation commerciale du redevable et sans avoir à subir les lenteurs et formalités de la liquidation judiciaire (production, vérification, affirmation de la créance, concordat).

Bien que le dessaisissement du liquidé judiciaire ne soit pas aussi absolu que celui du failli, le liquidé judiciaire n'a cependant pas la libre administration de ses biens, et il semble bien que, pour les mêmes raisons que le failli, le liquidé judiciaire doit échapper à la contrainte par corps. D'ailleurs, il paraît assez logique que la loi du 4 mars 1889, art. 5, sur la liquidation judiciaire, modifiée par la loi du 4 avril 1890, en disposant qu'à partir du jugement qui déclare ouverte la liquidation judiciaire, les actions mobilières ou immobilières et toutes voies d'exécution tant sur les meubles que sur les immeubles sont suspendues comme en matière de faillite, permette au liquidé judiciaire de revendiquer les mêmes avantages qui échoient au failli.

CHAPÍTRE IX

Privilège de la Régie pour le recouvrement des droits (1).

De tout temps le fisc a joui d'un privilège sur les biens de ses débiteurs. Ce privilège est fondé sur l'intérêt public.

Les privilèges sont de droit étroit et ne peuvent être établis que par une disposition formelle de la loi.

Les privilèges du Trésor public sont les suivants : contributions directes (loi du 12 nov. 1808); droits et amendes de timbre (loi du 28 avril 1816, art. 76); contributions indirectes (décret du 1er germ. an XIII, art. 47) ; douanes (loi des 6-22 août 1791, art. 22 ; loi du 4 germ. an II, art. 4) ; frais de justice criminelle (loi du 5 sept. 1807 n° 1) ; biens des comptables (loi du 5 sept. 1807 n° 2) ; droits de mutation par décès (loi du 22 frimaire an VII, art. 32.)

Le privilège en raison des droits du Trésor public, et l'ordre dans lequel il s'exerce, sont réglés par les lois qui les concernent. (Code civ., art. 2098.)

Le Trésor public ne peut cependant obtenir de privilège au préjudice des droits antérieurement acquis à des tiers. *Ib.*

D'où la conséquence que la Régie n'est pas fondée à exercer, au préjudice des droits acquis à la masse, sur le prix de la vente des meubles et objets inventoriés, pour une créance postérieure au jugement déclaratif de faillite, le privilège de l'article 47 du décret du 1er germinal an XIII. (Cass. req. 30 avril 1889 ; S. 90.1.289.)

L'article 47 du décret du 1er germinal an XIII confère à la Régie le droit d'être préférée sur les *meubles et effets mobiliers* des redevables (débiteur principal et débiteurs solidaires) à tous les créanciers, en vue du recouvrement des *taxes indirectes*.

La Régie aura privilège et préférence à tous les créanciers sur les meubles et effets mobiliers des redevables pour les droits, à l'exception des frais de justice, de ce qui est dû pour six mois de loyer seulement, et sauf aussi la revendication dûment formée par les propriétaires des marchandises en nature qui seront encore sous balle et corde. (Art. 47 du décret du 1er germ. an XIII.)

Le privilège de la Régie ne porte pas seulement sur les biens corpo-

---

(1) Sur les diverses questions concernant le privilège de la Régie, on pourra consulter utilement le *Traité du privilège* par M. Ph. Sébastien. Librairie Oudin, à Poitiers.

rels du redevable, mais aussi sur ses créances et sur les créances faisant partie de l'actif de la faillite. (Trib. civ. Reims 20 janv. 1875 ; M. 9.445 ; Trib. Seine 29 mai 1884 ; M. 21.533.)

Le privilège de la Régie ne porte pas sur les immeubles du redevable. Cependant, l'Administration a la faculté de poursuivre sur les immeubles des redevables le recouvrement des taxes qui lui sont dues ; mais dans ce cas, elle est primée par les créanciers hypothécaires et autres créanciers qui ont des droits privilégiés sur l'immeuble réalisé.

Le privilège s'étend sur le produit total de la vente d'un fonds de commerce, sans qu'il y ait lieu de distinguer entre la valeur des marchandises et de l'agencement et celle de l'achalandage et de la clientèle. (Trib. civ. Lyon 9 déc. 1876 ; M. 19.451.)

Il atteint également le reliquat du prix de vente d'un immeuble, lorsque les créanciers ayant privilège ou hypothèque sur cet immeuble sont désintéressés. (Cass. 12 juill. 1854 ; S. 54.1.569 ; jugement du tribunal de Senlis du 30 juill. 1879 ; M. 20.442 ; circ. 189 du 7 déc. 1896.)

Ce privilège subsiste alors même que la vente de l'immeuble a eu lieu après une déclaration de faillite. L'inscription hypothécaire prise par le syndic au profit de la masse des créanciers n'est pas opposable à l'Administration, ce reliquat conservant son caractère mobilier. (Cass. 16 mai 1888 ; S. 88.1.321 ; Journ. Cont. ind. 1888.513.)

Même en cas d'abandon d'actif par le failli, la Régie a privilège sur le produit de la vente d'un immeuble, parce que la propriété n'en continue pas moins à résider sur la tête du failli jusqu'après sa réalisation, de telle sorte que la propriété passe directement du failli à l'acquéreur, sans s'être arrêtée un instant entre les mains de la collectivité des créanciers. (Arr. Poitiers.)

Le privilège de l'article 47 ne saurait prévaloir sur l'action en revendication d'objets mobiliers dûment formée par des tiers. (Cass. 11 nov. 1884 ; Journ. Cont. ind. 1884.417 ; Arr. Limoges 15 mars 1873 ; S. 73.2.114.)

L'article 47 n'a pu ni voulu porter atteinte au droit de propriété, lorsque ce droit, revendiqué d'après les règles du droit commun par des tiers de bonne foi, est légalement constaté. (Applic. art. 2098 Code civ. et Cass. req. 9 déc. 1844 ; S. 45.1.29.)

Les meubles et objets mobiliers qui ont été donnés en location au redevable ou qui lui ont été remis en dépôt, en consignation, en nantissement ou pour être transformés ne sont pas atteints par le privilège. (Cass. 22 juill. 1823 ; S. 23.1.420 ; 21 mars 1826 ; S. 26.1.390 ; Cass. 13 août 1872 ; D. 72.1.466.)

Le débiteur pouvant valablement disposer de ses biens, même après avoir été touché par une contrainte, tant qu'il n'y a pas eu saisie-exécution, il y a donc intérêt, si l'on veut bénéficier du privilège, à hâter la saisie-exécution. (Cass. 18 mai 1819 ; M. t. 10 et 19, p. 272 et 388.)

Mais pour que l'aliénation produise ses effets juridiques, il faut qu'elle soit sincère, régulière. Si elle était simulée ou faite de mauvaise foi, la Régie pourrait exercer l'action *paulienne* ou *révocatoire* en vertu de l'article 1167 du Code civil.

La loi du 5 septembre 1807 ayant modifié le privilège établi sur les biens des comptables, la disposition « sur les meubles et effets mobiliers des comptables pour débet » insérée dans l'article 47 est abrogée.

L'expression « redevables » qu'emploie l'article 47 comprend tous ceux qui à un titre quelconque se trouvent débiteurs de droits envers la Régie. (Cass. 18 janv. 1841; M. t. 16 et 19, p. 55 et 400; S. 41.1.324.)

La caution solidaire est placée dans la même situation que le débiteur principal. (Art. 1203 et 2021 Code civ.).

Au regard du Trésor, la caution solidaire devient un redevable au même titre que le principal obligé, et ses biens sont frappés du privilège concédé au fisc. (Cass. req. 12 déc. 1822; S. 22.1.172 (douanes); Cass. 18 janv. 1841; S. 41.1.324 (Régie); Arr. Paris 29 nov. 1864; S. 65.2.108.)

L'expression « droits » employée par l'article 47 ne vise que l'*impôt* lui-même, c'est-à dire la portion de taxes qui, calculée d'après le tarif édicté ou prorogé par la loi de finances, est exigée du redevable.

Ainsi donc, le privilège ne porte pas sur les revenus domaniaux (bacs, pêche, francs bords...); ni sur les amendes en matière de contributions indirectes. (Cass. 7 mai 1816; S. 17.1.53; Besançon 30 août 1856; D. 57.1.51.)

Le jugement de condamnation qui prononce l'amende emporte, il est vrai, hypothèque judiciaire, laquelle grève les immeubles présents et à venir du condamné. (Art. 2123 Code civ.)

Le privilège de l'article 47 ne porte pas sur les droits d'octroi. (Trib. civ. Lyon 9 janv. 1850; Trib. Seine 3 juill. 1888; Journ. Cont. ind. 1896.103; Cass. 11 mai 1896; Journ. Cont. ind. 1896.300) ; ni sur le second droit en matière d'acquits-à-caution. (Trib. Rouen 4 fév. 1887; Journ. Cont. ind. 1893.227; Arr. Montpellier 9 fév. 1881.)

Les décimes et demi-décimes sur amendes ont le même caractère que les amendes. La Régie n'est donc pas privilégiée pour le recouvrement des décimes. (Cass. 17 juill. 1906; Bull. Cont. ind. 1906.16.)

La faillite du redevable ne porte pas atteinte au privilège de la Régie pour le recouvrement des droits. V. *Faillite*.

Les difficultés auxquelles l'exercice du privilège de l'article 47 du décret du 1er germinal an XIII peuvent donner lieu doivent, quels que soient le chiffre du litige et l'état de la partie adverse, être portées devant la juridiction civile. (Cass. 9 mai 1808; 9 janv. 1815; Arr. Paris 29 nov. 1864 et Lyon 3 juill. 1874; S. 75.2.301.)

Jugé que le commissaire priseur saisi d'oppositions sur les deniers réalisés, de même que le juge des référés, sont incompétents pour statuer sur le rang de la collocation de la créance de la Régie. Il y a lieu de recourir, dans ce cas, à la distribution par contribution qui rentre dans les attributions du tribunal civil.

Assurances. — L'indemnité d'assurance attribuée au redevable pour les meubles détruits doit supporter le privilège de l'article 47, comme s'il s'agissait du produit de la vente de ces meubles. — L'indemnité afférente à l'immeuble assuré représente également le prix de vente de cet immeuble et la Régie peut exercer son privilège quand les créanciers ayant un droit de préférence ont été désintéressés. En cas d'incendie, il convient donc d'établir la situation du redevable, de lui signifier contrainte et de notifier cette contrainte à l'assureur avec exploit d'opposition au paiement de l'indemnité d'assurance.

Marchandises sous balle et corde. — Enfin, l'article 47 du décret précité fait une exception « pour les marchandises en nature qui sont « encore sous balle et sous corde et qui sont dûment revendiquées par « leurs propriétaires ». Il suffit que les propriétaires fassent constater légalement leur droit de propriété pour obtenir satisfaction. Il importe surtout que ces marchandises n'aient pas été confondues avec d'autres au point de ne pouvoir être séparées. (Cass. 11 nov. 1884; S. 85.1.191; M. 21.437; Trib. civ. Cognac 6 août 1894; Bull. Cont. ind. 1899.10 et Trib. civ. Bordeaux 5 août 1896; Bull. Cont. ind. 1899.10.)

Le revendiquant doit établir sa qualité de propriétaire et l'identité de la chose réclamée. Souvent cette preuve est difficile à faire. La jurisprudence admet que le revendiquant puisse justifier de son droit par des présomptions graves, précises et concordantes, à l'égard desquelles les juges possèdent un pouvoir souverain d'appréciation. (Arr. Paris 18 août 1851; S. 51.2.474.)

Procès-verbaux. Frais de magasinage et frais de transport des objets saisis. — Aux termes de l'article 38 du décret du 1er germinal an XIII, « les objets, soit saisis pour fraude ou contravention, soit confisqués, ne peuvent être revendiqués par les propriétaires, ni le prix, soit qu'il soit consigné ou non, réclamé par aucun créancier, même privilégié, sauf leur recours contre les auteurs de la fraude. »

Il s'ensuit que le droit de la Régie de se faire attribuer les objets saisis pour contravention, ou pour fraude s'exerce avant même le privilège établi au profit du transporteur par l'article 2102, § 6, du Code civil.

Relativement aux frais de magasinage, il a été jugé par le tribunal de Lyon, le 1er février 1889, et par celui de Saint-Julien, le 21 mai suivant (Annales 1889.223), que lorsqu'il a été donné mainlevée des objets de fraude, l'Administration n'a aucuns frais de l'espèce à payer.

La cour de Lyon s'est prononcée dans le même sens. (Arr. du 5 février 1879. M. 20.411.)

Privilège du Trésor public. — La loi du 5 septembre 1807 règle le privilège et l'hypothèque maintenus par les articles 2098 et 2121 du Code civil, au profit du Trésor public, sur les meubles et immeubles des comptables chargés de la recette et du paiement de ses deniers.

En ce qui concerne les comptables, la loi de 1807 a abrogé l'exception insérée à l'article 47 du décret du 1er germinal an XIII.

Créanciers gagistes. — Le privilège des créanciers gagistes ne prime pas celui de la Régie. Le gage confère au créancier, dit l'article 2073 du Code civil, le droit de se faire payer sur la chose qui en est l'objet, par privilège et préférence aux autres créanciers.

C'est là un privilège de droit commun.

D'autre part, l'article 2098 pose comme règle que le privilège du Trésor public et l'ordre dans lequel il s'exerce sont réglés par des lois spéciales.

Or, l'article 47 du décret du 1ᵉʳ germinal an XIII, postérieur au code Napoléon, édicte en faveur de la Régie un privilège spécial. Le privilège de l'article 47 donne à la Régie préférence à tous les créanciers sur les meubles et effets mobiliers du redevable, à l'exception des frais de justice et de ce qui est dû pour 6 mois de loyer, et sauf aussi la revendication dûment formée pour les propriétaires de marchandises en nature qui seraient sous balle et sous corde.

Si aucune exception n'a été faite en faveur du créancier gagiste, il faut en conclure que ce dernier rentre dans le droit commun et est primé par la Régie.

La raison en est que jusqu'à la vente, le débiteur reste propriétaire du gage. (Arr. Caen 15 janv. 1870; M. 19.427 ; S. 73.2.114; Pau 13 mai 1896; S. 96.2.212.)

Commissionnaires en marchandises. — Ne prime pas le privilège édicté par l'article 47 du décret du 1ᵉʳ germinal an XIII, le privilège accordé au commissionnaire, par l'article 95 du Code de commerce, sur la valeur des marchandises à lui expédiées, consignées ou déposées pour tous prêts, avances ou paiements qu'il a faits au commettant. (Cassation 19 mars 1850 ; D. 50.1.154.)

Rang du privilège de la Régie.

Le rang des privilèges de droit commun est déterminé par les articles 2096 et 2097 du Code civil.

Mais le classement est modifié lorsque ces privilèges se trouvent en concurrence avec ceux que les lois spéciales confèrent au Trésor public.

Le privilège de la Régie est primé par :

1º Les frais de justice ;
2º Les contributions directes ;
3º Les taxes communales assimilées aux contributions directes ;
4º Les droits et amendes en matière de timbre ;
5º Les porteurs de warrants agricoles ;
6º Le propriétaire pour six mois de loyer.

Ne priment pas le privilège des contributions indirectes : la douane, les octrois, les commissionnaires en marchandises, les créanciers gagistes, le Crédit foncier, les fournisseurs de subsistances, les frais de justice criminelle, ni l'enregistrement pour les droits de mutation après décès.

Les percepteurs ne peuvent primer la Régie dans la répartition des deniers d'un redevable saisi lorsqu'il s'agit du recouvrement des amendes dont ils ont été chargés par l'article 2 de la loi du 29 décembre 1873.

Frais de justice.

Les frais faits en vue du recouvrement d'une créance suivent le sort de cette créance et sont privilégiés au même rang que la créance elle-même.

L'article 2101 nº 1 du Code civil et l'article 47 du décret du 1ᵉʳ germinal an XIII placent les frais de justice au premier rang des créances privilégiées sur la généralité des meubles.

La loi ne détermine ni ne précise ce qu'on doit entendre par frais de justice. Sous cette dénomination, il faut comprendre tous les frais faits dans l'intérêt commun des créanciers pour la conservation, la liquidation et la réalisation de l'actif mobilier du débiteur, ainsi que la distribution du prix en provenant, sans qu'il y ait lieu de distinguer s'ils ont été exposés au cours d'une instance judiciaire ou à l'occasion d'actes ou d'opérations extrajudiciaires. (Cass. 1er avril 1890 ; S. 90.1.513 ; Cass. 10 juill. 1893 ; S. 93.1.365.)

Mais les frais de justice ne sont pas indistinctement privilégiés à l'égard de tous les créanciers ; il faut, pour qu'ils priment chaque créancier en particulier, qu'ils aient été faits dans son intérêt et pour la conservation de son gage. Les frais faits dans l'intérêt de la masse des créanciers, mais qui n'ont eu aucune utilité pour certains créanciers investis de privilèges spéciaux, tels que le bailleur, le créancier gagiste, l'aubergiste ou le voiturier, ne sont pas privilégiés à l'égard de ces créanciers.

Cette règle s'applique en matière de contributions indirectes relativement aux frais exposés à l'occasion des faillites des redevables. La Régie n'étant pas soumise au régime de la faillite pour l'action en recouvrement des droits qui lui sont dus, il est naturel que les frais généraux de la faillite ne puissent pas lui être opposés. (Trib. civ. Dunkerque 22 mai 1862 ; M. 19.418 et Arg. arr. Paris 11 juill. 1861 ; S. 61.2.566.)

Dans un jugement du 9 octobre 1886, le tribunal civil de Lille a également jugé que les frais de déclaration de faillite et d'apposition des scellés ne sont pas opposables à la Régie et restent à la charge de la faillite du redevable.

A titre d'argument, on peut invoquer à l'appui de cette thèse un arrêt de la Cour de Lyon en date du 1er avril 1841 (S. 41.2.344) ; les arrêts de la Cour de cassation des 20 août 1851 (S. 22.1.28) et 2 février 1897 (D. 97.1.271.)

Pour savoir à quel rang doivent être remboursés les frais de justice, on doit se poser cette question : A qui ont-ils profité ? S'ils ont profité à tous les créanciers, ils sont colloqués au premier rang. S'ils n'ont été exposés que dans l'intérêt de quelques-uns des créanciers, ils ne sont privilégiés qu'à l'égard des créanciers (privilégiés) auxquels ils ont été utiles. Enfin, s'ils ont été faits dans un intérêt individuel, ils suivent le sort de la créance en vue de laquelle ils ont été avancés.

Si la Régie, n'usant pas de ses prérogatives, laisse au syndic le soin de réaliser l'actif, les frais nécessités par la liquidation sont considérés comme frais de justice et priment son propre privilège. Tandis que si la Régie poursuit directement le recouvrement de sa créance, son privilège passe avant celui des frais ordinaires de la faillite. (Journal des faillites, 1882.219.)

Contributions directes.

La loi du 12 novembre 1808, article premier, s'exprime ainsi :
« Le privilège du Trésor public pour le recouvrement des contri-

« butions directes est réglé ainsi qu'il suit et s'exerce avant tout autre :
« 1° Pour la contribution foncière de l'année* échue et de l'année
« courante, sur les récoltes, fruits, loyers et revenus des biens immeu-
« bles sujets à contribution ;
« 2° Pour l'année échue et l'année courante des contributions mo-
« bilières, des portes et fenêtres, des patentes et toute autre contri-
« bution directe et personnelle, sur tous les meubles et autres effets
« mobiliers appartenant aux redevables, en quelque lieu qu'ils se trou-
« vent. »

Par année échue et année courante, on entend les années pour lesquelles l'impôt a été établi, c'est-à-dire du 1er janvier au 31 décembre;
en d'autres termes, ces expressions visent les cotes mises en recouvrement pendant l'année échue et l'année courante, de telle sorte que, si
l'émission du rôle a subi des retards, on ne peut prétendre que la durée
du privilège en est abrégée.

Taxes communales assimilées aux contributions directes.

Les dispositions de la loi du 12 novembre 1808 sont applicables aux
taxes communales assimilées aux contributions directes. (Art. 58 de
la loi de fin. du 30 mars 1902.)

Toutefois, le privilège ainsi créé prend rang immédiatement après
celui du Trésor public. *Ib.*

Ce texte a pour conséquence manifeste de faire passer le privilège des
communes avant les divers privilèges du Trésor, autres que ceux des
contributions directes et des droits et amendes de timbre. La volonté du
législateur a été d'attribuer formellement aux communes un privilège qui n'est pas celui du Trésor public pour l'*impôt direct*, mais qui
viendra immédiatement après.

Les taxes assimilées comprennent les prestations, la taxe sur les
chiens, la taxe de balayage, la licence municipale, etc.

Privilège des droits de timbre.

La loi de finances du 28 avril 1816, article 76, accorde au Trésor un
privilège analogue à celui des contributions directes pour le recouvrement des droits de timbre et des amendes de contravention y relatives.

Porteurs de warrants.

Le créancier est payé directement de sa créance sur le prix de vente,
par privilège et préférence à tous créanciers, sans autre déduction que
celle des contributions directes et les frais de vente. (Loi du 30 avril 1906,
art. 12 ; circ. 648 du 21 mai 1906.)

La Régie jouit, par contre, du privilège édicté par l'article 47 du
décret du 1er germinal an XIII, par préférence au porteur de warrants
commerciaux, mais seulement pour les droits afférents aux marchandises déposées dans les « magasins généraux ». (Loi du 28 mai 1858,
art. 8.)

Propriétaire pour six mois de loyer.

La Régie est primée par ce qui est dû au propriétaire pour six mois de loyer. (Art. 47 du décret du 1ᵉʳ germ. an XIII.)

Le propriétaire n'est préféré à la Régie que pour la valeur des meubles que le locataire possède et détient dans la maison dont le loyer n'a pas été payé. (Art. 2102 du Code civ.)

Le privilège de six mois de loyer conféré au propriétaire est destiné à garantir le paiement des loyers dont celui-ci se trouve créancier au moment où il revendique son privilège, sans égard aux paiements anticipés qui ont pu lui être faits sur les loyers à échoir. (Cass. 26 janv. 1852; M. 19.408; S. 52.1.122.)

SUBROGATION.

La subrogation est une fiction de droit par laquelle un créancier est censé céder ses droits, actions, hypothèques et privilèges à celui de qui il reçoit son dû.

Le paiement avec subrogation ne constitue pas cependant une cession de créance, ni une novation.

La subrogation a lieu de plein droit... « au profit de celui qui, étant tenu avec d'autres ou pour d'autres au paiement de la dette, avait intérêt à l'acquitter. » (Code civ. 1251.)

La caution d'un négociant qui acquitte la dette est subrogée aux droits et privilèges qu'avait la Régie contre le débiteur principal. (Trib. com. Seine 23 juin 1881; C. du Cont., t. 1, p. 445; Trib. Bordeaux 28 mai 1859; Mém. Jurispr. Bordeaux, p. 204; Cass. 14 nov. 1893; S. 94.1.397.)

Mais la subrogation de la caution ne peut pas préjudicier aux intérêts du Trésor, autrement dit, la caution ne peut pas concourir avec lui à la distribution de l'actif du principal obligé. (Cass. 4 janv. 1888; S. 88.1.329.)

De même (*en matière de boissons*), le bénéfice de la subrogation existe aujourd'hui au profit du soumissionnaire d'un acquit-à-caution qui acquitte les droits au lieu et place du débitant destinataire. (Art. 28 de la loi du 6 août 1905; Arg. *a contrario* Cass. 30 oct. 1905; Journ. Cont. ind. 1906, p. 133 et 215 Chr.)

Mais l'action subrogatoire ne peut pas avoir lieu, lorsque celui qui a acquitté les droits était personnellement et exclusivement débiteur. (Trib. civ. Péronne 18 juin 1879; M. 20.433; Arr. Lyon 6 mars 1888; Mon. des synd. de faillites 1888, p. 87.)

Les comptables qui soldent de net, de leurs deniers, afin de toucher la prime, sont subrogés aux droits et privilège de l'Administration. (Art. 327 décret du 31 mai 1862.) Il en est de même si le comptable est forcé en recette. (Décis. Cons. d'Adm. 4 mars 1818. 506.)

Les poursuites que les receveurs pratiquent dans ces circonstances sont effectuées pour leur propre compte, à leurs risques et périls. (Circ. nº 117 du 17 août 1807.) Ces poursuites sont soumises aux mêmes conditions de forme et de contrôle que s'il s'agissait d'un recouvrement directement réalisé pour le compte du Trésor.

Privilège pour le recouvrement des frais de justice en matière criminelle, correctionnelle et de simple police.

La loi du 5 septembre 1807, article 2, accorde au Trésor public, sur les biens du condamné, un privilège pour le recouvrement des « frais de justice », en matière criminelle, correctionnelle et de police. Le privilège du Trésor pour le recouvrement des frais de justice ne s'applique qu'à la somme des frais liquidés par le jugement ou l'arrêt et à ceux d'expédition et de signification ; il ne comprend pas les frais de mise à exécution, lesquels demeurent à la charge de la partie publique.

Ce privilège ne s'exerce que subsidiairement sur les immeubles, c'est-à-dire dans le cas seulement où l'actif mobilier est insuffisant. (Cass. 22 août 1836; S. 36.1.625.)

La partie civile qui fait l'avance des frais n'est pas fondée à invoquer pour le recouvrement de ces frais le privilège édicté par la loi du 5 septembre 1807. (Trib. Seine 1er déc. 1891.) — Cependant on peut soutenir que l'expression « Trésor public » vise toutes les administrations publiques qui ont mission de percevoir l'impôt.

Il ne faut pas confondre les frais de justice proprement dits, c'est-à-dire les frais exposés pour la sauvegarde ou la réalisation du gage commun, et les frais ou dépens exposés à la suite d'un procès-verbal engagé devant la juridiction correctionnelle. Les premiers, ainsi qu'on l'a exposé, sont colloqués avant toute autre créance privilégiée.

Les autres, c'est-à-dire les frais de justice criminelle et de simple police, ne viennent qu'en troisième rang, après les privilèges des articles 2101 et 2102 du Code civil et les honoraires du défenseur.

CHAPITRE X

Soumissions tenant lieu de procès-verbal et de transaction.

Apurement des soumissions. Contestations. Procédure.

Les soumissions créées par la circulaire n° 345 du 11 août 1882 sont enregistrées au Mémorial n° 122 A. Leur apurement a lieu d'après les règles de compétence fixées par le décret du 16 mars 1901.

Ces soumissions ne doivent être présentées à l'examen de l'Administration ou à celui du ministre qu'autant que les condamnations encourues excèdent 500 francs ou 3.000 francs. Au-dessous de 500 francs, elles sont définitivement apurées par les directeurs, qui n'ont même pas à donner avis de cet apurement. (Circ. n° 444 du 4 fév. 1886; n° 143 du 39 nov. 1895 ; n° 369 du 13 oct. 1899.)

Si l'apurement de la soumission est de la compétence de l'Administration (de 501 francs à 3.000 francs), des propositions lui sont transmises par feuilles 122 C en *double expédition*.

Cependant, si une transaction intervient, l'affaire est inscrite à l'état 122 D, comme s'il s'agissait d'un procès-verbal ordinaire.

Si l'affaire ressortit au ministre (au-dessus de 3.000), elle est inscrite à l'état 122 D du ministre dans les mêmes conditions qu'un procès-verbal ordinaire. (*Correspond. adm.*)

On aura soin, bien entendu, de faire signer une feuille 124 au soumissionnaire, si le règlement de l'affaire donne lieu au paiement d'une amende.

Quant aux acquits-à-caution qui pourraient être engagés, les directeurs les apurent, mais seulement dans les limites de leur compétence. Dans le cas où l'apurement ne serait pas de leur compétence, ils soumettraient des propositions à l'Administration

L'apurement des acquits-à-caution joints aux soumissions a lieu selon les règles établies par la circulaire 189 du 7 décembre 1896 et la circulaire 194 du 24 décembre 1896, p. 16.

Contestation. — En cas de contestation, le soumissionnaire est poursuivi devant les tribunaux civils. La Régie se trouve en présence d'une obligation ordinaire à l'exécution de laquelle elle doit contraindre l'obligé. Elle suit, pour l'instance, les règles de juridiction, de compétence et de procédure tracées par le Code de procédure civile.

Par une lettre du 7 février 1884, dont copie est ci-après, l'Administration a indiqué la procédure à suivre devant les tribunaux, lorsque les soumissionnaires ne veulent pas souscrire une transaction (1).

. . . .

... « En souscrivant un engagement, le sieur X... a contracté vis-à-vis de la Régie une obligation dont l'exécution, en cas de contestation ou de refus, doit être poursuivie devant les tribunaux civils. Il s'agit ici d'une affaire de droit commun ; l'Administration se trouve en présence d'une obligation ordinaire à l'exécution de laquelle il faut contraindre l'obligé ; elle doit donc, pour l'instance, suivre les règles de juridiction, de compétence et de procédure tracées par le Code de procédure civile.

« Et d'abord, pour que l'instance puisse être introduite, il faut que la décision de l'Administration à laquelle le contrevenant s'est engagé à se soumettre, lui ait été notifiée par acte extra-judiciaire. La première chose à faire est donc de signifier la décision prise et de mettre l'obligé en demeure de verser la somme fixée par cette décision entre les mains du receveur local ou même de l'huissier. S'il ne répond pas à cette mise en demeure, la citation sera donnée.

« Le premier point à examiner est relatif à la juridiction qui doit connaître du litige. Il faut considérer ici le chiffre de la demande, sans tenir compte du montant des condamnations encourues. Or, en matière purement personnelle ou mobilière, les juges de paix connaissent en dernier ressort jusqu'à la valeur de 300 francs et à charge d'appel jusqu'à 600. (Loi du 25 mai 1838, art. 1er, et loi du 12 juill. 1905, art. 1er.)

« Les tribunaux de première instance connaissent en dernier ressort jusqu'à la valeur de 1.500 francs de principal ou de 60 francs de revenus et, à charge d'appel, quel que soit le chiffre de la demande. (Loi du 11 avril 1838.) Ainsi, lorsque la somme réclamée ne dépasse pas 600 francs, le juge de paix est compétent, il statue en dernier ressort ou en premier, suivant que cette somme atteint ou dépasse 300 francs ; au-dessus de 600 francs, la contestation doit être portée directement devant le tribunal de première instance.

« Mais la juridiction ainsi déterminée, quel est le juge compétent ? Les articles 2 et 50 du Code de procédure répondent à cette question : « En matière purement personnelle ou mobilière, la citation sera donnée devant le juge de paix du défendeur ; s'il n'a pas de domicile, le juge de sa résidence. » Au cas particulier, le défendeur est celui qui a souscrit la soumission ; le juge compétent est donc, suivant la distinction établie plus haut, le juge de paix du canton ou le tribunal de l'arrondissement dans lequel se trouve le domicile ou la résidence de la personne qui a signé la soumission.

« Cette distinction entre la juridiction du juge de paix et celle du tribunal civil a un intérêt au point de vue de la forme suivant laquelle doit être introduite la prétention de l'Administration demanderesse.

_____

(1) Le recouvrement intégral de ces condamnations pourrait également être poursuivi par voie de contrainte contre le soumissionnaire et sa caution. (Trib. paix Bordeaux, 3e canton, 29 janvier 1901. Douanes.)

Devant le tribunal, le ministère d'un avoué est indispensable. Il faudra donc, quand l'affaire sera de la compétence du tribunal civil, constituer avoué ; le dossier, avec les instructions nécessaires, sera remis à cet officier ministériel, qui sera chargé de soutenir la demande. Le plus souvent, il suffira de conclusions écrites ; si, exceptionnellement, il était nécessaire de plaider et si l'avoué n'avait pas le droit de présenter une plaidoirie, l'Administration serait consultée sur l'utilité de remettre l'affaire entre les mains d'un avocat. Devant le juge de paix, au contraire, l'assistance d'un avoué n'est pas exigée par la loi ; les parties peuvent se présenter elles-mêmes ou se faire représenter par tel mandataire qu'elles jugent convenable de constituer. L'Administration, usant de cette faculté, fera déposer les conclusions préparées au soutien de sa demande par un employé de la résidence, sous-directeur, contrôleur ou receveur ; un de ces agents sera à même de donner au juge les éclaircissements que réclame la cause.

« L'Administration agit au nom de l'État ; elle en défend les intérêts ; à ce titre, l'action devant le tribunal de 1re instance est dispensée des préliminaires de conciliation. (Art. 49 du Code de procédure civile.) L'huissier devra donc assigner le défendeur. Une loi du 2 mai 1855 modifie ainsi l'article 17 de la loi du 25 mai 1838, sur la compétence des juges de paix : « Dans toutes les causes, excepté celles qui requiè-
« rent célérité et celles dans lesquelles le défendeur serait domicilié
« hors du canton ou des cantons de la même ville, il est interdit
« aux huissiers de donner aucune citation en justice, sans qu'au préa-
« lable le juge de paix n'ait appelé les parties devant lui au moyen d'un
« avertissement sur papier timbré, etc., etc. »

« L'Administration estime que devant le juge de paix, son action doit être dispensée du préliminaire de l'avertissement, comme elle est dispensée du préliminaire de conciliation, lorsqu'elle est portée devant le tribunal d'arrondissement. Dans l'un et l'autre cas, les motifs de décider sont les mêmes. En outre, si le juge de paix appelle devant lui les parties, avant tout acte introductif d'instance, c'est pour les concilier ; or les offres de l'Administration au signataire de la soumission sont déjà une tentative de conciliation, une transaction, et le mandataire de l'Administration n'aurait pas pouvoir d'aller plus loin.

« En conséquence, l'huissier devra requérir du juge de paix l'autorisation de citer, sans avertissement préalable. (Rousseau et Laisnez, *Dictionnaire de procédure, Avertissements,* 9 et suivants.)

« Tels sont les principes qui doivent servir de règle dans les affaires spéciales auxquelles l'application de la circulaire n° 345 peut donner naissance. Par suite, voici comment il conviendra de procéder, au cas particulier :

« Le directeur fera connaître, par ministère d'huissier, au sieur X..., qu'il sera relevé de l'engagement qu'il a souscrit le.......... moyennant le versement d'une somme de 200 fr., avec mise en demeure d'avoir à effectuer immédiatement ce paiement entre les mains de l'huissier ou dans le délai de trois jours à la caisse du receveur des contributions indirectes en résidence à

« Si ce délai s'écoule sans que le sieur X...   se soit exécuté, l'huissier lui délivrera, après dispense de l'avertissement préalable, une citation devant le juge de paix de   laquelle citation, indépendamment de toutes les mentions exigées pour la validité des exploits d'ajournement, devra faire connaître en ces termes l'objet de la demande :

« Attendu que le   dernier, MM.   , employés des contributions indirectes à la résidence de   , ont constaté à la charge du sieur X..., chef de gare à   , représentant la compagnie P.-L.-M., un défaut d'identité entre la boisson mentionnée à l'acquit-à-caution délivré le   au bureau de X.   à   et le fût d'alcool soumis à leur vérification, d'où résultait la contravention prévue par l'art. 10 de la loi du 28 avril 1816 et punie par l'art. 19 de ladite loi, modifié, quant au chiffre de l'amende, par les art. 1er de la loi du 28 février 1872 et 6 de celle du 21 juin 1873 ;

« Attendu que pour prévenir la rédaction d'un procès-verbal et les poursuites correctionnelles qui auraient pu en être la conséquence, le sieur X...   s'est obligé par une soumission souscrite le..........
et enregistrée le..... ...., à s'en rapporter à la décision que l'Administration rendrait dans cette affaire et à l'exécuter en tous points ;

« Attendu que par décision de l'Administration en date du (date de la feuille 122 C) notifiée au sieur X... (date de l'exploit par ministère de M.   , huissier à   ) la somme exigée à titre de répression a été fixée à 200 fr. ;

« Attendu que jusqu'à ce jour le sieur X...   ne s'est pas exécuté, bien que plusieurs avertissements lui aient été adressés à cet effet ;

« S'entendre, le susnommé, condamner à verser la somme de 200 fr. entre les mains de M.   , receveur à   , en exécution de l'engagement rappelé ci-dessus ;

« S'entendre, en outre, condamner aux dépens, sous toutes réserves.

« A l'audience, M. le receveur de   se présentera au nom de l'Administration ; il devra être porteur de la soumission souscrite par l'intimé, ainsi que des conclusions écrites. Ces conclusions reproduiraient les attendus ci-dessus et se termineraient ainsi :

« Plaise à M. le juge de paix déclarer valable et obligatoire la soumission spéciale de s'en rapporter à la décision que l'Administration rendrait dans l'affaire dont il s'agit ;

« Condamner le sieur X.   , chef de gare à   , à se conformer à la décision que l'Administration a rendue le   , c'est-à-dire à verser la somme de 200 fr. entre les mains de

« Condamner en outre le sieur X...   aux dépens.

« Il est bien entendu qu'après le dépôt de ces conclusions, M. le receveur de   restera à l'audience, pour répondre aux questions que pourrait lui adresser le juge de paix. S'il s'élevait un incident auquel cet employé se trouverait dans l'impossibilité de donner une solution immédiate, il devrait se borner à demander un renvoi de cause à quinzaine au moins, et il serait rendu compte sans délai à l'Administration.

« Il résulte des renseignements fournis que la compagnie, représentée par le sieur X... prétend invoquer l'immunité de l'article 13 de la loi du 21 juin 1873. Mais cette immunité ne peut être réclamée qu'en matière correctionnelle. Au civil, le défendeur ne peut agir que par voie d'appel en garantie. M. le directeur devra porter cette observation à la connaissance du chef de gare.

« Une copie du jugement qui interviendra sera transmise à l'Administration. »

(Lettre de l'Administration du 7 fév. 1884.)

Nota. — L'Administration doit être consultée chaque fois qu'il y a lieu d'exercer des poursuites en vertu de soumissions dont parle la circulaire n° 345 du 11 août 1882. (Circ. 444 du 4 fév. 1886.)

QUATRIÈME PARTIE

Conclusions.

N° 1. — *Circulation. Expédition inapplicable. Responsabilité du maître.*

Attendu que d'un p.-v. dressé le   par   en résidence à
          il résulte que le sieur A... au service du sieur B... marchand en gros à   a été rencontré dans la commune de   conduisant un chargement de   hect. de vin avec un congé n°   du bureau de   énonçant   de vin ;

Attendu que ce fait constitue la contravention prévue par l'art. 10 de la loi du 28 avril 1816 et punie par l'art. 19 de la même loi, modifié (s'il s'agit de vins), quant au chiffre de l'amende, par l'art. 7 de la loi du 21 juin 1873 ;

(*S'il s'agit d'alcool mettre* : « Modifié, quant au chiffre de l'amende, par l'art. 6 de la loi du 21 juin 1873 qui a rendu applicable l'art. 1er de la loi du 28 févr. 1872 ».)

Attendu que ni le sieur A...   ni le sieur B...   n'ont fourni aucune justification établissant leur *bonne foi* et leur permettant de réclamer le bénéfice des dispositions de l'article 23 de la loi du 6 août 1905 sur les circonstances atténuantes ;

Attendu que les droits fraudés s'élèvent à   (volume   tarif   (Loi du   art.   ).

Plaise au tribunal :

Condamner le sieur A...   en une amende de 200 à 1.000 francs (A).

Prononcer les décimes et demi-décime de ladite amende (art. 33 de la loi du 30 mars 1902).

(*S'il s'agit de spiritueux, ajouter* : « Le condamner au paiement du quintuple droit de consommation sur les spiritueux transportés en fraude, s'élevant à... »

Prononcer la confiscation des   de vins saisis *qui ont été déposés à*

(*S'il n'y a pas eu saisie* réelle, remplacer les mots « *qui ont été déposés à* » par : « Dire que le sieur A...   sera tenu de les remettre à la Régie, ou d'en payer la valeur estimative, laquelle a été fixée de gré à gré à la somme de... »)

Dire que la Régie, tenue des frais en sa qualité de partie civile (art. 157 et 158 du décret du 18 juin 1811), aura son recours contre les condamnés ;

Fixer la durée de la contrainte par corps d'après le chiffre des condamnations prononcées, frais et décimes compris (art. 9 de la loi du 22 juill. 1867 et loi du 19 déc. 1871 ; art. 33, § 2, de la loi du 30 mars 1902.)

Déclarer le sieur B...   marchand en gros à   responsable des actes de son agent (art. 35 du déc. du 1er germ. an XIII) ; dire qu'à ce titre il sera tenu envers la Régie des condamnations fiscales prononcées contre le sieur A...

Observations. — *Si le transporteur invoque le bénéfice des dispositions de l'art. 13 de la loi du 21 juin 1873, ajouter aux conclusions :*

« Attendu que le sʳ..., voiturier, invoque en sa qualité de transporteur le bénéfice des dispositions de l'article 13 de la loi du 21 juin 1873, et a désigné, à cet effet, le sʳ..., négociant à.......

pour son commettant :

Et, s'il y a lieu, continuer comme suit :

« Mais attendu qu'il est de jurisprudence que l'art. 13 ne s'applique qu'aux transporteurs de bonne foi ; qu'il est certain que la fraude constatée n'a été pratiquée qu'au moyen d'une entente concertée entre le sʳ... (expéditeur ou destinataire) et le sʳ... voiturier ; que, par suite, ce dernier, dont la bonne foi n'est pas démontrée, ne saurait être mis hors de cause... »

Lorsque l'infraction entraîne, outre les peines fiscales, *une peine correctionnelle*, dans le cas, par exemple, d'une fraude pratiquée à l'aide d'engins disposés pour le transport des alcools et en cas de transport, en vue de la vente, d'alcool de cru ou d'alcool fabriqué clandestinement, on ajoutera après : « Plaise au tribunal condamner le sʳ... en une amende de   », la mention : « indépendamment des peines correctionnelles à requérir par le ministère public en vertu de l'art. 12, § 2, de la loi du 21 juin 1873, ou en vertu de l'art. 20 de la loi du 30 janvier 1907 ».

En matière de *boissons* et d'*huiles végétales*, la saisie des moyens de transport a lieu en garantie du paiement de l'amende. S'il y a eu saisie réelle des moyens de transport, ajouter : « Plaise au tribunal valider la saisie des moyens de transport comprenant cheval, voiture et harnais (art. 17 de la loi du 28 avril 1816) ; dire que le prix en provenant viendra en déduction des amendes prononcées. »

Mais la confiscation des moyens de transport s'ajoute à l'amende et à la saisie des marchandises, quand il s'agit de tabacs, de poudres, de cartes, d'allumettes, de sels et de voitures publiques.

Les outres, futailles ou bouteilles contenant les liquides doivent être compris dans la confiscation. (Cass. 5 août 1808, Mém. t. 4, p. 586 ; 24 févr. 1874, Mém. t. 20, p. 118.)

Sursis (loi du 6 août 1905, art. 24) : s'il y a lieu ajouter : « Attendu que le sʳ... ne se trouve pas dans les conditions requises pour bénéficier du sursis (quant à l'amende ou à l'emprisonnement), puisqu'il a été déjà l'objet d'un procès-verbal en date du... suivi de condamnation (ou de transaction) et comportant une amende supérieure à 600 francs. »

N° 2. — *Transport des spiritueux avec une expédition inapplicable. Responsabilités. Immunité du transporteur.*

Attendu que d'un procès-verbal régulier, dressé le..... par MM... H..., inspecteur du département du Gard, V... et T..., contrôleur et commis à Alais, il résulte que ledit jour les employés susdésignés ont procédé sur les quais de la gare de cette ville et en présence de M. R..., chef de bureau de la petite vitesse, à la vérification d'un fût d'alcool expédié sous le couvert de l'acquit-à-caution n° 392..... du bureau de Charenton (Seine), énonçant 31 litres de spiritueux à 52°, d'envoi de M. Martin, marchand en gros dans cette ville, à destination de M. X..., débitant à Alais ;

Attendu que cette vérification effectuée par voie de dépotement et au moyen du nécessaire alcoométrique légal a permis de constater que le fût dont il s'agit ne renfermait que 30 litres d'alcool à 49° centigrades, soit une différence en moins d'un litre sur le volume et de 4 degrés sur la force alcoolique ;

Attendu que ces résultats ont été confirmés par l'opération de distillation à laquelle il a été procédé à l'aide de l'alambic Salleron ;

Attendu, dès lors, que l'expédition remise par le chef de gare d'Alais n'est pas conforme au chargement représenté ;

Attendu que jusqu'à la décharge de l'acquit-à-caution, l'expéditeur est responsable de la conformité de la boisson avec le titre de mouvement (Cass. 20 janv. 1877 ; 9 mars 1877 ; 13 fév. 1880) ;

Mais attendu, néanmoins, que les juges sont souverains appréciateurs pour décider si c'est l'expéditeur ou le transporteur qui doit supporter les conséquences de la contravention (Cass. 1er août 1889) ;

Attendu que les faits relatés ci-dessus constituent à leur charge la contravention prévue par l'article 10 de la loi du 28 avril 1816, et punie par l'article 19 de la même loi, modifié, quant au chiffre de l'amende, par l'article 1er de la loi du 28 février 1872, rendu applicable par l'article 6 de celle du 21 juin 1873 ;

Plaise au tribunal :

Condamner conjointement et solidairement le sieur Martin et la Compagnie P.-L.-M., soit l'un ou l'autre seulement :

— A une amende de 500 à 5.000 fr. ;

— Aux doubles décimes et demi du principal des amendes prononcées (art. 33, loi du 30 mars 1902) ;

— Au quintuple droit de consommation sur les spiritueux transportés en fraude s'élevant à... (L. 30 janvier 1907, art. 19);

— Prononcer la confiscation des 30 litres de rhum à 49° saisis ;

— Dire que les condamnés seront tenus de les remettre à la Régie ou d'en payer la valeur fixée de gré à gré dans le procès-verbal à la somme de 30 francs ;

— Dire que la Régie tenue des frais...

— Fixer la durée de la contrainte...

Pour mémoire : détail des droits fraudés...

N° 3. — *Introduction frauduleuse de 3/6 dans une ville sujette ; opposition aux vérifications des préposés d'octroi.*

Attendu que d'un p.-v. dressé le   par   etc.

Attendu que ces faits constituent :

1° La contravention prévue par les art. 1 et 6 de la loi du 28 avril

1816 et punie par l'art. 19 de la même loi, modifié, quant au chiffre de l'amende, par l'art. 6 de la loi du 21 juin 1873 qui a rendu applicable l'art. 1er de la loi du 28 février 1872 ;

2° La contravention prévue par l'art. 24 de la loi du 28 avril 1816 et punie par l'art. 46 de la même loi ;

3° La contravention prévue et punie par l'art.   du règlement de l'octroi de la ville de

4° La contravention prévue et punie par les articles 44 et 46 de la loi du 28 avril 1816, 7 de celle du 29 mars 1832 et 9 de celle du 24 mai 1834 (refus d'exercice en ce qui concerne l'entrée) ;

5° La contravention prévue et punie par l'art. 15 de la loi du 27 frimaire an VIII et par les art. 28 et 29 de l'ordonnance du 9 déc. 1814 (refus d'exercice envers l'octroi)

(S'il y a eu injures, voies de fait, etc., ajouter : « Indépendamment des peines à requérir par le ministère public en vertu des art. 15 de la loi du 27 frim. an VII et 65 de l'ordonnance du 9 décembre 1814... »)

Plaise au tribunal, faisant application de ces articles, condamner le sieur...

1° A une amende de 500 à 5.000 fr. pour fraude au droit de consommation ;

2° A une amende de 100 à 200 fr. pour fraude au droit d'entrée ;

3° A une amende de 100 à 200 fr. pour fraude au droit d'octroi ;

4° A une amende de 100 à 200 fr. pour refus d'exercice au regard de la Régie ;

5° A une amende de 50 fr. pour opposition aux exercices des agents de l'octroi ;

Au quintuple droit de consommation sur les spiritueux transportés en fraude s'élevant à... (loi du 30 janvier 1907, art. 19) ;

Prononcer les décimes et demi-décime en sus (loi du 30 mars 1902, art. 33) ;

Prononcer la confiscation   ; dire...   ; fixer   (comme au n° 1).

Pour mémoire : le montant des droits fraudés s'élève à...   (quantités... tarif... droits...)

Détail des frais :
Procès-verbal...
Assignation...

Observations. — Lorsque le conducteur a déclaré les boissons à l'entrée, il n'est passible, à défaut d'expédition, que d'une amende de 500 fr. (alcool) ou 200 fr. (vin). (Avis de l'Adm. du 14 janv. 1880.)

Le simple refus de laisser vérifier une voiture à l'entrée d'une ville sujette est passible d'une double amende, l'une pour l'entrée, l'autre pour l'octroi. (Arr. Montpellier, 24 août 1874, M. 19, 79 ; 5 juillet 1906; Bull. Cont. ind. 1906.15.80; Caen 26 mars 1890 ; Rec. Rouen 1891, 2, 118 ; Riom 28 déc. 1898 ; Bull. Cont. ind. 1899.)

Mais les juges peuvent ne prononcer que l'amende concernant l'octroi sans confiscation, si les verbalisants n'ont pas constaté effectivement que le chargement se composait de vins, cidres ou alcools. (Arr. Toulouse 30 nov. 1902.)

N° 4. — Introduction de boissons spiritueuses dans une ville sujette ou sortie d'entrepôt sans expédition.

Le fait d'avoir *vu* *enlever* des boissons d'un entrepôt ou d'avoir *vu* *introduire* des boissons dans une ville sujette, sans expédition, permet de relever la triple contravention prévue par les art. 1, 6 et 24 de la loi du 28 avril 1816 et   du règlement d'octroi de   et punie, savoir :

1° Pour le fait de circulation (ou de consommation), par l'art. 19 de la loi du 28 avril 1816, modifié, quant au chiffre de l'amende, par l'art. 7 de la loi du 21 juin 1873 (s'il s'agit d'alcool, modifié par l'art. 6 de la loi du 21 juin 1873, qui a rendu applicable l'art. 1er de celle du 28 février 1872 ; et art. 19 de la loi du 30 janvier 1907 (quintuple droit de consommation) ;

2° Relativement au droit d'entrée, par l'art. 46 de la loi du 28 avril 1816 ;

3° Relativement au droit d'octroi, par le même art. 46, dont les pénalités ont été rendues applicables aux fraudes en matière d'octroi par les art. 8 et 9 des lois des 22 mars 1832 et 24 mai 1834 ;

4° Décimes, confiscation et dépens en sus

Observations. — Le simple transport de boissons, sans expédition, dans l'intérieur d'une ville sujette ne constitue pas une contravention aux taxes locales, si l'on n'a pas vu les marchandises sortir d'un entrepôt ou pénétrer en ville, à moins que la fraude aux taxes locales ne résulte d'aveux du prévenu consignés au procès-verbal.

L'obligation de déclarer au bureau d'entrée l'introduction des boissons dans un lieu sujet aux droits, et d'acquitter les droits d'octroi et d'entrée avant le déchargement des boissons, n'est imposée qu'au *conducteur* desdites boissons. Le destinataire, simple particulier, ne saurait être mis en cause. (Cass. 30 mai 1846, M. t. 17, p. 336.) Toutefois, si la preuve pouvait être faite d'une contravention aux taxes locales, et si celle-ci n'était pas couverte par la prescription triennale, le service pourrait, comme dans tous les cas de fraude non actuelle dont il vient à avoir connaissance, verbaliser à la charge de la personne qui aurait introduit les boissons dans le lieu sujet, sans déclaration ou qui détiendrait ces boissons en fraude des taxes locales.

N° 5. — Disparition de boissons en transit.

1° *Vins* : contravention à l'article 14 de la loi du 28 avril 1816, punie par l'article 19 de la même loi, modifié, quant au chiffre de l'amende, par l'art. 7 de la loi du 21 juin 1873.

2° *Alcools* : à défaut de texte précis, viser les art. 14 et 19 de la loi du 28 avril 1816 ; l'art. 6 de celle du 21 juin 1873 ; 1er de la loi du 28 février 1872 ; 19 de la loi du 30 janvier 1907 (quintuple droit de consommation).

Observations. — On doit saisir fictivement les boissons. (Art. 17 et 19 de la loi du 28 avril 1816.) Mais on ne doit pas conclure au paiement des droits d'entrée et d'octroi, attendu que les droits locaux sont ou acquittés ou garantis.

Le transitaire est responsable des suites du procès-verbal, mais il ne peut être inquiété relativement aux droits sur les boissons enlevées sans expédition ou manquantes. (Circ. 285 du 30 avril 1855.)

Si le transitaire veut bénéficier de l'article 13 de la loi du 21 juin 1873, la Régie se conformera au vœu de la loi en assignant le transitaire et l'expéditeur. (Arr. Grenoble, 20 mars 1880 ; Trib. Marseille 14 janvier 1888.)

N° 6. — Défaut de justification du paiement des droits.

Attendu que d'un p.-v. dressé le... par... en résidence à... légalement assisté du maire de la commune de... il résulte qu'une perquisition opérée le... dans le domicile du sieur B... demeurant à... rue... n° .. a amené la découverte de 12 bonbonnes contenant ensemble 120 litres de spiritueux à divers degrés ;

Attendu que le sieur B...   n'a pu représenter aucune expédition pour légitimer le transport desdites boissons et leur introduction dans son domicile ;

Attendu qu'un approvisionnement aussi important excède notablement les besoins d'un ménage composé de trois personnes ; qu'il n'est pas douteux pour les employés que le sieur B...   recèle des boissons appartenant à son frère qui exploite un débit dans une maison voisine ;

Attendu qu'il est de jurisprudence constante que les tribunaux peuvent condamner à l'amende et à la confiscation le simple particulier qui, soupçonné de fraude, ne justifie pas du paiement des droits sur les boissons trouvées à son domicile ;

Attendu que ces faits constituent à la charge du sieur B...   la contravention prévue par les art. 1 et 6 de la loi du 28 avril 1816 et punie par l'art. 19 de la même loi, modifié, quant au chiffre de l'amende, par l'art. 6 de la loi du 21 juin 1873 qui a rendu applicable l'art. 1er de la loi du 28 février 1872 et par l'article 19 de la loi du 30 janvier 1907 (quintuple droit de consommation) ;

Plaise au tribunal :

Condamner le sieur B...   ; prononcer la confiscation... ; dire... ; fixer...

N° 7. — Refus d'exercice. Circulation. Poursuite à vue.

Attendu que d'un p.-v. en date du...   dressé par...   il résulte que le... vers... heures du matin, un individu porteur d'un fût de 30 litres environ a été vu traversant la rue de... et s'introduisant précipitamment dans la cave du sieur O... ;

Attendu que les employés ayant voulu pénétrer dans ladite cave, le sieur O..., tout en reconnaissant que le fût renfermait du vin, s'est opposé à sa vérification, et qu'à l'invitation d'avoir à produire une expédition de la Régie pour justifier la circulation de la boisson, il a répondu par des menaces qui ont forcé les agents à se retirer ;

Attendu qu'aux termes de l'article 17 de la loi du 28 avril 1816 et de la loi du 23 avril 1836 les voituriers sont tenus d'exhiber, quand ils en sont requis, et à l'instant même de la réquisition des employés, les expéditions dont ils doivent être porteurs et de soumettre leurs chargements à la vérification de ceux-ci ;

Attendu qu'aux termes du 2e § de l'art. 237 de la loi du 28 avril 1816, les marchandises transportées en fraude qui, au moment d'être saisies, seraient introduites dans une habitation pour être soustraites aux employés, pourront y être suivies, sans qu'on soit tenu d'observer les formalités prescrites par le 1er § dudit article ;

Attendu qu'en s'opposant à cette vérification le sieur O...   s'est rendu coupable de la contravention prévue par l'art. 17 de la loi du 28 avril 1816 et punie par l'art. 19 de la même loi, modifié, quant au chiffre de l'amende, par l'art. 7 de la loi du 21 juin 1873 ;

Plaise au tribunal :

Condamner le sieur O...   en une amende de 200 à 1.000 francs, décimes en sus (art. 33 de la loi du 30 mars 1902) ; prononcer la confiscation du fût et des 30 litres de vin saisis fictivement ;

Dire que le contrevenant sera tenu de remettre ces objets à la Régie, ou d'en payer la valeur fixée modérément, d'après le procès-verbal, à la somme de 15 francs ; dire...   ; fixer...

Observations. — L'article 17 de la loi du 28 avril 1816 doit être entendu en ce sens que. pour constituer en contravention un voiturier qui refuse de représenter des expéditions pour un chargement, il faut que les employés aient la certitude que ce voiturier transporte des boissons. Il n'est pas indispensable, sans doute, qu'il y ait eu mainmise sur le chargement ou vérification du contenu des fûts ; il suffit qu'un examen superficiel ou que des circonstances particulières aient démontré qu'il y avait transport de liquides soumis aux droits et assujettis à des formalités à la circulation.

Refus de représenter les expéditions ou de laisser vérifier le chargement.

1° Vins, cidres, poirés : amende de 200 à 1.000 fr. Confiscation. (Art. 17 et 19 de la loi du 28 avril 1816, 7 de la loi du 21 juin 1873.)

2° Spiritueux : amende de 100 à 600 fr., confiscation (art. 17 et 19 de la loi du 28 avril 1816) ; quintuple droit de consommation (art 19 de la loi du 30 janvier 1907).

Les termes limitatifs de l'art. 6 de la loi du 21 juin 1873 ne permettent pas de dire que l'art. 19 de la loi du 28 avril 1816 a été complètement abrogé. Le législateur de 1873 n'ayant point visé la contravention prévue par l'art 17 de la loi de 1816, il en résulte que le refus par un transporteur de soumettre son chargement aux vérifications du service à la circulation est puni d'une amende de 200 fr. si les verbalisants établissent qu'il s'agit de vin, et d'une amende de 100 fr. seulement s'il s'agit d'alcool. (Lyon 26 mai 1887 ; Cass. 27 oct. 1887 ; Cass. 7 août 1903.)

No 8. — Marchands en gros. Excédent aux charges (ville sujette).

Attendu que d'un procès-verbal dressé le..... par deux employés des contributions indirectes en résidence à....., il résulte que le recensement opéré le..... dans les magasins de M.   marchand en gros de boissons dans cette ville, a fait ressortir, après contrôle effectif des déclarations de ce négociant, un excédent de 420 litres d'alcool, pour lequel il n'a pu représenter aucune expédition régulière;

Que ce fait constitue :

1° La contravention prévue par l'article 100 de la loi du 28 avril 1816 et par l'article 7 de celle du 29 déc. 1900 et punie par l'article 106 de la même loi de 1816, modifié, en ce qui concerne l'amende, par l'article 7 de la loi du 2 août 1872 et l'article 14 de celle du 29 décembre 1900, qui ont rendu applicable l'article 1er de la loi du 28 février 1872 ;

2° La contravention prévue par les articles 24 et 37 de la loi du 28 avril 1816 et punie par l'article 46 de la même loi ;

3° La contravention prévue et punie par l'article   du règlement de l'octroi de la ville de

Plaise au tribunal condamner M...

1° A une amende de 500 à 5.000 francs, pour fraude au droit de consommation ;

2° A une amende de 100 à 200 francs, pour fraude au droit d'entrée ;

3° A une amende de 100 à 200 francs, pour fraude au droit d'octroi ;

4° Prononcer les décimes et demi-décime (Loi du 30 mars 1902, art. 33) ;

5° Au quintuple du droit de consommation sur les spiritueux saisis (Loi du 30 janv. 1907, art. 19) ;

Prononcer la confiscation de 420 litres d'alcool saisis et dire que M.   sera tenu d'en faire la remise à l'Administration ou d'en payer la valeur fixée de concert avec lui à la somme de

Dire que la Régie, tenue des frais en sa qualité de partie civile (art. 157 et 158 du décret du 18 juin 1811), aura son recours contre le condamné ;

Fixer la durée de la contrainte par corps d'après le chiffre des condamnations prononcées, frais compris. (Art. 9 de la loi du 22 juill. 1867 et loi du 19 déc. 1871.)

Observations. — *Maximum de la confiscation*. — Par dérogation aux règles générales, l'article 106 de la loi du 28 avril 1816 prévoit des cas où l'estimation des vins, etc , ne peut dépasser 2.000 francs. On remarquera qu'il s'agit, dans l'espèce, de contraventions prévues exclusivement par le premier paragraphe dudit article.

De même, en cas de commerce de gros sans licence, on ne doit comprendre dans la saisie que les boissons trouvées en la possession du délinquant au jour de la déclaration de procès-verbal. (Cass. 11 janv. 1906.)

Communications intérieures entre un magasin de gros et un magasin de détail. — L'article 7 de la loi du 19 juillet 1880 n'autorise les marchands en gros à vendre des boissons en détail que dans les magasins séparés et n'ayant avec les magasins de gros d'autres communications que par la voie publique. La loi de 1880 ne prévoit pas, il est vrai, de sanction ; mais lorsque ces communications existent, les articles 102 et 106 de la loi du 28 avril 1816 deviennent applicables. On peut soutenir, en effet, que le contrevenant reste soumis, aussi bien pour le gros que pour le détail, à toutes les obligations imposées aux marchands en gros par le titre Ier, chap. IV, de la loi de 1816, et qu'il a commis la contravention prévue et punie par l'article 106. (Arr. Douai 27 janvier 1890 ; Jug. trib. Châlon 8 mars 1901 ; Bull. Cont. ind. 1901.16.)

Toutefois, l'Administration n'entend pas se prévaloir de la condition restrictive imposée par l'article 7 précité, en ce qui concerne les vins, les cidres et les spiritueux, à l'égard des commerçants qui prendront l'engagement d'acquitter le droit de circulation sur la totalité de leurs manquants, sans déduction. (Circ. 436 du 5 mars 1901 et circ. 477 du 15 janv.-1902.)

Recélé ou dépôt, chez un particulier, de boissons appartenant à un débitant, à un marchand en gros, à un distillateur ou à un bouilleur : voir art. 9 de la loi du 21 juin 1873 ; circ. 94 du 5 juillet 1873 ; lett. com. du 2 fév. 1874.

On ne rédige qu'un seul procès-verbal atteignant les deux contrevenants, à chacun desquels il est déclaré. Mais les deux parties encourent des pénalités qui leur sont propres.

L'excédent constaté chez un marchand en gros peut provenir du refus de prise en charge d'un acquit-à-caution pour défaut de représentation des boissons de *nouvelle venue*. Dans ce cas, l'acquit n'est pas déchargé et on peut percevoir les droits sur la quantité y énoncée.

Si le marchand en gros représente, sinon la totalité, du moins la majeure partie du chargement de nouvelle venue, et s'il est admis que les boissons représentées appartiennent à celles portées à l'acquit, le service doit :

1º Saisir les quantités introduites chez le marchand en gros avec une expédition énonçant une quantité supérieure à celle qu'ils ont dû reconnaître et dresser procès-verbal de cette saisie ;

2º Prendre en charge au compte du marchand en gros, et ce en vertu du procès-verbal, la quantité reconnue ;

3º Décharger l'acquit-à-caution pour cette même quantité et faire ressortir dans le cadre spécial établi au verso de cette expédition la différence en moins sur laquelle il y a lieu de percevoir les droits.

Nous ferons observer qu'un excédent ne peut résulter uniquement du refus de prise en charge d'un acquit-à-caution basé sur ce fait qu'un fût de 3/6 représenté ne porte le numéro déclaré par l'expéditeur et mentionné au titre de mouvement, en exécution du 2e § de l'article 6 de la loi du 21 juin 1873.

Le défaut d'indication de numéro sur le fût (art. 6 de la loi du 21 juin 1873) constitue une contravention à l'article 10 de la loi du 28 avril 1816, complété par l'article 6 de la loi du 21 juin 1873 pour inapplicabilité de l'expédition, et peut être valablement constaté par procès-verbal (Cass. 11 mars 1881) ; mais cette omission ne permet pas de refuser la décharge et par suite la prise en charge de l'acquit, attendu que les seuls cas dans lesquels les employés sont autorisés à opposer légalement un tel refus sont les suivants (ordonnance du 11 juin 1816, art. 4, et loi du 28 fév. 1872, art. 2 et 3) :

1º Lorsque les boissons ne sont pas représentées ;

2º Lorsqu'elles sont représentées après l'expiration du délai fixé par l'acquit ;

3º Lorsqu'elles ne sont pas de l'espèce énoncée à l'acquit ;

4º Lorsque le destinataire de boissons spiritueuses ayant parcouru un trajet de plus de deux myriamètres ne représente pas, en même temps que l'acquit, les bulletins de transport, lettres de voiture, connaissements établissant que le transport a eu lieu dans les conditions de la déclaration ;

5º Pour défaut de visa sur un chargement de spiritueux dépassant 1 hectolitre (Loi du 16 déc. 1897, art. 8) ou sur un chargement de plus de 20 hectolitres de vin. (Loi du 18 juill. 1904, art 1er)

La disposition de l'article 3, § 3, de la loi du 28 février 1872 est sanctionnée par l'article 106 de la loi du 28 avril 1816 et par les articles 6 ou 7 de la loi du 21 juin 1873, suivant qu'il s'agit de vins ou de spiritueux. (Cass. 22 nov. 1900.)

Fausse déclaration ; contravention à l'art. 9 de la loi du 19 juillet 1880. — Cette contravention entraîne, outre l'amende au profit du Trésor, une amende au profit de l'octroi, si le règlement de l'octroi punit de l'amende édictée par l'article 46 de la loi du 28 avril 1816 les déclarations reconnues fausses, soit à l'entrée, soit à la sortie des entrepôts, soit dans le cours des opérations d'inventaire. (Cass 5 fév. 1891.)

Fausse déclaration de sortie. — L'entrepositaire qui fait une fausse déclaration à la sortie, qui fait sortir de l'eau pour du vin, par exemple, commet une contravention à l'article 100 de la loi du 28 avril 1816 (altération du compte des entrées et sorties. Trib. Montpellier, 23 avril 1880 ; M. 21.155.) Ce n'est pas du liquide sans valeur présenté à la sortie que la confiscation est prononcée, mais bien de celui dont on a voulu frauder les droits. (Cass 6 fév. 1836 et 12 janv. 1877.)

Excédent de sorties. — Si la balance d'un compte fait ressortir un excédent de sorties, on peut, en droit strict, saisir l'excédent de sorties, mais si le marchand en gros est *de bonne foi,* il est préférable de s'abstenir de verbaliser, attendu que les expéditions levées ont entraîné ou garanti la perception des droits.

Alcools à hauts degrés. — La Régie a le droit de rapprocher les éléments du compte d'un marchand en gros des déclarations de celui-ci et des titres de mouvement qui lui ont été délivrés, et elle peut ainsi faire ressortir une contravention d'introduction frauduleuse. (Cass 12 juill. 1895 ; Pand. fr. 96.7.61.)

Car, si les mélanges et les coupages autorisés par la loi peuvent aboutir à la transformation du 3/6 en eaux-de-vie, ils ne sauraient justifier le remplacement des spiritueux à bas degré par des alcools introduits ou fabriqués nécessairement en fraude. (Toulouse 8 mars 1888 ; Journ. Cont. ind. 1889.668 ; Nîmes 27 avril 1888 ; Journ. Cont. ind. 1889.62 ; Cass. 10 août 1888 ; Journ. Cont. ind. 1889.62 ; circ. 545 du 5 fév. 1889 ; L. C. 37 du 27 mai 1892.) S'il n'y a pas d'excédent au compte général d'alcool pur, viser les articles 1 et 6 de la loi du 28 avril 1816.

N° 9. — *Marchand en gros. Excédent. Tolérances.*

Attendu qu'il résulte d'un procès-verbal régulier dressé le....., par 4 employés des contributions indirectes demeurant à M....., que, lors de l'inventaire par eux fait le....., il fut constaté dans les magasins du sieur P. ..., marchand en gros dans cette ville, l'existence de 534 h. 46 l. 61 c. d'alcool pur, alors que, d'après les écritures tenues au portatif n° 50 A., il n'aurait dû exister en magasin que 532 h. 41 l. 58, d'où un excédent de 205 lit. 03 c. ;

Attendu que ce fait constitue la contravention prévue et punie par les articles 24, 37, 46, 100 et 106 de la loi du 28 avril 1816 ; 7 de celle du 2 août 1872 ; 1er de celle du 28 février 1872 ; 7 de la loi du 29 décembre 1900, 19 de celle du 30 janvier 1907 et 4 du règlement de l'octroi de la ville de M..... ;

Attendu que vainement le sieur P... a soutenu que ledit excédent étant inférieur à la tolérance de 5 0/0 allouée par l'article 10 de la loi du 19 juillet 1880, il y aurait lieu d'ajouter simplement la quantité en excédent à celle reconnue comme devant constituer les charges ;

Attendu que le marchand en gros dans les magasins duquel on constate un excédent n'est pas fondé à invoquer le bénéfice des dispositions législatives précitées ; qu'en effet, la tolérance dont il s'agit ne s'applique qu'aux déclarations que le négociant est tenu de faire en vertu de l'article 9 de la même loi, et non aux excédents qui ressortent après la constatation matérielle des restes ;

Attendu que des termes du procès-verbal il résulte que l'excédent relevé est le résultat des constatations matérielles effectuées par les employés et non de la comparaison des écritures établies d'après les déclarations de M. P..... ;

Attendu que l'article 7 de la loi du 29 décembre 1900 déclare formellement que tout excédent à la balance finale du compte donne lieu à la rédaction d'un procès-verbal ;

Attendu qu'il n'y a pas lieu de faire application des circonstances atténuantes, l'intention de fraude étant suffisamment démontrée dans le procès-verbal ;

Attendu que les droits fraudés s'élèvent à :

Savoir :

	fr.	c.
Droit de consommation.	»	»
Droit d'entrée.	»	»
Droit d'octroi.	»	»

Plaise au tribunal :

Condamner le sieur P...

1° A une amende de 500 fr. à 5.000 fr., pour fraude au droit de consommation ;

2° A une amende de 100 à 200 fr., pour fraude au droit d'entrée ;

3° A une amende de 100 à 200 fr., pour fraude au droit d'octroi ;

4° Prononcer le double décime et demi de ces amendes (applic. de l'article 33 de la loi du 30 mars 1902) ;

5° Au quintuple droit de consommation sur les spiritueux saisis (art. 19 de la loi du 30 janv. 1907) ;

Prononcer la confiscation...

Dire...

Fixer...

N° 10. — Débitant de boissons. Introduction sans expédition ou avec une expédition inapplicable.

Attendu que d'un procès-verbal dressé le..... par..... en résidence à..... il résulte que le sieur L..... débitant de boissons à..... a introduit chez lui deux fûts contenant ensemble 200 litres de cognac à 53 degrés, accompagnés de l'acquit n° 3550, du bureau de..... en date du..... énonçant un fût de 100 litres de cette boisson, d'où une différence en plus de 100 litres ;

Attendu que ce débitant a été, en outre, trouvé détenteur de 4 bouteilles de vin de Bordeaux pour lesquelles il n'a pu produire aucun titre de mouvement ;

Attendu que l'expédition représentée était inapplicable ;

Attendu que ces faits constituent la contravention prévue par les articles 1, 6, 53 de la loi du 28 avril 1816 et punie par les articles 19 et 96 de la même loi, modifiés, quant au chiffre de l'amende, pour les vins par l'article 7 de la loi du 21 juin 1873 et pour les spiritueux par l'article 1er de la loi du 28 février 1872 rendu applicable par l'article 6 de la loi du 21 juin 1873 et par l'article 7 de la loi du 2 août 1872;

Plaise au tribunal : ·

Condamner le sieur L... à une amende de 500 à 5.000 fr., pour fraude au droit de consommation ;

A une amende de 200 à 1.000 fr., pour fraude au droit de circulation ;

Doubles décimes et demi-décime en sus (art. 33 de la loi du 30 mars 1902) ;

Au quintuple droit de consommation sur les spiritueux saisis (loi du 30 janv. 1907, art. 19) ; · · ·

Prononcer la confiscation des 100 litres de cognac trouvés en excédent et des 4 bouteilles de vin introduites frauduleusement ; ·

Dire que le contrevenant sera tenu de les remettre à la Régie ou d'en payer la valeur estimée modérément à la somme de 60 francs ;

Dire que la Régie, tenue des frais, etc.   fixer la durée de la contrainte par corps, etc.

Pour mémoire :   *Détail des frais :*

Les droits fraudés s'élèvent à. . . . . .   p.-v. . . . , ,
                                                     assignation . .

Observations. — Pour une contravention constatant l'*ouverture* d'un débit de boissons *sans déclaration*, on doit, pour l'application de l'amende, distinguer si les contraventions constatées aux articles 50 et 144 de la loi du 28 avril 1816 portent saisie d'alcool et de vins, c'est-à-dire l'une et l'autre, ou seulement l'une ou l'autre de ces boissons. S'il s'agit d'alcool, la quotité de l'amende est de 500 francs. (Art. 7 de la loi du 2 août 1872.) Si, au contraire, le contrevenant n'a été trouvé détenteur que de vin, l'amende est de 300 francs. (Art. 95 de la loi du 28 avril 1816.) S'il s'agit à la fois d'une détention de vin et d'alcool, deux amendes sont encourues (300 + 500). Dans l'une comme dans l'autre de ces hypothèses, il n'y a pas lieu d'ajouter aux peines précitées celles dont l'application pourrait être requise contre les assujettis pour non-exhibition des expéditions. (Déc. n° 22470 du 4 mars 1874, 2e div., 4e bur. ; v. arr. Chambéry du 19 avril 1888 ; Journ. Cont. ind. 1890.283.)

S'il s'agit de l'ouverture d'un débit sans déclaration ni licence, il n'y a pas lieu d'exiger deux amendes distinctes pour infraction aux articles 144 et 171 de la loi du 28 avril 1816. La disposition de l'article 171 a cessé d'être appliquée. (Journ. Cont. ind. 1901, R. 761.204.)

N° 11. — *Voitures publiques.*

Mise en circulation d'une voiture publique sans estampille et sans laissez-passer.

Attendu que d'un procès-verbal rapporté le..... par..... il résulte que le..... à..... le sieur M..... au service du sieur D..... a fait circuler une voiture contenant..... voyageurs pour laquelle il n'a pu représenter ni laissez-passer ni estampille ;

Attendu que ce fait constitue la contravention prévue par les articles 115, 117 et 120 et punie par l'article 122 de la loi du 25 mars 1817 ;

Plaise au tribunal :

Condamner le sieur M... . en une amende de 100 à 1.000 francs majorée du double décime et demi en vertu de l'article 33 de la loi du 30 mars 1902 ;

Prononcer la confiscation de la voiture, du cheval et des harnais ;

Dire que le contrevenant sera tenu de faire remise du tout à l'Administration ou d'en payer la valeur fixée d'après le procès-verbal, à .... (article 120 de la loi) ;

Dire que la Régie, tenue des frais en sa qualité de partie civile (articles 157 et 158 du décret du 18 juin 1811), aura son recours contre le condamné ;

Fixer la durée de la contrainte par corps d'après le chiffre des condamnations prononcées, frais compris (art. 9 de la loi du 22 juill. 1867 et loi du 19 déc. 1871) ;

En ce qui concerne le sieur D..... entrepreneur à..... propriétaire de la voiture et du cheval et patron du sieur M.....

Plaise au tribunal le déclarer responsable des faits de son agent ; dire qu'en cette qualité il sera tenu, vis-à-vis de la Régie, des condamnations prononcées contre le sieur M..... (art. 35 du décret du 1er germinal an XIII ; Douai 20 décembre 1876 ; Montpellier 18 décembre 1876).

Observations. — Pas de saisie des moyens de transport quand il s'agit d'excédents de voyageurs ; une simple amende est appliquée.

— La loi du 25 mars 1817 *sur la perception de l'impôt* n'a pas été abrogée par celle du 30 mai 1851 *sur la police des routes et la sûreté des voyageurs :* le même fait peut être passible de deux amendes cumulées s'il constitue tout à la fois une contravention de police et une contravention fiscale. (Rennes 2 janv 1862 ; Cass. 11 juill. 1873 ; Douai 20 déc. 1876.) Il suffit, aux termes de l'article 182 du Code d'instruction criminelle, que le prévenu ait été cité par la partie civile pour qu'il encoure l'application de toutes les dispositions répressives, pénales et fiscales, applicables au fait pour lequel il a été cité, même à défaut de citation de la part du ministère public.

No 12. — *Tabacs (colportage).*

Attendu qu'il résulte d'un procès-verbal dressé le..... par..... que le sieur..... a été rencontré dans la commune de..... colportant 8 kil. de tabac à fumer de provenance frauduleuse ;

Attendu que ce fait constitue la contravention prévue et punie par les articles 222 de la loi du 28 avril 1816 et 39 de celle du 31 mars 1903 ;

Attendu que le sieur..... est un professionnel de la fraude et a déjà eu 4 procès-verbaux pour des faits de colportage ; qu'il ne saurait, dans ces conditions, bénéficier des circonstances atténuantes ni du sursis ;

Plaise au tribunal :

Déclarer le sr..... convaincu de la contravention qui lui est reprochée et le condamner en une amende de 600 à 2.000 francs, doubles décimes et demi en sus (loi du 30 mars 1902, art. 33) ;

Prononcer la confiscation des..... de tabacs saisis, et la confiscation des moyens de transport consistant en..... (article 222) ; Dire ....
Fixer.....

Observations. — Sont considérés comme *colporteurs,* les marchands ambulants et les contrebandiers qui transportent, à charge d'homme ou à dos de cheval, des tabacs pour les vendre. Le mot colportage implique l'idée de transporter avec intention de vendre. Mais les entrepreneurs de roulage qui transportent des tabacs à une destination quelconque ne sont pas des colporteurs; ils encourent les pénalités édictées par l'article 216, sauf leur recours contre qui de droit.

Pour le colportage de *tabacs factices*, viser les articles 5 de la loi du 12 février 1835, 222 de la loi du 28 avril 1816 et 39 de la loi du 31 mars 1903.

Les plantations illicites de tabacs entraînent une amende de 0 fr. 50 par pied sur un terrain ouvert et de 1 fr. 50 par pied si le terrain est clos de murs. (Art. 181 de la loi de 1816 et loi du 23 avril 1836.)

Dépôts de tabacs en feuilles : 1° chez un simple particulier, viser les articles 217 et 218 de la loi de 1816 et l'article 39 de la loi du 31 mars 1903 ; 2° chez un planteur, ajouter en outre la mention : « que ces articles ont été rendus applicables à la détention de tabac par un planteur, par les articles..... de l'arrêté préfectoral du..... portant règlement général de la culture dans le département de..... »

Tabacs de troupe et d'hospice. — La détention illicite de tabacs à prix réduits dits de troupe et d'hospice est punie par l'article 219 de la loi de 1816, modifié par l'article 4 de la loi du 30 mai 1899 (circ. 341 de 1899). — Pour le colportage de ces tabacs, voir art. 222 et loi de 1903.

Tabacs de zone trouvés dans des lieux où la vente n'est pas autorisée. (Art. 219 ou 222 de la loi du 28 avril 1816 et art. 39 de la loi du 31 mars 1903.)

Tabacs factices. — La loi du 12 février 1835 interdit la fabrication et le commerce de toute préparation qui serait mise en vente comme pouvant servir à la même destination que le tabac. (Cass. 6 juill. 1877 ; M. 20 45 ; Paris 26 janv. 1885 ; M. 21.511.)

N° 13. — Tabacs.

Détention de 527 kil. 200 gr. de tabac de cantine par un débitant de boissons.

Attendu qu'il résulte d'un procès-verbal régulier dressé le... par... que le s^r B..., débitant de boissons à..., a été trouvé détenteur de 527 kil. 200 gr. de tabac de 1re zone ; 2e subdivision ;

Attendu que l'importance du dépôt, le soin avec lequel on l'avait dissimulé ne laissent aucun doute qu'il avait été constitué dans un but frauduleux ;

En droit, attendu qu'aux termes de l'article 5 de la loi du 24 juillet 1843, dans les lieux où la vente des tabacs à prix réduit, dits de cantine, est autorisée, nul ne peut avoir en provision plus de 3 kilos de tabac de cette espèce lors même qu'ils seraient revêtus des marques de la Régie ;

Attendu que ces faits constituent la contravention prévue et punie par l'article 5 de la loi précitée qui a rendu applicable l'article 218 de la loi du 28 avril 1816, modifié par l'article 39 de la loi du 31 mars 1903 ;

Plaise au tribunal :

Condamner B... à une amende de 15.816 fr. (1) ;

Prononcer les décimes (loi du 30 mars 1902, art. 33) ;

---

(1) Cette manière de décompter l'amende est conforme à un arrêt de la cour d'Amiens en date du 18 mai 1905. Mais la cour de Douai (arrêt du 9 janv. 1905) a estimé que l'amende ne devait pas être supérieure à 6.000 fr. en principal (art. 218 et 39 combinés).

Prononcer la confiscation des tabacs ;

Dire...

Fixer...

Décompte. — Tarif fixé par la loi du 30 mars 1902 : 15 fr. par kil. — double tarif = 30 fr.

$$527.200 \times 30 \text{ fr.} = 15.816 \text{ fr.}$$

Décimes 3.954 fr.

N° 14. — *Poudres à feu.*

Fabrication et détention de poudre de mine.

Attendu que d'un procès-verbal en date du... rapporté par..... il résulte que le s^r... a été trouvé détenteur : 1° de 4 kilog. de poudre fabriquée par lui ; 2° de 18 kilog. de matières devant servir à la fabrication de la poudre que le s^r... emploie à l'extraction de la pierre ;

Attendu que ce fait constitue la contravention prévue par les articles 24 de la loi du 13 fructidor an V, 25 de la loi du 25 juin 1841 et 222 de la loi du 28 avril 1816, 2 de celle du 24 mai 1834, et punie par l'article 27 de la loi du 13 fructidor an V, modifié par l'article 25 de la loi du 25 juin 1841, et par l'article 23 de la loi du 13 avril 1898, qui ont rendu applicables les pénalités de l'article 222 de la loi du 28 avril 1816 ;

Plaise au tribunal :

Condamner le s^r... à une amende de 300 à 1.000 francs, décimes en sus, sans préjudice de la peine d'emprisonnement qui pourra être prononcée à la requête du ministère public ;

Prononcer la confiscation des poudres et matières servant à leur fabrication, qui ont été déposées à ;

Dire que la Régie... ; fixer....

N° 15. — *Détention de vins mouillés par un marchand en gros.*

Fausse déclaration de la nature du liquide.

Attendu que d'un procès-verbal régulier, dressé le... par des employés des contributions indirectes en résidence à C... il résulte que la dame M... marchande en gros à... a déclaré, au cours d'un recensement, sous la dénomination de vin, 6 hectolitres de liquide reconnu à l'analyse être du vin mouillé dans la proportion de 20 p. 100 ;

Attendu que l'addition d'eau au vin en modifie et en altère la nature et ne lui laisse plus le caractère de vin tel qu'il est défini par l'article 1er de la loi du 14 août 1889 ; qu'il ne s'agit plus, dès lors, que d'une dilution alcoolique (Cass. 2 mai 1907);

Que, d'ailleurs, la loi du 24 juillet 1894 prohibe la mise en vente des vins mouillés ;

Attendu que le fait relevé constitue la contravention prévue par l'article 9 de la loi du 19 juillet 1880 et punie par l'article 11 de la même loi ;

Plaise au tribunal :

Condamner la dame M.. à une amende de 500 à 5.000 fr., indépendamment des peines à requérir par le ministère public ;

Aux décimes et demi-décime de ladite amende (loi du 30 mars 1902, art. 33);

Prononcer la confiscation des 16 hectolitres de vins mouillés saisis;

Dire que la dame M... sera tenue de remettre ce liquide à la Régie ou d'en payer la valeur fixée à 200 fr., sans préjudice, le cas échéant, des peines complémentaires prévues à l'article 7 de la loi du 6 août 1905;

Dire que la Régie, tenue seulement des frais nécessités par son intervention en sa qualité de partie civile (art. 157 et 158 du décret du 18 juin 1811), aura son recours contre le condamné;

Fixer...

N° 16. — Débitant de boissons. Fabrication de vin sans déclaration.

Déclarations restrictives.

Attendu qu'il résulte d'un procès-verbal régulier que M. H... débitant de boissons à... s'est refusé à faire une déclaration pour les vins ordinaires destinés à sa consommation;

Que les déclarations restrictives qu'il est admis à faire pour les boissons destinées à sa propre consommation ne le dispensent pas de déclarer toutes les fabrications conformément aux prescriptions de l'article 50 de la loi du 28 avril 1816;

Que ce défaut de déclaration constitue la contravention prévue par les articles 50 de la loi du 28 avril 1816, 8 de celle du 29 décembre 1900, et réprimée par les articles 96 de la loi du 28 avril 1816, 14 de celle du 29 décembre 1900 et 7 de celle du 21 juin 1873;

Attendu qu'en raison des démarches réitérées des employés de la Régie pour amener M. H. à se conformer à la loi, on ne saurait admettre son ignorance et par suite sa bonne foi; qu'il n'y a pas lieu, dès lors, de lui accorder le bénéfice de l'article 23 de la loi du 6 août 1905 concernant l'application des circonstances atténuantes;

Par ces motifs, plaise au tribunal :

Condamner le sieur H... à une amende de 200 à 1.000 francs;

Aux décimes et demi-décime sur cette amende (art. 33 de la loi du 30 mars 1902);

Prononcer la confiscation des 830 litres de vin saisis et dire que le condamné sera tenu de le remettre à la Régie ou d'en payer la valeur fixée par le procès-verbal à...

Dire...

Fixer...

N° 17. — Distilleries ambulantes. Circulation d'un alambic sans permis.

Attendu que d'un procès-verbal rapporté le   par   il résulte que le sr X.   distillateur ambulant, domicilié à   , a été rencontré le   sur la route de   , territoire de la commune de   porteur d'un alambic mobile, sans qu'il ait pu légitimer la circulation de cet appareil par la représentation d'un permis régulier de la Régie;

Attendu que ce fait constitue la contravention prévue par l'art. 33 du décret du 15 avril 1881, et punie par l'art. 1er de la loi du 28 février 1872, rendu applicable aux délits de l'espèce par l'art. 3 de la loi du 21 mars 1874 ;

Plaise au tribunal :

Condamner le sr X. en une amende de 500 à 5.000 fr., doubles décimes et demi-décime en sus ;

Dire que la Régie, etc. ; fixer la durée, etc.

Observations. — La circulation sans permis d'un alambic appartenant à un bouilleur ambulant n'entraîne pas la confiscation de l'appareil. Le fait contraventionnel constitue une infraction à l'article 33 du règlement B. Or, la confiscation n'est prévue que pour les infractions aux prescriptions de la loi du 29 déc. 1900 et à celle du 31 mars 1903. (Arr. Dijon 19 nov. 1884.)

Alambic non déclaré. — Amende de 500 à 5.000 fr. ; décimes ; confiscation de l'alambic et dépens. Contravention prévue et punie par les articles 14 et 26 de la loi du 31 mars 1903 et 14 de celle du 29 décembre 1900.

Circulation d'un alambic ordinaire sans acquit-à-caution. — Amende de 500 à 5.000 fr.; confiscation et dépens. (Loi du 31 mars 1903, articles 13 et 26 ; 29 décembre 1900, art. 14.)

Paris. — La distillerie des eaux-de-vie, soit à Paris, soit dans les villes où elle est interdite, est punissable d'une amende de 1.000 fr. à 3.000 fr. et d'un emprisonnement de 6 jours à 6 mois. (Art. 10 des lois du 1er mai 1822 et du 24 mai 1834 ; art. 14 de celle du 21 juin 1873.)

N° 18. — *Distillation sans déclaration par un débitant. Introduction des spiritueux dans le débit.*

Attendu que d'un procès-verbal régulier dressé le..... par deux employés des contributions indirectes en résidence à B..... il résulte que le sr T....., débitant de boissons à V..., a, dans le courant du mois de février précédent, fait distiller chez un voisin, sans déclaration préalable, des marcs et des lies de cidres d'achat ;

Qu'il a introduit ensuite sans expédition dans son débit, d'après ses propres aveux, un fût et une bonbonne renfermant ensemble 57 litres d'eau-de-vie à 58° provenant de cette fabrication ;

Attendu que ces faits constituent à la charge du sr T... les contraventions prévues par les articles 1-6, 53, 138, 139, 144 de la loi du 28 avril 1816 et punies par les articles 1er de la loi du 28 février 1872, 7 de la loi du 2 août 1872 ;

Plaise au tribunal :

Condamner le sr T...

1° A une amende de 500 à 5.000 fr. pour distillation sans déclaration ;

2° A une amende de 500 à 5.000 fr. pour transport et introduction frauduleuse dans le débit des 57 litres d'eau-de-vie de cidre saisis ;

3° Aux décimes et demi-décime sur ces amendes (art. 33 de la loi du 30 mars 1902) ;

4° Au quintuple droit de consommation sur les spiritueux saisis (loi du 30 janv. 1907, art. 19) ;

5° Prononcer la confiscation des 57 litres d'eau-de-vie ;

Dire que le sieur T... sera tenu d'en faire remise à l'Administration ou d'en payer la valeur fixée à 70 francs ;

Dire que la Régie, tenue des frais en sa qualité de partie civile (art. 157 et 158 du décret du 18 juin 1811), aura son recours contre le condamné ;

Fixer la durée de la contrainte par corps d'après le chiffre des condamnations prononcées, frais compris. (Art. 9 de la loi du 22 juill. 1867 et loi du 19 déc. 1871.)

Pour mémoire :

Droits fraudés :

33 litr. 06 × 220 fr. = 72.74
Timbre. 10
Licence. 10.00
Timbre. 10
82.94

Détail des frais :

Procès-verbal = ...
Assignation . = ...
. . . . = ...
. . . . = ...

N° 19. — Distillation de miel sans déclaration ni licence.

Attendu que d'un procès-verbal régulier, en date du..., rapporté par MM..., employés des contributions indirectes en résidence à..., il résulte que le... ces deux agents, légalement assistés de M. R..., juge de paix du canton de..., se sont présentés chez le s^r O..., apiculteur à V..., à l'effet de s'assurer si cet industriel avait réellement soumis à la distillation, le..., 6 hectolitres d'eau de miel, ainsi que cela résultait des indications portées sur le cahier-journal du sieur P..., bouilleur ambulant à..., et, le cas échéant, de se faire représenter les 38 litres d'eau-de-vie obtenus ;

Attendu que le s^r O... après avoir reconnu qu'il venait, en effet, de distiller des résidus de miel, a représenté 38 litres d'eau-de-vie à divers pour 18 lit. 10 d'alcool pur, ainsi que l'alambic ayant servi à la distillation, et 20 litres de macération de miel ;

Attendu que le s^r O... n'a pu produire l'ampliation de la déclaration de fabrication qu'il aurait dû faire à la recette buraliste, ni justifier du paiement de la licence de distillateur ni du paiement du droit de consommation sur les eaux-de-vie fabriquées ;

Attendu que le préjudice causé au Trésor s'élève à la somme de 50 fr. 02, savoir :

Licence de bouilleur de profession. . . 10 10 (timbre compris).
Droit de consommation (18 l. 10 × 220 fr.) = 39 92 (timbre compris).
Total. . . . 50 02

Attendu que ces faits constituent les contraventions prévues par les articles 138, 139 et 144 de la loi du 28 avril 1816, 9 de la loi du 29 décembre 1900 et punies par l'article 7 de la loi du 2 août 1872 et par l'article 14 de celle du 29 décembre 1900 qui ont rendu applicables les pénalités édictées par l'article 1er de la loi du 28 février 1872 ;

Plaise au tribunal :

Condamner le s^r O...

1° En une amende de 500 à 5.000 fr. pour défaut de licence ;

2° En une amende de 500 à 5.000 fr. pour distillation sans déclaration ;

3° Au double décime et demi de ces amendes (loi du 30 mars 1902, art. 33) ;

4° Au quintuple droit de consommation sur les spiritueux fabriqués (loi du 30 janv. 1907, art. 19) ;

5° Au remboursement des droits fraudés s'élevant à...

Prononcer la confiscation des eaux-de-vie saisies, ainsi que de l'alambic et des 20 litres de macérations ;

Dire que le s^r O... sera tenu de les remettre à la Régie ou d'en payer la valeur fixée à 45 francs ;

Dire... Fixer...

Observations. — La distillation sans déclaration ni licence de fruits d'achat entraîne, à la rigueur, deux amendes. (Arr. Chambéry du 3 avril 1873, M. 19.14 V. note ; arr. Paris 14 mai 1887 ; S. 90.2.223.)

N° 20. — *Allumettes chimiques.*

Colportage d'allumettes.

Attendu que d'un procès-verbal dressé le   par   en résidence à   il résulte que le sieur   a été rencontré dans la commune de   colportant des allumettes chimiques de fraude ;

Attendu qu'en jetant derrière une haie le ballot d'allumettes dont il était porteur et en prenant la fuite à la vue des gendarmes, ainsi que le constate le procès-verbal, le s^r... a suffisamment démontré qu'il se savait en contravention ;

Attendu que ce fait constitue la contravention prévue par l'article 1er de la loi du 2 août 1872 et punie par l'article 3 de celle du 28 janvier 1875 qui rend applicable pour les pénalités l'article 222 de la loi du 28 avril 1816 ;

Plaise au tribunal :

Condamner le s^r en une amende de 300 à 1.000 francs, doubles décimes et demi en sus ;

Prononcer la confiscation des   allumettes saisies ;

Dire   ; fixer

Observations. — En matière de colportage d'allumettes, les moyens de transport sont confiscables au même titre que les allumettes, et le produit de la vente ne vient pas en déduction de l'amende prononcée.

Pour que le délit de colportage soit caractérisé et motive l'arrestation du contrevenant, il faut que des circonstances de fait recueillies par les employés résulte la preuve que les objets transportés étaient destinés à la vente (aveux, offres de vente, témoignages, constatations matérielles...).

Les parents ou surveillants naturels du mineur âgé de moins de 16 ans peuvent être condamnés comme co-auteurs. (Loi du 16 avril 1895, art. 19.)

N° 21. — *Cartes à jouer. Détention et usage de cartes prohibées dans les établissements où le public est admis.*

Attendu que d'un procès-verbal dressé le   par   il

résulte que ces agents ont saisi aux mains de quatre joueurs installés dans le café du s^r B... trois jeux de cartes de faux moulages ;

Attendu que, procédant sur-le-champ à une visite domiciliaire, les verbalisants ont trouvé dans un tiroir du comptoir dix autres jeux des mêmes cartes et six jeux de cartes entourées de la bande du contrôle de la Régie ;

Attendu que le s^r B... n'a pu représenter le registre coté et paraphé sur lequel doivent être inscrits tous les achats de jeux de cartes, avec indication des noms et domicile des vendeurs ;

Attendu que ces faits constituent la contravention prévue par les articles 167 de la loi du 28 avril 1816, 12 de l'arrêté du 3 pluviôse an VI, 2 du décret du 31 décembre 1895, punie par l'article 1er du décret du 4 prairial an XIII et par les articles 166 de la loi du 28 avril 1816 et 24 de la loi du 29 décembre 1895 ;

Plaise au tribunal :

Condamner le s^r B...   en une amende de 1.000 à 3.000 francs, décimes en sus ;

Prononcer la confiscation   ; dire   ; fixer

. . . .

Observations. — S'il y a récidive, l'amende est toujours de 3.000 fr.
Le ministère public seul peut requérir la peine de l'emprisonnement.

N° 22. — *Circulation de vin de sucre en vue de la vente sous la dénomination de vin de vendanges.*

Attendu que d'un procès-verbal dressé le   par MM... employés des contributions indirectes à   il ressort que le lesdits employés se sont présentés dans les magasins de M. R... marchand en gros de boissons à   pour y reconnaître une boisson de nouvelle venue ayant fait l'objet le   à   du   soir d'une déclaration d'entrepôt de la part de M. R... ;

Attendu que ces vins avaient été livrés à M. R... par B..., marchand en gros à   , qui avait levé à cet effet l'acquit n°   du bureau de   en date du   et énonçant 15 fûts pour 70 hectolitres de vin de vendange ;

Attendu que la vérification de ce liquide ayant fait naître des doutes sur sa nature, il a été immédiatement prélevé des échantillons dont un a été soumis à l'analyse du laboratoire du ministère des finances qui a fait connaître qu'il s'agissait « d'un vin de 2e cuvée obtenu par addition d'eau et de sucre sur les marcs provenant de la 1re cuvée » ;

Attendu que dès lors il y a eu une fausse déclaration de la nature du liquide expédié par B... et reçu par le s^r R... et qu'ainsi l'acquit n°   était inapplicable ;

Mais attendu surtout que la fabrication, la circulation et la détention des vins de sucre en vue de la vente sont formellement interdites par l'article 3 de la loi du 6 avril 1897 ;

Attendu que ces faits constituent la contravention prévue par les articles 10 de la loi du 28 avril 1816, 1er de la loi du 14 août 1889,

3 de la loi du 6 avril 1897, et punie par l'art. 7 de la loi du 28 janvier 1903 qui a doublé les amendes fixées par les lois des 28 février 1872 (art. 1) et 6 avril 1897 (art. 4) ;

Attendu que MM. R... et B... ne fournissent aucune justification établissant leur bonne foi, qu'en leur qualité de négociants en vins ils ne pouvaient ignorer que la circulation et la vente des vins de sucre étaient interdites, qu'ils ne peuvent dès lors réclamer le bénéfice des dispositions de l'article 19 de la loi du 29 mars 1897 modifié par l'article 23 de celle du 6 août 1905 sur les circonstances atténuantes ;

Plaise au tribunal condamner conjointement et solidairement MM. R... et B... à une amende de 1.000 à 10 000 francs ; prononcer les décimes et demi-décime (art. 33 de la loi du 30 mars 1902) ; prononcer la confiscation des 70 hectolitres de vin de sucre saisis ; dire que R... et B... seront tenus de les remettre à la Régie ou d'en payer la valeur estimée de gré à gré à   et sans préjudice, le cas échéant, des peines complémentaires prévues à l'article 7 de la loi du 6 août 1905 ;

Et ce indépendamment des peines à requérir par le ministère public ;

Dire que la Régie, tenue seulement des frais nécessités par son intervention en sa qualité de partie civile, aura son recours contre les condamnés (art. 157 et 158 du décret du 18 juin 1811) (1) ;

Fixer la durée de la contrainte par corps d'après le chiffre des condamnations prononcées (art. 9 de la loi du 22 juillet 1867 et loi du 19 décembre 1871).

N° 23. Vélocipèdes. Défaut de plaque.

Attendu que d'un procès-verbal régulier, rapporté le..... par MM....., employés des contributions indirectes à....., il résulte que M....., domicilié à....., a mis en circulation, le....., sur le territoire de la commune de....., un vélocipède ordinaire, non muni de la plaque réglementaire ;

Attendu que ce fait constitue la contravention prévue par le 2e § de l'article 23 de la loi du 30 janvier 1907 et punie par le 2e § de l'article 24 de ladite loi ;

Attendu que le montant du droit fraudé s'élève à 3 francs ;

Plaise au tribunal : condamner M..... 1° à une amende de 1 à 15 fr. ; 2° au quintuple du droit fraudé, soit 15 francs.

Prononcer les décimes et demi-décime de ladite amende, conformément au 4e § de l'article 33 de la loi du 30 mars 1902 ;

Dire que la Régie, tenue des frais en sa qualité de partie civile (articles 157 et 158 du décret du 18 juin 1811), aura son recours contre le condamné.

---

(1) En principe, les frais d'expertise occasionnés à propos de procès-verbaux visant des faits de mouillage, de vinage, de fabrication ou de vente de vins artificiels.., doivent être supportés sur les fonds du ministère de la justice, parce que les poursuites, bien qu'intéressant la Régie, ont lieu principalement dans l'intérêt de la société. Aussi, a-t-il été prescrit aux directeurs, par lettre autographiée du 5 juillet 1898, n° 10.855, de se mettre en rapport avec les parquets, pour que les conclusions soient rédigées de telle sorte que le tribunal soit nécessairement amené à faire, dans le jugement, le départ des frais incombant à la justice de ceux mis à la charge de la Régie.

Fixer la durée de la contrainte par corps de deux à cinq jours. (Art. 9 de la loi du 22 juillet 1867 et loi du 19 décembre 1871.)

Octrois. (Pénalités.)

Les contraventions aux règlements de l'octroi sont punissables d'une amende de 100 à 200 fr. indépendamment de la confiscation des objets saisis ou du paiement d'une somme égale à leur valeur. (Art. 9 de la loi du 24 mai 1834.)

S'il s'agit de contraventions ordinaires, les moyens de transport sont saisissables, mais pour garantie de l'amende seulement. *Ib.*

Les dispositions des art. 223, 224 et 225 de la loi du 28 avril 1816 ont été rendues applicables aux introductions ou tentatives d'introduction d'objets soumis aux droits d'octroi à l'aide d'ustensiles ou de moyens disposés pour la fraude : les contrevenants sont arrêtés, les moyens de transport sont saisis effectivement et sont confiscables au même titre que les marchandises. (Art. 9 des lois du 29 mars 1832 et du 24 mai 1834.)

Les fraudes par escalade, par souterrain ou à main armée sont, en outre, punies de 6 mois de prison. *Ib.*

L'opposition à l'exercice des préposés d'octroi est punie d'une amende de 50 francs. (Art. 15 de la loi du 27 frim. an VIII et art. 65 de l'ord. du 9 déc. 1814.) En cas de voies de fait, les délinquants sont poursuivis devant les tribunaux. *Ib.*

Tableau des Productions périodiques.

(Circ. nº 478 du 24 janvier 1902.)

Indication des modèles et états	OBJET des modèles et états	Désignation des agents qui sont appelés à fournir les documents à l'Administration	Nature de la périodicité déterminée pour la production des documents	DATE à laquelle les documents ou les éléments de production doivent parvenir à la Direction	DÉLAI FIXE pour la transmission des documents à l'Administration	CIRCULAIRES
100 A	Etat récapitulatif des répartitions de produits d'amendes et confiscations (A).	Directeurs et sous-directeurs	Mensuel	Avant le 10 de chaque mois.	Du 15 au 20 de chaque mois.	Circ. 195.
122 B	Etat de produit des amendes et confiscations (A).	id.	Trimestriel	Avant le 10 du mois qui suit le trimestre.	Du 15 au 20 du mois qui suit le trimestre.	id.
122 D	Rapport sommaire sur les transactions soumises à l'approbation du conseil d'administration (A).	id.	Parquinzaine	Avant le 5 et le 20 de chaque mois	Le 5 et le 20 de chaque mois.	id.
122 D	Rapport sommaire sur les transactions soumises à l'approbation du ministre (B).	id. (H).	. . .	Au fur et à mesure de la conclusion des traités.	Au fur et à mesure de la conclusion des traités.	Note du 13 déc. 1897, nº 21945 et circ. 345 du 27 juin 1899.
122 E	Bordereau récapitulatif des transactions soumises à l'approbation de l'Administration ou du ministre.	id.	Parquinzaine	A joindre aux états 122 D.	A joindre aux états 122 D.	Note autogr. du 18 janvier 1900 nº 325.
98 C	Proposition d'admission en reprise indéfinie et en dépense (B).	id.	Trimestriel	Avant le 15 du 2ᵉ mois qui suit le trimestre.	Le 15 au plus tard du 2ᵉ mois qui suit le trimestre.	Circ. 369 du 13 oct. 1899.
98 C	Proposition d'admission en décharge (A).	id.	id. (G.)	id.	id	id.
99 C	Proposition relative à la répartition du fonds commun.	Directeurs.	Annuel.	. . .	Aussitôt que l'Administration a fait connaître la part du fonds commun attribuée au département.	Circ. 345.

(A) A établir en simple expédition tant par le directeur que par le sous-directeur.
(B) A établir en double expédition.
(G) Les états 98 C doivent être soigneusement renfermés dans une enveloppe de papier fort. Sur chaque paquet qui ne devra contenir que les dossiers et états précités, on apposera une étiquette indiquant l'objet de l'envoi et le bureau qui doit le recevoir. Circ. 379 du 13 oct. 1899.
(H) Les états 122 D présentant les transactions à l'approbation du ministre doivent être transmis en double expédition à l'Administration au fur et à mesure de la conclusion des traités d'arrangement. Quand aucune transaction de l'espèce n'aura été consentie dans la quinzaine, un état négatif sera produit, les 15 et 20 de chaque mois, dates de transmission indiquées par la circulaire nº 195 du 26 déc. 1896. (Note autogr. du 13 déc. 1897, nº 21945, circ. 345 du 27 juin 1899.)

486 · TABLEAU DES PRODUCTIONS PÉRIODIQUES

Indication des modèles et états	OBJET des modèles et états	Désignation des agents qui sont appelés à fournir les documents à l'Administration	Nature de la périodicité déterminée pour la production des documents	DATE à laquelle les documents ou les éléments de production doivent parvenir à la Direction	DÉLAI FIXE pour la transmission des documents à l'Administration	CIRCULAIRES
99 C spéciaux	Propositions d'allocations à prélever sur le fonds commun (affaire sortant de l'ordinaire).	Directeurs.	Mensuel.	Avant le 3 de chaque mois.	Avant le 5 de chaque mois.	Note du 13 oct. 1906, n° 409.
125	État de situation des affaires contentieuses (A).	Directeurs et sous-directeurs.	Trimestriel (C).	Avant le 10 du mois qui suit le trimestre.	Avant le 15 du mois qui suit le trimestre.	Circ. 195.
125	État de situation des affaires contentieuses restant à apurer au 31 décembre (A).	id.	Annuel.	Avant le 25 janvier.	Le 30 janvier au plus tard.	id
128	État des détenus (Circ. n° 1073 du 14 octobre 1867, et circ. 441 du 13 juillet 1887) (A).	id.	Mensuel (F).	Avant le 3 de chaque mois.	Du 3 au 5 de chaque mois.	
*	Relevé des ordres de visites demandés et délivrés pour toutes les matières, y compris les allumettes. (Lettre commune n° 26, 14 octobre 1878, et Note commune du 22 avril 1890) (D).	Directeurs.	Annuel.	Avant le 5 janvier.	Le 10 janvier au plus tard.	Circ. 194 de 1896.
*	Relevé des droits de poste perçus en exécution de l'article 18 de la loi du 5 mai 1855 (E).	Directeurs et sous-directeurs.	Trimestriel.	Avant le 10 du mois qui suit le trimestre.	A transmettre au directeur des postes du 10 au 15 du mois qui suit le trimestre.	
*	Relevé semestriel des visites effectuées par le service de la garantie chez les fabricants et les marchands de médailles en tous métaux.	Directeurs.	Semestriel.	Avant le 15 janvier et le 15 juillet.	A transmettre au plus tard le 15 janvier et le 15 juillet à la direction des Monnaies.	L. C. n° 268 du 3 oct. 1904.

(A) A établir en simple expédition tant par le directeur que par le sous-directeur.
(C) Indépendamment de l'état 125 du 4e trimestre afférent à la division chef-lieu, les directeurs doivent produire à la même date un relevé présentant, en ce qui concerne les renseignements statistiques, les résultats de l'ensemble du département. Pour la contexture de cet état on devra se référer à la feuille de titre du tirage le plus récent.
(D) Un état est établi par sous-direction. L'état récapitulatif, dressé par le directeur en simple expédition, est seul transmis à l'Administration.
(E) Ces relevés, dressés en double expédition, sont récapitulés par le directeur, qui transmet l'une de ces expéditions au directeur des postes. L'autre expédition est remise au receveur principal.
(F) En cas de détention préventive, on doit considérer le prévenu comme contraint à partir du jour où il a été arrêté, alors même que le mandat de dépôt serait postérieur à l'arrestation.

Rapports nos 105 et 154 D. — En fin d'année, les directeurs et sous-directeurs doivent s'expliquer dans les rapports nos 105 sur les habitudes de fraude, sur les procédés les plus communément employés pour frustrer le Trésor, sur les moyens de répression qu'on leur oppose, enfin sur les modifications qui pourraient être apportées dans les lois, décrets, règlements et instructions en vue de faciliter ou de renforcer l'action du service. (Circ. 203 du 20 févr. 1897.)

A la fin des trois premiers trimestres, on ne fournit que des renseignements statistiques qui sont consignés sur un cadre annexé à l'état n° 154 D. (Circ. 369 du 13 oct. 1899.)

Recommandations. — Les productions périodiques doivent faire l'objet de plis spéciaux. On aura soin de ne pas comprendre dans ces paquets la correspondance ordinaire. (Note du 25 août 1897.)

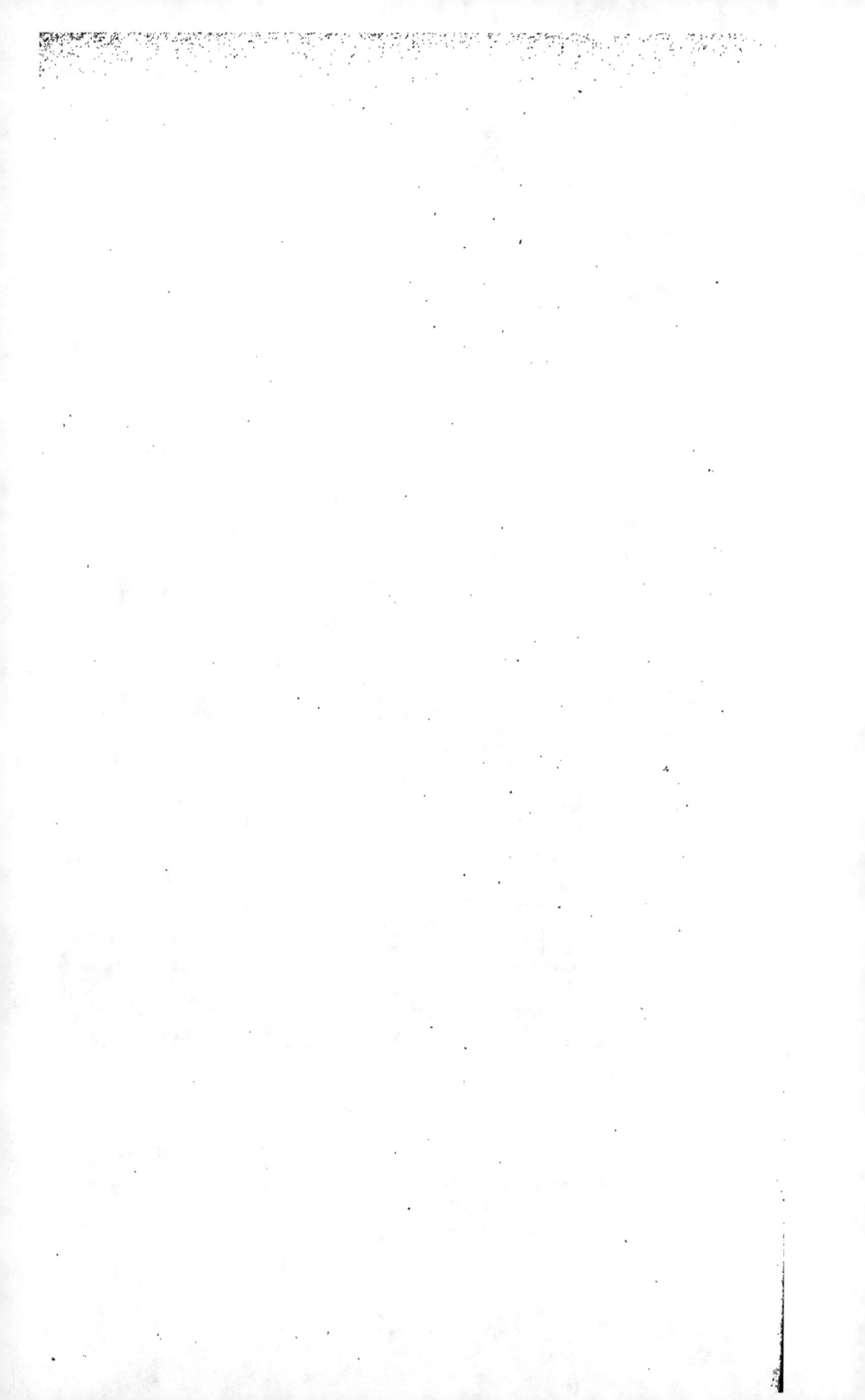

Répertoire des modèles

6 D	Avis de saisie lorsqu'un acquit-à-caution est joint au procès-verbal.	A dresser en triple par les verbalisants et à joindre au dossier.	Circ. n° 7 du 4 avril 1831 et n° 480 du 29 janvier 1851.
71 A	Extrait du registre 69. Répartition de la valeur du tabac. . . .	Formé par les dir. et les s.-dir.	Circ. 20 du 20 fév. 1878.
71 B	Extrait du reg. 69. Répartition de la valeur des poudres.	—	Circ. 280 du 12 janvier 1843.
71 C	Etat de répartition de la valeur des allumettes.	—	Circ. 166 du 18 août 1875.
78	Contraintes.	Etabli par les receveurs sédentaires ou ambulants.	—
98	Etat des frais non recouvrables . .	Formé par les dir. et s.-dir. et joint au 98 C.	—
98 B	Relevé des actes et pièces de poursuites conservé dans les bureaux.	—	Circ. n° 620 du 29 janvier 1891.
98 C	Propositions d'admission en reprise indéfinie, en dépense ou en décharge.	—	Circ. n° 369 du 13 oct. 1899.
99	Etat de répartition du produit des amendes.	—	—
99 B	Proposition tendant à faire : — 1° Déterminer la part à allouer à des employés pour des faits de fraude non actuels ; — 2° Décider si les employés ayant indirectement participé à la saisie doivent être considérés comme saisissants ; — 3° Décider si les employés à qui des torts professionnels sont reprochés doivent être exclus de la répartition ; — 4° Déterminer la part à allouer à l'indicateur ou décider si celui-ci doit être exclu de la répartition	—	Circ. 280 du 23 mai 1898.
99 C	Propositions relatives à l'allocation de gratifications et d'indemnités à prélever sur le fonds commun.	—	—
99 C spéciaux	Propositions d'allocations à prélever sur le fonds commun (affaires sortant de l'ordinaire).	Formé par les dir. et s.-dir.	Note du 13 oct. 1906, n° 409.
122	Avis de dépôt à l'enregistrement d'un procès-verbal dressé par la gendarmerie	Envoyé par les gendarmes au receveur.	Circ. 208 du 17 fév. 1877.
122 A	Registre mémorial.	Tenu à la dir. ou à la s.-d.	—
122 B	Etat de produit des amendes et confiscations	—	—

122 C	Feuilles d'avis. Comptes rendus .	Sert de chemise aux dossiers.	Circ. 208 du 17 fév. 1877.
122 D	Etat des transactions soumises à l'approbation de l'Administration ou du ministre	Formé par les dir. et s.-d.	—
122 E	Bordereau récapitulatif des affaires inscrites au 122 D.	Formé par les dir. et s.-d.	Note du 18 janvier 1906, n° 325.
123	Avertissement envoyé au contrevenant.	—	—
124	Feuille de transaction.	—	—
125	Etat de situation du contentieux. .	—	—
126	Procès-verbal.	Rempli par les verbalisants.	—
126 bis	Copie du procès-verbal		—
127	Extrait du registre du greffe. . .	Rempli par le greffier.	—
128	Etat des détenus.	Formé par les dir. et les s.-d.	
129	Fiche des antécédents.	Formée par les dir. et les s.-d.	Circ. 253 du 24 déc. 1897.
231	Certificat négatif.	—	—
8 bis	Bordereau mensuel du produit des décimes recouvrés sur amendes d'octroi.	Préposé en chef d'octroi.	Circ. 131 du 10 sept. 1895.
Relevé des droits de poste.		Formé par les dir. et les s.-d.	—
Etats de frais.		Formés par les employés.	—
Rapports sommaires.		Dressés par les verbalisants.	—
Registre des saisies-arrêts.		Servi par le receveur principal.	—
Répertoire des poursuites.		Tenu par les receveurs.	—
Etat des visites.		Etabli par les dir. et s.-d.	—
Registre des visites.		Tenu par les dir. et s.-d.	
Etat P. Répartition d'amendes d'octroi. . . .		Dressé par le préposé en chef ; remis, pour le paiement, au recev. central, puis au recev municipal.	—

CINQUIÈME PARTIE

Juridiction administrative

Depuis la suppression du droit de détail, l'Administration a bien rarement recours aux tribunaux administratifs, si ce n'est pour les licences.

A) Les contestations relatives à l'assujettissement d'une commune au droit d'entrée, ou à la catégorie dans laquelle elle doit être rangée d'après sa population, sont soumises au préfet. C'est le ministre des finances qui statue sur le rapport du préfet, sauf recours devant le conseil d'État. (Loi du 28 avril 1816, art. 22 ; conseil d'État, 3 fév. 1882, 5 déc. 1890.)

B) L'autorité administrative est encore compétente pour connaître des demandes en dommages-intérêts dirigées contre l'État, à raison de faits de négligence ou autres imputés à ses agents dans l'exercice de leurs fonctions. *V. Dommages-intérêts.*

C) C'est devant le conseil de préfecture que les planteurs de tabacs portent leurs réclamations contre le résultat du décompte des manquants. (Art. 201 de la loi du 28 avr. 1816.)

D) Enfin, l'instruction des réclamations relatives aux licences des débitants est faite d'après les règles adoptées pour la contribution directe. (Loi du 29 déc. 1900, art. 1er, et loi du 30 mars 1902, art. 18.)

Pour la procédure, voir l'instruction annexée à la circulaire 544 du 23 novembre 1903.

E) L'autorité administrative est aussi compétente pour déterminer, à défaut de fixation amiable, le prix des locaux et meubles mis à la disposition du service :

1º Dans les fabriques de sels (art. 3 de l'ordon. du 26 juin 1841) ;

2º Dans les fabriques de sucre et râperies annexes (art. 1 du déc. du 1er sept. 1852, et 16 du déc. du 25 août 1887) ;

3º Dans les fabriques de bougies (art. 5 du déc. du 8 janv. 1874) ;

4º Chez les distillateurs et bouilleurs de profession (art. 3 des décrets des 18 sept. 1879, 19 sept. 1879 et 15 avr. 1881) ;

5º Dans les fabriques de vinaigres (art. 5 du déc. du 11 août 1884) ;

6º Dans les fabriques de vins de raisins secs (art. 5 du déc. du 7 octobre 1890) ;

7º Dans les raffineries de sucre (art. 3 du déc. du 30 août 1893) ;

8° Dans les fabriques de phosphore (art. 4 du déc. du 19 juill. 1895) ;

9° Dans les fabriques de cartes (art. 5 du déc. du 31 déc. 1895).

F) C'est le ministre qui liquide, sauf recours au conseil d'Etat, les primes allouées aux indicateurs et qui répartit les sommes versées au fonds commun. (Applic. décret 22 avril 1898.)

G) L'autorité administrative est encore compétente pour statuer sur les déchets et décharges intéressant les bouilleurs et distillateurs de profession, les vinaigriers, etc.

ERRATA ET ADDENDA

P. 265. — *Au 4e alinéa, lire :* Cass. 9 février 1894.

P. 292. — *Au 2e alinéa, lire :* Cass. 4 mars 1892, ; Journal la *Loi* du 7 mars 1892.

P. 388. — *Substituer au dernier alinéa :*

Toutes pensions de retraites servies aux ouvriers, employés, à leurs veuves et à leurs orphelins par une caisse spécialement constituée à cette fin dans l'administration ou l'établissement auquel ils sont attachés, sont incessibles et insaisissables jusqu'à concurrence de 360 francs. (Loi du 17 avril 1906, art. 65.)

Pour le surplus, ces pensions et les rentes viagères de la caisse nationale des retraites pour la vieillesse ne sont cessibles et saisissables que dans les limites prévues par la loi du 12 janvier 1895 pour les salaires et traitements. *Ib.*

Il n'est en rien dérogé aux dispositions des lois spéciales qui font bénéficier certaines pensions d'une incessibilité et d'une insaisissabilité plus étendues. *Ib.*

TABLE ALPHABÉTIQUE

GUIDE PRATIQUE

MODÈLES D'ACTES, DE LETTRES, DE MÉMOIRES, ETC.

LIBRAIRIE ADMINISTRATIVE P. OUDIN

12, RUE SAINT-PIERRE-LE-PUELLIER, 12, A POITIERS

BIBLIOTHÈQUE DES EMPLOYÉS DES CONTRIBUTIONS INDIRECTES

ANNUAIRE DE L'ADMIN. DES CONTRIBUTIONS INDIRECTES. 1 vol. gr. in-8°.

JOURNAL DES CONTRIB. IND. Hebdomadaire.

RECUEIL CHRON. DES LOIS ET INSTRUCT. DES CONTRIB. IND., DES TABACS ET DES OCTROIS. 9 vol.

RECUEIL GÉNÉRAL DES LOIS, DÉCRETS ET ORDONNANCES concernant les Contributions indirectes et les Octrois, de 1790 à 1905, annoté de la Jurisprudence des tribunaux et des interprétations administr., 2 vol. in-8°.

TABLE ANALYTIQUE DE JUGEMENTS ET ARRÊTS rendus en matière de Contributions indirectes. 2 vol. grand in-8°.

RECUEIL DE JURISPRUDENCE de 1901 à 1905. 1 vol. grand in-8°.

DICTIONNAIRE GÉNÉRAL ou Manuel alphabétique des Contrib. indir., des Octrois et des Manufact. de l'État. Un vol. grand in-4°. *Nouvelle édition.*

COLLECTION DE COMPTABILITÉ. 2 vol. in-8°.

COURS DE COMPTABILITÉ. 1 vol. gr. in-8°.

COURS DU CONTENTIEUX. 2 vol. in-8°.

MANUEL ENCYCLOPÉDIQUE DES CONTRIBUTIONS INDIRECTES ET DES OCTROIS. 1 fort vol. in-8°. *Nouvelle édition.*

GUIDE PRATIQUE pour la rédaction des procès-verbaux et la tenue du contentieux. 1 vol. in-8°.

MANUEL DES VERBALISANTS. 1 vol. de poche avec reliure souple.

TRAITÉ DE JURISPRUDENCE GÉNÉRALE en matière de Contributions indir. 2 vol. in-8°.

TRAITÉ DES DROITS ET OBLIGATIONS DU COMMERCE DES LIQUIDES. 1 vol. in-8°.

MANUEL DU RECEVEUR BURALISTE. 1 vol. in-8°.

TABLEAUX SYNOPTIQUES, à l'usage des receveurs buralistes. 1 vol. in-8°.

MANUEL THÉORIQUE ET PRATIQUE DES ACQ.-A-CAUTION. 1 vol. gr. in-8°.

MANUEL DU SERVICE DES SUCRES. 1 vol. gr. in-8°. *Nouvelle édition.*

SUCRAGE DES VENDANGES, manuel pratique. 1 br. gr. in-8°.

MANUEL DES DISTILLERIES. *Règlement A et A bis.* 1 vol. in-8°.

MANUEL DES DISTILLERIES. *Règlement B.* 1 vol. in-8°.

BOISSONS FERMENTÉES, ALCOOLS ET VINAIGRES (Notions élémentaires). 1 v. gr. in-8°.

INDUSTRIES AGRICOLES (les), brasserie, sucrerie, distillerie. 1 vol. gr. in-8°.

MANUEL DE PRÉPARATION AU CONCOURS POUR LE SURNUMÉRARIAT DES CONTRIBUTIONS INDIRECTES. 1 vol. gr. in-8°.

MANUEL SCIENTIFIQUE, à l'usage des aspirants au surnumérariat des contributions indirectes. 1 vol. gr. in-8°.

NOTIONS D'ÉCONOMIE POLITIQUE, D'INSTRUCTION CIVIQUE ET DE DROIT CIVIL. 1 vol. in-8°.

LES PRÉPOSÉS DES Contributions indirectes. 1 vol. in-8°.

CONCOURS (les) pour l'accès aux grades supérieurs dans les Contr. ind. 1 vol. in-8°.

MANUEL DES BRASSERIES. 1 vol. gr. in-8°.

LE NOUVEAU RÉGIME DES BIÈRES, une brochure gr. in-8°.

TRAITÉ DU PRIVILÈGE DE L'ADMINISTRATION DES CONTRIBUTIONS INDIRECTES, en matière de recouvrements de droits. 1 fort vol. in-8°.

LES CONTRIB. DIVERSES ET LES CONTRIB. DIRECTES EN ALGÉRIE. Brochure gr. in-8°.

TARIFS DES DROITS DE CIRCULATION, DE CONSOMMAT. ET DE DÉTAIL. Broch. in-8°.

SPIRITUEUX. Barèmes indiquant : 1° les volumes correspondant aux poids ; 2° la quantité d'alcool pur. 1 br. in-8°.

GUIDE PRATIQUE D'ALCOOMÉTRIE. 1 vol. in-16.

LA CLEF DU CALCUL DES DÉDUCTIONS OU THÉORIE ET PRATIQUE DU 50 D. 1 vol. grand in-8°.

DÉCOMPTE DES REMISES AUX BURALISTES. 1 br. in-8°.

ALCOOLS DÉNATURÉS (le régime des) au point de vue de l'impôt. 1 vol. in-8°.

LES VOITURES PUBLIQUES (règlements et tarifs). 1 vol. gr. in-8°.

CATALOGUE MÉTHOD. DES CIRCUL. ET INSTRUCT. DE L'ADMINIST. Br. gr. in-8° avec sup.

RÉPERTOIRE DES MODÈLES DE L'ADMINISTRATION. Broch. gr. in-8°.

CARNET DE RECENSEMENTS. 1 vol. in-12.

NOUVEAU LIVRET DE RECENSEMENTS, ou vade-mecum du jaugeur. 1 vol. in-16.

TRAITÉ MÉTHODIQUE ET PRATIQUE DU JAUGEAGE. Broch. in-12.

RECENSEMENTS ET DÉDUCTIONS. — Nouveau carnet de recensements et de déductions, contenant : 1° des comptes faits pour les recensements ; 2° le tableau des déductions allouées aux marchands en gros ; 3° un traité de jaugeage. 1 vol. in-32 très portatif, avec rel. souple.

MANUEL DES OCTROIS. 1 vol. in-8°. *Nouvelle édition en préparation.*

CARNET DE GARANTIE contenant la nomenclature avec dessins de poinçons.

LA GARANTIE FRANÇAISE ET SES POINÇONS de 1260 à nos jours. 1 beau vol. in-8.

HISTOIRE DE LA LÉGISLATION DES SUCRES. 1 vol. gr. in-8°.

QUELLE CARRIÈRE, QUELLE ÉCOLE CHOISIR ? 1 vol. in-8°.

50 D CALCULATEUR à l'usage des marchands en gros. 1 broch. in-4°.

L'ALCOOL, L'ALCOOLISME ET LE FISC. 1 vol. in-8°.

LE RÉGIME FISCAL ET ÉCONOMIQUE DE L'ALCOOL EN FRANCE. 1 vol. in-8°.

EXPOSÉ ORGANIQUE DU SERVICE DE LA CONTRE-PARTIE AU HAVRE. 1 piq. in-8°.

CLEF DE L'ORTHOGRAPHE selon l'Académie. 1 vol. in-18.

LES INDIRECTS. TYPES ADMIN. 1 v. in-18.

LOI SUR L'IVRESSE PUBLIQUE.

La librairie P. Oudin se charge spécialement de l'édition des ouvrages relatifs à toutes les administrations, soit en les *publiant à son compte,* soit en les *vendant au compte des auteurs,* soit simplement en les *imprimant à leur compte.* Publicité spéciale permettant de procurer aux ouvrages leur maximum de diffusion.

IMPRESSIONS DE TOUTE NATURE, TOUTES RELIURES, FABRIQUE DE REGISTRES

Le Catalogue est expédié franco sur demande affranchie.

www.ingramcontent.com/pod-product-compliance
Lightning Source LLC
Chambersburg PA
CBHW050543270326
41926CB00012B/1893